KURZLEHRBÜCHER
FÜR DAS JURISTISCHE STUDIUM

Peter-Alexis Albrecht

Kriminologie
Eine Grundlegung zum Strafrecht

Kriminologie

Eine Grundlegung zum Strafrecht

EIN STUDIENBUCH

von

Dr. jur. Peter-Alexis Albrecht

O. Professor an der Universität
Frankfurt am Main

3., neu bearbeitete Auflage

Verlag C. H. Beck München 2005

Verlag C.H.Beck im Internet:
beck.de

ISBN 3 406 53870 3

© 2005 Verlag C.H.Beck OHG
Wilhelmstraße 9, 80801 München
Druck und Bindung: Nomos Verlagsgesellschaft
In den Lissen 12, 76547 Sinzheim

Satz: Druckerei C.H.Beck Nördlingen

Gedruckt auf säurefreiem, alterungsbeständigem Papier
(hergestellt aus chlorfrei gebleichtem Zellstoff)

Vorwort zur 3. Auflage

Erfahrungen in und mit der universitären Lehre im Strafrecht haben mich veranlaßt, den Zuschnitt dieses Lehrbuchs noch deutlicher auf ein **strafjuristisches Anforderungsprofil** hin auszubauen. Der aktuelle Stil des Strafrechts tendiert mehr und mehr zu einer **Auflösung bislang anerkannter Rechtsprinzipien,** allen voran die Menschenwürde. Dabei sind seit der europäischen Aufklärung entwickelte Strafrechtsprinzipien als **Fundamente freiheitlicher Strafgesetzlichkeit** unverzichtbar für das Selbstverständnis einer durchaus auch wehrhaften Demokratie.

Diese Kriminologie versteht sich als eine **Grundlegung zum Strafrecht.** Sie will den in strafjuristischen Ausbildungs- und Berufsfeldern Studierenden und Tätigen einen **Reflexionsrahmen** bieten, der rechtstatsächliche, strafrechtliche und -prozessuale, rechtstheoretische, rechtsgeschichtliche und sozialwissenschaftliche Anknüpfungspunkte bietet. Ohne diesen **kriminologisch-reflexiven Erkenntnisrahmen** ist das Studium des Strafrechts kaum möglich. Erst **Einblicke in die Wirkungs- und Funktionsweisen des Kriminaljustizsystems** machen strafrechtliche Rechtsanwendung sinnvoll verstehbar. Allem voran geht der gesamtgesellschaftliche **Freiheitsschutz.** Dieser muß zugleich Bezugsrahmen einer autonomen Kriminologie und Aufgabe eines rechtsstaatlichen Strafrechts sein. Die Kriminologie kann sich nicht darüber hinwegsetzen, daß es **zugriffsbegrenzende Strafrechtsprinzipien** gibt, die als **schützende Formen** des rechtsstaatlichen Strafrechts beachtet und gepflegt werden müssen. Das ist Hoffnung und Aufruf, das **Recht** als **Fundament einer verfaßten Freiheit** gegenüber dem kontinuierlichen – auch internationalen – **Erosionsprozeß** zu behaupten. Auf den Wegen der Zerstörung des öffentlichen Strafrechts muß das Beharren auf **Überwindung durch Recht** ständiger Begleiter sein.

Bei der umfassenden Neuausrichtung des Textes, der Datenrecherche und ständigen Diskussion haben viele mitgewirkt: *Matthias Achenbach, Stefan Braum, Marc Fornauf, Mareike Jeschke, Christine Ruppel, Lisa Kathrin Sander, Charlotte Schultz* und *Eva-Maria Unger.* Ihnen gebührt mein Dank.

Frankfurt am Main, im August 2005   *Peter-Alexis Albrecht*

Inhaltsübersicht

Inhaltsverzeichnis

2. Teil. Kriminaljustizsystem

4. Kapitel. Die Strafverfolgung im Kriminaljustizsystem als Prozeß fortschreitender Auslese

3. Teil. Exemplarische Erkenntnisbereiche

10. Kapitel. Kriminologische Einschätzungen zum Eigentums- und Wirtschaftsstrafrecht

11. Kapitel. Kriminologische Einschätzungen zum Straßenverkehrsstrafrecht

Verzeichnis der Abbildungen

abb = Abbildung
1. Ziffer = § des Buches
2. Ziffer = Nummerierung der Abbildung innerhalb eines Kapitels

§ 1. Strafrecht und Kriminologie – Ein Überblick

Literatur: *Albrecht, P.-A.,* Die vergessene Freiheit – Strafrechtsprinzipien in der europäischen Sicherheitsdebatte, 2003; *Baratta, A.,* Integrations-Prävention. Eine systemtheoretische Neubegründung der Strafe, KrimJ 1984, 132 ff.; *Beck, U.,* Risikogesellschaft. Auf dem Weg in eine andere Moderne, 2001; *Hirsch, J.,* Der Sicherheitsstaat. Das „Modell Deutschland", seine Krise und die neuen sozialen Bewegungen, 1986; *Kaufmann, F.-X.,* Sicherheit als soziologisches und sozialpolitisches Problem, 1970; *Liszt, F. v.,* Der Zweckgedanke im Strafrecht, in: Strafrechtliche Aufsätze und Vorträge, 1905, Band 1, 126 ff.; *Jakobs, G.,* Strafrecht. Allgemeiner Teil, 2. Aufl., 1993; *Naucke, W.,* Über die Zerbrechlichkeit des rechtsstaatlichen Strafrechts, KritV 1990, 244 ff.; *Voß, M.,* Strafe muß nicht sein, in: Peters, H. (Hrsg.), Muß Strafe sein? Zur Analyse und Kritik strafrechtlicher Praxis, 1993, 135 ff.

I. Die gesellschaftspolitischen Anforderungen an das moderne Strafrecht

Es kann als verbreitete Neigung aller politischen Parteien angesehen werden, auf öffentlich diskutierte gesellschaftliche Probleme stets und sofort mit dem Ruf nach dem Strafrecht zu reagieren. Der Kriminalsoziologe *Michael Voß* hat dazu folgende Beispiele benannt: Die kontrovers geführte Debatte um den Datenschutz mündete in die Einrichtung informationsrechtlicher Strafbestimmungen (§§ 303 a–c StGB). Die allgegenwärtige Bedrohung der Natur durch die zerstörerische Bewirtschaftung von Boden, Luft und Wasser führte zum Ersten Gesetz (§§ 324 ff. StGB) und zur Vorbereitung eines Zweiten Gesetzes zur Bekämpfung der Umweltkriminalität. Der Diskussion um die Gefahren der Gentechnik folgte die Verabschiedung des mit strafrechtlichen Sanktionen drohenden „Gesetzes zur Regelung von Fragen der Gentechnik" (BGBl. I 1990 S. 1080). Die öffentliche Problematisierung von medizinischen Experimenten mit Embryonen beschleunigte die Verabschiedung des nebenstrafrechtlichen Embryonenschutzgesetzes (BGBl. I 1990 S. 2840). Berichte der Massenmedien über die Verschleppung ausländischer Frauen in die Prostitution gaben dem „Gesetzentwurf gegen Menschenhandel und Zwangsprostitution" Nachdruck, der mit Freiheitsstrafe bis zu zehn Jahren droht (vgl. § 180 b StGB). Die anhaltende öffentliche Unruhe über Drogentote mündete in zahlreiche Novellierungsvorschläge zum Betäubungsmittelgesetz. In den Medien verbreitete Bilder über die Opfer von Kampfhunden führten alsbald zu einem Gesetzentwurf über ein strafbewehrtes Züchtungsverbot für Kampfhunde (BR-Dr. 722/90). Dopingaffairen im Leistungssport hatten sogleich Bemühungen zur Folge, Doping unter Strafe zu stellen (vgl. *Voß,* 1993).

Dabei ist es mehr als fraglich, ob das Strafrecht diesen und anderen komplexen gesellschaftlichen Problemlagen überhaupt gerecht werden kann. Das wird in diesem Buch noch häufiger zum Thema gemacht werden. Gleichwohl ist unstreitig: Das **Strafrecht** hat **als politisches Mittel Konjunktur;** vermutlich auch wegen des politischen Bedürfnisses, strukturelle Gesellschaftsprobleme als handhabbar und kontrollierbar **erscheinen** zu lassen.

Besonders deutlich ist das im Zusammenhang mit den Ereignissen in den USA am 11. September 2001 geworden. In einem bisher ungeahnten Ausmaß hat der deutsche Gesetzgeber in einem Übermaß „Sicherheitspakete" geschnürt, die martialischen Grundrechteverzehr zur Folge hatten, den realen Problemlagen hingegen so gut wie nichts entgegensetzen konnten. Mit dem politischen Getöse der die Sicherheitsgesetze begleitenden politischen Debatten wollte die Politik den Eindruck vermitteln, daß sie den Ängsten der Zeitgenossen gerecht zu werden vermag. Der Rechtsstaat und die Rechtskultur in Deutschland haben dadurch erhebliche Schäden davontragen müssen.

II. Der historische Funktionswandel des Strafrechts

1. Klassisches Strafrecht und absolute Straftheorie

Die Steuerungsanforderungen an das Strafrecht sind eine Erscheinung der modernen Gesellschaft: Die Selbstbeschreibung des **klassischen Strafrechts** (18./19. Jahrhundert) sieht zur Zeit der Aufklärung das Strafrecht vorrangig als Mittel der bürgerlichen Freiheitssicherung gegen feudale Justizwillkür. In der gedanklichen Konstruktion war das Strafrecht ein Abwehrmittel des Bürgers gegenüber staatlichen Zwangseingriffen. Staatliche Strafverfolgung sollte für jeden berechenbar und politischer Beeinflußbarkeit entzogen werden. Das Gesetz stand im Zentrum der Rechtsstaatsprogrammatik: Das Gesetz regiert, nicht der Mensch (*Naucke*, 1990, 246 ff.) – jedenfalls dem Anspruch nach. Das war zugleich die Stunde der **absoluten Straftheorie.** Das Strafrecht diente ausschließlich der Tatvergeltung, der Sühne, dem Schuldausgleich. Die Zumessung der Kriminalstrafe war orientiert an Vergangenem, der abgeschlossenen Tat. Es galt ausschließlich, den Verstoß gegen das Recht als **Garant der Freiheitssicherung** aller Bürger zu sanktionieren.

2. Moderne Strafrechtsschule und relative Straftheorie

Die Kritik an der rückwärtsgewandten Formalorientierung im Strafrecht wurde um die Jahrhundertwende durch den Strafrechtslehrer und Rechtspolitiker *Franz von Liszt* laut. In seinem Marburger Programm der **modernen Strafrechtsschule** finden wir hierzu folgende typische Kennzeichnung: „Die herrschende Ansicht bestimmt die Strafe für die von keinem Täter begangene Tat; das heißt ihre Strafen entsprechen dem Verbrechens*begriffe,* der *Abstraktion,* welche Gesetzgebung und Wissenschaft aus den konkreten Taten gebildet haben. Sie fragt: Was verdient der Diebstahl, die Notzucht, der Mord, der Meineid? Statt zu fragen: was hat *dieser* Dieb, *dieser* Mörder, *dieser* falsche Zeuge, *dieser* Frauenschänder verdient?" (*v. Liszt*, 1905, 175). Von solchen Fragen aus war es nur mehr ein kleiner Schritt bis zur Forderung nach einer Differenzierung der Rechtsfolgen in Abhängigkeit von verschiedenen Täterpersönlichkeiten. Von dem italienischen Frühkriminologen *Lombroso* bis zu *v. Liszt* wurde in der strafrechtlichen Reformdebatte um die Jahrhundertwende mit Nachdruck die Forderung vertreten, es sei zu unterscheiden: Abschreckung und Geldstrafe für die „Gelegenheitstäter", Einsperrung, schlimmstenfalls Todesstrafe für die „Unverbesserlichen", Besserung für die „Besserungsbedürftigen" (*v. Liszt*, 1905, 126 ff.). Die Strafe wird zum zukunftsorientierten Programm differenzierter Täterbeeinflussung, in letzter Konsequenz zur schuldunabhängigen Maßregel. Das ist der Kerngehalt der **relativen Straftheorie:** die ausschließliche Orientierung der Strafe am Ziel der Kriminalprävention, also am Zweckmäßigen. Strafe ist nur insoweit gerechtfertigt, als sie kriminalpräventiv notwendig ist.

3. Postmodernes Risikostrafrecht und die Straftheorie der Integrationsprävention

a) Sicherheit als symbolischer Begriff

Mit der Erkenntnis, daß moderne Industriegesellschaften Risiken hervorbringen, die den Fortbestand der Gesellschaft gefährden, wächst die Nachfrage nach „Sicherheit" (vgl. *Beck,* 2001; *Hirsch,* 1986). Der technische und ökonomische Fortschritt produziert beispielsweise im Bereich der Kernenergie oder der Großchemie Risiken, die bis zur Bedrohung der menschlichen Lebensgrundlagen auf der Erde reichen. Die Verhinderung, Begrenzung oder Umverteilung derartiger Risiken, bevor sie die Grenzen der ökonomischen, ökologischen oder auch politischen Zumutbarkeit überschreiten, wird zum Gegenstand nationaler und internationaler Sicherheitspolitik (*Beck,* 2001, 26). Auf nationalstaatlicher Ebene gerät das Strafrecht als staatliches Steuerungsmedium in den Sog einer **Politik der Risikobegrenzung.** Ebenso wird das Polizeirecht präventiv aufgerüstet und die polizeiliche Gefahrenabwehr in den Bereich potentieller Gefahren und abstrakter Risiken vorverlagert.

Hinzu kommt, daß sich „Sicherheit" als in der Öffentlichkeit diskutiertes Bedürfnis gleichsam verselbständigt hat. Der moderne Sicherheitsbegriff läßt sich durch eine eigentümliche Selbstzweckhaftigkeit kennzeichnen: „Der Schutz ist ,unsicher', d.h. unzuverlässig und daher ungewiß. So geht es nun um die Zuverlässigkeit und Gewißheit des Schutzes, ohne daß eigens noch bedacht würde, was geschützt werden soll. Nicht mehr das ursprüngliche Objekt des Schützens wird jetzt ins Auge gefaßt, sondern das Schützen selbst wird Objekt im Denken und Handeln" (*Kaufmann*, 1970, 67). Sicherheit wird zu einem symbolischen Begriff.

Nach dem 11. September 2001 bleibt es nicht nur bei dieser Symbolik. Vielmehr werden Menschen- und Bürgerrechte zunehmend zum Schutz dieser Symbolik abgebaut. Ein realer Zuwachs an Sicherheit findet nicht statt. Die Öffentlichkeit soll von einer hilflos-aktionistischen Politik mangels realer Antworten auf globale Bedrohungslagen beruhigt werden. Dem Symbol Sicherheit werden reale Freiheitsrechte geopfert.

Materielle und formelle Sicherungen des Strafrechts fallen dem wachsenden **präventiven Effizienzdenken** zum Opfer. Der Zweck der präventiven Risikobegrenzung rechtfertigt jedes staatliche Eingriffsmittel, vom verdeckten Ermittler bis zum Lauschangriff im Wohnraum. Kennzeichen des Risikostrafrechts ist insbesondere auch die Einbeziehung Unverdächtiger in staatliche Ermittlungsmaßnahmen. Nicht der Täter, sondern gesellschaftliche Gruppen oder Lebenslagen geraten in Verdacht.

b) Strafrecht im Dienst des Systemschutzes

Bezugspunkt der Straftheorie, die das Risikostrafrecht begründet, ist die Stabilität des Gesellschaftssystems: Gemäß der Straftheorie der **Integrationsprävention** hat das Recht die Funktion, Handlungsorientierung und Erwartungsstabilität zu gewährleisten (*Jakobs*, 1993, 5). Während in den beiden vorgenannten Straftheorien der **Mensch** den Subjektstatus innehat, ist nunmehr das **Gesellschaftssystem** an seine Stelle gerückt. Das Vertrauen der Gesellschaftsmitglieder in das System soll gegen Erschütterungen durch Rechtsbrüche geschützt werden. Strafe als einer Reaktion auf Normverletzungen wird die Funktion zugesprochen, negative Folgen eines Rechtsbruchs für die Systemstabilität und das Vertrauen der Rechtsunterworfenen in das Recht zu verhüten. Strafe bewirkt demgemäß die Wiederherstellung des Vertrauens in die Rechtstreue der Gesellschaftsmitglieder. Auch das Maß der Schuld orientiert sich an dem gesellschaftlichen Funktionserfordernis, das Vertrauen in das Recht aufrechtzuerhalten. Damit werden die beiden „vom liberalen Strafrechtsdenken konstruierten Bollwerke zur Begrenzung des staatlichen Strafanspruchs gegenüber dem Individuum – das Prinzip der Straftat als Verletzung von Rechtsgütern und der Schuldbegriff als Begrenzung der Verantwortlichkeit" (*Baratta*, 1984, 135) aufgegeben.

4. Nach-präventives Strafrecht als Instrument unilateraler Herrschaftssicherung

Das Symbolstrafrecht als Strafrecht des Systemschutzes entledigt sich jeglicher empirischer Überprüfbarkeit. Steuerungsfähigkeit und Wirkungen verbleiben im Dunst von Hoffnungen. Das Strafrecht ist primär noch Medium für Wählbarkeit in der Politik. Ohne das Bekenntnis zu einem „scharfen Strafrecht" lassen sich Wahlen nicht gewinnen. Das Strafrecht verkommt so zu einem reinen Instrument der Innenpolitik und im Zuge des 11. September sogar zu einem Instrument der Außenpolitik, ergänzt durch militärische Optionen der Durchsetzung politischer Herrschaftsinteressen.

In den Augen mancher Strafrechtler wächst das Strafrecht zu einem internationalen und staatspolitischen Interventionsinstrument heran und kann insofern vom Nachweis empirischer Wirksamkeit befreit werden. Ein solch symbolisch und auf Systemschutz orientiertes Strafrecht legitimiert sich als **Durchsetzungsinstrument unilateraler Politik**. Die Grenze zwischen Krieg und Strafverfolgung ebnet sich mit Hilfe eines solchen Strafrechts ein. Das von den USA gepachtete exterritoriale Gebiet von **Guantánamo** belegt die **illegitime Anwendung des Strafrechts mit kriegerischen Mitteln**. Das eigentlich zuständige internationale Völkerstrafrecht wird gleichzeitig mit allen – sogar diplomatischen – Möglichkeiten bekämpft. Krieg als Antwort auf massives Unrecht einzelner wird damit leicht durchschaubarer unilateraler Herrschaftsanspruch.

III. Die Rolle der traditionellen Kriminologie im Zuge des strafrechtlichen Funktionswandels

Die Kriminologie als Wissenschaft der **Kriminalitätserklärung** und der **Kriminalitätskontrolle** hat sich stets darum bemüht, den wechselnden Anforderungen an das Strafrecht mit wissenschaftlichen Hilfestellungen zuzuarbeiten.

1. Kriminologie und klassisches Strafrecht

Das klassische, in sich selbst ruhende Strafrecht hatte noch keinen Bedarf an kriminologischer Informiertheit, da es noch nicht den Rang eines gesellschaftlichen Steuerungsinstruments hatte. Die Kriminalstrafe zielt auf die Vergeltung für eine in der Vergangenheit schuldhaft verübte Tat. Das Strafübel gleicht das Übel der Tat aus, um der Autorität des verletzten Gesetzes willen. Die klassische Strafrechtslehre ist eine normativ-dogmatische Disziplin, ohne jede empirische Anforderung. Insofern war eine Kriminologie als Zulieferungswissenschaft nicht gefragt.

2. Kriminologie und modernes präventives Strafrecht

Das moderne Strafrecht hingegen benötigt den wissenschaftlichen Nachweis seiner sachgerechten Wirkung. Es hat Bedarf an empirischen Befunden über Kriminalitätsursachen, um dem normativ bestimmten Präventionszweck entsprechen zu können: Künftige Kriminalitätsrisiken, die vom Täter ausgehen, sollen prognostiziert werden (Rückfall), Sanktionen und Maßnahmen sollen ursachengerecht ausgestaltet und bemessen werden (Behandlung), der Erfolg der strafrechtlichen Reaktion soll belegt werden (Prävention). Die Kriminologie gerät nun unter hohe Erfolgserwartungen. Wissenschaftliche Experten sind gefragt, die innerhalb und außerhalb des Kriminaljustizsystems die kriminologische Disziplin – in Wissenschaft und Praxis – vorantreiben. Die Kriminologie hat auf diese Weise eine strafrechtliche Wende begleitet: Sie betritt mit dem Strafrecht das Terrain des präventiven Gesellschaftsschutzes.

3. Kriminologie und nach-präventives Sicherheitsstrafrecht

Mit der Entwicklung eines gesellschaftsbezogenen Risikostrafrechts verringert sich der Bedarf an individualpräventiven Erkenntnissen. Die Folgenorientierung des Strafrechts wechselt vom individuellen **Täter** hin zu gesellschaftlichen **Problemlagen** (Bedrohungsszenarien Terrorismus und Organisierte Kriminalität, Ausländerzuwanderung, Drogenelend, Umweltzerstörung, Wirtschaftskrisen etc.). Die herkömmliche Täterkriminologie vermag zu diesen strukturellen gesellschaftlichen Problemlagen aus dem Arsenal ihrer Forschungen keinen wesentlichen Erkenntnisgewinn mehr beizusteuern. Damit ist ein auf das Subjekt – Täter wie Opfer – abstellendes präventives Bemühen am Ende. Die Ära des nach-präventiven Strafrechts ist damit erreicht.

IV. Die Kriminologie als autonome Reflexionswissenschaft

1. Perspektiven der Kriminologie

Die Entwicklung des Strafrechts und der damit einhergehende Funktionsverlust der traditionellen Kriminologie lassen die Bestimmung der Kriminologie als autonome und kritische Reflexionswissenschaft sinnvoll erscheinen. Die Kriminologie muß verstärkt

- die Entwicklung des Strafrechts,
- die Bedingungen seiner Anwendung,
- die Institutionen der Strafverfolgung und
- die gesellschaftlichen Funktionen des Kriminaljustizsystems

in den Blick nehmen. Sie muß sich von einer Disziplin, die lediglich die Effizienz der Strafverfolgung fördert, zu einer **Wissenschaft der Aufklärung über das Strafrecht** entwickeln. Hierfür sind andere Bezugswissenschaften als die bisher vorherrschenden Psycho- und Humanwissenschaften von Bedeutung: Geschichtswissenschaft, Wirtschaftswissenschaft, Organisationssoziologie und Politologie; insbesondere auch die Rechtssoziologie und -theorie müßten mehr als bisher Erkenntnisse zum Verständnis des Strafrechts und seiner Anwendung beitragen.

2. Effizienzsicherung versus Freiheitssicherung

Während sich die traditionelle Kriminologie dem Ziel einer effizienten Kriminalitätskontrolle verpflichtet fühlt, ist eine Kriminologie als kritische Wissenschaft vom Strafrecht dem Gedanken der **Freiheitssicherung** in besonderem Maße verpflichtet: Dabei gilt Freiheitssicherung in gleicher Weise für staatliche Zwangseingriffe gegenüber dem Bürger wie auch für die Überwältigung des Einzelnen durch private Gewalt oder List. Inwieweit das Strafrecht das geeignete Mittel sein kann, die Grundrechte der Person auf Leben, Freiheit, Gesundheit und persönlichen Besitz zu schützen, ist zentraler Untersuchungsgegenstand einer kritischen Kriminologie (vgl. hierzu weiterführend *Albrecht*, 2003).

V. Überblick über den Gang der Darstellung

Die Gegenüberstellung von traditioneller und autonomer Kriminologie leitet die Darstellung im **Ersten Teil**. Wir wenden uns zunächst den Anforderungen des Strafrechts an die traditionelle Kriminologie zu. Ein sich wissenschaftlich verstehendes Strafrecht ersehnt sich Auskünfte über seinen Anwendungsbereich, d.h. über die Vernünftigkeit, die Wirksamkeit und die Begründetheit der strafrechtlichen Instrumente zur staatlich angeordneten Kriminalitätsbekämpfung (**1. Kapitel**). Eine sich sozialwissenschaftlich verstehende Kriminologie hat ihrerseits Interessen an den selbst proklamierten Ansprüchen eines Strafrechts. Ist die wissenschaftliche Büchse der Pandora erst einmal geöffnet, gibt es keinen wissenschaftlichen Halt mehr. Nunmehr fragt eine sich kritisch verstehende sozialwissenschaftliche Kriminologie nach den Geltungsvoraussetzungen, den Wirkungen und Intentionen des Strafrechts seinerseits. Es wird der kriminalpräventive Anspruch des Strafrechts auf den wissenschaftlichen Prüfstand gestellt, kritische steuerungstheoretische Fragen werden an das Strafrecht gerichtet, was alsbald in fundamentaler gesellschaftspolitischer Kritik mündet. Nicht selten stehen strafrechtliche und kritische kriminologische Positionen im scharfen gesellschaftspolitischen Kontrast zueinander (**2. Kapitel**). In einem dritten Schritt werden Nutzen und Nachteil der Kriminologie für die Rechtsanwendung bilanziert. Die einen wollen diese Konfrontation gesellschaftspolitisch positiv auflösen und weisen der Kriminologie primär Beratungsfunktion bei der Rechtsanwendung zu. Die anderen beharren auf einer autonomen Kriminologie, die ohne rechtspolitisches Engagement schlicht über die Wirkungen der Rechtsanwendungen aufklärt, also Grundlagenwissenschaft ohne Anwendungsinteresse bietet. Leitend für die in diesem Lehrbuch zugrunde gelegte Perspektive sind jedenfalls zentrale rechtsstaatliche Prinzipien, die den kritischen Maßstab für die Wirkungsweise des Kriminaljustizsystems bilden. Das Strafrecht ist eine durch Prinzipien begrenzte Zwangsordnung, dessen Freiheitseingriffe durch Verfassungsprinzipien legitimiert sind. Im Vordergrund stehen Gesetzlichkeit, Legalität, individuelle Verantwortlichkeit. Qualitative und quantitative Begrenzungen des Strafrechts finden sich in diesen verfassungsrechtlich gesicherten Prinzipien. Die Funktionsweisen haben sich den verfassungsrechtlich gesicherten Leitprinzipien der Rechtsanwendung strikt zu unterwerfen. Vor allem der Kriminalpolitik sind die Grenzen ihres freiheitsverzehrenden Zugriffs aufzuzeigen (**3. Kapitel**). Dieses ist der rechtsstaatliche Leitfaden, der die gesamte Darstellung durchzieht.

Im **Zweiten Teil** werden vor diesem Hintergrund die Institutionen der Kriminalitätskontrolle vom „Dunkelfeld" über die Polizei zur Staatsanwaltschaft, zur Strafverteidigung, zum Gericht bis hin zum Strafvollzug in ihren rechtstatsächlichen Bezügen vorgestellt und einer organisations- und funktionsbezogenen Analyse unterzogen (4. bis 9. Kapitel). Die verfassungsrechtlichen Prinzipien werden auf den einzelnen Ebenen des Kriminaljustizsystems exemplarisch entfaltet und deren Umsetzung kritisch überprüft.

Der **Dritte Teil** wendet sich exemplarischen Rechtsbereichen zu, die Potentiale für eine – prinzipiell gebotene – Entkriminalisierung aufweisen (10. bis 12. Kapitel). Zugleich kann darin auch eine Entlastung des Kriminaljustizsystems liegen. Diese Entlastung ist mehr als geboten. Das Kriminaljustizsystem darf und kann nur einen **Kern strafrechtlichen Unrechts** benennbar machen und Lösungen für die Wiederherstellung interpersonalen Rechtsfriedens anbieten. Systemische gesellschaftliche Heilkräfte hat das Strafrecht nicht. An dieser Aufgabe muß es scheitern, was jeder Wirtschafts-, Umwelt- und Mauerschützenprozeß zeigt. Will man das zerbrechliche rechtsstaatliche Strafrecht funktionsfähig machen, muß man das Strafrecht auf ein Kernstrafrecht zurückführen und den Strafprozeß rechtsstaatlich, fair und für eine breite Öffentlichkeit verständlich machen. Nur auf diese Weise kann Strafrecht dauerhaft legitimiert werden. Hingegen wird der stete Abbau des Freiheitsschutzes der Bürger zunehmend durch kriminalpolitische Bedrohungsszenarien gerechtfertigt. Die kriminologische Aufklärung über empirische Hintergründe dieser Phänomene – insbesondere Gewalt-, Ausländer- und Organisierte Kriminalität sowie Terrorismus (13. und 14. Kapitel) – führt zu einer Entdramatisierung und könnte die weitergehende Erosion rechtsstaatlicher Prinzipien des Strafrechts verhindern. Diese Hoffnung dürfte eher enttäuscht werden. Der Staat zieht sich derzeit aus zentralen Steuerungspflichten zurück. Das dokumentiert sich im Kriminaljustizsystem auch in der Entwicklung vom öffentlichen Strafrecht hin zur privaten Rechtsverfolgung. Die modische Zuwendung zum „Opfer im Strafrecht" steht stellvertretend für diese Privatisierungstendenzen. Die Funktionalisierung des Opfers in der Strafjustiz (15. Kapitel, § 45) verdeutlicht einmal mehr: was als Stärkung von Freiheitsrechten gedacht war, endet mit deren Abbau.

1. Teil. Grundlagen

1. Kapitel. Der Zugriff des Strafrechts auf die Kriminologie

Überblick

- Das Strafrecht hat spezifische Verwendungsinteressen für kriminologische Erkenntnisse. Schon im späten 19. Jahrhundert wurde der Ruf nach wissenschaftlichen Lösungen für soziale Probleme laut. Die Kritik an der Brutalität und der Wirkungslosigkeit des absolutistischen Strafrechtssystems war Wegbereiter kriminologischen Denkens. Von Anfang an diktierten die strafrechtlichen Interessen zwei Grundannahmen, denen die Kriminologie zu folgen hatte: Das **Prinzip der Individualisierung,** welches an der Willensfreiheit des Individuums ansetzte, und das **Prinzip der Andersartigkeit,** das den Kriminellen als moralische Unperson darstellte. Im Zuge der Verwissenschaftlichung gesellschaftlicher Zusammenhänge stellte das Strafrecht an die Kriminologie die Fragen nach der Vernünftigkeit, der Wirksamkeit und der Begründetheit von Maßnahmen der **Kriminalitätsbekämpfung.** Mit dieser Orientierung stand die Kriminologie eindeutig **im Ordnungsdienst des Staates** und hatte praxisnahe Leitfäden der Kriminalitätsbekämpfung zu liefern. Mit dem Einfluß der Sozialwissenschaften und der Fixierung auf präventives Denken erweiterte das Strafrecht kriminologische Forschungsinteressen auf Täter, Opfer und Instanzen sozialer Kontrolle. Eine derartig aufgerüstete sozialwissenschaftliche Kriminologie hatte dem Strafrecht Bewältigungsstrategien gegenüber der Kriminalität als individuelles und soziales Problem anzubieten: Ursachenanalysen, Interventionsvorschläge, Forschungen zu Wirkungen des Strafrechts und zur Legitimation des gesamten Kriminaljustizsystems standen auf der Wunschliste des Strafrechts. Eine sich kritisch verstehende Kriminologie setzte sich von der Hilfestellung für das Strafrecht deutlich ab. Sie wollte nicht mehr „Zulieferer" für das Strafrecht sein, sondern wollte Strafrecht als Herrschaftsinstrument entlarven. Kriminalität wurde nicht mehr als Eigenschaft der Person gewertet, sondern nur noch als Zuschreibung seitens des gesamten Kriminaljustizsystems (§ 2).

- Die Nachfrage des Strafrechts nach Ursachen für Kriminalität forderte die Sozialwissenschaft zu umfassender Theoriebildung heraus. Individuelles und soziales Verhalten sollte wissenschaftlich erklärt werden, mittlerweile steht eine kaum überschaubare Vielfalt von **Kriminalitätstheorien** zur Verfügung. Bei diesen Erklärungsversuchen der Sozial- und Humanwissenschaften hat sich die Systematik paradigmatischer, d.h. methodisch und inhaltlich gegensätzlicher Wissenschaftsansätze fortgesetzt. Zum einen wollen Bedingungsansätze individuelles Verhalten erklären, was im strafrechtlichen Verwendungszusammenhang am meisten Nachfrage findet: Krankhafte oder rauschbedingte Hirnausfälle – das versteht das Strafrecht (noch). Zum anderen wollen Zuschreibungsansätze den Prozeß gesellschaftlicher Benachteiligung durch Negativauslese belegen: Diebstähle aus wirtschaftlicher Not bedingt durch Gegensätze in der Klassengesellschaft – diese Verknüpfung begrüßen die gesellschaftskritischen Sozialwissenschaften. Das Strafrecht muß sich in den Extremen dieses Theoriespektrums zurechtfinden, was ihm so gut wie nicht gelingen kann (§ 3).

- Dem Strafrecht bleibt schließlich nichts anderes übrig, als sich Theorien für die Kontrolle der Kriminalität, so genannte Straftheorien, selbst zu konstruieren **(Kriminalisierungstheorien)**. Vergeltungstheorien, Theorien zur Abschreckung und Besserung des Täters, Abschreckung der Allgemeinheit und allgemeiner Normverdeutlichung bis hin zu von der Rechtsprechung erzeugten „Vereinigungstheorien" bieten Rechtfertigungsmuster für das Strafrecht, die vom Schutz individueller Interessen bis hin zum Schutz funktionaler Komplexe reichen. Freilich – wie die Sozialwissenschaften spöttisch bis autonom anmerken – zumeist ohne jeglichen empirischen Beleg. Das Strafrecht bleibt Glaubensbekenntnis – außerhalb empirischer Legitimation (§ 4).

§ 2. Strafrechtliche Verwendungsinteressen

Literatur: *Albrecht, P.-A.,* Das Strafrecht auf dem Weg vom liberalen Rechtsstaat zum sozialen Interventionsstaat: Entwicklungstendenzen des materiellen Strafrechts, KritV 1988, 182 ff.; *Beccaria, C.,* Über Verbrechen und Strafen, 1988 (1. ital. Aufl.: 1764); *Beck, U.,* Risikogesellschaft. Auf dem Weg in eine andere Moderne, 2001; *Bettmer, F./Kreissl, R./Voß, M.,* Die Kohortenforschung als symbolische Ordnungsmacht, KrimJ 1988, 191 ff.; *Birkmeyer, K.,* Was läßt v. Liszt vom Strafrecht übrig: eine Warnung vor der modernen Richtung im Strafrecht, 1907; *Eisenberg, U.,* Kriminologie, 5. Aufl., 2000; *Farrington, D. P./Ohlin, L. E./Wilson, J. Q.,* Understanding and Controlling Crime. Towards a New Research Strategy, 1986; *Ferri, E.,* Das Verbrechen als soziale Erscheinung, 1896; *Garland, D.,* Punishment and Welfare. A history of penal strategies, 1987; *Göppinger, H.,* Der Täter in seinen sozialen Bezügen, 1983; *Göppinger, H.,* Angewandte Kriminologie. Ein Leitfaden für die Praxis, 1985; *Göppinger, H.,* Kriminologie, 5. Aufl., 1997; *Gross, H.,* Die Antrittsvorlesung des Prof. Dr. v. Liszt in Berlin, in: Archiv für Kriminalanthropologie und Kriminalistik, 3, 1899, 114 ff.; *Habermas, J.,* Technik und Wissenschaft als „Ideologie", 1974; *Hassemer, W.,* Strafziele im sozialwissenschaftlich orientierten Strafrecht, in: Hassemer, W./ Lüderssen, K./Naucke, W. (Hrsg.), Fortschritte im Strafrecht durch die Sozialwissenschaften?, 1983; *Hassemer, W.,* Kriminologie und Strafrecht, in: Kaiser, G./Kerner, H.-J./Sack, F./ Schellhoss, H. (Hrsg.), Kleines kriminologisches Wörterbuch, 3. Aufl., 1993, 312 ff.; *Hess, H./Scheerer, S.,* Was ist Kriminalität?, KrimJ 1997, 83 ff.; *Jakobs, G.,* Kriminalisierung im Vorfeld einer Rechtsgutsverletzung, ZStW 1985, 751 ff.; *Kaiser, G.,* Wie ist beim Mord die präventive Wirkung der lebenslangen Freiheitsstrafe einzuschätzen?, in: Jescheck, H.-H./Triffterer, O. (Hrsg.), Ist die lebenslange Freiheitsstrafe verfassungswidrig?, 1978, 115 ff.; *Kaiser, G.,* Kriminologie, 2. Aufl., 1988, 3. Aufl., 1996; *Kerner, H.-J.,* Pönologie, in: Kaiser, G./Kerner, H.-J./Sack, F./Schellhoss, H. (Hrsg.), Kleines Kriminologisches Wörterbuch, 1985, 338 ff.; *Kreissl, R.,* Soziologie und soziale Kontrolle. Die Verwissenschaftlichung des Kriminaljustizsystems, 1986; *Kürzinger, J.,* Kriminologie, 2. Aufl., 1996; *Lamott, F.,* Die Kriminologie und das Andere, KrimJ 1988, 246 ff.; *Lautmann, R.,* Justiz die stille Gewalt, 1972; *Leferenz, H.,* Die neuere Kriminalpolitik auf kriminologischer Grundlage, in: Festschrift für Karl Lackner, 1987, 1009 ff.; *Lombroso, C.,* Der Verbrecher in anthropologischer, ärztlicher und juristischer Beziehung, Erster Band, 1894 (1. ital. Aufl.: 1876); *Lombroso, C.,* Neue Verbrecherstudien, 1907; *Lüderssen, K.,* Kriminologie. Einführung in die Probleme, 1984; *Matza, D.,* Abweichendes Verhalten. Untersuchungen zur Genese abweichender Identität, 1973; *Moser, T.,* Repressive Kriminalpsychiatrie. Vom Elend einer Wissenschaft, 2. Aufl., 1971; *Müller-Tuckfeld, J.-C.,* Krise der kritischen Kriminologie?, KrimJ 1998, 109 ff.; *Naucke, W.,* Die Modernisierung des Strafrechts durch Beccaria, in: Deimling, G. (Hrsg.), Cesare Beccaria. Die Anfänge moderner Strafrechtspflege in Europa, 1989, 37 ff.; *Perrow, Ch.,* Normale Katastrophen: die unvermeidbaren Risiken der Großtechnik, 2. Aufl., 1992; *Sack, F.,* Probleme der Kriminalsoziologie, in: Handbuch der empirischen Sozialforschung, 2. Aufl., Band 12, 1978; *Sack, F.,* Kriminalität, Gesellschaft und Geschichte: Berührungsängste der deutschen Kriminologie, KrimJ 1987, 241 ff.; *Sack, F.,* Stichwort „Kritische Kriminologie", in: Kaiser, G./Kerner, H.-J./Sack, F./Schellhoss, H. (Hrsg.), Kleines Kriminologisches Wörterbuch, 3. Aufl., 1993, 329 ff.; *Scheerer, S.,* Vom Praktischwerden, KrimJ 1989, 30 ff.; *Schneider, H.-J.,* Kriminologie, 1987; *Taylor, I./Walton, P./Young, J.,* The New Criminology: for a Social Theory of Deviance, 4. Aufl., 1977; *van der Loo, H./van Reijen, W.,* Modernisierung, 1992; *Weber, M.,* Wissenschaft als Beruf, in: Mommsen, W./Schluchter, W. (Hrsg.), Gesamtausgabe Max Weber, Bd. 17, 1992.

A. Die Entstehung der Kriminologie als wissenschaftlich angeleitete Kriminalitätskontrolle

I. Der Ruf nach wissenschaftlichen Lösungen für soziale Probleme

Die **Geburtsstunde** der Kriminologie als Erfahrungswissenschaft liegt im späten **19. Jahrhundert.** Es ist die Zeit, in der die Wissenschaft den „technischen Fortschritt" ermöglicht und immer rascher vorantreibt. Wissenschaftlich-technische Rationalität ersetzt die Orientierung an überlieferten Werten. Wahrheit ist gefragt, nicht Glaube. In technische Produkte umgesetzte wissenschaftliche Erkenntnisse verhelfen zur Naturbeherrschung, erhöhen die Arbeitsproduktivität, verlängern das Leben und statten den Alltag mit Bequemlichkeiten aus. Arbeit und Leben werden immer stärker dem Prinzip der Zweckrationalität unterworfen (*van der Loo/van Reijen*, 1992, 125). Auch politische Entscheidungen erscheinen nunmehr als Folge von Sachzwängen, als Ausdruck eines gleichsam gesetzmäßig verlaufenden Fortschritts. Herrschaft wird zur Verwaltung des technisch Notwendigen (*Habermas*, 1974, 48 ff.).

Im Sog zunehmender staatlicher Eingriffe zur Herstellung einer ökonomischen und sozialen Infrastruktur wird in der zweiten Hälfte des 19. Jahrhunderts auch im Bereich der sozialen Wohlfahrt wissenschaftlich angeleitete Intervention nachgefragt (*Weber*, 1992, 86 f.). Wenn Naturgewalten mit den Mitteln der aufstrebenden Erfahrungswissenschaften kontrollierbar und Krankheiten heilbar erscheinen, ist die Entstehung einer wissenschaftlichen Disziplin nicht weiter erstaunlich, die das Verbrechen erforschen und das Kriminalitätsproblem beseitigen will. Das gilt zumal dann, wenn der Kontrollbedarf in den sozialen Krisen der industriellen Revolution wächst und das Devianzproblem erstmals mit dem Instrument der zentralstaatlichen Statistik von der Einzelerscheinung der kriminellen Tat in die abstrakte Massenerscheinung „Kriminalität" verwandelt und als solche öffentlich wahrgenommen wird (*Scheerer*, 1989, 38).

II. Kritik an der Brutalität und der Ineffizienz des absolutistischen Strafrechtssystems als Wegbereiter kriminologischen Denkens *(Beccaria)*

Mehr als ein Jahrhundert zuvor hatte die Streitschrift des italienischen Juristen *Cesare Beccaria* (1738–1794) „Dei delitti e delle pene" (Über Verbrechen und Strafen) – mit großer, auch internationaler öffentlicher Aufmerksamkeit bedacht – für rechtsstaatliche Grundsätze des Strafverfahrens geworben. Durch seine massive Kritik an den Unwägbarkeiten des absolutistischen Strafrechts, den Maximen des Inquisitionsprozesses wie der Folter, dem Zwang zur eidlichen Aussage des Angeklagten oder der geheimen Anklage und an der Todesstrafe trug *Beccaria* einerseits das Anliegen der Aufklärung in das Strafrecht. Andererseits ebnete er mit seiner Vorstellung von einer rationalen, gesellschaftlichen Nützlichkeitserwägungen verpflichteten Strafrechtspflege den Weg für eine erfahrungswissenschaftlich orientierte Kriminologie, die sich dem Programm der Kriminalprävention verpflichtet weiß. Die Sanktionen waren in *Beccarias* kriminalpolitischen Vorschlägen bereits zweckhaft (Abschreckung, Generalprävention) gedacht, in ihrer motivbildenden Wirkung an den freien Willen des Menschen adressiert, um kriminelles Handeln zu verhindern (*Beccaria*, 1988, 83 f.). Diese Anfänge einer relativen Straftheorie wurden später durch *Anselm v. Feuerbach* in generalpräventiver und durch *Franz v. Liszt* in spezialpräventiver Hinsicht ausgearbeitet.

Das von *Beccaria* begründete zweckgerichtete Strafrecht findet seine Rechtfertigung allerdings nicht vorrangig in der Freiheit der Bürger oder in Idealen der Liberalität und Humanität. Vielmehr ist es der starke Staat, dem *Beccaria* ein weit effizienteres Instrumentarium zur Bekämpfung von Devianz anbietet, als es das absolutistische Strafrechtssystem bereitzustellen vermochte (vgl. *Naucke*, 1989, 37 ff.). Deutlich wird dies bei den Argumenten, die *Beccaria* gegen die Todesstrafe vorträgt. Gegenüber der nur punktuelle Effekte setzenden Todesstrafe spricht er der lebenslangen Freiheitsstrafe – verbunden mit Zwangsarbeit – die größere abschreckende Wirkung zu. Es ist nicht die Humanität, die immer und überall der Todesstrafe widerspricht, sondern es ist die unzureichende Abschreckungseffizienz, die im Regelfall des Verbrechens die Todesstrafe als ungeeignet erscheinen läßt. Im Bereich politischer Kriminalität hält *Beccaria* die Todesstrafe ohnehin für unverzichtbar (1988, 124). Damit werden Rechtsstaatsprinzipien der Disposition staatlicher Nützlichkeitserwägungen geöffnet und eine kriminalpolitische Entwicklung in Gang gesetzt, die bis heute nicht zum Stillstand gekommen ist.

III. Individualisierung und Andersartigkeit

Der **Geburtsort** der Kriminologie ist das **Gefängnis**. Es ist die Bezugsinstitution für die Kriminologie wie die Schule diese Funktion für die Pädagogik besitzt oder das Krankenhaus für die Medizin. Es bietet den frühen Kriminologen das Feld für die langfristige Beobachtung und „Vermessung" der Delinquenten wie auch für die Erprobung therapeutischer Maßnahmen.

1. Erste erfahrungswissenschaftliche Zugänge

a) Lombroso

Der Gerichtsmediziner *Cesare* **Lombroso** (1835–1909) fand in Irrenhäusern und in Strafanstalten die Probanden seiner Untersuchungen über die Eigenarten des „L'Uomo Delinquente", des verbrecherischen Menschen (1876). Beeindruckt von der erklärenden Kraft der exakten Naturwissenschaften versuchte er mit Hilfe kriminalanthropologischer Studien der Urform des Verbrechens auf die Spur zu kommen.

aa) Durch vergleichende **anthropometrische** (Vermessung des Menschen) **Untersuchungen** von Gefängnisinsassen, Geisteskranken und Gruppen der Normalbevölkerung (z.B. Soldaten) glaubte *Lombroso* die Andersartigkeit des Verbrechers nachgewiesen zu haben.

Durch eigene Messungen und durch die Auswertung zahlreicher ähnlicher Arbeiten von Kollegen konnte *Lombroso* in der zweiten Auflage seines Hauptwerkes (1894) die Daten von 3839 Verbrechern mit den Merkmalen beachtlich großer Stichproben der Normalbevölkerung vergleichen. Im Hinblick auf eine Vielzahl von Daten demonstrierte *Lombroso* Abweichungen des Verbrechers von den Durchschnittswerten der Bevölkerung. Messungen zu Körpergröße, Gewicht, Schädelumfang oder Stirnhöhe bis hin zu Merkmalen des Gesichtsausdrucks wie abstehende Ohren oder fliehende Stirn belegten in den Augen des Frühkriminologen seine These von den angeborenen Auslösefaktoren für Delinquenz, die mit einer chronischen Erkrankung zu vergleichen sei (1894, 252): „Die Diebe haben im allgemeinen sehr bewegliche Gesichtszüge und Hände; ihr Auge ist klein, unruhig, oft schielend; die Brauen gefältelt und stossen zusammen; die Nase ist krumm oder stumpf, der Bart spärlich, das Haar selten dicht, die Stirn fast immer klein und fliehend, das Ohr oft henkelförmig abstehend. (...) Die Mörder haben einen glasigen, eisigen, starren Blick, ihr Auge ist bisweilen blutunterlaufen. Die Nase ist gross, oft eine Adler- oder vielmehr Habichtsnase; die Kiefer starkknochig, die Ohren lang, die Wangen breit, die Haare gekräuselt, voll und dunkel, der Bart oft spärlich; die Lippen dünn, die Eckzähne gross" (*Lombroso*, 1894, 229 f.).

Abbildung 1: Gesichtstypus (Quelle: *Lombroso,* 1907, 103)

Die bei den Verbrechern in überdurchschnittlicher Häufung gefundenen Anomalien deutete *Lombroso* als Indizien für eine Entwicklungshemmung, als „Atavismus", ein von der Natur geschaffener besonderer Menschentyp (1894, 248). Das ist die Interpretation „des Verbrechers als eines in unsere civilisierte Welt hineingeratenen Wilden (…)" (*Ferri,* 1896, 27).

bb) Die Leistung *Lombrosos* ist darin zu sehen, daß er sich, wie eingeschränkt auch immer, um einen **erfahrungswissenschaftlichen Zugang** zur Kriminalität bemühte. Er beendet damit eine lange Phase der spekulativen Betrachtung der Delinquenz (Überblick zur Frühgeschichte der Kriminologie bei *Göppinger,* 1997, 6ff.). Der methodische Vorwurf, der *Lombroso* zu machen ist, liegt nicht darin, falsch beobachtet oder gemessen zu haben. Vielmehr hat er den **Ausleseeffekt übersehen,** dem die untersuchten Gefangenen aus der Gesamtzahl der Straffälligen unterworfen waren. *Lombroso* setzte Kriminalität mit dem gleich, was er in den Gefängnissen vorfand. Viele der Merkmale, die er an den Gefangenen feststellte und als Verbrechens**ursachen** interpretierte, würden aus heutiger Sicht als die **Folgen** der Ausleseprozesse angesehen, die von der Polizei bis zur Strafjustiz und im Akt der Strafzumessung eintreten (vgl. unten § 3 B IIIff.).

Lombroso hatte mit seiner ‚Entdeckung' des „geborenen Verbrechers" heftige Diskussionen über die Rechtfertigung der Strafe ausgelöst, die bis in unsere Tage anhalten. Begeht ein Mensch – determiniert durch seine Veranlagung – eine Straftat, so dürfte ihm kein Schuldvorwurf gemacht werden: Nach der strafrechtseigenen Maxime darf ohne Schuld keine Strafe erfolgen (so bereits *Ferri*, 1896, 246 ff.). Diese Konstellation veranlaßte einen Widersacher der Modernen Strafrechtsschule später zu dem literarischen Ausruf, der von juristischen Zeitgenossen so oder ähnlich auch an *Lombroso* gerichtet wurde: Was läßt *v. Liszt* vom Strafrecht übrig? (*Birkmeyer*, 1907).

b) Ferri

Der Jurist *Enrico Ferri*, ein Schüler *Lombrosos*, ergänzte und differenzierte in späteren Arbeiten die Annahme von der biologischen Determiniertheit des Verbrechens. Er wies insbesondere auf die Vernachlässigung psychischer und sozialer Faktoren in den Kriminalitätserklärungen *Lombrosos* hin (*Ferri*, 1896, 24 ff.).

Im einzelnen unterschied *Ferri* die der Person des Verbrechers innewohnenden **anthropologischen Faktoren**, die er untergliedert in die organische (z. B. Schädelanomalien) und die psychische Konstitution (Intelligenz, Gefühlsanomalien) sowie die persönlichen Charaktere (Rasse, Alter, Geschlecht, Beruf, Klassenzugehörigkeit etc.) des Verbrechers. In der zweiten Gruppe finden sich **physische Faktoren** des Verbrechens wie Klima, Tagesperioden oder Jahreszeiten. Die zum dritten unterschiedenen **sozialen Faktoren** reichen von der Bevölkerungsdichte über das Familienleben, die wirtschaftlichen und politischen Verhältnisse bis hin zum Zustand der Strafgesetzgebung, von Polizei und Justiz – einer höchst modernen Einsicht (*Ferri*, 1896, 125 f.). *Ferri* bemühte sich schließlich auch um die Lösung des Schuldproblems. Durch die Verneinung der Willensfreiheit in der von *Lombroso* begründeten „positivistischen Schule" mußte die strafrechtliche Zurechnung neu begründet werden. *Ferri* ersetzte die traditionelle Annahme von der moralischen Verantwortung (Willensfreiheit) durch den Gedanken der sozialen Verantwortung: Für jede strafbare Handlung, die vom Täter in einem „(…) ihm angehörenden psychophysiologischen Process vollzogen (…)" (a. a. O., 274 f.) wird, ist dieser strafrechtlich verantwortlich, „allein weil und solange er in Gesellschaft lebt" (a. a. O., 297). Diese Überlegungen wurden später in der sog. Lehre von der „Sozialverteidigung" weiterentwickelt.

2. Grundannahmen der Kriminologie

Das Gefängnis, von dem die ersten empirischen Kriminalitätsforschungen ausgingen, verkörpert und vermittelt zwei Grundkonzepte der Kriminologie, die bis heute das kriminologische Denken bestimmen, nämlich
- das Prinzip der Individualisierung (a) und
- das Prinzip der Andersartigkeit (b).

a) Das Prinzip der Individualisierung

Obwohl die Kriminologie als Erfahrungswissenschaft die strafrechtliche Zuschreibung der individuellen Willensfreiheit zugunsten der Annahme von der persönlichen oder sozialen Determination des Handelns aufgibt, bleibt das Individuum die wesentliche Quelle des Verbrechens und der Bezugspunkt der Intervention. Das kriminologische **Prinzip der Individualisierung** verbleibt damit sowohl im Rahmen der schuld-strafrechtlichen Zurechnungslogik als auch der bürgerlichen Ideologie von persönlicher Verantwortlichkeit und Leistung. Die Gefängniszelle versinnbildlicht dieses Prinzip, das der kriminologischen Diagnose und Interventionsempfehlung nachdrücklich Schranken setzt.

b) Das Prinzip der Andersartigkeit

In den Untersuchungsanordnungen der ersten kriminologischen Forschungen, so in *Lombrosos* empirischer Studie über den „kriminellen Menschen" (1876), markiert die

Gefängnismauer die Trennlinie zwischen der Untersuchungsgruppe der Gefangenen und der Kontrollgruppe, den Menschen draußen. Das Erkenntnisinteresse gilt der Andersartigkeit des Kriminellen gegenüber dem Normalen. Für die frühen Kriminologen leistet das Gefängnis nicht nur die soziale Ausgrenzung des Verbrechers, sondern es weist diesem gleichsam einen andersartigen natürlichen Status zu. Das **Prinzip der Andersartigkeit,** die isolierte Betrachtung der „Welt der Kriminalität", wie auch der auf die Person gerichtete kriminologische Zugriff sind auch der heutigen traditionellen Kriminologie zu eigen – und werden als Widerspruch zur Autonomie der Wissenschaft beklagt (*Sack,* 1987, 247f.).

IV. Die Psychiatrie als kriminologischer Vorreiter

Als **Geburtshelfer** der Kriminologie hat die **Psychiatrie,** die Lehre von der krankhaften psychischen Auffälligkeit, zu gelten. Ihr entlehnt die junge kriminologische Wissenschaft ihr quasi-medizinisches Image, das Ansehen einer (in den Augen des Zeitgenossen) modernen Disziplin und die ersten Erklärungskonzepte für Kriminalität. Sie liefert die Vorlagen für deterministische Handlungskonzepte – nicht vom freien Willen bestimmtes Handeln – und Theorien der biologischen „Abartigkeit" zur Erklärung der „kriminellen Persönlichkeit". Die Zusammenarbeit zwischen diesen Fachrichtungen gedeiht nicht zuletzt deshalb, weil die Psychiatrie im Bereich der Strafjustiz ein neues Tätigkeits- und Professionalisierungsfeld entdeckt (*Garland,* 1987, 81f.; *Lamott,* 1988, 179ff.). Bis heute hat die Kriminologie das Ansehen der Psychiatrie in der Strafgerichtsbarkeit nicht eingeholt (vgl. *Moser,* 1971). Psychiatrische Sachverständige werden selbst dort als Aufklärungsgehilfen angefordert, wo besonderer kriminologischer Informationsbedarf auf der Hand liegt (vgl. BGH StV 1994, 252ff.).

B. Strafrechtliche Interessen an der Kriminologie

Das Strafrecht fragt die Kriminologie nach Einschätzungen seiner **Rationalität,** d.h. Vernünftigkeit der Kriminalitätsbekämpfung, seiner **Effektivität,** also Wirksamkeit, und der **Begründetheit** des strafrechtlichen Zugriffs (Legitimitätsfrage).

I. Das wissenschaftliche Produkt „Kriminalität" als durch die Strafjustiz lösbares Problem

1. Die Herstellung des sozialen Problems

Das Interesse des Strafrechts bzw. der Strafjustiz an der kriminologischen Wissenschaft geht von dem sozialen Problem aus, das durch die strafrechtlichen Normen geschaffen und beschrieben wird. Ohne eine strafrechtliche Norm gibt es keine Kriminalität: Erst die Strafbarkeit des Rauschmittelbesitzes schafft die Rauschmittelkriminalität. Das kann, je nach historischer und politischer Gegebenheit, den Tabak, den Alkohol oder Haschisch betreffen. Zur Bearbeitung des so „produzierten" Kriminalitätsproblems sind Polizei, Gericht und Strafvollzug normativ angehalten: Insofern „schaffen" auch sie erst die Kriminalität. Sie ist gleichsam das Modell des modernen „sozialen Problems" (vgl. hierzu näher unten 12. Kapitel).

2. Die Herstellung des moralischen Problems

Da der Staat zum Schutz der strafrechtlich definierten Rechtsgüter seine schärfste Waffe, den Einsatz staatlichen Zwangs und Strafsanktionen, aufbietet, erhält das soziale

Problem der Kriminalität einen besonderen, herausgehobenen Rang innerhalb der Abfolge gesellschaftlicher Probleme. Kriminalität wird zu einem vorherrschenden Problem des sozialen Alltags. Die öffentliche Aufmerksamkeit konzentriert sich auf das Kriminalitätsproblem. Gerichtsberichte erhöhen die öffentliche Aufmerksamkeit. Sie bewirken im Zusammenspiel mit den Law-and-Order-Produkten der Medienindustrie „symbolische Strafrechtsfunktionen", z.B. die moralische Abwertung der Kriminalität bzw. des Kriminellen oder die Darstellung staatlicher Autorität (vgl. *Hess/Scheerer,* 1997 sowie unten § 6 C). Durch die **schematische Vereinfachung des Strafrechts** – die Trennung von Gut und Böse, von Anpassung und Abweichung – wird gleichzeitig eine **moralische Trennlinie** gezogen, wird in der Gesellschaft der innere Feind unter Einschluß seiner kulturellen Lebenswelt herausgehoben und von den herrschenden Werten abgegrenzt (zum Begriff des „Feindstrafrechts" vgl. *Jakobs,* 1985, 753, 756 ff.).

3. Scheinbare Problemlösung durch Anwendung des Strafrechts

Mit der Etikettierung einer Konfliktlage bzw. eines schädigenden Ereignisses als Straftatbestand ist aber nicht nur eine staatliche Problembestimmung verbunden. Vielmehr wird zugleich unter Beweis gestellt, daß das Problem politisch zu handhaben ist und nachdrückliche Bemühungen zur Problembekämpfung unternommen werden (können). Kriminalität bzw. der gesetzgeberische Akt der Kriminalisierung wirken insofern auch als nützliches politisches Auffangbecken für die in den Grenzen des gegebenen gesellschaftlichen Systems unlösbaren Strukturdefekte.

Ein Beispiel: Die Zerstörung der natürlichen Lebensbedingungen der Menschen wird als Preis des ökonomischen Wohlstands politisch in Kauf genommen. Hier vermittelt die Einrichtung eines Umweltstrafrechts den Bürgern den **Eindruck,** daß der Kampf gegen die so diffus erscheinenden Mächte der Umweltzerstörung gleichwohl möglich ist, indem Schuldige aufgeboten und bestraft werden. Andere schadenstiftende oder gefährdende soziale Ereignisse, man denke an die Betreibung von Kernkraftwerken oder die atomare Rüstung, die ohne strafrechtliche Problemauszeichnung verbleiben, geraten dagegen zur gesellschaftlichen „Natur", zu den Risikolagen der Zivilisation, die schlicht hinzunehmen sind (vgl. *Beck,* 2001; *Perrow,* 1992).

4. Die Kriminologie als Problemlösungs-Wissenschaft

Wesentliche Vorgaben, die den Wissenschaftszweigen, die unter dem Dach der Kriminologie vereint sind, von der Strafjustiz gemacht und weitgehend akzeptiert werden, sind:
- Das durch Strafrechtsnormen **konstruierte soziale Problem,**
- die **moralische Abwertung** des problematisierten Sachverhalts und
- die Feststellung, daß das Problem mit den **Mitteln des Strafrechts** in einem normativ gerahmten Verfahren zu **bekämpfen** ist.

Hans Gross, einer der Väter der **Kriminologie,** die seinerzeit auch zutreffend Kriminalistik genannt wurde, zeigt in der nachfolgenden Formulierung, mit welcher Bereitwilligkeit sich die positivistische kriminologische Tatsachen-Wissenschaft in den **Ordnungsdienst des Staates** begibt: „Die Kriminalistik will nichts Anderes, als der Strafrechtswissenschaft Handlangerdienste leisten, sie hat ihren Zweck erreicht, wenn sie Steine herbeischleppen durfte, welche die (...) Kriminalpolitik zu jenem ersten Baue brauchen kann, den die jungdeutsche Schule aufführen will und für den sie einst die Menschen segnen wird, denn er ist nicht mehr dem Streite über das von Menschen Ersonnene, sondern der Erkenntnis des Thatsächlichen gewidmet" (*Gross,* 1899, 116).

II. Kriminologie heute: kontinuierlich im Ordnungsdienst des Staates

Betrachtet man die Definitionen der Kriminologie, die sich in neueren Lehrbüchern und Aufgabenbeschreibungen der Kriminologie finden, so zeigt sich gegenüber dem frühen hilfswissenschaftlichen Selbstkonzept durchaus Kontinuität, selbst wenn die Begrifflichkeit heute differenzierter ist.

1. Kriminologie als Lieferant für praxisnahe Leitfäden der Kriminalitätsbekämpfung

Die größte Nähe zum strafrechtlich bestimmten Gegenstandsbereich und zum Ziel der Kriminalitätsbekämpfung findet sich zum Beispiel im bekannten Kriminologielehrbuch von *Hans Göppinger*:

> „Die Kriminologie ist eine selbständige Erfahrungswissenschaft. Sie befaßt sich mit den im menschlichen und gesellschaftlichen Bereich liegenden Umständen, die mit dem Zustandekommen, der Begehung, den Folgen und der Verhinderung von Straftaten sowie mit der Behandlung von Straffälligen zusammenhängen" (1997, 1). Auch wenn der Kriminologe nach *Göppingers* Feststellung in den Gegenständen seiner Untersuchung nicht auf den strafrechtlich normierten Verbrechensbegriff eingeengt ist, so gilt doch: „Insoweit ist das juristisch abgegrenzte Verbrechen wohl Ausgangspunkt kriminologischer Forschung, nicht aber ausschließlich Gegenstand oder gar Forschungsziel der Kriminologie" (1997, 4). In den Forschungsarbeiten *Göppingers*, so in der „Tübinger Jungtäteruntersuchung" (*Göppinger*, 1983), tritt dann ein wissenschaftliches Selbstverständnis deutlich zutage, in dem die Kriminologie als Lieferant für praxisnahe Leitfäden und Werkzeuge der Kriminalitätsbekämpfung bestimmt wird. So werden aus der vergleichenden Betrachtung krimineller und nichtkrimineller junger Männer kriminogene Merkmale der Persönlichkeit und ihrer sozialen Lebensumstände ermittelt und in ein Prognoseschema überführt. Auf diese Weise wird eine Liste von persönlichen und sozialen Merkmalen für den kriminellen Prototyp gewonnen, dessen Andersartigkeit in der massiven Mißachtung (klein-) bürgerlicher Wertvorstellungen und Ordnungskonzepte besteht.

In ähnlicher Weise verortet *Heinz Leferenz*, der wie *Göppinger* der traditionellen, täterorientierten Kriminologie zuzurechnen ist, die Disziplin, wenn er sich in einem kritischen Beitrag mit der modernen Kriminologie auseinandersetzt, die sich nach seiner Meinung zu weit von ihren Vorkämpfern und ihrer ursprünglichen Aufgabe, „nämlich die wirksamere Bekämpfung des Verbrechens *(von Liszt)* bzw. des Verbrechers *(Lombroso)*" zu bewirken, entfernt habe (1987, 1009).

> Für die Kriminologie und das Kriminalrecht stellt *Leferenz* fest, „(…) daß beide Disziplinen das gleiche Ziel haben, daß aber die Wege, auf denen diese Form der sozialen Kontrolle bewältigt werden soll, durchaus verschieden sind" (ebd.). Er beklagt, der „soziologische Weg", den die Disziplin inzwischen eingeschlagen habe, führe die Kriminologie in eine „Lehre vom abweichenden Verhalten" und vernachlässige den Bezug zum Kriminalrecht (1987, 1012). Die moderne Kriminologie habe sich vom Ziel der Kriminalitätsbekämpfung entfernt: „(…) so sind die Benefiziare der neuen Kriminalpolitik fraglos die aktuellen oder potentiellen Delinquenten" (1987, 1013). Im Umkehrschluß folgt daraus: „Weitaus bedenklicher an unserer neuen Kriminalpolitik ist aber ihre grundsätzliche Einseitigkeit zum Nachteil potentieller Verbrechensopfer" (1987, 1016).

In der Tat sind die Aufgabenbeschreibungen der übrigen Lehrbücher in dieser Hinsicht zurückhaltender. Aber auch hier zeigt sich die Nähe der analytischen kriminologischen Kategorien zu den Ordnungsfunktionen der Strafjustiz. Die Person des Täters und die Bedingungen seines Handelns bleiben mit dem Ziel der Präventionsoptimierung ein Kernpunkt der Befundsammlungen. Und die Effizienzsteigerung strafrechtlicher Sozialkontrolle bleibt ein wesentliches Anliegen der Instanzenforschung (Polizei, Staatsanwaltschaft, Gericht, Strafvollzug). Da stellt die von *Leferenz* beklagte Ausweitung des Gegenstandsbereichs der Kriminologie auf einige außerkriminalrechtliche Formen abweichenden Verhaltens (z.B. Alkoholismus oder Prostitution) keinen bemerkenswerten Kontinuitätsbruch dar.

2. Erweitertes kriminologisches Forschungsinteresse: Täter, Opfer und Instanzen sozialer Kontrolle

In unterschiedlicher Ausprägung finden sich in den Systematiken neuer Kriminologielehrbücher aber auch Kapitel zu Fragen der Kriminalisierung und Entkriminalisierung, den Bedingungen und Folgen strafrechtlicher Sozialkontrolle. Hier werden nicht-normativ vorgegebene Fragestellungen angedeutet. Diese Abschnitte stehen nicht selten unverbunden im Rahmen der bereits benannten Erkenntnisinteressen – ohne sich von normativen Vorgaben des Strafrechts zu lösen.

Günther Kaiser definiert die kriminologische Wissenschaftsdisziplin wie folgt: „Kriminologie ist die geordnete Gesamtheit des Erfahrungswissens über das Verbrechen, den Rechtsbrecher, die negativ soziale Auffälligkeit und über die Kontrolle dieses Verhaltens" (1996, 1). Trotz der in der Definition anklingenden Ausweitung, die *Kaiser* im Gegenstandsbereich der Kriminologie vornimmt, betont er, daß der „Sammelbegriff des abweichenden Verhaltens" (ebd., 2) über die Grenzen der Disziplin hinausführe und „das juristisch definierte Verbrechen den strategischen Ausgangspunkt kriminologischer Betrachtung darstellt" (ebd., 9). Wenngleich *Kaiser* den von *Sack* gegen die traditionelle Kriminologie gewendeten Vorwurf der „Praxisunterwerfung" (*Sack*, 1978, 221) energisch zurückgewiesen hat (*Kaiser*, 1988, 19), so stellt er doch resümierend fest: „Nach der hier vertretenen Auffassung stehen Verbrechenskontrolle, Verbrechen, Verbrecher und Verbrechensopfer im Mittelpunkt der kriminologischen Systematik; dabei kommt der Verbrechenskontrolle leichte Priorität zu" (*Kaiser*, 1996, 30).

Joseph Kürzinger knüpft in seinem Lehrbuch an frühere Kriminologie-Definitionen von *Kaiser* an, faßt den Gegenstandsbereich der Disziplin aber weiter, wenn er schreibt: „Versteht man mit der wohl herrschenden Meinung als Gegenstand der Kriminologie nicht nur das Verbrechen, sondern alles negativ abweichende Sozialverhalten, dann entsteht kein Problem, denn dann lassen sich mühelos alle sozial auffälligen Verhaltensweisen als legitimer Gegenstand kriminologischer Untersuchungen begreifen" (1996, 20). Zwar zählt *Kürzinger* auch die „strafrechtliche Kontrolle des Verbrechens" (ebd., 14) zum Gegenstandsbereich der Kriminologie, gibt diesem Thema aber in seinem Lehrbuch kein besonderes Gewicht. Hier dominiert eine täterorientierte Kriminologie der Einzeldelikte.

Über die klassische Funktionsbestimmung der Kriminologie weisen in der Gegenstands- und Aufgabenbeschreibung die, in mehreren Auflagen erschienenen, Lehrbücher von *Eisenberg* und *Schneider* hinaus.

In *Ulrich Eisenbergs* Konzeption ist die „Kriminologie eine empirische Wissenschaft von den Zusammenhängen sowohl strafrechtlicher Beurteilung von Geschehensabläufen als auch strafrechtlich beurteilter Geschehensabläufe" (2000, 2). Entsprechend erhalten in der Abhandlung Analysen der Gesetzgebung und der sozialen Kontrolle einiges Gewicht. Ähnlich klingt die Schwerpunktsetzung bei *Hans-Joachim Schneider*: „Kriminologie ist die Human- und Sozialwissenschaft, die individuelle und gesellschaftliche Kriminalisierungs- und Entkriminalisierungsprozesse empirisch erforscht und die ihre Erkenntnisse als Empfehlungen an Gesetzgeber und -anwender weitergibt" (1987, 87). Im weiteren schließt *Schneider* die Strafgesetzgebung, die Entstehungsbedingungen abweichenden Verhaltens, formelle und informelle Reaktionen auf Kriminalität und die Persönlichkeit von Täter und Opfer in den Gegenstandsbereich ein. Den Erklärungsgewinn der Kriminalisierungstheorien verspielt *Schneider* allerdings durch ihre bruchlose Einreihung in (ursachenorientierte = ätiologische) Theorien der Kriminalitätserklärung (ebd., 560). So bleibt die definitorische Schwerpunktsetzung in seiner Kriminologie weitgehend folgenlos.

3. Ansätze einer kritischen Kriminologie

Einige Kriminologen, die aus einem kritisch-kriminologischen Blickwinkel den Zustand der deutschen Kriminologie untersuchen, attestieren ihr, die Fragestellung ihrer Forschungen sei „**durch und durch justiz- und strafrechtsintern**" (*Sack*, 1987, 249). Die traditionelle Kriminologie, so dieser Autor, „entwickelt keine eigenen theoretischen Fragestellungen, sondern übernimmt diese aus dem Problemhorizont der Institution und Instanzen selbst" (ebd.).

Auch andere Autoren der **kritischen Kriminologie** beharren darauf, daß sich eine Wissenschaft ihre Erkenntnisinteressen nicht durch normative Vorgaben verengen lassen dürfe. Die Blickverengung der traditionellen Kriminologie liegt in der dem Strafrecht entlehnten Präventionsperspektive begründet. Darauf hat erstmals der amerikanische Kriminologe *Matza* hingewiesen, wenn er schreibt: „Der Präventionsstandpunkt hindert überhaupt daran, das abweichende Phänomen richtig in den Blick zu bekommen, da er von dem Ziel bestimmt und motiviert wird, es auszumerzen" (1973, 22). Während das Präventionsziel die wissenschaftliche Aufmerksamkeit auf den kriminell Handelnden und dessen soziale Umgebung lenkt, ist die kritisch-kriminologische Forschung vorrangig auf **Staat, Recht und Strafverfolgungsorgane** gerichtet. Diese Forschungsgegenstände entsprechen der Einsicht, daß Kriminalität als gesellschaftliches Phänomen durch staatliche Strafverfolgung aktiv erzeugt wird – im Gegensatz zu Annahmen der traditionellen Kriminologie, in der die Strafverfolgungsorgane als passive Nachfrager der Kriminalität erscheinen (siehe umfassend zur kritischen Kriminologie *Sack*, 1978, 309ff.; *Sack*, 1993; *Hess/Scheerer*, 1997, 83ff.; *Müller-Tuckfeld*, 1998, 109ff.).

Insgesamt betrachtet ist das heute bestimmende kriminologische Wissenschaftsverständnis – trotz der lebhaften Debatte, die die kritische Kriminologie angestoßen hat – in bemerkenswerter Weise dem Gegenstandsbereich, den Erkenntnisinteressen und den analytischen Kategorien verbunden geblieben, die bereits die frühe positivistische Kriminologie auszeichneten. So fördert auch eine wissenschaftssoziologische Sichtung der kriminologischen Programme seit der Jahrhundertwende, wie sie etwa die englischen Kriminologen *Taylor/Walton/Young* (1977) oder *Garland* (1987) vorgelegt haben, analytische Kategorien, strafrechtliche Verwendungsinteressen und gesellschaftliche Funktionen zu Tage, die für die alte wie für die neuere Kriminologie Gültigkeit besitzen.

III. Kriminologische Bewältigungsstrategien gegenüber der Kriminalität als individuelles und soziales Problem

Die Rekonstruktion der Kriminalität als ein lösbares soziales Problem verlangt zwangsläufig angemessene wissenschaftliche Hilfestellungen zu dessen Bewältigung. Daraus folgen bestimmte Anforderungen, die das Strafrecht an die Kriminologie richtet. Nachgefragt werden:

- **Ursachenanalysen** (1),
- daraus folgende **Interventionsvorschläge** (2),
- Überprüfungen der **Sanktionswirkungen** (3) und
- kriminologisch zu begründende **Rechtfertigungsmuster** für die Strafjustiz (4).

Derartige Nachfragen werden in Frühwerken und in modernen Standardwerken der Kriminologie gleichermaßen befriedigt.

1. Nachfrage nach kriminologischer Ursachenanalyse

a) Gesetze als Normalitätsstandards

Die Person ist Gegenstand und Einheit der kriminologischen Analyse. Von den Anfängen bei der italienischen biologischen Schule bis hin zur modernen „Kohortenforschung" (vgl. *Bettmer/Kreissl/Voß*, 1988) bildet die Suche nach dem substantiellen Unterschied zwischen Kriminellen und Konformen einen Fixpunkt kriminologischer Forschung. Die forschungsleitende Annahme von der Andersartigkeit des Kriminellen folgt aus der Abkehr vom Handlungsmodell der Willensfreiheit, welches das klassische Strafrecht auszeichnete. Die Suche gilt nun den handlungsleitenden Determinanten, die den Kriminellen zur Tat bestimmen und ihn zugleich vom normkonformen Bürger unterscheiden. Mit der Anomaliethese, der Annahme also, daß die Kriminalität dem „kriminellen Charakter", der Andersartigkeit des Verbrechers, zu verdanken ist, ist für den strafrechtlichen Eingriff ein erheblicher Legitimationsgewinn verbunden. Gegenüber der „anomalen" Kriminalität erscheinen die **Strafgesetze** als Ausdruck des **Bürgerkonsenses über Normalität und Ordnung** (vgl. *Garland*, 1987, 93). Die Kriminologie tendiert seither als Wissenschaft von der Abweichung (von Normalitätsstandards) zu einer unkritischen Haltung gegenüber den bestehenden Gesetzen. Sie bilden für den Kriminologen gleichsam den als selbstverständlich und als nicht weiter hinterfragbar hingenommenen Normalitätsmaßstab.

b) Kriminalität als Eigenschaft der Person

Kriminalität ist für die Moderne Strafrechtsschule der Jahrhundertwende und für die kriminologischen Hilfswissenschaftler erstmals verfügbar geworden. Während dem angepaßten Bürger weiterhin autonomes Handeln unterstellt wird, wird dem Devianten ein heteronomes, fremdbestimmtes Handlungsmodell zugeschrieben. Er ist damit als „Abhängiger" pathologisiert; der Eingriff erscheint zum künftigen Wohl des Devianten gerechtfertigt und begründet. Die Kriminologie ist insofern von Beginn an die Wissenschaft von der **Kriminalität als persönlicher Disposition,** als Eigenschaft der Person, die es aufzudecken, zu beobachten und zu verändern gilt.

Dieser Grundsatz bleibt auch dann erhalten, als später unter dem Einfluß der (amerikanischen) Kriminalsoziologie kriminogene Bedingungen im Umfeld der Person erforscht und in Kriminalitätstheorien integriert werden (siehe unten § 3). Zwar erscheint in den kriminalsoziologischen Theorien das abweichende Verhalten als „normale" Reaktion auf entsprechende Sozialisationseinflüsse oder Lernfelder; insoweit könnten derlei Annahmen auch Anlaß für eine chancenerweiternde Sozialpolitik sein. Werden diese Erkenntnisse aber vom Kriminaljustizsystem aufgenommen und dem normativ vorgegebenen Kriminalitätsbekämpfungsanspruch unterworfen, so steht der kriminelle Täter wieder im Mittelpunkt des Kontrollinteresses, das nunmehr aber in seine soziale Umgebung ausstrahlt. Im Anschluß an die sozialwissenschaftlichen Einsichten über die Ursachen der Kriminalität eröffnen sich neue Interventions- und Präventionsfelder.

c) Kriminalität als Zuschreibung

Erst neuere Theorien der Kriminalisierung („Labeling-Ansatz"), das sei hier vorweggenommen, lösen diesen analytischen Fixpunkt auf, wenn sie dem Strafrecht und der Strafverfolgung die entscheidende Rolle am Zustandekommen der sozialen Erscheinung „Kriminalität" zuweisen (siehe hierzu ebenfalls unten § 3 B III/IV). Dabei wird der dem Juristen wohlbekannte Lehrsatz „Keine Strafe ohne Gesetz" gleichsam erkenntnistheoretisch gewendet und behauptet, die strafrechtliche Norm und die autorisierte Zuschreibung (Strafverfahren) des kriminellen Status' erzeugten Kriminalität. Wer Kriminalität erklären will, der muß sich dieser Theorie zufolge um Normsetzung und um Normanwendung kümmern.

2. Nachfrage nach kriminologischen Interventionsvorschlägen

a) Klassisches Strafrecht benötigt keine Kriminologie

Eine dem klassischen Strafrecht verpflichtete Strafjustiz, in der die vergeltende Sanktion an der Schwere der Tat bemessen wird, hat noch keinen Bedarf für kriminologische Erkenntnisse über die täterbezogenen Ursachen der Straftat und eine diagnosegerechte Maßnahme. Hier ist die Kriminalstrafe der proportionale Ausgleich für die Interessen von Gesellschaftsmitgliedern, die durch die Straftat verletzt werden. Da die Straftat dem freien Willen des freien und gleichen Bürgers zugerechnet wird, zielt die Strafe nicht auf Resozialisierung, sondern – soweit überhaupt präventiv gerechtfertigt – auf Abschreckung. Das Strafrecht wird, wie alle Eingriffsbefugnisse des Staates, kontrakttheoretisch begründet. Es entspricht der Theorie zufolge gleichsam der Beschlußlage aller Gesellschaftsmitglieder, die sich zum Schutz wechselseitig drohender Interessenverletzungen auf diesen normativen Minimalkonsens und dessen strafjustitielle Verteidigung geeinigt haben (vgl. *Taylor/Walton/Young*, 1977). Die Kontrakttheorien der Aufklärer entstehen als Kampfschriften des aufstrebenden Bürgertums gegen feudale Justizwillkür und ständische Vorrechte, um vor allem wirtschaftliche Freiheit zu sichern. Ihre gegen die feudale Ungleichheit gewendeten Egalitätsschriften können angesichts der in der Anfangsphase der Industrialisierung nicht minder offen zur Schau getragenen Besitzungleichheit ihren ideologischen Charakter allerdings kaum verbergen.

b) Das Zweckstrafrecht weckt den Bedarf für Kriminologie

Interventionsvorschläge einer empirisch arbeitenden Kriminologie werden erst mit der Zweckorientierung des Strafrechts forensisch verwendungsfähig. Diese wiederum entwickelt sich an der Wende zum 20. Jahrhundert im Gefolge eines steigenden sozioökonomischen Bedarfs an schulischer und beruflicher Bildung, im Zuge eines neuerlichen Kampfes um jede Arbeitskraft, und sei sie im Strafvollzug zu finden. Das Zweckstrafrecht geht ebenfalls einher mit einer gewandelten Auffassung von der Rolle des Staates, dem nun abverlangt wird, die wachsenden Funktionslücken des Marktes zu schließen. Hierzu zählt auch die Herstellung und Aufrechterhaltung eines sozialen Reproduktionsprozesses. Der Staat wird auch verantwortlich gemacht für organisierte Sozialisation einschließlich flankierender Einrichtungen sozialer Kontrolle. Diese sind in einer säkularisierten Welt nur noch durch ihre positiven sozialen Zwecke, nicht mehr selbstbezüglich zu rechtfertigen. Die Staatstheorie des liberalen, distanzierten Rechtsstaats wird nun abgelöst durch das Modell des eingreifenden, allgegenwärtigen Sozialstaats. Zum Modell des Interventionsstaats gehört eine Straftheorie, die das strafrechtliche Instrumentarium staatlichen Nützlichkeitserwägungen offen unterstellt (vgl. *Albrecht*, 1988). Um an eine Formulierung *Ferris* anzuknüpfen, gilt es in der Aufbruchsstimmung der Jahrhundertwende nicht die Strafen, sondern die Kriminalität zu vermindern (*Ferri*, 1896, 12).

c) Das Präventionsstrafrecht steigert den Bedarf für Kriminologie

Die bis heute im Vordergrund stehenden Präventionsziele des Strafrechts verlangen eine erfahrungswissenschaftliche Analyse der Kriminalitätsursachen, um Besserungs- oder Abschreckungszwecke mit angemessenen Mitteln verfolgen zu können. Die Kriminologie gerät in den Rang einer „Grundlagenwissenschaft des Strafrechts" (*Hasse-mer*, 1993, 314). Durch die Verbindung von Kriminalitätsdiagnose und Behandlung des Delinquenten ist die Kriminologie von Beginn an auf die strafjuristische Praxis bezogen. Sie steht seither gegenüber dem Autonomieanspruch der Wissenschaft in einem prekären Theorie-Praxis-Verhältnis. Die Kriminologie verlangt und erzeugt eine bestimmte Bestrafungspraxis als Teilbereich der wissenschaftlichen Disziplin, der als „Pönologie" auch im Katalog der modernen innerkriminologischen Arbeitsteilung zu finden ist (vgl. *Kerner*, 1985). Wesentlicher Adressat der Interventionsangebote ist der Staat, wenngleich stets auch freie Träger und halbstaatliche Wohlfahrtsorganisationen bei Delegation staatlicher Kontrollaufgaben Ansprechpartner sind.

Die Abnormalitätsthese – und auch das ist von den Anfängen der Kriminologie bis zu gegenwärtigen Veröffentlichungen zu beobachten (vgl. *Farrington/Ohlin/Wilson*, 1986, 22) – liefert gegenüber der klassischen strafrechtlichen Eingriffsrechtfertigung eine plausible Begründung für eine Kontrollausweitung. Sind kriminogene Sozial- oder Persönlichkeitsmerkmale erkannt, so liegt es nahe, mit dem Zwangseingriff der Straftat zuvorzukommen. Vorbeugende Maßnahmen gegen die kriminelle Eigenschaft oder das kriminogene Umfeld erscheinen weit rationaler als der reaktive Zugriff nach der Straftat. Das auf vorliegende kriminalisierbare Sachverhalte gerichtete Strafgesetz verliert damit seine Monopolstellung als eingriffsleitende und eingriffslimitierende Norm. Offene, unbestimmte Begriffe wie „Verwahrlosung" ergänzen und erweitern das geschlossene normative System strafrechtlicher Eingriffsvoraussetzungen. Wer *Göppingers* Forschungsbefunde (Syndrome) mit selbstkritischem Blick auf die eigene Biographie richtet, wird feststellen, daß nun ein jeder, der eine ereignisreiche und lebendige Jugendzeit durchlebt hat, von dem einen oder anderen Früherkennungskomplex betroffen ist (*Göppinger*, 1985, 15 ff.; 217 ff.).

Wird die strafrechtliche Sanktion nicht mehr an der Straftat bemessen, die ein in der Vergangenheit liegendes, abgeschlossenes Ereignis darstellt, sondern an der zukünftig unter der Sanktionswirkung eintretenden Persönlichkeitsveränderung des Täters orientiert, so kann diese „Maßnahme" nicht mehr vorab begrenzt werden. Das Maß bestimmt sich vielmehr am Grad des je spezifischen Persönlichkeitsdefizits in einem kontinuierlichen Prozeß interventionsbegleitender Erfolgsmessungen anhand kriminologisch fixierter Normalitätsstandards.

Die Kriminologie erweckt inzwischen erfolgreich den Eindruck, als habe sie in der hundertjährigen Geschichte ihrer Disziplin eine wissenschaftliche Anleitung zur Kriminalitätsbekämpfung entwickelt. Gleichwohl liegen aus der täterorientierten, **traditionellen Kriminologie** bis heute **keine überzeugenden Befunde** über individuelle Kriminalitätsdispositionen und ihre angemessene Bearbeitung vor. Insofern ist dem englischen Kriminologen *Garland* auch mit Blick auf die Gegenwart zuzustimmen, wenn er sich von den Leistungen der frühen positivistischen, mit dem Anspruch erfahrungswissenschaftlich gewonnener Evidenz auftretenden Kriminologie wenig beeindruckt zeigt. *Garland* resümiert, diese Kriminologie erinnere ihn mit all ihren Dogmen und Spekulationen eher an einen Zweig der Theologie (1987, 97).

3. Nachfrage nach kriminologischer Analyse der Folgen sozialer Kontrolle (Wirkungsforschung)

a) Erforschung von Wirkungen des Strafrechts

Die auf zukünftige Entwicklungen gerichtete Folgenorientierung des modernen Strafrechts führt zwangsläufig zu einem Bedarf der Strafjustiz nach Untersuchungen, die sich mit den Auswirkungen der als sachgerecht empfohlenen Interventionen befassen. Ausgehend von personenbezogenen Theorien der Kriminalitätsentstehung und spezialpräventiv orientierten Straftheorien richtet sich der Forschungsbedarf zunächst auf die Überprüfung von Sanktionswirkungen beim Bestraften. Später werden auch abschreckende oder normstärkende Ausstrahlungseffekte der Sanktionsdrohung bzw. konkreter Sanktionierungen untersucht. Die Wirkung des strafjustitiellen Eingriffs, der die Erziehung oder die Behandlung des Delinquenten betreiben soll, wird durch den Erfolg der Legalbewährung oder den Mißerfolg des Rückfalls ermittelt. Die Angemessenheit der Sanktion wird nicht mehr allein in Kategorien der Gerechtigkeit entschieden. Daneben tritt die erfahrungswissenschaftlich bestimmte Frage nach der Richtigkeit der Maßnahme für das diagnostizierte Persönlichkeitsproblem.

b) Erforschung von schädlichen Nebenfolgen der Strafjustiz

Mit der zunehmenden Erkenntnis von sozialen Bedingungen der individuell auftretenden Devianz rücken neben Familie oder Schule auch die Kontrollinstanzen selbst in das Blickfeld der Kriminalitätsforscher. Die Frage nach dem Wirkungsgrad der Sanktionen, die auf vorhandene, anderweitig produzierte kriminogene Eigenschaften reagieren, wird zur Frage nach dem eigenen (kontraproduktiven) Anteil der Kontrollorgane an der kriminellen Karriere ihrer Klienten erweitert: Nicht die Familie, sondern die staatliche Bestrafung macht kriminell.

Nach anfänglichen Berührungsängsten gegenüber der Instanzenforschung (vgl. *Lautmann*, 1972) zeigen die Organe der Strafjustiz heute durchaus ein eigenes Interesse an der Organisation ihrer Tätigkeit, an der Steigerung ihrer Eingriffseffizienz oder an der Vermeidung nicht beabsichtigter Nebenfolgen ihrer Normprogramme und Normanwendungen. Sie lassen Konzepte für die „moderne Polizei" oder den „modernen Strafvollzug" entwerfen, richten Modelle einer reformierten Praxis ein und suchen bei der Wissenschaft um Begleitforschung nach (vgl. *Kreissl*, 1986, 129 ff.).

4. Nachfrage nach kriminologischer Legitimation der Strafjustiz

Das Interesse der Strafjustiz an der Verwendung wissenschaftlicher Erkenntnisse der Kriminologie kann nicht allein im Hinblick auf die instrumentellen Strafrechtsfunktionen der Kriminalitätsbekämpfung beurteilt werden. In einer Gesellschaft, die sich von traditionellen Wertvorstellungen immer weniger leiten läßt, lassen sich staatliche Zwangseingriffe in das Leben der Rechtsunterworfenen nur noch durch den Nachweis rechtfertigen, daß der Eingriff sachgerecht ist. Die Legitimität einer Intervention wird durch ihre Folgen nachgewiesen. Und für den Nachweis der Notwendigkeit, der Zweckmäßigkeit und der sachlichen Richtigkeit des Eingriffs steht die Wissenschaft mit ihrem Instrumentarium einer scheinbar wertfreien Wahrheitsfindung zur Verfügung. Sie kann auf bereits erforschte Gesetzmäßigkeiten sozialen Handelns verweisen, die, in Theoriegebäude integriert, auf Abruf bereitstehen, vergangenes Handeln zu erklären und zukünftiges zu prognostizieren. Während die Strafe im Rahmen absoluter Theorien innerrechtlich legitimiert werden kann, müssen sich die Vertreter relativer Straftheorien „außerhalb des Strafverfahrens sachverständig machen. Sie müssen, um Strafe und Strafverhängung zu rechtfertigen, Stellung nehmen zu den erwartbaren Wirkungen, sie müssen Prognosen abgeben, Wahrscheinlichkeiten einschätzen" (*Hassemer*, 1983, 46). Das Strafrecht wird von einer **normativ-juristischen** auf eine **empirisch-sozialwissenschaftliche** Orientierung umgestellt. Die Wissenschaft, hier die Kriminologie, wird auf diese Weise zu einem wichtigen Legitimationsinstrument für politische Entscheidungen (vgl. *Habermas*, 1974, 72 ff.; *Sack*, 1987, 260). Sie bestätigt dem strafrechtlichen Eingriff die sachliche Notwendigkeit. Kriminologen steuern hier insbesondere – von ihnen vermutete – Auskünfte über mögliche Präventionseffekte des Strafrechts bei, z.B. über die Wirkung der lebenslangen Freiheitsstrafe auf die Tötungshemmung der Bevölkerung (*Kaiser*, 1978).

§ 3. Kriminalitätstheorien: Die Erklärung von Kriminalität im Anforderungsprofil des Strafrechts

Literatur: *Akers, R.L.*, Deviant Behavior, 2. Aufl., 1977; *Albrecht, P.-A.*, Perspektiven und Grenzen polizeilicher Kriminalprävention, 1983; *Albrecht, P.-A.*, Prävention als problematische Zielbestimmung im Kriminaljustizsystem, KritV 1986, 55 ff.; *Bandura, A.*, Sozial-kognitive Lerntheorie, 1979; *Barton, S.*, Der psychowissenschaftliche Sachverständige im Strafverfahren, 1983; *Becker, H. S.*, Außenseiter, 1973; *Chambliss, W. J./Mankoff, M.* (Hrsg.), Whose Law, What Order, 1976; *Christiansen, K. O.*, A Preliminary Study of Criminality among Twins, in: Mednick, S./Christiansen, K. O. (Hrsg.), Biosocial Bases of Criminal Behavior, 1977, 89 ff.; *Clarke, u. a.*, Jugendkultur als Widerstand: Milieus, Rituale Provokationen, in: Honneth, A. (Hrsg.), 1979; *Cloward, R. A./Ohlin, L. E.*, Delinquency and Opportunity. A Theory of Delinquent Gangs, 1960; *Cohen, A. K.*, Delinquent Boys: The Culture of the Gang, 1955; *Cressey, D. R.*, Differentielle Assoziation, symbolischer Interaktionismus und Kriminologie, in: Schneider, H.-J. (Hrsg.), Die Psychologie des 20. Jahrhunderts, 1981, 182 ff.; *Durkheim, E.*, Die Regeln der soziologischen Methode, (R. König, Hrsg.), 1976; *Eysenck, H. J.*, Crime and Personality, 1964; *Foucault, M.*, Überwachen und Strafen, 1976; *Glueck, S. H./Glueck, E.*, Towards a Typology of Juvenile Offenders, 1970; *Göppinger, H.*, Kriminologie, 5. Aufl., 1997; *Gold, M.*, Delinquent Behavior in an American City, 1970; *Hassemer, W.*, Produktverantwortung im modernen Strafrecht, 1994; *Herzog, F.*, Gesellschaftliche Unsicherheit, strafrechtliche Daseinsvorsorge, 1991; *Janssen, H. u. a.* (Hrsg.), Radikale Kriminologie, 1988; *Jeffrey, C. R.*, Criminal Behavior and Learning Theory, Journal of Criminal Law, Criminology and Police Science 56 (1965), 294 ff.; *Kaiser, G.*, Kriminologie, 3. Aufl., 1996; *Kranz, H.*, Lebensschicksale krimineller Zwillinge, 1936; *Kreissl, R.*, Staatsforschung und staatstaugliche Forschung in der Kriminologie, KrimJ 1983, 110 ff.; *Kreissl, R.*, Soziologie und soziale Kontrolle, 1986; *Kretschmer, E.*, Körperbau und Charakter, 22. Aufl., 1955 (zuerst 1921); *Kuhlen, L.*, Strafhaftung bei unterlassenem Rückruf gesundheitsgefährdender Produkte, NStZ 1990, 566 ff.; *Lamnek, S.*, Theorien abweichenden Verhaltens, 5. Aufl., 1993; *Lange, J.*, Verbrechen als Schicksal. Studien an kriminellen Zwillingen, 1929; *Lemert, E. M.*, Social Pathology, 1951; *Lemert, E. M.*, Der Begriff der sekundären Devianz, in: Lüderssen, K./Sack, F. (Hrsg.), Seminar: Abweichendes Verhalten I, 1975, 433 ff.; *Luhmann, N.*, Rechtssoziologie, 2 Bde., 1972; *Merton, R. K.*, Sozialstruktur und Anomie, in: Sack, F./König, R. (Hrsg.), Kriminalsoziologie, 3. Aufl., 1979, 283 ff.; *Miller, W. B.*, Die Kultur der Unterschicht als ein Entstehungsmilieu für Bandendelinquenz, in: Sack, F./König, R. (Hrsg.), Kriminalsoziologie, 3. Aufl., 1979, 339 ff.; *Montagu, M. F. A.*, Das Verbrechen unter dem Aspekt der Biologie, in: Sack, F./König R. (Hrsg.), Kriminalsoziologie, 3. Aufl. 1979, 226 ff.; *Pfeiffer, D. K./Scheerer, S.*, Kriminalsoziologie, 1979; *Quinney, R.*, Criminology, 1975; *Reiss, A.J.*, Delinquency as the Failure of Personal and Social Controls, American Sociological Review 16 (1951), 196 ff.; *Röhl, K. F.*, Rechtssoziologie, 1987; *Sack, F.*, Definition von Kriminalität als politisches Handeln: der labeling approach, in: Arbeitskreis Junger Kriminologen (Hrsg.), Kritische Kriminologie, 1974, 18 ff.; *Sack, F.*, Probleme der Kriminalsoziologie, in: König, R. (Hrsg.), Handbuch der empirischen Sozialforschung. Bd. 12, 2. Aufl., 1978, 192 ff.; *Sack, F.*, Neue Perspektiven in der Kriminologie, in: Sack, F./ König, R., Kriminalsoziologie, 3. Aufl., 1979; *Sack, F.*, Kriminalität, Gesellschaft und Geschichte: Berührungsängste der deutschen Kriminologie, KrimJ 1987, 241 ff.; *Sack, F.*, Wege und Umwege der deutschen Kriminologie in und aus dem Strafrecht, in: Janssen, H. u. a. (Hrsg.), Radikale Kriminologie, 1988, 9 ff.; *Sack, F.*, Der moralische Verschleiß des Strafrechts, KritV 1990, 327 ff.; *Sack, F./König, R.* (Hrsg.), Kriminalsoziologie, 3. Aufl., 1979; *Schneider, H.-J.*, Kriminologie, 1987; *Schneider, K.*, Die psychopathischen Persönlichkeiten, 1923; *Schwind, H.-D. u. a.* (Hrsg.), Präventive Kriminalpolitik. Beiträge zur ressortübergreifenden Kriminalprävention aus Forschung, Praxis und Politik, 1980; *Sessar, K.*, Rechtliche und soziale Prozesse einer Definition der Tötungskriminalität, 1981; *Skinner, B. F.*, Wissenschaft und menschliches Verhalten, 1953; *Springer, W.*, Kriminalitätstheorien und ihr Realitätsgehalt, 1973; *Stumpfl, F.*, Die Ursprünge des Verbrechens, Leipzig 1936; *Sutherland, E.H.*, Principles of Criminology. 4. Aufl., 1947; *Sutherland, E.H.*, Die Theorie der differentiellen Kontakte, in: Sack, F./König, R., Kriminalsoziologie, 3. Aufl., 1979, 395 ff.; *Taylor, I./Walton, P./Young, J.*, The new Criminology: for a social Theory of Deviance, 4. Aufl., 1977.

A. Theoretische Zugriffsweisen

I. Wissenschaftlicher Theoriebedarf

1. Erkenntnisfördernder Gewinn

Die Nachfrage des Strafrechts nach kriminologischer Ursachenanalyse setzt wissenschaftliche Theorien voraus, die individuelles oder soziales Verhalten erklären. Die traditionelle Kriminologie hat hierzu keine eigenständigen Theorien entwickelt, sondern hat bei anderen Bezugswissenschaften Anleihen genommen: Medizin, Psychiatrie, Biologie, Psychologie, Soziologie. „Kriminologische Theorien" traditioneller Art sind dadurch gekennzeichnet, daß sie in anderen Disziplinen ausgearbeitete verhaltenserklärende Theorien auf den Gegenstandsbereich des abweichenden Verhaltens beziehen.

Der erkenntnisfördernde Gewinn einer wissenschaftlichen Theorie zur Erklärung von Verhalten, welcher Art auch immer, liegt in dem Zwang, sich von alltagsweltlicher Betrachtung lösen zu müssen. So sieht sich der Strafjurist, der – vom Strafgesetz angeleitet – vom Axiom der Willensfreiheit auszugehen hat, beispielsweise durch eine sozialwissenschaftliche Lerntheorie (siehe unten B I 2) gezwungen, kriminelles Verhalten als folgerichtiges Handeln erlernter Regeln zu begreifen.

2. Verunsicherung durch Verfremdung

Der Nachteil der theoretischen Blickschärfung liegt in dem damit einhergehenden Verfremdungseffekt. Gerade für den Juristen folgt daraus eine hohe Irritation, weil er diese Erkenntnisse in seinem beruflichen Handeln nicht oder nur unter großen Mühen umsetzen kann. Das ist systematisch angelegt, weil die strafjuristische Rechtsanwendung kaum Öffnungen für konkurrierende wissenschaftliche Erklärungsmodelle zuläßt. Das Strafrechtssystem enthält einen normativen Ausschließlichkeitsanspruch, weil es auf rasch herstellbare Entscheidungen angelegt ist, die nicht dem **wissenschaftlichen Wahrheitsanspruch** verpflichtet sind. Letzterer ist vom **strafjuristischen (forensischen) Wahrheitsbegriff** zu unterscheiden, da dieser nicht erklären, sondern dem Richter nur die Grundlage für eine subjektive Überzeugungsbildung (§ 261 StPO) ermöglichen will (vgl. unten § 24 II). Irritationen folgen für den Juristen nicht zuletzt auch daraus, weil in der juristischen Ausbildung Erklärungsmodelle aus anderen Wissenschaften nicht hinreichend vermittelt werden.

II. Unterschiedliche Verwertung kriminologischer Theorien

Die Interessen des Strafrechts nach Erklärung von Kriminalität lassen sich nach zwei Seiten hin ordnen: Zum einen gibt es die Nachfrage nach **instrumentell verwertbaren,** d.h. für die **Kriminalitätsbekämpfung** verfügbaren empirischen Erkenntnissen über Ursachen der Kriminalität und über die Wirksamkeit der strafrechtlichen Kriminalitätskontrolle. Hier geht es um die Effizienz von Strafverfolgungsmaßnahmen. Zum anderen läßt sich ein Bedarf an **symbolisch verwertbarem** – d.h. für den **politischen Begründungsbedarf** verfügbarem – kriminologischen Wissen ausmachen. Dieser Bedarf bezieht sich ebenfalls auf die Erklärung und Kontrolle von Kriminalität. Hierbei geht es um den politischen Gewinn von Strafverfolgung für den Staat: So kann eine ausschließlich individuelle Kriminalitätserklärung teure sozialpolitische Maßnahmen erübrigen.

1. Theoriebedarf im Interesse personenbezogener Strafrechtsanwendung

Auf der instrumentellen Ebene der strafrechtlichen Nutzung kriminologischer Ergebnisse wird Kriminalität traditionell als ein **individuelles Phänomen** betrachtet, das **exakt zurechenbar** sein muß. In diesem Sinne sind zuallererst **auf die Person bezogene ursächliche Erklärungsansätze** (ätiologisch-individualisierend) gefragt (siehe B I). Diese lassen sich in die dogmatischen Ordnungsmuster des Strafrechts (Tatbestand, Rechtswidrigkeit, Schuld etc.) am besten einfügen (vgl. allgemein hierzu *Luhmann*, 1972, 354f.). Da das Strafrecht nach Entscheidungen verlangt und insoweit kein offenes Aushandlungssystem ist, ergibt sich aber auch für diese Erklärungsmodelle ein relativ enger Spielraum.

Die ohnehin schon begrenzte strafrechtliche Aufnahmekapazität verschärft sich noch mit der zunehmenden „**Soziologisierung**" zahlreicher theoretischer Erklärungsansätze. Denn durch das Eindringen von strukturell-gesellschaftlichen Begründungszusammenhängen (siehe B II) in die theoretische Analyse werden die auf persönliche Zurechenbarkeit ausgerichteten Zuschreibungsmuster des Strafrechts gesprengt. Die Plausibilität des strafrechtlichen Prüf- und Begründungsrasters aus objektiver wie subjektiver Tatbestandsmäßigkeit, Rechtswidrigkeit und Schuld, das Jurastudenten zum Zwecke der Prüfung der Strafbarkeit im Grundstudium erlernen, wird durch die wachsende gesellschaftstheoretische Durchdringung kriminologischer Erklärungsansätze mehr und mehr geschmälert.

Das Kriminaljustizsystem bemüht sich, mit Hilfe kriminologischer Ursachen- und Wirkungsforschung eine höhere kriminalpräventive Effizienz seiner Maßnahmen zu bewirken. Dies führt zwangsläufig auch zum Interesse der Strafjustiz an „**Kriminalisierungstheorien**" (siehe B III und § 4). Derartige Theorien betrachten „Kriminalität" letztlich als Ergebnis strafjustitieller Eingriffe und Normsetzung sowie daraus folgender „Stigmatisierungen" (Abstempelung als Krimineller). Aus der Sicht der Strafverfolgung erscheint das eigene Kontrollhandeln, jedenfalls soweit es in förmliche Verfahren oder gar in freiheitsentziehende Maßnahmen führt, als die Gefährdung präventiver Effizienz. Die Strafjustiz reagiert folgerichtig mit dem Angebot informeller Verfahren („Diversion") und ambulanter Sanktionen (z.B. gemeinnütziger Arbeit). Das kriminologische Theorieangebot der Stigmatisierungstheorie, ursprünglich als Mittel der Strafrechtskritik entwickelt, wird in ein Modernisierungsprogramm der Strafjustiz überführt. Auch dort, wo der Verzicht auf förmliche Verfahren durch Fallüberlast herbeigeführt wird, kann der Zugriff auf eine Kriminalisierungstheorie nützliche kriminalpolitische Begründungshilfen für den Verzicht auf Strafverfolgung leisten.

2. Blickschärfung für systemische Ziele des Strafrechts durch gesellschaftstheoretische Kriminalitätstheorien

Sozialwissenschaftliche Erklärungsmuster abweichenden Verhaltens haben auch das Strafrecht insoweit sensibilisiert, als es entgegen seiner individuell ausgerichteten Zielsetzung an strukturellen Kriminalitätsbedingungen nicht mehr vorbeikommt: Ökonomisch bedingte Umweltzerstörung, durch übersteigertes Profitdenken bewirkte Wirtschaftsschädigung, durch ökonomische Not bedingte Wanderungsströme und damit zusammenhängende Devianz. Der Strafgesetzgeber und die Kontrollinstitutionen erkennen, daß derartigen Problem- und Risikolagen der „postmodernen" Gesellschaft mit den Mitteln des herkömmlichen Schuldstrafrechts nicht begegnet werden kann. Entsprechend der theoretischen Erklärung von Devianz als nicht mehr ohne weiteres auf schuldhaftes Handeln zurückzuführendes Strukturproblem, beobachten wir

- in der **Strafgesetzgebung** eine Umstellung von Erfolgsdelikten zu Gefährdungs-delikten (insbesondere im Umwelt- und Wirtschaftsstrafrecht; vgl. hierzu *Herzog*, 1991, 109 ff.),
- eine Lockerung der **Zurechnungsebenen** (nicht mehr Kausalität, sondern Ver-mutungen sind hinreichend für strafrechtliche Reaktionen),
- gesteigerte **Pflichtanforderungen** an den Bürger kennzeichnen die Entwicklung von Unterlassungs- und Fahrlässigkeitsdelikten.

All das schien bereits in normativ kaum mehr zu zügelndes Präventionsdenken des Risikostrafrechts zu münden. Eingriffsvoraussetzungen werden undeutlich, General-klauseln und unbestimmte Rechtsbegriffe treten in der Vordergrund. Die Gesetzlich-keit des Strafrechts schien sich zusehends in Formen **sozialer Kontrolloptimierung** aufzulösen. Eine ähnliche Entwicklung findet sich auf der Ebene der **Strafverfolgung.** Hier ist die Umorientierung vom personenbezogenen Verdacht hin zu kriminogen erscheinenden (Bevölkerungs-)Gruppen und gesellschaftlichen Risikolagen normativ zum Teil schon abgeschlossen (siehe zur Entwicklung im Polizeirecht unten § 15 III 1).

Diese Inanspruchnahme struktureller kriminologischer Erkenntnisse, die ursprüng-lich ausschließlich strafrechtskritisch vermittelt waren, führte alsbald zu der paradoxen Folge einer Modernisierung und Rationalisierung strafrechtlicher Sozialkontrolle (vgl. *Kreissl*, 1983 und 1986). Die **sozialwissenschaftlich-kriminologische Informiertheit** der Kriminalpolitik führte zunehmend zu einer **Steigerung der präventiven Ein-griffsmöglichkeiten** des Strafrechts (vgl. *Schwind*, u.a. 1980; kritisch *Albrecht*, 1986). Die **Krise des Wohlfahrtsstaates** (vgl. unten § 6 B III) hat die präventiven Zugriffsziele sozialer Kontrolle aber merklich gelockert. Im Zuge der Ernüchterungsphase wohl-fahrtsstaatlicher Entwicklungen zeigen sich neuerdings eher fragwürdige Prozesse bürokratisch-administrativer Rationalisierung eines sich selbst nur noch verwaltenden Kriminaljustizsystems.

An einer umfassenden Präventionsperspektive angelangt rücken für das Strafrecht entgegen seiner individuell ausgerichteten Zielsetzung auch die gesellschaftstheoretisch orientierten Labeling-Theorien (Kriminalität als Zuschreibung) ins Blickfeld, freilich auch wieder entgegen ihrer aufklärerischen Absichten (siehe B IV). Die Theorie sieht im Strafrecht den Garanten mächtiger Einzelinteressen, das mit dem Instrument der Zuschreibung von Kriminalität Herrschaft sichert. Das moderne Strafrecht macht sich diesen Gedanken zunutze, indem es zur Prävention vor Risikolagen dem rechtsstaat-lich notwendigen Kausalnachweis ausweicht, eben durch **offen erklärte Zuschreibung** (vgl. BGHSt 37, 106 ff. sowie *Kuhlen*, 1990, 566 ff. und *Hassemer*, 1994). Auf der Ebene der Begründung derartig verkürzter Kausalitätsnachweise werden selbstverständlich Gemeinwohlinteressen herangezogen.

Generell kann gesagt werden, daß schon heute die Nachfrage des Strafrechts nach symbolisch verwertbarem wissenschaftlichem Wissen erheblich höher einzuschätzen ist als der (weniger bedeutsame) Bedarf an verwertbaren empirischen Erkenntnissen für die Strafverfolgung. Das hängt mit der Absicht der Rechtspolitik zusammen, das Strafrecht als Ersatz für anderweitige politische Lösungswege in der Gesellschaftspoli-tik zum Einsatz zu bringen. Damit zusammenhängend eignet sich dieses kriminologi-sche Wissen in nicht zu unterschätzender Weise zur politischen Legitimation (neuarti-ger) staatlicher Interventions- und Kontrollstrategien (siehe unten § 6 C IV).

B. Systematische Einordnung kriminologischer Theorien

Es lassen sich zwei Koordinaten zur Einordnung kriminologischer Theorien der Kriminalitätserklärung unterscheiden: Auf der ersten Ebene werden Theorien, die

Kriminalität als objektive Gegebenheit einer ursächlichen Erklärung zuführen (**Ätiologische Ansätze**), von Theorien unterschieden, die Kriminalität als Ergebnis einer Zuschreibung durch Strafverfolgung ansehen (**Labeling-Ansätze**). Auf der zweiten Ebene wird zwischen personenbezogenen theoretischen Erklärungen (Mikro-Ansätze) und gesellschaftsbezogenen kriminologischen Theorien (Makro-Ansätze) unterschieden.

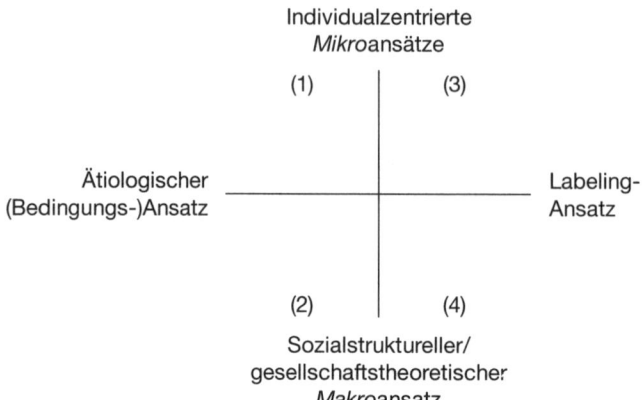

Abbildung 1: Koordinaten zur Einordnung kriminologischer Theorien (Quelle: *Albrecht,* 1983, 9)

Die Einordnung der einzelnen Theorieansätze in dieses Koordinatensystem (*Albrecht,* 1983, 9ff.) kann nicht mehr sein als ein grobes Raster, das zu einer Systematisierung der Vielzahl theoretischer Zugänge beitragen soll. Dabei haben wir es allerdings nicht nur mit sozialwissenschaftlichen Theorien der Kriminalität bzw. Kriminalisierung zu tun, sondern auch mit Erklärungsmodellen, die aus der Medizin oder Biologie entlehnt werden. Im Schwerpunkt bezieht sich dieses Systematisierungsmodell jedoch auf sozialwissenschaftliche Erklärungsansätze.

Wir wollen im folgenden dem Leser die Möglichkeit bieten, die Vielzahl kriminologischer Theorien in einen übergeordneten Gesamtzusammenhang einordnen zu können. Dieser Systematik wird hier der Vorrang eingeräumt gegenüber einer detaillierten Wiedergabe einzelner Theorien, die andernorts als Originalquellen (vgl. z.B. *Sack/König,* 1979) oder als Sekundärliteratur (vgl. z.B. *Lamnek,* 1993) nachgelesen werden können.

I. Ätiologisch-individualisierende Ansätze

Allen ätiologischen Ansätzen ist gemeinsam, daß sie von der Existenz klar herauszuarbeitender **Ursachen** von rechtlich kodifizierter Kriminalität ausgehen. Die Besonderheit der individualisierenden ätiologischen Erklärungsmodelle liegt in ihrer einpoligen Ausrichtung auf das kriminelle Individuum. Demgemäß gilt als entscheidender **Erklärungsfaktor** die **defizitäre Persönlichkeit des Kriminellen,** die eine Integration in die allgemein gültige gesellschaftliche Wertehierarchie verhindert. Der Bruch mit den strafrechtlichen Regeln wird als persönliche Inkompetenz gesehen, die entweder im biologisch-medizinischen Bereich oder im individuellen Sozialisationsprozeß (Erziehung und Ausbildung) ursächlich verankert ist. Dabei wird die eindimensionale Psychopathologisierung des Kriminellen nicht selten durch ein Anlage-Umwelt-Modell des „Täter(s) in seinen sozialen Bezügen" (*Göppinger,* 1997, 209ff.) verdeckt.

1. Biologische Kriminalitätstheorien

Klassische Ansätze der weitgehend auf genetischen Dispositionen fußenden Erklärungsmodelle bilden die von *Kretschmer* (1921) entwickelte konstitutionsbiologische Richtung, die von *Lange* (1929), *Stumpfl* (1936) und *Kranz* (1936) herausgearbeitete Erbbiologie, die mit Hilfe der bekannten Zwillingsforschungen konkretisiert wurde, sowie die Psychopathenlehre von *Kurt Schneider* (1923).

a) Konstitutionsbiologie (Kretschmer)

Nach *Kretschmers* Lehre von den **Körperbautypen** werden den einzelnen Konstitutionsformen (Pykniker, Leptosome, Athletiker, Dysplastiker) bestimmte Charaktereigenschaften und Tendenzen zur Begehung spezifischer Delikte zugeordnet.

Der deutsche Psychiater *Kretschmer* ging dem Zusammenhang zwischen „Konstitution" und Verbrechen anhand von über 4000 untersuchten Personen nach (vgl. *Kretschmer*, 1955, 331). *Kretschmer* verstand unter Konstitution die Gesamtheit der vererbbaren Eigenschaften eines Menschen, die sich in der körperlichen und seelischen Verfassung ausdrücken. Das Zusammenspiel zwischen Körperbau, Temperament und psychischem Zustand hat *Kretschmer* in **Idealtypen** zusammengefaßt (vgl. *Kretschmer*, 1955, 17 ff.). Unter Idealtypen sind Modellkonstruktionen zu verstehen, in denen bestimmte Züge der Wirklichkeit übersteigert werden, mit dem Ziel, sie dadurch eindeutig hervorzuheben (vgl. *Röhl*, 1987, 175). Mit den Indikatoren *Kretschmers* beschrieben, stellen sich die Körperbautypen wie folgt dar (vgl. *Kretschmer*, 1955, 14, 77 ff.):

- **Leptosome:** Schmaler, aufgeschossener Mensch, flacher, langer Brustkorb, dünner Hals, kleiner Kopf, blasses Gesicht, schmale Hände und Füße, derbes Haupthaar.
- **Athletiker:** Mittel bis hochgewachsener Mensch mit breiten starken Schultern, trapezförmigem Rumpf und schmalem Becken, kräftiges Muskelrelief auf derbem Knochenbau, kräftiger Hals mit derbem Hochkopf, eiförmiges Gesicht, große Hände und Füße, kräftiges Haupthaar.
- **Pykniker:** Kurzer, tiefer, gewölbter Brustkorb, runde, weiche Formen, kurzer Hals und großer abgerundeter Kopf, breites, gerötetes Gesicht, zartknochige kurzbreite Hände und Füße, zartes Haupthaar.
- **Dysplastiker:** Unharmonische, abnorme Wuchsformen.

Den Körperbautypen schrieb *Kretschmer* jeweils besondere Charaktereigenschaften zu, die eine Disposition für bestimmte Kriminalitätsformen nahelegen sollen: Pykniker seien in geringerem Umfang kriminell, Leptosome neigten zu Diebstahl und Betrug, Athletiker tendierten zu gewaltsamen Vermögens- und Sexualdelikten und Dysplastiker träten mit Sexualdelikten hervor (*Kretschmer*, 1955, 346; siehe auch *H.-J. Schneider*, 1987, 374 f.).

In *Kretschmers* Theorie bleibt völlig unklar, auf welche Weise die Konstitutionstypen zur Kriminalität beitragen. Auch sind die Konstitutionstypen nicht klar zu diagnostizieren. Die meist in Institutionen (psychiatrischen und Strafanstalten) gewonnenen Daten gestatten nicht die Kontrolle der sozialen Einflüsse, die aber in der Untersuchungsanordnung konstant gehalten werden müßten, um den Einfluß der körperlichen Konstitution zuverlässig messen zu können. Schließlich eröffnet der kriminogene Faktor des Körperbaus keinerlei Möglichkeiten für eine therapeutische Einflußnahme.

b) Zwillingsforschungen

In der **Zwillingsforschung** wird versucht, durch den Vergleich des (kriminellen) Verhaltens von eineiigen mit zweieiigen Zwillingen den Anteil der Erbanlage bei der Kriminalitätsentstehung nachzuweisen.

Seit den 20er Jahren des letzten Jahrhunderts gibt es in Deutschland zahlreiche wissenschaftliche Bemühungen, die biologische Determination des Verbrechens empirisch zu beweisen. Unter Rückgriff auf charakterologische Forschungen an Zwillingen, die bereits im 19. Jahrhundert vorgenommen worden waren, sollte mit Hilfe der vergleichenden Betrachtung der Kriminalität eineiiger und zweieiiger Zwillinge der Nachweis geführt werden, daß Kriminalität genetisch bedingt sei. Wenn Verhalten erbbedingt ist, so lautete die Forschungshypothese, dann müßten erbgleiche eineiige Zwillinge in ihrem Verhalten ähnlicher sein als zweieiige Zwillinge, die erbverschieden sind. Hat die Erbanlage hingegen keinen Einfluß auf das Verhalten, so darf der Vergleich der Kriminalitätsbegehung bei eineiigen und zweieiigen Zwillingen keinen Unterschied zeigen (vgl. *Lange*, 1929; *Stumpfl*, 1936; *Kranz*, 1936).

Wenn beide Partner eines Zwillingspaares Ähnlichkeiten in der Begehung krimineller Handlungen aufwiesen, so wurden sie **konkordant,** bei fehlender Übereinstimmung **diskordant** genannt. In der folgenden Tabelle sind einige Befunde aus der Zwillingsforschung der zwanziger und dreißiger Jahre des 20. Jahrhunderts zusammengestellt:

	Kriminelles Verhalten von Zwillingen			
	Eineiige Zwillinge		Zweieiige Zwillinge	
Autor	Konkordant	Diskordant	Konkordant	Diskordant
LANGE (1929)	10	3	2	15
LEGRAS (1932)	4	0	0	5
KRANZ (1936)	20	12	23	20
STUMPFL (1936)	11	7	7	12
ROSANOFF (1934)	25	12	5	23
Insgesamt	70	34	37	75
Prozent	67,3	32,7	33,0	67,0

Abbildung 2: Kriminelles Verhalten von Zwillingen (Quelle: *Sack/König,* 1979, 239)

Von den insgesamt untersuchten 104 eineiigen Zwillingspaaren zeigten 70 konkordantes, also gleichermaßen kriminelles Verhalten, 34 Paare erwiesen sich hingegen als diskordant. Bei den in die Untersuchung einbezogenen 112 zweieiigen Zwillingen verhielt es sich genau umgekehrt. Hier dominierten die diskordanten Paare (75), die also keine Übereinstimmung im kriminellen Verhalten zeigten; die konkordanten Zwillingspartner (37) bildeten die Minderheit. Für die frühen Zwillingsforscher war damit bewiesen, daß erbliche Faktoren einen erheblichen Anteil an den Ursachen kriminellen Verhaltens haben.

Gegenüber den mit nur kleinen Fallzahlen operierenden frühen Untersuchungen bestehen erhebliche Zweifel hinsichtlich der Generalisierungsfähigkeit der Befunde. Aber auch methodisch anspruchsvollere Untersuchungen wie die des Dänen *Christiansen* (1977) kamen in der Tendenz zu ähnlichen Befunden: *Christiansen* wählte aus dem dänischen Zwillingsregister 3586 Zwillingspaare aus. Eineiigkeit und Zweieiigkeit wurden durch Blutuntersuchungen zuverlässig festgestellt. Die Kriminalität der Zwillingspaare wurde nach dem Polizei- und Strafregister ermittelt. In 35% der männlichen eineiigen Zwillingspaare fand sich Konkordanz, bei männlichen zweieiigen Zwillingen dagegen nur 13% Konkordanz. Erbfaktoren erhöhten demnach die Wahrscheinlichkeit für das Auftreten ähnlichen Sozialverhaltens, so *Christiansen* in der vorsichtigen Interpretation seiner Befunde (vgl. hierzu auch *H.-J. Schneider,* 1987, 369 ff.).

Gegen die Befunde der Zwillingsforschung ist insbesondere ein wesentlicher **Einwand** geltend zu machen. Der Umweltfaktor wurde bei diesen Untersuchungen kriminellen Verhaltens von Zwillingen praktisch völlig ausgeklammert, wobei gerade das die entscheidende Erklärung sein könnte. Auf eineiige Zwillinge ergeht in besonders **hohem Maße sozialer Druck,** gleichartiges Verhalten zu zeigen. Dagegen ist dies bei zweieiigen Zwillingen, die auch unterschiedlichen Geschlechts sein können, in wesentlich geringerem Maße der Fall (vgl. auch *Montagu,* 1979, 239 f.; *H.-J. Schneider,* 1987, 370 f.).

c) Psychopathie-Lehre (K. Schneider)

Schließlich beinhaltet auch die **Lehre von den „kriminellen Psychopathen"** (*K. Schneider,* 1923), die in der Folge in diverse biosoziale Varianten verlängert wurde (*Eysenck,* 1964), die Behauptung einer „kriminellen Erbanlage", die zu einer abnormen Persönlichkeit führen und auf diese Weise kriminelles Verhalten hervorrufen soll (*H.-J. Schneider,* 1987, 382 ff.; *Kaiser,* 1996, 116 f.). Die Psychopathenlehre hat in der psychiatrischen Gutachterpraxis im Strafverfahren eine ungebrochen große Bedeutung. Hier werden „kriminelle Persönlichkeiten" nach der Art klinischer Krankheitsfälle diagnostiziert und zugeschrieben (vgl. kritisch *Barton,* 1983). Wissenschaftlich ermittelte Zusammenhangsbefunde zwischen Psychopathie und Rückfallverbrechen beruhen in aller Regel auf der aktenbezogenen Feststellung der Psychopathie aus dem Sachverständigengutachten und dem Nachweis späterer Rückfälligkeit. Soziale Faktoren bleiben aus diesem Zirkelschluß der Kriminalitätserklärung ausgenommen.

2. Lerntheorien

Die im wesentlichen sozialpsychologisch orientierten Lern- und Kontrolltheorien suchen die Ursachen für kriminelles Verhalten in der Lebenswelt des Individuums festzumachen. Entgegen dem **Mehrfaktorenansatz** (vgl. *Glueck/Glueck*, 1970), der kriminelles Verhalten mit Hilfe einer Vielzahl von Einzelfaktoren zu erklären sucht, die sozialer, psychopathologischer oder (erb-)biologischer Herkunft sein können, konzentrieren sich die Lerntheorien auf den Prozeß der Integration des Individuums in die Gesellschaft („Sozialisation").

Wenngleich die sozialpsychologischen Lerntheorien soziale Faktoren der Kriminalitätsentstehung in den Blick nehmen, bleibt die **Person des Täters** doch im **Zentrum** der wissenschaftlichen Aufmerksamkeit. Kriminalität wird nach diesem Konzept durch Auffälligkeiten der Person, nämlich die fehlgeleitete Sozialisation, ausgelöst. Unter Abkehr von der biologischen These vom geborenen Verbrecher behauptet die Lerntheorie, daß jeder Mensch in kriminelle Verhaltensmuster hineinsozialisiert werden kann. Ferner sei Kriminalität wie gewöhnliches soziales Handeln zu erklären, worin die Abkehr von medizinischen Pathologiekonzepten zu erkennen ist.

Abweichendes Verhalten wird demnach wie konformes Verhalten **im Sozialprozeß erlernt**. Dabei wird der Vorgang des Lernens mit unterschiedlichen theoretischen Modellen erfaßt. Das reicht von einfachen Mustern der Konditionierung (vgl. *Skinner*, 1953) über das Modell des Lernens am Erfolg (Verstärkungslernen, vgl. *Jeffrey*, 1965; *Akers*, 1977) bis hin zu komplexen sozialen Lerntheorien (vgl. *Bandura*, 1979).

a) Theorie der differentiellen Kontakte

Das bekannteste Beispiel für eine lerntheoretische Kriminalitätserklärung ist die **Theorie der differentiellen Kontakte** von *Sutherland* (1947; auch *Cressey*, 1981, 183 f.).

Kriminelle Verhaltensmuster werden durch persönliche Beziehungen in Gruppen erlernt. Dabei werden Techniken, die zur Verübung von Straftaten erforderlich sind, insbesondere aber rechtfertigende Einstellungen gegenüber Gesetzesverletzungen erworben. Überwiegen im Alltag jugendtypischer Lebenswelten solche Kontakte, die kriminelle Einstellungen fördern gegenüber solchen, die Gesetzesverletzungen negativ beurteilen, so entsteht Devianz. In delinquenzbelasteten Großstadtnachbarschaften kommen Jugendliche mit Gruppen beiderlei Orientierung in Berührung. Entscheidend für die Wahrscheinlichkeit der Delinquenzentstehung sei, mit welchen Gruppen der Jugendliche vorwiegend in Kontakt komme („differentielle Kontakte", vgl. *Sutherland*, 1979, 396 f.).

Die Theorie der differentiellen Kontakte steht insoweit vermittelnd zwischen personenbezogenen und gesellschaftsbezogenen Konzepten der Kriminalitätserklärung. So versucht sie auch eine Antwort auf die Frage zu geben, warum Menschen trotz kriminalitätsträchtiger gesellschaftlicher Disposition nicht kriminell werden (vgl. *H.-J. Schneider*, 1987, 505 ff.).

Kritisch ist anzumerken, daß eine Identifikation mit kriminellen Vorbildern auch ohne persönliche Kontakte, nämlich vermittels imaginärer Leitbilder möglich ist. *Sutherland* hat Ende der 40er Jahre die Rolle der Massenmedien sicherlich unterschätzt. Der schlichte persönliche Kontakt mit kriminalitätsfreundlichen Einstellungen hat ferner noch keinen hinreichenden Erklärungswert: Polizisten oder Gefängnisaufseher werden durch derlei Kontakte kaum infiziert.

b) Kontrolltheorien

Die Kontrolltheorien betonen hingegen die äußeren und inneren kontrollierenden **Bindungen** der Person an die Gesellschaft, die für den Prozeß des Erlernens von konformem Sozialverhalten ausschlaggebend seien (vgl. *Reiss*, 1951; *Gold*, 1970).

Gegenüber den vorgenannten Kriminalitätstheorien kehrt sich die Erklärungsrichtung um: Nicht Devianz, sondern die Bedingungen sozialkonformen Verhaltens werden erklärt. Kriminalität wird demnach durch den Bruch oder die Schwächung von Bindungen, die ein Mensch zur Gesellschaft und ihren Gruppen unterhält, ausgelöst. Alle Menschen sind der Theorie zufolge potentielle Rechtsbrecher. Sie werden durch die Furcht unter Kontrolle gehalten, Beziehungen zu Eltern, Freunden, Nachbarn, Berufskollegen, Lehrern etc. durch Kriminalität zu gefährden oder zu verlieren. Dort, wo solche sozialen Verbindungen fehlen, werden die Menschen anfällig für Kriminalität.

3. Folgerungen aus personenbezogenen Bedingungstheorien für präventive Maßnahmen

a) Kriminalpräventiver Anknüpfungspunkt: Defizitäre Persönlichkeit

Der entscheidende kriminalpräventive Anknüpfungspunkt der benannten Kriminalitätstheorien ist die defizitäre Persönlichkeit der „Kriminellen". Allgemein gesagt ist es die Inkompetenz – oft in Anlehnung an das medizinische Krankheitsmodell – des Individuums, sich angemessen zu verhalten. Ursachen für diese Inkompetenz können entweder im erbbiologischen Bereich oder in der individuellen Lerngeschichte gefunden werden.

b) Ziele von Prävention

Wünschenswerte Ziele von Prävention sind auf der Grundlage dieser theoretischen Ansätze die **Reduktion devianter Verhaltensweisen** und ihrer **Vorstufen** bei Beibehaltung der bestehenden gesellschaftlichen Strukturen. Die Institutionen sozialer Kontrolle werden noch keiner eigenständigen, lediglich einer vermittelnd-personenbezogenen Analyse in Richtung möglicher kriminalisierender Effekte unterzogen. Prävention heißt hier **„Abschreckung"** von (künftigen) Taten (Generalprävention) sowie resozialisierende **„Behandlung"** (Spezialprävention). Folge beider Vorgehensweisen soll eine Reduktion der unerwünschten Verhaltensweisen sein.

c) Stabilisierung des gesellschaftlichen Status quo

Solche Theorien eignen sich auch für eine Kriminalitätsdramaturgie, die es auf die Stabilisierung des gesellschaftlichen Status quo abgesehen hat und im übrigen an der Aufrechterhaltung einer unkritischen Akzeptanz der Bürger in bezug auf die sicherheitspolitischen Kontrollstrategien interessiert ist.

II. Ätiologisch-sozialstrukturelle Ansätze

Anders als die ätiologisch-individualisierenden Modelle beziehen die ätiologisch-sozialstrukturellen Ansätze die Gesamtgesellschaft in die Kriminalitätserklärung ein. Dies geschieht meist über die vertikale Schichtendifferenzierung, die gleichsam als Folie für den theoretischen Zugriff fungiert (vgl. unten soziales Schichtmodell in § 11 B).

Analytischer Fixpunkt soziologischer Kriminalitätstheorien sind auffällige gesellschaftliche Strukturmerkmale, beispielsweise gesellschaftliche Ungleichheit oder Kulturkonflikte. Im Unterschied zu den personenbezogenen Theorien werden die problemauslösenden Faktoren nun in der Gesellschaft gesehen, die keine angemessenen Voraussetzungen für die soziale Integration anbietet. An die Stelle der pathologischen oder fehlsozialisierten Personen treten **„auffällige" Gesellschaftsstrukturen,** die in bestimmten Lebenslagen einen **sozialen Druck** in Richtung devianten Verhaltens auslösen.

1. Anomietheorie

Ein klassisches Beispiel für eine solche Zugangsweise bildet die Anomietheorie, die als norm-soziologisches Konzept von *Emile Durkheim* (1976) entwickelt und als Kriminalitätstheorie von *Robert K. Merton* (1979) ausgearbeitet wurde. Anomie bezeichnet einen Zustand der Regellosigkeit. Bezogen auf die (kriminell werdende) Einzelperson oder Personengruppen wird dieser Zustand dann wahrscheinlich, wenn die anerkannten gesellschaftlichen Ziele über die vorgegebenen sozialstrukturellen Wege nicht zu erreichen sind. Insofern müssen illegale, d.h. kriminelle Mittel ergriffen werden, um die geschätzten Ziele zu erlangen.

Merton geht von der – scheinbar kriminalstatistisch untermauerten – Beobachtung aus, daß die Häufigkeit abweichenden Verhaltens in verschiedenen sozialen Lebenslagen (Schichten) variiert. Die zur Erklärung dieses Phänomens entwickelte Theorie stellt heraus, daß zwischen den in der Kultur verbreiteten Werten und Zielen (z.B. materieller Wohlstand) und den gesellschaftlich bereitgestellten Mitteln und Wegen (z.B. Bildung, Arbeit), um sozialen Erfolg zu erringen, eine Diskrepanz besteht. Diese Konstellation führt bei sozialstrukturell benachteiligten Mitgliedern der Gesellschaft, denen der Zugang zu den legitimen Erfolgswegen versperrt oder erschwert ist, tendenziell zu Abweichung und Kriminalität.
Anomie bezeichnet also einen Zusammenbruch in der kulturellen Struktur, der durch eine starke Diskrepanz zwischen den in der Gesellschaft anerkannten kulturellen Normen und Zielen und den durch die Sozialstruktur vermittelten Möglichkeiten zur Zielverwirklichung besteht. In Thesenform kann die Anomietheorie wie folgt gefaßt werden:
• Je stärker in einer Gesellschaft ein gemeinsames Erfolgsziel für alle Gesellschaftsmitglieder – ungeachtet ihrer Realisierungsmöglichkeiten – betont wird (Gleichheitsideologie),
• je stärker die Mitglieder der Gesellschaft das kulturelle Ziel akzeptieren,
• je begrenzter die tatsächlich verfügbaren legitimen Möglichkeiten zur Erreichung des Ziels sind,
desto größer ist die Wahrscheinlichkeit, daß die Mitglieder einer solchen Gesellschaft illegitime Mittel zur Erreichung des Erfolgszieles wählen, also abweichendes Verhalten auftritt (*Springer*, 1973, 12).
Kriminalität von Unterschichtsangehörigen erscheint insoweit als normale Reaktion objektiv benachteiligter Individuen in einer Gesellschaft, in der Reichtum und Erfolg als kulturelle Güter nachdrücklich vermittelt, die legitimen Mittel zur Zielerreichung aber beträchtlichen Teilen der Gesellschaft vorenthalten werden.

Gegenüber der Anomietheorie ist **einzuwenden**, daß die materiellen Erfolgsziele auch in der US-amerikanischen Gesellschaft nicht in dem Ausmaß als kultureller Einheitswert verbreitet sind, wie *Merton* dies vermutet hat. Trennt man in empirischen Befragungen zwischen „Wünschen" (unabhängig von der realen sozialen Lage) und „Erwartungen" (eingebunden in die spezifische soziale Lage), so zeigt sich: Die Menschen teilen zwar auf der Ebene von **Wünschen** dieselben Ziele, auf der Ebene der **Erwartungen** bestehen aber sehr wohl Unterschiede in Abhängigkeit vom sozioökonomischen Status (*Springer*, 1973, 48ff.). Mit der Vermutung, in allen gesellschaftlichen Schichten seien gleiche kulturelle Ziele verankert, wird *Merton* überdies der pluralistischen Struktur moderner Gesellschaften nicht mehr gerecht. Die in der amtlichen Statistik abgebildete höhere Kriminalitätsbelastung der Unterschichten spiegelt möglicherweise eher selektive Sanktionierung als ein tatsächlich höheres Ausmaß abweichenden Verhaltens wider.

2. Subkulturtheorie

a) Kulturkonzepte

Die These von der **Relativität der Kultur,** von der Möglichkeit, daß es mehr als eine – nämlich die westlich-abendländische – Kultur gibt, wurde erstmals von der Kulturanthropologie aufgestellt. Diese Einsicht entsprang der Konfrontation der westlichen Kultur mit den Verhaltensweisen und Sitten fremder Gesellschaften, die Ethnologen bei ihren Forschungen bei afrikanischen oder Südseevölkern erfahren hatten. Die Übernahme des Kulturkonzepts in die Erklärung abweichenden Verhaltens kann als bahnbrechender Entwicklungsschritt in der Kriminalsoziologie angesehen werden.

Das Kulturkonzept als Mittel der Kriminalitätsanalyse eingesetzt führt zu der Erkenntnis, daß das Leben der „Devianten" (gemessen an der dominanten Kultur) nicht willkürlich und normlos abläuft, in den Slums nicht das Chaos herrscht, es nicht an jeglicher sozialer Kontrolle mangelt. Darauf haben insbesondere teilnehmende Beobachtungen in den Slums und in jugendlichen Banden – beginnend in den 1920er Jahren in den USA – aufmerksam gemacht (sog. „Chicagoschule" der Kriminalsoziologie, vgl. *Cohen*, 1955). Vielmehr finden sich auch hier Orientierungsmuster, Normen und Regeln ihrer Überwachung, eben eine **„Subkultur"**. Die Subkultur ist demnach ein soziales Verhaltens- und Wertsystem, das getrennt von der übergeordneten Kultur besteht, gleichwohl aber Teil derselben ist.

b) Konzept der Subkultur (Cohen)

Das Konzept der Subkultur ist untrennbar mit den Arbeiten des amerikanischen Soziologen *Albert K. Cohen* verbunden. Seine Studie über die Bandendelinquenz Jugendlicher (1955) hat lange Zeit geradezu paradigmatische Bedeutung für diesen Ansatz gehabt. Während bei *Merton* der materielle Wohlstand als dominantes gesellschaftliches Ziel im Mittelpunkt steht, favorisiert *Cohen* die **Statussuche** innerhalb einer Gruppe von gleichaltrigen (jugendlichen) Unterschichtsangehörigen als die **ausschlaggebende Bedingung** für die Entstehung abweichender Verhaltensmuster.

Die Subkulturtheorie beansprucht insbesondere die Erklärung der Jugend- und Bandendelinquenz. Die aus der vorherrschenden Kultur scheinbar irrationalen und zweckfreien Begehungsformen jugendlicher Delinquenz lösen einen gesteigerten Erklärungsbedarf aus: Diebstahl von Dingen, die Jugendliche nicht benötigen, Vandalismus oder Bandenkriege, die keinem wirtschaftlichen Ziel dienen. *Cohen* interpretiert die Bandenkultur als Reaktion auf Versagens- und Frustrationserlebnisse der Unterschichtsjugendlichen, die sich Statusproblemen gegenüber den Werten der dominanten Mittelschichtskultur ausgesetzt sehen. Während Mittelschichtsjugendliche mit Hilfe von Geld, Kleidern, Autos oder Wohnung imponieren können, die nicht nur als äußeres Statuszeichen dienen, sondern zugleich auch den Zugang zu etablierten Erfolgswegen symbolisieren, sind Unterschichtseltern ökonomisch nicht dazu in der Lage, ihren Kindern diese Statusmerkmale zu verschaffen. Durch die Schaffung eines abweichenden Werte- und Verhaltenssystems werden Statuskriterien angeboten, die Unterschichtsjugendliche mit ihren gegebenen Möglichkeiten erreichen können. Daneben wird durch die konkurrierenden devianten Normen gleichsam Vergeltung an den herrschenden Normen geübt (vgl. *Pfeiffer/Scheerer*, 1979, 37).

c) Unterschiedliche Zugangschancen (Cloward/Ohlin)

Mit den Prämissen der Anomietheorie korrespondiert eine Variante der Subkulturtheorie, die von *Richard K. Cloward* und *Lloyd E. Ohlin* (1960) in der Weise konkretisiert worden ist, daß die **differentiellen Gelegenheiten** zu den zielgerechten Mitteln auch auf den Bereich illegaler Verhaltensweisen ausgedehnt werden. Dies bedeutet im Ergebnis, daß sowohl eine erfolgreiche kriminelle Karriere als auch eine erfolgreiche bürgerliche Karriere prinzipiell gleichen Kontrollmechanismen und Limitierungen unterliegen (*Sack*, 1978, 348).

d) Wertsystem der Unterschicht (Miller)

Walter B. Miller (1979) hat herausgearbeitet, daß die bei Unterschichtsjugendlichen gefundene Subkultur keine kurzfristig erfolgte Reaktion auf Frustrationserlebnisse

Jugendlicher ist, sondern als Ausdruck einer autonomen Welt der Unterschicht zu deuten ist. Das **Wertsystem der Unterschicht** hat der These zufolge durch eine jahrhundertealte Tradition eine eigene Geschlossenheit entwickelt. Diese Kultur ist u. a. gekennzeichnet durch die hohe Bedeutung von Tapferkeit, Männlichkeit, Sportlichkeit, Suche nach Aufregung und Spannung oder die Liebe zum Spiel (vgl. auch *Pfeiffer/Scheerer*, 1979).

3. Folgerungen aus gesellschaftsbezogenen Bedingungstheorien für präventive Maßnahmen

a) Verstehende Kriminologie

Sozialstrukturelle Kriminalitätstheorien unterstellen **keine Pathologie** des Verhaltens mehr, wenngleich auch hier nach den Ursachen des Verhaltens von Personen, nicht – oder nur am Rande – nach der Ursache der Kriminalisierung des Verhaltens gefragt wird. Kriminalisierung wird als normale Reaktion unterstellt, da das kriminalisierende Normensystem – obwohl meist das einer bestimmten Gesellschaftsschicht – als das fundamentale Organisationsprinzip der Gesellschaft angesehen wird.

Die Abkehr vom Konzept der Pathologie hat eine **verstehende Kriminologie** möglich gemacht, die in subkulturellen Zusammenschlüssen Jugendlicher die Sozialisationsphasen von Delinquenten studiert und Kriminalität als **positives Instrument** für Unterschichtsjugendliche deutet. Mit dessen Hilfe verschaffen sie sich einen Status innerhalb ihres Kulturkreises. Die Abkehr von der Pathologieperspektive ermöglicht insofern eine kriminologische Feststellung, die *Lombroso* oder *Ferri* niemals in den Sinn gekommen wäre, nämlich: **Kriminalität ist normal.** Unter bestimmten gesellschaftlichen Umständen – oder auch in bestimmten Lebensabschnitten – ist Delinquenz, auch Kriminalität, ein übliches, weit verbreitetes, folgerichtiges Handeln. Sie erscheint als brauchbares Mittel, gesellschaftlich hoch geschätzte Werte (Anomietheorie) – oder auch abweichende Statusformen (Subkulturtheorie) – unter restriktiven Lebensumständen zu erringen. Dieses Verhalten der Unterschichtangehörigen wird in Bezug zu den Mittelschichtnormen gesetzt und gilt in dieser Relation unter Umständen als kriminell. Die kriminelle Abweichung ist auch hier noch als **Qualität** des (allerdings sozial-strukturell vermittelten) **individuellen Verhaltens** gedacht.

b) Ziele von Prävention

Wünschenswerte **Ziele von Prävention** sind wiederum in der Reduktion des kriminalisierten Verhaltens zu finden. Möglich ist dies zum einen über die **Veränderung** der **Gruppennormen.** Zum anderen soll über die Veränderung von **faktischen Lebensbedingungen** mehr gesellschaftlichen Gruppen als bisher ein Leben gemäß der Mittelschichtsnormen ermöglicht werden. Die Instanzen der sozialen Kontrolle bleiben als Ansatzpunkt für Prävention theoretisch ausgeschlossen. Sie sind definiert in ihrer Funktion als Wächter über die Normen der Mittelschicht, die im allgemeinen nicht zur Disposition stehen, sondern die Zielvorgabe der Gesellschaft darstellen.

Zur Disposition stehen also nur sozio-kulturelle Orientierungsmuster gesellschaftlicher Gruppen. Die Erreichung von **Konsens** ist nur möglich **über Anpassung** der Unterschichts- oder Subkulturnormen an die **Standards der herrschenden Mittelschicht.** Methodisch und operational heißt Prävention aus dieser theoretischen Sicht Sozialarbeit. Sie geht in diesem Anspruch über die rein individuelle Behandlung hinaus und bezieht die soziale Umgebung des Individuums mit ein. Der Behandlungsanspruch bleibt aber in modifizierter Form bestehen.

III. Individualisierende Definitions- bzw. Labeling-Ansätze

1. Kriminalität als zugeschriebene soziale Bedeutung (Interaktionstheorien)

a) Kriminologische Interaktionsmodelle

Kriminologische Interaktionsmodelle (vgl. *Lemert,* 1951, 1975) sehen die sog. **Sekundärabweichung** als einen sozialen Vorgang an, in dessen Verlauf das Individuum vom gesellschaftlichen Umfeld als Delinquenter stigmatisiert wird. **Primärabweichung** wird hingegen als eine Kategorie gefaßt, die durch andere, also nicht kontrollbezogene, Faktoren zu erklären ist.

Edwin M. Lemerts Vorstellungen zufolge wird auf „primäre Abweichung", auf normverletzendes Verhalten, von Polizei und Strafjustiz „kriminalisierend" reagiert, wodurch Stigmatisierungsprozesse bewirkt werden. Stigmatisierung begünstigt anschließend im Sinne einer sich selbst erfüllenden Prophezeiung weitere Kriminalität (sekundäre Abweichung), indem sie kriminelle Selbstbilder bei den Betroffenen und chancenbeschneidende Reaktionen in der sozialen Umgebung auslöst. Die primäre Devianz wird in dieser Vorstufe der Labeling-Theorie keiner näheren Erklärung unterzogen. Das Interesse gilt vielmehr der Übernahme einer abweichenden Rolle, der Reorganisation des Selbstbildes durch Abstempelungsprozesse (*Lemert,* 1951, 75 ff.).

Hier wird noch ganz im Sinne traditioneller personenbezogener Kriminalitätstheorien nach Bedingungen gesucht, die eine kriminelle Persönlichkeit hervorbringen. Neu und erkenntnisfördernd ist hingegen der Ort, an dem die kriminalitätsträchtigen Einflüsse vermutet werden, nämlich die Einrichtungen des Kriminaljustizsystems. Erst der strukturbezogene Definitionsansatz bestreitet die Möglichkeit primärer Devianz und beharrt auf der erkenntnistheoretischen Prämisse der interaktionistischen soziologischen Theorien: Eine soziale Bedeutung wie „kriminell" entsteht erst durch die – z.B. polizeilich oder gerichtlich – autorisierte Zuschreibung dieser Bezeichnung.

b) Handlung als Eigenschaft oder als soziale Bedeutung

Während die oben angesprochenen kriminologischen Theorien die Kriminalität als eine objektiv gegebene **Eigenschaft einer Handlung** ansehen, interpretieren Labeling-Ansätze (abstempeln, etikettieren) Kriminalität als **soziale Bedeutung,** die durch Zuschreibung (Definition) entsteht. Kriminalität als soziales Phänomen entsteht erst durch die **strafjustitielle Erfassung** und damit die **Definition** einer Handlung als kriminell. Eine körperliche Auseinandersetzung zwischen zwei Menschen wandelt sich erst in dem Augenblick vom Konflikt zur Kriminalität, in dem formelle Kontrollinstanzen (Polizei, Staatsanwaltschaft) eine entsprechende kriminalrechtliche Definition vornehmen. Im weiteren Verlauf der Verarbeitung im Kriminaljustizsystem verfeinern sich die Definitionsprozesse: So kann die Tötung eines Menschen durch einen anderen u. a. als unverschuldeter Unfall, als fahrlässige Tötung, als Körperverletzung mit Todesfolge, als Totschlag oder Mord definiert werden (*Sessar,* 1981, 207 ff.). Damit gehen ganz unterschiedliche Bewertungen und – vor allem – Sanktionen einher (vgl. *Erna*-Fall, unten § 16 V und § 18 II 2 c).

c) Erkenntnisinteressen des labeling approach

Der Labeling-Ansatz stellt sich also zur Forschungsaufgabe, die außerstrafrechtlichen Bedingungen der Zuschreibung von Kriminalität wie beispielsweise
- Schichtzugehörigkeit,
- Beschwerdemacht,
- soziales Verhalten von Tatverdächtigen und Opfern sowie
- informelle Handlungsregeln vom Strafverfolgungspersonal zu ergründen.

Eine treffende Charakterisierung, die den typischen Zugriff des Labeling-Ansatzes auf das gesellschaftliche Phänomen der Abweichung gut erfaßt, hat *Howard S. Becker* in seiner vielbeachteten Studie „Außenseiter" (1973) geliefert:

> „Abweichendes Verhalten wird von der Gesellschaft geschaffen. Ich meine dies nicht in der Weise, wie es gewöhnlich verstanden wird, daß nämlich die Gründe abweichenden Verhaltens in der sozialen Situation des in seinem Verhalten abweichenden Menschen oder in den ‚Sozialfaktoren' liegen, die seine Handlung auslösen. Ich meine vielmehr, daß *gesellschaftliche Gruppen abweichendes Verhalten dadurch schaffen, daß sie Regeln aufstellen, deren Verletzung abweichendes Verhalten konstituiert,* und daß sie diese Regeln auf bestimmte Menschen anwenden, die sie zu Außenseitern abstempeln. Von diesem Standpunkt aus ist abweichendes Verhalten *keine* Qualität der Handlung, die eine Person begeht, sondern vielmehr eine Konsequenz der Anwendung von Regeln durch andere und der Sanktionen gegenüber einem ‚Missetäter'. Der Mensch mit abweichendem Verhalten ist ein Mensch, auf den diese Bezeichnung erfolgreich angewandt worden ist; abweichendes Verhalten ist Verhalten, das Menschen so bezeichnen" (*Becker*, 1973, 8).

d) Prämissen des Labeling approach

Die Erklärung von Kriminalität erfolgt nach den Prämissen des Labeling-approach demnach über die folgenden Stufen:

- **Normgenese (Ebene: Gesetzgebung):** Die Entstehung von Strafrechtsnormen erfolgt im Rahmen der gesellschaftlichen Machtverhältnisse. Herrschende strukturelle Interessen schlagen sich in selektiver Rechtsschöpfung nieder.
- **Normanwendung (Ebene: Strafverfolgungsprozeß):** Die Zuschreibung von Devianzdefinitionen erfolgt in einem Prozeß, der durch formal-rechtliche und durch sog. Metaregeln (informelle Regeln, „second code") gesteuert wird (z.B. Verdachtskriterien der Polizei). Auch hier geht es um Machtprozesse zwischen in der Regel rechtsunerfahrenen Bürgern und professionellen Organen der Strafverfolgung. Die Beteiligungschancen am Verfahren variieren in Abhängigkeit von der Möglichkeit, Gegenmacht in Gestalt von Rechtsexperten (Strafverteidiger) mobilisieren zu können (vgl. unten § 16 V 3 und § 22 IV 1). Aber auch Interessen an der Erhaltung oder Ausweitung der personellen oder sachlichen Ressourcen von Strafverfolgungsprofessionen wirken hier herein.
- **Bedeutungszuschreibung (Ebene: Interaktion mit der sozialen Umgebung):** Die Normanwendung hat Abstempelungsprozesse zur Folge. Der Deviante wird in einen neuen Status eingesetzt, der für ihn sozial folgenreich ist. Die soziale Umwelt reagiert auf die von Justizorganen ausgehende Bedeutungszuschreibung mit dem Entzug von sozialen Beteiligungs- und Karrierechancen. Der Deviante paßt sich der zugedachten Rolle tendenziell an und gerät in einen sich selbst verstärkenden Prozeß der kriminellen Karriere.

Der Labeling-Ansatz geht nicht von einem statischen Begriff der Kriminalität aus, der es erlauben würde, zwischen Konformität und Abweichung zweifelsfrei zu trennen. Vielmehr wird der dynamische Aspekt der gesellschaftlichen Produktion von Devianz betont. Mit dem umfassenderen Begriff der Kriminalisierung soll der gesamte Aushandelungsprozeß des Prädikats „kriminell" hervorgehoben werden. Somit kann sich Kriminalität erst auf der Ebene des Eingreifens der Kontrollinstanzen gesellschaftlich entfalten. Erst die Intervention und Definition durch den staatlichen Kontrollapparat macht aus normativ abweichendem Verhalten kriminelles Verhalten.

2. Folgerungen aus personenbezogenen Etikettierungstheorien für präventive Maßnahmen

a) Präventionsziel: Vermeidung stigmatisierender Handlungen

Auch die personenbezogenen Etikettierungstheorien bleiben noch dem hilfswissen-schaftlich-kriminologischen Präventionsziel verpflichtet. Wünschenswerte Ziele von Prävention sind aus dieser theoretischen Sicht die **Ausschließung** oder **Verringerung kriminalisierender Abstempelungsprozesse** bzw. die Verringerung **stigmatisierender Reaktionen** im sozialen Umfeld von Delinquenten. Zur Disposition stehen Einstellungen, Alltagstheorien und individuelle Verhaltensstrategien aller Beteiligten sowie praktische Routineabläufe polizeilichen und strafjustitiellen Handelns.

b) Reorganisation von Interaktion und Kommunikation im Kriminaljustizsystem

Methodisch und operational könnte Prävention hier Schulung und Training von Beteiligten in Richtung auf nicht-stigmatisierenden Umgang bedeuten. Die Besonderheit gegenüber den oben beschriebenen Ansätzen liegt darin, daß Polizei und Justiz als Zielgruppen präventiver Maßnahmen und nicht mehr ausschließlich als Träger von Kriminalprävention, die es in dieser Funktion zu perfektionieren gilt, gedacht werden. Vielmehr wird ihnen ein ursächlicher Anteil am Zustandekommen abweichenden Verhaltens zugerechnet. Die Annahme, daß Kriminalität keine Verhaltensqualität ist, hat auf die Zielrichtung von Prävention einen bedeutenden Einfluß. Aus der Sichtweise dieser Theorien ist nicht mehr „Behandlung" des Täters die Grundlage präventiven Handelns, sondern die Neugestaltung (Reorganisation) von Formen der Interaktion und Kommunikation. Dabei wird keiner der beiden Seiten die alleinige Ursache zugewiesen.

IV. Gesellschaftstheoretisch orientierte Labeling-Ansätze

Die gesellschaftstheoretisch aufgeladenen Zuschreibungsansätze beziehen sich auf sozial-strukturelle Kategorien: Soziale Machtdurchsetzung, Gesellschaftsmodelle, institutionelle Zuschreibung durch gesellschaftliche Machtapparate und Normengefüge.

1. Kriminalitätszuschreibung als Mittel sozialer Machtdurchsetzung

a) Soziale Machtdurchsetzung

Im deutschsprachigen Raum war es *Fritz Sack*, der sich als erster für die Rezeption und die gesellschaftstheoretische Erweiterung der Labeling-Perspektive eingesetzt hat (vgl. *Sack*, 1974, 1979). Sein Bemühen richtete sich auf die Öffnung des Labeling-Ansatzes für gesellschaftstheoretische Konzeptionen, wie sie beispielsweise in den sozialkritisch orientierten Konfliktmodellen skizziert werden (vgl. z.B. *Chambliss/ Mankoff*, 1976; *Janssen* u.a., 1988): Wenn Kriminalität nicht als Verhalten, sondern als ein negatives soziales Gut gewertet wird, so sind die **Verteilungsmechanismen** dieses negativen Gutes **Gegenstand der Kriminologie**. Die Strukturen sozialer Devianzdefinitionen, wie sie im Bild der registrierten Kriminalität zum Ausdruck kommen, verweisen demnach auf gesellschaftliche Machtpositionen („Definitionsmacht") und **vorherrschende strukturelle Interessen**, die Normierungsprozesse auslösen und Verfolgungsschwerpunkte durchsetzen können. Während die personenbezogene Labelingtheorie dem Strafrecht eher desinteressiert gegenübersteht, insistiert *Sack* auf einer Kriminologie, die sich als **historisch interessierte Soziologie des Strafrechts** versteht (*Sack*, 1987, 248f.). Letztlich wird die Kriminalitätsanalyse auf diese Weise in eine Gesellschaftsanalyse verlängert, die beispielsweise soziale Ungleichheit oder die aktive Rolle des Staates bei der selektiven Pflege gesellschaftlicher Interessen zum Gegenstand hat.

b) Gesellschaftstheoretische Fundierung des Labeling approach

Eine solche Erweiterung des Theorie-Designs führt zu Fragestellungen, die über den Gegenstandsbereich der traditionellen Labeling-Theorie deutlich hinausgreifen. Einerseits werden durch die Analyse von Gesetzgebungsprozessen die dahinter stehenden **Interessen an Kontrolle und Disziplinierung** herausgestellt, die ihrerseits den Blick auf Fragen nach der **Politik- und Staatsform** lenken. Zwangsläufig richten sich die Erkenntnisinteressen dabei auf die gesellschaftlichen Basisinstitutionen **Eigentum und Arbeit** sowie auf ihre **Durchsetzungsformen** und die daraus sich ergebenden **Kontrollbedürfnisse**. Andererseits wird der Blick geschärft für eine Analyse der „gesellschaftlichen Normalität".

c) Kriminalität als institutionell gelenkte Zuschreibung

Auch unter dieser Perspektive gilt die Grundannahme, daß Kriminalität eine Frage der Zuschreibung (Askription) ist. Gegenüber dem individualzentrierten Ansatz wird aber der undifferenzierte Begriff von „Wissensbeständen", „Alltagstheorien" usw. aufgegeben zugunsten einer **makrosoziologischen** Analyse von normsetzenden und -durchsetzenden Institutionen, insbesondere dem Strafrechtssystem und den Strafverfolgungsbehörden. Diese werden von diesem Ansatz nicht als Wächter über den Grundkonsens der Gesellschaft verstanden (wie bei zahlreichen sozialstrukturellen Ansätzen), sondern als Ausdruck der Macht einer sozialen Gruppe über andere (*Sack*, 1978, 378).

d) Zuschreibung als Prozeß gesellschaftlicher Machtabsicherung

Entscheidende Faktoren sind aus der Sicht dieser Ansätze im Streben herrschender Interessengruppen nach Machtabsicherung zu sehen. Einmal geschieht dies konkret durch die harten Sanktionen gegenüber Angriffen auf die gesellschaftliche Ordnung, selbst wenn diese nicht direkt, sondern nur indirekt – eben durch die Übertretung der vorgegebenen Normen – vorgenommen werden: So kann man das Verbrechen auch als einen „Staatsstreich von unten" ansehen (vgl. *Foucault*, 1976). Zum anderen kann die Machtabsicherung durch die Diskriminierung der Betroffenen als „kriminell" vorgenommen werden (*Quinney*, 1975, 407), wobei individualisierende Bedingungsansätze als Legitimation dienen.

2. Folgerungen aus gesellschaftstheoretisch orientierten Etikettierungstheorien für kriminalpolitische Maßnahmen

a) Prävention als Gesellschaftspolitik

Die kritische Kriminologie, der die gesellschaftstheoretisch ambitionierten Labelingtheorien zuzurechnen sind, geht zu der im Strafrecht normativ fixierten Präventionszielsetzung auf Distanz. Wenn das soziale Bedeutungsmuster der „Kriminalität" vom Strafrecht und der Strafrechtspflege erzeugt und gestaltet wird, dann macht der herkömmliche Präventionsbegriff hier in der Tat keinen Sinn. Prävention wandelt sich zur **Kriminal-**, wenn nicht zur **Gesellschaftspolitik**. Die Schlußfolgerungen aus strukturorientierter Definitionstheorie weisen vordergründig auf die Veränderung staatlicher Kontrollstrategien hin. Werden diese aber als sozialstrukturell bedingt angesehen, weisen die Empfehlungen letztlich auf eine Umwandlung der Gesellschaft und der Rolle des Staates (*Taylor/Walton/Young,* 1977, 281 f.; *Quinney,* 1975, 419 ff.).

b) Bewußtsein für alternative Gesellschaftsmodelle

Methodisch und operational bedeutet Kriminalpolitik aus der Sicht dieser Ansätze die Schaffung eines politischen Bewußtseins, das andere Verhaltensstrategien und andere Formen des Widerstands (vgl. *Clarke* u. a., 1979) erlaubt. Kurzfristige und technische Lösungen im Bereich der Prävention, die allein zur Normbefolgung ermuntern, werden als Optimierung von Kontrollstrategien begriffen und daher abgelehnt (*Quinney,* 1975, 266).

C. Auswirkungen auf das Strafrecht: Ein kritisches Resümee

- Die **ätiologischen Ansätze,** sowohl die individualisierenden als auch die soziostrukturellen, verhalten sich zum Strafrecht weitgehend zustimmend. Das Strafrecht wird als Medium der politischen Steuerung und Kontrolle gesellschaftlicher Krisen und Konflikte anerkannt, wenn nicht sogar geschätzt. In diesem Sinne ist die Kriminologie eine Hilfswissenschaft für das Strafrecht, die aus ihrer abhängigen Zuliefererfunktion nicht herauskommt.
- Der **individualisierende Labeling-Ansatz** verhält sich zum Strafrecht neutral, zumindest jedoch indifferent. Aufgrund des Umstandes, daß er das strafrechtliche Konditionalprogramm nicht thematisiert, bleiben die Prozesse staatlich organisierter Disziplinierung und Kontrolle, die sich auf genau diesen Verhaltenskodex berufen (können), in ihrer Struktur und Dynamik außer Reichweite.
- Allein die **gesellschaftstheoretisch ausgerichteten Labeling-Modelle** nehmen das Strafrecht in seinen groben Konturen kritisch ins Visier. Dabei **mangelt** es allerdings an einem hinreichend differenzierten **theoretischen Instrumentarium,** da sowohl der Stigmatisierungs- als auch der Definitionsaspekt allein nicht geeignet sind, die Analyse strafrechtlich gesteuerter Kontrollprozeduren gewinnbringend für die Theorieentwicklung vorwärts zu treiben. Insofern ist eine theoretische Erweiterung, in einigen Teilen auch eine Neubestimmung vonnöten, um gesellschaftliche Kriminalisierungsprozesse in ihren strafrechtlichen Funktionszusammenhängen fundiert zu erfassen. Der Höhepunkt der Labeling-Debatte, die ihre Wurzeln in der amerikanischen Devianzsoziologie hat, läßt sich für den deutschsprachigen Raum auf die Mitte der siebziger Jahre des 20. Jahrhunderts datieren und ist insoweit längst überschritten. Dies bedeutet jedoch nicht, daß der Labeling approach seinen ehemals dominierenden Einfluß auf die kriminalsoziologische Theoriediskussion gänzlich verloren hätte. Ihm kommt zweifelsfrei das Verdienst zu, durch die Blickschärfung für die Instanzen sozialer Kontrolle theoretische Einsichten in die Analyse des strafrechtlichen Normenprogramms geweckt zu haben.
- Durch die Einsichten der sozialstrukturell inspirierten Etikettierungstheorie werden forschungsleitend die Konturen einer **Strafrechtssoziologie** formuliert (*Sack,* 1987, 1988 und 1990). In diesem Rahmen wäre gerade herauszuarbeiten, warum sich die Kriminalpolitik gegenüber Enthüllungen wie der Selektivität strafrechtlicher Sozialkontrolle, der wachsenden Durchlöcherung des Legalitätsprinzips, der Ungleichheit im Recht oder der politischen Instrumentalisierung des Rechts als derart resistent erweist. Offenbar folgt das Strafrecht anderen Logiken als denjenigen, die gemeinhin unterstellt werden. Möglicherweise ist es durch empirische Gegenbeweise gar nicht zu erschüttern.

- Die Forderung nach Reduktion von rechtsverletzenden und freiheitsbedrohenden staatlichen Zugriffsmöglichkeiten auf den Bürger muß aus **juristischer Perspektive** in jedem Fall unter Rückgriff auf verfassungsrechtlich abgesicherte **unverfügbare Freiheitsgarantien** begründet werden. Diese drücken sich aus in rechtsstaatlichen Verfahrensgarantien und dem verfassungsrechtlichen Schutz bürgerlicher Partizipations- und Freiheitsrechte (vgl. unten 3. Kapitel). Hier erscheint – jedenfalls für das rechtsstaatlich orientierte Strafrecht – der theoretische Flankenschutz der Labeling-Perspektive weiterhin hilfreich.

§ 4. Kriminalisierungstheorien: Kontrolle der Kriminalität durch Straftheorien

Literatur: *Albrecht, P.-A.*, Unsicherheitszonen des Schuldstrafrechts, GA 1983, 193 ff.; *Albrecht, P.-A.*, Spezialprävention angesichts neuer Tätergruppen, ZStW 1985, 831 ff.; *Baratta, A.*, Integrations-Prävention. Eine systemtheoretische Neubegründung der Strafe, KrimJ 1984, 132 ff.; *Geyer, C.* (Hrsg.), Hirnforschung und Willensfreiheit – Zur Deutung der neuesten Experimente, 2004; *Hassemer, W.*, Generalprävention und Strafzumessung, in: Hassemer, W./Lüderssen, K./Naucke, W., Hauptprobleme der Generalprävention, 1979, 29 ff.; *Haffke, B.*, Tiefenpsychologie und Generalprävention, 1976; *Hassemer, W.*, Einführung in die Grundlagen des Strafrechts, 2. Aufl., 1990; *Hassemer, W.*, Kommentierung vor § 1 StGB, in: Nomos-Kommentar zum StGB, 1995; *Hegel, G.*, Werke, Band 7 (Grundlinien der Philosophie des Rechts); *Herzog, F.*, Prävention des Unrechts oder Manifestation des Rechts, 1987; *Jakobs, G.*, Schuld und Prävention, 1976; *Jakobs, G.*, Strafrecht, Allgemeiner Teil, 2. Aufl., 1993; *Kant, I.*, Akademie-Ausgabe, Band VI (Die Metaphysik der Sitten); *Kaufmann, A.*, Das Schuldprinzip, 2. Aufl., 1976; *Naucke, W.*, Die Kriminalpolitik des Marburger Programms 1882, ZStW 94 (1982), 525 ff.; *Naucke, W.*, Strafrecht: eine Einführung, 10. Aufl., 2002; *Müller-Dietz, H.*, Vom intellektuellen Verbrechensschaden, GA 1983, 481 ff.; *Müller-Dietz, H.*, Integrationsprävention und Strafrecht, in: Festschrift für Jescheck, H.-H., 2. Halbbd., 1985, 813 ff.; *Müller-Tuckfeld, J. C.*, Integrationsprävention, 1998; *Rasch, W.*, Die psychologisch-psychiatrische Beurteilung von Affektdelikten, NJW 1980, 1309 ff.; *Roxin, C.*, Zur Problematik des Schuldstrafrechts, ZStW 96 (1984), 641 ff.; *Stratenwerth, G.*, Die Zukunft des strafrechtlichen Schuldprinzips, 1977; *von Feuerbach, P.*, Lehrbuch des gemeinen in Deutschland gültigen peinlichen Rechts, 14. Auflage, 1847; *von Liszt, F.*, Strafrechtliche Aufsätze und Vorträge, Erster Band (1875–1891), 1905, S. 126 ff.; *Zipf, H.*, Die Integrationsprävention (positive Generalprävention), in: Festschrift für Pallin, F., 1989, 479 ff.

A. Theorien strafrechtlicher Kriminalitätskontrolle als Legitimationsbeschaffer des Strafrechts in der klassischen und modernen Strafrechtsschule

Von der Aufgabe der sozialwissenschaftlich-theoretischen Durchdringung des gesellschaftlichen Phänomens Kriminalität mittels „**Kriminalitätstheorien**" zu unterscheiden, ist die Frage nach den Theorien strafrechtlicher Sozialkontrolle, meistens knapp als „**Straftheorien**" (oder technischer: Kriminalisierungstheorien) bezeichnet. Ein Bedarf nach kriminologischer Analyse von Kriminalitätsursachen und Sanktionswirkungen entsteht erstmals, wenn das Strafrecht in den Dienst gesellschaftlicher Nützlichkeitserwägungen gestellt wird. Das ist, wie oben ausgeführt (§ 2 III 3), erstmals in der Straftheorie der Aufklärung der Fall. Vorab ist eine grundlegende Voraussetzung straftheoretischer Modelle darzulegen. Während Kriminalitätstheorien regelmäßig nach den Bedingungen für das Auftreten sozialer Devianz fragen, geht es den Straftheorien, die in den meisten Fällen von einem ätiologisch-individualisierenden Kriminalitätsmodell ausgehen, immer um die allgemeine **Rechtfertigung von Strafe**. Insofern ist der Begriff der „**Straftheorie**" eher irreführend, da sie vordringlich auf die theoretisch angeleitete Legitimation der Strafe und des (staatlichen) Strafens gerichtet ist und die Strafe nicht kritisch reflektiert. Straftheorien sind keine Theorien über Strafe, sondern sind Begründungsformeln für Strafe.

Wer nach dem Sinn und Zweck der strafrechtlich vorgesehenen Strafe fragt, dem treten ganz unterschiedliche Argumentationsstränge, Menschenbilder, Staatsverständnisse oder Sicherheitsphilosophien entgegen (vgl. *Naucke*, 2002, 32 ff.). Auf der einen Seite haben wir es mit **absoluten Straftheorien** zu tun, die auf die rechtsphilosophischen Arbeiten von *Kant, Binding* und *Hegel* zurückgehen. Hier steht die Idee einer allgemein bindenden, gleichsam „naturrechtlichen" Gerechtigkeit im Zentrum (vgl. *Müller-Dietz*, 1983, 484). Danach erschöpft sich der Sinn der Strafe weitgehend im tatbezogenen **Schuldausgleich.**

Die absoluten Straftheorien sind mit der Tradition des deutschen Idealismus *(Kant, Hegel)* verknüpft. Sie präsentieren eine Theorie, welche das staatliche Strafen von einer Zweckverfolgung loslöst (absolut) und es auf den Ausgleich begangenen Unrechts beschränkt (repressiv). Sein Sinn liege – so *Hassemer* – in der Wiederherstellung der Rechtsordnung, in der Verwirklichung der Gerechtigkeit. Hinter diesen Texten steht kein menschenverachtender Rigorismus, sondern die Sorge um die Menschenwürde des Verurteilten (*Hassemer*, NK-StGB vor § 1 Rn. 411 ff.; *Herzog*, 1987, 89 ff.).

Demgegenüber favorisieren die **relativen Straftheorien** den Präventionszweck. Sie gehen von der Sozialschädlichkeit des Verbrechens aus. Strafe zielt nun auf **Kriminalprävention,** die durch resozialisierende oder sichernde Einflußnahme auf den Täter bewirkt werden soll. Eine Theorie des Zweckstrafrechts wurde erstmalig von der sog. Modernen Strafrechtsschule um die Wende zum 20. Jahrhundert ausgearbeitet. Ihr prominentester Vertreter ist *Franz. v. Liszt* (vgl. hierzu auch *Naucke*, 1982, 525 ff.).

Das geltende Strafrecht und die Rechtsprechung der Gerichte folgen – wie das Bundesverfassungsgericht ausführt (BVerfGE 45, 187, 253 ff.) – weitgehend der sog. **Vereinigungstheorie,** die – mit verschiedenen Schwerpunkten – versucht, **sämtliche Strafzwecke** in ein „ausgewogenes Verhältnis" zueinander zu bringen.

B. Die einzelnen Theorie-Konstrukte

I. Schuldausgleich und Vergeltung

1. Schuld als rückschauender Fluchtpunkt

Die Berechtigung und Notwendigkeit der Strafe begründen die **absoluten Straftheorien** gleichsam **retrospektiv aus der Straftat,** aus der Verletzung des Rechts. Die Bestrafung geschieht dabei ausschließlich zur **Wiederherstellung der Rechtsordnung,** die durch die verschuldete Tat aus dem Lot geraten ist. Indem die Strafe begangenes Unrecht ausgleicht, soll sie Gerechtigkeit verwirklichen.

Vergegenwärtigt man sich das „Inselbeispiel" *Kants*, offenbart sich zugleich ein moralischer Rigorismus: „*Selbst wenn sich die bürgerliche Gesellschaft mit aller Glieder Einstimmung auflösete (z. B. das eine Insel bewohnende Volk beschlösse auseinander zu gehen und sich in alle Welt zu zerstreuen), müßte der letzte im Gefängniß befindliche Mörder vorher hingerichtet werden, damit jedermann das widerfahre, was seine Thaten werth sind, und die Blutschuld nicht auf dem Volke hafte, das auf diese Bestrafung nicht gedrungen hat: weil es als Theilnehmer an dieser öffentlichen Verletzung der Gerechtigkeit betrachtet werden kann*" (*Kant*, AA VI, 333).

Hegel spricht in diesem Zusammenhang von der Strafe als „Negation der Negation" des Rechts. Er wendet sich gegen eine zweckbegründete Strafe: „*Es ist mit der Begründung der Strafe auf diese Weise, als wenn man gegen einen Hund den Stock erhebt, und der Mensch wird nicht nach seiner Ehre und Freiheit, sondern wie ein Hund behandelt*" (*Hegel*, Band 7, Zusatz zu § 99, S. 190).

So frei von jeglicher Zweckverfolgung die absoluten Straftheorien die Strafe auch **begründen** (Ebene der Rechtfertigung der Strafe), so kann auch dieser Theorie ein impliziter Zweckgedanke (Ebene der Zielsetzung von Strafe) durchaus zugesprochen werden. Die Wiederherstellung der Rechtsordnung findet nicht freischwebend, sondern innerhalb einer Gesellschaft statt, die das Recht als Ordnungsinstrument einsetzt. Die Notwendigkeit der Strafe begründet sich durch den Anspruch, gesellschaftliche Ordnung durch Recht zu sichern – und auf diese Weise menschliches Zusammenleben in Gesellschaften zu ermöglichen. Diese Überlegung könnte über den metaphysisch verankerten Strafgrund hinaus verlängert werden.

Das **Prinzip des Schuldausgleichs** bildet nach weithin vertretener Auffassung (vgl. hierzu *Kaufmann*, 1976) auch heute noch die Grundlage des Strafrechts: „Die Schuld, die der Täter durch seine Tat auf sich geladen hat, wird durch Verbüßung der Strafe ausgeglichen (nach üblichem Sprachgebrauch: vergolten, gesühnt). Dieser einfache Satz, der die Voraussetzungen der Strafbarkeit ebenso wie die Aufgabe und Rechtfertigung der Strafe in sich schließt, hat sich als Grundlage unserer Wissenschaft nicht nur deshalb so lange behaupten können, weil seine Wurzeln tief in die Geschichte des abendländischen Denkens hinabreichen. Er hat vor allem den Vorzug, daß er juristisch außerordentlich viel leistet und die entscheidenden kriminalpolitischen und dogmatischen Fortschritte der letzten 200 Jahre ermöglicht hat" (*Roxin*, 1984, 641).

Das Schuldprinzip ist im aktuellen Strafrecht in § 46 Abs. 1 Satz 1 StGB verankert. Danach ist die Schuld des Täters die Grundlage für die Zumessung der Strafe, sie begrenzt die Strafe damit zugleich. Die Vorschrift verlangt aber zugleich die spezialpräventiven Wirkungen, die das Gesetz von der Strafe für das künftige Leben des Täters in der Gesellschaft erwarten läßt, „zu berücksichtigen" (§ 46 Abs. 1 Satz 2 StGB).

2. Schwächen des Schuldkonzepts

Gegen die Schuldkonzeption, die von einer absoluten Straftheorie geleitet wird, werden zwei zentrale Einwände vorgebracht.

a) Keine empirische Nachweisbarkeit

Eine Schuld, die sich auf das individuelle Andershandelnkönnen zum Tatzeitpunkt bezieht, sei nicht nachweisbar. Der **empirische Nachweis**, der zur Annahme von Schuld vorausgesetzt wird, lasse sich **nicht führen**. Im Bereich der forensischen Psychiatrie herrscht Einigkeit darüber, daß die Fähigkeit des Täters, zum Tatzeitpunkt anders gehandelt haben zu können, mit empirischen Mitteln nicht belegt werden kann (vgl. *Roxin*, 1984, 643 m.w.N.).

b) Vergeltungs-Metaphysik

Ein staatliches Recht zur schuldausgleichenden Vergeltung lasse sich heute aus einem zweckfrei konstruierten, allein der Idee der Gerechtigkeit verpflichteten Schuldausgleichsprinzip nicht mehr folgern. Das Richterurteil sei nicht mehr metaphysisch herleitbar, sondern den Prinzipien der **bürgerlich-demokratischen Staatsverfassung** unterworfen. Der Absolutheitsanspruch sei verlorengegangen. Der Richter sei nunmehr durch eine Staatsgewalt legitimiert, die, zumindest nach dem Verfassungswortlaut, vom Volke ausgeht. **Ein Recht zur Vergeltung könne es hiernach nicht geben** (vgl. *Roxin*, 1984, 643f.; *Stratenwerth*, 1977).

3. Schuld als normatives Konstrukt der Begrenzung des Strafrechts

Bei aller berechtigten Kritik gegenüber den Prämissen des Schuldprinzips sind die **limitierenden Funktionen der Schuld** gegenüber einem ungezügelten präventiven

Steuerungszugriff des strafenden Staates als notwendige Mittel der **Freiheitssicherung** hervorzuheben (vgl. hierzu BVerfGE 105, 135 ff., 2 BvR 794/95 vom 20. 3. 2002). Das Bundesverfassungsgericht gibt dem Gesetzgeber in seiner Entscheidung zur Aufhebung der Vermögensstrafe auf, bei der Entscheidung über Strafandrohungen immer auch das rechtsstaatliche Schuldprinzip hinreichend zu berücksichtigen, wodurch der Richter die Möglichkeit erhält, „im Einzelfall eine gerechte und verhältnismäßige Strafe zu verhängen. Schuldprinzip und Rechtsfolgenbestimmtheit stehen in einem Spannungsverhältnis, das in einen verfassungsrechtlich tragfähigen Ausgleich gebracht werden muß." (BVerfGE 105, 135).

Gerade weil es sich bei der Kategorie der Schuld um ein **normatives Konstrukt** handelt, das den empirisch aufweisbaren Handlungsgründen aus sozialwissenschaftlicher Sicht letztlich nicht gerecht werden kann, wird dadurch eine Begrenzung des präventiven staatlichen Zugriffs auf die Bürger möglich. Der normative Schuldbegriff ist so verstanden ein Bollwerk gegen die denkbare wissenschaftlich angeleitete Durchleuchtung und Kontrolle des Menschen.

Daher gehen auch die Thesen moderner Hirnforschung ins Leere, wenn sie, an die neurologischen Determinanten menschlichen Verhaltens anknüpfend, das Schuldstrafrecht mangels Willensfreiheit ablehnen und ein reines Maßregelrecht befürworten (vgl. anstelle vieler *Geyer*, 2004). Der Vorteil des strafrechtlichen-normativen Konstrukts „Schuld" liegt gerade darin, daß dem Bürger die Freiheit zugerechnet wird, die zwar nicht neurologisch nachweisbar ist, aber das soziale Zusammenleben der Menschen bestimmen muß – solange ein freiheitlicher Rechtsstaat besteht. Nur autoritäre Zwangsordnungen kennen eine ausschließliche Orientierung an Maßregeln.

II. Spezialprävention

1. Nützlichkeit als ‚modernes‘ gesellschaftliches Prinzip

Die soziale und ökonomische Entwicklung steigerte im letzten Drittel des 19. Jahrhunderts den Bedarf für staatliche Steuerung im Bereich der binnenwirtschaftlichen Infrastruktur, der Erschließung neuer Märkte, der Organisation von schulischer und beruflicher Bildung oder flankierender Kontrolleinrichtungen. Durch die Weiterentwicklung der Produktionstechnologie wuchsen die Anforderungen an die Arbeitskraft, die nicht mehr durch beiläufige familiäre Sozialisation erfüllt werden konnten. Daneben wuchs der Bedarf an rechtlicher Steuerung der Negativfolgen, die die ungehinderten Kräfte des Marktes – z.B. Monopolbildung, aber auch Niedriglohnpolitik oder Kinderarbeit – hinterließen. An die Stelle der liberalistischen Distanz der Bürger gegenüber dem Staat trat nun die Verherrlichung des expansiven, des planenden, regulierenden und krisenvorbeugenden Staates. Die wachsenden bürgerlichen Forderungen nach dem selbstbewußten, eingreifenden Staat mündeten in straftheoretische Überlegungen, die das strafrechtliche Zwangsinstrument ausdrücklich staatlichen Nützlichkeitserwägungen unterstellten.

2. Individuelle Zielrichtung

Die Spezialprävention gilt als ein zentraler Zweck staatlichen Strafens, der seine Wirkungskraft nicht auf die Gesamtheit der Rechtsunterworfenen richtet, sondern auf die Minderheit überführter Straftäter. Sie fragt daher nicht: „was verdient der Diebstahl, die Notzucht, der Mord, der Meineid?", sondern „was hat *dieser* Dieb, *dieser* Mörder, *dieser* falsche Zeuge, *dieser* Frauenschänder verdient?" *(von Liszt*, 1905, S. 175).

a) **Positive Spezialprävention** konzentriert sich auf die Resozialisierung des Täters. Zugrunde liegt ein Behandlungsmodell, das unterstellte persönliche Defizite und weiterreichende Sozialisationsmängel im spezialpräventiven Zugriff der Kriminalstrafe ausgleichen und positiv wenden soll (vgl. § 46 Abs. 1 S. 2 StGB). Die Spezialprävention findet sich im **Ziel** des Behandlungsvollzuges sogar als alleiniges Vollzugsziel wieder (§ 2 S. 1 StVollzG).

b) **Negative Spezialprävention** stellt dagegen allein auf die unterstellte Gefährlichkeit des Straftäters ab. Sie verweist somit auf die Aspekte der Sicherung und des gesellschaftlichen Ausschlusses und normiert die **Aufgabe** des Schutzes der Allgemeinheit vor weiteren Straftaten (§ 2 S. 2 StVollzG).

III. Generalprävention

1. Abschreckung

Die Theorie der Generalprävention verspricht sich mit der Existenz und der Anwendung des Strafrechts Normtreue der Allgemeinheit und Abschreckung anderer, die in Gefahr sind, ähnliche Straftaten zu begehen.

a) Die **negative Generalprävention** will durch die Sanktionierung des Täters andere Gesellschaftsmitglieder von der Begehung ähnlicher Straftaten schlicht abhalten. *„Sollen (...) Rechtsverletzungen überhaupt verhindert werden, so muss neben dem physischen Zwange noch ein anderer bestehen, welcher der Vollendung der Rechtsverletzung vorhergeht, und, vom Staate ausgehend, in jedem einzelnen Falle in Wirksamkeit tritt, ohne dass dazu die Erkenntnis der jetzt bevorstehenden Verletzung vorausgesetzt wird. Ein solcher Zwang kann nur ein psychologischer sein."* Der *„sinnliche Antrieb [zur Begehung einer Uebertretung] kann dadurch aufgehoben werden, dass Jeder weiss, auf seine That werde unausbleiblich ein Uebel folgen, welches grösser ist, als die Unlust, die aus dem nicht befriedigten Antrieb zur That entspringt"* (von *Feuerbach*, S. 38, §§ 12 und 13).

b) Die **positive Generalprävention** ist auf die Stabilisierung der gesellschaftlichen Normtreue bezogen. Vor allem die Theorie der positiven Generalprävention bildet in diesem Zusammenhang eine bedeutsame Legitimationsgrundlage für das strafrechtliche Kontrollsystem: § 47 StGB spricht in Abs. 1 von der Notwendigkeit einer Freiheitsstrafe unter 6 Monaten, wenn dies u.a. „zur Verteidigung der Rechtsordnung unerläßlich" ist. Die positive Generalprävention wird für eine Begründung des Strafrechts hinsichtlich seiner Notwendigkeit und Nützlichkeit als bestens geeignet angesehen (*Jakobs*, 1993, 5 ff.).

2. Generalprävention im Dienst der Normstabilisierung

a) Anspruch auf globalen Gesellschaftsschutz

In diesem Kontext entwickelt der auf die Allgemeinheit sich beziehende Begriffsrahmen der Generalprävention seine stärkste Zugkraft. Er profitiert dabei von dem gesellschaftlichen Grundbedürfnis nach Schutz und Sicherheit, aber auch von einem Angebot für eine Kanalisierung von Rachegelüsten. Ihm wird Eignung auch im Hinblick darauf beigemessen, die Schwächen absoluter Straftheorien gleichsam durch eine Wendung ins gesellschaftlich Konstruktive zu überwinden und als neu gewonnene Stärke auszuspielen.

Hassemer bringt die seltsame Faszination, die vom Konzept der Generalprävention ausgeht, treffend auf den Punkt: „Der Anspruch, nicht nur den Übeltäter wieder auf die rechte Bahn zu bringen, sondern – viel ehrgeiziger – die Gesamtmenge normabweichenden Verhaltens zu reduzieren, verleiht der generalpräventiven Strafvorstellung eine hohe sozialpolitische Würde. Generalprävention bringt als Straf- und Strafzumessungstheorie zum Ausdruck, daß jede Intervention zu Lasten des normabweichenden Individuums zugleich das allgemeine Wohl zu befördern habe – im Strafrecht des Staates als Instrument der Sozialpolitik im weitesten Sinn, in der Strafpraxis des Alltagslebens als Stabilisierung der Normen der jeweiligen Bezugsgruppe" (*Hassemer*, 1979, 33).

Konzeptionen dieser Art beziehen sich nicht mehr allein auf das Prinzip **individueller** Abschreckung bzw. Moralstabilisierung der Rechtsunterworfenen, sondern insistieren auf einen **globalen Gesellschaftsschutz** im Sinne eines Systemschutzes, der sich über die einander ergänzenden Schienen individuell und gesamtgesellschaftlich ausgerichteter Kriminalitätsprävention realisieren soll (*Jakobs*, 1976, 3 ff.).

b) Tiefenpsychologische Ergänzungen

Wird das generalpräventive Konzept noch zusätzlich mit tiefenpsychologischen Momenten angereichert (vgl. *Haffke*, 1976), ergibt sich ein weiterer Vorteil, der in der fast vollständigen Absicherung gegenüber möglichen Falsifizierungen besteht. Danach ist es Aufgabe des Strafrechts, das **Rechtsvertrauen der Bevölkerung** und die mit dem Recht korrespondierenden sozialen Normen auf einer psychoanalytischen Basis (Sündenbocktheorie) langfristig zu **stabilisieren.** In einer solchen Fassung hat die Theorie der Generalprävention gute Chancen, auf Dauer beherrschende Zielbestimmung des Strafrechts zu sein, zumal sie ohnehin weder empirisch widerlegbar noch beweisbar ist.

Gleichwohl bleibt ein starkes rechtsstaatliches Unbehagen, das Strafrecht psychoanalytisch zu legitimieren.

IV. Vereinigungs-"Theorie"

Die Eckpfeiler der Generalprävention und des Schuldausgleichs bilden gemeinsam mit spezialpräventiven Elementen in Gestalt der sog. **Vereinigungstheorie** des Bundesverfassungsgerichts (BVerfGE 45, 187, 253 ff.) eine allumfassende Legitimationsgrundlage staatlichen Strafens. Dies hält sich im Rahmen der dem Gesetzgeber „von Verfassungs wegen zukommenden Gestaltungsfreiheit, einzelne Strafzwecke anzuerkennen, sie gegeneinander abzuwägen und miteinander abzustimmen. Demgemäß hat das Bundesverfassungsgericht in seiner Rechtsprechung nicht nur den Schuldgrundsatz betont, sondern auch die anderen Strafzwecke anerkannt. Es hat als allgemeine Aufgabe des Strafrechts bezeichnet, die elementaren Werte des Gemeinschaftslebens zu schützen. Schuldausgleich, Prävention, Resozialisierung des Täters, Sühne und Vergeltung für begangenes Unrecht werden als Aspekte einer angemessenen Strafsanktion bezeichnet" (BVerfGE 45, 187, 253 ff.).

Eine so geartete „Theorie" hat den Vorteil, Widersprüche der je einzelnen Ansätze scheinbar mühelos aufzuheben und die Trias der Spezialprävention, der Generalprävention und des Schuldausgleichs zu einer **Argumentationswunderwaffe** auszugestalten (vgl. *Albrecht*, 1985, 832).

V. Integrationsprävention

1. Generalprävention als Vertrauensschutz

Zur stärkeren Betonung des positiven Aspekts der Generalprävention hat sich in der neueren strafrechtstheoretischen Debatte der Begriff der „**Integrationsprävention**" eingebürgert (*Müller-Dietz*, 1985, 817 ff.). Die Bezeichnungen „positive Generalprävention" und „Integrationsprävention" werden in der Literatur zumeist synonym verwendet (*Müller-Tuckfeld*, 1998, 6; *Zipf*, 1989, 481). Wesentlich unterstützt wurde diese Entwicklung durch die Argumentation des Bundesverfassungsgerichts, das die positive Generalprävention als die „Erhaltung und Stärkung des Vertrauens in die Bestands- und Durchsetzungskraft der Rechtsordnung" (BVerfGE 45, 187, 256) umschrieben hat. Auch der Bundesgerichtshof argumentiert ähnlich: Er führt aus, daß die Vollstreckung einer (kurzen) Freiheitsstrafe zur Verteidigung der Rechtsordnung nur dann geboten sei, wenn eine Aussetzung der Strafe für das allgemeine Rechtsempfinden unverständlich erscheinen würde und das **Vertrauen der Bevölkerung** in die Unverbrüchlichkeit des Rechts und in den Schutz der Rechtsordnung vor kriminellen Angriffen dadurch erschüttert würde (BGHSt 24, 40, 46; vgl. auch § 56 Abs. 3 StGB).

Aus der Perspektive der Integrationsprävention besitzt die Strafe eine gesellschaftsintegrierende und -sanierende Funktion, die bei Ausbleiben von Strafe ihre Zielrichtung ändert und einen Prozeß sozialer Desorganisation forciert. Danach liegt in der integrationspräventiven Idee ein Aspekt, der mit dem Begriff des „intellektuellen Verbrechensschadens" (*Müller-Dietz*, 1983) umschrieben werden kann: Im Bewußtsein der Rechtsunterworfenen soll durch Strafe etwas hergestellt werden, was anders nicht erreichbar erscheint, nämlich allgemeine Konformität und Anpassung an die herrschenden normativen Grundstrukturen der Gesellschaft. Was die inhaltsbestimmenden Prinzipien der Strafzumessung betrifft, gilt hingegen der Richter als Maßstab, dessen Bemühen darauf gerichtet sein muß, „möglichst nahe an den fiktiven Idealwert der schuldangemessenen Strafe heranzukommen" (*Müller-Dietz*, 1985, 826).

2. Integrationsprävention und Justizförmigkeit

Eine spezifisch rechtsstaatliche Variante erfährt dieser Ansatz durch *Hassemer*, der die Strafe nicht schon dann gerechtfertigt sein lassen will, wenn Resozialisierung und Abschreckung ihr gelingen, sondern erst dann, wenn sie die **Wege formalisierter Kontrolle** (strikte rechtsstaatliche Justizförmigkeit) dabei nicht verläßt (*Hassemer*, 1990, 316 ff.).

3. Vom Schutz individueller Interessen zum Schutz funktionaler Komplexe

Es ist deutlich zu erkennen, daß das Konzept der Integrationsprävention den Boden der realen gesellschaftlichen Verhältnisse verläßt und im Begriff ist, sich der **Idee** einer abstrakten Rechtsgütersicherheit zu bemächtigen. Nach *Baratta* hat das zur Folge, daß sich der Zweck des Strafrechts vom Schutz individueller Interessen einzelner auf den Schutz funktionaler Komplexe der Gesellschaft verlagert. Das bedeute, daß das Strafrecht **statt Rechtsgüter nunmehr Funktionen** schütze (vgl. *Baratta*, 1984, 137). Der Blick in Gegenwart und Zukunft des Kriminaljustizsystems ist damit angelegt.

2. Kapitel. Der Zugriff der Kriminologie auf das Strafrecht

Überblick

Dem verwertenden Zugriff des Strafrechts auf die Kriminologie steht eine kritische Kriminologie gegenüber, die ihrerseits die Geltungsvoraussetzungen, die Wirkungen und die Intentionen des Strafrechts und seiner Anwendung hinterfragt. So wird der kriminalpräventive Anspruch des Strafrechts von der Kriminologie auf den Prüfstand gestellt (§ 5).

- Die Kriminologie als empirische Sozialwissenschaft ist von jeher bemüht, spezialpräventive Erfolge staatlicher Sanktionierungen aufzuweisen, um dem kriminalpräventiven Anspruch im sozialstaatlich intendierten Sinne dienlich zu sein. Damit ist idealiter eine humanitäre Orientierung gegeben. Hierzu werden im Folgenden einige empirische Forschungsansätze vorgestellt, die das Verständnis für Methoden und Ergebnisse sozialwissenschaftlicher **Spezialpräventionsforschung** fördern sollen.

Die empirische Kriminologie tut sich allerdings schwer bei der Einlösung dieser Ideale. Möglicherweise ist im Zuge der Geburt des präventiven Zweckdenkens in der modernen Strafrechtsschule lediglich der humanitäre Wunsch Vater dieses Gedankens gewesen. Verkannt wird häufig, daß das repressive Strafrecht keine gesellschaftliche Reparaturanstalt für soziale und individuelle Problemlagen sein kann. In keiner Gesellschaft wird es jemals hinreichende Ressourcen materieller und personeller Art geben, um in Strafanstalten gesellschaftliche Rahmenbedingungen so zu ändern, daß individuelle und soziale Konflikte gelöst oder gar verhindert werden.

- Die empirische Kriminologie hat beim Nachweis positiver Wirkungen der Abschreckungstheorien, die mit dem Begriff **negative Generalprävention** gekennzeichnet werden, noch größere Schwierigkeiten. Ob Morde und andere Rechtsverletzungen unterbleiben, nur weil es ein Strafgesetzbuch gibt, steht dahin. Es ist stets eine Frage des Menschenbildes, ob man dem einzelnen soviel Fähigkeiten der Selbstkontrolle zuschreibt, Rechte Dritter zu respektieren. Ob allerdings die Existenz harter Strafandrohungen Schäden Dritter je verhindert hat, bleibt auch nach Sichtung sämtlicher empirischer Forschungsbefunde eher ein Rätsel.

- Die **Integrationsprävention** hat die sozialwissenschaftlich einzulösenden Belege ihrer Wirkungen von Anfang an geschickt umgangen. Symbolische Gesetzgebung, die ausschließlich symbolische Antworten für die Risiken der Industriegesellschaft bereithält, benötigt keine empirischen Nachweise für ihre intendierten Wirkungen. Nicht mehr der einzelne steht im Fokus des Interesses dieser Theorie, sondern Zielpunkt ist das normstabilisierende Bewußtsein der Allgemeinheit. Eine derartige Mega-Konstruktion entzieht sich schlechthin jeder empirischer Überprüfbarkeit. Hier gibt es nur theorieimmanente Kritik oder Zustimmung, basierend auf Plausibilitäten.

- Insgesamt stellen nach Maßgabe der empirischen Sozialforschung die präventiven Legitimationsansätze des Strafrechts eher Glaubens- als Wissenssätze dar. Dessen müssen sich der Gesetzgeber und der Rechtsanwender stets klar sein. Ob es sich für diese nur vagen Hoffnungen lohnt, das Rechtsmodell eines repressiv-limitierenden Strafrechts gegen ein präventiv-gestaltendes einzulösen, ist höchst fraglich. Der Preis ist nämlich, daß vom Prinzip der Legalität auf das Prinzip der Opportunität umgeschaltet wird und dabei die zunehmende Informalisierung des Rechts einen gehaltlosen Rechtsbegriff, die Verletzung der Gleichheit aller Menschen und schließlich eine willkürliche Rechtsanwendung zur Folge hat.

- Die nicht eingelöste Hoffnung der Präventionsorientierung im Strafrecht findet ihre Entsprechung im zunehmenden Verlust des staatlichen Steuerungsanspruchs. **Das klassische Strafrecht** hatte **keinen Steuerungsanspruch.** Die absolute Straftheorie verstand sich lediglich als vergeltende Reaktion auf Rechtsverletzung, wollte mit Sanktion das Recht wiederherstellen. Idealtypisch wurde ein rigoroser Tatbezug begründet, der gesetzes- und schuldbezogen war. Die Schuld limitierte den staatlichen Zugriff, der sich ausschließlich als repressiv verstand. Ein striktes Legalitätsprinzip kennzeichnete insofern das repressiv-limitierende Rechtsmodell des klassischen Strafrechts. Erst im Gefolge der **modernen Strafrechtsschule** entwickelte sich eine **täterorientierte Kriminologie,** welche ausschließlich am präventiven Zweckdenken im Strafrecht ausgerichtet war. Leitgedanke des rigorosen Täterbezugs war bei der Sanktionierung durch Strafrecht der gesellschaftliche Nutzen. Über die Individualisierung und Moralisierung des Täters wurde seine Anpassungsbereitschaft gefordert. Dieses präventiv gestaltende Rechtsmodell hatte in der Konsequenz eine – wenn auch sozialstaatlich aufgeladene – Opportunität der Rechtsanwendung zur Folge. Das Spannungsverhältnis zwischen Legalität und Opportunität entwickelte sich im Zuge der modernen Strafrechtsschule zu Lasten der allgemeinen Rechts-

geltung und der Gleichheit der Rechtsanwendung, mithin zu Lasten des Legalitätsprinzips.

- Mit dem Abbau der wohlfahrtsstaatlichen Verheißungen des Sozialstaates zum Ende
des 20. Jahrhunderts fahren auch die Hoffnungen auf eine Umsetzung präventiv-
gestaltender Strafrechtssanktionen dahin. Ein nur noch **symbolisches Strafrecht,** das
scheinbar die Risiken der späten Industriegesellschaft abdeckt (Umwelt, Wirtschaft,
Migration, Rauschdrogen, Terrorismus), wird politisch am **Systembezug** orientiert.
Die Folge ist ein zunehmendes kriminologisches Desinteresse, zumal der intendierte
Systemschutz – im Gegensatz zur modernen Strafrechtsschule – zwangsweise zu einer Abkehr vom Täter als Person im Strafrecht führen muß (Ent-Individualisierung).
Das symbolische Strafrecht benötigt keine allgemein begründeten und verbindlichen
Normen. Es begnügt sich mit exemplarischer Rechtsanwendung, und zwar dann,
wenn diese systemstabilisierend wirken soll. Dies wird deutlich an politisch aufgeladenen Verfahren (Wirtschaft, Umwelt, Terrorismus). Aus dem symbolischen Strafrecht folgt eine **Informalisierung des Rechts,** weil ihm die Allgemeinverbindlichkeit
entzogen wird, der Rechtsbegriff mithin gehaltlos ist und in der willkürlichen
Rechtsanwendung die Verletzung der Gleichheit der Rechtsadressaten liegt. Unausweichliche Konsequenz eines derart diffusen Rechtsmodells ist der Entzug der Legitimation gegenüber der Rechtsordnung. Die Bürger schalten ab, Staatsverdrossenheit
hat Konjunktur. Der behauptete Steuerungsanspruch gerinnt im Zuge dieses
Rechtsmodells und seiner opportunistischen Praxis zu einem symbolischen Steue-
rungsversuch. Im folgenden § 6 werden Befunde zum Nachweis des Steuerungs-
versagens benannt.
- Leider ist damit die Bilanz der staatlich intendierten Steuerungsfähigkeit des Strafrechts noch nicht abgeschlossen. Wir befinden uns in einer Wende vom symbolischen Risikostrafrecht zu einem **nach-präventiven Sicherheitsstrafrecht.** Dadurch
wird nicht nur ein quantitatives, sondern vielmehr ein qualitatives Kontinuum be-
schritten. Im Zuge einer **globalen Sicherheitsorientierung** kommt es für eine Steuerung durch Recht auf sozialwissenschaftliches und kriminologisches Erkenntniswis-
sen überhaupt nicht mehr an. Die globale Sicherheitspolitik ignoriert dieses
konsequent, weil mittels einer derartigen nach-präventiven Strafrechtsorientierung
eine strikte Rechtsnegation bis hin zur Rechtsvernichtung stattfindet. Wer Recht negiert und vernichtet, braucht sich um dessen tatsächliches Steuerungspotential keine
Gedanken mehr zu machen. Angestrebte verdachtsunabhängige operative Siche-
rungszugriffe – weltweit – haben globale Herrschaftssicherung im Blick. Die Dominanz eines Sicherheitsdenkens, das Freiheits- und Menschenrechte negiert, verkommt zu einer reinen Sicherungsmaßregel, die mit Recht nichts mehr zu tun hat.
Idealtypisch für dieses Sicherheitsdenken, das auch vor einer Militarisierung innerer
Sicherheit nicht Halt macht, ist, daß jedem Bürger **Sonderopfer als allgemeine Bür-
gerpflicht** auferlegt werden. Das angestrebte Maximum an Sicherheit wird freilich
nicht erreicht. Es bleibt nur ein Maximum an Freiheitsvernichtung und damit eine
Zerstörung der Legitimationsgrundlagen einer freiheitlichen und demokratischen
Gesellschaft.
- Diese genannten Ebenen der Rechtsentwicklung sind **keine scharf abgrenzbaren
strafttheoretischen Phasen** im Sinne der Ablösung einer Phase durch die andere.
Vielmehr überlappen sich diese Entwicklungsstufen zeitlich und inhaltlich. Sie füh-
ren zu der paradoxen Situation, daß zurzeit mehrere Stufen zugleich aktuell sind.
Der Rechtsanwendung stehen verschiedene Legitimationsmuster gleichzeitig zur
Verfügung, was die These willkürlicher Rechtsanwendung im Zuge der Informalisie-
rung deutlich belegt (vgl. hierzu zusammenfassend das Tableau, § 10).

• Das Kapitel endet mit Fragen zum Erkenntnisinteresse einer wissenschaftlichen Kriminologie. Vor dem Hintergrund dieser Erkenntnisinteressen und Einsichten formiert sich ein Teil der Kriminologie neu und entwickelt Konstruktionsprinzipien einer **kritisch autonomen Kriminologie** im Sinne einer eigenständigen Reflexionswissenschaft (§ 7). Die Kriminologie muß sich angesichts der systemisch bedingten Ignoranz gegenüber ihren Erkenntnisprofilen neu positionieren. Ihr Gegenstand muß eine fundamentale, prinzipienorientierte Auseinandersetzung mit der globalen Sicherheitsorientierung der politisch Verantwortlichen sein. Ihre Aufgabe wird es auch sein müssen, Bürger- und Menschenrechte weltweit einzuklagen.

§ 5. Der kriminalpräventive Anspruch des Strafrechts auf dem empirischen Prüfstand

Literatur: *Albrecht, H.-J.*, Legalbewährung bei zu Geldstrafe und Freiheitsstrafe Verurteilten, 1982; *Albrecht, P.-A.*, Jugendstrafrecht, 3. Aufl., 2000; *Baratta, A.*, Integrations-Prävention. Eine systemtheoretische Neubegründung der Strafe, KrimJ 1984, 132 ff.; *Baratta, A.*, Kriminalpolitik und Verfassung – Überlegungen zum minimalen Strafrecht und zur Sicherheit der Rechte, KritV 2003, 210 ff.; *Bettmer, F./Kreissl, R./Voß, M.*, Die Kohortenforschung als symbolische Ordnungsmacht, KrimJ 1988, 191 ff.; *Brusten, M./Hoppe, R.*, Greifen unsere Theorien noch?, KrimJ, Beiheft 1986, 58 ff.; *Egg, R.*, Sozialtherapie und aktuelle Entwicklung und aktuelle Situation einer Sonderform der Straftäterbehandlung in Deutschland, Jahrbuch für Rechts- und Kriminalsoziologie 2002 (25 Jahre Maßregelvollzug – eine Zwischenbilanz), 119 ff.; *Farrington, F./Ohlin, L./Wilson, J.*, Understanding and Controlling Crime, 1986; *Günther, K.*, Der Sinn für Angemessenheit, 1988; *Jehle, J.-M./Heinz, W./Sutterer, P.*, Legalbewährung nach strafrechtlichen Sanktionen – Eine kommentierte Rückfallstatistik, Herausgegeben vom Bundesministerium der Justiz, 2003; *Kant, I.*, Grundlegung der Metaphysik der Sitten, (*Weischedel, W.* Hrsg.), 1991; *Kaiser, G.*, Kriminologie, 3. Aufl., 1996; *Kunz, K.-L.*, Kriminologie, 3. Aufl., 2001; *Lösel, F.*, Ist der Behandlungsgedanke gescheitert? Eine empirische Bestandsaufnahme, ZfStrVo 1996, 259 ff.; *Lösel, F./Löferl, P./Weber, F.*, Meta-Evaluation in der Sozialtherapie, 1987; *Luhmann, N.*, Ausdifferenzierungen des Rechts, 1981; *Müller-Tuckfeld, J.-C.*, Integrationsprävention, 1998; *Ortmann, R.*, Zur Evaluation der Sozialtherapie, ZStW 106 (1994), 782 ff.; *Schöch, H.*, Empirische Grundlagen der Generalprävention, in: Festschrift für Jescheck, H.-H., 1985, 1081 ff.; *Rehn, G.*, Behandlung im Strafvollzug, 1979; *Schumann, K./Berlitz, C./Guth, H.-W. u.a.*, Jugendkriminalität und die Grenzen der Generalprävention, 1987; *Voß, M.*, Anzeigemotive, Verfahrenserwartungen und die Bereitschaft von Geschädigten zur informellen Konfliktregelung, MSchKrim 1989, 34 ff.; *Vultejus, U.*, Rückfallkriminalität, ZRP 2004, 126 f.; *Wolfgang, M. E./Figlio, R. M./Sellin, T.*, Delinquency in a Birth of Cohort, 1972.

A. Empirische Forschungen zur Spezialprävention

I. Anspruch und Ziele

Die Spezialprävention richtet sich mit dem Strafrecht und seinen korrespondierenden normativen Bezügen (Strafprozeßordnung, Gerichtsverfassungsgesetz, Strafvollzugsgesetz usw.) an die strafrechtlich erfaßte Person und sucht diese im Sinne künftigen rechtskonformen Verhaltens motivierend zu beeinflussen. Ziel dieser Beeinflussung soll die **Befolgung strafrechtlicher Verhaltenserwartungen** sein.

II. Empirische Wirkungsforschung: Was bewirken strafrechtliche Sanktionen beim Bestraften?

Die empirischen Sozialwissenschaften knüpfen bei der **rechtstatsächlichen Überprüfung** an das rechtliche Programm an. Bereits § 46 StGB sieht folgenden Effekt vor: Die Wirkungen, die von der Strafe auf das künftige Leben des Bestraften in der Gesellschaft ausgehen, sind bei der Strafzumessung zu berücksichtigen, wobei die in der Tat zum Ausdruck kommende Schuld des Täters gleichsam die Obergrenze des strafenden Eingriffs markiert.

Das Ergebnis sei vorweggenommen: Für die **verhaltenssteuernde Wirkung** des Strafrechts auf den Bestraften ist **Nüchternheit** und **Skepsis** anzuraten gegenüber den Absichtserklärungen des normativen Programms im StGB oder im Strafvollzugsgesetz. Nach den empirischen Befunden ist **bestenfalls** eine **Nichtwirkung, schlechtestenfalls** ein **kontraproduktiver Effekt** zu unterstellen.

III. Sanktionsevaluation durch Kohortenforschung

1. Anlage der Forschung

Die Kohortenforschung ist ein aus den USA stammender Forschungsansatz zur Ermittlung von Delinquenzursachen und Prognosekriterien für Früherkennung und Frühintervention von Delinquenz.

Sie ist Produkt der Methodenkritik ätiologischer Forschungen und ist bemüht, Fehlschlüsse zu vermeiden wie: „Frühkriminalität erklärt die spätere Schwere des Rückfalls", die aus Untersuchungen von Delinquentengruppen im Strafvollzug gewonnen wurden (vgl. oben § 2 III). An Gefangenenpopulationen wurde statistisch ermittelt, daß mit steigender Deliktschwere und Delikthäufigkeit „Frühkriminalität" nachweisbar war. Heute weiß man aus Untersuchungen zur Gesamtbevölkerung, daß Frühkriminalität, also Delinquenz im Jugendalter, ubiquitär (allgegenwärtig) ist. Vergleichbar wäre folgender Fehlschluß: Nikotinkonsum erklärt die Drogenkarriere.

Die Kohortenforschung will – unter Vermeidung des Auswahleffektes – den Entstehungs- oder Kausaleffekt von Delinquenz untersuchen. Das Forschungsdesign erfaßt daher keine Querschnittsuntersuchungen, sondern Längsschnittansätze mit experimentellem Interventionsdesign sowie eine unausgelesenene Population eines gesamten Jahrganges als Kontrollgruppe. Nicht retrospektive (also rückwirkend), sondern prospektive Verlaufsanalysen sollen Delinquenzursachen und Prognosekriterien ermitteln helfen (kritisch hierzu: *Farrington* u.a., 1986; *Bettmer* u.a., 1988).

2. Ergebnisse der Kohortenforschung (*Wolfgang*-Studie)

Eine der bekanntesten Studien dieser Art ist die sogenannte *Wolfgang*-Studie (1972) aus den USA. Die Ergebnisse aus einer 1. Kohortenstudie erfassen Jugendliche (geboren 1945) vom 10. bis 18. Lebensjahr aus Philadelphia. Erhebungsbeginn war 1964, erfaßt wurden 9945 Jugendliche. Die Studie zur 1. Kohorte war noch retrospektiv ausgelegt. In der 2. Kohorte wurden Jugendliche erfaßt, die 1958 geboren waren. Hier wurden 28 800 männliche und weibliche Jugendliche erfaßt (prospektives Design).

Erkannt wurde, daß **35%** bis zum Alter von 18 Jahren **polizeiauffällig** geworden waren, d.h. gegen etwa 3500 Jugendliche wurde polizeilich ermittelt (1. Kohorte). Etwa die **Hälfte** dieser Jugendlichen wurde nach der ersten Registrierung **nicht wieder auffällig**. Dieser Befund widerspricht der These der Frühkriminalität, die zu schwerer Delinquenz führe. 1862 (18,7%) Jugendliche wurden mit **mehr als einem Delikt** registriert. Aber: 629 Jugendliche aus der Kohorte sind für 52% aller registrierten Delikte verantwortlich, d.h. **5% der Kohorte sind für über 50% aller Delikte** verantwortlich. Die Mehrzahl der kriminellen Delikte wird folglich von wenigen Intensivtätern verübt (*Wolfgang* u.a., 1972, 89, 176 f.).

Daraus wurde die kriminalpolitische Strategie der **„selective incapacitation"** entwickelt, was als die gleichzeitige **Vermeidung unnötiger Härte und unangebrachter Milde** beschreibar ist. In den USA wurde daraus ein populäres Konzept, das eng mit der Diversionsentwicklung zusammenhängt (vgl. *Albrecht*, 2000, 23 ff.). Die populistische Formel lautet: „Einsperren und Schlüssel wegwerfen" für die Restgruppe, die auf der Rückseite der Diversions-Filterprogramme (Vermeidung von Justizkontakten) verbleibt.

3. Kritische Einschätzungen zur Kohortenforschung

Die Kohortenforschung ist ein methodisch und finanziell sehr aufwendiges Programm. Gleichwohl sind schwerwiegende Einwände vorgebracht worden.

Der Kohortenforschung liegt ein traditionelles ätiologisches Konzept (vgl. dazu oben § 3 B I) der Kriminalitätsentstehung zugrunde. Es ist ohne Sensibilität für die Folgen von Kriminalisierung oder Entkriminalisierung auf die Kriminalitätsrate, dergleichen wird nicht erhoben. Man kann es als High-Tech-Methode, aber primitive sozialwissenschaftliche Theorie kennzeichnen. Es werden keine parallelen Erhebungen zu materiellrechtlichen oder verfolgungstechnischen Änderungen durchgeführt. Diese finden sich insbesondere bei der Prohibition und bei der Drogenkriminalität. Hier sind in kurzer Zeit Veränderungen sowohl beim Anzeigeverhalten als auch bei der Struktur von Kriminalitätsgelegenheiten möglich. Innerhalb eines generationsübergreifenden Kohortenzeitraumes haben z.B. die Selbstbedienungsmöglichkeiten in Warenhäusern enorm zugenommen. Kriminalitätszunahme ist in einem derartigen Fall nicht als individuelle Verhaltensqualität zu werten, sondern Produkt strukturellen Wandels (Änderung von ökonomisch motivierten Angebotsstrukturen).

Der Generationseffekt kann von individuellen Reifungseffekten kaum getrennt werden. Zum Beispiel eröffnet die Drogenverbreitung völlig neue Delinquenzfelder, auch Wirtschaftskrisen und Kriege müssen als intervenierende Einflüsse kenntlich gemacht werden. Die Welt um die Kohorte verändert sich ebenfalls. Auch kann der Testeffekt der Forscher auf die Beforschten nur schwer kontrolliert werden.

Die Kohortenforschung gilt der Suche nach dem „eigentlichen Kriminellen", dem Intensivtäter, der von der „normal" gewordenen Gelegenheitskriminalität abgespalten wird. Sie geht aus von dem Modell der kriminellen Persönlichkeit (bio-soziale Theorien), ist bezogen auf die genetische Ausstattung der Menschen. Sie orientiert sich am gesellschaftlichen Normalitätsverständnis, am „Normalbürger". Es ist heute aber fraglich, ob in einer multikulturellen Gesellschaft derartige Standards noch aufrechterhalten werden können. Die Welt verändert sich horizontal (Kulturvermischung) und vertikal (Entwicklungsfortschritt) immer schneller.

4. Ergebnisse für spezialpräventive Sanktionswirkungen

Trotz der gewichtigen Methodenkritik an diesen Ansätzen der Ursachenanalyse von Kriminalität sind aus den Ergebnissen der Kohortenforschung immerhin Rückschlüsse für die Wirkung gesetzlicher Strafandrohungen möglich. Wenn man die Sanktionswirkung (oder besser: die Androhung von Sanktionen) vom Anfang einer kriminellen Karriere aus begleitet, so zeigt sich kein signifikanter Kriminalitätsunterschied zwischen denjenigen, die man nach einem Polizeikontakt wieder laufen läßt und denjenigen, die eine formelle Intervention trifft. Daraus ergibt sich die Schlußfolgerung von der **Austauschbarkeit der Sanktionen.**

Weiter folgt aus der Kohortenforschung auch die **Ubiquitäts- und die Spontanremissionsthese.** Das heißt, Jugendkriminalität ist ein allgegenwärtiges Phänomen, das fast jeden Jugendlichen während seines Sozialisationsprozesses betrifft. Ebenso wie Jugendkriminalität spontan auftritt, geht sie im Zuge der Sozialisation ins Erwachsenendasein zurück (vgl. hierzu die Forschungsbefunde bei *Albrecht*, 2000, 17 ff.).

IV. Geld- und Freiheitsstrafen-Evaluation

Die empirische Sozialforschung zeigt ebenfalls Interesse an der Wirkung der Geldstrafenverhängung, die heute über 80% aller Sanktionen ausmacht.

1. Wirkungen der Geldstrafe

Die Wirkungen der Geldstrafe wurden anhand einer repräsentativen Verurteiltenstichprobe aus dem Jahrgang 1972 (N = 1832) bezüglich des Präventionseffekts im Vergleich zur Freiheitsstrafe untersucht

(*H.-J. Albrecht,* 1982). Nach fünf Jahren wurden die Strafregisterauszüge eingeholt. Das Rückfallkriterium war eine erneute Eintragung im Bundeszentralregister. Hinsichtlich der **Legalbewährung** wurden folgende Ergebnisse festgestellt, die deutliche Rückfallunterschiede in den Bestraftengruppen ergaben:

Rückfall bei zu Geldstrafen Verurteilten: 25,8%
Rückfall bei zu Freiheitsstrafe mit Bewährung Verurteilten: 55,3%
Rückfall bei zu Freiheitsstrafe ohne Bewährung Verurteilten: 75,4%

Zwischen der Geldstrafe und der Freiheitsstrafe ohne Bewährung liegt auf dem ersten Blick eine Differenz von 50% (!). Bei unterschiedlich langen Freiheitsstrafen wurden keine Unterschiede festgestellt. Bezüglich der Rückfallschwere (gemessen an der neuen Sanktion) erhielten die zu Geldstrafe Verurteilten mit 59% erneut eine Geldstrafe, bei zu Freiheitsstrafe ohne Bewährung Verurteilten wurden in 68% der Fälle erneut Freiheitsstrafen ohne Bewährung verhängt.

2. Rückfallstudie des Bundesjustizministeriums (2003)

Eine **Studie des Bundesministeriums der Justiz** aus dem Jahr 2003 zum Rückfall wertet das Bundeszentralregister umfassend aus. Erfaßt werden alle Verurteilungen zu einer Freiheitsstrafe mit Bewährung oder zu einer Geldstrafe. Weiterhin werden alle Entlassungen aus der Strafhaft des Jahres 1994 daraufhin untersucht, ob innerhalb eines Zeitraums von vier Jahren eine neue Verurteilung erfolgt ist. Im Jahr 1994 gab es nach der Zählweise der Autoren 582 612 Verurteilungen zu Freiheitsstrafen und Geldstrafen, davon 75 378 Verurteilungen zu Freiheitsstrafen und 507 234 zu Geldstrafen. Die Mehrzahl der Verurteilten wird bezogen auf alle Sanktionierungen innerhalb von vier Jahren nicht erneut verurteilt: Das sind 65%. Das Bild ändert sich, wie schon bei der oben dargestellten Geldstrafenevaluation, wenn man sanktionsspezifisch differenziert.

Rückfall bei Erwachsenen (innerhalb von vier Jahren), nach
   vollstreckbaren Freiheitsstrafen ohne Bewährung: 56%
   Freiheitsstrafe mit Bewährung: 45%
Rückfall im Jugendstrafrecht, nach
   Jugendstrafe ohne Bewährung: 78%
   Jugendstrafe mit Bewährung: 60%

Die Rückfallwahrscheinlichkeit differiert deliktspezifisch sehr unterschiedlich. Am besten schneiden die wegen **Mordes und Totschlags Verurteilten** ab. Der **Prozentsatz der Legalbewährung beträgt hier 73%,** bei der **Vergewaltigung 59%.** Beim **Diebstahl im schweren Fall** liegt der Prozentsatz der Legalbewährung bei **41%.**

Eine Deutung dieser Rückfallquoten als Effekte der Sanktionen ist ohne weiteres nicht möglich, da auf diese Weise **keine vergleichbaren Risikogruppen** in die Wirkungsprüfung der Sanktion einbezogen wurden. Andere als die Sanktionseinflüsse können für die Unterschiede verantwortlich sein (z.B. sozialstrukturelle Merkmale wie Beruf, Schulbildung, soziale Schichtung etc.).

3. Evaluation

Nach entsprechenden Bemühungen der Parallelisierung von Untergruppen verringert sich der Rückfallunterschied bei den zu Geld- bzw. zu Freiheitsstrafe Verurteilten bereits in der Untersuchung von *H.-J. Albrecht* (1982) deutlich. Vergleicht man beispielsweise die in der **Untergruppe** der mit Risikofaktoren „**Hochbelasteten**", dann liegt der **Rückfallunterschied** bei Geld- und Freiheitsstrafe nur noch bei **7%.** Die ursprünglichen Unterschiede bei den Rückfallquoten werden also durch die hinsichtlich ihrer sozialen Merkmale unterschiedlich zusammengesetzten Bestraftengruppen bewirkt. Die Behandlungsforschung leitet daraus wieder ab, daß unterschiedliche **Sanktionen** hinsichtlich ihrer kriminalpräventiven Wirkung weitgehend austauschbar seien, allerdings nur bei **gleichen sozialen Voraussetzungen.** Daraus folgt kriminalpolitisch: Die typische Sanktionseskalation nach Rückfällen macht spezialpräventiv – und so ist sie begründet – keinen Sinn, denn die Rückfälligkeit wird offenbar vom sozialen Hintergrund bestimmt.

Die Ergebnisse der höchst aufwendigen Untersuchung des Bundesjustizministeriums kommentiert ein aktiver Strafrichter (*Vultejus,* 2004, 127) mit den Worten, man könne die hohen Rückfallquoten „als eine Schelte des Strafvollzugs lesen", müsse aber bedenken, „daß die Gerichte in aller Regel die Bewährung nur in problematischen Fällen versagen". Abgesehen davon, daß das Gesetz eine Bewährung nur bis zu einer Freiheitsstrafe von zwei Jahren ermöglicht, kann diese richterliche Einschätzung auch eine reine „self-fulfilling-prophecy" im Sinne des Labeling-Approach sein. Im Übrigen legt der richterliche Praktiker seinen Erfahrungsfinger in die richtige Wunde: „Über die Gründe von Rückfällen – und das ist für die tägliche Praxis von Richtern und Staatsanwälten der wichtigste Punkt – habe ich (in der Studie) nichts gefunden. Die Persönlichkeiten der rückfälligen Täter, ihr persönliches und wirtschaftliches Umfeld konnten nach der Anlage der Studie nicht berücksichtigt werden" (*Vultejus*, aaO.).

V. Evaluation der speziellen Vollzugsform Sozialtherapie

1. Spezialpräventive Zwecksetzung

Die spezialpräventive normative Zwecksetzung der Verhängung und Vollstreckung von Freiheitsstrafen folgt zunächst ebenfalls aus § 46 StGB und aus den Bestimmungen des Strafvollzugsgesetzes, welches in § 2 den Strafvollzug anweist, darauf hinzuwirken, daß der Gefangene künftig in sozialer Verantwortung ein Leben ohne Straftaten führen soll. Die „Drei-Säulen-Theorie" des Strafrechts weist dem Strafvollzug die exklusive Resozialisierungsfunktion zu: **Das Gesetz** droht die Strafe an (Generalprävention), **der Richter** spricht sie aus (Schuldausgleich), **der Strafvollzug** vollzieht sie (Spezialprävention). In auf Spezialprävention gesondert ausgerichteten Anstalten, sog. sozialtherapeutischen Justizvollzugsanstalten, bemüht man sich auf besonders intensive Weise um Rückfallverhinderung nach Strafvollzug.

2. Rückfalluntersuchung im Rahmen von Sozialtherapie

a) Aus einer Vielzahl von sozialwissenschaftlichen Überprüfungen der spezialpräventiven Zwecksetzungen des Strafvollzugs sei als Beispiel eine Rückfalluntersuchung von *Rehn* (1979) näher dargestellt, die trotz des großen zeitlichen Abstandes wegen ihrer methodischen Vorbildlichkeit immer noch überzeugt.

Diese Untersuchung ist methodisch aufwendig. Unterschiedliche Verfahren der Kontrollgruppenbildung wurden eingesetzt, wobei Gefangene aus drei unterschiedlichen Anstaltstypen (traditionelle geschlossene Anstalt/sozialtherapeutische Anstalt/Übergangseinrichtung im offenen Vollzug) in die Untersuchung einbezogen wurden.

Eine Stichprobe erfaßte 463 Entlassene aus mehreren Jahrgängen. Die Entlassenen kamen aus den drei Anstalten und einer zusätzlichen Gruppe, nämlich Rückverlegten aus den Behandlungsanstalten. Datenquellen waren Gefangenenpersonalakten und Strafregisterauszüge, allerdings lagen keine Informationen über Art und Ablauf der Behandlungsmaßnahmen vor. Zudem waren unterschiedlich lange Bewährungszeiträume zu registrieren. Die Rückfalldefinition lautete auf Freiheitsstrafe, Geldstrafe und keine Eintragung. Der Bewährungszeitraum erfaßte 2–6 Jahre.

Als Ergebnis wurde festgestellt, daß aus der geschlossenen Anstalt 68,5% Rückfall (Geld- oder Freiheitsstrafe), aus der Sozialtherapie 44,7% und aus der Auffanginstitution 36,1% Rückfälligkeit registriert wurde. Deliktspezifische Rückfallquoten ergaben sich bei Delikten gegen Leib und Leben (19%), bei Delikten gegen die sexuelle Selbstbestimmung (43%) und bei Eigentumsdelikten (68%). Ein **erstes Kontrollgruppenverfahren** homogenisierte den Delikteffekt. Es wurden lediglich Eigentumstäter verglichen und zwar jene, die in den Behandlungsinstitutionen einsaßen, mit denen, die aus dem Normalvollzug stammen, gleichwohl nach diesen Kriterien die Chance auf Aufnahme in der Behandlungsanstalt gehabt hätten (nach Aktenlage). Diese Gruppe wurde verglichen mit einer entsprechend zusammengesetzten Experimentgruppe aus Entlassenen der Behandlungsanstalten (ebenfalls nur Vermögenstäter).

Das Ergebnis lautet: 57,2% Rückfall aus der Behandlungsgruppe gegenüber 71,3% Rückfall aus der Kontrollgruppe des geschlossenen Vollzuges. Die Differenz liegt nunmehr **nur noch bei 14%,** vorher bei 32%. Die generelle Steigerung im Rückfallniveau liegt in der Konzentration auf Eigentumstäter begründet.

In einem **zweiten Kontrollgruppenverfahren** wurden den aus den Behandlungsanstalten Entlassenen jeweils Partner gegenübergestellt, die über ähnliche Auswahlmerkmale verfügen (Matched Pairs Analyse). Das Ergebnis lautet hier 52,8% Rückfall bei der Kontrollgruppe aus dem Regelvollzug gegenüber 44,5% Rückfall aus der Behandlungsgruppe. Nunmehr schrumpft die **Differenz auf 8%.** Reduziert man den Vergleich auf das Rückfallkriterium der Freiheitsstrafe, ist bei der Kontrollgruppe 39,8% Rückfall und bei der Behandlungsgruppe 34,3% festzustellen. Die **Differenz** beträgt schließlich **5%.** Die Unterschiede sind stark geschrumpft, wobei im letzten Vergleich noch nicht einmal berücksichtigt wurde, daß die Entlassenen aus dem Regelvollzug im Schnitt die wesentlich längere Bewährungszeit aufzuweisen hatten.

b) Nach im Ergebnis übereinstimmenden neuen Studien (*Egg*, 2002; *Lösel*, 1996) ist der Erfolg der sozialtherapeutischen Behandlung „alles in allem gering bis sehr gering, aber nicht null" (*Egg*, 2002, 123). Er liegt zwischen 5% bis 10%. Selbst dieser Befund eines geringen Erfolges bleibt indes fragwürdig, da es sich bei den Probanden lediglich um das Ergebnis einer Selektion handelt: Die sozialtherapeutischen Anstalten rekrutieren von vornherein geeignete Personen als besonders therapiegeeignet (Vorselektion). Darüber hinaus werden bis zu 50% derjenigen, die sich im Laufe der Therapie als ungeeignet erweisen, in den Regelvollzug zurückverlegt (*Ortmann*, 1994, 786). Dies verzerrt die ohnehin magere Erfolgsbilanz ein weiteres Mal. Damit sei nicht die Hilfestellung im Vollzug, sondern eine selektive Vollzugsbehandlung von ohnehin „privilegierten" Vollzugsinsassen kritisiert.

c) Wiederum bleibt als Ergebnis, daß mit zunehmender Gleichförmigkeit des Sozialprofils von Personen der Experimental- und Kontrollgruppen sich die Unterschiede im späteren Legalverhalten wesentlich verringern (vgl. auch *Kaiser*, 1996, 267ff.; *Lösel* u.a., 1987, 414f.).

Die kritische Einschätzung des Behandlungsaufwandes im Hinblick auf die Legalverhaltensquote soll nicht die Bemühungen des Strafvollzugs desavouieren, Menschen bessere soziale Voraussetzungen für ein Leben nach Strafhaft zu ermöglichen. Diese Bemühungen sind hingegen nicht allein über die Präventionsziele des Strafgesetzbuchs und des Strafvollzugs zu legitimieren, sondern ergeben sich primär aus den Grundrechten nach Artikel 1 und 2 des Grundgesetzes. Es handelt sich hierbei um **Menschenrechte,** die nicht kriminalpolitisch beliebig als Programmziele definiert werden dürfen.

Als kriminalpolitisches Ergebnis der sozialwissenschaftlichen Spezialpräventionsforschung bleibt festzuhalten: Auch unterschiedliche stationäre Sanktionen sind hinsichtlich ihrer kriminalpräventiven Wirkungen weitgehend austauschbar, soweit die Betroffenen gleiche soziale und sozialstrukturelle Voraussetzungen (Gleichförmigkeit des Sozialprofils) aufweisen. Nicht die staatlichen Behandlungsmaßnahmen, sondern die **sozialen Verhältnisse vor und nach Strafhaft** bestimmen offenbar den Erfolg bzw. Mißerfolg staatlicher Unterbringungsmaßnahmen im Strafvollzug.

VI. Schlußfolgerungen zur spezialpräventiven Zwecksetzung der Freiheitsstrafe

Aus den empirischen Forschungen zur spezialpräventiven Wirkung von Strafsanktionen ist Nüchternheit und Skepsis anzuraten gegenüber den Absichtserklärungen des normativen Programms im StGB oder im Strafvollzugsgesetz. Nach den empirischen Befunden ist bestenfalls eine Nichtwirkung und schlechtestenfalls ein kontraproduktiver Effekt zu unterstellen. Das gilt insbesondere für die Freiheitsstrafe (vgl. hierzu ausführlich unten § 28). Dies sollte die ultima-ratio-Funktion der Freiheitsstrafe stärken. Dieses Leitbild der Forschung sollte der Rechtsanwendung nahelegen, daß die unterschiedlichen Sanktionen hinsichtlich ihrer kriminalpräventiven Wirkung weitgehend austauschbar sind. Insofern muß die **Anerkennung der Übelszufügung durch Strafe** akzeptiert werden und eine Art von **Minimalisierungsprinzip bei der Strafzumessung** aufgestellt werden. Das Kriminaljustizsystem sollte sich vor dem Sogeffekt vermeintlich effektiver Maßnahmen schützen, nicht zuletzt, um kontraproduktive Effekte zu vermeiden.

B. Empirische Forschungen zur negativen Generalprävention

I. Wirkungen empirisch kaum nachweisbar

„Mit der Annahme generalpräventiver Wirkungen der Strafe verbindet sich der Anspruch, potentielle Rechtsbrecher von strafbaren Handlungen abzuschrecken sowie in der Bevölkerung allgemein auf die Stärkung des Vertrauens in die Bestands- und Durchsetzungskraft der Rechtsordnung hinzuwirken": Mit diesen Worten beschreibt der Kriminologe *Kaiser* (1996, 259) den Anspruch der sogenannten **negativen Generalprävention.** Damit ist positive oder integrative Generalprävention, die auf Normvertrauen, Normanerkennung und Rechtstreue abzielt, substantiell nichts anderes als Anwendungsfall der **Sozialisationstheorie.** Die Justiz müßte sich deshalb bezüglich der negativen Generalprävention als Legitimationsgrundlage des Strafrechts eigentlich auf eindeutige empirische Bestätigung berufen können. Das ist – überraschenderweise – aber nicht der Fall.

Kaiser, der mit einem großen Mitarbeiterstab umfassende Literaturrecherchen unternahm, stellt fest: „Nach dem gegenwärtigen Forschungsstand liegen allerdings empirische Anhaltspunkte für die Effektivität **strengerer Maßstäbe in der Strafzumessung** nicht vor" (1996, 259). Auch hätten richterliche **Strafhöhenbemessung** und **gesetzliche Strafrahmen** erwartungsgemäß relativ geringes Gewicht für die Befolgung von Gesetzen.

Allgemein werden in der Kriminologie Präventionserwartungen eher auf das **Entdeckungs- und Verfolgungsrisiko** gestützt. Allerdings dürfte dieses – bereits auf einer Plausibilitätsebene – nur für Rational- und Überlegungstaten in Frage kommen, was lediglich einen kleinen Ausschnitt aller strafbarer Handlungen betrifft. Wird überhaupt ein rationales Kalkül angestellt, trifft dieses zumeist auf ein geringes Entdeckungsrisiko – wie z. B. Wirtschaftsdelikte –, was die Neigung zur Tatbegehung eher erhöhen dürfte. Insgesamt beeinflusse darum das wahrgenommene Risiko der Entdeckung und Verfolgung die Bereitschaft zu deliktischem Verhalten kaum, resümiert der Kriminologe *Karl-Ludwig Kunz* (2001, 331).

Haben Effizienzmessung und Präventionsforschung zwar international auch einen hohen Stellenwert, so überraschen die mageren empirischen Beweise für die vermuteten Wirkungen negativer Generalprävention. Schichtspezifische Sozialisationsprozesse dürften im Hinblick auf Normbildung und Normbefolgung den weitaus größeren Stellenwert einnehmen als die eher pauschale Strafandrohung offizieller Kontrollinstanzen. Bezieht man den hohen Teil an spontanen Agressions-, Sexual- und Konflikttaten in die Überlegung mit ein, dürfte ebenfalls auf einer Plausibilitätsebene die Strafandrohung für derartige Spontanreaktionen wenig relevant sein.

II. Exemplarische Forschungsbefunde

1. Jugendkriminalität und die Grenzen der Kriminalprävention

Die Forschungen von *Karl Schumann u. a.* mit dem Titel „Jugendkriminalität und die Grenzen der Generalprävention" (1987) belegen obige Hypothese.

Repräsentativ ausgewählte Jugendliche der Geburtsjahrgänge 1964 und 1965 aus Bremen wurden über **selbst verübte strafbare Handlungen** befragt. Die jugendtypischen Delikte, nach denen gefragt wurde, wurden durch anschauliche Beschreibungen der juristischen Tatbestandsmerkmale operationalisiert. Die Befragungen (zwei Wellen) fanden im Jahre 1981 und 1982 statt und richteten sich auf **740 Jugendliche** beiderlei Geschlechts.

Die Ergebnisse zeigen, daß **83%** der befragten Jugendlichen bei der ersten Befragungswelle im Alter von 15 bis 17 Jahren **zumindest einen der 14 abgefragten Tatbestände** erfüllt hatten (vgl. *Schumann* u.a., 1987, 35). Im Deliktvergleich dominierte die Leistungserschleichung (§ 265a StGB), welche von 68,3% der Jugendlichen eingeräumt wurde. Als weitere Delikte wurden genannt:

Fahren ohne Fahrerlaubnis (§ 21 StVG):	38,8%
Diebstahl (§ 242 bzw. 248a StGB):	20,5%
Gebrauchsanmaßung (§ 248b StGB):	18,3%
Drogenbesitz/-handel (§§ 29–30 BtMG):	18,2%
Sachbeschädigung (§ 303 StGB):	17,3%

Durch diese Untersuchung wird die Ubiquitätsthese bestätigt, auch wenn sie eher auf den Bagatellbereich der Delinquenz beschränkt ist. Eine Einteilung der Jugend in „Kriminelle" und „Nichtkriminelle" kann nach diesen Erkenntnissen nicht vorgenommen werden. Auch zeigen die Befunde, daß die Eigenschaft „kriminell" nicht schon dem Verhalten selbst innewohnt, sondern erst das **Ergebnis von Auslese- und Bewertungsprozessen** des Kriminaljustizsystems ist, die im Grunde jeden Jugendlichen treffen können (vgl. oben § 3 B III/IV). Schwere Delikte sind allerdings auch im Dunkelfeld selten anzutreffen.

Nur ein Teil der von den Jugendlichen verübten Delikte gelangt der Polizei aufgrund der höchst **unterschiedlichen Interessenlage der Geschädigten** und der selektiv eingesetzten (begrenzten) Ermittlungskapazitäten der Polizei zur Kenntnis. So kommen beispielsweise einige Städte (z.B. Bielefeld, vgl. *Voß*, 1989, 42) bei der Bewältigung des Schwarzfahrens völlig ohne die Einschaltung der Strafjustiz aus, indem sie allein von zivilrechtlichen Mitteln Gebrauch machen. Andere Städte wiederum zeigen Schwarzfahrer routinemäßig an (vgl. *Brusten/Hoppe*, 1986, 58).

2. Empirische Forschungen zur Generalprävention

Eine ähnliche Untersuchung mit methodisch anderem Ansatz und einem relativ großen Probandenkreis wurde 1981/82 von *Heinz Schöch* durchgeführt (1985, 1081 ff.).

Es fand lediglich *eine* Befragung statt. Über die Angabe von vergangenem deliktischem Verhalten hinaus sollten die Probanden eine Selbsteinschätzung künftiger Begehungswahrscheinlichkeit abgeben. Folgende Hypothesen lagen der Untersuchung zugrunde:
- Je höher das Entdeckungsrisiko bei einem Delikt eingeschätzt wird, desto seltener wird dieses Delikt begangen.
- Je strenger die von dem Probanden wahrgenommene Strafzumessungspraxis für ein Delikt ist, desto geringer ist die selbsteingeschätzte künftige Begehungswahrscheinlichkeit.
  In einem ersten Abschnitt wurden 362 männliche Heranwachsende im Alter von 18–21 Jahren zu zwölf Delikten und zwei Scheindelikten befragt. Ebenso wurden im Sinne einer Validitätskontrolle 82 Jugendarrestanten und 96 Jugendstrafgefangene untersucht. Sodann wurde in einem zweiten Abschnitt mit Hilfe eines Meinungsforschungsinstitutes eine repräsentative Stichprobe von insgesamt 2036 Männern und Frauen im Alter von 14–82 Jahren zu vier Delikten befragt.
  Übereinstimmend mit bisherigen Untersuchungen ergab auch die Studie *Schöchs*, daß das Entdeckungsrisiko größeres Gewicht hatte als die Strafschwere. Darüber hinaus ließ sich feststellen, daß moralische Verbindlichkeiten und der Grad der Distanz zu einzelnen Delikten – vermittelt insbesondere durch den Familien- und Bekanntenkreis – größere Relevanz haben als Vorstellungen über Entdeckungs- oder Strafrisiken. Letztere haben auch nach der Untersuchung *Schöchs* statistisch keine nachweisbare Bedeutung.

III. Schlußfolgerungen

Nimmt man die Erkenntnisse aus anderen Dunkelfelduntersuchungen (vgl. hierzu unten § 12) hinzu, so gilt generell, daß mit zunehmender Deliktschwere die Registrierungswahrscheinlichkeit steigt (vgl. *Kaiser*, 1996, 361). Das heißt zugleich, daß im Bereich der Bagatell- und mittleren Kriminalität die generalpräventiven Abschreckungswirkungen des Strafrechts weitestgehend versagen. Bei schweren Delikten der Eigentums-, Gewalt- und Aggressionskriminalität dürften hingegen andere Wirkungsmechanismen als normative Ansprechbarkeit den Ausschlag geben. Mit anderen Worten: Ladendiebstahl und Leistungserschleichung werden trotz der bekannten Strafrechtsdrohungen massenweise begangen, das Strafrecht versagt hier als Steuerungsmedium. Die gegenüber den Massendelikten quantitativ geringfügig auftretenden Gewaltdelikte (vgl. hierzu unten 13. Kapitel) werden trotz hoher Strafdrohung und hohen Entdeckungs- und Verfolgungsrisikos begangen, wobei für die verbreitete Nichtbegehung eher die Sozialisation des Menschen, weniger die strafrechtliche Abschreckung bedeutsam sein dürfte: Rauschverlangen, Aggressivität und Destruktionspotentiale entfalten sich weitgehend unabhängig von strafgesetzlich postulierten Normbefolgungsbefehlen.

Kunz vermutet, der schwache Beleg generalpräventiver Abschreckungswirkung des Strafrechts vermöge den Strafrechtspraktiker zu irritieren, zumal dieser die grundsätzliche präventive Nützlichkeit des Strafrechts voraussetze, so wie andere Berufsgruppen von der sozialen Nützlichkeit ihrer Tätigkeit auch überzeugt seien. Insofern handle es sich eher um eine déformation professionelle. Aus der Pflicht der Strafrechtspraxis zur Anwendung der gesetzlich verfügbaren Sanktionen folge – so *Kunz* – nicht schon die präventive Eignung dieser Sanktionen (2001, 331 f.).

Generalpräventiv intendierte Strafrechtsanwendung ist mithin eine pragmatisch orientierte **Entscheidungstechnik**. Die Verbindlichkeit des Gesetzes und die vermuteten Auswirkungen der Rechtsfolgen werden dabei grundsätzlich hingenommen („Dogmatik"). Die Strafrechtsanwendung kann sich nicht auf eine Bestätigung durch empirische Sozialwissenschaften stützen. Sie ist eher auf Glaubenssätze unbedingter Geltung angewiesen. Sie ähnelt damit der Methode theologischer Prinzipien, die es ebenfalls mit Glaubenssätzen unbedingter Geltung (und in der modernen Theologie: deren Kritik) zu tun haben. Der Aufgabenbereich der mittelalterlichen Scholastik bestand ausschließlich darin, Dogmen in das bestehende traditionelle Gedankengebäude zu integrieren, Auslegungsrichtlinien zu erlassen, herrschende Meinung von Häresie und der Ketzerei abzugrenzen. Methodisch ähnlich verhalten sich Lehre und Rechtsprechung im Strafrecht.

C. Integrationsprävention

I. Empirisch nicht zugänglich

Sieht man die Aufgabe des Strafrechts darin, das **Rechtsvertrauen der Bevölkerung** und die mit dem Recht korrespondierenden **sozialen Normen** langfristig **zu stabilisieren,** erübrigen sich Versuche, diesen Ansatz empirisch auszuleuchten. Derartige Zielsetzungen sind real so gut wie nicht nachweisbar, zumal einem ausufernden Strafrecht kaum noch instrumentelle Durchsetzung – jedenfalls flächendeckend – abverlangt werden kann. Zielen Strafgesetze nur symbolhaft auf Rechtsgüterschutz, kann man sich aus der Sicht der Integrationsprävention bezüglich der Normintegration auf symbolhafte Verankerung beschränken. Die rechtsstaatlichen Grundlagen des Strafrechts werden damit aber prinzipiell in Frage gestellt. Sozialstrukturelle Risikolagen, die durch symbolisches Strafrecht geschützt und gekennzeichnet werden sollen, können dementsprechend auch nur mit symbolischer Um- und Durchsetzung rechnen. Sozialwissenschaftliche Empirie ist hierbei sogar kontraproduktiv, weil sie die Untauglichkeit symbolischer Strafrechtsanwendung aufdecken würde.

II. Systemtheorie als Legitimationsgrundlage

Mittels des Begriffs der Integrationsprävention wurde der Versuch unternommen, das Strafrechtssystem neu zu legitimieren. Die neue Art der Begründung greift auf die *Luhmannsche* Idee des Rechts als Instrument der Stabilisierung des Sozialsystems, der Handlungsorientierung und der Institutionalisierung der Erwartungen zurück (*Luhmann*, 1981, 115 ff.; *Günther*, 1988, 324 ff.). Im Mittelpunkt steht der Begriff des **Systemvertrauens** als einer Form der sozialen Integration.

Durch die Institutionalisierung der Verhaltenserwartungen – so *Luhmann* – übernehme das Recht die Funktion, das in einem komplexen sozialen System notwendige Vertrauen zu sichern. So vermöge das Recht auch den notwendigen Grad der Handlungsorientierung und Erwartungsstabilisierung zu garantieren (*Luhmann*, 1981, 113 ff.). Die Normverletzung wird nicht so sehr wegen der materiellen Verletzung bestimmter Interessen oder Rechtsgüter als sozial dysfunktional angesehen, sondern wegen der **symbolischen Infragestellung** der Norm als einer allgemeinen Handlungsorientierung (*Müller-Tuckfeld*, 1998, 145 ff.). Eine solche Infragestellung der Normen könne das Vertrauen der Gesellschaftsmitglieder in das System erschüttern (zusammenfassend *Baratta*, 1984, 193).

Strafe verfolgt aus dieser Sicht mithin nur die Wiederherstellung des Vertrauens und die Konsolidierung der Rechtstreue vor allem der **nicht** als straffällig erfaßten Gesellschaftsmitglieder: Der Rechtsbrecher steht dabei im Hintergrund. Die beiden vom liberalen Strafrechtsdenken konstruierten Bollwerke zur Begrenzung des staatlichen Strafanspruchs gegenüber dem Individuum, nämlich das **Prinzip der Straftat als Freiheitsverletzung** und der Schuldbegriff als **Begrenzung der Verantwortlichkeit** und des **Strafmaßes** werden damit aufgegeben (so auch *Baratta*, 1984, 135). Zugleich steht damit im Zusammenhang, daß sich der Zweck des Strafrechts vom Schutz **individueller Interessen** potentieller Opfer auf den Schutz **funktionaler Komplexe**, die genuin Aufgabe von staatlicher Verwaltungstätigkeit sind, verlagert. Das bedeutet, daß das Strafrecht statt Rechtsgüter nunmehr Funktionen schützen soll (*Baratta*, 1984, 137).

III. Theorie-immanente Kritik

Da diese Theorie kaum mit empirischen Methoden zu bekräftigen oder zu widerlegen ist, können ihr nur theorie-immanente Argumente entgegengehalten werden. Der Kriminalsoziologe und Strafrechtler *Alessandro Baratta* hat sie deutlich formuliert (1984, 140 ff.):

- Zum einen ist es systemtheoretisch keineswegs plausibel, nur traditionelle Strafreaktionen als Systemstabilisatoren heranzuziehen. Durchaus können Techniken der Systemstabilisierung bereitgestellt werden, die eine radikale Alternative zum Strafrechtssystem darstellen würden, also zivil-, verwaltungs-, und sozialrechtlichen Bezügen oder bereits den informellen Normen der Sozialisation entstammen (vgl. unten § 11).
- Gemäß der systemtheoretischen Perspektive können sich Konflikte in komplexen Gesellschaften durchaus dort manifestieren, wo sie nicht entstanden sind. Die Theorie der Integrationsprävention reduziert sich jedoch mit ihrer Strafreaktion auf eine **symptom-orientierte Reaktion,** die ausschließlich dort eintritt, wo sich die Konflikte äußern und nicht dort, wo sie erzeugt werden. Die Systemtheorie im *Luhmannschen* Sinne verweist auf institutionelle Lösungen am Entstehungsort der Konflikte, wobei strafrechtliche Reaktionen völlig überflüssig sein können.
- Letztlich berücksichtigt die systemtheoretische Integrationsprävention nicht die negativen Effekte des Strafrechtssystems, welche die vermuteten positiven Wirkungen der Sozialintegration aufheben können. Es werden Einwendungen und Argumente ignoriert, die aufzeigen, daß das Strafrechtssystem mit hohen sozialen Kosten und schwerwiegenden Folgen für die soziale Integration verbunden ist.

Die Theorie der Integrationsprävention leistet mithin für technokratische Tendenzen der Erweiterung des Strafrechts und der Beantwortung sozialer Probleme Legitimationsarbeit. Die Übertragung der Subjektivität des Menschen auf das System hat zur Folge, daß in der Theorie der Integrationsprävention der **Mensch** nicht Zweck und Mittelpunkt des Rechts sondern bloß **Träger der strafrechtlichen Funktionen** ist (*Baratta*, 1984, 144 und 2003, 210ff.). Der Mensch wird zum Objekt der normativen Abstraktion und zum Instrument sozialer Funktion degradiert – eine Kritik, die schon *Kant* 1785 deutlich formuliert hat (1991, 60ff.). Die Figur des Sündenbocks, aus der psychoanalytischen Straftheorie bekannt, lebt deutlich auf, wenn auch mit anderer Absicht und in der abstrakteren Sprache der Systemtheorie. *Baratta* weist treffend darauf hin, daß die Systemtheorie „die Verantwortlichkeit an einem Subjekt festmacht, dem zugleich seine Subjektivität zugunsten des Systems abgesprochen wird" (1984, 144).

§ 6. Der Steuerungsanspruch des Strafrechts im zeitlichen Wandel

Literatur: *Albrecht, P.-A.*, Prävention als problematische Zielbestimmung im Kriminaljustizsystem, KritV 1986, 55 ff.; *Albrecht, P.-A.*, Das Strafrecht auf dem Weg vom liberalen Rechtsstaat zum sozialen Interventionsstaat, KritV 1988, 182 ff.; *Albrecht, P.-A.*, Exekutivisches Recht, in: Albrecht, P.-A. (Hrsg.), Informalisierung des Rechts, 1990, 1 ff.; *Albrecht, P.-A.*, Jugendstrafrecht, 3. Aufl., 2000; *Albrecht, P.-A./Braum, S.*, Defizite europäischer Strafrechtsentwicklung, KritV 1998, 460 ff.; *Baltzer, U.*, Die Sicherung des gefährlichen Gewalttäters – eine Herausforderung an den Gesetzgeber –, 2005; *Bauman, Z.*, Schwache Staaten. Globalisierung und die Spaltung der Weltgesellschaft, in: Beck, U. (Hrsg.), Kinder der Freiheit, 3. Aufl., 1997, 315 ff.; *Beck, U.*, Risikogesellschaft, 2001; *Beck, U.*, Gegengifte. Die organisierte Unverantwortlichkeit, 1988; *Braum, S.*, Erosionen der Menschenwürde – Auf dem Weg zur Bundesfolterordnung (BFO)? – Anmerkungen zum Urteil des Landgerichts Frankfurt am Main im „Fall Daschner" –, KritV 2005, 283 ff.; *Brugger, W.*, Vom unbedingten Verbot der Folter zum bedingten Recht auf Folter?, JZ 2000, 165 ff.; *Edelman, M.*, Politik als Ritual, 1976; *Erb, V.*, Nothilfe durch Folter, Jura 2005, 24 ff.; *Gusfield, J. R.*, Der Wandel moralischer Bewertungen, in: Stallberg, F. W. (Hrsg.), Abweichung und Kriminalität, 1975, 167 ff.; *Habermas, J.*, Legitimationsprobleme im Spätkapitalismus, 1973; *Hassemer, W.*, Einführung in die Grundlagen des Strafrechts, 2. Aufl., 1990; *Herdegen* in: Maunz/Dürig/Herzog, GG, 42. Auflage, 2003, Art. 1 Rn. 45 f.; *Hirsch, F.*, Die sozialen Grenzen des Wachstums, 1980; *Jakobs, G.*, Kriminalisierung im Vorfeld einer Rechtsgutsverletzung, ZStW 97 (1985), 751 ff.; *Jakobs, G.*, Das Selbstverständnis der Strafrechtswissenschaft vor den Herausforderungen der Gegenwart, in: Eser/Hassemer/Burkhardt (Hrsg.), Die deutsche Strafrechtswissenschaft vor der Jahrtausendwende, 2000, S. 47 ff.; *Jakobs, G.*, Bürgerstrafrecht und Feindstrafrecht, HRRS 2004, 88 ff.; *Jerouschek, G./Kölbel, R.*, Folter von Staats wegen?, JZ 2003, 613 ff.; *Kant, I.*, Akademie-Ausgabe, Band VI (Die Metaphysik der Sitten); *Kaufmann, F.-X.*, Herausforderungen des Wohlfahrtsstaates, 1997; *Kreissl, R.*, Soziologie und soziale Kontrolle, 1986; *Kreissl, R.*, Die Krise der Theorie des Wohlfahrtsstaates, KritV 1987, 89 ff.; *Ludwig-Mayerhofer, W.*, Das Strafrecht und seine administrative Rationalisierung. Kritik der informalen Justiz, 1998; *Macke, G.*, Die Dritte Gewalt als Beute der Exekutive, DRiZ 1999, 481 ff.; *Michel, J.*, Crisis of the welfare states, 1997; *Narr, W.-D.*, Folter absolut relativ – Das Fragwürdige am Daschner-Urteil, Bürgerrecht & Polizei, CILIP 80 (2005), 69 ff.; *Neumann, U.*, in: Nomos Kommentar zum Strafgesetzbuch, Band I, 2. Auflage, 2005; *O'Connor, J.*, Die Finanzkrise des Staates, 1974; *Offe, C.*, Berufsbildungsreform, 1975; *Pawlik, M.*, § 14 Abs. 3 des Luftsicherheitsgesetzes – ein Tabubruch?, JZ 2004, 1045 ff.; *Preuß, U. K.*, Vorsicht Sicherheit, Merkur 1989, 487 ff.; *Schmitt, C.*, Politische Theologie, 1934; *Schmitt, C.*, Begriff des Politischen, 1963; *Schulz, C./Wambach, M.*, Das gesellschaftssanitäre Projekt, in: Wambach, M. (Hrsg.), Der Mensch als Risiko, 1983, 75 ff.; *Schumann, K.-F.*, Kriminologie als Wissenschaft vom Strafrecht und seinen Alternativen, MschrKrim, 1987, 81 ff.; *Sinn, A.*, Tötung Unschuldiger auf Grund § 14 III Luftsicherheitsgesetz – rechtmäßig?, NStZ 2004, 585 ff.; *Teubner, G.*, Verrechtlichung – Begriff, Merkmale, Grenzen, Auswege, in: Kübler, F., u. a., Verrechtlichung von Wirtschaft, Arbeit und sozialer Solidarität, 1984; *Tröndle, H./Fischer, T.*, Strafgesetzbuch und Nebengesetze, 52. Auflage, 2004; *Voß, M.*, Strafe muß nicht sein, in: Peters, H. (Hrsg.), Muß Strafe sein?, 1993, 135 ff.

A. Vom steten Wandel der strafrechtlichen Steuerungsansprüche

Die Kriminologie läßt das Strafrecht auch steuerungstheoretisch nicht unhinterfragt. Aus einer steuerungstheoretischen Sicht, die Anleihen bei der Politologie, der Soziologie, der Rechtsgeschichte, der Rechtsphilosophie und der Rechtstheorie nimmt, lassen sich wissenschaftliche Erkenntnisse zur Steuerungsfähigkeit von Recht ableiten. Steuerungsansprüche an das Strafrecht werden aber erst in der modernen Rechtstheorie explizit thematisiert (vgl. im Überblick unten § 10).

I. Metaphysisches Herrscherrecht: Inquisition zwecks Herrschaft

Das **archaische,** auf körperliche Vergeltung abzielende **metaphysische Herrscherrecht** zur Zeit der Voraufklärung galt ausschließlich der Herrschaftssicherung des absoluten Souveräns. Dieser Herrschaftsanspruch entsprach keiner elaborierten Steuerungstheorie, sondern eher einer theologisch legitimierten Unterwerfung unter weltliche und geistliche Herrschaft.

II. Klassisches Strafrecht: repressiv-limitierend

Erst das mit der europäischen Aufklärung einhergehende klassische Strafrecht formulierte ein anspruchsvolles Rechtsmodell, das sich – zumindest idealtypisch – am Prinzip einer von der Vernunft gesteuerten Legalität orientierte *(Immanuel Kant).* Dieses sich als absolut verstehende Tatstrafrecht schrieb sich die Stabilisierung und absolute Geltung des Rechts auf die Fahnen, um – emanzipatorisch ausgerichtet – die Macht des Herrschers durch die **Macht des Rechts** zu ersetzen. Es war damit repressiv, aber es limitierte zugleich den Zugriff des Staates durch die Grenzen des Rechts. Der Steuerungsanspruch des Strafrechts war vor dem Hintergrund der **klassischen Strafrechtstheorie** noch ein geringer. Wird die vergeltende Sanktion ausschließlich an der Schwere der Tat bemessen, gibt es keinen Bedarf für empirische Aufklärungswissenschaften. Ein entscheidungserheblicher Raum für Tätermerkmale ist nicht vorhanden.

III. Moderne Strafrechtsschule: präventiv-gestaltend

Interventionsvorschläge einer empirisch arbeitenden Kriminologie werden erst mit der **Zweckorientierung** des Strafrechts forensisch verwendungsfähig. Die Staatstheorie des liberalen, distanzierten Rechtsstaats wird jetzt abgelöst durch das Modell des eingreifenden, allgegenwärtigen Sozialstaats. Die hiermit einhergehende Umorientierung eines absoluten Reaktionsstrafrechts **(repressiv-limitierend)** verändert sich zum **präventiv-gestaltenden Steuerungsinstrument** (vgl. *Albrecht,* 1988).

IV. Symbolisches Risikostrafrecht: Informalisierung

Dieser Wandel zu einem operativen, gesellschaftsgestaltenden Steuerungsanspruch kann bereits als **historisch überholt** gelten. Zwar lebt die traditionelle Kriminologie noch von der Vorstellung, daß das Strafrecht von einer normativ-juristischen auf eine empirisch-sozialwissenschaftliche Orientierung umgestellt ist und insofern unabdingbar kriminologischer Beratung bedarf (vgl. unten § 7 B). Allerdings wird dabei verkannt, daß zunehmend die Nachfrage der Politik nach symbolisch verwertbarem (wissenschaftlichen) Wissen erheblich höher eingeschätzt wird als der (weniger bedeutsame) Bedarf an verwertbaren empirischen Erkenntnissen über Defizite der Strafrechtsanwendung. Mit dem **Rückgang des wohlfahrtsstaatlichen Modells** werden dem Strafrecht **symbolische Steuerungsansprüche** zugeschrieben. Es fungiert als Ersatz für anderweitige politische Lösungswege in der Gesellschaftspolitik. Mit „symbolischer" Rechtsfunktion ist die Erzeugung von Sinnbildern gemeint, von Interpretationsfolien und scheinbaren Lösungsmustern gegenüber gesellschaftlichen Problemen.

Das empirisch nicht überprüfbare strafrechtliche Modell der Integrationsprävention (vgl. oben § 5 C) hat das wohlfahrtsstaatliche Modell der gesellschaftssteuernden Eingriffsprävention als Legitimationsgrundlage schon weitgehend abgelöst. Vor dem Hintergrund gesellschaftlicher Krisen ist das belegbar. Diesen ökonomischen, ökologischen, sozialen und kulturellen Krisen kann mit den herkömmlichen strafrechtlichen Interventionsformen und den zugehörigen straftheoretischen Begründungen nicht mehr angemessen begegnet werden.

Die in diese Lücke hineinstoßende Integrationsprävention hat primär das normstabilisierende Bewußtsein der Allgemeinheit im Blick. Der rigorose Systembezug wird durch symbolische Gesetzgebung genügend gefördert. Folge ist freilich eine Informalisierung des Rechts, d.h. ein diffuser, gehaltloser Rechtsbegriff führt im Rahmen des symbolischen Risikostrafrechts zunehmend zu willkürlicher Rechtsanwendung.

V. Nach-präventives Strafrecht: Sicherheit vor Freiheit

Im Rahmen der globalen Rechtsentwicklungen nach dem 11. September 2001 zeichnet sich ein noch radikalerer Wandel ab. Die globale Sicherheitsorientierung produziert ein nach-präventives Sicherheitsstrafrecht, was sich schließlich in verdachtsunabhängigen Sicherungszugriffen niederschlägt, die das Strafrecht ersetzen. In ihrer idealtypischen Form führen derartige Sicherheitsorientierungen gar zu einer Militarisierung der inneren Sicherheit. Die Dominanz von Sicherheit vor Freiheit – die globale Herrschaft absichert – fordert von jedermann Sonderopfer als allgemeine Bürgerpflicht. In der Orientierung auf reine Sicherungsmaßregeln kommt es zur Verneinung und schließlich zur Vernichtung von Recht.

B. Präventives Strafrecht: Der Wandel von der repressiv-limitierenden zur präventiv-gestaltenden Sozialkontrolle

In den folgenden Abschnitten B, C und D sollen diese historischen – keineswegs trennscharfen – Wandlungsschritte im einzelnen idealtypisch nachgezeichnet werden.

I. Verwissenschaftlichung von Kriminalprävention

1. Effizienzsteigerung des Strafrechts

Das **politische Programm** einer nach dem Grundsatz der Interventionsoptimierung ausgerichteten Kriminalprävention war und ist in besonderem Maße auf **empirische Wissenschaften** angewiesen. Dabei können kriminologische Erkenntnisse und Forschungsbefunde im wesentlichen für zwei Zwecke herangezogen werden:

- zur strategischen Perfektionierung der Eingriffe auf der Handlungsebene der Kontrollinstanzen (**instrumenteller Aspekt**) und
- zur allgemeinen Rechtfertigung auf der politischen Demonstrationsebene (**Legitimationsaspekt**).

Es geht letztlich darum, das gesamte informelle wie formelle gesellschaftliche Kontrollsystem nach wissenschaftlichen Kriterien effektiver zu gestalten. Dabei besteht allerdings die Gefahr, daß diese Effizienzsteigerung mit sozialpolitischem Fortschritt verwechselt wird.

2. Die Gefahren für den Rechtsstaat

Die **Gefahren** sind, so wird befürchtet, für den **freiheitlich-demokratisch verfaßten Staat** kaum zu übersehen, wenn der im wohlfahrtsstaatlichen Gewande auftretende Interventionsstaat sich anschickt, „die Traditionsbestände bürgerlicher Freiheitsrechte im Bereich sozialer Kontrolle zu demontieren. Ist der soziale Nahraum, die ‚Lebenswelt‘, erst einmal von den Praktikern des gesellschaftssanitären Projekts als Ort entdeckt, an dem sie die Entstehung von Kriminalität vermuten, so rettet ihn auf die Dauer vermutlich nichts mehr vor ihrem Zugriff" (*Kreissl*, 1986, 1). Diese vom Ansatz her berechtigten Befürchtungen laufen in den strukturellen Krisen des Wohlfahrtsstaates allerdings zunehmend ins Leere, was im Hinblick auf den universalen Zugriffsanspruch des Interventions- und Wohlfahrtsstaates eher beruhigend sein dürfte.

II. Die kontrolltheoretische Sicht des Präventionsstaates

Im modernen Interventionsstaat ließ sich tendenziell und konkret ein Wandel vom **repressiv-limitierenden zum präventiv-gestaltenden Steuerungsmodell** ausmachen. Dieser Prozeß war und ist im wesentlichen zurückzuführen auf spezifische **Krisentendenzen fortgeschrittener Industriegesellschaften**, die sich in den drei zentralen Bereichen der Ökonomie, der Ökologie und der Kultur diagnostizieren lassen (*Albrecht*, 1986, 58 ff.).

1. Krisentendenzen durch uneinlösbare sozialpolitische Ansprüche

Die modernen Industriegesellschaften tendieren dahin, daß sie ihre materiellen, ökologischen, sozialen und symbolischen Grundlagen stark gefährden oder sogar weitgehend zerstören. Auftretende Krisentendenzen sind die Folge widersprüchlicher Anforderungen, denen der ‚moderne Staat‘ gerecht werden muß (vgl. *O'Connor*, 1974). In wachsende Funktionslücken des Marktes soll mehr und mehr der interventionistische Staat eintreten. Das administrative System muß zunehmend für die Steigerung der Produktivkraft menschlicher Arbeit mittels Ausbildung, Umschulung etc. Verantwortung übernehmen. Es muß darüber hinaus für die Ablösung sozialer und sachlicher Folgekosten privater Produktion aufkommen: Arbeitslosenunterstützung, Wohlfahrt, Umweltschäden etc. (vgl. *Habermas*, 1973).

In dieser Entwicklung spiegelt sich zugleich ein tiefgreifender Wandel der Sozialstruktur, die nicht mehr nur nach Schichten differenziert ist, sondern nach Zentrum und Peripherie (vgl. *Hirsch*, 1980). Wie die Entwicklung der Arbeitslosenstatistik unmißverständlich zeigt, steigt der Anteil derer, die unwiderruflich vom produktiven Arbeitsleben ausgeschlossen sind: Arbeitslosigkeit in strukturschwachen Gebieten, bei älteren Arbeitnehmern, ausländischen Jugendlichen etc. Insgesamt sieht der Staat sich mit einer Reihe von Erwartungen und Anforderungen konfrontiert, denen er nicht gerecht werden bzw. auf die er nicht angemessen reagieren kann. Ihm fehlen dazu die politischen Mittel oder es mangelt ihm an politischem Mut, adäquate Strukturpolitiken auf den Weg zu bringen. Die aus dieser Diskrepanz entstehenden Frustrationen führen zu politischer Polarisierung, die wiederum eine weitere Steigerung der politischen Ansprüche erzeugt (vgl. *Kreissl*, 1987, 98 ff.).

2. Staatliche Kontrolle kompensiert den Abbau informeller Disziplinierung

Dieser gesellschaftliche Erosionsprozeß, der zunehmend staatliche Interventionen notwendig machte, führte nicht zuletzt auf Grund des sozialstaatlichen Verrechtlichungsschubes (*Teubner*, 1984) zwangsläufig zu einem **erhöhten Kontrollbedarf** des interventionistischen Staates. Es ist ein Potential von zu kontrollierenden Personen herangewachsen, die – da vom disziplinierenden Arbeitsmarkt ausgeschlossen – einer verstärkten Kontrolle zugeführt werden müssen. Über das Ausmaß und den Umfang einer präventiven Aufrüstung als Reaktion auf antizipierte Steuerungskrisen gab und gibt es noch keine verläßlichen Untersuchungen. Offensichtlich war hingegen der **Trend,** daß zunehmend mehr Bereiche in die **Einflußsphäre staatlich organisierter Kontrolle** gerieten. Damit wurde eine Reorientierung von der repressiven zur präventiven Kontrolle gefördert, nicht zuletzt, weil rein repressive Reaktionen – schon vom Aufwand her – kaum eine Umsetzungschance hatten. Zwar waren kontrollierende Sicherheitsapparate schon immer unabdingbar für die Ordnung und das Funktionieren des Wohlfahrtsstaates. Die neue Qualität, die jetzt sichtbar wurde, bestand aber darin, „daß die Politik der inneren Sicherheit nicht mehr allein den Einsatz der Apparate repressiver Sanktionen umfaßt, sondern sich in Sozialpolitik transformiert, von der sanierende und prävenierende Wirkungen erwartet werden" (*Schulz/Wambach*, 1983, 76 f.). Zugleich wandelte sich das repressive Instrumentarium des Kriminaljustizsystems erheblich. Deutlich sichtbar wurde eine Erweiterung des strafrechtlichen Steuerungsanspruchs mittels Prävention.

3. Präventionsorientierung im Kriminaljustizsystem

Die **sicherheitsstaatliche Optimierung** einer „neuen" Präventionsstrategie war nicht nur auf dem (klassischen) Feld des materiellen Strafrechts nachzuweisen, sondern erstreckte sich auch auf die Polizei, das Strafverfahren und den Strafvollzug als integrale Bestandteile des **Kriminaljustizsystems.** Für alle drei Teilsysteme konnte eine präventive Aufrüstung aufgezeigt werden, die sich auf der Systemebene, auf der Organisationsebene und auf der Handlungsebene des Kriminaljustizsystems – dem Anspruch nach immer noch – feinzeichnen läßt (vgl. *Albrecht*, 1986, 60 ff.).

Auf der **Systemebene** dient der Präventionsgedanke nach wie vor als umfassende Legitimationsgrundlage für die Erweiterung des strafrechtlichen Steuerungsanspruchs (z. B. Vorverlagerung der Eingriffsermächtigungen im Polizeibereich). Auf der **Organisationsebene** kann als Hauptfunktion von Prävention der Versuch einer Steigerung der instrumentellen Effizienz des Kriminaljustizsystems aufgewiesen werden (z. B. Interventions-Diversion im Jugendstrafrecht, vgl. *Albrecht*, 2000, 23 ff.). Auf der **Handlungsebene** ist bei der Umsetzung präventiver Strategien ein fragwürdiges Harmonisierungsbemühen und daran anschließend ein schleichender Autonomieverlust der Klientel zu konstatieren (z. B. Versöhnungsanspruch der Täter-Opfer-Ausgleichsprogramme, vgl. *Albrecht*, 2000, 184 ff.).

III. Vom Ende des Wohlfahrtsstaates

Die Krise des Wohlfahrtsstaates ist nicht einfach eine „Fiskalkrise", sie sitzt tiefer: soziologisch bedeutsam ist die wohlfahrtsstaatliche Legitimationskrise, der Verlust des Glaubens an das wohlfahrtsstaatliche Projekt, des Glaubens an die Gestaltbarkeit und Steuerbarkeit der Gesellschaft, wobei das Thema strafrechtlicher Kontrolle sich zunehmend abwendet vom Glauben an die Möglichkeit und Effektivität personenbezogener Interventionen (so *Ludwig-Mayerhofer*, 1998, 244).

1. Die Entwicklung

Der Wohlfahrtsstaat war nicht erst eine Erfindung der Nachkriegszeit. Er wurde bereits im 18. Jahrhundert als Projekt der Pazifizierung und Integration der Gesellschaft durch erste sozialpolitische Maßnahmen in Angriff genommen. Allerdings wurde erst in der Zeit nach dem zweiten Weltkrieg eine Stufe wohlfahrtsstaatlicher Expansion erreicht, die von *Franz-Xaver Kaufmann* als „programmatisch legitimierter Ausbau des Wohlfahrtsstaatssektors" bezeichnet wurde (*Kaufmann,* 1997, 25). Diese Entwicklung knüpfte an einer Zeit kurzfristiger Planungseuphorie sozial gesteuerter Gesellschaftsentwicklung an, die jedoch nach wenigen Jahren wieder abklang und mit dem Ende des Wachstums ab 1975 sich zunehmend reduzierte. Nach dem Höhepunkt des Jahres 1982 (zurück lagen die Rezessionen der Jahre 1981 und 1982) ist in der Bundesrepublik Deutschland ein kontinuierlicher **Rückgang** der Staatsquoten zu verzeichnen. Darin wird bereits „das Ende der Ära des wohlfahrtsstaatlichen Wachstums" gesehen (vgl. *Ludwig-Mayerhofer,* 1998, 62 ff. m. w. N.).

Die Periode einer eindeutig expansiven Entwicklung eines **intervenierenden Wohlfahrtsstaates** mit dem Anspruch auf umfassende Gesellschaftssteuerung war in der Bundesrepublik Deutschland offensichtlich eine recht **kurze Phase.** Ohnehin handelt es sich bei der Krise des Wohlfahrtsstaates (vgl. *Michel,* 1997) nicht um eine Krise seines Kontrollzusammenhangs, sondern vielmehr um eine **Steuerungskrise** auf dem Gebiet **wohlfahrtsstaatlichen Handelns.** Die Defizite drücken sich vor allem darin aus, daß die realen Folgen der krisenhaften ökonomischen Entwicklung (Arbeitslosigkeit, Sozialhilfebedürftigkeit, Wohnungsnot) sozialpolitisch nicht mehr entsprechend abgefedert und kompensiert werden können. Das von den gesetzlichen Regelungen in den betreffenden sozialen Interventionszusammenhang eingebrachte Kontrollpotential schwächt sich dadurch nicht ab. Eher dürfte es sich noch verstärken, da angesichts der „Finanzkrise des Staates" (*O'Connor,* 1974) das Ausmaß staatlicher Transferleistungen und Sozialinvestitionen größeren Restriktionen unterworfen ist und insoweit durchgreifendere Selektionen erforderlich macht.

2. Wirkungen für das Kriminaljustizsystem

Es wäre naiv, einen unmittelbaren Zusammenhang zwischen Expansion und Stagnation des Wohlfahrtsstaates auf der einen und den Reaktionen des Kriminaljustizsystems auf der anderen Seite herzustellen. Zu unterscheiden sind zum einen Diskurse in der rechtswissenschaftlichen und kriminalpolitischen Debatte, normative Schritte innerhalb der Gesetzgebung und konkretes Handeln der Personen innerhalb des Kriminaljustizsystems. Eine auch nur annähernd erschöpfende Analyse dieses Vermittlungsgefüges liegt bislang nicht vor.

Gleichwohl ist auf den angesprochenen Ebenen der Politik, der Gesetzgebung und der Handelnden im Kriminaljustizsystem eine **starke Umorientierung** zu registrieren. Verbal fühlt die Politik sich dem Präventionsdenken noch verbunden, die instrumentellen Defizite in der Durchsetzung von Strafrechtsnormen sind indes allgegenwärtig. Die Gesetzgebung bemüht sich, die **Durchsetzungsdefizite** von Normen über die **Konstruktion von Generalklauseln** der Exekutive zuzuweisen. Man verspricht sich hiervon eine Regulierung der justitiellen Arbeitsbelastung ohne öffentliche Aufmerksamkeit. Dem **Anspruch nach als Prävention** verkauft, in der Durchführung als reine **administrative Rationalisierung** praktiziert: auf diese Weise läßt sich das Wirken von Polizei, Staatsanwaltschaft und Gerichten deutlich belegen (vgl. hierzu im einzelnen unten 2. Teil). Ohne Anknüpfung an die Merkmale des Einzelfalles, der personellen Voraussetzungen und individuellen Lösungsmöglichkeiten von Konflikten orientiert sich das Kriminaljustizsystem bei der Bewältigung der hohen Fallast an bürokratischen Routinen. Rechtsstaatliche Standards werden zunehmend vernachlässigt, das Kriminaljustizsystem kann dem selbst- bzw. fremdgesetzten Anspruch präventiver Aufgaben nicht im Ansatz genügen. Die Verantwortlichen in Kriminalpolitik, Gesetzgebung und Kriminaljustizsystem verweisen auf mangelnde personelle und sachliche Ressourcen, steigende Anforderungen an das System und zunehmende Erfolglosigkeit ihres Handelns. Die

„Krise des Wohlfahrtsstaates" führte somit zwangsläufig in den **Abbau der Präventionseuphorie,** die die Kriminalpolitik der 1970er und 80er-Jahre noch kennzeichnete.

C. Symbolisches Risikostrafrecht: Die Funktionalisierung des Strafrechts als Mittel symbolischer Politik

Der Zenit eines allumfassenden Steuerungsanspruchs individuellen Verhaltens mittels Strafrechts war mit dem (frühen) Ende der Utopie des dauerhaften Wohlfahrtsstaats schon überschritten. Die sich formierende Risikogesellschaft (*Beck*, 2001) läßt parallel nur noch ein symbolisches Risikostrafrecht aufscheinen. Der Steuerungsanspruch mutiert von einem **realen** zu einem nur noch **symbolischen** Zugriff.

I. Wachsender Steuerungsbedarf

Die strafrechtliche Schutzfunktion ist in hoch entwickelten Risikogesellschaften insbesondere mit zwei Problemaspekten konfrontiert:
- An die Stelle von Individualrechtsgütern und deren Gefährdung durch schuldhaft handelnde Täter treten vermehrt **kollektive Schutzbedürfnisse,** die durch **organisiertes Handeln** bedroht sind (Umwelt-, Wirtschafts-, Drogenkriminalität).
- Der an nationale Interventionsvoraussetzungen gebundene strafrechtliche Rechtsgüterschutz steht einer **international produzierten Gefährdungslage** gegenüber (Völkermord, Terrorismus, Umweltzerstörung).

Beide Problemaspekte werden in aktuellen Rechtsreformen zur Begründung für eine „Entformalisierung" von Strafrechtsnormen herangezogen: Für den Trend
- vom Verletzungsdelikt zum Gefährdungsdelikt,
- von der Kausalität zur Zuschreibung,
- von der strikten Gesetzesbindung zum unkontrollierbaren Ermessen.

Diese **Verringerung der rechtsstaatlichen Begrenzung der Strafgewalt** bewirkt die Öffnung funktionsgerechter Interventionsspielräume des modernen Staates (vgl. *Albrecht*, 1986, 55 ff.).

II. Steuerungsprobleme aus gesellschaftstheoretischer Sicht

1. Steuerungsprobleme durch verselbständigte gesellschaftliche Teilbereiche

Hochentwickelte Industriegesellschaften stehen vor besonderen Steuerungsproblemen. Die zunehmende Aufteilung der Gesellschaft in Funktionsbereiche bringt hoch veränderliche gesellschaftliche Subsysteme wie die Ökonomie, die Erziehung, die Wissenschaft, das Gesundheitssystem, die Verwaltung oder die Politik hervor. Diese sind ihrerseits wiederum von mächtigen Großorganisationen durchsetzt: Gewerkschaften, Arbeitgeberverbände, Großbanken, Universitäten, Krankenkassen oder politische Parteien. Die gesellschaftlichen Teilsysteme unterliegen jeweils eigenen Maßstäben für vernünftiges und sachgerechtes Handeln. Trotz der wechselseitigen Abhängigkeiten, die beispielsweise zwischen Ökonomie und Politik, zwischen Gesundheitsindustrie und öffentlicher Gesundheitsfürsorge (Krankenkassen) bestehen, erweisen sich diese Teilsysteme als ,eigensinnig'. Sie verkennen die Interessen anderer und ihre gemeinsame Wirkung auf die Gesamtgesellschaft. Aus der Abgeschlossenheit und der **einseitigen Interessenorientierung** der gesellschaftlichen Teilsysteme erwachsen **massive Steuerungsprobleme** für koordinierende, am „Gemeinwohl" orientierte Eingriffe des Zentralstaates. Der **Korporatismus** manifester Interessengruppen im modernen Staat läßt die Steuerungsintentionen demokratisch legitimierter Volksvertreter im Sande versickern. Der demokratisch verfaßte **Rechtsstaat** befindet sich auf einem bedenklichen **Rückzug** (vgl. hierzu im einzelnen *Ludwig-Mayerhofer,* 1998, 264 ff.). Manche bezeichnen das euphemistisch als notwendige **Privatisierung** staatlicher Gestaltungsfelder und des Rechts.

2. Steuerungsprobleme durch weltgesellschaftliche Integration

Die internationale Verzahnung, die aus der Eigendynamik von Ökonomie, Wissenschaft oder Politik hervorgeht, vervielfältigt schließlich die Steuerungsprobleme des weitgehend an nationale Hoheitsgrenzen gebundenen Rechts. Steuerung mittels Recht geschieht hauptsächlich in territorialen Gesetzgebungs- und Gewaltmonopolgrenzen. Während die Politik an innerstaatlicher Machtbalance orientiert ist und das Recht nationalstaatlich zur Geltung gebracht wird, weisen gesellschaftliche Subsysteme wie Wirtschaft, Wissenschaft oder Technik globale Tätigkeits- und Austauschfelder auf. Internationalität wird geradezu zum Leistungskriterium erfolgreicher Interessenverfolgung. Lokal auftretende Probleme haben weltweite Bedingungszusammenhänge (Umwelt, Frieden) und sind nur mit Hilfe global abgestimmter Strategien zu bewältigen.

Daneben treten im Rahmen einer **Weltgesellschaft** spezifische Problemlagen auf, die etwa mit dem unterschiedlichen Entwicklungsgrad der Nationalstaaten zusammenhängen, mit Überbevölkerung oder mit dem Mangel an überstaatlicher Politikformulierung und handlungsfähigen Körperschaften. Vor allem bedrohen expressive Formen staatlicher Gewalt und des Terrorismus den Weltfrieden, zumeist bedingt durch makro-ökonomische und interkulturelle Konfliktlagen. Die weltgesellschaftlich verankerten Probleme dürften daher mit den Mitteln von territorial gebundener Interessenvertretung und Politik sowie mit national orientiertem Recht kaum noch zu regulieren sein (vgl. *Albrecht/Braum,* 1998 sowie *Bauman,* 1997, 320 ff.).

III. Verringerte Steuerungsmöglichkeiten des Strafrechts

Der Zunahme strafrechtlich geschützter Rechtsgüter und der Ausweitung strafrechtlicher Steuerungsansprüche stehen wachsende wissenschaftliche **Zweifel** an der Angemessenheit des **Schuldstrafrechts** für die **Steuerung komplexer gesellschaftlicher Problemlagen** gegenüber. Über die empirischen Befunde hinaus, die nur geringe handlungsleitende Effekte des Strafrechts in spezial- wie in generalpräventiver Hinsicht erweisen (vgl. oben § 5 A und B), wird vermutet, daß sich die Folgen organisierten Handelns den geltenden strafrechtlichen Zurechnungsregeln wie Kausalität, Schuld und Haftung tendenziell entziehen. Es ist offensichtlich, daß sich die Strafverfolgung **materiellrechtlich** wie auch **polizei- und verfahrensrechtlich** auf das neue Terrain einzustellen versucht (vgl. *Albrecht,* 1990, 7 ff.). Diese politisch betriebene Ausdehnung strafrechtlicher Steuerungsansprüche bei begründeten Zweifeln an der instrumentellen Steuerungsfähigkeit des Strafrechts ist eindeutiger Beleg für die rechtsstaatsgefährdende **Funktionalisierung des Strafrechts als Mittel symbolischer Politik.**

IV. Der politische Gebrauchswert des Strafrechts

1. Partikularisierung der Rechtsdurchsetzung

Im gesellschaftlichen Subsystem der Politik werden Strafrechtssetzung und Strafrechtsanwendung – wie politische Programme generell – weniger an instrumentellen Steuerungseffekten, sondern eher am **politischen Gebrauchswert** bemessen. Loyalitäten breiter und heterogener Wählerschichten sollen gesichert, mächtige, häufig konfligierende gesellschaftliche Interessenlagen sollen berücksichtigt und ausgeglichen werden. Die Politik sieht sich in der „Risikogesellschaft" (*Beck*, 2001) stetig wachsenden Ansprüchen an Krisenmanagement und Gefahrenabwehr gegenüber.

Dank der kontinuierlichen politischen Vermehrung strafrechtlich geschützter Rechtsgüter und der flächendeckenden strafrechtlichen Überwachung von Ordnungsvorschriften ist bereits durch die personellen und sachlichen Grenzen der Strafjustiz ein Vollzugsdefizit der Strafverfolgung wahrscheinlich. Die Partikularisierung der Rechtsdurchsetzung, die mit der hektischen Strafrechtsschöpfung einhergeht, ist aber auch ein Indiz für symbolische Strafrechtsfunktionen. Instrumentelle, gesellschaftsgestaltende Effekte sind von Strafrechtsnormen, die nach ihrer Schöpfung in Strafverfahren eher geringe Anwendung finden, nur bedingt zu erwarten. Symbolische Funktionen des Strafrechts hingegen beziehen sich eher auf die Vorbereitung und die Durchführung von Gesetzgebungsverfahren. Sie sind auf die Durchsetzung der Rechtsnorm nicht angewiesen (*Hassemer*, 1990, 71f.).

2. Symbolik

Mit „symbolischer" Rechtsfunktion ist die Erzeugung von Sinnbildern und scheinbaren Lösungsmustern gegenüber gesellschaftlichen Problemen gemeint. Die Entstehung des Wirtschaftsstrafrechts zeigt, daß mit diesen Reformen auch ein öffentlicher Erwartungsdruck in Richtung einer ethischen Sanierung der Wirtschaftsgesellschaft politisch abgearbeitet wurde. Insoweit sind symbolische Rechtsfunktionen durchaus handlungsrelevant, wirken bewußtseinsbildend, erzeugen oder bekräftigen soziale Normen und Ideale (vgl. *Gusfield*, 1975, 168). Gleichzeitig bleibt der Strafverfolgungsumfang z.B. gegenüber Wirtschaftsdelikten relativ gering, wie man anhand der durch das 2. Gesetz zur Bekämpfung der Wirtschaftskriminalität (2. WiKG) von 1986 neu geschaffenen Tatbestände erkennen kann (vgl. unten § 30, 2).

3. Die politischen Gebrauchsleistungen im einzelnen

Politische Akte weisen im allgemeinen sowohl eine instrumentelle als auch eine symbolische Komponente auf (vgl. *Edelman*, 1976). Gleichwohl kommt die Politik gerade im Bereich des Strafrechts weitgehend ohne sanktionierende Normdurchsetzung aus, weil sie **konkrete symbolische Leistungen,** die allein schon mit der **Setzung** von Strafrecht verbunden sind, hinreichend erhält. Diese Leistungen sollen im folgenden näher beschrieben werden.

a) Die Zurückweisung politischer Verantwortlichkeit durch Individualisierung sozialer Problemlagen

Die Kriminalisierungsreformen seit den 1970er Jahren, denen manifeste Gesellschaftsprobleme zugrunde liegen, betreffen folgende Sektoren in besonderer Weise:

- **Wirtschafts- und Umweltkriminalität** (als soziale Folge einer Optimierung von Partikularinteressen ganzer gesellschaftlicher Funktionsbereiche),
- **Drogen und Menschenhandel** (als Folge weltgesellschaftlicher Wohlstandsdiskrepanzen),
- **expressive Formen** der Gewaltkriminalität und des Terrorismus (bedingt durch sozio-ökonomische oder politische Konfliktlagen) oder
- **Gen- oder Embryonenmißbrauch** (aufgrund unkalkulierbarer Risiken einer ökonomisch angetriebenen Wissenschafts- und Technikentwicklung).

Das strafrechtliche Zurechnungsmodell ist demgegenüber in der Einzelfalldurchsetzung der Strafrechtspraxis von der Vorstellung des willentlichen, vom einzelnen Menschen begangenen Normverstoßes getragen. Indem zur **Lösung von Gesellschafts-**

problemen das Modell **individueller Schuldzuweisung** dem äußeren Anspruch nach weiterhin herangezogen wird, wird den Problemlagen aber

- ihre **Entstehungsgeschichte** genommen – diese wird auf die **Momentaufnahme** der kriminellen Tat reduziert,
- ihr **Bedingungszusammenhang** genommen – dieser wird auf die **Motivlage** des Täters reduziert,
- eine **strukturpolitische Intervention** vorenthalten (oder „erspart", je nach Standort des Beobachters) – diese wird durch den motivbildenden **Sanktionseffekt** ersetzt (vgl. hierzu ausführlich *Voß*, 1993).

Der strafjuristische Zugriff bewirkt einen **Ausblendungs- und Verschleierungsmechanismus,** durch den gesellschaftliche Probleme personalisiert werden. Zugleich entgehen sie dadurch einer politischen Zurechnung (vgl. *Schumann*, 1987, 84). Die Auseinandersetzung wird systematisch auf Nebenschauplätze verlagert. Vom Kern des Problems wird abgelenkt. Das Herausgreifen von „schwarzen Schafen" reinigt die Herde: „Beschneidungen im Nebensächlichen legitimieren die Hauptentwicklung" (*Beck*, 1988, 98).

Der politische Zugriff auf das Strafrecht gibt strukturellen Problemlagen im Modell des Straftäters einen greifbaren und vertrauten Ausdruck und verweist mit der Sanktionsdrohung auf alltagsweltlich gebräuchliche Interventionsformen. Strafrechtssetzung bewirkt insofern nicht nur die **Normalisierung sozialer Probleme.** Sie **verringert** durch ihren Ablenkungseffekt zugleich den **akuten politischen Steuerungsdruck** gegenüber verselbständigten gesellschaftlichen Funktionsbereichen wie etwa der Ökonomie oder der Wissenschaft. Strukturpolitische Reformen, z.B. im Bereich des Steuer-, Sozial-, Arbeits- und Gesellschaftsrechts, können hintanstehen, was die Politik entlastet. Während die strafgesetzgeberische Aktivität rasch zu konkreten Ergebnissen führt und politische Effekte setzt, können strukturpolitische Interventionen – oder das Eingeständnis der Unlösbarkeit eines Problems – in andere Wahlperioden verlagert werden (*Voß*, 1993, 139).

b) Demonstration politischer Handlungsfähigkeit

Die Reduzierung sozialer Problemlagen auf die Folgen individueller Normabweichung bewirkt zugleich die politische Handhabbarkeit struktureller Probleme. Das erprobte und täglich in den Medien vorgeführte präventive und interventive Arsenal staatlicher Bürgerbeeinflussung steht nun als Problemlösungsmittel zur Verfügung. Staatliche Kontrollorgane überwachen die neu geschaffene Norm. Ermittlungsinstanzen, Strafgerichte und Justizvollzugsanstalten reagieren auf die Normverletzung und beugen künftiger Devianz vor. Das allumfassende **politische Sicherheitsversprechen** (*Edelman*, 1976, 33; *Preuß*, 1989, 488) erscheint auch gegenüber den modernen Fortschrittsgefahren garantiert, die ihren bedrohlich-anonymen Charakter und ihre hohe Variabilität verlieren, wenn sie in der bekannten Gestalt des „Verbrechers" namhaft gemacht und gleichsam sistiert werden (*Voß*, 1993, 139).

c) Pflege gesellschaftlicher Werte

Strafgesetze dienen neben ihren instrumentellen Zwecken, die oftmals bereits durch die Konstruktion der Norm gezielt geschwächt werden (z.B. Rückbindung an Verwaltungsentscheidungen im Umweltstrafrecht), der **Bestärkung sozialer Werte und Normen.** Die politische Auseinandersetzung um die Berücksichtigung von Gruppeninteressen mündet regelmäßig in die Gesetzgebungsarena. Auch das abstrakte „Interesse des Staates an sich selbst" (*Offe*, 1975, 17) manifestiert sich im Wege gesetzgeberischer Aktivität. Dieses Eigeninteresse ist an der Leitdifferenz „Regierung/Opposition" orientiert und betreibt Loyalitätssicherung durch den scheinbar neutralen Ausgleich zwischen gesellschaftlichen Interessenlagen. Macht und Einfluß wird im Kampf um die Gesetzgebung, Erlasse und Verfügungen demonstriert. **Kriminalisierungsreformen** werden in allen politischen Lagern als Mittel der **symbolischen Wertebekräftigung** geschätzt (*Voß*, 1993, 139).

Auch die alternativen, ehemals antietatistischen politischen Bewegungen, die zunächst wenig Vertrauen in Staat und Gesetz zeigten, zählen heute zu den Propagandisten des Strafrechts und den eifrigen Gesetzesproduzenten. So werden allseits neue Strafrechtsnormen empfohlen und unabhängig von der eigenen Plazierung in den parlamentarischen Mehrheitsverhältnissen auf den gesetzgeberischen oder publizistischen Weg gebracht.

Nicht nur die erfolgreiche strafrechtliche Normsetzung, sondern auch der in ein Parlament eingebrachte oder der außerparlamentarisch diskutierte Kriminalisierungsvorschlag zeigen an, welche gesellschaftlichen Werte besonders bedeutsam und daher schützenswert sind. Zugleich kennzeichnet die Kriminalisierung im Konzept des Täters besonders mißliebiges Verhalten – und damit assoziierte gesellschaftliche Gruppen. Das kann wahlweise – wenn auch mit unterschiedlichen Erfolgsaussichten – die Chemieindustrie oder die Radikalökologen betreffen (*Voß*, 1993, 140).

4. Der politische Ertrag

Die skizzierte politische **Inanspruchnahme** bedient sich des Strafrechts als **Kommunikationsmedium**. Dieses Medium gestattet es, soziale Probleme und Konflikte in einen spezifischen Wahrnehmungshorizont zu überführen. Der politische Gebrauch des Strafrechts verlangt nicht notwendig Bestrafung oder symbolische Ausgrenzung als reale Disziplinierungsmittel. Nicht einmal die tatsächliche Erweiterung oder Verschärfung von Gesetzen ist mit der Inanspruchnahme des Strafrechts als Medium politischer Kommunikation zwingend verbunden. Die in der politischen Verwertungslogik im Vordergrund stehende **Debatte der Normentstehung** verlangt lediglich **exemplarische Aktivitätsnachweise** der gesetzgeberischen und strafjustitiellen Praxis. Die dadurch verursachten schweren Schäden am Rechtsstaat bleiben freilich außer Betracht.

Die politische Inanspruchnahme des Strafrechts folgt Regeln, die mit denen des Rechts nicht übereinstimmen. Eine eher deklaratorisch gemeinte oder im Wege des Interessenausgleichs allzu unverbindlich geratene Neukriminalisierung mag im Rechtssystem als unpraktikabel erscheinen. Sie kann sogar Bedenken der Rechtsanwender bezüglich verfahrensförmiger Praktikabilität oder rechtsstaatlicher Kontrollierbarkeit auslösen. In der Logik politischer Kommunikation kann eine solche Strafrechtsreform gleichwohl als Erfolg gefeiert werden, auch wenn die Rechtsanwendungspraxis gegenüber derartigen politischen Zugriffen mit Vollzugsdefiziten reagiert (vgl. im einzelnen *Voß*, 1993).

V. Zusammenfassung

Das symbolische Strafrecht benötigt keine Wirkungsforschung. Es nimmt kollektive Schutzbedürfnisse pauschal in Bezug. Anwendungseffizienz gibt es nicht. Es reicht die Individualisierung sozialer Problemlagen in selektiven Einzelfällen, wodurch politische Verantwortlichkeit öffentlichkeitswirksam zurückgewiesen werden kann.

Im Schatten des symbolischen Strafrechts antwortet das Kriminaljustizsystem mit **administrativer Rationalisierung** (vgl. unten 2. Teil), d.h. es koppelt ab von den verfassungsrechtlichen Prinzipien gleicher, schuldangemessener und damit gerechter Rechtsanwendung.

Die Politik funktionalisiert das Strafrecht zum Mittel **symbolischer Politik.** Das interventionsorientierte **Präventionsstrafrecht** wandelt sich zum **symbolischen Strafrecht** mit hohem politischem Gebrauchsinteresse. Der **rechtsstaatliche Schaden** ist **beträchtlich,** da die Rechtsanwendung ungleich, selektiv und unter Verletzung des verfassungsrechtlich postulierten Schuldprinzips erfolgt.

D. Nach-präventives Strafrecht: Die Entwicklung vom Bürgerstrafrecht zum Feindstrafrecht

Die Erfindung des symbolischen Risikostrafrechts durch die Politik der 90er Jahre des 20. Jahrhunderts stellt indes nicht die letzte Entwicklungsstufe einer Erosion des rechtsstaatlichen Strafrechts dar. Die Stufe des nach-präventiven Strafrechts ist bereits erreicht: Wir sind auf dem Weg zu einer globalen Sicherung von Herrschaftsansprüchen **ohne** Recht. Der Steuerungsanspruch von (Straf-)Recht kollabiert – mit der Folge einer **globalen Negation oder Vernichtung von Recht.**

I. Vom präventiv-gestaltenden Steuerungsmodell zur globalen Sicherung ohne Recht

Ursachen für globale Steuerungsausfälle des Rechts sind Prozesse weltgesellschaftlicher Desintegration, denen mit Hilfe **rechtlicher Steuerung** kaum begegnet werden kann. Die im Kern ökonomische Globalisierung ist letztlich kein friedlicher Prozeß des Zusammenwachsens einer Weltgesellschaft in Frieden und Wohlstand, sondern Ausdruck antagonistischer Spannungen ökonomischer, kultureller und religiöser Art.

Die bisherige Entwicklung der Menschheit gibt nur eine Möglichkeit vor, globale Katastrophen der Herrschaftspositionierung zu verhindern. Die **uneingeschränkte Herrschaft des Rechts,** für die es eines Organisationsrahmens der uneingeschränkten Herrschaft der Vereinten Nationen bedürfte, ist die einzig legitime Alternative zur Regulierung gewaltsamer Herrschaftsansprüche des Starken gegenüber dem Schwachen.

Gelingt es nicht, die antagonistischen Strömungen interkultureller Makrokonflikte, die man auch als Krieg der Weltanschauungen, Gesellschaftsentwürfe und Religionen bezeichnen kann, durch Recht einzudämmen und zu regulieren, eliminiert sich die Menschheit selbst. Zurzeit befindet sich das Recht leider auf einem weltweiten Rückzug, macht uneingeschränkter Herrschaft Platz und befindet sich partiell in Selbstauflösung. Das trifft insbesondere auf das Strafrecht zu, das gerade bei „staatsverstärkter Kriminalität" durch das Völkerstrafrecht auf einem hoffnungsvollen Weg war. Die Gründung des Internationalen Strafgerichtshofs ist ein vielversprechender Ansatz, der zur Zeit durch den amerikanischen Unilateralismus konterkariert wird.

II. Von der Rechtserosion zur Rechtsvernichtung

1. Legislative Sicherheitsoptimierung

Die verniedlichend als „Sicherheitspakete" bezeichneten Eingriffe in bürgerliche Freiheitsrechte durch sog. „Terrorismusbekämpfungsgesetze" belegen die Gefahr, daß der Staat die Macht seines Instrumentariums ausbaut – auf Kosten der Freiheit. Der weltweiten Bedrohung durch den internationalen Terrorismus will auch der deutsche Gesetzgeber durch Gesetzesverschärfungen begegnen. Das Erste (2001) und Zweite (2002) Terrorismusbekämpfungsgesetz veränderten vierzehn Gesetze. Das Dritte Gesetzespaket ist in der parlamentarischen Beratung. Der Bürger, um dessentwillen Sicherheit produziert werden soll, kann die Nuancen dieser Verschärfungen und die

mit ihnen verbundenen schweren Folgen für eine demokratische Rechtsstaatlichkeit –
wenn überhaupt – nur erahnen. In der Dichte der sich rasant aneinanderreihenden Verschärfungen offenbart sich eine besorgniserregende rechtsstaatliche Zerstörungswucht
des Gesetzgebers, die unter dem Etikett der innenpolitischen Floskel „Freiheit setze
Sicherheit voraus" verborgen bleibt.

Man muß sich dieser Details näher vergewissern. Durchgesetzt oder geplant sind:
- verdachtsunabhängige Eingriffsbefugnisse des Bundeskriminalamts,
- präventives Einsperren von Ausländern, die als Sicherheitsrisiken eingestuft werden,
- Sympathieverdacht mit Extremisten als Einreisehinderung oder Ausweisungsgrund,
  also Gesinnungsdiffamierung als staatliche Eingriffsgrundlage,
- eigenständiges Auskunftsrecht des Verfassungsschutzes gegenüber Banken bezüglich
  Konten und Kontenbewegungen der Bankkunden, ohne richterliche Kontrolle,
- Evidenzzentrale für Konten und Depots bei der Bundesanstalt für Finanzdienst-
  leistungsaufsicht,
- Konten-Screening zur Herstellung von Kontenprofilen, wodurch eine weitgehend
  grenzenlose Kontrolle privater Freiräume möglich ist.

In der Sicherheitsdebatte, die nach dem 11. September 2001 einen neuen Aufschwung
nahm, gehen Maß und Ziel staatlichen Handelns verloren. Das Datum selbst ist Mittel
zum Zweck. Die Vorstellung von mehr staatlicher Sicherheit gab es bereits vor dem
11. September. Die Innenpolitik packte die Gelegenheit beim Schopf und setzte das politische Konzept des Sicherheitsstaates um. Generalbundesanwalt *Nehm* gibt dieses un-
umwunden und öffentlich zu Protokoll: Sollte es – so auf einer Veranstaltung des Deutschen Anwaltsvereins (FAZ vom 21. 5. 2005) – in Deutschland einen Terroranschlag
geben, „werden wir eine Hysterie erleben, die bisher ohne Beispiel ist. Dann werden
Schubladen geöffnet (...)", sagte der Generalbundesanwalt im Hinblick auf neue Gesetze. Wenn sich die Justiz verweigere, werde die Politik „in die Bresche springen", am
Ende werde es womöglich einen „diffusen Tatbestand der Verschwörung" geben.

2. Der Prozeß einer kontinuierlichen Erosion des Rechts

a) Zur Legitimation des Begriffs Feindstrafrecht

Die Auflösung des rechtsstaatlichen Strafrechts in ein *Bürgerstrafrecht* einerseits und
ein *Feindstrafrecht* andererseits ist der ständige Wegbegleiter des rechtsstaatlichen
Strafrechts, der stets und immer wieder dessen Erosion betreibt. Der Rechtswissen-
schaftler *Günther Jakobs* hat diesen Prozeß der rechtsstaatlichen Erosionen beschrieben und bezeichnet das trefflich als gefährliche „Durchmischung *allen* Strafrechts mit
Einsprengseln feindstrafrechtlicher Regelungen" (2004, 95; erstmals 1985, später 2000).

Die Erosion des Strafrechts läßt sich in dem Bemühen des deutschen Gesetzgebers,
stets einer angeblichen Sicherheit den Vorrang vor der Freiheit zu geben, ablesen. Die
Gesetze zur Bekämpfung der Wirtschaftskriminalität (1976, 1986) waren im Ergebnis
eher nutzlos, wenn nicht kontraproduktiv (vgl. unten § 32 VII). Das Gesetz zur Bekämpfung des Terrorismus von 1986 positivierte **Vorfeldverlagerungen** im Bereich terroristischer „Strukturen", das Gesetz zur Bekämpfung des illegalen Rauschgifthandels
und anderer Erscheinungsformen der organisierten Kriminalität von 1992 führte zur
Ausweitung des Verfolgungsarsenals auf den sog. **kleinen Lauschangriff** und **Verdeckte
Ermittlungen**. Schließlich führte das Gesetz von 1998 zur Bekämpfung von Sexualdelikten und anderen gefährlichen Straftaten zum Umschwung von wissenschaftlicher
Prognose zur kriminalpolitischen, d.h. richterlichen Wertung für Sicherheit, exemplarisch ablesbar an der **„Entfristung" der Sicherungsverwahrung.** Der nunmehr kaum
noch zu überbietende Niedergang rechtsstaatlicher Grundprinzipien ist mit der **nach-**

träglich anzuordnenden **Sicherungsverwahrung** erreicht (vgl. § 66b StGB und dazu die abweichende Meinung von drei Mitgliedern des Zweiten Senats des Bundesverfassungsgerichts, BVerfGE 109, 244ff.). All das ist ein Ausdruck der Erosion und des Niedergangs rechtsstaatlicher Strafrechts-Standards. Diese Entwicklungen, die schon im 50. Band der Frankfurter kriminalwissenschaftlichen Studien als „unmöglicher Zustand des Strafrechts" und später als „Irrwege der Strafgesetzgebung" (Band 69) bezeichnet wurden, können nur noch mit Attributen wie Übergriffe, Versäumnisse, Verschärfungen, Verformungen und Zerstörungen rechtsstaatlicher Grundlagen beschrieben werden.

Jakobs bezeichnet diesen Prozeß der Rechtserosion im materiellen und Verfahrensrecht als Weg des Gesetzgebers, gefährlichen Straftätern den Bürgerstatus abzusprechen und diesen nicht als Bürger zu behandeln, sondern als „Feind" zu „bekriegen". Legitimation hierfür sei das Recht der Bürger auf Sicherheit, davor müsse jeder Feind in die Knie gehen, habe damit auch nicht mehr das Recht auf eine strafrechtliche Behandlung als Person. Derartige Nichtpersonen seien nicht durch das Recht zu behandeln, „vielmehr ist der Feind exkludiert". Der Prozeß der Erosionen des rechtsstaatlichen Strafrechts wird von *Jakobs* so skizziert: „Der Staat hebt in rechtlich geordneter Weise Rechte auf" (2004, 93).

b) Zur Delegitimation des Konzepts Feindstrafrecht

Diese Analyse mag gesetzgebungstechnisch – oder besser: positivistisch – zutreffen. Freilich ist die **Zustimmung** für diese Entwicklung, die *Jakobs* formuliert, **unvertretbar**. Die Zustimmung zur Dichotomisierung von Feind und Freund löst das Problem der rechtsstaatlichen Erosionen nicht, sie verschärft es bis zur Unerträglichkeit. Die Aufhebung von Grundrechten in rechtlich geordneter, d.h. legaler Weise, führt zu gesetzlichem Unrecht. Das Konzept des Feindstrafrechts will dieses Unrecht legalisieren und geht damit hinter den Stand der Rechtstheorie zurück, der nach dem Fall pervertierter Rechtssysteme der Neuzeit erreicht worden ist. Diesem Weg ist eine klare – auch verfassungsrechtlich gebotene – Absage zu erteilen.

Dieser **Weg der Entrechtung bestimmter Personengruppen**, den der deutsche Gesetzgeber seit langem einschlägt, ist keineswegs ein Phänomen der jüngsten Zeit, keineswegs erst eine Reaktion auf terroristische Gewaltszenarien, die strafrechtlich – von wem und wo auch immer – als Tötungsdelikte konsequent zu verfolgen und zu sanktionieren sind. Das Phänomen der Rechtsvernichtung ist ein prinzipielles Dilemma im gewaltengeteilten Staat, der immer mehr von der Dominanz der Exekutive geprägt und vom Bemühen der Judikative, Grenzen gegen diese Dominanz aufzuzeigen, nur noch mühsam ausbalanciert wird. Die Exekutive nutzt im modernen Verfassungsstaat das Strafrecht weitgehend als Instrument der Innenpolitik, was schon im Ansatz verfehlt ist. Das Strafrecht ist kein gesellschaftliches Steuerungsinstrument, dient der Politik freilich als Kommunikationsmedium für Wählbarkeit: Ohne Zustimmung zum starken Sicherheitsstaat vermag keine Volkspartei Wahlen zu gewinnen, ähnlich wie kein US-Präsident ohne Bekenntnis zur Todesstrafe ins Amt kommt. Den Zugriffen der Innenpolitik setzt die Verfassungsgerichtsbarkeit von Zeit zu Zeit moderate bis ausgewogene Grenzen. Von hochrangigen Praktikern wird die Judikative allerdings schon als „Beute der Exekutive" (*Macke,* 1999, 481ff.) charakterisiert.

c) Philosophie der Aufklärung: Keine Legitimation für die Erosion des Rechts

Freilich ist die Freund-Feind-Dichotomie weniger auf *Hobbes* und schon gar nicht auf *Kant* zurückzuführen, eher findet sie ihre modernen rechtstheoretisch überlieferten Rechtfertigungsversuche im NS-Strafrecht eines *Carl Schmitt,* für den der Krieg Höhepunkt der großen Politik war. Für *Schmitt* folgt „der Krieg (…) aus der Feind-

schaft, denn diese ist seinsmäßige Negierung eines anderen Seins. Krieg ist nur die äußerste Realisierung der Feindschaft" (1963, 33). Die Sympathie *Schmitts* für den Ausnahmezustand ließ nicht der Freiheit die Oberhand, sondern präferierte das reine Prinzip der Autorität: „Souverän ist, wer über den Ausnahmezustand entscheidet" (1934,
11). *Kants* Rechtslehre ist demgegenüber durch die Begründung eines ausnahmelosen
Rechtszustandes gekennzeichnet, in dem sich *jedes* Subjekt als Bürger in freier und
gleicher Weise wiederfindet. Dies gilt gerade für denjenigen, der das Recht verletzt.
Dieser wird mitnichten ausgeschlossen, sondern mit den Mitteln des Rechts in streng
formalisierter Weise sanktioniert. Ob dem so behandelten Bürger eine spätere Zustimmung abverlangt werden kann, danach fragt *Kant* freilich nicht. Er fragt ausschließlich
nach der äußerlichen Wiederherstellung des Rechtszustandes, gerade im Interesse des
Rechts und seiner Geltung für jedermann. Eine Zweiteilung in Rechts- und Nicht-
rechtssphäre gibt es für *Kant* nicht.

Was *Jakobs* für seine Unterscheidung von Bürger und Feind aus *Kant* herausliest,
gilt bei *Kant* allein für den **Naturzustand**, nicht für den **rechtlichen Zustand**. Im
rechtlichen Zustand, den zu erreichen nach *Kant* Pflicht ist, gibt es ausschließlich ein
Bürgerstrafrecht. Tatsächlich mag es neben dem Bürgerstrafrecht die Macht zur Vernichtung von Feinden geben. Aber in *Kantischen* Kategorien wäre das niemals Strafrecht. Der Ausdruck Feindstraf*recht* ist ein Mißbrauch des Begriffs „Recht". Es gibt
nur Strafrecht, das den Menschenrechten entspricht, Krieg zwischen Feinden nach
menschenrechtlichen Regeln oder *rechtlose* Feindvernichtung.

III. Der politische Gebrauchswert des Freiheitsverzehrs: Akzeptierter Ausnahmezustand einer Gesellschaft ohne Recht

1. Der Rückwandel vom Rechts- zum Naturzustand: Ende der Aufklärung

Ein europäisches Strafrecht, das seine Legitimation in der Zustimmung europäischer
Bürger finden muß, hat vom Prinzip universell geltender Menschenwürde auszugehen
und ist vor diesem Hintergrund in demokratischer Diskussion zu entwickeln. Die europäische Rechtsentwicklung darf nicht zwischen rechtsunterworfenen Personen und
rechtlosen Feinden unterscheiden. Das wäre – die Argumentation von *Jakobs* bestätigt
das – die **Rückkehr in den Naturzustand**, der durch die in Europa begründeten Prinzipien des Rechts gerade überwunden wurde. Es kann nur einen Raum des Rechts für
alle europäischen Bürger geben. In Europa gilt überwiegend und in Deutschland deutlich: Wir sind aufgrund demokratischer Grundentscheidungen nicht im Krieg, brauchen auch keine Notstandsgesetzgebung. Europa setzt im Völkerrecht weitgehend auf
Konsens. Unilateralismus, eine Hauptursache für Kriege andernorts, ist für Europa
Vergangenheit. Der Opfer waren hier genug.

Die Überwindung der Rechtlosigkeit muß durch das Recht selbst und nicht durch
dessen Abschaffung für sogenannte „Feinde" erfolgen. Das Recht muß – eine Aufgabe,
die sich immer wieder von Neuem stellt – gegen die Politik in Stellung gebracht werden. Bestimmte Prinzipien europäischer Freiheitsmanifestation sind auch für den Gesetzgeber nicht mehr hinterfragbar. Das bestätigt eindrucksvoll die Ewigkeitsgarantie
in Art. 79 Abs. 3 GG, wonach der Würdeschutz und der Rechtsstaat durch keine politische Mehrheit abgeschafft werden können.

2. Politischer Verzehr zentraler Rechtsprinzipien im nach-präventiven Sicherheitsstaat (Beispiele)

Terroristische Ereignisse oder auch Aufsehen erregende Gewalttaten stellen nicht
das Ende eines rechtsstaatlichen Strafrechts dar, sondern sind eine herausfordernde

Bewährungsprobe für ein prinzipiengeleitetes Strafrecht, das seine historischen Grundlagen in der europäischen Aufklärung hat. Zentraler Topos hierfür ist die **Menschenwürde**, die **universell** und **prinzipiell unteilbar** ist. Die Unteilbarkeit der Menschenwürde ist ein globales Rechtsprinzip. Darüber besteht – nahezu unverfügbar – Konsens zwischen den meisten zivilisierten Staaten. Der zivilisatorische Stand der Menschenrechtsentwicklung wird jedenfalls gekennzeichnet von der weltumspannenden Akzeptanz ihrer Universalität. In dem zu beobachtenden Prozeß der Erosion des Rechts werden indes schleichend bis offenkundig die Regeln des Rechts verändert, damit es angeblich besser mit (globalen) Risiken verfahren kann. Dabei werden auch elementare Rechtsprinzipien in ihrem Kern angegangen.

a) Renaissance der strafrechtlichen Maßregel als präventives Instrument der Innenpolitik

Hierzu gehört nicht zuletzt die kriminalpolitische **Renaissance der Maßregel** im Kontext des nach-präventiven Sicherheitsstaates. Mittels verschiedener Gesetzgebungsschritte (§§ 66a und 66b StGB) und Rechtsprechungsentscheidungen (BVerfGE 109, 133 ff. und 190 ff.) einschließlich der Legitimationsversuche praxisorientierter Leitfäden (*Baltzer*, 2005) wird die Axt an die Wurzeln des Rechtsstaats angesetzt. Nachträglich im Strafvollzug erkannte Gefährlichkeit soll Anlaß sein, formelle und materielle Rechtskraft zwecks scheinbaren Sicherheitsgewinns zu durchbrechen. Das ist ein kompletter Bruch mit bisheriger rechtsstaatlicher Tradition im deutschen Strafrecht. Eine wie auch immer geartete Feststellung von Gefährlichkeit **außerhalb der materiellen Rechtskraft** der Entscheidungsfindung vermag aus verfassungsrechtlicher Sicht kein Grund für Freiheitsentzug zu sein. Allein die Erkenntnismöglichkeiten des Tatrichters nach Zulassung der Anklage begrenzen die rechtliche Legitimation für Freiheitsentzug. Rückwirkend läßt sich alles mögliche erkennen, die ausschließlich tatrichterliche Legitimation für Freiheitsentzug darf im Rechtsstaat durch nichts ersetzt werden, denn ein nachträglicher Erkenntnisgewinn zulasten eines rechtskräftig Verurteilten widerspricht nach Eintritt materieller Rechtskraft dem Prinzip der Vorhersehbarkeit von Strafe (Art. 103 Abs. 2 GG) sowie dem Prinzip des Verbots einer Doppelbestrafung (ne bis in idem, Art. 103 Abs. 3 GG). Allein § 362 StPO erlaubt verfassungsmäßig scharf konturierte Ausnahmen der Durchbrechung materieller Rechtskraft zuungunsten des ehemals Angeklagten.

b) Folterdebatte, Luftsicherheit und Menschenwürde

Weitere aktuelle und herausragende Beispiele für den Verzehr zentraler Rechtsprinzipien, deren Geltung bisher durch nichts und niemanden in Frage gestellt wurde, sind in Deutschland die rechtspolitische **Folterdebatte** und das sogenannte **Luftsicherheitsgesetz** zur Terrorbekämpfung, das die vorsätzliche Tötung Unschuldiger im Rahmen von Güterabwägungen ermöglichen soll.

In verschiedenen Terror-Szenarien (z.B. ticking-bomb) wird die Unantastbarkeit der Menschenwürde durch **Abwägung** in Frage gestellt. Selbst von Juristen wird die Würde des Terroristen mit der Würde unschuldiger Bürger abgewogen. Dabei wird offen geschlußfolgert, daß in Anbetracht globaler Hochrisikolagen die Würde des Menschen eben nicht mehr ganz unantastbar ist, wenn es der Politik darum geht, zur Abwendung der globalen Gefahr (und der Gefahr der politischen Abwahl) um fast jeden Preis handeln zu müssen. Die Erosion der Menschenwürde spiegelt sich selbst in neueren Kommentierungen des Grundgesetzes wieder (vgl. *Herdegen*, 2003, Art. 1 Rn. 45 f.; ähnlich *Brugger*, 2000, 165 ff.; eindeutig ablehnend dagegen NK-*Neumann*, § 34 Rn. 118;

Tröndle/Fischer, Vor § 32 Rn. 6; kritisch *Narr*, 2005, 69ff.). Indes, Art. 1 Abs. 1 Satz 1 GG verbietet das. Das unverbiegbare Argument lautet: **Absoluter Würdeschutz!**
    Ähnliches bietet die Diskussion zum sogenannten Luftsicherheitsgesetz (*Sinn*, 2004, 585ff.; *Pawlik*, 2004, 1045ff.). Verkannt wird selbst vom Gesetzgeber, daß der Schutz der Menschenwürde jedweder Politik die Opferung von Menschen zugunsten anderer Menschen verbietet, mögen die Abwägungsprozesse auf der Bilanzseite quantitativ noch so ins Gewicht fallen (für im übrigen **nie** vorhersehbare Lebenssachverhalte). So wie sich die Medizin vor letalen Krankheitsbildern zu beugen hat, muß die Politik die Absolutheit menschlicher Würde als unübersteigbare Handlungsschranke akzeptieren.

c) Eindeutigkeit der Rechtslage zugunsten des Würdeschutzes

Der rechtspolitischen Akrobatik, welche auf das Folterverbot und die damit verknüpfte Menschenwürde relativierend einzuwirken versucht, ist die **Eindeutigkeit der Rechtslage** entgegenzuhalten, die hier exemplarisch am Beispiel der Folter dargelegt werden soll. Das Landgericht in Frankfurt am Main hat die Absolutheit des Würdeschutzes im Folterverfahren gegen den stellvertretenden Polizeipräsidenten überzeugend abgeleitet und judiziert (NJW 2005, 692ff.).

aa) Internationale Rechtslage

Deutschland ist in internationales Recht eingebunden. Art. 1 der UN-Folterkonvention, Art. 3 der Europäischen Menschenrechtskonvention (EMRK) sowie Art. 7 des Internationalen Paktes über bürgerliche und politische Rechte setzen bezüglich jedweder Relativierung absolute Schranken. Keine noch so außergewöhnlichen Umstände und auch kein öffentlicher Notstand könnten Folter rechtfertigen (Art. 2 Abs. 2 UN-Folterkonvention). Auch angesichts großer Gefahren darf davon nicht abgewichen werden (Art. 15 Abs. 2 EMRK). Der Verstoß gegen das Folterverbot fällt unter den Katalog qualifizierter Menschenrechtsverletzungen, die zwingend eine Anwendung des **Völkerstrafrechts** nach sich ziehen.

bb) Nationale Rechtslage

Auch polizeirechtliche Ermächtigungsgrundlagen gibt es nicht, in keinem deutschen Bundesland. Darüber hinaus sind auch die strafrechtlichen Rechtfertigungs- und Entschuldigungsdogmatiken kein Einstieg in die Relativierung des Folterverbots. Strafrecht bietet allein Legitimationen in inter-personalen Rechtsverhältnissen zwischen Privaten. Es verbietet sich jeder staatstheoretisch und verfassungsrechtlich unreflektierte Zugriff auf das positive Nothilferecht. **Staatliche Nothilfe** darf sich nie in expliziten Widerspruch zu einem **öffentlich-rechtlichen Verbot** setzen. Aus der Nothilfe resultiert auch kein Widerstandsrecht für staatliche Amtsträger gegen die Rechtsordnung, der sie verpflichtet sind. Das wäre eine mittelbare Mißachtung internationalen Rechts durch den Staat. Das Nothilferecht erweitert die Freiheitsräume des Bürgers, wenn formalisierte staatliche Reaktion nicht rechtzeitig zu erwarten ist. Es erlaubt dem Staat selbst aber nicht, sich der Formalisierung seiner Zwangsbefugnisse punktuell zu entledigen. Der Staat darf und kann bei der Ausübung seiner einmal begründeten Zwangsbefugnisse nicht in den Naturzustand zurückkehren, wo seine Macht unkontrolliert und dem Verdacht der Willkür ausgesetzt ist (vgl. hierzu *Braum*, 2005, 283ff.).

cc) Vereinzelte Versuche der Delegitimation von Würde im juristischen Schrifttum

Im Rahmen möglicher strafrechts-dogmatischer Argumentationen auf positiv-rechtlicher Ebene (*Erb*, 2005, 24ff.; *Jerouschek/Kölbel*, 2003, 613ff.) werden wenige

Legitimationsversuche zur Folter unternommen. Schon aus polizei-praktischer Sicht kann Folter aber weder **geeignetes** noch **erforderliches Mittel** sein, um eine Aussage zu erlangen. **Geeignet nicht**, weil sie den Erkenntnissen polizeilicher Vernehmungs-psychologie völlig widerspricht. Unter Folter ist jede „Wahrheit" beliebig herstellbar. Im übrigen: Wer sich dennoch polizeilicher Einlassung fanatisierend widersetzt, wird auch bereit sein, an Polizei-Folter fanatisch zu zerbrechen. **Erforderlich nicht**, weil sie mit dem Berufsethos professioneller Befragungs- und Vernehmungstechniken unvereinbar ist. Moderne Polizeiarbeit und mittelalterliche Inquisitionsmethoden des autoritären Staates schließen sich jedenfalls aus.

Wie sich Folter aus einer **Indizienschau zur Verwerflichkeit der Nötigung** legitimieren läßt (so *Prittwitz* im Rahmen eines Parteigutachtens, zitiert im Urteil des LG Frankfurt am Main, NJW 2005, 694), bleibt unerfindlich, zumal die Würdeschranke des Art. 1 Abs. 1 Satz 1 GG bei dieser Abwägung noch nicht einmal gesehen wird. Das Landgericht Frankfurt hat sich all diesen Zweck-Mittel-Erwägungen kategorisch und überzeugend entgegengestellt, womit diese unsägliche Debatte – jedenfalls für die Polizei- und Strafrechtspraxis – erst einmal rechtskräftig abgeschlossen ist.

dd) Folter selbst nur im Ausnahmefall: Staatsterror

Insgesamt bleibt festzuhalten, daß sich das nationale Strafrecht seinen internationalen Rechtsverpflichtungen nicht entziehen kann. Es würde damit seine Überlegenheit, die aus der Einhaltung rechtsstaatlicher Prinzipien gegenüber der Willkür individueller Gewaltausübung resultiert, verlieren. Der im Einzelfall gerechtfertigte Bruch des Folterverbotes würde unweigerlich in den **Staatsterror** durch Gesetz münden. Um wirksam zu sein, bedarf das Strafrecht transparenter Grundlagen, die vertrauensbildend sind und die seine Mechanismen für den Bürger berechenbar und nachvollziehbar machen. Folter erzeugt immer ein Klima der Angst, das auch die Polizei ergreifen würde. In diesem Klima würde der Rechtsstaat zerstört, der seine Überlegenheit aus der unüberwindbaren Schranke der Achtung menschlicher Würde schöpft.

3. Zwei Einwände gegen die Relativierung von Menschenrechten

a) Willkür als instrumentelles Argument

In der historisch belegten Relativierung von Menschenrechten spiegeln sich zwei bekannte Einwände. Die **Gefahr partikularer Anwendung von Menschenrechten**, man kann es auch anders sagen: Rechtlosstellung von Menschen zur Abwehr vermeintlicher Gefahren für vermeintliche Mehrheiten, liegt in der **Beliebigkeit** ihrer Anknüpfungspunkte und damit in ihrer nicht zu zügelnden **Willkür**: Der Bezug auf Willkür ist ein **instrumentelles Argument**, weil dieser Ansatz von prinzipiell möglicher Verfügbarkeit des eigentlich Unverfügbaren ausgeht, was an sich falsch ist. Die instrumentelle Kritik am Verlust von Unverfügbarkeiten ist gleichwohl wichtig, weil sie die von Mehrheiten abhängige Bestimmbarkeit von Menschenwürde und damit ihre Relativierungsmöglichkeit als politisch gewollt und damit als gefährlich und illegitim erweist. Von Mehrheiten getragene Einschränkungen und Konturierungen der Menschenwürde und damit die Manifestation von staatlich getragenem Unrecht sind historisch gesehen Legion: Menschenfeinde, Religionsfeinde, Gesellschaftsfeinde, Erbfeinde, Rassenfeinde, all das sind die Manifestationen mehrheitlich erzeugter Menschenrechtsverletzung. Immer dann, wenn man die Universalität der Geltungsgrundlage verlassen hat, war das der Beginn von Staatsterror, der sich – wie zum Beispiel des Nationalsozialismus – nur selbst nivellieren und delegitimieren konnte.

b) Materielle Legitimationen

Es gibt darüber hinaus zahlreiche **materielle** Legitimationen für die universelle und absolute Geltung von Menschenrechten: die Religionen, die Philosophien der Aufklärung, politische Programme an Gleichheit orientierter Humanität, sie alle könnte man gegen eine partikulare Anwendung der Menschenrechte ins Feld führen. Für uns Europäer, insbesondere für uns Deutsche, ist die Lehre aus der europäischen Geschichte nationalistischer Verblendungen die Hauptmahnung, **um jeden Preis** an der universellen Geltung eines von Menschenwürde getragenen Rechts festzuhalten. Das ist keine Wertemetaphysik, sondern eine aus der **Qualität des Subjekts als Bürger** abgeleitete Kategorie der Freiheit. Zumindest das gilt seit *Kant* als wichtige Erkenntnis: „Freiheit (…) ist dieses einzige, ursprüngliche, jedem Menschen, kraft seiner Menschheit, zustehende Recht" (AA VI, 237).

Aus diesen Gründen hat sich das deutsche Volk „zu unverletzlichen und unveräußerlichen Menschenrechten als Grundlage jeder menschlichen Gemeinschaft, des Friedens und der Gerechtigkeit in der Welt" bekannt (Art. 1 Abs. 2 GG). Im übrigen: auch dieses Bekenntnis ist unverfügbar, denn eine Änderung des Grundgesetzes durch welche die in Art. 1 GG niedergelegten Grundsätze berührt werden, ist unzulässig (Art. 79 Abs. 3 GG). Alles andere wäre wirklich verfassungsfeindlich.

IV. Der Kampf um das Recht ist ohne Alternative

Die in diesem Kapitel zur Analyse des Steuerungsanspruchs des Strafrechts skizzierten Entwicklungsstufen bilden die **These** eines **Kontinuums der Erosion des Rechts** ab, zumindest des Strafrechts. Es sind Trends, Schübe, auch Überlappungen, die die Entwicklung des Rechts kennzeichnen. Mit einem Ende der Entwicklung will und kann ein rechtsstaatliches Strafrecht sich aber nicht abfinden. Die Akzeptanz, die Pflege und die Entwicklung zentraler Strafrechtsprinzipien muß ein Kernanliegen aller am Recht Beteiligten sein: des Gesetzgebers, der Rechtsanwendung sowie aller lehrenden und lernenden Juristen. Nur das Recht kann die Menschheit auf ihrem Weg globalisierter Forderungen und Ansprüche kontrollierend begleiten. Es ist das einzige Mittel, das den Weg konkurrierender Gesellschaftsentwürfe, Ressourcenverteilungen, kultureller und religiöser Wertevielfalt bereiten kann. Der Prozeß der Erosion des Rechts muß aufgehalten werden. Das Recht muß der Herrschaft Grenzen setzen (vgl. im einzelnen unten 3. Kapitel).

§ 7. Erkenntnis- und Forschungsinteressen einer autonomen Kriminologie

Literatur: *Albrecht, P.-A.*, Unsicherheitszonen des Schuldstrafrechts, GA 1983, 193 ff.; *Baumann, Z.*, Moderne und Ambivalenz – Das Ende der Eindeutigkeit, 1995; *Beck, U./Bonß, W.*, Verwissenschaftlichung ohne Aufklärung?, in: Beck, U./Bonß, W. (Hrsg.), Weder Sozialtechnologie noch Aufklärung?, 1989, 78 ff.; *Ehrlich, E.*, Recht auf Leben, 1967; *Frisch, W.*, Prognoseentscheidungen im Strafrecht, 1983; *Giehring, H./Schumann, K. F.*, Die Zukunft der Sozialwissenschaften in der Ausbildung im Straf- und Strafverfahrensrecht, in: Hassemer, W. u.a. (Hrsg.), Juristenausbildung zwischen Experiment und Tradition, 1986, 65 ff.; *Haffke, B.*, Strafrechtsdogmatik und Tiefenpsychologie, in: Jäger, H. (Hrsg.), Kriminologie im Strafprozeß, 1980, 65 ff.; *Hamm, R.*, Leitlinien für „Bagatellstrafsachen", KritV 1996, 325 ff.; *Hassemer, W.*, Sozialwissenschaftlich orientierte Rechtsanwendung im Strafrecht, in: Hassemer, W. (Hrsg.), Sozialwissenschaften im Strafrecht, 1984, 1 ff.; *Heim, N.*, Der forensisch-psychiatrische Sachverständige vor Gericht, in: Kaiser, G. u.a. (Hrsg.), Kriminologische Forschung in den 80er Jahren. Bd. 35/1, 1988, 299 ff.; *Herzog, F.*, Gesellschaftliche Unsicherheit und staatliche Daseinsvorsorge, 1991; *Jäger, H.*, Strafrecht und psychoanalytische Theorie, in: Jäger, H. (Hrsg.), Kriminologie im Strafprozeß, 1980, 47 ff.; *Jäger, H.*, Subjektive Verbrechensmerkmale als Gegenstand psychologischer Wahrheitsfindung, in: Jäger, H. (Hrsg.), Kriminologie im Strafprozeß, 1980a, 173 ff.; *Jakobs, G.*, Der Kern der Gesellschaft ist betroffen, KritV 1996, 320 ff.; *Kaiser, G.*, Kriminologie, 3. Aufl., 1996; *Krauß, D.*, Das

Prinzip der materiellen Wahrheit im Strafprozeß, in: Jäger, H. (Hrsg.), Kriminologie im Strafprozeß, 1980, 65 ff.; *Kreissl, R.*, Vom Nachteil des Nutzens der Sozialwissenschaften für das Strafrecht, Zeitschrift für Rechtssoziologie 1988, 272 ff.; *Lautmann, R.*, Wie hermetisch denkt die Strafrechtsdogmatik?, in: Lüderssen, K./Sack, F. (Hrsg.), Vom Nutzen und Nachteil der Sozialwissenschaften für das Strafrecht. 2. Teilbd., 1980, 610 ff.; *Ludwig-Mayerhofer, W.*, Das Strafrecht und seine administrative Rationalisierung. Kritik der informalen Justiz, 1998; *Naucke, W.*, Die Sozialphilosophie des sozialwissenschaftlich orientierten Strafrechts, in: Hassemer, W./Lüderssen, K./Naucke, W. (Hrsg.), Fortschritte im Strafrecht durch die Sozialwissenschaften, 1983, 1 ff.; *Offe, C.*, Die kritische Funktion der Sozialwissenschaften, in: Wissenschaftszentrum Berlin (Hrsg.), Interaktion von Wissenschaft und Politik, 1977, 321 ff.; *Opp, K.-D.*, Zur Anwendbarkeit der Soziologie im Strafprozeß, in: Jäger, H. (Hrsg.), Kriminologie im Strafprozeß, 1980, 21 ff.; *Schwind, H.-D./Berckhauer, F./Steinhilper, G.* (Hrsg.), Präventive Kriminalpolitik. Beiträge zur ressortübergreifenden Kriminalprävention aus Forschung, Praxis und Politik, 1980; *Strasser, P.*, Sich beherrschen können., in: Lüderssen, K./Sack, F. (Hrsg.), Vom Nutzen und Nachteil der Sozialwissenschaften für das Strafrecht. 1. Teilbd., 1980, 143 ff.; *Weber, M.*, Wirtschaft und Gesellschaft, 1. Halbbd., 4. Aufl., 1956; *Weßlau, E.*, Vorfeldermittlungen, 1989; *Zenz, G.*, Notwehr unter Ehegatten, in: Lüderssen, K./Sack, F. (Hrsg.), Vom Nutzen und Nachteil der Sozialwissenschaften für das Strafrecht. 1. Teilbd., 1980, 77 ff.

A. Der mühselige Prozeß der Zusammenarbeit von Soziologie und Recht

I. Das Spannungsverhältnis: Traditionelle Kriminologie (strafrechtliche Hilfswissenschaft) versus autonome Kriminologie (Strafrechtssoziologie)

Überlegungen zu Zielen und Aufgaben der Strafrechtssoziologie, gerade im Kontext von Rechtsanwendung, setzen die **Klärung des Verhältnisses von Recht und Soziologie** voraus. Es wird zu zeigen sein, daß das Spannungsverhältnis „traditionelle versus autonome Kriminologie" in den Inhalten der Strafrechtssoziologie wiederaufscheint und der Versuch einer **Harmonisierung** des Verhältnisses von (Straf-)Rechtsanwendung und Soziologie ein **untauglicher Versuch** bleiben muß. Die Erkenntnisinteressen einer kritischen Kriminologie (im Sinne einer Rechtssoziologie) bedürfen **autonomer Entfaltung und Pflege** angesichts der Fusions- und Legitimationsinteressen des rechtsanwendenden Kriminaljustizsystems.

Das Beharren auf Trennung von Strafrecht und Soziologie ist aber andererseits nur eine scheinbare Distanzierung. Eher kann das Recht ohne die Reflexion über seine Anwendung auskommen (wenngleich es dann unaufgeklärt und blind erscheint), als es der Soziologie gelänge, des Recht zu verdrängen: Der Soziologie ginge durch eine prinzipielle Trennung der **Gegenstand** der Reflexion verloren. (Straf-)Rechtssoziologie (und damit kritische Kriminologie) muß sich angesichts dieser Dialektik als Reflexionswissenschaft verstehen, als **Aufklärung** über das Recht, seine Entstehung und Anwendung, und ist damit für das (Straf-)Recht und seine Anwendung ungemein nützlich.

II. Rechtssoziologie

Bevor die Erklärungsebenen und die Aufklärungsfunktion der Strafrechtssoziologie näher beschrieben werden, soll vorab das Verhältnis, oder besser gesagt: der mühselige Prozeß der Zusammenarbeit von Recht und Soziologie in den Blick genommen werden.

1. Zwei Wissenschaften: Recht und Soziologie

Die völlig gegensätzlichen Orientierungen von Recht und Soziologie haben um die Jahrhundertwende zur Etablierung einer neuen Wissenschaftsdisziplin geführt: der **Rechtssoziologie**. Sie trägt zwei Wissenschaften im Titel, die in den vergangenen 100 Jahren ihre Schwierigkeiten miteinander hatten.

a) Sicht der Juristen

Aus der Sicht der Juristen erscheint die Soziologie wahlweise als **überflüssig**, nämlich als unwichtig für die Rechtsanwendungslehre. Diese ist darauf gerichtet, das begriffliche und logische Gedankengebäude des Gesetzesrechts zu durchschauen, die Auslegungsmaximen auf Einzelfälle zu beziehen, einschlägige Präzedenzfälle zu identifizieren. Andererseits wird die Soziologie von den Juristen als **bedrohlich** angesehen, als Prototyp einer „kritischen Wissenschaft", die u.a. nach den Möglichkeiten der Entwicklung und der Veränderung von Gesellschaft fragt, was dem (Norm-)bewahrungsanspruch des Rechts zu widersprechen scheint. **Bedrohlich** ist diese Perspektive insofern, als sie nach dem Zusammenhang von Macht und Ideologie fragt, indem sie auf **praktische Veränderung** der Gesellschaft vor dem Hintergrund einer Utopie von einer **vernünftigen** und **gerechten Gesellschaft** zielt.

b) Sicht der Soziologen

Aus der Sicht der Soziologie erscheint die Rechtswissenschaft bisweilen als eine zu Unrecht als Wissenschaft bezeichnete Disziplin. *Eugen Ehrlich* (um die Jahrhundertwende lehrender Begründer der Rechtssoziologie, Jurist) formulierte das wie folgt: Jurisprudenz ist eine Art Technik bzw. handwerkliche Kunstlehre für Rechtsanwender, „eigentlich nur eine besonders eindringliche Form der Publikation der Gesetze". Wissenschaft beginne erst dort, wo das Recht als gesellschaftliche Erscheinung in seiner Entstehung und in seinen Funktionen und Wirkungsweisen erforscht werde *(Ehrlich, 1967, 13)*. Aus der Sicht der Soziologie wird Bezug genommen auf den Unterschied zwischen Gesetzesrecht und dem Begriff des lebenden Rechts („Law in the Books" versus „Law in Action"). Die Rechtswissenschaft wird insofern erst in Gestalt der Rechtssoziologie zu einer (Erfahrungs-)wissenschaft (zu den unterschiedlichen Betrachtsweisen vgl. auch *Weber*, 1956, 181 ff.).

c) Entgegnung der Rechtswissenschaft

Die Rechtswissenschaft hat den Prozeß der Rechtsfindung und Rechtsanwendung in seiner rationalen und methodisch kontrollierbaren Gestalt zum wissenschaftlichen Gegenstand. Insofern wird der Anspruch auf „Wissenschaft" eindeutig erhoben.

Gleichwohl bleibt umstritten, in welchem Maße Rechtsfindung und Rechtsanwendung objektivierbar sind. Einvernehmen besteht insoweit, als im modernen Recht Entscheidungen nicht auf der Grundlage von persönlichen Wertungen und subjektiver Überzeugung getroffen werden. Dies geschieht vielmehr im Rahmen einer wissenschaftlich fundierten, **intersubjektiv überprüfbaren Tätigkeit**. Kriterien für Wissenschaftlichkeit sind demnach: Objektivität, Rationalität, Kontrollierbarkeit als Grundlagen jeder wissenschaftlich fundierten Tätigkeit.

2. Zur Abgrenzung der Rechtswissenschaft von der Rechtssoziologie

Anstelle abstrakter Definitionen soll zunächst gefragt werden: wie gehen Vertreter dieser Disziplinen mit dem **Phänomen des Verbrechens** um?

a) Perspektiven des Juristen

Eine Handlung wird von einem Beobachter als normabweichend wahrgenommen und diese Informationen werden den Organen sozialer Kontrolle zugetragen. Aufgabe der rechtspflegenden Institutionen, zunächst von Polizei und Staatsanwaltschaft, ist folgende: Prüfung, ob rechtlich fixierte Handlungsmodelle für **individuelle Verantwortlichkeit** mit den Motiven des Tatverdächtigen und dem Handlungsablauf in Einklang gebracht werden können. Ferner ist zu untersuchen, ob Tatbestandsbeschreibungen den gegebenen Sachverhalt gemäß den von der Rechtswissenschaft gelehrten Regeln der **Subsumtion** und – gegebenenfalls – unter Rückgriff auf **Präzedenzfälle** erfassen können.

Die Handlung muß demnach – und das ist Gegenstand der dogmatischen Ausbildung im Strafrecht – als **tatbestandsmäßig** (z.B. als Diebstahl oder Raub klassifizierbar), **rechtswidrig** (z.B. nicht in Notwehr) und **schuldhaft** (z.B. nicht durch psychische Krankheit bedingt) rekonstruiert werden.

Die Kriterien für das, was juristisch relevant ist, können dabei für den Laien durchaus überraschend sein: Ein Fußballfan, der eine gegnerische Fahne durch körperlichen Einsatz erbeutet hat, kann im Falle einer Anzeige davon überrascht werden, wie schmal der Grad zwischen Diebstahl und Raub ist – und welch gravierende Folgen dies im Strafmaß haben kann. Ebenso überraschend mag sein, daß derjenige, der einen anderen Menschen absichtlich tötet, nicht notwendig „Mörder" sein muß.

Die gesellschaftliche Funktionsbeschreibung des Strafjuristen läuft auf folgendes heraus: er schreibt seiner Tätigkeit eine **ordnungserhaltende Funktion** zu, die durch ein autorisiertes Unwerturteil gegenüber abweichendem Verhalten ausgelöst wird.

b) Perspektive des Soziologen

In der Soziologie sozialer Kontrolle oder in der Devianzsoziologie finden sich demgegenüber Lehrsätze, die auf ein völlig anderes Bezugssystem zurückgehen und auf den Laien nicht minder überraschend wirken können wie die juristische Bewertung eines abweichenden Verhaltens.

Solche Lehrsätze sind beispielsweise:

- **Delinquenz ist normal,** im Sinne: Unter bestimmten Umständen oder in bestimmen Lebensabschnitten ist Delinquenz ein übliches, weit verbreitetes, folgerichtiges Handeln (so die Ergebnisse **teilnehmender Beobachtung** in delinquenten Subkulturen). Delinquenz wird gelernt, erscheint unter restriktiven Lebensumständen als brauchbares Mittel, gesellschaftlich hochgeschätzte Werte zu erringen (vgl. oben § 3 B II).
- **Delinquenz ist funktional,** ist systemstabilisierend, gesellschaftserhaltend. Als sanktionierter Normbruch kehrt sich der ordnungsbedrohliche Effekt um. Der Normbruch schafft **Solidarisierungseffekte, bekräftigt Konformität.** Erst der Normbruch macht die Norm sichtbar. Sanktionierung darf aber nur eine Minderheit treffen, sonst ist die Norm verloren (vgl. unten § 12 VI).
- **Delinquenz wird von Polizei und Strafjustiz erzeugt,** hingegen nicht von den Delinquenten. Dieser Lehrsatz verweist auf den rechtssoziologischen Zusammenhang von Norm/Normanwendung und Delinquenzwahrnehmung: Erst die **autorisierte Zuschreibung** erzeugt die soziale Bedeutung und die sozialen Folgen der „Delinquenz". Daraus folgt beispielsweise: will man den Umfang der registrierten Delinquenz einer Gesellschaft erklären, so sollte man sich mit der Strafgesetzgebung und den formellen und informellen Handlungsprogrammen der Strafverfolgung befassen (vgl. oben § 3 B III und IV).

3. Zusammenfassung zur disziplinspezifischen Delinquenzverarbeitung

a) „Jurisprudenz"

Der **Jurist** betrachtet demnach das abweichende Handeln in regulierender und korrigierender Absicht. Der kunstgerechte Nachweis schuldhaften Handelns und die

sanktionierende Intervention sollen die Ordnung sichern. Gegenstand der Rechts-
wissenschaft und wissenschaftlichen Dogmatik ist die Auslegung, Klassifikation und
Systematisierung des normativ geltenden, positiven Rechts. Rechtswissenschaft und
Dogmatik

- zielen auf die **Vorbereitung von Rechtsentscheidungen** des Richters, Anwalts,
  Verwaltungsbeamten,
- leiten aus abstrakt formulierten Gesetzen mittels methodisch kontrollierter Denk-
  operationen Entscheidungsmaximen für den Einzelfall ab,
- sind pragmatisch orientierte Entscheidungstechniken, wobei die Verbindlichkeit des
  Gesetzes grundsätzlich hingenommen wird.

b) „Soziologie"

Der **Soziologe** betrachtet das abweichende Handeln in **ursachenerklärender** oder in
wirkungsbeschreibender Absicht.
Es wird gefragt:

- Wie kommt es zu abweichendem Handeln?
- Welche Auswirkungen hat entdeckte Delinquenz?
- Welches sind die Voraussetzungen sozialer Delinquenzwahrnehmung?
  Es wird beschrieben:
- „Delinquenz ist funktional",
- „Delinquenz wird von Polizei und Justiz erzeugt".

c) Rechtssoziologie

aa) Forschungsfragen

Die Rechtssoziologie verknüpft die normativen Ansprüche des Rechts mit dem Er-
kenntnisgewinnungsanspruch und den Theorien der Soziologie. Der soziologische,
analytische Zugriff auf das Recht soll zu gültigen Aussagen über das Zusammenspiel
von Gesellschaft und Recht führen, wobei zwei Erkenntnisinteressen im Vordergrund
stehen:

- **Wie wirkt die Gesellschaft auf das Recht?** Wie beeinflussen gesellschaftliche Veränderungen die Rechtsentwicklung? Forschungsgegenstände sind hier zum Beispiel
  die Ablösung körperlicher Strafen durch Freiheitsstrafen, die Zurückdrängung der
  Freiheitsstrafen durch Geldstrafen.
- **Welche Wirkungen entfaltet das Recht auf die Gesellschaft?** Bezüglich des Um-
  weltrechtes kann erforscht werden, ob moderne Industriegesellschaften so komplex
  geworden sind, daß man sie mit den Mitteln des (Straf-)Rechts nicht mehr steuern
  kann. Gefragt werden kann, ob die Rechtsentwicklung mit dem technischen Fortschritt mithält.

bb) Recht in der Sicht der Rechtssoziologie

Recht ist ein Phänomen der gesellschaftlichen Wirklichkeit, das sich selbst Funktionen zuschreibt und dem Funktionen zugeschrieben werden. Es regelt das Zusammenleben, begrenzt Macht, legitimiert Herrschaft, gibt Richtlinien für die Behandlung sozialer Konflikte, ist Mittel der politischen Steuerung der Gesellschaft. Heute ist das sehr
viel stärker als im Liberalismus der Fall, als man die wirtschaftliche Steuerung eher
dem Markt überließ.

Die zentrale Frage lautet: Wirkt das Recht so, wie es normativ unterstellt wird?
Diese Analyse geschieht theoriegeleitet. Ansonsten wäre die Rechtssoziologie schlichte

Rechtstatsachenforschung im Sinne einer rein innerrechtlich angeleiteten **Evaluationstechnik** bzw. **Wirkungsforschung**, lediglich orientiert an den normativen Aufgabenbeschreibungen des Rechts.

Der Rechtssoziologie geht es primär um die Erklärung, damit auch um Aufklärung von Effekt oder Wirkungslosigkeit des Rechts. Beispiele hierfür sind:

- Aufklärung über Vollstreckungsgleichheit bei der Geldstrafe unter Rückgriff auf bürokratietheoretische Überlegungen.
- Aufklärung über Ineffizienz des Strafvollzugs unter Rückgriff auf **Theorien sozialer Kontrolle**, die darauf verweisen, daß Strafen eher auf das konforme Publikum und weniger auf die Bestraften gerichtet sind.
- Aufklärung über Ineffizienz des Umweltrechts unter Rückgriff auf **rechtssoziologische Theorien**: Recht hat neben instrumentellen auch symbolische Funktionen, etwa die Selbstdarstellung von Politik (vgl. oben § 6 C).

B. Selbstverständnis einer traditionellen Kriminologie

Die traditionelle Kriminologie versteht sich als **Beratungsinstanz für das Kriminaljustizsystem**. In diesem Zusammenhang wird von „angewandter Kriminologie" gesprochen.

Die traditionelle Kriminologie nimmt im Rahmen ihrer Beratungsfunktion gegenüber dem Strafrecht in den meisten Fällen eine „reformerische Position" ein. Sie versucht, dem Strafrecht **Umstrukturierungen** und **Anpassungen** nahezulegen, die es ermöglichen sollen, auf eine veränderte gesellschaftliche Situation adäquater zu reagieren. Gelingt es der traditionellen Kriminologie, mit Hilfe ihrer Begründungskompetenz dem Strafrecht größere politische Reibungsverluste zu ersparen, hat sie ihre Aufgabe als **„empirische Hilfswissenschaft"** zunächst erfüllt.

Ihre beratende Funktion kann dabei auf der Tatbestandsebene (I) und auf der Rechtsfolgenseite von Normen (II) erfolgen.

I. Beratung bei der Tatbestandsfeststellung

1. Empirisch-methodische Präzision

Die kriminologische Beratung des Strafrechts kann bereits bei der **Feststellung des Tatbestandes** zum Tragen kommen. Die Versorgung mit sozialwissenschaftlichen Informationen bezieht sich dabei auf die Wenn-Komponente im Konditionalmuster der Rechtsanwendung.

Bei der Wenn-Komponente, die die tatbestandlichen Voraussetzungen enthält, stellt sich das Problem, „ob der notwendig vorhandene Bedarf an empirischem Wissen durch den Rechtsanwender unmittelbar oder ob er mittelbar über sachverständige Beobachtung zu befriedigen ist. Dies ist keine Frage der Zweckorientierung des Strafrechts, sondern eine Frage seines methodischen Anspruchs: Je penibler das Strafrechtssystem darauf achtet, empirische Sätze nach den Methodenregeln der empirischen Wissenschaften zu behandeln, um so eher wird es fremden Sachverstand nachfragen – sei es durch den Einsatz von Sachverständigen oder den Erwerb von eigener Sachkunde des Rechsanwenders" (*Hassemer*, 1984, 11 f.).

Damit ist die **empirisch-methodische Präzision** der Anwendung des Strafrechts angesprochen, die sich darauf bezieht, schon bei der tatbestandsmäßigen Erfassung des Falls Unstimmigkeiten und Ungenauigkeiten zu vermeiden.

2. Beispiele sozialwissenschaftlicher Kommentierungen des Strafrechts

Als Beispiele für die sozialwissenschaftliche Beratung bei Detailproblemen der Strafrechtsanwendung lassen sich die **Notwehr unter Ehegatten** (*Zenz*, 1980, 77 ff.), die Problematik der **Charaktermängel** (*Strasser*, 1980, 143 ff.) oder Strafbarkeitsprobleme bei **Rauschdelikten** (*Lautmann*, 1980, 610 ff.) anführen. Die sozialwissenschaftliche Kommentierung des Strafgesetzbuchs kann dabei als Versuch gewertet werden, die spezifische Kompetenz, die in diesem erfahrungswissenschaftlichen Wissen steckt, für die Anwendung des Strafrechts nutzbar zu machen.

Zwar handelt es sich bei der **Rechtsanwendung** um ein **normatives Verfahren,** das aber die Beiziehung empirischer Begrifflichkeiten nicht untersagt, sondern auf Elemente der Beobachtung in vielen Fällen zwingend angewiesen ist. Während die Notwendigkeit der Beobachtung konstant ist, ist die Art und Weise, in der diese Beobachtung bei der Rechtsanwendung fremdes Wissen einfließen läßt, in der Wenn-Komponente des Konditionalschemas als variabel zu kennzeichnen (vgl. *Hassemer*, 1984, 13).

3. Psycho-Wissenschaften

Zentrale Bedeutung für die gerichtliche Entscheidungsfindung kommt sozialwissenschaftlichem Wissen im Rahmen der **Schuldfähigkeitsfrage** (§§ 20, 21 StGB) zu. Bei der Feststellung der Schuld sind häufig Probleme der Zurechnungsfähigkeit eines Individuums oder der Glaubwürdigkeit einer Aussageperson von Belang, um die Wenn-Komponente im Prozeß der Strafrechtsanwendung mit entsprechendem Erfahrungswissen anzureichern (vgl. *Albrecht*, 1983, 193 ff.).

Freilich handelt es sich bei diesem so bezeichneten „sozialwissenschaftlichen Wissen" in erster Linie um psychologisches und psychiatrisches Wissen, das global auch als „Psychowissen" gekennzeichnet werden kann. Die Rolle dieses „Psychowissens", d. h. die Rolle von Gutachtern und Sachverständigen im Strafprozeß, ist von jeher umstritten (vgl. z. B. *Jäger*, 1980, 47 ff.; 1980 a, 173 ff.; *Haffke*, 1980, 133 ff.). Trotz einer Reihe von Ungeklärtheiten des Verhältnisses von Richter und Sachverständigen, von juristischer Dogmatik und psychologisch-psychiatrischem Fachwissen, müssen wir jedoch davon ausgehen, daß diese spezifische erfahrungswissenschaftliche Kompetenz für den Prozeß der gerichtlichen Entscheidung in vielen (Grenz-)Fällen unverzichtbar ist, wenn sich das Strafverfahren nicht in einem bloßen Subsumtionsautomatismus erschöpfen soll. Daß dabei die (neue) Problematik der Abhängigkeit des Gerichts vom Sachverständigen ins Blickfeld rückt, ist allerdings nicht zu verleugnen (vgl. *Heim*, 1988, 299 ff.).

II. Beratung bei den Rechtsfolgen

1. Spezial- und generalpräventive Zweckorientierungen des Strafgesetzes

Sind den Einflußmöglichkeiten sozialwissenschaftlichen Wissens im Bereich der juristischen Dogmatik relativ enge Grenzen gesetzt, so ist die Situation bei der Rechtsfolgenberatung deutlich anders beschaffen. Auf diesem Gebiet werden sozialwissenschaftliche Befunde, rein quantitativ betrachtet, am meisten eingebracht (*Giehring/ Schumann*, 1986, 178). Die stärkere Berücksichtigung erfahrungswissenschaftlichen Wissens auf der Rechtsfolgenseite ist im Zusammenhang mit der wachsenden **Zweckprogrammierung** des Strafrechts zu sehen. Indem das Strafrecht in zunehmendem Maß für spezial- und generalpräventive Zweckbestimmungen in Dienst genommen wird, erhöht sich fast zwangsläufig sein Bedarf an erfahrungswissenschaftlich abgesicherter Legitimation.

a) Generalprävention

Die **generalpräventive Zweckprogrammierung** des Strafrechts läßt sich exemplarisch an den inhaltlichen Bestimmungen der §§ 46 Abs. 1 Satz 2, 47, 56 Abs. 3, 59 Abs. 1 Nr. 3 StGB verdeutlichen, die den Richter in seiner Entscheidung von der Bindung an das traditionelle Konditionalprogramm weitgehend entlasten. Dies kommt besonders deutlich in der Formel „zur Verteidigung der Rechtsordnung" zum Ausdruck, die ausdrücklich auf Generalprävention als Zweckmoment des Strafrechts abstellt.

b) Spezialprävention (Prognose)

Die **spezialpräventive Zweckprogrammierung** setzte bislang zentral an den rechtlich vorgegebenen Prognoseentscheidungen (*Frisch*, 1983) an, bei denen es um die Berücksichtigung von Folgen bei der Auslegung der Strafgesetze geht bzw. ging. Mit dem **Begriff der Kriminalprognose** läßt sich dabei ein breiter Forschungsstrang konturieren, der in der Vergangenheit einen beträchtlichen Teil des kriminologischen Forschungspotentials gebunden und zahlreiche empirische Untersuchungen zur Folge hatte (vgl. *Kaiser*, 1996, 955 ff.).

Die gerichtliche Prognoseentscheidung enthält als Kernbestand „Wahrscheinlichkeitsaussagen über das künftige Legalverhalten von Personen" (*Kaiser*, 1996, 956), die darauf abzielen, die strafrechtliche Entscheidungspraxis rationaler und zweckmäßiger zu gestalten. Dies bedeutet im Ergebnis die Einschränkung von Ermessensspielräumen, d.h. die Zurückdrängung juristischer Alltagstheorien und „Lebenserfahrung" (*Opp*, 1980, 40 ff.). Ferner ist damit die Legitimierung der betreffenden Entscheidung auf der Grundlage von Straftat und Täterpersönlichkeit verbunden (vgl. *Kaiser*, 1996, 956 f.). Hierbei ist allerdings zu berücksichtigen, daß die zunehmende Verwissenschaftlichung der Kriminalprognose nicht zu einer größeren Sicherheit der gerichtlichen Entscheidung geführt hat, sondern die Unsicherheit im Hinblick auf die „Gefährlichkeit" eines Täters lediglich von der Alltagsebene auf die wissenschaftliche Ebene transformiert wurde. Zu einer richterlichen Folgenberücksichtigung, die sich auf **gesicherte** sozialwissenschaftliche Prognosemethoden berufen könnte, war es dadurch nicht gekommen, wobei die Aussagekraft **prognostischer Verfahren (statistisch, medizinisch, intuitiv)** ohnehin ungesichert und wenig verläßlich ist.

2. Selektiver Zugriff auf Sozialwissenschaften

Der Zugriff des Strafrechts auf die Sozialwissenschaften fällt nicht beliebig aus, sondern muß als selektiv beschrieben werden. Insofern orientiert sich das vom Kriminaljustizsystem nachgefragte sozialwissenschaftliche Wissen an den Erfordernissen des Strafrechts; das Umgekehrte ist nicht gefragt. Es muß sich in die Relevanzkriterien des Strafrechts einfügen lassen und **„entscheidungsfähig"** sein, d.h. als direkte Entscheidungshilfe bei den jeweiligen Problemkonstellationen fungieren.

Es ist in diesem Zusammenhang nicht erstaunlich, daß bei der Rechtsfolgenbestimmung gerade **sozialisationstheoretische und psychoanalytische Erklärungsansätze** zu Rate gezogen werden, da ihre Auswirkungen für ein auf Einzelfallbeurteilung gerichtetes Normensystem am greifbarsten sind. Sie zielen letztlich auf eine Erweiterung des Schuldausschlusses und damit des Straflosigkeitsbereichs hin und verbauen gleichzeitig nicht die Möglichkeit, auf Kriminalität mit Behandlung und Therapie zu reagieren. Sozialwissenschaftliches Wissen ist letztlich bei der Rechtsfolgenberatung immer dann nützlich, wenn es sich in Form einer pragmatischen Entscheidungshilfe in den strafrechtlichen Reaktionskatalog bruchlos implantieren läßt und nicht zu Dysfunktionalitäten führt (vgl. dazu oben § 3 B I).

3. Der aktuelle strafrechtliche Rückzug aus der Empirie

Erste, im Rahmen von Reformen in das Gesetz eingestellte Ansätze dieser sozialwissenschaftlichen Beratungstätigkeit sind durch das 6. Strafrechtsreformgesetz von 1998 radikal zurückgeschnitten worden. Waren bislang prognostische Erprobungsformeln in den Normen über die Strafaussetzung zur Bewährung (§§ 57, 57a StGB) entscheidungserheblich, sind nunmehr dem Richter vorrangig **kriminalpolitische Wertungsschranken** auferlegt worden.

Im Gefolge des 6. Strafrechtsreformgesetzes wurde die richterliche Erkenntniskompetenz für Prognosen bei vorzeitiger Entlassungsentscheidung eingeschränkt, wenn nicht gänzlich aufgehoben (vgl. § 57 Abs. 1 Satz 1 Nr. 2 StGB i.V.m. § 454 Abs. 2 Nr. 2 StPO). In Zukunft kommt es nicht mehr auf sachgerechte Individualprognosen (die schwierig genug waren) an. Das „**Sicherheitsinteresse der Allgemeinheit**" wird zum dominierenden Entscheidungskriterium. Der Richter wird unmittelbar in die „Verantwortung" der staatlichen Sicherheitspolitik genommen. Wenn „nicht auszuschließen ist", daß bei Verurteilungen wegen eines Verbrechens „Gründe der öffentlichen Sicherheit einer vorzeitigen Entlassung eines Verurteilten entgegenstehen", ist aus kriminologischer Sicht überhaupt keine vorzeitige Entlassung mehr vornehmbar.

C. Selbstverständnis einer autonomen Kriminologie

Vor dem Hintergrund einer empirischen Ernüchterung, welche die Präventionsforschung erzeugt (vgl. oben § 5), und den Erkenntnissen zum Steuerungsversagen des Strafrechts im Rahmen gesellschaftlicher Problemlagen (vgl. oben § 6) verwundert es nicht, daß sich Teile der Kriminologie neu formieren. Diese neue Kriminologie macht das Strafrecht und seine Institutionen (Kriminaljustizsystem) selbst zum Forschungsgegenstand und versteht sich **kritisch** (versus **traditionell**) und **autonom** (versus **angewandt**).

I. Grundsätze einer kritisch-autonomen Kriminologie

Die kritisch-autonome Kriminologie verabschiedet sich mit **zentralen heuristischen Annahmen** von der normativ vorgegebenen Präventionszielsetzung:

* *Kriminalität geht vom Recht und vom Staat – und nicht von den Menschen aus, wie es die traditionelle Kriminologie voraussetzt.*
Daraus folgt: Wenn die Kriminologie Art und Ausmaß der in einer Gesellschaft registrierten Kriminalität erklären will, dann muß sie zunächst **kriminologische Normgeneseforschung** betreiben. Die politischen und/oder ökonomischen Interessen sind aufzuklären, die der kriminalrechtlichen Erfassung eines Sachverhalts (z.B. der wiederholten Novellierung des Betäubungsmittelgesetzes im letzten Jahrhundert), die dem Verzicht auf Kriminalisierung oder der Verhinderung von Entkriminalisierung (z.B. Ladendiebstahl) zugrunde liegen.
* *Kriminalität wird als gesellschaftliches Phänomen durch staatliche Strafverfolgung aktiv erzeugt – und nicht lediglich passiv entgegengenommen und aufgezeichnet, wie es die traditionelle Kriminologie unterstellt.*
Daraus folgt: Wenn die Kriminologie Art und Ausmaß der in einer Gesellschaft registrierten Kriminalität erklären will, so hat sie **kriminologische Instanzenfor-**

schung bei Polizei, Staatanwaltschaft und Gericht zu betreiben. Festzustellen ist, weshalb in ausgesuchten Deliktbereichen die Strafverfolgungskräfte konzentriert werden (z. B. Drogenkriminalität), während in anderen Bereichen (z. B. Wirtschafts- oder Umweltkriminalität) weniger Strafverfolgung mobilisiert wird, und auf diese Weise die Kriminalitätsstatistiken hier gefüllt werden und dort verwaist bleiben.

- *Kriminalität wird als **individuelles Phänomen** durch einen **Zuschreibungsprozeß** erzeugt – und besteht nicht, wie die traditionelle Kriminologie vermutet, als objektive Handlungsqualität.*

Daraus folgt: Wenn die kritische Kriminologie kriminelle Karrieren erklären will, so hat sie den Entdeckungs-, Ermittlungs- und verfahrensförmigen Überführungszusammenhang zu untersuchen, der einen Bürger in einen Straftäter verwandelt. Dabei sind auf den Ebenen

- der Inanspruchnahme der Strafverfolgungsorgane durch die Bürger (vgl. 4. Kapitel),
- der polizeilichen Ermittlung und Aufklärung (vgl. 5. Kapitel),
- der staatsanwaltschaftlichen Verfahrenserledigung (vgl. 6. Kapitel),
- der Strafverteidigung (vgl. 7. Kapitel),
- der gerichtlichen Entscheidung (vgl. 8. Kapitel) und schließlich
- der vollstreckungsrechtlichen Durchsetzung staatlicher Sanktionen (vgl. 9. Kapitel)

die **Metaregeln** und die **Prozesse der machtförmigen Aushandlung** zu untersuchen, die das formale rechtliche Regelwerk überformen und durchdringen.

II. Drei Ebenen strafrechtssoziologischer Aufklärung

Autonome Kriminologie im Sinne einer Strafrechtssoziologie versteht sich damit nicht als (Hilfs-)Mittel der Politik, vielmehr will sie gegen die von der Politik ausgehenden Verzerrungen wissenschaftliche Aufklärungsarbeit leisten. Diese Aufklärung ist nicht gegen Politik schlechthin, aber gegen die politische Instrumentalisierung des Strafrechts gerichtet. Hierzu bieten sich drei Ebenen wissenschaftlicher Aufklärung an: **Gesetzgebung, kriminalpolitischer Diskurs** und **juristische Ausbildung.**

1. Aufklärung für den Gesetzgeber

a) Autonome Kriminologie als Reflexionswissenschaft

Die strafrechtssoziologische Analyse kann sich darauf konzentrieren, falsche Deutungen und Kausalitätsvermutungen zu widerlegen und durch wissenschaftlich fundierte zu ersetzen: „**Das Kriminalitätsproblem**" wird entzaubert und als **sozialer Prozeß der Erzeugung von Konformität und Abweichung** herausgearbeitet. Das bezieht sich vor allem auf den Forschungsgegenstand „Strafrecht", der nicht im „Naturzustand" angetroffen wird, als reines Objekt wissenschaftlicher Ausforschung. Das muß reflexiv geschehen, weil das Strafrecht stets schon Meinungen und Deutungen über sich selbst enthält. Insofern kann die Aufklärungsfunktion der Strafrechtssoziologie mit jenen Positionen innerhalb des Prozesses der Strafgesetzgebung in Konflikt geraten, die gerade der Herrschaft falscher Deutungsmuster und anderer Irrtümer ihre Durchsetzungsfähigkeit verdanken (vgl. *Offe*, 1977, 321 f.).

b) Überforderungen der Legislative

Angesichts der Anonymität, die im Begriff des Gesetzgebers zum Ausdruck kommt, ist es unabdingbar, die am Prozeß der Rechtssetzung maßgeblich beteiligten staatlichen Instanzen in den Blick zu nehmen. Anders als in der Frühzeit des Parlamentarismus finden die Volksvertreter heute kaum noch Zeit zur Lektüre, geschweige denn zur

Diskussion von Gesetzentwürfen. Dazu ist der Normenbedarf der Industriegesellschaft zu groß, die Regelungsmaterie zu kompliziert geworden. Die Legislative ist heute mit der übergroßen Zahl von Gesetzgebungsverfahren, die sich in ihrem Regelungs-
bereich auf die unterschiedlichsten gesellschaftlichen Felder erstrecken, überfordert.
Vielfach sind die Parlamentarier gar nicht mehr dazu in der Lage, die Vorlagen zu prüfen und etwaige Bedenken anzumelden, so daß es nicht selten zu einem unkritischen
Abstimmungsautomatismus unter Fraktionszwang kommt.

c) Gesamtgesellschaftliche Aufklärung

Die Praxis der Strafgesetzgebung weist bereits auf die Probleme hin, die auf die geforderte rechtssoziologische Aufklärung zukommen. Denn die Bedeutung von sol-
chem Reflexionswissen ist im Rahmen der Konstruktion von Strafgesetzen denkbar
gering. Darüber können auch nicht die Expertenanhörungen, die sog. „Hearings",
hinwegtäuschen, in denen mitunter sozialwissenschaftliches Wissen zum Zuge kommt,
das vor allem dazu dient, den viel beschworenen Meinungspluralismus dramaturgisch
effektvoll in Szene zu setzen (vgl. hierzu *Jakobs,* 1996, 320ff. auf der einen und *Hamm,*
1996, 325ff. auf der anderen Seite).

Ein Aufklärungsbegriff, der gleichsam einem Wissenstransfer von der Wissenschaft
herab in die Politik das Wort redet, hat keine Chance auf praktische Realisierung.
Vielmehr muß Aufklärung hier begriffen werden als **Globalaufklärung**, als gesamtgesellschaftliche Aufklärung, die auch die fremden Rationalitäten der Politik mitdenkt
und in ihren Diskurs einbaut. Auch oder gerade in Fragen der Strafgesetzgebung muß
die Sicherheitspolitik die Kompetenz des eigenen Urteils zurückgewinnen.

2. Aufklärung für die Kriminalpolitik

Das grundlegende Problem sozialwissenschaftlicher Aufklärung im Bereich der
Kriminalpolitik bezieht sich auf die Grenzziehung des staatlichen Kontrollanspruchs.
Denn die bestehenden Ansätze der Verwissenschaftlichung sozialer Kontrolle zielen
fast ausschließlich auf die Ausdehnung staatlich organisierter Kontrolle. Die Befürworter einer „Modernisierung des Strafrechts" setzen mit Blick auf die neuen Herausforderungen, wie etwa auf dem Gebiet „organisierter Kriminalität", auf großflächigere (Vor-
feld-)Kriminalisierung (vgl. *Weßlau,* 1989).

Eine auf strafrechtssoziologischem Wissen basierende Aufklärungsabsicht hat sich
gegen die Ausweitung des staatlichen Kontrollanspruchs einschließlich seiner präventiven und seiner symbolischen Wende zu richten. Dabei ist der „Nachteil des
Nutzens der Sozialwissenschaften für das Strafrecht" (*Kreissl,* 1988) nicht dadurch
auszugleichen, daß lediglich ein anderer, ideologiekritischer Begriff von strafrechtssoziologischem Wissen zugrunde gelegt wird, der sich gegen die sozialtechnologische
Modernisierung des Strafrechts wendet. Wenn die Strafrechtssoziologie sich auch eine
aufklärende Funktion zuschreibt, dann muß sie über das Strafrecht hinausdenken und
systematisch die politischen Handlungszusammenhänge und Handlungszwänge in die
Analyse einbeziehen.

Eine derartige Strafrechtssoziologie sollte aber nicht in den Fehler verfallen, die Logik eigenen Wirkens auf die Logik der Politik zu übertragen. Während es bei wissenschaftlicher Tätigkeit um die Gewinnung von Erkenntnis geht, die noch nicht unmittelbar zweckgerichtet sein muß, folgt die Politik einer Logik des Entscheidens, die
anderen Gesetzmäßigkeiten unterworfen ist. Damit korrespondieren Rationalitäten auf
Seiten der Politik, die mit denen der Wissenschaft nur wenig gemein haben – zum Beispiel das Gewinnen von Wahlen.

3. Aufklärung für die Juristenausbildung

Die politische Zurücknahme der einstufigen Juristenausbildung hat diesem Reformexperiment zunächst ein Ende bereitet. Der damit begonnene Integrationsversuch von Rechts- und Sozialwissenschaft in der Juristenausbildung ist vorerst als gescheitert anzusehen. Bei der Rückkehr zur traditionellen zweistufigen Juristenausbildung hat es der Gesetzgeber zudem versäumt, entsprechende Reformerfahrungen und Experimentalfolgen hinreichend zu berücksichtigen. Wohl ist es in der Kooperation zwischen Sozialwissenschaften und Strafrecht zu einer gewissen Konkretisierung und Konsolidierung gekommen, die sich z.B. im Aufzeigen und Erkennen der Grenzen eines sozialwissenschaftlich orientierten Strafrechts zeigt. Dennoch ist die Beziehung beider Disziplinen zueinander eigentümlich indifferent und distanziert geblieben. Daran ändert auch der von Strafrechtlern nicht selten angemahnte Bedarf an erfahrungswissenschaftlichen Grundlagenwissen recht wenig.

Eine aufklärende Funktion strafrechtssoziologischen Wissens für die Juristenausbildung könnte mit der Vermittlung eines kritischen Reflexionspotentials verbunden sein, das sich vor allem auf die wachsenden Steuerungsprobleme des Strafrechts zu beziehen hätte. Dabei wären Entkriminalisierungsprozesse genauso in die Analyse einzubeziehen wie die generellen Möglichkeiten und Grenzen des Strafrechts, auf gefahrenträchtige Entwicklungen in der Risikogesellschaft Einfluß zu nehmen. Wenn das Strafrecht als disziplinierendes und stigmatisierendes Steuerungsmedium staatlicher Intervention und Kompensation problematisiert wird, müßte auch das Reflektieren über die eigenen Prämissen innerhalb der Juristenausbildung stärkeres Gewicht erlangen.

III. Grenzen für kriminologische Beratung und Aufklärung

1. Unsicherheiten

Die Sozialwissenschaften müssen jedoch die Grenzen ihres eigenen Wissens in Rechnung stellen und dem Strafrecht gegenüber ausweisen. In das dogmatische Strafrechtsprogramm ist dieser Zwang zur Entscheidung auf ungesicherter Wissensbasis an vielen Stellen eingebaut. Bei der Beschreibung der Prinzipien rechtsstaatlicher Rechtsanwendung wird im Einzelnen darauf einzugehen sein (vgl. unten § 9).

Angesichts der **Wahrscheinlichkeitsaussagen** sozialwissenschaftlicher Wissenschaftsstruktur müssen **Grenzen erfahrungswissenschaftlicher Aufklärbarkeit** – auch von einer kritisch-autonomen Kriminologie – akzeptiert werden.

Es kann nicht davon ausgegangen werden, daß es so etwas wie „gesichertes Wissen" in den Sozialwissenschaften gibt. Die Unsicherheit der Sozialwissenschaften steigt mit ihrem Entwicklungsgrad und kann auch durch die Perfektionierung statistischer Modelle nicht aus der Welt quantifiziert werden (*Beck/Bonß*, 1989, 8 f.). Will man die Chancen der Erfahrungswissenschaften im Strafrecht ausloten, muß man sich davon trennen, in Sicherheitsgrößen und Dimensionen der Kontroloptimierung zu denken. Auch haben die Sozialwissenschaften selbst beträchtlichen Anteil am Mythos von der „Ausrechenbarkeit der Welt", indem sie die Grundlagen des eigenen Wirkens nicht mehr überblicken.

Die in den sozialwissenschaftlichen Wahrscheinlichkeitsaussagen steckenden Unsicherheiten und Unwägbarkeiten müssen in Rechnung gestellt werden, wenn die Beratung des Strafrechts dazu genutzt werden soll, seine praktischen Anwendungsprobleme transparent zu machen. Die strukturell angelegten Aufklärungsgrenzen eines rechtsstaatlichen Strafrechts und die Grenzen sozialwissenschaftlicher Aufklärbarkeit sind damit natürliche Barrieren, über die eine kritisch-autonome Kriminologie nicht hinweg kommt.

2. Strafrecht: „Medium formeller Rahmung" interpersonaler Konflikte

Dem Strafrecht wird nachgesagt, es würde soziale Konflikte nicht lösen, sondern im Regelfall noch durch seine spezifische Art und Weise der Intervention zur weiteren Verfestigung des Konfliktes beitragen. Bei aller berechtigten Kritik an der Regelungsfähigkeit des Strafrechts wird oft nicht bedacht, daß der dogmatische strafrechtliche Zugriff durchaus positive Seiten haben kann, die vor allem in der **formellen Rahmung** einer **transparenten** und **rechtlich abgesicherten Konfliktsituation** deutlich werden. Der Schutz der individuellen Freiheit ist der Ausgangspunkt und das Ziel eines rechtsstaatlichen Strafrechts. Zwar werden die meisten Konflikte dadurch nicht bewältigt, sie werden aber interpersonal eingegrenzt, formalisiert und öffentlich gemacht. Ungeachtet seiner Fehlleistungen kann das Strafrecht Konflikte berechenbar machen und sie gleichsam auf eine soziale Ebene herabschrauben, die für weitere außerrechtliche Austragungsmodalitäten offen ist. Insofern bildet das Recht ein unverzichtbares Instrument zur Formalisierung von Freiheitsbeschränkungen, die sich die Bürger gegenseitig bereiten.

Wird das Strafrecht in diesem Sinne als Medium justizförmiger Rahmung sozialer Konflikte akzeptiert, sollte es – auch von einer kritisch-autonomen Kriminologie – nicht im gleichen Atemzug prinzipiell in Frage gestellt werden. Quantitative und qualitative Begrenzungen des Strafrechts und seiner Anwendung finden sich in den **verfassungsrechtlich gesicherten Prinzipien des Strafrechts**, die zugleich Grenzen für den sozialwissenschaftlichen Zugriff bilden.

3. Verfassungsrechtliche Schranken als Grenzlinien erfahrungswissenschaftlichen Zugriffs

Die Problematik des sozialwissenschaftlichen Nutzens für das Strafrecht liegt darin, daß verfassungsrechtliche Schranken und rechtsstaatliche Prinzipien einem sozialwissenschaftlichen Zugriff relativ enge Grenzen setzen.

Grenzen ergeben sich aus dem inhaltlichen **Aufbau und der Struktur des Strafverfahrens**, das sich seinerseits nach rechtsstaatlichen Grundsätzen zu richten hat. Danach ist die Kommunikationssituation so zu gestalten, daß sie von allen Beteiligten nachvollziehbar und verstehbar ist. Die Aussageperson ist also „nicht als Objekt kunstgerechter Ausforschung" (*Hassemer*, 1984, 50) anzusehen, aus dem mit Hilfe von erfahrungswissenschaftlichen Erkenntnissen (Interviewtechnik) die gesuchten Auskünfte „herausgekitzelt" werden (so im Ergebnis aber *Opp*, 1980, 34 f.). Die Aussageperson ist vielmehr als kommunikationsfähiger Teilnehmer einer transparent zu gestaltenden Vernehmung zu akzeptieren (vgl. *Krauß*, 1980, 70 ff.).

Ähnliches gilt für Fragen der **Strafzumessung**, die auch nicht grenzenlos für sozialwissenschaftliche Beratung geöffnet werden können, obwohl gerade in diesem Bereich „die Entscheidungsspielräume am größten und die Chancen von Kritik und Kontrolle am geringsten sind" (*Hassemer*, 1984, 16). Der Beschuldigte ist vor allem als ein mit selbständigen Verfahrensrechten ausgestattetes Prozeßsubjekt zu betrachten, dem rechtliches Gehör, freie Wahl des Verteidigers, Anwesenheits-, Antrags- und Interventionsrechte zustehen. Gerade letztere können einer sozialwissenschaftlich optimal vorbereiteten Strafzumessungsentscheidung im Wege stehen.

Nur auf die Gefahr der Aufhebung von rechtsstaatlichen Sicherungen hin würden sich die Sozialwissenschaften im Strafverfahren fest etablieren lassen (*Naucke*, 1983, 17 ff.) – was niemand wünschen sollte.

IV. Sozialwissenschaftliche Absagen an eine profane Rechtsanwendung

1. Absage an Wertfreiheit, Theorielosigkeit und Praxisunterwerfung

Vor dem Hintergrund einer gesellschaftstheoretischen Legitimierung des Strafrechts als eine durch **Prinzipien begrenzte Zwangsordnung** (vgl. unten § 9) muß eine autonome Kriminologie dem Postulat einer sozialwissenschaftlichen Wertfreiheit eine Absage erteilen. Autonome Kriminologie hat sich ebenso von theorieloser Interdisziplinarität wie von unreflektierter Praxisunterwerfung zu distanzieren.

Die Formel von der Wertfreiheit empirischer Sozialwissenschaft („Seinswissenschaft"), die zur Abgrenzung gegenüber dem wertbezogenen Strafrecht („Sollenswissenschaft") häufig benutzt wird, hat in erster Linie die Funktion, das Erkenntnisinteresse der Kriminologie von den kontrollpolitischen Vorgaben und von den politischen und profanen Gebrauchsleistungen abhängig zu machen. Das Kriterium der Wertfreiheit soll damit die Tür zu den Sozialwissenschaften zwecks bedarfsgerechter politischer Selbstbedienung offen halten. Eine autonome Kriminologie hat hingegen das **Prinzip des individuellen Freiheitsschutzes** und zugleich dessen **Begrenzungsprinzipien** als Legitimationsgrundlage des Strafrechts zu **akzeptieren**, wenigstens zu respektieren.

Der normzentrierten Strafrechtswissenschaft mit ihrer Theoriefülle innerhalb der Dogmatik stehen die empirischen Sozialwissenschaften gegenüber, die über ein noch reichhaltigeres Theorieangebot verfügen und bis heute auf der (immer schwieriger werdenden) Suche nach einer umfassenden gesellschaftstheoretischen Basis sind. Als Produkt dieser interdisziplinären Theoriefülle ergibt sich letztlich eine **theorielose Sozialtechnologie**, die in ihrer Zweckorientierung selbst zum Bestandteil politischer Machtausübung wird (*Baumann*, 1995, 20 f.) Eine eigenständige und selbstbewußte Soziologie des Strafrechts, die der Aufgabe einer fundierten Funktionsanalyse des Strafrechts im Rahmen seiner politischen und gesellschaftlichen Zusammenhänge gerecht werden will, hat einer simplen Dichotomie von Rechtsnorm und Rechtswirklichkeit eine Absage zu erteilen. Es ist die Aufgabe einer kritisch-reflexiven Strafrechtssoziologie, die Norm in ihrer prozessualen Dynamisierung zu durchleuchten und die **Infrastruktur der strafrechtlichen Sozialkontrolle offen zu legen.**

Erteilt eine autonome Kriminologie der Wertfreiheit, der theorielosen Indisdisziplinarität und der kritiklosen Praxisunterwerfung deutliche Absagen, kann sie den politischen Zugriff auf das Strafrecht im Sinne einer Optimierung seines profanen Gebrauchswertes kritisch aufdecken.

2. Absage an präventive Utopien der Strafrechtsanwendung

Das Strafrecht ist weder ein politisches Gestaltungsmittel noch in irgendeiner Weise für die Gesellschaft „utopiefähig". Es wurde bereits dargelegt, daß die präventive Wende im Strafrecht mit einer kriminalpolitischen Strategie einherging, die sich umfassende sozialgestaltende und gesellschaftssteuernde Kompetenzen anmaßt. Diese Präventionseuphorie macht auch vor sachfremden Ressorts nicht halt, sondern versucht, ihren Einfluß in alle nur erdenklichen Politikbereiche auszudehnen. Als „ressortübergreifende Kriminalpolitik" (*Schwind* u. a., 1980, 546 ff.) verklausuliert, bedient sich diese politische Programmatik des Strafrechts als **gesellschaftliches Gestaltungsinstrument**.

Bei der Analyse des kriminalpräventiven Anspruchs des Strafrechts (vgl. oben § 5) hatten wir resümiert, daß nach den empirischen Befunden der Spezialpräventionsforschung bestenfalls eine Nichtwirkung und schlechtestenfalls ein kontraproduktiver Effekt zu unterstellen ist. Dieses Leitbild der Forschung sollte der Rechtsanwendung nahe legen, daß die unterschiedlichen Sanktionen hinsichtlich ihrer kriminalpräventiven Wirkung weitgehend austauschbar sind. Für die negative Generalprävention gilt das in noch größerem Maße, da Belege für die generalpräventive Abschreckungswirkung sozialwissenschaftlich verläßlich nicht zu führen sind.

Dieser kriminologisch informierte Präventionspessimismus vermag die Absage an gesellschaftssteuernde und sozialsanierende Utopien der Strafrechtsanwendung hinreichend zu begründen.

3. Absage an die Steuerungsfähigkeit des Strafrechts für gesellschaftliche Problemlagen

Die Steuerungskraft des Strafrechts für gesellschaftliche Problemlagen erweist sich als gering. Dagegen wird der politische Gebrauchswert des Strafrechts als Mittel symbolischer Politik mehr und mehr in den Vordergrund gerückt.

Beispiele sind das Wirtschaftsstrafrecht, das Umweltstrafrecht und das Betäubungsmittelstrafrecht (vgl. dazu 3. Teil). Zugleich zeigt sich, daß die Anwendung des Strafrechts in den angezielten Problembereichen praktisch wirkungslos bleibt. Sie kann sogar, wie im Fall der Drogenkriminalität, kontraproduktive Folgen zeitigen, in dem etwa Klein- und Kleinstdealer kriminalisiert werden, die Ursachen für das Fortbestehen eines expandierenden illegalen Drogenmarktes jedoch ignoriert werden (vgl. unten im einzelnen 12. Kapitel).

Dieser Tendenz des Strafrechts zur gesellschaftlichen Großflächigkeit, zur Produktion von Rechtsgütern und zur Formulierung eines Rechtsgüterschutzes, der häufig die zu Grunde liegenden gesellschaftlichen Zusammenhänge gar nicht wahrnimmt, ist eine deutliche Absage aus der Sicht autonomer Kriminologie zu erteilen. Die Kriminologie hat Steuerungsprobleme aufzuweisen und auszuleuchten. Sie muß gerade vor dem Hintergrund deutlich verringerter Steuerungsmöglichkeiten des Strafrechts zur Bewältigung struktureller Problemlagen die rechtsstaatlichen Fragwürdigkeiten der Funktionalisierung des Strafrechts als Mittel symbolischer Politik aufdecken. Profane Strafrechtsanwendung, ungezügelte Präventionseuphorie und das Verkennen von Steuerungsunfähigkeit für gesellschaftliche Problemlagen sind die zentralen Gefahren, über die eine kritisch-autonome Kriminologie aufklären sollte.

V. Umrisse einer über die traditionelle Kriminologie hinausweisenden autonomen Kriminologie

Eine von den Scheuklappen des Präventionsblicks befreite wissenschaftliche Kriminologie hat demnach die gesellschaftliche Rolle von Strafrecht, Kriminalität und Kriminalisierung zum Gegenstand. Als „Kriminalität" werden die Bedeutungsgehalte verstanden, die durch die Subsumtion eines lebensweltlichen Sachverhalts unter einem kriminalrechtlichen Tatbestand erzeugt werden. Mit „Kriminalisierung" ist die Gesamtheit der regelgeleiteten Prozesse gemeint, die eine kriminalrechtliche Norm konstituieren oder eine Handlung als „Kriminalität" definieren. Die folgenden Gegenstandsbereiche sind Forschungs- und Analysefelder einer autonomen Kriminologie.

1. Strafrecht und Strafverfolgungsorgane

a) Tatbestände des Strafrechts und Nebenstrafrechts

Aus kriminologischer Sicht interessieren insbesondere Strukturen neu-kriminalisierter und ent-kriminalisierter Tatbestände (vgl. 10. bis 12. Kapitel). Die Ausdehnung des klassischen, individualistischen Rechtsgüterbegriffs auf kollektive Schutzbedürfnisse im Zuge der Herausbildung und des Rückzugs des sozialen Rechtsstaates („Wohlfahrtsstaat") ist hier von Interesse. Das Strafrecht verlagert sich vom Schutz individueller Opferinteressen auf den Schutz funktionaler Komplexe, wobei strafrechtliche Limitierungsfunktionen an Bedeutung verlieren. Dem stehen Entkriminalisierungsbemühungen bzw. Tendenzen zur privaten Regulierung bei klassischen Rechtsgütern – z.B. Bagatelldiebstahl – gegenüber. Zu untersuchen ist, welche Veränderungen für die öffentliche Wahrnehmung von Kriminalität durch verfahrensrechtliche oder auch materiellrechtliche Entkriminalisierungsbemühungen einerseits und durch den stetigen Zuwachs an neu kriminalisierten gesellschaftlichen Risiko- oder Problemlagen andererseits bewirkt werden.

b) Institutionen der Strafgesetzgebung

Kriminologischer Bezugspunkt ist die Normgeneseforschung mit dem Anspruch, die Selektionsfilter ausfindig zu machen, die bei der Auswahl strafrechtlich zu schützender Interessen leitend sind (vgl. 2. Teil). Die Traditionsthese von der „Klassenjustiz" ist von neueren politikwissenschaftlichen Analysen, die die selektive Partizipation gesellschaftlicher Interessengruppen in den Blick nehmen, zu unterscheiden – z.B. Korporatismus; (zum Begriff und zur Konzeption vgl. *Ludwig-Mayerhofer*, 1998, 257 ff.).

c) Institutionen der Strafverfolgung

Hier lag bisher der Schwerpunkt der kriminologischen „Instanzenforschung", sei es in eher traditionellem Zuschnitt als präventionsoptimierende Evaluationsforschung, sei es in der kritischen Variante einer Suche nach latenten Nebenfunktionen des Kontrollhandelns (z.B. „selektive Sanktionierung"). Für die Konstruktion des öffentlichen Kriminalitätsbildes dürften verfahrensinterne Prozesse der Kriminalisierung/Entkriminalisierung zukünftig von wachsendem Interesse sein.

d) Dogmatik der Schuldzuschreibung und Sachverhaltssubsumtion

Obgleich diese Rekonstruktionsregeln für jeden konstruktivistischen kriminologischen Erklärungsansatz von überragender Bedeutung sind, liegt eine Kriminologie des Allgemeinen Teils des Strafrechts nicht vor. Neben der definitorischen Leistung der Zurechnungsdogmatik ist auch deren mögliche freiheitssichernde Funktion als Mittel zur Herstellung von Streitfähigkeit zu diskutieren (vgl. unten § 8). Die unter dem Aspekt sozialwissenschaftlicher ‚Wahrheitsfindung' problematische Seite der strafjuristischen Sachverhaltsrekonstruktion mag zugleich als Mittel der Komplexitätsreduktion zu einer distanzierten Form der Konfliktbearbeitung verhelfen, die den Staat wie auch die Konfliktparteien auf Abstand hält.

2. Sachverhalte und Personen, die von Strafverfolgungsorganen kriminalrechtlich definiert werden („Kriminalität", „Kriminelle", „Opfer")

a) Tat-/Täterperspektive

Damit ist das klassische Substrat einer ätiologischen kriminologischen Theorie und Forschung angesprochen, die sich dem normativen Präventionsziel verpflichtet weiß. In der Logik einer konstruktivistischen Kriminologie wird die Person zum Objekt der Zuschreibung, deren subjektives Potential zur Abwehr von Zuschreibung aber beachtet werden muß. Schließlich sollte an dieser Stelle auch der kritische Gehalt einer gesellschaftsstrukturbezogenen Ätiologie diskutiert werden. Im Abbau gesellschaftlicher Problemlagen, die u.a. Kriminalität zur Folge haben, wurde ja zeitweilig ein emanzipatorisches, Lebenschancen erweiterndes Potential gesehen.

b) Opferperspektive

Neu- und Entkriminalisierung haben ihren Bezugspunkt in Schutzinteressen potentieller Verletzter oder in Risikolagen gesellschaftlicher Funktionen (vgl. hierzu *Herzog*, 1991, 109 ff.). Eine konstruktivistisch orientierte Kriminologie tendiert dazu, diese Betroffenenperspektive zu vernachlässigen. Für eine an der Kriminalisierungsfunktion des Staates interessierte Kriminologie sind jedoch die dem Strafrecht zugeschriebenen Schutzfunktionen von erheblicher Bedeutung (vgl. unten 15. Kapitel). Ebenso entscheidend ist, in welcher Weise Geschädigte die Strafverfolgungsorgane für ihre Interessen mobilisieren – oder dies unterlassen.

3. Gesellschaftliche Subsysteme, die von Kriminalität oder Kriminalisierung Gebrauch machen

a) Politik

aa) „Politischer Tauschwert" des Strafrechts

Es ist davon auszugehen, daß Strafrecht in zahlreichen gesellschaftlichen Lebensbereichen eine ausgeprägte Nachfrage erfährt. So lassen sich beispielsweise einer beträchtlichen Anzahl der in den vergangenen Jahren öffentlich diskutierten Gesellschaftsprobleme Strafgesetzgebungsakte oder Gesetzgebungsbemühungn zuordnen (vgl. oben § 1). Damit ist der gesellschaftliche Sektor der **„Politik"** angesprochen, in dem offenbar ein „politischer Tauschwert" in der strafrechtlichen Regelung von sozialen Problemen erkannt wird. Loyalitäten von Wählern sollen gesichert, politische Handlungsfähigkeit soll demonstriert werden (vgl. oben § 6 C).

bb) Kommunikationsmedium versus Steuerungsmedium

Hier ist die Rolle von Strafrecht und Kriminalität als **Kommunikationsmedien** zu unterscheiden von ihrer Rolle als **Steuerungsmedien**:

(1) **Kommunikative Komponente:** Die Deutung von Gesellschaftsproblemen als „Kriminalität" stellt eine simple Interpretationsfolie auch für komplexe Sachverhalte dar. Zugleich wird eine (strafrechtliche) Musterlösung bereitgestellt, durch die gesellschaftliche Problemzusammenhänge personalisiert werden und einer politischen Zurechung entgehen.

(2) **Steuerungskomponente:** Angesichts ausgeprägter strafrechtlicher Vollzugsdefizite bei zahlreichen neu geschaffenen Rechtsgütern und angesichts empirischer Ineffizienznachweise bezüglich personenbezogener Präventionseffekte dürften gerade bei systemischen Rechtsgütern zumeist **kommunikative Absichten** bei der Strafrechtssetzung **vorherrschen**. Gleichwohl bleiben instrumentelle Steuerungseffekte zu prüfen, die auch ‚im Schatten' formaler strafrechtlicher Verfahren eintreten können.

b) Ökonomie

Strafrechtliche Normen, polizeiliche Ermittlungsaktivitäten und strafjustitielle Entscheidungen werden in der Logik des betrieblichen Kosten/Nutzen-Kalküls bewertet (siehe unten 10. Kapitel). Die Strafjustiz kann als flankierendes Mittel zur Durchsetzung betriebsrelevanter Strafrechtsnormen (Diebstahl, Betrug etc.) herangezogen werden und beträchtliche Kriminalisierungseffekte auslösen (z.B. Ladendiebstahl). Strafrecht und Strafjustiz können aber auch als materieller oder ideeller Kostenfaktor bei der Kalkulation unternehmerischer Risiken (z.B. Außenwirtschaftsgesetz) ökonomische Bedeutung erlangen. Wie im Subsystem der Politik, so handelt es sich auch hier um eine Inanspruchnahme des Strafrechts, die einer nicht-strafrechtlichen Logik folgt, gleichwohl aber eine ‚Strafrechtspflege' eigener Art auslöst. An dieser öffentlichen Dramatisierung von Kriminalität hat die politische Inanspruchnahme des Strafrechts dank lobbyistischer Politik einen wesentlichen Anteil.

Adressaten technopräventiver oder personaler Präventionsstrategien sind potentielle Kriminalitätsgeschädigte. Auch hier wird das öffentliche Bild von der Bedrohlichkeit der Kriminalität – und vom Zustand der staatlichen Sicherheitsorgane – zu einer Variablen des Verkaufserfolgs. Die Pflege des ‚Angstmarkts' liegt insoweit in ökonomischem Interesse (vgl. unten § 14 B II 2).

c) Kultur/Massenmedien

Kriminalität und Strafverfolgung bilden den Gegenstand von authentischen Alltagsdramen, die in den Massenmedien in Wort und Bild vermarktet werden. Kriminalität und ihre Verfolgung werden als Ware einer Kulturindustrie gehandelt. Dementsprechend spektakulär und allgegenwärtig wird das öffentliche Bild dieser Ware gezeichnet (vgl. hierzu 12. bis 14. Kapitel).

VI. Ausblick

Diese exemplarisch benannten Forschungs- und Analysefelder einer kritisch-autonomen Kriminologie lassen die Realität einer profanen Rechtsanwendung aufscheinen, das heißt das Strafrecht wird für andere als freiheitssichernde Aufgaben funktionalisiert. In diesem Prozeß profaner Rechtsanwendung und Verwertung droht das rechtsstaatliche Strafrecht zugleich in administrativer Rationalisierung zu versanden (vgl. hierzu im einzelnen unten 2. Teil).

Kriminologie, versteht sie sich nun traditionell oder autonom, muß die Realität des Rechts und die des Kriminaljustizsystems in das wissenschaftliche Blickfeld rücken. Der Realität staatlicher, gesellschaftlicher und individueller Machtausübung können Sozialwissenschaften nicht ausweichen. Konkret heißt das, daß die Kriminologie das (Straf-)Recht

- als rationale Organisation staatlicher und gesellschaftlicher Gewaltausübung,
- als Modell der Freiheitssicherung und
- als von Verfassungs wegen geschütztes System von Prinzipien notwendiger Begrenzung staatlicher Gewalt wahrzunehmen hat – wenngleich in autonomer und kritischer Weise.

Mit diesem Profil ist ein Deutungsrahmen für die späteren Einzelnachweise zu den Metaregeln abgesteckt. Sie folgen in den Instanzenkapiteln des zweiten Teils in Gestalt empirischer Befunde.

3. Kapitel. Freiheitsschutz –
Bezugsrahmen einer autonomen Kriminologie und
Aufgabe eines rechtsstaatlichen Strafrechts

§ 8. Freiheit als Ausgangspunkt

Literatur: *Albrecht, P.-A.,* Die vergessene Freiheit, 2003; *Calliess, C.,* Sicherheit im freiheitlichen Rechtsstaat – Eine verfassungsrechtliche Gratwanderung mit staatstheoretischem Kompaß, ZRP 2002, 1 ff.; *Hobbes, T.,* Leviathan (Reclam-Ausgabe); *Isensee, J.,* Das Grundrecht auf Sicherheit, 1983; *Jäger, H.,* Makrokriminalität – Studien zur Kriminologie kollektiver Gewalt, 1989; *Kant, I.,* Akademie-Ausgabe, Band IV (Grundlegung zur Metaphysik der Sitten); *Kant, I.,* Akademie-Ausgabe, Band VI

(Die Metaphysik der Sitten); *Kant, I.*, Akademie-Ausgabe, Band VIII (Zum ewigen Frieden); *Montesquieu, C.*, Vom Geist der Gesetze (Reclam-Ausgabe); *Naucke, W.*, Die strafjuristische Privilegierung staatsverstärkter Kriminalität, 1996; *Petri, T. B.*, Europol – Grenzüberschreitende polizeiliche Tätigkeit in Europa, 2001; *Preuß, U. K.*, Revolution, Fortschritt und Verfassung, 1994; *Rousseau, J.-J.*, Gesellschaftsvertrag (Reclam-Ausgabe).

Freiheit läßt sich derzeit leicht kleinreden, sich mit ihr zu beschäftigen ist eine komplizierte Angelegenheit. Freiheit ist ein – auch für Staatsbürger – anspruchsvolles Programm. Eine autonome Kriminologie als kritische Wissenschaft vom Strafrecht fühlt sich dem Gedanken der Freiheitssicherung in besonderem Maße verpflichtet. Sie verläßt damit den meßbaren Boden der Sozialwissenschaften und öffnet sich dem interdisziplinären Kontext von Rechtsphilosophie, Geschichte, Soziologie und anderen Grundlagenwissenschaften. Um den Wert der Freiheit ermessen zu können, muß man wissen, wie sie sich begründet.

Freiheit ist Idee, aber auch Bedingung des praktischen Zusammenlebens in einer Gesellschaft, in einem Staat. Sie läßt sich in einem Staat leben, strebt aber zugleich über diesen hinaus. Ohne die historischen Erfahrungen mit dem freiheitsverzehrenden Sicherheitsstaat aus der europäischen Geschichte läßt sich ihr Wert kaum ermessen. Vor dem Hintergrund der schmerzlichen europäischen Erfahrungen liest sich die aktuelle Forderung nach einem „Grundrecht auf Sicherheit" eher anachronistisch. Der Wunsch nach absoluter Sicherheit endet – so lehren uns die europäischen Erfahrungen – im Staatsterrorismus. Zollen wir also der Freiheit einen Moment den Respekt, den sie verdient.

A. Menschenwürde und Freiheit

I. Die Idee der Freiheit

1. Freiheitsmodelle der Aufklärung

In der Philosophie der Aufklärung nimmt die Freiheit eine zentrale Position ein. Nicht Sicherheit, sondern Freiheit legitimiert den modernen Staat. Dies hat auch mit der historischen Situation des aufstrebenden Bürgertums im 18. Jahrhundert zu tun. Feudale Strukturen behinderten die wirtschaftliche Entwicklung in Europa. Aufgrund von Privilegien des Adels waren Wohlstand und die Chancen, diesen zu begründen, ungleich verteilt. Die Gesellschaften Europas erstickten an zu viel Sicherheit: Es war die Sicherheit eines in sich geschlossenen Regierungssystems, das dem Adel alles, den Bürgern nichts gewährte. Das Streben nach Sicherheit des Bestehenden bedeutete für den Bürger Unsicherheit. Das 18. Jahrhundert ist die Zeit für eine Programmatik, die diesen Zustand überwinden sollte. Der französische Philosoph **Jean-Jacques Rousseau** (1712–1778) faßt die Kritik an diesem Zustand in einem bekannten Satz zusammen: „Der Mensch ist frei geboren, und überall liegt er in Ketten" (*Rousseau*, 1. Kapitel, 5). Die Ketten galt es zu sprengen, jedoch nicht so weit, daß zügellose Macht regiert. **Charles de Montesquieu** (1689–1745) formuliert den Pragmatismus der politischen Freiheit: Diese bedeutet nicht, „daß man machen kann, was man will. In einem Staat, das heißt einer mit Gesetzen ausgestatteten Gesellschaft, kann Freiheit lediglich bedeuten, daß man zu tun vermag, was man wollen soll, und man nicht zu tun gezwungen wird, was man nicht wollen soll" (*Montesquieu*, 3. Kapitel, 210). Damit unterscheidet *Montesquieu* zwischen einer Freiheit, die jedem Menschen – weil er Mensch ist – zu eigen ist, und einer Freiheit, die jedem Menschen in seinem Verhältnis zu anderen, zur Gesellschaft zugebilligt werden muß. Daß Menschen einen Willen haben, diesen in Sprache und Aktion entäußern können, hängt mit der Bedeutung zusammen, die man dem Menschen zuschreibt. Der Mensch hat eine eigene Würde. Dies ist die Botschaft der Aufklärung. Kern dieser Würde ist die Freiheit des Willens. Sie vermag sich jedoch zugleich nur dann zu entfalten, wenn man eine Beziehung zu anderen Menschen aufbaut. Hier wird klar, daß die eigene Freiheit Grenzen hat. Diese endet nämlich dort, wo die des anderen beginnt. Freiheit lebt von der Achtung der Würde anderer. Sie ist die Freiheit des Andersdenkenden, Anderslebenden, Andershandelnden. „Wollen sollen", wie es *Montesquieu* philosophisch komplex formuliert, meint eine richtige Freiheit, eine, die in gemeinsamer Übereinkunft und Arbeit mit anderen entsteht und sie lehnt eine falsch verstandene Freiheit ab, eine, die egozentrisch den eigenen Willen zum allgemeinen Maßstab macht.

Akzeptiert man richtige Freiheit, gewinnt man zugleich auch die Sicherheit, die jedes Individuum zu seiner Entfaltung im Denken und Handeln benötigt. *Montesquieu* gelangt so zu der Schlußfolgerung, die politische Freiheit bestehe in der Sicherheit, oder in der Überzeugung, man habe seine Sicherheit (*Montesquieu*, XII. Buch, 2. Kapitel, 250). Sicherheit ist demnach nichts anderes als eine ausbalancierte Freiheit aller. Nicht sie geht der Freiheit voraus, sondern Freiheit ist die unverzichtbare Garantie der Sicherheit oder auch nur des Gefühls von Sicherheit.

2. *Kant*'scher Freiheitsbegriff

Eindringlich formuliert wird die Idee der Freiheit in der *Kant*'schen Philosophie (*Kant*, AA IV, 454). Darin wird die Freiheit – und nur diese – als eigentlicher Grund des menschlichen Daseins dargestellt. „Freiheit (…) ist dieses einzige, ursprüngliche, jedem Menschen, kraft seiner Menschheit, zustehende Recht" (*Kant*, AA VI, 237). Neben ihr gibt es keine Zwecke, die allgemein und in jeder Hinsicht unbestritten gelten können. **Immanuel Kant** (1724–1804) stellt die These auf, daß der Mensch ein Zweck an sich sei. Freiheit des Willens zeigt sich bei *Kant* darin, daß Menschen in der Lage sind, ihre Emotionen zu beherrschen, daß sie unbequeme Entscheidungen treffen können.

Bei *Kant* wird deutlich, daß mit der Freiheit auch Anstrengung verbunden ist. Von der Freiheit gilt es jeden Tag aufs Neue Gebrauch zu machen, wer sich Bequemlichkeiten überläßt, handelt mit dem, was *Kant* praktische Vernunft nennt, nicht in Einklang. Die Freiheit ist ein unbequemer Zustand: Probleme, die es zu lösen gilt, haben Menschen zu lösen – miteinander. Die Lösung des Problems läßt sich nicht einfach abtreten. Von der Gedankenfreiheit auch praktischen Gebrauch zu machen, ist eine Anforderung, um die Würde als Mensch zu bewahren. Zugleich gilt: niemand – kein Staat, kein System – hat das Recht, dort, wo der Gebrauch der Freiheit gemeinsam ausgeübt wird und niemandem schadet, Grenzen zu setzen oder ihn gar gewaltsam zu unterdrücken.

II. Freiheit durch Vertrag

1. Vertragsmodell bei Thomas Hobbes

Grenzüberschreitungen hat es immer gegeben, wird es auch immer geben. Menschen dringen in die Freiheitssphären anderer ein und verletzen sie. Das Menschenbild, das den Beginn der Aufklärung markiert, ist ein negatives. **Thomas Hobbes** (1588–1679) prägte die Formulierungen, daß der Mensch dem Menschen ein Wolf sei, und daß aus der Natur des Menschen ein Krieg aller gegen alle resultieren müsse (*Hobbes*, 115). Dieses Menschenbild geht davon aus, daß ein unkontrollierter Gebrauch der Freiheit einen Zustand begründet, in dem nur Gewalt und das Recht des Stärkeren das menschliche Zusammenleben bestimmen. Diesen Zustand nennt *Hobbes* den **Naturzustand.** Für ihn kommt es darauf an, Strategien zu entwickeln, diesem dem Menschen gefährlichen Zustand zu entrinnen.

Das Ideengebäude, das *Hobbes* baut, erklärt sich auch aus den politischen Wirren seiner Zeit. *Hobbes* schreibt sein staatstheoretisches Hauptwerk „Leviathan" zu Zeiten, in denen in England die politischen Verhältnisse instabil waren und Bürgerkrieg herrschte. Auch über diesen historischen Anlaß hinaus ist das Menschen- und Gesellschaftsbild *Hobbes* nicht unberechtigt. Gewalt ist ein Problem, das jede Gesellschaft teilt. Sie tritt immer dort auf, wo Macht ausgeübt wird oder ausgeübt werden soll. Dabei geht es um die Durchsetzung individueller Interessen. Die Erscheinungsformen der Gewalt sind vielfältig. An erster Stelle steht die körperliche Gewalt. Aber auch psychischer Druck kann Gewalt bedeuten. Blickt man kritischer auf das Problem der Gewalt, kann man eine Form von „struktureller Gewalt" erkennen. Damit ist gemeint, daß es Sachzwänge gibt, die die freie Entscheidung von Individuen behindern, daß es sittlich-moralische Zwänge in einer Gesellschaft geben kann, denen wir uns unterwerfen. Damit wird Gewalt zu einem umfassenden – ubiquitären – Phänomen. Es kann den zwischenmenschlichen Bereich bestimmen, ergreift eine Gesellschaft als Ganzes und setzt sich im Verhältnis von Individuum, Gesellschaft und deren Institutionen fort.

Das düstere Bild, das *Hobbes* zeichnet, gibt die beständige Existenzfurcht des Menschen wieder. Wendet man diese Furcht positiv, könnte man sagen, daß Konflikte für jedes menschliche Zusammenleben normal sind. Entscheidend ist nur, daß man die Mittel, die zur Konfliktlösung bereit stehen, gerecht verteilt. Nur bei ungleicher Verteilung droht Unfrieden. Damit wären die persönliche Freiheit und die Würde des Einzelnen beständiger Gefahr und unkalkulierbaren Risiken ausgesetzt.

2. Der Gesellschaftsvertrag als Fiktion der Aufklärung

Das moderne Recht weist den Ausweg aus dem Dilemma des Naturzustandes. Das Strafrecht spielt bei der Einengung und Kontrolle einer drohend ungezügelten menschlichen Freiheit eine wichtige Rolle. Kern der Aufklärung ist die **Lehre vom Gesellschaftsvertrag**. Philosophen der Aufklärung – *Hobbes, Rousseau, Locke* – haben die Lehre vom Gesellschaftsvertrag „entdeckt" und mit jeweils im Detail voneinander abweichenden Ideen weiterentwickelt. Zunächst ist der Gesellschaftsvertrag in seinem Kern nicht mehr als ein gedankliches Konstrukt – wenn man will, eine „Erfindung der Freiheit". Mit der Erfindung will man die persönliche Freiheit des Individuums garantieren, soll der für das Individuum gefährliche Naturzustand überwunden werden können. Die Erfindung soll so funktionieren: Im Falle eines Konflikts, also dann, wenn ein anderer unerlaubt in die eigene Freiheitssphäre eindringt, soll der Mensch auf den Einsatz eigener Gewaltmittel, die ihm gerade zur Verfügung stehen, verzichten. Statt eigene Gewaltmittel einzusetzen, überträgt man sie auf einen neutralen Dritten. Dieser übernimmt dann die Lösung des Konflikts, wenn er so schwer ist, daß er die Konfliktbeteiligten überfordern würde. Mit dem wechselseitigen Verzicht auf Gewalt und deren Übertragung auf einen Dritten ist der Staat begründet. Wichtig ist, daß der Verzicht freiwillig erfolgte und daß der neutrale Dritte nur darauf achtet – bei aller Sicherheit, die gewährt wird –, die individuelle Freiheit des Individuums selbst immer zu wahren. So treten Menschen von dem Naturzustand, den *Hobbes* mit dunklen Farben ausmalt, in einen Zustand des Rechts ein. Was vorher nur natürliche Gewalt als das Recht des Stärkeren war, wird im Rechtszustand zu einer begrenzten und daher legitimen Gewalt, die der Staat nur im Notfall der Freiheitsverletzung einsetzen darf. Das Recht gebietet der Gewalt Einhalt. Es übt Gewalt dort aus, wo es notwendig ist. Im Unterschied zum Naturzustand bietet das Recht einen Zustand vorhersehbarer, nur in strengen Formen ausgeübter Gewalt an.

3. Bürgerlicher Rechtszustand bei *Kant*: Unveräußerliche Kontrolle politischer Macht

Kants Rechtsphilosophie kann man die Einsicht verdanken, daß dieser Zustand gezügelter Gewalt nur mit Vorsicht zu genießen ist. *Kant* weist darauf hin, daß die Ausübung der Gewalt durch den neutralen Dritten „Staat" nur den Zweck haben kann, diejenigen zu schützen, die ihre Gewaltmittel freiwillig abgegeben haben. Mit der Delegation der Gewaltausübung ist – beharrt *Kant* – keine Aufgabe eigener Freiheiten verbunden. Der Staat lebt nur aus und von menschlicher Freiheit. Er büßt seine Legitimität ein, wenn er die Gewalt, die er ausübt, gegen diejenigen richtet, die einen Teil ihrer Freiheit unter seinen Schutz gestellt haben. Die „Erfindung" darf sich nicht gegen ihre „Erfinder" richten. Darin läge ein Widerspruch, der durch die Ideen von Freiheit und Gesellschaftsvertrag gerade ausgeschlossen werden sollte (*Kant*, AA VI, 315f.). Was *Kant* damit meint, läßt sich verdeutlichen, wenn man sich den Gesellschaftsvertrag nicht nur als gedankliches Konstrukt, sondern als praktisch wirksames Recht – etwa als gelebte Verfassung – vorstellt. In der Verfassung eines Staates gelangt die Idee des Gesellschaftsvertrages vielleicht am unmittelbarsten zum Ausdruck.

a) Die Perversion der Macht in der französischen Revolution: Die Freiheit auf der Guillotine

Dies war in der Geschichte der Aufklärung so, dies ist so in der politischen Gegenwart. In der Geschichte der Aufklärung ragen **zwei Beispiele** hervor, die deutlich machen, wie unterschiedlich die Erfindung des Gesellschaftsvertrages in politische Wirklichkeit übersetzt wird. Die beiden Beispiele knüpfen an die **amerikanische Revolution von 1776** und die **französische Revolution von 1789** an. Beide Revolutionen brachten Verfassungen hervor, die bei allen Übereinstimmungen auch prinzipielle Unterschiede im Verfassungsverständnis aufwiesen. Für die amerikanischen Verfassungsväter war das Prinzip der Freiheit eine bereits existente und unverfügbare Tatsache. Die Verfassung sollte dem Umstand des Freiheitsschutzes Rechnung tragen.

Nach dem Verständnis der französischen Revolution galt es hingegen, „Freiheit, Gleichheit und Brüderlichkeit" erst noch zu verwirklichen. Freiheit bildete ein politisches Programm. Wie und mit welchen Mitteln diese Prinzipien sich umsetzen ließen, bestimmte der Souverän – das Volk. Volkssouveränität beherrscht die Ausgestaltung der persönlichen Freiheit. Dieser Unterschied ist wichtig und hat weitreichende Folgen (*Preuß*, 1994, 35): Anders als in der amerikanischen Verfassung gab es aus Sicht der französischen Revolutionäre nichts, über das der Souverän nicht hätte verfügen dürfen. Der *Abbé Sieyès* schrieb am Vorabend der Französischen Revolution: „Einerlei auf welche Weise eine Nation will, es genügt, daß sie will; alle Formen sind gut und ihr Wille ist immer das höchste Gesetz" (*Preuß*, aaO).

b) Freiheit als unverfügbares Gut im Staat

Mit diesem Satz ist eine Art Heilslehre verbunden. Der moderne Staat scheint darauf verpflichtet zu sein, für das Glück seiner Bürger zu sorgen. Diese Fürsorge kann erdrückend, aufgezwungen, letztlich auch von hoher Grausamkeit sein. Die Wende der französischen Revolution in die Phase des Terrors, welche die Guillotine neben der Erklärung der Menschenrechte im historischen Gedächtnis der Menschheit fest verankert hat, erklärt sich mit einem übersteigerten wohlfahrtsstaatlichen Denken. Dieses Denken glaubt auf eine fundamentale Weise an das **Heilsversprechen** von **Freiheit und Gleichheit.** Es versucht, dieses Versprechen durchzusetzen, mit fast jedem Mittel, um beinahe jeden Preis. Schon bald nach dem Beginn der französischen Revolution verwandelte sich die Trias von „Freiheit, Gleichheit und Brüderlichkeit" in „Freiheit, Gleichheit und Sicherheit", wobei letztere die Prinzipien von Freiheit und Gleichheit zu dominieren begann. Daß Freiheit die politische Macht und die Gewalt, die mit ihr verbunden sein kann, begrenzt, war nicht mehr der vorherrschende Gedanke im Verlauf der Französischen Revolution. An den historischen Ereignissen um das Jahr 1789 kann man sehen, daß in der politischen Wirklichkeit der Gedanke einer sicheren Freiheit durch den Schein einer nur freien Sicherheit ersetzt wird. Der Staat reduziert sich auf die Durchsetzung von Souveränität. Auch ein demokratischer Souverän verliert jedoch das Maß, wenn man ihn in seiner Macht als absolut setzt.

Kant mag die historischen Ereignisse in Frankreich vor Augen gehabt haben, wenn er das Festhalten an der persönlichen Freiheit im Staat einklagt. Freiheit im Staat als etwas Unverfügbares einzuklagen, diese Notwendigkeit gilt gerade heute, gerade dann, wenn sich der Zustand des Rechts durch schwere Bedrohungen gefährdet sieht.

c) Ungezähmter Terror im demokratischen Rechtsstaat: Freiheit als Opfer der Sicherheit

Was soll in einem demokratischen Rechtsstaat geschehen, wenn er sich schweren Gefahren ausgesetzt sieht? Was wäre, wenn die konkrete Gefahr einer ähnlich schweren Katastrophe, wie sie sich am 11. September 2001 in New York und Washington ereignet hat, auf europäischem Boden gegeben wäre? Was darf ein Staat in einer solchen Situation? Denkt man nicht in Kategorien einer abstrakten Sicherheit eines Volkes, eines Systems, einer Gesellschaft als Ganzes, sondern bleibt man dem Gedanken individueller Freiheit verhaftet, wird auch klarer, worum es bei der Abwehr solcher Gefahren geht: um den **Schutz der individuellen Freiheit** selbst und um den Schutz der Rechte, die unmittelbar aus dieser Idee resultieren – zunächst einmal **die elementaren Menschenrechte** auf Leben und körperliche Unversehrtheit. Der konkrete Schutz der Rechte, die den Existenzgrund des Staates bilden, vermögen auch Einschränkungen der Freiheit zu rechtfertigen. Dann läßt sich von einer Handlungspflicht des Staates reden, die aus den Rechten des Individuums auf Leben und körperliche Unversehrtheit resultiert. Diese Handlungspflicht erstarkt, je mehr Individuen in ihren Rechten bedroht sind. Sie wird indes schwächer, je abstrakter sich die Bedrohung darstellt. Wichtig ist festzuhalten, daß **Freiheit** nicht zu hinterfragen und durch Sicherheitserwägungen **prinzipiell nicht zu begrenzen** ist.

Massive **Eingriffe in bürgerliche Freiheitsrechte** dürfen nur dann und insoweit erlaubt sein, als deren **Kern unmittelbar bedroht** oder **verletzt** ist. Die Idee der Freiheit zu bewahren, sie dem sicherheitsspendenden Souverän nicht aufzuopfern, darin liegt das Versprechen des Gesellschaftsvertrages. *„Pacta sunt servanda"* – Verträge müssen eingehalten werden, im Dienst der Freiheit.

III. Alte und neue Gesellschaftsverträge

1. Neue transstaatliche Bezugsrahmen

Der Krieg in Afghanistan, der als Reaktion auf die Ereignisse am 11. September 2001 von USA, NATO und weiteren Partnern eines Anti-Terror-Bündnisses geführt wurde, konnte deutlich machen, daß der Gesellschaftsvertrag alten Stils in Auflösung begriffen ist. Der Gesellschaftsvertrag alten Stils bezog sich auf *ein* Staatswesen. Er war mit Gründung und Existenz von Nationalstaaten verknüpft. Dieser alte Gesellschaftsvertrag war auf die Ausübung und Begrenzung von Gewalt im Rahmen eines überschaubaren Territoriums konzentriert. Diese Überschaubarkeit ist verloren gegangen, die in Nationalstaaten und politische Blöcke aufgeteilte Welt ist unübersichtlicher geworden. Damit wurde auch die Rechtsgrundlage für eine über den Staat hinaus begründete Anwendung von Gewalt unklar.

2. Konsequenzen für die Freiheit aus globalem Rechtszustand

a) Gefahren für die Freiheit aus einem Gesamtstaatsmodell

In diesem Zusammenhang ist wiederum *Kant* in Bezug nehmen. Er ist soweit der einzige erkennbare Philosoph der Aufklärung, der die Folgen der Globalisierung vorausgedacht hat. In seinen Hauptwerken zur „Metaphysik der Sitten" und „Zum ewigen Frieden" wird die Konzeption des Gesellschaftsvertrages weiter gedacht.

aa) Ablehnung eines herrschaftszentrierten Superstaates

Kant weist auf einen Rechtszustand neuen Stils hin. Dieser Rechtszustand wird notwendig, weil jenseits der Grenzen des begründeten Staates im Verhältnis der Staaten untereinander, auch im Verhältnis des Individuums zu einer Gemeinschaft von Staaten der Naturzustand neu beginnt. Außerhalb des Staates droht neue Ungleichheit bei der Verteilung der Gewaltmittel, mit dieser Ungleichheit auch Unfrieden. Was notwendig ist, um dieser neuen Herausforderung des Naturzustandes zu entrinnen, dessen scheint sich *Kant* nicht ganz sicher. So könnte man sich vorstellen, den Gesellschaftsvertrag einfach zu erweitern: Vorstellbar ist, aus mehreren Staaten einen zu machen, aus mehreren Regierungen eine zu kreieren, an die Stelle mehrerer Gesetzgeber nur einen zu setzen, aus mehreren Rechtsprechungssystemen eines werden zu lassen. Man könnte die Gewaltmittel einfach von einer mittleren auf eine gemeinsame höhere Ebene weiter- und umverteilen. Diesen Weg lehnt *Kant* ab (*Kant*, AA VI, 350). Für diese Ablehnung ist er vielfach kritisiert worden, weil die Begründung des Rechtszustandes damit scheinbar widersprüchlich zu werden droht.

bb) Schutz der Menschenrechte eher im republikanischen Staatenverbund

Kant aber befürchtet, daß ein staatenübergreifender Gesellschaftsvertrag eine zu große Konzentration von Gewaltmitteln in einer Hand mit sich bringt. Diese Konzentration läßt sich, so seine Befürchtung, nicht mehr kontrollieren. Die Freiheit im Staat, die *Kant* einklagt, läßt sich im Rahmen eines „Super-Gesellschaftsvertrages" nicht hinreichend gewährleisten. Statt dessen will *Kant* zur Sicherung von Freiheit und Frieden den Staatenverbund als eine Kooperation von demokratisch organisierten Republiken etablieren. An die Stelle eines Superstaates, der die Freiheit des Individuums bedrohen würde, setzt *Kant* die Freiheit des Individuums, das sich als Weltbürger im republikanischen Staatenverbund besser gegenüber dem Staat behaupten kann. Der republikanische Staatenverbund ist aus der Sicht Kants eine notwendige Ergänzung für den Freiheitsschutz des einzelnen.

Auf der Suche danach, was über den Staat hinaus gilt, was verbindlich ist, was Menschen und Mächte miteinander teilen, findet man die **Idee der Menschenrechte**. Diese Menschenrechte – als Produkte der Freiheit – sind unteilbar und für Staaten und andere globale Mächte **unverfügbar**. Unteilbare und unverfügbare Menschenrechte sind die Richtschnur des neuen Gesellschaftsvertrages. Um diese Menschenrechte herum gruppiert sich ein staatlicher, vor allem auch weltgesellschaftlicher Rahmen, der sie schützt und zur Entfaltung kommen läßt.

b) Anforderungen an den neuen Gesellschaftsvertrag im republikanischen Staaten-
verbund: Die Unantastbarkeit der Freiheit

Wie sieht dieser Rahmen, den der neue Gesellschaftsvertrag setzt, aus? Rechtssetzung jenseits des Staates ist längst Realität. Sie wird durch international operierende
Anwaltskanzleien und multinationale Unternehmen gestaltet. Rechtsgeschäfte zwischen Banken und Großkonzernen folgen ihren eigenen Regeln. Diese Regeln werden
zwischen den Beteiligten ausgehandelt, der Staat hat kaum noch eigene Gestaltungskraft. *Kant* hat auf diesen Prozeß vertraut, um einen dauerhaften Frieden zu sichern.
Der „Handelsgeist" – so seine Formulierung – **entmachtet den Staat** und ist so die
Garantie für Frieden (*Kant*, AA VIII, 368).

Der Staat soll aber nicht nur durch ökonomische Prozesse zurückgedrängt werden,
sondern auch durch die **Unantastbarkeit** der allgemein gültigen **Menschenrechte**.
Nicht nur ökonomische Fragen entziehen sich seiner Gestaltungskraft, sondern die
Menschen selber müssen seinem Zugriff erst recht entgehen können. Man sieht, daß
der Verwirklichung der Menschenrechte in den letzten Jahren zunehmende Bedeutung
zugemessen wird. Diese Bedeutung sieht man vor allem dann, wenn es darum geht,
Menschenrechtsverletzungen zu ahnden. Es geht dabei um Situationen, in denen die
Staaten mit ihren Apparaten – Verwaltung, Militär, Geheim- und Sicherheitsdienste –
Menschenrechte systematisch mit Füßen treten. *Wolfgang Naucke* hat für diese Situa-
tion den Begriff der **„staatsverstärkten Kriminalität"** (*Naucke*, 1996) geprägt. *Her-
bert Jäger* spricht von **„Makrokriminalität"** (*Jäger*, 1989) und meint damit dieselbe
Situation schwerer systematisch organisierter Menschenrechtsverletzungen.

3. Zur internationalen Durchsetzbarkeit von Freiheits- und Menschenrechten

Die Vereinten Nationen haben mit den Tribunalen von Jugoslawien und Ruanda
Rechtsformen geschaffen, die sich dieser Menschenrechtsverletzungen sogar mit dem
Mittel des Strafrechts annehmen. Diese Linie setzt sich mit dem **Internationalen
Strafgerichtshof** fort. Das Statut von Rom vom 17. 7. 1998, das den internationalen
Strafgerichtshof begründet, macht deutlich: Die Freiheit des einzelnen ist so wertvoll,
daß die Verletzungen von individuellen Rechten, die aus der Idee der Freiheit folgen,
überall in der Welt strafrechtlich verfolgbar sein müßten. Im neuen Gesellschaftsver-
trag wird die Unantastbarkeit der Freiheit gegen die möglichen Auswüchse staatlicher
Macht verteidigt.

Es wäre allerdings ein Mißverständnis des „neuen" Gesellschaftsvertrages, wollte
man aus ihm die **Befugnis zu bewaffneten Interventionen** in andere Staaten ableiten.
Menschenrechte legitimieren keine Kriege – jedenfalls nicht solche, die mit präventiver
Absicht geführt werden, um mutmaßliche Terroristen oder Waffenarsenale aufzuspü-
ren. Die Kriege gegen den Irak, der Nato-Angriff auf Jugoslawien, der Krieg in Afghanistan: Die Verdichtung von „Waffengängen" in den letzten Jahrzehnten zeugt davon,
daß die Bereitschaft zur Anwendung von Gewalt in den internationalen Beziehungen
gestiegen ist. Schon hat man sich fast daran gewöhnt, daß in regelmäßigen Abständen
Kriege geführt werden – auch mit deutscher Beteiligung. Damit gerät der Blick dafür
verloren, daß Gewalt nur letztes Mittel sein darf, um individuelle Freiheit zu schützen.
Sie erscheint dann als legitim, wenn auf **schwere Menschenrechtsverletzungen** reagiert werden soll.

Dieser schmale Grad, auf dem sich Gewalt auch über den Staat hinaus bewegen
kann, darf nicht verlassen werden. Wird er verlassen, entsteht ein Zustand der Unsicherheit, der mit den Ideen von Freiheit und Menschenrechten nicht in Einklang stünde. **Menschenrechte behaupten die Freiheit gegenüber dem Staat** – überall in der

Welt: **sie stiften Sicherheit.** Gemeint ist damit die Sicherheit schwacher Menschen vor einem starken, oftmals schmerzhaft zugreifenden Staat. Angesichts der verdichteten Kriegserfahrungen in verschiedenen Regionen der Welt gilt es, sich diese *Wertorientierung* immer wieder bewußt zu machen.

B. Historische Erfahrungen mit dem freiheitsverzehrenden Sicherheitsstaat

Wem die philosophische Legitimation staatlicher Freiheitsgewährung zu wenig handfest ist, der mag in der **europäischen Geschichte der Unfreiheit** und der damit in Zusammenhang stehenden Entwicklung der Menschenrechte als Sicherheitsgarantien vor dem Staat eine empirische Orientierung finden.

Immer wieder gab es historische Zeitpunkte, zu denen diese Erkenntnis selbstverständlich war. Beispiele für diese historischen Zeitpunkte sind das Ende des Zweiten Weltkrieges und der Fall des Eisernen Vorhanges zum Ende der 80er Jahre des letzten Jahrhunderts. Die allgemeine Erklärung der Menschenrechte, später dann die **Europäische Menschenrechtskonvention (EMRK)** sind wichtige Dokumente der Freiheit. Sie schöpfen ihre **Legitimität** nicht nur aus deren Idee, sondern aus den **massiven Unrechterfahrungen** einzelner und ganzer Gesellschaften, die mit dem vollständigen Verlust von Freiheit konfrontiert waren.

Die Beispiele der Weimarer Republik, des Nationalsozialismus in Deutschland, des Faschismus Francos in Spanien, der Diktatur Salazars in Portugal, des griechischen Obristen-Regimes und die Versuche eines staatsautoritären Sozialismus in Osteuropa bilden einen **europäischen Fundus** für die Erfahrungen mit dem Verlust von Freiheit (vgl. im einzelnen *Albrecht*, 2003, 28–39). An ihnen kann man sehen, was es bedeutet, die **Sicherheit** eines Staates **auf dem Rücken von Freiheitsrechten des Individuums** auszubauen. Aus diesen Beispielen kann man lernen, wie die Freiheit zu schützen ist und daß Sicherheit alleine kein guter Ratgeber sein kann. Lernen aus diesen Beispielen – das wäre auch ein guter europäischer Anfang für ein freiheitliches Strafrecht.

C. Freiheit durch Sicherheit: Antithese europäischer Aufklärung

I. Das „Grundrecht auf Sicherheit" als politische Kunstfigur

Die politische Diskussion um mehr Sicherheit wird seit langem durch eine juristische Kunstfigur begleitet. Diese Kunstfigur unterstützt die politische Dynamik der Sicherheitsdiskussion. Mit Hilfe dieser Kunstfigur wird der Idee der Freiheit als Grundlage des Staates eine Absage erteilt. Damit ist das „Grundrecht auf Sicherheit" geboren. Dieses hat mittlerweile seinen festen Platz in der gesamteuropäischen Diskussion um Polizei- und Strafrecht. Auch Europol spricht wie selbstverständlich von einem „europäischen Grundrecht auf Sicherheit" (*Petri*, 2001, 125). Ein solches Grundrecht sei notwendig, um den Bürger vor der Gewalt anderer Bürger zu schützen.

1. Staatliche Handlungspflicht als Gebot des Gesellschaftsvertrags

Der Grundrechtbezug in diesem Zusammenhang ist falsch, weil sich die Sicherungspflicht des Staates allein schon aus dem Gesellschaftsvertrag ergibt. Es zählt zum Wesen des Gesellschaftsvertrages, Mittel bereitzuhalten, um auf die Gewalt, die zwischen Bürgern entstehen kann, zu reagieren. Der Staat, der durch den Gesellschaftsvertrag begründet wird, ist verpflichtet, die Freiheitsrechte seiner Bürger zu schützen.

Daraus erwachsen Handlungspflichten, die bei jeder Gefahr für individuelle und kollektive Freiheit entstehen können. Die Rechtsprechung des Bundesverfassungsgerichts spiegelt diesen Zusammenhang von Freiheitsschutz und staatlicher Handlungspflicht wider. Die Handlungspflicht erstarkt, je konkreter die Gefahr und je höherwertiger das bedrohte Freiheitsrecht ist.

2. Grundrecht auf Sicherheit = Staatssicherheit

Diese **Handlungspflicht um der Freiheit des Menschen willen** indes meint das „Grundrecht auf Sicherheit" nicht. Vielmehr wird es als eine **einklagbare Gesamtheit aller staatlichen Schutzpflichten** verstanden (*Isensee*, 1983, 33; vgl. auch *Calliess*, 2002, 1 ff.). Es soll einen bewußten Gegensatz zur ursprünglichen Funktion der Grundrechte, die als Abwehrrechte gegen staatliche Macht gedacht waren, bilden. In diesem Gegensatz liegt das Problem des Grundrechts auf Sicherheit:

- Es löst das Verständnis eines sicheren Staates von der Idee der Freiheit ab. Dem Staat selbst wird die Sicherheit als abstrakter Wert zugeschrieben, der sich gegen das Individuum richten kann. Staatssicherheit dient nicht mehr der Freiheit des Menschen, sondern überwiegt diese. Sie kann die Freiheit überwiegen, weil schon der Begriff der Sicherheit schillernd ist.
- Man kann Sicherheit nicht nur als den Schutz des Bürgers vor den Übergriffen anderer verstehen, sondern auch als die **psychische Unbefangenheit**, sich überhaupt frei bewegen zu können. Sicherheit ist der Zustand einer Gesellschaft, bildet die Eigenschaft eines ganzen Systems. Gibt es ein Grundrecht auf Sicherheit, so folgt daraus auch, daß der gesellschaftliche Zustand oder die Systemeigenschaft als solche behauptet werden soll. **Staat, Gesellschaft oder System als ganzes** dürfen sich dann **gegen den einzelnen Menschen richten**. Grundrechte bilden keine Abwehransprüche mehr, die sich gegen die Macht von Staat, Gesellschaft und Systemen wenden könnten.
- Aus einem so gearteten Grundrecht auf Sicherheit läßt sich nämlich ein **Anspruch des Staates an seine Bürger** ableiten, **sich ordnungsgemäß zu verhalten**. Darin liegt die radikalste Umkehrung des Verhältnisses von Staat und Bürger. Darin liegt zugleich auch das **fundamentalste Mißverständnis** im Verhältnis von Freiheit und Sicherheit. Darin liegt die gröbste Mißachtung historischer Erfahrungen mit der Funktion des Sicherheitsdenkens in den – oben beschriebenen – autoritären Staatsordnungen Europas. Wird Sicherheit zu einem Grundrecht, droht die Gefahr, vor der *Kant* gewarnt hatte. Der **Staat**, der nur wegen und aus der Freiheit seiner Bürger besteht, beginnt sich **gegen seine „Erfinder" zu wenden**. Wo Sicherheit garantiert sein soll, gilt es, auch das geringste „humane Restrisiko" zu vermeiden, es auszuschalten. Die Erfinder der Kunstfigur „Grundrecht auf Sicherheit" blähen die Sicherheit zu einem „**Supergrundrecht**" auf. So wird die Zertrümmerung der Freiheit theoretisch begleitet und abgesichert. Die Kunstfigur hilft der Kunst der Politik, die Aushöhlung von Freiheitsrechten populistisch darzustellen.

II. Notwendige Trias: Freiheit, Sicherheit und Gesellschaftsvertrag

In der Debatte über das sogenannte Grundrecht auf Sicherheit bleibt eines immer zu beachten: Der Zusammenhang von Freiheit, Sicherheit und Gesellschaftsvertrag darf nicht verloren gehen. Dieser Zusammenhang wird durch den Begriff der „security" in der Europäischen Menschenrechtskonvention (**Art. 5 Abs. 1 EMRK**) bestätigt. Dort wird nicht die innere Sicherheit eines gesamten Staatswesens in Bezug genommen, sondern der **Sicherheitsbegriff**, wie ihn die **Philosophie der Aufklärung** verstanden wissen wollte, verwendet. Gemeint ist dort die **persönliche Sicherheit des Menschen vor staatlichen Eingriffen.**

Behält man den Zusammenhang von Freiheit, Sicherheit und Gesellschaftsvertrag stets im Blick, wird auch deutlich, daß es keinen eigentlichen inhaltlich gerechtfertigten Bedarf für ein eigenes Grundrecht auf Sicherheit gibt. Bejaht man Schutzpflichten des Staates, wenn und soweit die persönliche Freiheit von Menschen in konkreter Gefahr schwebt, unmittelbar bedroht oder verletzt ist, bedarf es keines Rückgriffs auf die Kunstfigur des Sicherheitsgrundrechts. Verlangt ein Freiheitsrecht in einer konkreten Situation nach staatlichem Einschreiten, ist dies (verfassungs-)rechtliches Gebot genug (*Petri*, 2001, 127).

D. Strafrechtsprinzipien als Fundamente der verfaßten Freiheit

Am Anfang jeder Strafrechtsbegründung stehen Freiheit, Menschenwürde und universale Menschenrechte. Dies sind die zentralen Merkmale auch des neuen Gesellschaftsvertrages. Vor allem: Das Strafrecht ist kein Allheilmittel staatlicher Sicherheitsinteressen, sondern schützt die Rechtsunterworfenen vor staatlichen Zugriffen auf den Kernbereich von Freiheit und Menschenwürde – im Staat und darüber hinaus. Nur so läßt sich seine zentrale Aufgabe, strafwürdige Rechtsverletzungen als Kernunrecht kenntlich zu machen und justizförmig zu sanktionieren, auf legitime Weise erfüllen. Die folgenden Prinzipien, die im nächsten Abschnitt präsentiert werden, sind Schutzformen der Freiheit, die in das Strafrecht übersetzt werden müssen. Nur ein derartig freiheitlich legitimiertes Strafrecht ist rechtsstaatliches Strafrecht – freilich höchst zerbrechlich. Es gilt es, in Gesetzgebung und Rechtsanwendung zu schützen.

§ 9. Die Strafrechtsprinzipien:
Schützende Formen des rechtsstaatlichen Strafrechts

Literatur: *Albrecht, P.-A.*, Zur sozialen Situation entlassener „Lebenslänglicher", 1977; *Albrecht, P.-A.*, Die vergessene Freiheit – Strafrechtsprinzipien in der europäischen Sicherheitsdebatte, 2003; *Asbrock, B.*, Zum Mythos des Richtervorbehalts, KritV 1997, 255 ff.; *Backes, O./Gusy, C.*, Wer kontrolliert die Telefonüberwachung? – Eine empirische Untersuchung zum Richtervorbehalt bei der Telefonüberwachung, 2003; *Baltzer, U.*, Die Sicherung des gefährlichen Gewalttäters – eine Herausforderung an den Gesetzgeber –, 2005; *Brüner, F. H./Spitzer, H.*, Der Europäische Staatsanwalt – ein Instrument zur Verbesserung des Schutzes der EU-Finanzen oder ein Beitrag zur Verwirklichung eines Europas der Freiheit, der Sicherheit und des Rechts?, NStZ 2002, 393, 397; *Hassemer, W.*, Die „Funktionstüchtigkeit der Strafrechtspflege" – ein neuer Rechtsbegriff?, StV 1982, 275 ff.; *Jescheck, H.-H.*, Das Schuldprinzip als Grundlage und Grenze der Strafbarkeit, in: Lahti et al. (Hrsg.), Strafrechtstheorie im Umbruch – Finnische und vergleichende Perspektiven, 1992, S. 318 ff.; *Jescheck, H.-H.*, Lehrbuch des Strafrechts – Allgemeiner Teil, 5. Auflage, 1996; *Macke, P.*, Die Dritte Gewalt als Beute der Exekutive, DRiZ 1999, 481 ff.; *Mackenroth, G. W.*, Fremde Federn, in: FAZ vom 1. August 2002, S. 10; Materialheft zum 25. Strafverteidigertag 2001, 147 ff.; *Marxen, K.*, Medienfreiheit und Unschuldsvermutung, GA 1980, 365 ff.; *Naucke, W.*, Die Kriminalpolitik des Marburger Programms 1882, ZStW 94 (1982), 525 ff.; *Naucke, W.*, Über die Zerbrechlichkeit des rechtsstaatlichen Strafrechts, KritV 1990, 244 ff.; *Naucke, W.*, Die strafjuristische Privilegierung staatsverstärkter Kriminalität, 1996; *Naucke, W.*, Eine leblose Vorschrift: Art. 103 II GG, KritV 2000 (Sonderheft – Winfried Hassemer zum sechzigsten Geburtstag), 132 ff.; *Naucke, W.*, Strafrecht. Eine Einführung, 10. Auflage, 2002; *Radbruch, G.*, Gesetzliches Unrecht und übergesetzliches Recht, SJZ 1946, 105 ff.; *Riepl, F.*, Informationelle Selbstbestimmung im Strafverfahren, 1998; *Rzepka, D.*, Zur Fairneß im deutschen Strafverfahren, 2000; *Schmidt, Eb.*, Einführung in die Geschichte der deutschen Strafrechtspflege, 3. Auflage, 1965; *Stern, K.*, Zur Entstehung und Ableitung des Übermaßverbots, in: Wege und Verfahren des Verfassungslebens – Festschrift für Peter Lerche zum 65. Geburtstag, 1993, S. 165 ff.

Ist das Strafrecht eine durch Prinzipien begrenzte Zwangsordnung, sollte sich auch die kriminologische Analyse des Kriminaljustizsystems an diesen Prinzipien orientieren. Die **Prinzipien des Strafrechts** sind an dieser Stelle – einleitend zum 2. Teil – als *Leitfaden* **für die Rechtsanwendung** zu lesen (vgl. weiterführend *Albrecht,* 2003). Er beinhaltet ein normatives Reflexionspotential, über das sich weder traditionelle noch autonome Kriminologie hinwegsetzen können, wenn sie subjektive Rechte nicht in Frage stellen wollen. Diese Prinzipien sind zugleich der kritische Maßstab, vor dem sich Gesetzgeber, Gesetzesanwender, Strafrechtswissenschaft und Kriminologie verantworten müssen. Desavouiert man diesen Maßstab, besteht die historisch begründete Gefahr unkontrollierter Machtausübung durch Staat und Gesellschaft. Traditionelle und autonome Kriminologie haben daher die zentralen Prinzipien des Rechtsstaats zur Kenntnis zu nehmen und als schützende Formen gegenüber strafrechtlichem Zugriff zu respektieren.

A. Das Prinzip der Strafgesetzlichkeit als Fundament der verfaßten Freiheit

I. Die Idee

Die zentrale Bedeutung der Strafgesetzlichkeit für Gesetzgebung und Rechtsanwendung läßt sich an folgendem Beispiel verdeutlichen:

> Was geschieht mit Demonstranten, die in sitzender Haltung ein Militärdepot blockieren, um so Fahrzeuge zum Anhalten zu bringen? Dieser Fall bewegte angesichts des Protestes der Friedensbewegung in den siebziger und achtziger Jahren des 20. Jahrhunderts die Strafgerichte. Dort, wo sich politischer Protest in Form von Sitzblockaden äußert, stellt sich diese Frage auch derzeit immer wieder. Zu prüfen war und ist, ob dieses Verhalten den Straftatbestand der Nötigung (§ 240 StGB) erfüllt. Dies setzte allerdings voraus, daß das bloße, mit keiner weiteren Aktivität verbundene Sitzen Gewalt im Sinne des Strafgesetzbuches darstellt. Der Bundesgerichtshof hat dies bejaht (BGHSt 23, 46ff., sog. Laepple-Urteil; vgl. aber BGHSt 41, 182ff., sog. Zweite-Reihe-Rechtsprechung): Auf denjenigen, der wegen eines sitzenden Demonstranten nicht weiterfahren könne, werde ein **psychischer Druck** ausgeübt, der so etwas wie **Gewalt** sei und daher auch als Nötigung bestraft werden könne. Die Lösung des Problems – ob Druck auf die Psyche „Gewalt" im Sinne des § 240 StGB ist – hängt wesentlich davon ab, was man unter Strafgesetzlichkeit versteht und wie man deren Reichweite bestimmt.

1. Nullum crimen, nulla poena sine lege

Eine Tat kann nur bestraft werden, wenn die Strafbarkeit gesetzlich bestimmt war, bevor die Tat begangen wurde (Art. 103 Abs. 2 GG). Die Strafgesetzlichkeit ist das zentrale Prinzip des Strafrechts. Mit der Strafgesetzlichkeit beginnt das legitime, die Macht des Staates beschränkende Strafrecht. „Keine Strafe ohne Gesetz" (nullum crimen, nulla poena sine lege) – so lautet die Kurzformel der Strafgesetzlichkeit. Sie stellt die fundamentalste Errungenschaft eines aufgeklärten, modernen und rechtsstaatlichen Strafrechts dar. Die Botschaft der Strafgesetzlichkeit liegt in der Machtbegrenzung und im Schutz der persönlichen Freiheit vor dem strafenden Staat. Gesellschaftsvertrag und Strafgesetzlichkeit sind untrennbar miteinander verbunden. Strafgesetzlichkeit läßt sich nur im freiheitlichen demokratischen Rechtsstaat realisieren. Sie ist Ausfluß rechtsstaatlicher Grundsätze und kann als notwendige Konsequenz von Demokratie und Gewaltenteilung begriffen werden.

2. Formale und inhaltliche Komponenten

Strafgesetzlichkeit hat zwei wichtige Bedeutungen (*Naucke,* 1990, 244, 246f.): eine *formale,* die das Verfahren der Strafgesetzgebung betrifft und eine *inhaltliche,* die benennt, was eigentlich strafwürdig erscheint.

a) Formale Bedeutung

Die **formale Bedeutung** der Strafgesetzlichkeit liegt darin, daß bei der Entstehung von Strafgesetzen **Verfahrensbedingungen** eingehalten werden müssen. Das Strafgesetz kann nur dann Legitimität für sich beanspruchen, wenn es durch das Parlament ausreichend diskutiert und verabschiedet wurde. Eine solche Diskussion setzt eine informierte Öffentlichkeit voraus, die sich der Wirkungen von Strafrecht bewußt wird. Darüber hinaus muß es Mitsprachemöglichkeiten für Gesetzesanwender, vor allem aber für die Adressaten des Strafgesetzes geben. Die Verabschiedung eines Strafgesetzes will wohlüberlegt, vor allem in ihren Folgen bedacht sein. Bringt man diese formale Bedeutung der Strafgesetzlichkeit ebenfalls auf eine Kurzformel, so muß diese „Keine Strafe ohne parlamentarisches Gesetz" lauten.

b) Materielle Bedeutung

Fragt man nach der **inhaltlichen Bedeutung der Strafgesetzlichkeit,** so folgen auch hieraus Begrenzungen für den Staat – sinnbildlichen Ausdruck verleiht diesen Grenzen der von *Naucke* geprägte Begriff des Strafrechts als „Verbrechensbekämpfungsbegrenzungsrecht" (*Naucke*, 1982, 564). Dieser kann nicht einfach alles, was gegen Regeln oder Interessen verstößt, was störend oder gefährlich sein kann, als strafwürdig ansehen. Ein solch ausgeufertes Strafrecht stellte eine Bedrohung für die Freiheit dar und wäre zudem für den Schutz der individuellen Freiheit ganz wirkungslos. Vielmehr bedarf es eines speziellen Bezugs zur Freiheit. Nur die Verletzung spezifischer Freiheitsrechte (Menschenwürde, Willensfreiheit, Recht auf Leben und körperliche Unversehrtheit) anderer in ihrem **Kern** rechtfertigt den Einsatz des Strafrechts.

c) Ewigkeitsgarantie

Art. 79 Abs. 3 GG setzt aber auch dem Staat absolute Grenzen. Eine Kriminalisierung, die die Menschenwürde beeinträchtigt, ist durch die Verfassung dem Staat dauerhaft untersagt. Art. 79 Abs. 3 GG konstituiert selbst gegenüber dem Gesetzgeber eine unübersteigbare Schranke, wenn legislatorische Maßnahmen die Menschenwürde verletzen. Diese **„Ewigkeitsgarantie"** stellt für Politik und Staat die absolute Grenze ihrer kriminalpolitischen Aktivitäten dar. Die Menschenwürde und der demokratische Rechtsstaat sind in der Bundesrepublik Deutschland für jedermann unverfügbar.

d) Maßstab Europäische Menschenrechtskonvention (EMRK)

Menschenrechtsverletzungen schließlich, die durch welchen Staat auch immer systematisch veranlaßt werden können, rufen das Strafrecht über den Staat hinaus auf den Plan. An der Verletzung von Menschenrechten wird sichtbar, was Strafwürdigkeit bedeuten kann. An diesem Grad der Rechtsverletzung muß sich der Gesetzgeber messen lassen, wenn er die Strafwürdigkeit eines rechtsbeeinträchtigenden Verhaltens behauptet. Damit zeigt sich, daß die Strafgesetzlichkeit nicht nur ein auf den Staat begrenztes Prinzip darstellt, sondern – insbesondere in ihrer inhaltlichen Komponente – auch europa- und weltweite Geltung beanspruchen kann. Deutlich wird dies in der Auslegung von **Art. 7 Abs. 1 EMRK** durch den Europäischen Gerichtshof für Menschenrechte, wonach staatliche Verstöße gegen die Menschenwürde unabhängig von Zeit, Ort und Art immer strafwürdiges Unrecht darstellen (*EGMR* NJW 2001, 3035). Der Europäische Gerichtshof hat hiermit der Politik einen **unverrückbaren und dauerhaften Maßstab** gesetzt, der im Auge zu behalten ist.

II. Das Gesetzlichkeitsprinzip (Art. 103 Abs. 2 GG) und seine Ausprägungen

In der Praxis des Kriminaljustizsystems findet die Idee der Strafgesetzlichkeit mittels vier Komponenten Anwendung. Diese vier Ausprägungen konkretisieren die Anforderungen, die mit der Strafgesetzlichkeit an ein demokratisch-rechtsstaatliches Strafrecht verbunden sind. Man unterscheidet das Bestimmtheitsgebot, das Verbot der Analogie und des Gewohnheitsrechts und das Verbot der Rückwirkung.

1. Bestimmheitsgebot (lex certa)

Diese Ausprägung des Gesetzlichkeitsprinzips verpflichtet den Gesetzgeber auf **Genauigkeit** bei der Gesetzesformulierung. Insbesondere muß für den Normadressaten vorhersehbar sein, welche Handlungen das Gesetz als abweichend kriminalisiert und welche Sanktion mit der Normabweichung verknüpft ist. Ohne eine genaue Beschreibung einer straftatbestandlichen Handlung läßt sich von „kriminellem" Verhalten im juristisch professionellen Sinne nicht sprechen.

a) Kriterien der Vorhersehbarkeit und Bestimmtheit

Ein Beispiel für das geforderte **Kriterium der Vorhersehbarkeit** als Bestandteil des Bestimmtheitsgrundsatzes bietet die Rechtsprechung des Bundesgerichtshofs vom 22. Juli 2004. Gegenstand war die Interpretation einer diffusen Wortwahl des Gesetzgebers in der Abgabenordnung, der Steuerverkürzung „in großem Ausmaß", die der Gesetzgeber sogar als Verbrechen kriminalisiert hat. Der Bundesgerichtshof in Strafsachen hat den Gesetzgeber abgemahnt: „Es läßt sich nicht erkennen, unter welchen Voraussetzungen dieses Tatbestandsmerkmal erfüllt ist (...). Bei diesem Befund ist nicht ersichtlich, wie der Normadressat durch Auslegung Tragweite und Anwendungsbereich des Verbrechenstatbestandes ermitteln und konkretisieren soll" (*BGH* 5 StR 85/04 = *BGH* NJW 2004, 2990 ff.).

b) Geltung für Straftatbestand und Strafandrohung

Das Gebot der Gesetzesbestimmtheit gilt nicht nur für den Straftatbestand, sondern auch für die Strafandrohung: „Strafe als mißbilligende hoheitliche Reaktion auf schuldhaftes kriminelles Unrecht muß in Art und Maß durch den parlamentarischen Gesetzgeber normativ bestimmt werden, die für eine Zuwiderhandlung gegen eine Strafnorm drohende Sanktion muß für den Normadressaten vorhersehbar sein." Mit diesen Worten hat das Bundesverfassungsgericht (BVerfGE 105, 135 ff.) die an Unbestimmtheit nicht zu übertreffende Norm der Vermögensstrafe (§ 43 a StGB) mit wenigen Federstrichen aus dem Gesetz eliminiert, nachdem vorab alle befragten Gerichte bis hin zum BGH, Landesjustizministerien, Generalbundesanwalt und Bundesjustizministerium an dieser Norm nichts auszusetzen hatten.

2. Analogie- und Gewohnheitsrechtsverbot (lex stricta und lex scripta)

a) Wortlaut als Auslegungsgrenze

Das Analogieverbot richtet sich an den Gesetzesanwender und untersagt ihm, eine Handlung für strafbar zu erklären, die nicht im Gesetz geregelt ist. Es besagt allgemein, daß eine Handlung nicht deswegen bestraft werden darf, weil sie einer anderen in einem Gesetz beschriebenen Handlung ähnlich ist.

Man sagt, daß bei jeder Anwendung von Strafgesetzen der mögliche **Wortsinn des Gesetzes die äußerste Grenze der Auslegung** markiert. Was der Wortsinn eines Gesetzes sein kann, ist aus der Sicht des Bürgers zu bestimmen. Der Gesetzgeber muß sich bei dem Wort nehmen lassen, das er mit der Bestimmung des strafwürdigen Verhaltens gegeben hat. Eine genaue Abgrenzung zwischen zulässiger Auslegung und unzulässiger, das bedeutet den möglichen Wortsinn des Gesetzes überschreitender Auslegung, fällt schwer. In mehreren Entscheidungen hat das Bundesverfassungsgericht versucht, das oben geschilderte Problem der Sitzblockade zu lösen (BVerfGE 73, 206 ff. (Mutlangen); 92, 1, 14 ff.), wobei zuletzt der sog. vergeistigte Gewaltbegriff als Verstoß gegen das Analogieverbot gewertet wurde.

aa) Beispiel Sitzblockade (§ 240 StGB)

Bloßes **inaktives Sitzen** allein stelle **keine Gewalt** dar. Daß damit ein nur psychischer Druck auf den Führer eines PKW verbunden sei, genüge nicht. Für die strafrechtlich relevante Gewalt bedarf es zumindest eines Minimums an körperlicher Kraftentfaltung. Ansonsten bestünde die Gefahr, daß sich die Gewalt, die das Strafrecht im Tatbestand der Nötigung unter Strafe stellt, nicht mehr trennscharf unterscheiden läßt von den alltäglichen, auch strukturellen Zwängen, denen jedermann zu fast jeder Zeit ausgesetzt ist. Danach waren Sitzblockaden grundsätzlich keine Nötigung.

bb) Trunkenheitsfahrt (§ 316 StGB)

Die freiheitssichernde Funktion des Analogieverbots wird an vielen kleinen, für den juristischen Laien scheinbar unbedeutenden Stellen deutlich. Der Tatbestand der Trunkenheit im Verkehr setzt zum Beispiel voraus, daß der „Betrunkene" ein **Fahrzeug führt**. Allein, was bedeutet Fahrzeugführen? Muß das Auto angefahren sein, muß es Schrittgeschwindigkeit erreicht haben, genügt es gar nur den Motor anzulassen? Im Angesicht des Analogieverbots hat es der Bundesgerichtshof (BGHSt 35, 390 ff.) abgelehnt, schon das Starten des Motors als das Führen eines Fahrzeugs anzusehen. Dies engt das Strafgesetz auf das durch den Bürger vorhersehbare Maß ein.

cc) Entziehung elektrischer Energie (§ 248 c StGB)

Die praktische Bedeutung des Analogieverbots in Deutschland geht bis in das Kaiserreich zurück. Dort führte man den Straftatbestand der **Entziehung elektrischer Energie (§ 248 c StGB)** ein. Heute ist diese Norm so gut wie bedeutungslos. Damals war sie ein wichtiger rechtsstaatlicher Fortschritt. Wenn fremder Strom angezapft wird, war dies nach der Rechtsprechung des Reichsgerichts kein Diebstahl: Eine Sache ist ein körperlicher Gegenstand, Strom nicht. In dem Fall, den das Reichsgericht (RGSt 29, 111 ff.) zu entscheiden hatte, kam es daher zu einem Freispruch. Darauf mußte der Gesetzgeber reagieren. In dieser Reaktion lag eine notwendige Verbeugung vor dem Analogieverbot.

b) Gewohnheitsrecht

Art. 103 Abs. 2 GG enthält ferner das Verbot, Gewohnheitsrecht zu Lasten der Rechtsunterworfenen zu bilden. Mit Gewohnheitsrecht meint man den ständigen Gerichtsgebrauch, der im Gesetz keine Stütze findet (*Naucke*, 2002, S. 68).

3. Rückwirkungsverbot (lex praevia)

Das Rückwirkungsverbot hat Gesetzgeber, Exekutive und Judikative in gleicher Weise im Blick. Der Gesetzgeber darf keine Strafgesetze im Nachhinein aufstellen, wenn er ein bestimmtes Verhalten für strafbar hält, dieses Verhalten aber noch nicht strafbar war. Ein zur Tatzeit strafloses Handeln darf auch durch den Strafrichter nicht nachträglich mit Strafe belegt werden. Immer wieder stand das Rückwirkungsverbot im Mittelpunkt, wenn es um die Auseinandersetzung mit staatlicher Macht geht. Seine Bedeutung entfaltet sich in zwei Richtungen.

a) Lex van der Lubbe

Zum einen, wenn es die autoritären Staaten sind, die nicht davor zurückscheuen, politisch mißliebiges Verhalten auch nachträglich zu bestrafen. Die Durchbrechung des Rückwirkungsverbots ist fester Bestandteil autoritärer Staatspraxis. In allen diktatorischen Regimen Europas, bei Franco, bei Salazar, bei den griechischen Obristen wurde das Rückwirkungsverbot mißachtet, wenn dies politisch opportun war. Traurige Berühmtheit in der deutschen Geschichte erlangte die sogenannte „Lex van der Lubbe" von 1933 (RGBl. 1933 I S. 151: „Die Vorschriften vom 28. Februar 1933 sind auch auf Taten anzuwenden, die zwischen dem 31. Januar und dem 27. Februar 1933 begangen worden sind.") – ein Gesetz, mit dem es nachträglich ermöglicht wurde, gegen den der Brandstiftung am Reichstag verdächtigen *Marinus van der Lubbe* die Todesstrafe zu verhängen.

b) Mauerschützen

Zum anderen erlangt das Rückwirkungsverbot dann eingeschränkte Bedeutung, wenn es um die Taten geht, die in Zusammenhang mit autoritärer Staatspraxis stehen. Sowohl bei den Nationalsozialisten als auch nach dem Zusammenbruch der DDR wurde das Rückwirkungsverbot auf den Plan gerufen, wenn es um den Einsatz des Strafrechts gegen den Staat und seine „willigen Vollstrecker" geht. Im Falle der Mauerschützen sollen die positivierten Rechtfertigungsgründe des DDR-Rechts wegen eines offensichtlichen und unerträglichen Verstoßes gegen das elementare Gebot der Gerechtigkeit und gegen völkerrechtlich geschützte Menschenrechte nicht mehr anwendbar sein (BVerfGE 95, 96, 127 – Fall *Krenz* u.a.) unter Zugrundelegung der sog. *Radbruch*schen Formel: Danach ist der Konflikt zwischen der Gerechtigkeit und der Rechtssicherheit so aufzulösen, „daß das positive, durch Satzung und Macht gesicherte Recht auch dann den Vorrang hat, wenn es inhaltlich ungerecht und unzweckmäßig ist, es sei denn, daß der Widerspruch des positiven Gesetzes zur Gerechtigkeit ein so unerträgliches Maß erreicht, daß das Gesetz als „unrichtiges Recht" der Gerechtigkeit zu weichen hat". (*Radbruch,* 1946, 105, 107).

Gegenüber dem, was *Wolfgang Naucke* als „staatsverstärkte Kriminalität" definiert, erweist sich aus der Sicht des Europäischen Gerichtshofs für Menschenrechte das Rückwirkungsverbot als schlicht unzuständig (*EGMR* NJW 2001, 3035 ff. – Fall *Krenz* u.a.). Die Strafgesetzlichkeit ist also Ausdruck eines Rechts, das sich gegenüber der Machtlosigkeit des Opfers staatsverstärkter Kriminalität sensibel zeigt. Strafgesetzlichkeit nimmt Distanz zum Staat ein. „Staatsverstärkte Kriminalität" zu bestrafen, verletzt daher nicht das Rückwirkungsverbot, sondern vollendet die staatsmachtbegrenzende Ratio dieser Vorschrift (*Naucke,* 2000, 132 ff.).

III. Zusammenfassung: Strafgesetzlichkeit als europäische Rechtstradition

Alle genannten Komponenten untermauern die freiheitsschützende Funktion der Strafgesetzlichkeit. Sie alle disziplinieren staatliche Gewalt an verschiedenen Stellen, dort, wo es notwendig ist. Sie alle garantieren Freiräume und machen deutlich, wie begehbar diese Freiräume sind, und wo man unzulässig in die Freiräume anderer eindringt. Gesetzlichkeit schafft Garantien, setzt Grenzen, ermöglicht der Freiheit ihren größtmöglichen Gebrauch. So gesehen stiftet Strafgesetzlichkeit auch Sicherheit.

Das Gesetzlichkeitsprinzip schützt den Bürger vor der Willkür des Staates. Die theoretischen Grundlagen dieses Schutzes, die wir der Philosophie der Aufklärung entnommen haben, wurden bereits dargestellt. Strafgesetzlichkeit ist unmittelbarer Ausdruck dieser Grundlagen. Der Zusammenhang von Freiheit und Gesetzlichkeit bei *Montesquieu* war direkt. *Kant* kann das Strafgesetz nur als Sicherung der persönlichen Freiheit denken. Auch die Strafrechtstheorie greift mit *Cesare Beccaria* den Zusammenhang von Freiheit und Strafgesetz auf. Allein die Gesetze – so *Beccaria* (zitiert nach *Schmidt*, 1965, 218) – können die Strafe bestimmen, kein Beamter. Der Strafrichter dürfe auch nur diese Gesetze anwenden, denn nur die Gesetzesherrschaft bewahre die Freiheit des Bürgers. Das 18. und das 19. Jahrhundert stehen in ganz Europa auch im Zeichen der Umsetzung dieses Zusammenhangs von Freiheitssicherung, Machtbegrenzung und Strafgesetzlichkeit. In dieser Zeit wurde ein Anspruch auf Strafgesetzlichkeit formuliert, an dem sich die politische Wirklichkeit messen lassen mußte. Indes darf man sich nichts vormachen: Diese politische Wirklichkeit scheitert immer wieder an den Ansprüchen, die Freiheit und Strafgesetzlichkeit an sie stellen. Man darf aber auch nicht so tun, als sei die Idee der Strafgesetzlichkeit damit widerlegt, nur weil die Verhältnisse nicht so sind, wie sie sein sollen. Das Versagen der Politik schadet dem Anspruch nicht, es spornt nur dazu an, die Prinzipien der Freiheit immer wieder aufs Neue zu formulieren und einzuklagen.

B. Das Schuldprinzip als Begrenzung für die Strafmacht

I. Das Prinzip des Schuldausgleichs als Begrenzung von Strafmacht

1. Verfassungsrechtsprechung und Schuld

Das Prinzip des Schuldausgleichs bildet auch heute noch die Grundlage des Strafrechts. Dies läßt sich mittels eines aktuellen Beispieles eindrucksvoll verdeutlichen:

Das Bundesverfassungsgericht hat mit Urteil vom 20. 3. 2002 (BVerfGE 105, 135 ff.) festgestellt, daß die Norm des § 43 a StGB verfassungswidrig ist. Die Vorschrift erlaubte, neben Freiheitsstrafe „von mehr als zwei Jahren auf Zahlung eines Geldbetrages [zu] erkennen, dessen Höhe durch den Wert des Vermögens des Täter begrenzt ist (Vermögensstrafe)“. Der Gesetzgeber und alle beteiligten Institutionen konnten an dieser Norm keine kritikwürdigen Bedenken erkennen. Anders das Bundesverfassungsgericht. Es judizierte, das Schuldprinzip gebiete, daß die für eine Tat angedrohte Rechtsfolge in einem angemessenen Verhältnis zum Unrecht der Tat stehen müsse. Dies bedeutet, daß der Gesetzgeber einen Strafrahmen vorgeben muß, der hinsichtlich der unteren und oberen Grenze der Strafe keine Beurteilungsspielräume enthalten darf. Einen „uferlosen Strafrahmen“ – wie er mit der Vermögensstrafe verbunden war – darf es nicht geben. Dies, so das Bundesverfassungsgericht, würde die Gefahr bergen, das „normative Verhältnis von Unrecht und Schuld einerseits und Sanktion andererseits im Unklaren zu lassen“. Das Schuldprinzip verlangt nach klar bestimmten Strafrahmen, um unverhältnismäßige und ungerechte Strafen zu vermeiden.

2. Schuld als wissenschaftlich nicht widerlegbare Freiheitsgarantie

a) Schuld als Autonomie respektierende Unterstellung

Mit der normativen Kategorie der Schuld, die über Grundsätze der Verhältnismäßigkeit, der Strafwürdigkeit und anderer Wertungskriterien zu konkretisieren ist, läßt sich das rechtsunterworfene Subjekt mehr schützen als fördern. Schuld ist mithin eine Limitierungskategorie, die den staatlichen Zugriff auf den einzelnen berechenbar macht. Freilich nicht nach naturwissenschaftlichen Kriterien, sondern nach Wertungskriterien, die (verfassungs-)rechtlicher Nachprüfung offenstehen. Schuld wird im Interesse des Funktionierens der Rechtsordnung allen Menschen prima facie unterstellt und nur nach strengen biologisch und psychologisch faßbaren Kriterien ausgeschlossen. Diese Kriterien sind in § 20 StGB normiert und bezeichnen die Zurechnungsgrenzen als „krankhafte seelische Störung", „tiefgreifende Bewußtseinsstörung", „Schwachsinn" oder „schwere andere seelische Abartigkeiten". Aufgrund dieser Umstände handelt „ohne Schuld", wer das Unrecht der Tat nicht einsieht oder nach dieser Einsicht zu handeln nicht in der Lage ist. Die Schuldfähigkeit kann auch lediglich vermindert sein und wirkt dann strafmildernd. Noch einmal: Schuld als solche ist mithin keine feststellbare empirische Kategorie, sondern eine die *Autonomie des Menschen respektierende Unterstellung*, die das Funktionieren des Gesamtsystems „Gesellschaft" ermöglichen soll.

b) Maßregel: Strafe ohne Schuld

aa) Maßregel als Fremdkörper im Recht

Wer dieser Zuschreibung nicht unterfällt, hat mit Maßregeln zu rechnen, die reine Schutzfunktionen für die Gesellschaft haben sollen, aber mit Bestrafung nichts zu tun haben. Die Wirkungen mögen sich wie eine Strafe für den einzelnen auswirken, eine Unrechtszuweisung ist mit ihnen indes nicht verbunden. Der Betreffende hat, wird er vom Kriminaljustizsystem als schuldlos bezeichnet, medizinische und soziale Hilfen entgegenzunehmen und die Öffentlichkeit ist gegebenenfalls vor ihm zu schützen. Er fällt aus dem Strafrecht heraus. Erfahrene Strafverteidiger berichten, daß Angeklagte, die als schuldunfähig bezeichnet werden sollen, zum Teil händeringend darum nachsuchen, als schuldfähig angesehen zu werden. Sie fürchten – häufig berechtigt – in der realen Situation psychiatrischer Einrichtungen schwersten persönlichen und psychischen Restriktionen ausgesetzt zu sein. Wenn man so will, ist die Schuldfähigkeit mithin eine Verbeugung vor der Autonomie des einzelnen, der von der Rechtsordnung ernst genommen und auch dann ernsthaft behandelt wird. Schuldlosigkeit wird zum schweren Stigma, diskriminiert und läßt den Betreffenden als absonderlich und krank erscheinen.

bb) Die normative Aufwertung des Typus Maßregel im aktuellen Recht

Die Maßregel – als ohnehin hochproblematische Durchbrechung des Schuldgrundsatzes – wurde im Zuge der jüngsten Gesetzgebungsschritte normativ aufgewertet: sie kann nun sogar unabhängig von den tatrichterlichen Feststellungen, damit auch unabhängig von der begangenen Tat im Nachhinein verhängt werden. Mit der Freiheitsgarantie des Schuldgrundsatzes ist dies verfassungsrechtlich nicht zu vereinbaren: „Die grundsätzlich im Strafurteil vorgenommene Begrenzung der Freiheitsentziehung enthält für die verurteilten Straftäter die verbindliche Verheißung, nach Strafverbüßung und Erledigung einer freiheitsentziehenden Maßregel wieder ein Leben in Freiheit führen zu können. Die Schutzwürdigkeit des so begründeten Vertrauens kann nicht mit verfassungsrechtlich nicht zwingend gebotenen Anliegen des Schutzes der Bevölkerung vor gravierenden Straftaten in Frage gestellt werden" (so drei Richter im dissenting vote BVerfGE 109, 190, 255). Die Bundesregierung hatte mit dem Gesetz zur „Einführung der vorbehaltenen Sicherungsverwahrung" vom 21. August 2002 (§ 66 a StGB) vergeblich die Notbremse gezogen: Die spätere Sicherungsverwahrung soll aufgrund von Erkenntnissen über die „Entwicklung (des Verurteilten) während des Strafvollzuges" verhängt werden können.

Auch eine „vorbehaltene" Verhängung der Sicherungsverwahrung ist ein Verstoß gegen das Schuldprinzip: Entweder die Voraussetzungen besonderer Gefährlichkeit liegen zum Zeitpunkt einer strafgerichtlichen Verurteilung vor, oder sie liegen nicht vor. Wie „Gefährlichkeit" unter den Verhältnissen des deutschen Strafvollzuges im Verlauf des Vollzuges von Freiheitsstrafen rückwirkend „festgestellt" werden kann, bleibt unerfindlich. Noch unerfindlicher ist, wie diese nachträglichen Feststellungen materielle Rechtskraft aufheben können. *Baltzers* ehrlicher Vorschlag, in derartigen Fällen die Wiederaufnahme zuungunsten des Angeklagten gesetzlich zu erweitern (2005, 265 ff.), zeigt wie rechtsstaatlich verkrampft Rechtserosionen verlaufen.

Empirische Grundlage des kriminalpolitischen Vorschlags von *Baltzer* ist eine Aktenanalyse, in der abstrakte Gefährlichkeitskriterien pauschalierter Art – unter Verwendung eines Kontinuums statistisch geschaffener Gefährlichkeit – kontingentiert werden. Die Auszählung von Negativpunkten (Risikofaktoren wie Tatanalyse, Kriminalitäts- und Persönlichkeitsentwicklung, Vollzugsverlauf, sozialer Empfangsraum, aaO., 287 ff.), die Gerichts- und Vollzugsakten entnommen wurden, führt für bestimmte Strafgefangene zur Zuschreibung maximaler Gefährlichkeit, das heißt zu einem von *Baltzer* sogenannten „deutlich erhöhten Rückfallrisiko". Diese Gruppe soll im Strafvollzug rückwirkend ausselektiert und dauerhaft verwahrt werden (aaO., 258 ff.). Weil hiergegen absolut konsentierte rechtsstaatliche Grundprinzipien sprechen, schlägt der Autor vor, das Institut der Wiederaufnahme des Verfahrens zuungunsten des Angeklagten zu aktivieren. Die Wiederaufnahme, einzige Möglichkeit materielle Rechtskraft zu durchbrechen, ist bislang nur für wenige Sachverhalte normativ geregelt (§ 362 StPO). In Zukunft soll auch eine rückwirkende Erkenntnis, ein Mensch sei gefährlich, hierunter fallen. Dieser Ansatz ist zwar rechtstechnisch originell, rechtspraktisch und rechtsstaatlich aber unvertretbar.

Vollzugspraktiker und jeder mit Prognosen befaßte Wissenschaftler wissen, daß Haftverhalten in aller Regel keine Aussage für das Legalverhalten nach der Strafhaft ermöglicht (vgl. für die lebenslange Strafhaft schon *Albrecht*, 1977, S. 102 ff., 410 ff.). Diese Gesetzgebung ist daher ein Beispiel für eine populistische Kriminalpolitik, die sich selbst des Verstoßes gegen fundamentale Strafrechtsprinzipien des Rechtsstaats nicht zu schade ist. Der aus wissenschaftlicher und humanitärer Sicht nicht nachvollziehbare Schritt des Gesetzgebers vom 23. Juli 2004 zur Einführung einer nachträglichen Sicherungsverwahrung (§ 66b StGB) belegt das bedrückend. Jeder Vollzugskundige weiß, daß die Praxis der Maßregel nahezu aufs Haar der Praxis des Strafvollzugs entspricht, mit einem Unterschied: das Strafende ist nicht absehbar. Dem Verbot der Doppelbestrafung mit dem Argument präventiver Ausrichtung der Sicherungsverwahrung zu begegnen, läuft deshalb auf einen Etikettenschwindel hinaus.

II. Der Zugriff einer europäischen Risikogesellschaft auf das Schuldprinzip

1. Systemschutz ohne Schuldnachweis

Die Freiheit des einzelnen staatlichen und gesellschaftlichen Zwecksetzungen nicht zu opfern, müßte ein europäischer Grundsatz bei der Entwicklung eines gemeinsamen europäischen Strafrechts sein. Das dürfte um so eher einleuchten, als mehrere europäische Staaten das Schuldprinzip als Grundlage und Grenze der Strafbarkeit in ihre Strafrechtsordnungen eingebracht haben (vgl. *Jescheck*, 1996, § 4, Fn. 9). England und Frankreich tendieren in Ausnahmefällen dagegen zu einer objektiven strafrechtlichen Verantwortung, obwohl für die Mehrheit der Strafvorschriften das Schuldprinzip ebenfalls zu Grunde gelegt wird (vgl. dazu *Jescheck*, 1992, 318, 320).

Zumal ist in der gegenwärtigen europäischen Rechtsentwicklung das Gegenteil der Fall. Nicht mehr personelle Zurechnung wird als Maßstab des Schuldverständnisses in einem werdenden europäischen Strafrecht angesehen. Vielmehr geht es den Verfassern bestimmter Entwürfe gerade um die **Abkopplung von individueller Verantwortung.** Beabsichtigt ist die flächendeckende Bewältigung von *Risiken der „modernen" Industriegesellschaften*: Aggressive Durchsetzung von Partikularinteressen in Wirtschaft und Umwelt, weltgesellschaftliche Wohlstandsdiskrepanzen, sozio-ökonomische und politische Konfliktlagen, unkalkulierbare Risiken einer ökonomisch angetriebenen

Wissenschafts- und Technikentwicklung etc. Staatliche Reaktionen dagegen sind gefordert, aber nicht um den Preis der **Aufgabe des Prinzips individueller Verantwortlichkeit.** Gleichwohl liegt genau das in der Logik des symbolischen Risikostrafrechts, das mit seiner Systemorientierung die Ent-Individualisierung vorantreibt und primär dem Systemschutz verbunden ist (vgl. oben § 6 C).

Der Bruch in der Logik des Risikostrafrechts ist unverkennbar: Der ungehinderten Zunahme strafrechtlich geschützter Rechtsgüter und der Ausweitung strafrechtlicher Steuerungsansprüche stehen – durchaus zu Recht – wachsende wissenschaftliche Zweifel an der Angemessenheit des Schuldstrafrechts für die Steuerung dieser komplexen gesellschaftlichen Problemlagen gegenüber. Mit der zumeist verfehlten Individualisierung kann man den strukturellen Steuerungsproblemen weltgesellschaftlicher Integration nicht gerecht werden: Das Strafrecht als Steuerungsmedium ist hier fehl am Platze.

2. Das ad absurdum geführte Schuldprinzip in der europäischen Rechtsentwicklung

Die Entwurfsverfasser eines europäischen Modellstrafrechts („Corpus Juris") schlagen die Strafbarkeit juristischer Personen vor (Art. 13 Corpus Juris Florence (CJF)), bei denen es bekanntlich eine Anknüpfung an natürliches Verhalten gar nicht geben kann. Der eindeutige Trend zu Gefährdungsdelikten zeigt, daß es europäischer Kriminalpolitik nicht mehr auf die Verletzung klar zu bezeichnender Rechtsgüter ankommt, sondern bereits Handlungen im Vorfeld von klassischen Straftaten erfaßt werden sollen. Darüber hinaus wird jeder Verwaltungsverstoß, der sich gegen den Haushalt der Europäischen Union richtet, als „Unregelmäßigkeit" geahndet – unabhängig von persönlichem Verschulden. Soll in Zukunft schon leichte, das heißt unbewußte Fahrlässigkeit, Kriminalstrafe nach sich ziehen (zum Beispiel beim Betrug), fehlt jede Anknüpfung an individuelle Vorwerfbarkeit. Kriminalisiert werden primär Risikolagen, das heißt der Systemschutz und nicht mehr die persönliche Verantwortlichkeit steht im Fokus der Aufmerksamkeit des Strafrechts. Schuld als strafrechtliche Anknüpfungskategorie scheint in den bisherigen Entwürfen europäischer Strafrechtsentwicklung nahezu verloren.

Wir wollen festhalten: Vor dem Hintergrund eines sich weiter entwickelnden diffusen, willkürlichen und von der Strafgesetzlichkeit Abschied nehmenden Risikostrafrechts muß am normativen Prinzip des Schuldausgleichs als Begrenzung von Strafmacht strikt festgehalten werden. Fungiert Schuld als nicht widerlegbare Freiheitsgarantie, muß sie das Individuum vor dem Zugriff der Risikogesellschaft schützen, sollen Gerechtigkeit und Freiheit nicht gänzlich aus dem Legitimationsarsenal des Strafrechts verbannt werden.

C. Das Prinzip der Verhältnismäßigkeit als rechtliche Schranke von Gewaltanwendung

I. Rechtliche Schranke von Gewaltanwendung

Studierenden im Strafrecht erklärt man den Grundsatz der Verhältnismäßigkeit an folgendem Beispiel:

> Ein erwachsener Mann wird von ein paar Minderjährigen um die Früchte seines im Garten wachsenden Kirschbaumes „erleichtert". Gegen die Jugendlichen, die sich mit ihrer Beute zur Flucht gewendet haben, richtet er sofort ein Gewehr und gibt daraus ein paar gezielte Schüsse ab. Einer der Jugendlichen wird durch einen solchen Schuß schwer getroffen.

Setzt man Gewalt gegen einen anderen ein, muß dafür ein Anlaß gegeben sein, der diesen Gewalteinsatz nachvollziehbar erscheinen läßt. Zudem hat die Legitimität des Gewalteinsatzes auch damit zu tun, gegen wen sie sich richtet und auf welche Weise sie erfolgt. Auf Spatzen soll man nicht mit Kanonen schießen dürfen. Eine Binsenweisheit, die anspruchsvoll aus dem Grundsatz der Verhältnismäßigkeit begründet werden kann.

II. Das verfassungsrechtliche Programm der Verhältnismäßigkeit

Der Grundsatz der Verhältnismäßigkeit gehört zu den zentralen Elementen des demokratischen Rechtsstaats und gilt für die gesamte Staatsgewalt. Staatliche Maßnahmen dürfen nicht einfach ziellos und ohne Begründung ergriffen werden. Sowohl das Ziel als auch die Wahl der Mittel, die zu diesem Ziel führen können, bedürfen einer sachlichen Rechtfertigung und eines Maßstabes. Die Notwendigkeit, auf die Einhaltung des Verhältnismäßigkeitsgrundsatzes zu pochen, ergibt sich vor allem im Strafrecht. Sowohl Strafandrohung als auch die Strafe müssen verhältnismäßig sein. Das Strafrecht hat die Zwecke, die es mit der Strafe verfolgt, zu begründen und es hat zu prüfen, ob diese Strafe angesichts der Problemlage, in der sie verhängt werden soll, wirklich vonnöten ist. Bei dieser Prüfung unterteilt sich der Grundsatz der Verhältnismäßigkeit in drei Gebote, nämlich Geeignetheit, Erforderlichkeit und Angemessenheit.

Das Gebot der **Geeignetheit** verlangt den Einsatz derjenigen Mittel, welche den angestrebten Zweck auch herbeiführen können. Danach schließt sich die Prüfung der **Erforderlichkeit** an. Ein Mittel darf als erforderlich gelten, wenn kein anderes Mittel, das ebenso wirksam ist, das sich aber für die Rechte der Bürger als weniger belastend erweist, zur Verfügung steht. Stehen dem Staat mehrere Mittel zur Verfügung, darf der angestrebte Zweck nicht durch das Mittel erreicht werden, das für den Bürger die schwerwiegendsten Folgen hat. **Angemessenheit** schließlich betrifft die Beziehung von Mittel, Zweck und „Nebenwirkungen". Das geeignete und erforderliche Mittel darf angesichts der drohenden Folgen nicht außer Verhältnis zur Bedeutung des Erfolges stehen. Im Strafrecht erfordert das vor allem eine Abwägung zwischen den grundrechtlich geschützten Rechtsgütern des einzelnen einerseits und entgegenstehenden Interessen der Allgemeinheit, die eine Einschränkung dieser Grundrechte zu gebieten scheinen, andererseits. So ausgestattet kann das „Programm" der Verhältnismäßigkeit immer angewandt werden, wenn es um die Frage nach dem Einsatz von Gewalt gegen andere Staaten oder gegen Einzelpersonen geht. Für Weltpolitik und für das Wissen jedes Juristen muß festgehalten werden: Jeder, der sich auf die Legitimität solcher Gewalt beruft, muß deren Notwendigkeit beweisen und Argumente vortragen, die für die Richtigkeit seines Handelns sprechen.

III. Europäische Entwicklungen

Die Entwicklung des Verhältnismäßigkeitsgrundsatzes ist europaweit und flächendeckend. Nach dem zweiten Weltkrieg gelangt es in ganz Europa zum endgültigen Durchbruch. Vor allem in der Rechtsprechung des Bundesverfassungsgerichts (Übersicht bei *Stern*, aaO., 172) gewinnt das Verhältnismäßigkeitsprinzip stark an Kontur. Aus dem Recht der Europäischen Gemeinschaften kann es nicht mehr hinweggedacht werden. Die Europäische Menschenrechtskonvention hat den Grundsatz der Verhältnismäßigkeit zum notwendigen Inhalt.

1. Europäischer Gerichtshof (EuGH)

Der Europäische Gerichtshof (EuGH) anerkennt den Grundsatz der Verhältnismäßigkeit in ständiger Rechtsprechung als Grenze grundrechtsbeschränkender Maßnahmen. Wie in der Judikatur des Bundesverfassungsgerichts fungiert die Verhältnismäßigkeit als sogenannte Schranken-Schranke. Der Begriff der Schranken-Schranke verkörpert eine präzise juristische Technik. Er besagt, daß Eingriffe in Grundfreiheiten selbst nicht grenzenlos sein dürfen, sondern an die Einhaltung von Maßstäben gebunden sind. Für die Grenzen der Freiheitseingriffe benötigt man Kriterien, die der Verfassung zu entnehmen sind. Der Grundsatz der Verhältnismäßigkeit liefert solche Kriterien. Im europäischen Gemeinschaftsrecht ist die Verhältnismäßigkeit ein allgemeiner Rechtsgrundsatz.

Er betrifft zum einen Maßnahmen, die im Rahmen des Gemeinschaftsrechts gegen Einzelpersonen oder Unternehmen verhängt werden. Dies geschieht etwa auf dem Feld des europäischen Sanktionenrechts – ein weites Feld: es umfaßt unter anderem das Subventions- und Beihilferecht der Europäischen Union. Hier werden Sanktionen etwa dann verhängt, wenn ein einzelner eine Subvention in anderer Weise verwendet, als es der Subventionsgeber zuvor bestimmt hat.

Im Gemeinschaftsrecht geht es nicht primär um die inhaltliche, an der Idee von Freiheit orientierte Ausgewogenheit von Mitteln und Zielen, sondern um eine harte Kosten-Nutzen-Analyse. Lohnt die Sanktion, um finanziellen Schaden zu vermeiden, lautet dann die Frage. Für ein an Grund- und Menschenrechten orientiertes Strafrecht ist dieses Verständnis von Verhältnismäßigkeit von nur eingeschränktem Wert. Die ökonomischen Fallkonstellationen, an denen sich das Gemeinschaftsrecht abarbeiten muß, vermitteln für das Strafrecht keinen allgemeingültigen Maßstab, der die Aufgabe der Verhältnismäßigkeit, Schranke von Freiheitseingriffen zu sein, erfüllen könnte.

2. Europäischer Gerichtshof für Menschenrechte (EGMR)

Auch in der Rechtsprechung des Europäischen Gerichtshofs für Menschenrechte bleibt der Verhältnismäßigkeitsgrundsatz in strafrechtlicher Hinsicht eher blaß (vgl. z.B. EGMR, Urteil vom 19. 4. 1993 (Kokkinakis vs. Griechenland); EGMR, Urteil vom 22. 6. 2000 (Coeme und andere vs. Belgien)). Wie schon bei der Strafgesetzlichkeit ist der Respekt vor staatlicher Souveränität zu groß, um aus der Verhältnismäßigkeit eine wirksame Begrenzung strafrechtlicher Machtausübung werden zu lassen.

IV. Freiheit versus Sicherheit vor der rechtlichen Schranke der Verhältnismäßigkeit

Auf nationaler Ebene zeigt sich der Grundsatz der Verhältnismäßigkeit nicht immer durchschlagskräftig. Dies liegt an seinen einzelnen Komponenten, dies liegt vor allem aber auch im Prozeß der Abwägung, der den Verhältnismäßigkeitsgrundsatz praktisch konkretisiert. Die Ausgewogenheit von Mittel und Ziel hängt davon ab, welche argumentativen Gewichte man in die Waagschale der Verhältnismäßigkeit legt. Ob ein Strafgesetz oder eine strafprozessuale Maßnahme erforderlich ist, entscheidet sich danach, welches Gewicht schwerer wiegt: Sicherheitsinteressen des Staates oder Freiheitsrechte des Individuums. Wenn die Politik die Sicherheit des Staates in den Mittelpunkt stellt, ist die juristische Abwägung, die mit dem Verhältnismäßigkeitsgrundsatz verknüpft ist, bereits festgelegt. Wo der Sicherheit so großes Gewicht zugemessen wird, muß die Waagschale zu ihren Gunsten ausschlagen.

Im Strafrecht gibt es eine wichtige Argumentationsfigur, die seit langem der Sicherheit gegenüber den individuellen Freiheitsrechten den Vorrang einräumt: Gemeint ist der Topos von der „**Funktionstüchtigkeit der Strafrechtspflege**" (*Hassemer,* 1982, 275 ff.). Insbesondere bei der Rechtfertigung einzelner staatlicher Zugriffe im Rahmen der Strafverfolgung kommt dieser Topos zum Tragen. Angesichts des staatlichen Strafverfolgungsinteresses muß der Grundrechtsschutz zurückstehen. Erlaubt sind dann verdeckte Ermittlung, Telefonüberwachung oder Rasterfahndung. Erlaubt ist dann vor allem, die Erkenntnisse, die aus solchen Ermittlungen gewonnen wurden, weitgehend ungehindert verwenden zu dürfen. Verhältnismäßigkeit ist mithin ein politisch sehr anfälliges Prinzip. Juristische Abwägungen, die ihren Charakter ausmachen, unterliegen politischen Vorverständnissen. Es käme sehr darauf an, sich dieser Vorverständnisse klar zu werden. Erst dann, wenn die Verhältnismäßigkeit auf eine wiederbelebte Idee des freiheitlichen Strafrechts trifft, kann sie ihren Zweck, Schranken-Schranke für Eingriffe in die Freiheit zu sein, wirksam entfalten.

D. Das Legalitätsprinzip als Willkürschranke

Gegen einen bekannten Politiker besteht der Verdacht der Untreue zum Nachteil seiner Partei. Eine vom Rechtsstaat überraschte Öffentlichkeit muß zur Kenntnis nehmen, daß dieser Verdacht weder entkräftet noch bestätigt ist, das Verfahren aber dennoch – gegen Zahlung eines (hohen) Geldbetrages – von der Staatsanwaltschaft mit Zustimmung des Gerichts eingestellt wird. Es kommt weder zur Anklage noch zu einer Hauptverhandlung. Diese Fälle, die sich in Zusammenhang mit dem Untreuestraftatbestand mehren, rücken das problematische Verhältnis von Legalität und Opportunität in das Blickfeld der öffentlichen Diskussion.

I. Legalität versus Opportunität

1. Legalität als ursprüngliches normatives Leitprinzip des Strafverfahrens

Das Legalitätsprinzip hat die wichtige Aufgabe, die Strafgesetzlichkeit in das Strafverfahren umzusetzen: Wo das Recht in seinem Kern verletzt ist, gilt es, diese Verletzung aufzuklären. Es kommt also darauf an, Bedingungen zu benennen, wann man mit dieser Aufklärung beginnen darf. Beides – die **Pflicht,** Unrecht aufzuklären und die **Bedingungen,** wann mit dieser Aufklärung zu beginnen ist – benennt das Legalitätsprinzip. In seiner Anlehnung an die Strafgesetzlichkeit stellt sich das Legalitätsprinzip als wichtigstes Leitprinzip des Strafverfahrens dar.

Notwendiges Kriterium, wann mit der Aufklärung einer Straftat begonnen werden darf, ist der sogenannte Anfangsverdacht. Es müssen zumindest zureichende tatsächliche Anhaltspunkte (§ 152 Abs. 2 StPO) dafür vorliegen, daß eine Straftat begangen wurde. Nur dann ist der Staat berechtigt, aber auch verpflichtet, mit seinem strafrechtlichen Instrumentarium auf den Plan zu treten. Die Bedeutsamkeit des Anfangsverdachtes liegt auch darin, daß er festlegt, wann die Polizei zur Abwehr von Gefahren und wann sie – unter Leitung eines Staatsanwalts – zur Ermittlung von Straftaten tätig wird. Der Anfangsverdacht einer Straftat zeichnet – jedenfalls dem Anspruch nach – die Trennlinie von präventiver Gefahrenabwehr und repressiver Strafverfolgung. Diese Trennlinie ist Sache des Legalitätsprinzips.

Dessen Bedeutsamkeit als prozessuale Umsetzung der Strafgesetzlichkeit wird unterstrichen, wenn man sich die Allgemeinheit des Strafgesetzes vergegenwärtigt. Vor dem Strafgesetz sollen alle Bürger gleich sein, die Anwendung des Strafgesetzes muß vorhersehbar sein, sie schützt den Bürger vor staatlicher Willkür. Das Legalitätsprinzip folgt diesen Grundsätzen. Es pflegt den Grundsatz der Gleichbehandlung, indem es gewährleisten soll, daß gleiche Verstöße gegen das Gesetz auch gleich behandelt werden. Es schließt staatliche Willkür aus und sorgt für Rechtssicherheit. Hält man das

Prinzip ein, wird der Forderung nach einem kontrollierten und vorhersehbaren Einsatz staatlicher Gewalt Genüge getan.

Das Legalitätsprinzip verpaßt dem strafverfolgenden Staat ein enges Korsett. Bei Rechtsverletzungen muß der Staat sich bewegen, wird mittels des Korsetts in seinem Bewegungsspielraum aber eingeschränkt. Ein Korsett kann unbequem sein. Mehr Bequemlichkeit erlangt man, wenn man sich mit ihm entweder nicht bewegen muß oder es im Falle der Bewegung ablegen kann.

2. Der unaufhaltsame normative Trend zur Opportunität

Im Unterschied zum Legalitätsprinzip genehmigt sich der Staat mit Hilfe der Opportunität diese Bequemlichkeit. Das Opportunitätsprinzip ist das Gegenteil des Legalitätsprinzips. Danach verfolgt der Staat nicht immer, wenn er muß, sondern nur dann, wenn er kann und es sich lohnt. Kann der Staat nicht oder lohnt es sich nicht, erlaubt das Opportunitätsprinzip die Strafverfolgung gar nicht erst aufzunehmen oder sie vorzeitig abzubrechen. Die Rechts- und Tatsachenunsicherheiten im Fall eines ehemaligen Bundeskanzlers führten dazu, daß man sich des Ausgangs des Verfahrens nicht sicher sein konnte. Die Staatsanwaltschaft hat zum Instrument der Verfahrenseinstellung nach Zahlung einer Geldauflage gegriffen. Ein Landgericht hat das Ergebnis mit einem schriftlichen Beschluß abgesegnet (Beschluß des LG Bonn vom 28. 2. 2001, NStZ 2001, 375ff.). Das Opportunitätsprinzip bestimmt die politische Wirklichkeit des Strafverfahrens. Dagegen spricht auch nicht die Verurteilung eines ehemaligen Innenministers der gleichen Regierung wegen nahezu desselben Sachverhaltes (LG Wiesbaden, Urteil vom 18. April 2005 (6 Js 320.4/00 – 16 KLs)). Eher entspricht dies der alten Weisheit, daß die Ausnahme die Regel (der Opportunität) bestätigt. Jedes zweite anklagefähige Verfahren wird seitens der Staatsanwaltschaften bereits eingestellt, im Jugendstrafrecht ist die Anklage schon die Ausnahme (vgl. unten § 17).

II. Europäische Traditionen

Beide – Legalitäts- und Opportunitätsprinzip – haben europäische Traditionen. Beide Prinzipien werden zu einem historischen Zeitpunkt relevant, wo der Inquisitionsprozeß abgelöst wird. Ermittlungs- und Hauptverfahren oblagen dem Gericht, damit oftmals einer Person. Im 19. Jahrhundert treten Ermittlungs- und Hauptverfahren auseinander. Die Strafverfolgung wird einem eigenen Prozeßorgan – der Staatsanwaltschaft – übertragen.

Wie schon bei der Strafgesetzlichkeit war Frankreich das Vorbild eines reformierten, kodifizierten Strafprozeßrechts. Die französische Rechtstradition ist dabei durch das Prinzip der Opportunität geprägt.

III. Die Entwicklung in Deutschland

Nach den bitteren Erfahrungen mit der gescheiterten Revolution von 1848 waren in Deutschland insbesondere die liberalen Reformer des Strafverfahrens von einem tiefen Mißtrauen gegen eine von der Regierung getragene Staatsanwaltschaft erfüllt. Diese sollte unbedingt der Rechtskontrolle unterworfen werden. Erst aus diesem Mißtrauen von Menschen, die staatliche Gewalt unmittelbar am eigenen Leibe erfahren mußten, entstand das nachhaltige Bedürfnis nach einem unverbrüchlichen Legalitätsprinzip. Am Ende dieser Debatten stand die deutsche Reichsstrafprozeßordnung von 1877, die das Legalitätsprinzip in § 152 Abs. 2 verankerte. Wie bei der Strafgesetzlichkeit durchlöcherten indes Kolonial- und Kriegsstrafrecht den idealen Anspruch dieser Vorschrift. An der Unverbrüchlichkeit des Legalitätsprinzips wurde stets gerüttelt.

Eine Durchbrechung erfuhr das Legalitätsprinzip dann durch die bereits erwähnte Lex-Emminger. Mit diesem Gesetz von 1924 wurden die Vorschriften eingeführt, mit deren Hilfe man heute auch Verfahren wie das gegen den Alt-Bundeskanzler vorzeitig einstellen kann. Ist der Schuldgehalt gering oder sind die Folgen der Straftat unbedeutend, ist der Anklage- und Verfolgungszwang für den Staatsanwalt aufgehoben, wenn kein öffentliches Interesse am Einsatz des Strafrechts besteht. Seither hat das Opportunitätsprinzip stetig an Terrain gewonnen – mit schwerwiegenden Folgen.

IV. Der Abschied des deutschen Strafrechts vom Legalitätsprinzip

Der Abschied vom Legalitätsprinzip wirkt sich in zwei Richtungen aus. Zum einen innerhalb des Strafverfahrens, zum anderen in dessen Vorfeld. Innerhalb des Strafverfahrens ist der Verfolgungs- und Anklagezwang durchlöchert. Staatsanwaltschaftliche und richterliche Routinen bei der Erledigung von Fällen, nicht die Wahrung von Freiheit, nicht die Herstellung von Gerechtigkeit, leiten den Gang des Verfahrens. Sichtbar wird die „Informalisierung des Strafprozesses" (vgl. unten § 19 C). Gemeint ist damit ein Abschied von Rechtssicherheit und Vorhersehbarkeit staatlicher Macht, die sich ihres strafrechtlichen Instrumentariums ein Stück willkürlicher, ein Stück unkontrollierter bedienen kann. Das Korsett der Legalität steht, man kann ihm aber entrinnen. Was das Vorfeld anbelangt, so gilt die Trennung von Prävention und Repression so gut wie nichts mehr. Die Polizei ist längst in das Strafverfahren eingedrungen und nutzt es zur Repression. Umgekehrt dient das Strafverfahren auch der Gefahrenabwehr. Man spricht von der „Verpolizeilichung des Strafverfahrens" (vgl. unten § 15 III). Darin liegt nicht nur eine Beschreibung, sondern ein alarmierender Zustand.

E. Das Offizialprinzip als Garant des öffentlichen Strafrechts

In europäischen Großstädten gewinnt Sicherheit ein äußeres Erscheinungsbild. Es besteht in überwiegend männlichem, zumeist blau, grau oder schwarz uniformiertem Personal, das in U-Bahnen patrouilliert, dekorativ vor Kaufhäusern steht oder auch Parkknöllchen verteilt. Das äußere Erscheinungsbild ist nicht nur adrett, sondern auch martialisch, unterstreicht eine Wehrhaftigkeit, von der auch Gebrauch gemacht werden soll. Gummiknüppel und Schußwaffen dokumentieren diese Wehrhaftigkeit. Das Personal gehört zu privaten Sicherheitsdiensten, die in der Öffentlichkeit agieren. Sie gelten wie auch Polizei und Strafjustiz als Garanten von Sicherheit. Als solche verwehren sie Bürgerinnen und Bürgern gelegentlich den Zugang zu Kaufhäusern, greifen „Schwarzfahrer" auf, schreiten gewaltsam bei Konflikten ein und nehmen mutmaßliche Störer vorläufig fest.

I. Steigerung der Sicherheit durch Privatisierung?

1. Rückkehr zum Naturzustand

Wo liegt das Problem der Privatisierung von Sicherheit? Anhand der Figur des Gesellschaftsvertrages haben wir gesehen, daß der einzelne seine Gewaltmittel auf einen neutralen Dritten überträgt. Damit sollte gewährleistet sein, daß diese Mittel in einer Gesellschaft gleichmäßig verteilt werden. Nur so ließ sich aus dem Naturzustand – dem Krieg aller gegen alle – herausfinden. Nur so ließ sich auch die größtmögliche Freiheit aller garantieren. Der Staat schützt Freiheit und stiftet so Sicherheit. Will man es philosophisch formulieren, dann führt der Prozeß der Privatisierung von Sicherheit wieder in den Naturzustand zurück. In diesem Naturzustand kommt es dann darauf an, ob man sich die Gewaltmittel, die zur Abwehr von Gefahren oder zur Reaktion auf Freiheitsverletzungen bereit stehen, auch leisten kann. Damit wird auch die Verteilung der Sicherheit ungleicher, die Gesellschaft droht in Parzellen von privater und öffentlicher Sicherheit zu zerfallen. Ungleiche Verteilung der Sicherheit ist aber nicht nur ein Gerechtigkeitsproblem. Es kommt auch darauf an, wer eigentlich die Aufklärung von Freiheitsverletzungen bestimmt, wer an den formalen und inhaltlichen Reaktionen auf die Straftat teilnimmt, wessen Sichtweise bei der Verletzung des Rechts zählt und wer seine Sicht der Dinge für alle verbindlich verallgemeinern kann. Dies ist nicht nur ein Gerechtigkeits-, sondern ein **Wahrheitsproblem.** An dieser Stelle tritt das Prinzip der materiellen Wahrheit nicht nur in einem begrenzten strafprozessualen Sinne, sondern auch in einem anderen bedeutsamen Zusammenhang auf, nämlich in der Frage, wie überhaupt Wahrheit im Recht möglich sein kann.

2. Das Kostenargument

Private Sicherheitsdienste steigern aber anscheinend nicht nur das Sicherheitsgefühl in der Öffentlichkeit. Sie haben darüber hinaus eine weitere wichtige Funktion. Sicherheit kostet Geld. Werden hoheitliche Aufgaben an Private übertragen, verspricht man sich dadurch eine Entlastung von Kosten. Der Strafvollzug stellt einen hohen Kostenfaktor in den Länderhaushalten dar. Dies verwundert nicht: In Zeiten der Sicherheitsdebatte finden entlastende Strafvollzugskonzepte – mehr offener Vollzug, mehr Geldstatt Freiheitsstrafe, mehr Hilfe für vorzeitig aus der Haft entlassene Bürger – kaum Gehör. Statt dessen sollen neue Gefängnisse gebaut werden, wird die Sicherungsverwahrung ausgedehnt, werden vorzeitige Haftentlassungen im Zeichen der Sicherheit beinahe unmöglich. Als Antwort auf das Kostenproblem soll auch der Strafvollzug privatisiert werden. Nicht mehr der Staat baut Gefängnisse, sondern private Träger. Diese sollen auch für Versorgung oder Arbeitsangebote im Vollzug zuständig sein. Für die Vereinigung Hessischer Strafverteidiger drängt sich – so die Formulierung in einer Resolution aus dem Jahr 2002 – der „Verdacht" auf, „dass das Gefängnis durch Privatisierung des Strafvollzugs ein Wirtschaftsfaktor werden soll, der nur dann profitabel wird, wenn das Wachstum gesichert ist". Sie resümieren: „Es braucht dann viele Menschen in Unfreiheit" (www.stvh.org).

II. Wahrheitsfindung im öffentlichen Strafrecht

1. Im Rechtsstaat gibt es keine Aufklärung um jeden Preis

Nur ein öffentliches Strafrecht kann von Verfassungs wegen auf Wahrheitssuche verpflichtet werden – die Aufgabe der dritten Gewalt schlechthin. Klassischerweise meint das hier verortete Prinzip der materiellen Wahrheit, daß die Aufklärung eines Sachverhalts an den subjektiven Rechten des Beschuldigten Halt machen muß. Es darf keine Aufklärung um jeden Preis geben. Zahlreiche Vorschriften der Strafprozeßordnung setzen dem Drang staatlicher Instanzen, einen Sachverhalt vollständig zu ermitteln, Grenzen. In diesem Zusammenhang ist vor allem § 136a StPO in Erinnerung zu rufen. Diese Norm wurde nach den Erfahrungen mit dem Nationalsozialismus in die StPO eingefügt. Sie enthält eine Reihe verbotener Vernehmungsmethoden: Man darf den Beschuldigten nicht täuschen, ihn nicht mißhandeln, nicht ermüden oder gar quälen. Kommen solche Methoden zur Anwendung, ist der Beweis, der daraus gewonnen wurde, absolut unverwertbar (§ 136a Abs. 3 S. 2 StPO).

2. Die informelle Privatisierung gefährdet Menschenrechte

Darüber hinaus verlangt das Prinzip aber nach einem öffentlichen, förmlichen Strafrecht. Es muß strenge Formen geben, in denen Beschuldigter und die anderen Prozeßbeteiligten ihre Sicht der Dinge darlegen können. Diese Formen kann es nur in einem öffentlichen Strafrecht geben, das sich schwerwiegender, aus der Verletzung der Freiheit des anderen sich ergebender Konflikte annimmt. Die Wahrnehmung dieser Konflikte kann verschieden sein und jede Wahrnehmung muß die Gelegenheit erhalten, dargestellt und angehört zu werden. Dann erst kann sich zeigen, wessen Sicht der Dinge verallgemeinerungsfähig ist. Wahrheitsfindung bedarf daher des öffentlichen Strafrechts. Wem es im Strafrecht auf Wahrheit ankommt, der muß der Privatisierung, aus der eine nur selektive und durch eigene Sicherheitsinteressen geleitete Wahrnehmung der Wirklichkeit folgt, mißtrauen, erst recht dann, wenn der Staat die einschneidendste Folge des Strafrechts selbst – nämlich die Strafe und ihren Vollzug – verwaltet. Am Vollzug der Strafe hat das Strafrecht seine Nagelprobe als öffentliche Angelegenheit. Hier muß es zeigen, wie tief die Menschenrechte in einem Staat, in einer Gesellschaft verankert sind, und wie demokratisch verantwortlich diese Gesellschaft mit Straftätern umzugehen bereit ist.

III. Strafrecht als öffentliches Programm der Freiheitssicherung

1. Respekt vor der Autonomie des Menschen in generalisierter und repräsentativer Form

Aus dem Blick geraten immer mehr die eigentlichen Funktionen eines aufgeklärten Strafrechts: **Machtbegrenzung des Staates** und **Reaktion auf elementare Unrechtsverletzung** – diese Zwecke kann und darf das Strafrecht erfüllen. Zum Ausgleich privater Interessen oder gar gesellschaftlicher und transnationaler Risikolagen ist es nicht geschaffen. Interessenausgleich und Bewältigung von staatlichen bzw. transstaatlichen und gesellschaftlichen Risikolagen vollziehen sich primär im Privatrecht, Sozialrecht, Verwaltungsrecht oder andernorts. Öffentliches Strafrecht ist **Freiheitssicherung** und muß **Unrecht öffentlich kenntlich** machen. Unrecht ist die Verletzung subjektiver Autonomie in verallgemeinerter Form. Es geht einem freiheitlichen Strafrecht nicht um materielle Rechtsgüter im traditionellen Sinne und auch nicht um die Wahrung von Individualinteressen, sondern um den **Respekt vor der Autonomie des Menschen** in **generalisierter und repräsentativer Form.**

Das Sanktionieren ist demgegenüber sekundär. Dabei sind Menschenrechte und Grundrechte strikt zu beachten, und man sollte nicht verkennen, daß die Strafrechtsanwendung dem Rechtsunterworfenen stets massiven Schaden zufügt. Zur Klarstellung: Strafrecht ist nicht materielle Sühne und personale Vergeltung, sondern **öffentliches Programm der Freiheitssicherung.**

2. Privatisierung als Öffnung für politische Zugriffsbeliebigkeit

Als Kern des öffentlichen Strafrechts erweisen sich die in diesem Buch thematisierten strafrechtlichen Prinzipien, die staatliche Macht begrenzen sollen. Wir befinden uns mitten in den Prozessen der Erosion zentraler Freiheitsprinzipien durch moderne gesellschaftspolitische Versprechen, die – scheinbar – eine Sicherheitsmaximierung der Bürger in den Blick nehmen. Während man das Strafrecht aufrüstet und damit Sicherheitsversprechen abgibt, versäumt die Politik die entscheidenden strukturpolitischen Konsequenzen. Das Kommunikationsmedium Strafrecht vernebelt die strukturpolitische Agonie politischer Zugriffsbeliebigkeit.

3. Deregulierung und Privatisierung: Synonyme staatlichen Steuerungsversagens

Die Legitimation für dieses strukturelle Versagen wohlfahrtsstaatlicher Konzepte und struktureller Ratlosigkeit angesichts von Risikolagen ließ nicht lange auf sich warten. Sie fand und findet sich im **rechtspolitischen Konzept der Deregulierung und Privatisierung:** Der Staat zieht sich zurück, er verzichtet auf Intervention, läßt private Interessen und Einflüsse vollends dominieren. Der Staat steht im Begriff, sich in großen Bereichen seiner originären Gestaltungsfelder nur noch selbst zu verwalten. Er scheint sich aus dem Prozeß der sozialen Kontrolle zurückzuziehen, verzichtet auf seine Interventionsmöglichkeiten nicht nur in ökonomischer Hinsicht, sondern gerade in den Bereichen, die klassischerweise seinem Gewaltmonopol zugehören. Strafvollzugsanstalten werden privatisiert, private Sicherheitsdienste kontrollieren den öffentlichen Raum in zunehmendem Maße und letztlich gewinnen Privatpersonen innerhalb des Strafprozesses immer mehr an Eigenständigkeit: in der Rolle des Verfolgers, der anstelle der staatlichen Organe der Strafverfolgung agiert und in der Rolle des Verletzten, der eigenständig ermittelt und dessen Befugnisse im Strafverfahren insgesamt erweitert werden.

F. Das Prinzip des fairen Verfahrens als Fundament des Strafprozesses im freiheitlichen Rechtsstaat

Fairneß im Strafverfahren ist das Fundament aller Grundsätze des rechtsstaatlichen Strafprozesses. Der Strafprozeß wird als Seismograph freiheitlicher Verfaßtheit einer Gesellschaft angesehen.

Fairneß ist eine gewollt kostspielige Ressource, die – nicht selten mit äußerster Anstrengung für die Strafjustiz – die freiheitliche Verfaßtheit eines Kriminaljustizsystems repräsentiert. Es ist ein Kennzeichen aktueller Kriminalpolitik, in Verkennung dieser Ausgangslage, durch Kosten und Mühen sparende Eingriffe in das Verfahrensrecht und die Organisationsstruktur des Kriminaljustizsystems den Richtern Entlastung zu versprechen. Verfahrensrechtliche Entlastungen sind aber nur dann legitim, wenn sie abwägungsfeste rechtsstaatliche Grundprinzipien des Strafverfahrens unberührt lassen oder gar stärken. Zugunsten eines rechtsstaatlichen, das heißt an **abwägungsfesten** Verfassungsprinzipien orientierten Verfahrensrechtes ist zu fordern, daß die Freiheitsrechte der Bürger gegenüber staatlicher Strafverfolgung erhalten und gestärkt werden müssen.

Die folgenden Prozeßprinzipien, die das Prinzip der Fairneß in Einzelheiten praktischer Rechtsanwendung übersetzen, machen jedes für sich eine unverzichtbare Bedingung eines fairen Strafverfahrens aus. In der Europäischen Menschenrechtskonvention ist der Grundsatz des fairen Verfahrens in Art. 6 Abs. 1 niedergelegt. Faires Verfahren – „fair trial" – ist eine die gesamte europäische Rechtsordnung tragende Begrifflichkeit mit höchst praktischen Konsequenzen (vgl. hierzu im einzelnen *Rzepka*, 2000). Deren Einzelkomponenten sind zahlreich. Im folgenden werden fünf zentrale Fairneßkomponenten vorgestellt, die ihre Wurzeln in einer gesamteuropäischen Rechtskultur haben.

I. Das Nemo-tenetur-Prinzip: Freiheit vom Selbstbelastungszwang

Bedeutung und Verfall dieses Prinzips lassen sich an einem für die Rechtsprechung des Bundesgerichtshofs wichtigen Fall verdeutlichen. Die Entscheidung dieses Falles ist als sogenannter „Hörfallen-Beschluß" (BGHSt (GS) 42, 139ff.; vgl. aber die BGH-Vorlage, StV 1996, 242ff.) bekannt geworden.

Ein Zeuge verdächtigt gegenüber der Polizei einen Freund, einen Raub begangen zu haben. Der Freund hat dem Zeugen die Tat in einem privaten, nicht für Dritte bestimmten Telefongespräch geschildert. Die Polizei veranlaßt nun ein weiteres privates Telefonat, das von der Polizei und einem

Dolmetscher mitgehört wird. Während des Gesprächs macht der verdächtige Freund erneut nähere Angaben zur Tat. Unmittelbar im Anschluß wird der Dolmetscher als Zeuge über den Inhalt des Telefonats befragt. Der Beschuldigte wird festgenommen, später verurteilt. Alles, was in dem Telefonat gesagt wurde, haben Staatsanwalt und Gericht zu Lasten des Beschuldigten verwendet. Ohne seine ihn selbst belastenden Angaben gegenüber seinem Freund hätte der Beschuldigte nicht verurteilt werden können.

1. Anspruch und Inhalt

Das Nemo-tenetur-Prinzip enthält das bedeutsame Recht eines Beschuldigten zu schweigen. Der Bürger soll sich nicht selbst einer Straftat bezichtigen müssen. Diese Freiheit vom Selbstbezichtigungszwang ist ein wesentliches Element des fairen Verfahrens. Um diese Freiheit wahrnehmen zu können, muß der Beschuldigte wissen, „wie ihm geschieht". Vor allem bedarf er einer Information darüber, daß er Beschuldigter ist. Zur Vorhersehbarkeit staatlicher Machtausübung durch Strafrecht und zur Vermeidung von Willkür darf es Überraschungen nicht geben und Überlistungen nur in sehr begrenztem Ausmaß. Das Schweigerecht des Beschuldigten wird in zentralen Vorschriften des Ermittlungsverfahrens ausgestaltet und durch Beweisverbote abgesichert. Verstöße gegen Belehrungspflicht und Zwangsverbot können in bestimmten Fallkonstellationen ein Beweisverbot nach sich ziehen. Werden Tatsachen nur so ermittelt, daß die Freiheit vom Selbstbezichtigungszwang verletzt wurde, dann dürfen diese Tatsachen nicht gegen den Beschuldigten verwendet werden. Dies ist der Anspruch des Nemo-tenetur-Prinzips. Dieser Anspruch gilt europaweit und er hat eine bedeutsame gesamteuropäische Tradition.

2. Zur Rechtswirklichkeit in Deutschland

a) Die bemerkenswerte Rechtsprechung des Bundesgerichtshofs

Die Wirklichkeit sieht anders aus und der Hörfallen-Beschluß belegt diese andere Wirklichkeit auf eine bestürzende Weise. Was anderes als unverwertbar hätten Tatsachen sein müssen, die aus einem Vorgang prozeßwidriger Überlistung gewonnen wurden. Vertrauen, das der Beschuldigte zu einer ihm irgendwie nahestehenden Person entwickelt hat, nutzen staatliche Strafverfolgungsorgane für sich aus. Die staatliche Strafverfolgung steht im Hintergrund, der Beschuldigte vermag die Situation, in der er nicht weiß, was er tut, nicht einzuschätzen. Mit subtilen Argumenten schaltet der Bundesgerichtshof Belehrungspflicht und Nemo-tenetur-Prinzip aus. Die Belehrungspflicht setze eine offizielle Vernehmungssituation voraus, die bei Gesprächen unter Privaten nicht gegeben sei. Die Ermittlungsbehörden seien in der Wahl ihrer Methoden grundsätzlich frei. Das schließe auch ein verdecktes Vorgehen gegen den Tatverdächtigen ein. Das Nemo-tenetur-Prinzip könne bei Äußerungen im privaten Umfeld nicht greifen, da sich der Verdächtige nicht aufgrund eines tatsächlichen oder vorgetäuschten Zwanges äußere. Gegenüber einem Privatmann fühle man sich nicht zu einer Äußerung verpflichtet. Es könne daher – meint der BGH – über die Freiwilligkeit der Äußerung kein Zweifel bestehen. Wenn der Staat bei dem Beschuldigten einen Irrtum über die Gesprächssituation hervorruft, so soll darin keine Verletzung des Nemo-tenetur-Prinzips liegen. Verkannt wird indes: Der Kern des Prinzips besteht nun gerade darin, daß der Beschuldigte die Bedingungen kennen muß, unter denen er sich äußert, da nur so die Freiwilligkeit der Äußerung gegeben ist. Diese Willensmängel finden überall im Strafrecht Berücksichtigung – etwa bei der Einwilligung. Der Bundesgerichtshof verkennt das Problem des Willensmangels. Damit ist der eigentliche Kern des Nemo-tenetur-Prinzips verletzt.

b) Die Freiheit vom Selbstbelastungszwang vor der Schranke der Verhältnismäßigkeit

Man sieht, daß in der juristischen Praxis dem Nemo-tenetur-Prinzip ebensowenig Wirkung zukommt wie den Prinzipien der Strafgesetzlichkeit, der Schuld oder der Legalität. Informatorische Vorbefragungen, der Einsatz verdeckter Ermittler, die Vermehrung von Telefonüberwachung: All dies sind Ermittlungsmethoden, die in ihrer Wirksamkeit darauf angewiesen sind, daß der Beschuldigte sich „freiwillig" äußert, ohne die Situation der Äußerung zu kennen. Die Aussagen, die damit gewonnen werden, sollen auch grundsätzlich verwertbar sein, jedenfalls dann, wenn es um die Aufklärung einer Straftat von erheblicher Bedeutung geht und die Erforschung des Sachverhalts durch den Einsatz anderer Mittel erheblich weniger erfolgversprechend oder wesentlich erschwert gewesen wäre. Man sieht, daß die Beschränkung des Nemo-tenetur-Prinzips durch Erwägungen nach dem Verhältnismäßigkeitsprinzip aufgefangen werden sollen. Ein Eingriff ist gerechtfertigt, wenn das Sicherheitsinteresse der Allgemeinheit das einzelne Freiheitsrecht überwiegt. Im Zweifelsfall muß das Nemo-tenetur-Prinzip dem allgemeinen Strafverfolgungsinteresse weichen. Auf Dauer gefährdet dies den Wesensgehalt – den Kern – der Freiheit vom Selbstbezichtigungszwang.

II. Das Prinzip der Waffengleichheit

Rechtspolitik in Europa ist traditionell durch ein hohes Maß an Reformfleiß gekennzeichnet. Ein neuerer Vorschlag regierungsamtlicher Rechtspolitik betrifft das Modell eines sogenannten konsensualen Verfahrens (Materialheft zum 25. Strafverteidigertag 2001, 147 ff.; vgl. unten § 21).

Das „Konsensualmodell" hat folgenden normativen Hintergrund: Gegenüber Polizei und Staatsanwaltschaft wird dem Beschuldigten und seinem Verteidiger Gelegenheit zu verstärkter Partizipation gegeben. Schon frühzeitig sollen diese in das polizeiliche und staatsanwaltschaftliche Ermittlungsverfahren eingebunden werden. Dafür sollen sie in der Hauptverhandlung kaum noch „Ärger machen" dürfen. Gesteht der Beschuldigte die ihm vorgeworfene Tat, ist gar mit staatsanwaltschaftlicher und richterlicher Milde zu rechnen. Zweck des Konsenses ist die Beschleunigung des Verfahrens. Was ist aber mit den Rechten desjenigen, der diesen Konsens akzeptiert? Liegt in der Akzeptanz nicht vielmehr eine Unterwerfung des schwächeren gegenüber dem stärkeren Prozeßbeteiligten? An dieser Stelle ist der Grundsatz der Waffengleichheit aufgerufen.

1. Anspruch und Inhalt

Waffengleichheit im Strafverfahren bedeutet, daß sich Staatsanwaltschaft und Beschuldigter auf gleicher Augenhöhe begegnen. Gegen die Gewaltmittel, über die der Staatsanwalt verfügt, muß sich der Beschuldigte verteidigen können. Nur eine starke Verteidigung vermag ein taugliches Gegengewicht zum Anklagemonopol der Staatsanwaltschaft zu bilden. Dieses Gegengewicht muß in allen Stadien des Verfahrens spür- und sichtbar werden. Immer wieder weisen die Verteidiger mit Recht darauf hin, daß sie im Verfahren eine der Staatsanwaltschaft gleichwertige Stellung einnehmen und deshalb grundsätzlich auch wenigstens annähernd gleiche Rechte haben müssen wie diese. Auch der Europäische Gerichtshof für Menschenrechte teilt diesen Standpunkt. Art. 6 Abs. 1 Satz 1 EMRK garantiert das Recht eines jeden Beschuldigten auf Waffengleichheit. Daraus ergeben sich sehr konkrete Anforderungen an das Strafverfahren wie zum Beispiel Pflichtverteidigung in schwerwiegenden Fällen, Aussetzung und Verschiebung der Hauptverhandlung bei Fehlen eines Verteidigers, angemessene Zeit der Akteneinsicht für den Verteidiger und Schutz- sowie Hinweispflichten des Gerichts im Hinblick auf Antragsrechte des Beschuldigten.

Überall im Strafverfahren, wo der Beschuldigte dem staatlichen Zugriff ausgeliefert ist und Eingriffe in Freiheitsrechte drohen, muß der Strafverteidiger eine **Gegenmacht** zugunsten des Beschuldigten bilden. Freiheitsschutz stellt sich nicht von selbst ein – der Anspruch europäischer Rechtsprinzipien gilt gerade auch in praktischer Hinsicht. Nur ein Verteidiger, der mit den anderen Beteiligten des Strafverfahrens – Staatsanwaltschaft und Polizei, Gericht, im übrigen auch Nebenklage und Opferanwälten – auf gleicher Augenhöhe verhandeln kann, gewährleistet die praktische Verwirklichung dieser Prinzipien. Es ist nicht pathetisch zu formulieren, daß der Strafverteidiger der Hüter von Freiheitsrechten des Beschuldigten ist. Jede Beschränkung der Verteidigung in ihrer Position als soziale Gegenmacht entfernt den Strafprozeß auch von der Verwirklichung rechtsstaatlicher Garantien.

2. Zur Rechtswirklichkeit in Deutschland

a) Tatsächliche Waffenungleichheit zwischen Verteidigung und Verfolgern

Diese Beschränkungen machen indes den Alltag der Strafverteidigung aus. Sie resultieren aus dem generellen Strukturwandel des Strafverfahrens. Wenn es nicht mehr darauf ankommt, das Legalitätsprinzip zu wahren, also – repressiv – bei vorliegendem Anfangsverdacht einer Straftat Ermittlungen aufzunehmen, sondern Vorfeldkontrolle und Gefahrenabwehr den Strafprozeß wesentlich mitbestimmen, dann kann der Strafverteidiger mit dieser Entwicklung nicht mithalten. Auf der einen Seite – der Seite von Kontrolleuren und Verfolgern – steht ein umfangreiches „Waffenarsenal", das fast unerschöpflich erscheint. Auch an die finanziellen Ressourcen staatlicher Instanzen reichen Beschuldigter und sein Verteidiger in aller Regel nicht heran. Verdeckte Ermittler, angezapfte Telefonanschlüsse, Datenverarbeitungssysteme bei der Rasterfahndung, demnächst biometrische Daten und Analysemöglichkeiten genetischer Codes verschaffen Polizei und Staatsanwaltschaft einen Vorsprung, der nicht mehr einzuholen ist. Demgegenüber stellen sich Forderungen von Strafverteidigerseite nach einem Akteneinsichtsrecht im Ermittlungsverfahren als äußerst bescheiden dar.

b) Strafverteidigung: die machtlose Gegenmacht

Aber auch der allgemeinen Idee, daß der Strafverteidiger eine Gegenmacht bilden kann, begegnet nicht nur Mißtrauen, sie wird auch in der alltäglichen Praxis mißachtet. Das Mißtrauen besteht, weil man dem Strafverteidiger unterstellt, er werde die Rechte, die ihm die Strafprozeßordnung beläßt, mißbrauchen. Strafverteidigung bedeute vor allem Prozeßverschleppung, vereitele rasche Strafverfolgung und Strafvollstreckung. Seit den Anfängen der Strafprozeßordnung ist dieses Mißtrauen sichtbar. Als Folge dieses Mißtrauens wurde ein starkes Beweisantragsrecht zunehmend abgeschliffen, hat man im Gegenzug die Möglichkeiten des Gerichts ausgebaut, den Verteidiger ganz auszuschließen (§§ 138 a ff. StPO – eingeführt im Anschluß an den in BVerfGE 34, 293 ff. (Fall Schily) formulierten Gesetzgebungsauftrag) oder das Recht auf einen Wahlverteidiger einzuschränken. Die Möglichkeit des Verteidigerausschlusses wurde in den siebziger Jahren des letzten Jahrhunderts erweitert, als man die Verteidiger an der Seite des RAF-Terrorismus wähnte. Mitte der siebziger Jahre fand die politische Überzeugung, daß es für RAF-Angehörige eigentlich weder Strafverteidigung noch rechtsstaatliche Garantien geben müsse, große Zustimmung. Pocht der Staat nur laut genug auf Sicherheit, kann sich die Forderung nach Waffengleichheit kein Gehör mehr verschaffen.

Kehren wir zum eingangs angesprochen **konsensualen Prozeßmodell** zurück. In der gegenwärtigen Diskussion droht der Waffengleichheit nicht nur durch ein konfrontatives Sicherheitsbemühen des Staates Gefahr, sondern auch von Verfahrensmodellen, die das Strafverfahren als scheinbaren Ort von Harmonie und Kooperation begreifen und politisch pflegen wollen. Nach diesen Modellen (Art. 3 des Ersten Justizmodernisierungsgesetzes; BGBl. 2004 I S. 2198, 2200 ff.) soll es folgenden „Kuhhandel" geben: Man will die Rechte des Verteidigers im Ermittlungsverfahren stärken. Der Verteidiger soll zu einem möglichst frühen Zeitpunkt in die Ermittlungen einbezogen werden. Im Gegenzug verzichten Verteidiger und Beschuldigter auf Rechtsgarantien in der Hauptverhandlung. Kann der Verteidiger der Verwertung von Beweisen im Ermittlungsverfahren widersprechen, soll die Geltendmachung von Beweisverboten in der Hauptverhandlung nicht mehr ohne weiteres möglich sein, wenn der Widerspruch gegen eine bestimmte Beweiserhebung ausgeblieben ist. Der „harmonische" Konsens, der den Konflikt ersetzt, geht zu Lasten des Beschuldigten. Getragen wird diese Konzeption von der Vorstellung, der Strafverteidiger sei – wie Staatsanwaltschaft oder Gericht – ein „Organ der Rechtspflege". So verstanden ist der Strafverteidiger einzubinden in die Erfordernisse einer „funktionstüchtigen Strafrechtspflege". Das Problem ist, daß das Strafverfahren niemals als harmonischer Ort denkbar ist. Hier geht es um den ureigenen Konflikt zwischen Staat und Individuum, zwischen Strafverfolgungsinteressen und Grundrechten. Konsens kann nur vorgespiegelt sein, weil die Beteiligten des Konsenses kaum die gleiche Ausgangsposition haben, kaum über gleiche Möglichkeiten verfügen, den Inhalt des Konsenses zu bestimmen. Als „Organ der Rechtspflege" läßt sich der Strafverteidiger so weit disziplinieren, wie es den Forderungen nach innerer Sicherheit entspricht. Darin liegt eine nicht mehr zu überbrückende Distanz zum Prinzip der Waffengleichheit als Schutzform der Freiheit. Darüber können und dürfen konsensuale Verfahrensmodelle nicht hinwegtäuschen.

III. Das Prinzip der Unschuldsvermutung

Eine große deutsche Tageszeitung gab unlängst unter der Rubrik „Fremde Federn" dem damaligen Präsidenten des Deutschen Richterbundes Gelegenheit, sein Rechtsstaatsverständnis einer breiten Öffentlichkeit darzulegen (*Mackenroth*, FAZ vom 1. 8. 2002). Der Präsident – der den Vorsitz der deutschen Richter und Staatsanwälte zugleich innehatte – zeigte sich zutiefst zufrieden mit der Qualität polizeilicher und staatsanwaltschaftlicher Ermittlungstätigkeit in Deutschland: „Zu Recht" – hob er hervor – bedeute „oft schon die Aufnahme von Ermittlungen", die „Anklageerhebung, spätestens die Eröffnung eines Hauptverfahrens" das „Ende jeder Karriere" der von staatlichen Ermittlungsmaßnahmen Betroffenen.

1. Anspruch und Inhalt

Das Strafprozeßrecht hat nicht nur die Aufgabe, mit justizförmigen Mitteln Tatverdacht zu überprüfen, sondern hat gerade auch Vorsorge dafür zu treffen, daß kein Unschuldiger verurteilt wird. Der Beschuldigte hat Anspruch darauf, daß in seine persönlichen Freiheitsrechte so wenig wie möglich eingegriffen wird, gerade so wenig wie es mit dem Ziel der Tataufklärung noch vereinbar ist. Diesen Anspruch hat der Beschuldigte der sogenannten Unschuldsvermutung zu verdanken. Sie leitet sich unter anderem aus Art. 6 Abs. 2 EMRK ab und besitzt Verfassungsrang. Sie besagt, daß „bis zum gesetzlichen Nachweis der Schuld vermutet wird, daß der wegen einer strafbaren Handlung Angeklagte unschuldig ist". Daraus ergibt sich nicht nur ein Anspruch der Unvoreingenommenheit des Richters. Die Unschuldsvermutung soll den Beschuldigten ebenso vor Nachteilen bewahren, die einem Schuldspruch oder einer Strafe gleichkommen, denen aber kein rechtsstaatliches, prozeßordnungsgemäßes Verfahren zur Schuldfeststellung und Strafbemessung vorausgegangen ist. Diese fundamentalen Grundsätze waren dem Präsidenten der Deutschen Richter und Staatsanwälte offenbar in Vergessenheit geraten. Ebenso sieht man schon auf einen Blick, daß die Tendenz zu einem konsensualen Verfahren in unüberbrückbarem Widerspruch zu den Grundprinzipien des rechtsstaatlichen Strafprozesses steht: Das Konsensziel verlangt vom Beschuldigten Schuldeingeständnisse zu einem Zeitpunkt, der ihn von Gesetzes wegen als unschuldig vermuten läßt, letzteres mit allen Konsequenzen für das Prozeßverhalten bis zur Rechtskraft. Der Einigungsdruck, der durch ein gesetzliches Konsensverlangen gefordert wird, läßt die Unschuldsvermutung letztlich leerlaufen.

Es ist zu erinnern: Die Beweislast im Strafverfahren liegt auf Seiten des Staates. Nicht der Angeklagte ist es, der von vornherein als schuldig gilt, es liegt nicht an ihm, seine Unschuld zu beweisen, sondern der Staat muß dem Angeklagten seine mögliche Schuld nachweisen. Bestehen vor der Urteilsverkündung Zweifel an der Schuld des Angeklagten, so ist dieser freizusprechen. Dieser Grundsatz ist europaweit unter der Formel „in dubio pro reo" (im Zweifel für den Angeklagten) anerkannt, der größtenteils als Konkretisierung der Unschuldsvermutung verstanden wird. Damit ein Verdächtiger möglichst nicht mehr als unbedingt notwendig in seinen Belangen beeinträchtigt wird, müssen alle Zwangsmaßnahmen des Staates präzise festgelegt, kontrollierbar und in festem Rahmen stattfinden, weil sie erst einmal Zwangsmaßnahmen gegen einen als unschuldig zu vermutenden Bürger sind. Die Unschuldsvermutung kann nur durch das Urteil als Abschluß des Verfahrens überwunden werden, jegliche Strafe oder strafähnliche Maßnahme vor rechtskräftigem Urteil sind somit verboten.

2. Zur Rechtswirklichkeit in Deutschland

Gerade in der Zeit nach dem 11. September 2001, also wegen der Befürchtungen vor terroristischen Anschlägen, läßt sich festhalten, wie die Angst und das Bedürfnis der Menschen nach Sicherheit genutzt werden, um rechtsstaatliche Grundlagen zu beseitigen. Die zu diesen Zwecken teilweise wiedereingeführte Rasterfahndung belegt den Eingriff in Bürgerrechte.

a) Rasterfahndung

Bei der **Rasterfahndung** nach Landesrecht geht es nicht etwa um die Suche nach Straftätern wegen bereits begangener Straftaten, sondern um **Präventivmaßnahmen,** mittels derer künftige Gewalttaten verhindert werden sollen. Somit wird nicht aufgrund eines Verdachts oder einer konkreten Gefahr gehandelt, sondern – ohne Berücksichtigung von Eingriffsschranken – schlicht vorbeugend. Mit diesen polizeilichen Vorfeldmaßnahmen wird in Grundrechte einer großen Anzahl unverdächtiger Personen eingegriffen: in das informationelle Selbstbestimmungsrecht. Hinzu kommt, daß unbeteiligte Dritte in das Visier der Strafverfolgungsbehörden geraten, worin eine Verstärkung des Verstoßes gegen die Unschuldsvermutung liegt, weil nicht nur in die Grundrechte Verdächtiger, sondern sogar schon in die Grundrechte einer großen Anzahl völlig unverdächtiger Menschen eingegriffen wird. Die rechtsstaatliche Unschuldsvermutung verkehrt sich so in eine generelle Schuldvermutung mittels Computerausdruck. Die Betroffenen kommen so in den Zwang, sich gegenüber den Ermittlungsbehörden rechtfertigen, ihre Unschuld nachweisen zu müssen. Die Unschuldsvermutung wird ad absurdum geführt: Es liegt an den potentiell Verdächtigen, sich von der Schuldlast zu befreien. Sie müssen dem Staat beweisen, daß sie unschuldig sind. Die jüngste Einschränkung der Rasterfahndung durch die ablehnende Haltung einiger deutscher Gerichte ist ein ermutigendes Zeichen, wobei zu hoffen ist, daß im Interesse des Rechtsstaats dieser Linie auch weiterhin gefolgt wird. Die damalige Regierungs-Koalition in Hessen hat allerdings eine neue gesetzliche Grundlage für die in Hessen gerichtlich gestoppte Rasterfahndung geschaffen. Statt des Vorliegens einer „gegenwärtigen Gefahr" soll künftig bereits die „Verhütung von Straftaten von erheblicher Bedeutung" die Maßnahme rechtfertigen.

b) Der „genetische Fingerabdruck"

Neben dem Problem der Rasterfahndung ist die Unschuldsvermutung auf zahlreichen Problemfeldern von Strafrecht, Strafverfahren, auch Strafvollzug und Kriminalpolitik tangiert. Das Prinzip der Unschuldsvermutung beschäftigt dabei Strafjuristen in verschiedenen Berufsfeldern. Anhand der einzelnen Problemlagen kann man jedoch beobachten, daß das Prinzip keinen hohen Stellenwert genießt. Es wird häufig zu Gunsten der Sicherheit und zu Lasten des Freiheitsschutzes entschieden. Die aktuelle Kriminalpolitik diskutiert zum Beispiel die zwangsweise Entnahme von Speichelproben – sogenannter genetischer Fingerabdruck – bei allen oder auch nur bei straffälligen Bürgern, womit deutlich wird, daß nahezu jeder zum potentiell Verdächtigen gemacht wird und ein ganzes Volk oder auch nur die männliche Bevölkerung unter Generalverdacht gestellt wird. Der Gesetzgeber hat zwischenzeitlich eine Verschärfung der Anwendungsvoraussetzungen und die Einführung von sog. Reihengentests mit breiter parlamentarischer Mehrheit beschlossen (Gesetz zur Novellierung der forensischen DNA-Analyse, BT-Drs. 15/5674 vom 14. 6. 2005). Ob es bei dieser Kompromißentscheidung auf Dauer sein Bewenden haben wird, ist nach dem üblichen Gesetzgebungs-Ritual (langsame, unmerkliche Verschärfung nach moderater Anfangsgesetzgebung) unwahrscheinlich. Der Richtervorbehalt ist einer zupackenden Innenpolitik wohl stets im Wege und sein Fall sucht nur nach dem richtigen Anlaß.

c) Die Medien

Die Unschuldsvermutung wird nicht nur im Verhältnis Staat-Bürger diskutiert, sondern auch im Verhältnis der Medien (vgl. auch *Marxen*, 1980, 365 ff.) zum einzelnen. So wird oftmals die Schuld des Angeklagten in den Medien bereits vor der Verurteilung angenommen und dadurch dem Zuschauer oder Leser der Eindruck vermittelt, der Angeklagte wäre ohne Zweifel der Täter. Da hier zwei Verfassungsprinzipien, nämlich die Menschenwürde und die Pressefreiheit, aufeinanderprallen, reicht die Beschwerdemacht des einzelnen oft nicht aus, sich gegenüber der Allmacht der Medien rechtlichen Schutzes zu versichern. Dennoch: Art. 8 EMRK, der das Privatleben und somit das Persönlichkeitsrecht schützt, verpflichtet den Staat, zivilrechtliche Möglichkeiten zum Schutz gegen Presseveröffentlichungen zur Verfügung zu stellen, die es jeder Person ermöglichen, Vorverurteilungen in den Medien entgegenzuwirken.

d) Weitere Problem-Felder

Darüber hinaus hat sich die Rechtsprechung mit der Vereinbarkeit der Unschuldsvermutung bei fehlenden Belehrungen im Ermittlungsverfahren, bei Fristüberschreitungen der Untersuchungshaft, bei Konsequenzen aus Absprachen im Strafverfahren, bei Konsequenzen in Zusammenhang mit der Beendigung von Strafverfahren ohne Urteil, bei Kostenentscheidungen und auch bei Problemen hinsichtlich der Strafaussetzung zur Bewährung befaßt.

Zu berücksichtigen bleibt, daß jedes zweite anklagefähige Ermittlungsverfahren von der Staatsanwaltschaft eingestellt wird, und daneben noch 25 Prozent der Verfahren wegen Nichterweislichkeit des Tatverdachts beendet werden. Es geht also nicht nur um Minderheiten, sondern um hunderttausende von Bürgern, die jährlich auf die Garantien der Unschuldsvermutung hoffen. Zu hoffen bleibt, daß ein eingestelltes Strafverfahren für die meisten nicht zum Ende ihrer bürgerlichen Karriere geführt hat, was nicht „zu Recht", sondern „zu Unrecht" – gegen die Unschuldsvermutung – geschehen wäre.

IV. Gesetzlicher Richter

Selbst einem Generalstaatsanwalt kann es im sicheren Staat unbehaglich werden. Es regt sich so etwas wie Widerstand, den folgende Meldung einer überregionalen Tageszeitung vom 11. 5. 2002 eindrucksvoll belegt: „Die deutschen Generalstaatsanwälte betrachten die Einrichtung einer europäischen Staatsanwaltschaft mit Skepsis". Der württembergische Generalstaatsanwalt wird wie folgt zitiert: „Zwar seien gemeinsame europäische Einrichtungen notwendig, da die Kriminalität immer internationaler werde. Doch sei beispielsweise zu befürchten, daß sich der europäische Staatsanwalt seinen Haftbefehl in dem Mitgliedsland besorge, in dem dieses am leichtesten möglich sei. Das sei angesichts der strengen deutschen Vorschriften bedenklich". Diese Bedenken sind vor dem Hintergrund der in einem Fachaufsatz veröffentlichten Auffassung zweier europäischer Ministerialbeamter (*Brüner/Spitzer*, 2002, 397) um so gewichtiger, als diese empfehlen, der europäische Staatsanwalt solle in dem Mitgliedstaat anklagen dürfen, wo eine Verurteilung am leichtesten zu erreichen sei. Hier sind wir mitten im Prinzip des gesetzlichen Richters, was nicht nur eine „strenge deutsche Vorschrift" ist, sondern ein fundamentaler Grundsatz europäischer Rechtsstaatlichkeit. Was besagt dieser Grundsatz?

1. Anspruch und Inhalt

a) Korrelation mit der Unabhängigkeit der Justiz (Art. 97 GG)

Das Prinzip des gesetzlichen Richters wird regiert von einem elementaren Grundsatz des demokratischen Rechtsstaats: der Unabhängigkeit der Justiz. Gesetzliche Richter sind unabhängige Richter, und umgekehrt. Gesetzmäßiger Richter und unabhängiger Richter gehören untrennbar zusammen. Die Unabhängigkeit der Dritten Gewalt ist eine tragende Säule aller freiheitlichen Rechtsordnungen in Europa. Im Grundgesetz ist sie in Art. 97 GG normiert. Die Bedeutsamkeit dieses Grundsatzes ergibt sich nicht zuletzt aufgrund der historischen Erfahrungen mit seinem Gegenteil – der Werkzeugfunktion der Justiz im totalitären Staat. Diesen Erfahrungen setzt das Grundgesetz das aus den Freiheitsbewegungen des 19. Jahrhunderts hervorgegangene Programm der Aufklärung entgegen. In Deutschland wurde dieses Programm bereits in der Paulskirchen-Verfassung von 1848 niedergelegt. Diese Verfassung trat nie in Kraft, setzte aber der künftigen Verfassungsentwicklung verbindliche inhaltliche Maßstäbe, hinter die es kein Zurück mehr gab. Damals wie heute prägten drei Elemente das Prinzip der richterlichen Unabhängigkeit, nämlich sachliche, persönliche und innerliche Unabhängigkeit (vgl. unten § 24 I). Der unabhängige Richter kennt nur eine entscheidende Begrenzung: das freiheitliche Gesetz.

b) Prinzip des gesetzlichen Richters (Art. 101 Abs. 1 Satz 2 GG)

Ohne das **Prinzip des gesetzlichen Richters** ist dessen Unabhängigkeit kaum zu realisieren. Im deutschen Recht ist der Grundsatz verfassungsrechtlich in Art. 101 Abs. 1 Satz 2 GG verankert. Für das Strafrecht bedeutet er, daß man sich das Gericht, das über die Tat verhandelt, nicht aussuchen kann. Vielmehr ist das zuständige Gericht bereits zuvor festgelegt. Der BGH hat in seinem „Al Quaida"-Beschluß vom 4. 4. 2002 (BGH NJW 2002, 1589f.) die Bedeutung des Prinzips des gesetzlichen Richters hervorgehoben. Sachliche, örtliche und funktionelle Zuständigkeit müssen von Gesetzes wegen bereits feststehen. Ebenso muß die Besetzung des Gerichts vorab bestimmbar sein. Damit soll vermieden werden, daß die Person des entscheidenden Richters nach sachfremden Gesichtspunkten, also willkürlich ausgewählt wird. Es ist das vorrangige Ziel des Gebots, Eingriffe Dritter in die Rechtspflege zu verhindern, um so Unparteilichkeit und Sachbezogenheit der Dritten Gewalt abzusichern. Urteilt ein nicht zuständiger Richter und besteht dabei die Möglichkeit, daß eine andere Entscheidung getroffen worden wäre, so hat dies die Aufhebung des ergangenen Urteils zur Konsequenz.

2. Zur Rechtswirklichkeit in Deutschland

Kriminalpolitik und Strafgesetzgebung haben sich seit dem Beginn der Aufklärung kontinuierlich von diesem Leitbild der richterlichen Unabhängigkeit entfernt. Die zentrale These im Hinblick auf die politischen, verfassungsrechtlichen und rechtstheoretischen Zusammenhänge richterlicher Unabhängigkeit lautet: Die Dritte Gewalt – die Strafjustiz insbesondere – sieht sich dem Zugriff kriminalpolitischer und administrativer Interessen ausgesetzt. Die Folge dieses Zugriffs ist schwerwiegend: Sie liegt im Verlust an einer effektiven Kontrolle von staatlicher und gesellschaftlicher Macht (*Macke*, 1999, 481 ff.). Erleichtert wird dieser Zugriff durch einen theoretisch verursachten und politisch erwünschten Mangel an einer normativen, verfassungsrechtlich fundierten Konzeption richterlicher Unabhängigkeit. Der Interessenzugriff vollzieht sich auf vier Ebenen. Zum einen durch die bei der Staatsanwaltschaft vorbereitete und praktizierte Informalisierung des Strafverfahrens (vgl. unten § 19 C). Zum anderen durch die an die Justiz gerichteten politischen Anforderungen, Sicherheit durch Prävention zu stiften (vgl. unten § 25 C). Drittens geht es um die Auslieferung an die Macht der Polizei im Strafverfahren (vgl. zur Verpolizeilichung im Strafverfahren unten § 15 III), die den unabhängigen Richter von der notwendigen Bindung an das Strafgesetz löst. Schließlich – viertens – läuft der für die Justizförmigkeit des Verfahrens wesentliche Vorbehalt richterlicher Entscheidungen – zum Beispiel bei schwerwiegenden Grundrechtseingriffen wie der Telefonüberwachung – weitgehend leer.

a) Inhaltsleerer Richtervorbehalt

Gerade die Kriminalpolitik ist niemals frei von falschen Versprechungen. Eines dieser Versprechen lautet, daß die mit den geheimen Ermittlungsbefugnissen verbundenen schwerwiegenden Eingriffe in bürgerliche Freiheitsrechte durch richterliche Kontrollmöglichkeiten in Form des Richtervorbehalts zu kompensieren seien. Die richterliche Entscheidung soll die rechtsstaatlichen Defizite, die mit dem Geheimverfahren drohen, erträglich machen. Ist bereits dieser normative Anspruch fraglich, liegt ihm doch der Gedanke zugrunde, daß die Justiz in das Konzept des Geheimverfahrens eingebunden wird. In der Praxis versagt der Richtervorbehalt seinen Dienst (*Asbrock*, 1997, 255 ff.; vgl. auch die empirische Untersuchung von *Backes/Gusy*, 2003). Ungehindert nimmt die Anzahl von Telefonüberwachungen zu. Äußerst selten lehnen Richter beantragte Ermittlungsmaßnahmen ab. Zudem unterläuft die weitverbreitete Nutzung der staatsanwaltschaftlichen und polizeilichen Eilkompetenzen den Vorbehalt des Richters. Zu hoffen bleibt, daß das Urteil des BVerfG vom 20. 2. 2001 (BVerfGE 103, 124 ff. – Gefahr im Verzug) zu der angemahnten Restriktion der Eilkompetenzen und damit zu einer Stärkung des Richtervorbehaltes führt. Das praktische Versagen des Richtervorbehalts steht in Zusammenhang mit dem Zeitdruck, den der sicherheitspolitische Wettbewerb den Gerichten auferlegt. Aufgrund dieses Zeitdrucks wird auf der Grundlage von Sachverhalten entschieden, die nur aus der Sicht von Polizei und Staatsanwaltschaft aufbereitet wurden. Im Ergebnis stellt der Richtervorbehalt ein dünnes Feigenblatt des Rechtsstaats für die verfassungsrechtliche Zumutung des Geheimprozesses dar.

b) Wächterfunktion der Justiz

Die deutsche Rechtswirklichkeit belegt auf fast dramatische Weise, daß es mit der Unabhängigkeit des gesetzlichen Richters schlecht bestellt ist. Vonnöten wäre ein richterliches Rollenverständnis, das sich selbstbewußt der vergessenen Ideen der Aufklärung erinnert. Dieses Rollenverständnis muß den Richter dazu führen, auf der Einhaltung rechtsstaatlicher Prinzipien zu beharren. Die Justiz muß sich ihrer Wächterfunktion gegenüber Politik und Verwaltung bewußt sein. Sie darf sich nicht vor den Karren sicherheitspolitischer Interessen spannen lassen, sondern ist Bollwerk gegen den Zeitgeist der ausschließlichen Sicherheitsorientierung.

Das Bundesverfassungsgericht hat in seiner Entscheidung vom 18. 7. 2005 zum Europäischen Haftbefehl diese Betrachtungsweise deutlich gestärkt (2 BvR 2236/04, Rz. 102 ff.).

V. Gestaltungsprinzipien des Gerichtsprozesses: Unmittelbarkeit, Mündlichkeit, Öffentlichkeit

Man stelle sich vor: Wir befinden uns in einem deutschen Strafprozeß. Die Staatsanwaltschaft möchte ihren Hauptbelastungszeugen, einen aufwendig plazierten V-Mann, schützen und diesen weder namentlich noch optisch präsentieren. Das Gericht möchte auf eine Befragung nicht verzichten. Staatsanwaltschaft und Gericht einigen sich auf folgende Prozedur: Der Zeuge sitzt in einer großen Kiste, für niemanden erkennbar, aber akustisch wahrnehmbar. Da er auch nur eine beschränkte Aussagegenehmigung seitens des Innenministeriums erhalten hat, sitzt sein Betreuer, der sogenannte V-Mann-Führer, mit in der Kiste. Auf Befragen des Gerichts antwortet stets eine Stimme, wobei unklar bleibt, ob der Zeuge oder der V-Mann-Führer geantwortet hat. Das Gericht ist nicht zufrieden mit dem Ergebnis dieser Beweisaufnahme. Was ist von dieser Karikatur des Anspruchs auf ein faires Verfahren vor dem Hintergrund freiheitlicher Gestaltungsprinzipien des Gerichtsprozesses, die der Verfahrenseffizienz zugunsten der Staatssicherheit geopfert werden, zu halten? Hierauf dürfte es nur eine Antwort geben.

1. Anspruch und Inhalt

Unmittelbarkeit, Mündlichkeit und Öffentlichkeit sollen ein faires Verfahren für den Angeklagten sichern. Jedes Prinzip für sich hat eigene Funktionen und Aufgaben, sie stehen allerdings zugleich in engem Zusammenhang. Bei Verstoß gegen eines der Prinzipien wird gleichzeitig auch gegen die beiden anderen Grundsätze verstoßen. Ein öffentliches Strafverfahren kann nur dann sinnvoll gewährleistet werden, wenn die Verhandlung unmittelbar und mündlich vor dem urteilenden Gericht stattfindet.

a) Unmittelbarkeit

Die Unmittelbarkeit schlägt sich in § 250 StPO nieder, der voraussetzt, daß der Richter, aber auch die anderen Verfahrensbeteiligten sich einen persönlichen Eindruck von dem Angeklagten und den Beweismitteln machen sollen, der später die Grundlage des Urteils bildet. Unmittelbarkeit zeigt sich auf zweierlei Weise: Zum einen darf sich das Urteil nur auf Erkenntnisse aus der Hauptverhandlung stützen. Prozeßstoff, der nicht Gegenstand der Hauptverhandlung war, darf im Urteil nicht verwertet werden. Zum anderen muß der Richter immer den sachnächsten Beweis würdigen, also einen Zeugen vernehmen, bevor er nur ein Indiz verwertet.

b) Mündlichkeit

Dieses Prinzip will sicherstellen, daß nur mündlich in der Hauptverhandlung erörterter Prozeßstoff bei der Urteilsfindung berücksichtigt wird. Verschiedene Vorschriften der Strafprozeßordnung fordern dies (§§ 250 ff., 261, 264 StPO). Der Richter muß seine subjektive Gewißheit aus dem **Inbegriff** der Hauptverhandlung schöpfen, so besagt es der Grundsatz der freien Beweiswürdigung in § 261 StPO. Das erfordert:

Zeugen, Angeklagter und Sachverständige müssen grundsätzlich mündlich vor Gericht aussagen. Strenge Ausnahmen gelten nur für den Fall, das ein Zeuge nicht erreichbar, zum Beispiel verstorben oder sein Aufenthalt nicht zu ermitteln ist.

c) Öffentlichkeit

Dieses Prinzip ist im Gerichtsverfassungsgesetz (GVG) verankert. Danach ist jedermann der Zutritt zum Gerichtssaal zu gewähren. Allerdings sind Funk-, Ton- oder Fernsehaufnahmen während der Verhandlung verboten. Auch gibt es weitere Ausnahmen für den Schutz von Prozeßbeteiligten, zum Beispiel bei Strafverfahren gegen Jugendliche oder in familiengerichtlichen Verhandlungen. Insgesamt soll durch das Öffentlichkeitsprinzip **eine Kontrolle der dritten Gewalt** ermöglicht werden. Die Bedeutsamkeit dieses Prinzips wird dadurch hervorgehoben, daß ein Verstoß gegen die Herstellung von Öffentlichkeit als absoluter Revisionsgrund gilt, das heißt kein Urteil hat dann Bestand (§ 338 Nr. 6 StPO).

Bei den Prozeßprinzipien der Unmittelbarkeit, Mündlichkeit und Öffentlichkeit handelt es sich um aus der Geschichte des europäischen Kulturkreises erwachsene Fundamentalnormen des Strafprozesses. Sie gelten heute als Mindestvoraussetzungen für einen legitimen und fairen Strafprozeß. Wir wollen nicht verhehlen: Die konsequente Beachtung dieser Prinzipien im Alltag des Strafens ist aufwendig, teuer und zeitintensiv, aber **menschenrechtsgemäß**.

2. Zur Rechtswirklichkeit in Deutschland

Anspruch und Inhalt der drei verfahrensleitenden Prinzipien werden in der Rechtswirklichkeit durch verschiedene Einflüsse und Entwicklungen in Frage gestellt, die man kritisch in den Blick nehmen muß.

a) Medieneinfluß

Die ursprünglich reine unmittelbare Gerichtssaalöffentlichkeit hat sich mit der Entwicklung der Medien zur mittelbaren Massenmedienöffentlichkeit verformt (*Riepl*, 1998, S. 42). Die Justiz hat sich bisher konsequent der Forderung widersetzt, Verfahren rundfunk- oder fernsehöffentlich zu machen. Diese Weigerung ist positiv zu bewerten, da die Einflüsse einer ungezügelten öffentlichen Neugier, die häufig von Sensationsgelüsten getrieben ist, die Wahrheitssuche erheblich erschweren würde. Ohnehin ist der negative Einfluß vorurteilsgesteuerter Medienaufmerksamkeit gar nicht abzuschätzen, zumal er alle Verfahrensbeteiligten – häufig sogar unbewußt – manipuliert. Es ist Aufgabe der unabhängigen Gerichtsbarkeit, sich dieser Manipulationsgefahr auf allen Ebenen zu widersetzen und die Prozeßbeteiligten hierüber aufzuklären. Nicht zuletzt ist die Selbstkontrolle der Medien zu fördern, die hohe Verantwortung bei der Wahrnehmung der Kontrollfunktion im Rahmen des Öffentlichkeitsprinzips haben.

b) Bedrohung der Unmittelbarkeit durch informelle Absprachen (Deal)

Der Trend zur Informalisierung, den wir bei der Staatsanwaltschaft als Entlastungsmaxime erkannt haben, setzt sich auch auf der Ebene der Gerichtspraxis fort, ebenso wenig mit positiver Tendenz, vielmehr mit dem Trend zur rechtsstaatlichen Erosion. Aufgrund der Ausfilterung durch die Staatsanwaltschaft gelangen zwar nicht mehr, dafür aber kompliziertere Verfahren vor die Schranken der Gerichte. Komplexe Wirtschafts- und Umweltstrafsachen, Umfangstrafsachen und damit auch besondere Aufmerksamkeit durch Medieninteresse verleiten alle Prozeßbeteiligten zu Absprachen.

Unter dem Gesichtspunkt der Arbeitsbelastung ist das nur zu verständlich, prinzipien-geleitet ist das hingegen nicht. Der rechtsstaatliche Strafprozeß denaturiert zur Farce. Im Hinblick auf die **Absprachen im Strafverfahren** (BGHSt 43, 195 ff.; 49, 84 ff. und BGHSt (GS) Beschluss vom 3. März 2005 (GSSt 1/04)) fehlt es an gesetzlichen Garan-tien, daß das außerhalb des Gesetzes („praeter legem") erzielte Ergebnis auch einge-halten wird (vgl. unten § 22 II).

Insgesamt: Die zunehmende Belastung der Gerichte aufgrund schwindender per-soneller und materieller Ressourcen läßt die fundamentalen Gestaltungsprinzipien des rechtsstaatlichen Strafprozesses austrocknen.

G. Fazit

Wollte man den von *Naucke* geprägten Begriff eines Strafrechts, das er als „**Ver-brechensbekämpfungsbegrenzungsrecht**" (1982, 564) bezeichnet hat, weiter ausfül-len, lassen sich die in diesem Abschnitt dargestellten Rechtsprinzipien als ein inhaltli-ches Programm dieses plastischen Begriffs lesen. Auch die Kriminologie kann vor dieser verfassungsrechtlichen Einsicht nicht Halt machen. Eine angewandte Krimino-logie hat diese Schranken als Zugriffsgrenze zu respektieren, eine autonome, reflexive Kriminologie kann sich ebenso wenig darüber hinwegsetzen. Der Gegenstand des For-schungsinteresses ist eingezäunt von verfassungsrechtlichen Barrieren, die das Indivi-duum vor staatlichem, wissenschaftlichem und sonst jedem Zugriff schützen.

§ 10. Der kontinuierliche Erosionsprozeß des rechtsstaatlichen Strafrechts – Ein Fazit

Wir wollen das 3. Kapitel mit einer einen Überblick ermöglichenden Zusammen-fassung beschließen. Die historischen Linien, die erkennbar sind, sollen holzschnittar-tig die Gegenstände strafrechtlicher und kriminologischer Wandlungen und die Vor-stellung rechtlicher Steuerungsmöglichkeiten verdeutlichen.

I. Von der Herrschaft zur Vernichtung des Rechts

1. Metaphysisches Herrscherrecht zur Zeit der Voraufklärung

Das Strafrecht hat sich im 18. Jahrhundert langsam und mühselig aus den Klauen der Voraufklärung befreit (vgl. oben § 6 A I). Als **metaphysisches Herrscherrecht** hatte es angekoppelt an den Kampf vom Guten gegen das Böse (Gott versus Teufel). Die Legi-timation lag in der Strafgewalt des absoluten Souveräns, die Rechtsunterworfenen hatten diese Strafgewalt durch gewillkürte Körper- und Leibesstrafen, als Subjekte des Kampfes gegen das Böse zu ertragen. Im Vordergrund stand die Stabilisierung welt-licher und religiöser Herrschaft durch inquisitorische Rechtsdurchsetzung.

2. Die absolute Straftheorie als Emanzipation des Rechts

Das **klassische Strafrecht des 18. Jahrhunderts,** das mit der Aufklärung Einzug hielt, hatte als Ausgangspunkt die emanzipatorische Erkenntnis, daß **nicht der Mensch** (Souverän), sondern **allein das vernünftige Recht** zu herrschen habe (vgl. oben § 6 A II). Strafrecht hatte aus dieser Sicht ausschließlich die absolute Funktion, die Rechts-verletzung zu vergelten, als Wiederherstellung des Rechts, und zwar individualbe-zogen, schuldbezogen, gesetzesbezogen. Idealtypisch lag in der Version des klassischen

Strafrechts ein **rigoroser Tatbezug** vor. Dieser Tatbezug erschöpfte sich in einem repressiv-limitierenden Rechtsmodell, das sich wiederum idealtypisch am Prinzip einer von der Vernunft gesteuerten Legalität festmachte. Das Modell des klassischen Strafrechts war ein theoretisches. Hinter diesem Anspruch verbarg sich im Laufe der Geschichte häufig autoritäre Herrschaftsabsicherung, nicht hingegen Legalität im Sinne einer generalisierten und repräsentativen Autonomie der Bürger. Absolutes Strafrecht in seiner historischen Ausprägung war deshalb häufig staatliches Strafrecht im autoritären Gewand.

3. Die relativen Straftheorien als Ausdruck sozialstaatlicher Orientierung

In Auseinandersetzung und Abgrenzung von einem klassischen Strafrecht entstand im 19. Jahrhundert **die moderne Strafrechtsschule,** profiliert im Marburger Programm eines *Franz von Liszt* (vgl. oben § 6 B). Der präventive Zweckgedanke war Pate für die Entwicklung relativer Straftheorien, die nunmehr den gesellschaftlichen Nutzen des Strafens und nicht mehr die Vernunft des Strafens in den Blick nahm und durch einen idealtypischen **rigorosen Täterbezug** an die Anpassungsbereitschaft des Individuums ankoppelte. Dies war auch der Geburtsort der wissenschaftlichen täterorientierten Kriminologie, die mit Hilfe von Individualisierung und Moralisierung ein präventiv-gestaltendes Rechtsmodell entwickelte: Der Preis für die Orientierung am wechselnden gesellschaftlichen Nutzen von Strafe war später eine sozialstaatlich aufgeladene Opportunität, die schon den Geltungsanspruch allgemeiner und gleicher Rechtsanwendung grundsätzlich in Frage stellte.

4. Das symbolische Strafrecht: Systemkrisen und Systemorientierung

Die enttäuschten Hoffnungen über den **krisengeschüttelten Wohlfahrtsstaat** geben der Rechtsentwicklung zum Ende des 20. Jahrhunderts eine neue Richtung (vgl. oben § 6 C). Die unberechenbaren Risiken der Industriegesellschaften, die durch staatliche Steuerungsmechanismen, insbesondere durch vernünftige oder zweckorientierte Rechtssteuerung nicht mehr zu bewältigen sind, schlagen sich in **symbolischer Gesetzgebung** nieder. Das symbolische Risikostrafrecht hat nicht mehr den Täterbezug des präventiven Strafrechts, sondern ausschließlich eine Systemorientierung im Blick. Mit dem empirisch nicht überprüfbaren Modell so genannter Integrationsprävention, das heißt mit der Ausrichtung am normstabilisierenden Bewußtsein der Allgemeinheit, führt dieses Rechtsmodell – wiederum idealtypisch – einen **rigorosen Systembezug** ein. Der Abschied von der Allgemeinheit und von der Gleichheit der Rechtsanwendung leitet die **Informalisierung des Rechts** ein. Der Rechtsanwender kann das Recht anwenden, wenn er will, er kann es aber auch lassen. Diese **Rechtsopportunität** führt zu einem **gehaltlosen Rechtsbegriff,** der sich im Ergebnis **gleichheitsverletzend und willkürlich** darstellt. Begleitet wird dieser Rechtsentwicklungsprozeß durch ein zunehmendes Desinteresse an einer täterorientierten Kriminologie, weil die Ausrichtung am Systemschutz zu einer Ent-Individualisierung führen muß. Individualisierung führt nur noch bei selektiver Sanktionierung zu einem politischen Gebrauchsvorteil: Sie dient der Zurückweisung struktureller Verantwortlichkeit für das versagende politische System.

5. Das nach-präventive Sicherheitsstrafrecht: Sicherheit vor Freiheit

Die **Kontinuität in der Erosion des Rechts** setzt sich in der **Wende zum 21. Jahrhundert** immer mehr durch (vgl. oben § 6 D). Ein **nach-präventives Sicherheitsstrafrecht,** getragen von globalen Sicherheitsorientierungen als Herausforderungen gegenüber ungezügelten Gewaltformen (je nach Perspektive als Terrorismus be-

Steuerungsmodelle von Strafrecht und Rolle der Kriminologie im historischen Wandel

Zeitliche Abfolge	Strafrecht	Rolle der Kriminologie	Straftheorien	Auswirkungen auf das Subjekt	Rechtsmodell
Voraufklärung	*Metaphysisches Herrscherrecht*	Metaphysische Ankopplung (Gott/Teufel)	Strafgewalt des absoluten Souveräns	Gewillkürte Körper- und Leibesstrafen als Kampf gegen das *Böse* idealtypisch: Vernichtung	Inquisitorisches Recht zur Stabilisierung weltlicher und religiöser Herrschaft
18. Jahrhundert	*Klassisches Strafrecht (Immanuel Kant)*	Irrelevanz empirischer Erkenntnisse für Kriminalitätsursachen; Gehaltvolle Anthropologie	*Absolute Straftheorie* → Vergeltende Reaktion auf Rechtsverletzung	Individualbezogen, schuldbezogen, gesetzesbezogen idealtypisch: rigoroser *Tatbezug*	Repressivlimitierend → Prinzip der Legalität
19./20. Jahrhundert	*Moderne Strafrechtsschule (Franz von Liszt, Marburger Programm)*	Traditionelle täterorientierte Kriminologie: • Individualisierung • Moralisierung	*Relative Straftheorie* → Geburt des präventiven Zweckdenkens im Strafrecht	Gesellschaftlicher Nutzen, Anpassungsbereitschaft idealtypisch: rigoroser *Täterbezug*	Präventivgestaltend → Sozialstaatlich aufgeladene Opportunität
Ende 20. Jahrhundert	*Symbolisches Risikostrafrecht:* symbolische Gesetzgebung	Systemorientierung; Zunehmendes kriminologisches Desinteresse: • Ent-Individualisierung • Systemschutz	Integrationsprävention → positive Generalprävention als Systemstabilisierung	Normstabilisierendes Bewußtsein der Allgemeinheit idealtypisch: rigoroser *Systembezug*	Informalisierung → Gehaltloser Rechtsbegriff, → Verletzung der Gleichheit, → Willkürliche Rechtsanwendung
Wende zum 21. Jahrhundert	*Nachpräventives Sicherheitsstrafrecht*	Globale Sicherheitsorientierung; Politische Ignoranz gegenüber kriminologischen Erkenntnissen	Verdachtsunabhängiger operativer Sicherheitszugriff → Militarisierung innerer Sicherheit	Globale Herrschaftssicherung (Dominanz von Sicherheit vor Freiheit) idealtypisch: *Sonderopfer als allgemeine Bürgerpflicht*	Reine Sicherungsmaßregel → Rechtsnegation, → Rechtsvernichtung

zeichnet), strebt deutlich globale Herrschaftssicherung an. Der Begriff Sicherheit erfährt eindeutige Priorität vor dem Schutz der Freiheit. Mit einem **verdachtsunabhängigen Sicherungszugriff** greift das nachpräventive Sicherheitsstrafrecht sogar zu Mitteln **der Militarisierung innerer Sicherheit** (Einsatz der Armee zur internationalen Strafverfolgung, zur Verfolgung innerer Sicherheitszwecke). Idealtypisch ist für diese globale Sicherheitsorientierung der Abruf von **Sonderopfern als allgemeine Bürgerpflicht** zugunsten totaler Sicherheit, die keine mehr ist. An kriminologischen Orientierungen ist das nach-präventive Sicherheitsstrafrecht nicht mehr im Entferntesten interessiert. Es geht nur noch um die Vervielfältigung reiner Sicherungsmaßregeln, die von der Mehrheit der Bevölkerung sogar begrüßt werden. In dieser Entwicklung liegt freilich ein Modell klarer **Rechtsnegation** bis hin zur **Rechtsvernichtung**.

II. Praktische Konsequenzen aus dem Prozeß der Rechtserosion: Hoffnungen auf eine Wende im Europa der Bürger

Der kurzen Skizze der Kontinuität vom Aufbau des Rechts hin zur Vernichtung des Rechts liegt ein Entwicklungsmodell zugrunde, das sich in den ersten vier Stufen als historisch abgeschlossen darstellt. Wie schon die zeitliche Abfolge zeigt, gibt es hierzu **keinen trennscharfen zeitlichen Rahmen** für die einzelnen Stufen. Das trifft ebenso auf die straftheoretischen Explikationen, die Auswirkungen auf die Rechtsunterworfenen und die Rolle der Kriminologie im Verhältnis zu den strafrechtlichen Anforderungen zu. Deutlich gemacht werden sollen hiermit nur – in idealtypischer Form – die Prämissen und Bedingungen der **kontinuierlichen Abkehr von einem gehaltvollen,** das heißt von einem allgemein gültigen und gleich angewendeten, **Modell des Rechts.** Die Stringenz dieses Modells muß nicht zu einem Fatalismus bezüglich der Rechtsentwicklung führen. Wir befinden uns mitten in einem politischen Prozeß des Abbaus von Recht im klassischen Sinn. Die Informalisierung des Rechts prägt den Rechtsalltag in bedenklichem Ausmaß, das jedenfalls ist sicher.

Es ist **Aufgabe einer rechtsstaatlichen Politik**, die **Pflege des Rechts** in nationaler und internationaler Hinsicht als **zentrale Aufgabe** zu erkennen. Das Recht wird schon im Entstehungsprozeß nicht mehr demokratisch legitimiert. Die europäische Rechtsentwicklung im Strafrecht zum Beispiel koppelt weitgehend von der Legitimation durch den nationalen Gesetzgeber ab, es entsteht bestenfalls ein reines Zustimmungsrecht ohne Berücksichtigung der realen Kontexte. Das Recht wird so flexibel ausgestaltet wie möglich, zum Gebrauch von jedermann und jeder politischen Aufladbarkeit offen.

Beeindruckender Beleg hierfür ist die grundrechtsferne Entscheidung des deutschen Gesetzgebers, der offenbar in vorauseilendem Gehorsam für eine europäische Einigung selbst den Preis der Aufgabe zentraler Verfassungspostulate zu zahlen bereit ist. Die Antwort des Bundesverfassungsgerichts fällt als Ohrfeige aus: **nichtige** Gesetzgebung! Der Gesetzgeber möge im Bewußtsein seiner „normativen Freiheit" eine grundrechtsgemäße Neufassung treffen (BVerfG, Urteil vom 18. 7. 2005, 2 BvR 2236/04, Rz. 116 und 146 (abweichende Meinung des Richters *Broß*)).

Was helfen sollte, ist eine
- wissenschaftliche Aufklärung über die **Tradition eines freiheitlichen europäischen Strafrechts**, das auf freiheitlichen Prinzipien basiert,
- das aufgrund seiner anspruchsvollen rechtsstaatlichen Orientierung nur auf **Kernunrecht** rechtsstaatlich sauber reagieren kann,

- das von seinen **überzogenen Steuerungsansprüchen** in systemischer Hinsicht **befreit** wird und
- das von einer **starken unabhängigen Judikative** gegenüber den beiden anderen Staatsgewalten durchgesetzt wird.

Dem Schutz und dem Erstarken eines derartigen prinzipienorientierten Strafrechts muß die Aufmerksamkeit einer aufgeklärten europäischen Öffentlichkeit dienen. Daß dies die Kontinuität der Erosion des Rechts aufhalten kann, ist die Hoffnung einer rechtsstaatlichen Strafrechtswissenschaft.

2. Teil. Kriminaljustizsystem

Im Zweiten Teil werden Aufgaben, Funktionen und Wirkungen der Institutionen des Kriminaljustizsystems beschrieben. Bevor die Grundstrukturen und Wirkungsweisen von Polizei (5. Kapitel), Staatsanwaltschaft (6. Kapitel), Strafverteidigung (7. Kapitel), Gericht (8. Kapitel) und Strafvollzug (9. Kapitel) im einzelnen dargestellt werden, sollen einige Überlegungen zur sozialen Kontrolle außerhalb des Kriminaljustizsystems vorgestellt werden (4. Kapitel). Ohne die Wahrnehmung von Organisationsformen, Normen und Anwendungsweisen formeller und informeller Sozialkontrolle außerhalb des Kriminaljustizsystems lassen sich Prozesse der Kriminalisierung nicht verdeutlichen.

4. Kapitel. Die Strafverfolgung im Kriminaljustizsystem als Prozeß fortschreitender Auslese

Der Strafjurist muß wissen, daß sich die Strafverfolgung als ein **Prozeß fortschreitender Auslese** darstellt. Diese Ausfilterung sozial auffälliger Verhaltensweisen von der offiziellen Wahrnehmung (Tatverdacht) bis zur abgeschlossenen Kriminalisierung (Verurteilung) findet nicht nur nach Maßgabe formeller Prozeduren des Kriminaljustizsystems statt. Informelle Sozialkontrolle wird bereits weit im Vorfeld vollzogen. Abstammung, Erziehung, sozialstrukturelle Plazierung, Schul- und Berufsausbildung sind zentrale Bestimmungsvariablen, die die Ausfilterung im Kriminaljustizsystem steuern und schließlich den ‚**homo juridicus criminalis**' produzieren.

§ 11. Von der informellen zur formellen Sozialkontrolle

Literatur: *Best, P.,* Die Schule im Netzwerk der Sozialkontrolle, 1979; *Bolte, K.M./Kappe, D./ Neidhardt, F.,* Soziale Ungleichheit, in: Struktur und Wandel der Gesellschaft, 3. Aufl., 1974; *v.d. Boogart, H./Seus, L.,* Radikale Kriminologie, in: Feest, J./Schumann, K.F., Forschungen zur Kriminalpolitik, Band 5, 1991; *Brusten, M./Hurrelmann, K.,* Abweichendes Verhalten in der Schule, 3. Aufl., 1976; *Christie, N.,* Conflict as Property, 1977; *France, A.,* Die rote Lilie, 1925; *Garfinkel, H.,* Studies in Ethnomethodology, 1967; *Habermas, J.,* Legitimationsprobleme im Spätkapitalismus, 5. Aufl., 1979; *Hanak, G.,* Kriminelle Situationen, KrimJ 1984, 161 ff.; *Hanak, G.,* Infrastruktur der Moral, KrimJ, 1. Beiheft 1986, 157 ff.; *Hanak, G./Stehr, J./Steinert, H.,* Ärgernisse und Lebenskatastrophen, 1989; *Hartland, N.,* Vom Regieren zum Regulieren, KrimJ 1989, 17 ff.; *Hess, H.,* Probleme der sozialen Kontrolle, in: Kerner, H.J. u.a., Kriminologie, Psychiatrie und Strafrecht, Festschrift für Leferenz, H., 1983, 3 ff.; *Hurrelmann, K./Ulich, D.,* Handbuch der Sozialisationsforschung, 5. Aufl., 1998; *Kaiser, G.,* Kriminologie, 3. Aufl., 1996; *Kohlberg, L.,* Zur Kognitiven Entwicklung des Kindes, 1974; *Kreissl, R.,* Die Simulation sozialer Ordnung, KrimJ 1987, 269 ff.; *Mathiesen, T.,* Reply to Per Stangeland, KrimJ 1987, 303 ff.; *Lamnek, S.,* Die soziale Produktion und Reproduktion von Kriminalisierung, in: Schüler-Springorum, H. (Hrsg.), Jugend und Kriminalität, 1983, 32 ff.; *Mead, G.H.,* Sozialpsychologie, in: Maus, H./Fürstenberg, F., Soziologische Texte, Band 60, 1969; *Sack, F.,* Recht und soziale Kontrolle, in: Kaiser, G./Kerner, H.-J./Sack, F./Schellhoss, H. (Hrsg.), Kleines Kriminologisches Wörterbuch, 3. Aufl., 1993, 416 ff.; *Schwind, H.-D.,* Dunkelfeldforschung in Bochum: 1975 und 1986, in: Kaiser, G./ Kury, H./Albrecht, H.J., Kriminologische Forschung in den 80er Jahren, 1988, 943 ff.; *Sessar, K.,* Neue Wege der Kriminologie aus dem Strafrecht, in: Hirsch, H.-J. u.a. (Hrsg.), Gedächtnisschrift für Kaufmann, H., 1986, 373 ff.; *Stangeland, P.,* Wege autonomer Konfliktregelung, KrimJ 1987, 285 ff.; *Steffen,*

W., Inhalte und Ergebnisse polizeilicher Ermittlungen, Bay. Landeskriminalamt, 1982; *Steinert, H.*, Der Prozeß der Kriminalisierung, 1973; *Young, J.*, Risk of crime and fear of crime, in: Maguire, M./ Pointing, J. (Hrsg.), Victims of crime. A deal?, 1988.

A. Soziale Kontrolle außerhalb des Kriminaljustizsystems

Eine funktionalistisch orientierte Kriminologie, die ihr Hauptaugenmerk lediglich auf die **Reaktion** auf Abweichung (Strafverfolgungen) und die in dieser Reaktion liegenden präventiven Dimensionen richtet, greift zu kurz. Die Kriminologie muß **Ausleseprozesse** zur Kenntnis nehmen, die bereits weit im Vorfeld des Kriminaljustizsystems einsetzen. Zentraler Forschungsgegenstand sind daher **Prozesse „sozialer Kontrolle"**.

I. Begriff und Inhaltsbestimmungen

1. Recht versus soziale Kontrolle

Bei der Begriffs- und Inhaltsbestimmung „sozialer Kontrolle" ist zunächst von Nutzen, zwischen dem wesentlich älteren Begriff des **Rechts** und dem relativ modernen Konzept der **sozialen Kontrolle** zu unterscheiden. In der Formel „soziale Kontrolle" kommen zwei Aspekte zum Ausdruck, die in der Vorstellung des Rechts nicht ohne Einschränkung enthalten sind: zum einen drückt das Konzept den Vorgang des Einwirkens auf menschliches Verhalten **von außen** aus, was nicht automatisch in ‚Recht' enthalten ist. Zum zweiten wird „soziale Kontrolle" als ein Prozeß angesehen, der **zwischen** den Menschen selbst abläuft (*Sack*, 1993, 416ff.).

2. Informelle und formelle Sektoren außerhalb des Kriminaljustizsystems

Soziale Kontrolle wird in kriminalsoziologischer Perspektive in einen formellen (Kriminaljustizsystem) und informellen Sektor unterteilt. Der informelle Kontrollsektor ist primär dadurch gekennzeichnet, daß Verhaltenskontrolle durch Mechanismen erreicht wird, die neben kontrollierender Intervention auch auf andere Zwecke gerichtet sind. Bereits auf den ersten Blick ist ersichtlich, daß die Hauptaufgabe der **Sozialisationsinstanz Familie** oder **Bildungsinstanz Schule** nicht ausschließlich in der Verhaltenskontrolle, also im **Herstellen von sozialer Konformität**, besteht. Bei näherem Hinsehen werden eine Reihe von Neben- und Begleiteffekten deutlich, die mehr oder weniger eng mit Aspekten allgemeiner Verhaltenskontrolle verbunden sind. Es dürfte kaum zu bestreiten sein, daß Prozesse der Erziehung wie der Bildung immer auch **Selbstregulierung** und **Selbstkontrolle** bei den Betroffenen bewirken. Diese Art der Kontrolle geht in aller Regel von den jeweiligen Interaktionspartnern aus, die die **situative Definitionsmacht** besitzen. Letztlich ist gesellschaftliche Entwicklung maßgeblich mit Momenten der Selbstregulierung verbunden, die auf allgemeine und umfassende Verhaltenskontrolle verweisen.

Die herkömmliche Unterscheidung zwischen informeller und formeller Sozialkontrolle weist die informellen Kontrollprozesse den Primär- und Sekundärgruppen (Familie, Freundeskreis, Schule, Betrieb, etc.) zu und sieht den formellen Kontrollbereich durch staatliche Instanzen (Polizei, Strafjustiz, Jugendamt etc.) vertreten. Darüber hinaus kann die Sozialkontrolle **außerhalb** des Kriminaljustizsystems selbst in einen informellen und einen formellen Sektor unterteilt werden.

a) **Der formelle Kontrollsektor** außerhalb des Kriminaljustizsystems ist nicht speziell für Zwecke der sozialen Kontrolle vorgesehen, sondern erfüllt Funktionen vornehmlich in spezifischen Bereichen gesellschaftlicher Konfliktregelung. Er wird durch Formen der Konfliktregelung wie etwa die Betriebs-justiz oder Rechtsbereiche wie Zivil-, Versicherungs-, Arbeits- und Sozialhilferecht repräsentiert. Der entscheidende Unterschied zum informellen Sektor besteht darin, daß die Kontrollprozesse weitest-gehend durch gesetzliche Normierungen fixiert sind und insofern einen höheren Formalisierungsgrad aufweisen.

b) Danach entfallen die **informellen Kontrollprozeduren** auf Primär- und Sekundärinstanzen wie Familie, Schule oder Betrieb. Hier haben wir es zwar auch mit verrechtlichten gesellschaftlichen Be-reichen zu tun, jedoch wird die Kontrolle auf der Basis **informell gewachsener Normen** wirksam und gründet sich eben nicht auf gesetzliche Bestimmungen (*Hess*, 1983, 12).

3. Zum soziologischen Konzept der „Norm"

Der Jurist versteht unter Norm in aller Regel das geschriebene Gesetzesrecht. **Recht** ist aber nur eine **Sonderform** der **sozialen Norm.** Die gleiche verhaltenssteuernde Leistung, die dem Recht zugeschrieben wird, wird im Alltag in sehr viel höherem Maße von ungeschriebenen sozialen Normen erbracht. Das geschriebene Recht steht eher für Konflikt- und Ausnahmefälle im Hintergrund bereit.

Der Begriff der „Norm" besagt in der Soziologie so viel, daß Normen **Verhaltens-muster steuern** und **erzeugen.** Die normative Struktur der Gesellschaft ist kaum als solche wahrnehmbar, soweit soziale Normen betroffen sind. Diese sind nicht aufge-schrieben, sie werden eher beiläufig gelernt und eingeübt. Die Soziologie bezeichnet soziale Handlungen dann als **normativ bestimmt,** wenn sie durch eine als verbindlich angesehene Ordnung vorgegeben sind. Diese Ordnung muß keineswegs formeller Natur sein. Normen müssen auch nicht notwendig kodifiziert und niedergeschrieben sein. Ordnung kann durch Konvention ebenso wie durch Recht erhalten werden.

Die alltägliche Bedeutung normativer (informeller oder formeller) Verhaltensmuster kann nicht hoch genug eingeschätzt werden. Ihr systematisches Nichtbeachten stürzt den modernen Menschen in völli-ge Verwirrung. Der amerikanische Soziologe *Garfinkel* hat in Krisenexperimenten z.B. das Feilschen um den Preis an einer Warenhauskasse oder das Aushandeln von Zugabfahrtszeiten an Bahnhofs-schaltern zum Gegenstand wissenschaftlicher Beobachtung gemacht. Krisenexperimente sind also ein Mittel, gleichsam zur Natur gewordene Normen sichtbar zu machen, weshalb der Forscher absichtlich alltägliche Normalitätsstandards durchbricht (*Garfinkel*, 1967).

Auch das **Verlassen alltäglicher Umgebungen** mit hohem Grad an Selbstverständ-lichkeit läßt die Bedeutung normativer Verhaltensmuster hervortreten. Beispiele kön-nen sein: Der Wechsel von der Herkunftsfamilie zu selbständiger Lebensform am Stu-dienort, Auswanderung. Normative Verhaltensmuster haben – soziologisch gesehen – vor allem **massive Entlastungsfunktionen:** Handlungsweisen müssen nicht ständig neu gestaltet werden, Unsicherheit wird vermieden, Berechenbarkeit und Sicherheit geschaffen.

II. Normen informeller und formeller Sozialkontrolle und ihre Anwendung außerhalb des Kriminaljustizsystems

1. Sozial- und Systemintegration als Ziele sozialen Handelns

Die Normen **außerhalb** des Kriminaljustizsystems, die im informellen und for-mellen Kontrollbereich bestehen und wirksam werden, sind nicht eigens auf Kriminal-prävention zugeschnitten. Vielmehr verweisen sie auf der konzeptionellen Ebene allgemeiner Gesellschaftserklärungen auf eine der wichtigsten Leistungen, die jede Ge-sellschaft erbringen muß, wenn sie fortbestehen will. Diese spezifische Leistung für die Gesellschaft liegt im **Herstellen von sozialer Integration.**

Mit Hilfe des dualistischen Konzeptes von **Sozial- und Systemintegration** läßt sich der Zusammen-hang von staatlichen Steuerungsproblemen und gesellschaftlichen Kontrollproblemen präziser ausdrücken. Aus ungelösten Steuerungsproblemen gehen z. B. **Krisen** hervor, die wiederum Folgeprobleme mit sich bringen, die sich auf das Bewußtsein der handelnden Subjekte in besonderer Weise auswirken (*Habermas*, 1979, 11 ff.).

a) Die **Normen informeller Sozialkontrolle** stellen in erster Linie auf **Sozialintegration** ab. Ihre Aufgabe ist es, in den unteren Bereichen der Organisation von Gesellschaften einen weitgehend reibungslosen und spannungsfreien Ablauf sicherzustellen. Bei den informellen Normen handelt es sich im Gegensatz zu den positivierten formellen Regeln um außerrechtliche Verhaltensregeln, die auf Gewohnheit, Sitte, Brauch, Tradition oder Moral zurückgeführt werden können. Die auf informellen Normen basierende Form sozialer Kontrolle kann sich zum einen psychischer Mittel wie Spott, Mißbilligung, Statusverlust, Ehrabschneidung oder Abbruch der Sozialbeziehung bedienen. Zum anderen kann auch auf physische Mittel wie Gewalt zurückgegriffen werden. Darüber hinaus existieren weitreichende ökonomische Möglichkeiten wie der Verlust von Arbeitsplatz und Einkommen, um informelle Kontrolle gesellschaftlich wirksam umzusetzen (*Hess*, 1983, 12).

b) Die **Normen formeller Sozialkontrolle** zielen dagegen vorrangig auf **Systemintegration** ab. Sie sollen die staatliche Steuerung und Kontrolle ganzer gesellschaftlicher Teilsysteme ermöglichen. Mit ihrer Hilfe werden etwa gesellschaftliche Armut (Bundessozialhilfegesetz), Arbeitslosigkeit (Arbeitsförderungsgesetz) oder gesellschaftliche Schuldverhältnisse und allgemeine Familienfragen (Bürgerliches Gesetzbuch) staatlich geregelt bzw. regulatorisch beeinflußt.

2. Normanwendung im informellen Kontrollbereich

a) Aktive soziale Kontrolle

Die Mittel und Wege, Mechanismen und Möglichkeiten, die für die Entfaltung sozialer Kontrolle im informellen Bereich Sorge tragen, zeichnen sich vor allem durch ihre **präventive Zielrichtung** aus. Dabei richten sie ihr Hauptaugenmerk auf die Stabilisierung langfristiger Trends im Verhalten der betreffenden Gesellschaftsmitglieder. Der Kriminalsoziologe *Henner Hess* beschreibt diese Kontrollform auch als **aktive soziale Kontrolle**. Sie ist auch dadurch charakterisiert, „daß den Akteuren in einer bestimmten Situation nur beschränktes Wissen vermittelt und das mögliche Wissen um mögliche Alternativen vorenthalten wird, grob ausgedrückt: durch Dummhalten oder daß ihnen Alternativen versperrt werden und die rein faktischen Einschränkungen der Möglichkeiten zu konformem Handeln zwingt" (*Hess*, 1983, 8). Mit den Begrifflichkeiten der **Sozialisationsforschung** lassen sich die Prozesse des Herstellens von sozialer Konformität theoretisch näher bezeichnen (vgl. *Hurrelmann/Ulich*, 1998; *Kohlberg*, 1974; *Mead*, 1969).

b) Private Bezugspersonen

Noch wirksamer als die verinnerlichte Form sozialer Kontrolle sind jene Kontrollmechanismen, die sich durch die **Bindungen** eines Individuums an entsprechende **Bezugsgruppen** oder **gesellschaftliche Positionen** ergeben. „Dabei ist die Konformität eines Individuums mit den Normen einer Gruppe um so größer, je besser das Individuum in die jeweilige Mitgliedsgruppe integriert ist, je intensiver es sich an Bezugsgruppen anzupassen sucht, je größer sein subjektiv gefühltes Attachement ist, je abhängiger es von sozialer Unterstützung durch die anderen ist und je weitgehender seine Investitionen in Beziehungen oder Positionen sind" (*Hess*, 1983, 11).

Dieser informelle Kontrollbereich läßt sich wohl am treffendsten mit dem Begriff der sogenannten „Beziehungskontrolle" typisieren. Dabei bedeutet diese Kontrollform, „daß Konflikte und Abweichungen üblicherweise zunächst einmal im unmittelbaren sozialen Umfeld der betroffen Akteure sichtbar und ansprechbar werden. Alkoholismus, psychische Auffälligkeit und Merkwürdigkeiten, erste Anzeichen delinquenten Verhaltens und Verwahrlosungssymptome, werden zu Beginn oft im Familienverband, im Bekanntenkreis, am Arbeitsplatz und in der Nachbarschaft erkennbar, und erst sehr viel später gelangen sie – wenn überhaupt – formellen Kontrollinstanzen zur Kenntnis: Im Nahbereich (und damit: laienhaft) wird also zunächst darüber entschieden, ob die Abweichung vom Erwarteten, vom Normalen überhaupt wichtig genug ist, um Reaktionen auszulösen" (*Hanak*, 1986, 164 f.).

Dem unmittelbaren sozialen Umfeld kommt also bei der Integration von abweichenden strafrechtlich relevanten Verhaltensweisen eine große Bedeutung zu. Diese **„Mikropolitik der Kontrolle"** *(Hanak)*, die auf weitgehend intakte soziale Beziehung und funktionierende Kontrollmuster verweist, ist durch die formelle Kontrolle zu unterstützen und sollte durch sie nicht unterlaufen und zersetzt werden. Daher hätten sich gesellschaftliche Bemühungen auf die Bewahrung und Stärkung dieses Kontrollmechanismus zu beziehen, wenngleich nicht unterschlagen werden sollte, daß solche Kontrollen unter Umständen härter und problematischer sein können als moderate Kontrollansätze offizieller Institutionen. Dennoch dürfte das Kapital einer Gesellschaft zur (möglichst schonenden) Austragung von Konflikten in der Kompetenz privater Handelnder liegen, die Auseinandersetzungen auf der jeweils aktuellen Handlungsebene zu bereinigen *(Hanak,* 1984; *Steinert,* 1973). Eine freiheitliche Gesellschaft zeichnet sich nicht nur dadurch aus, daß die Privatsphäre und der soziale Nahraum des Bürgers frei von staatlicher Bevormundung und Einmischung bleiben. Zugleich nimmt sie auch dadurch Gestalt an, daß sie den Betroffenen im Konfliktfall **Hilfsangebote** unterbreitet, die nicht gleich Stigmatisierung und Ausgrenzung mit einschließen.

c) Schule

Ein weiteres Beispiel informeller Normanwendungen kann die **Schule** sein, die im „Netzwerk der Sozialkontrolle" maßgebliche Funktionen wahrnimmt. Im Bereich örtlicher Sozialkontrolle nimmt die Schule eine strategisch sehr bedeutsame Position ein, die zwischen den Instanzen der Strafjustiz, der Jugendpolizei, des Jugendamts und der Erziehungsberatung angesiedelt ist. Dabei gründet sich die schulische Definitionsmacht auf „zahlreiche Rituale und eingespielte Routinen, die als Ausdruck einer hintergründigen Normenwelt schuleigene Interpretations- und Typisierungsschemata bereitstellen" *(Best,* 1979, 160). Der von der Schule ausgehende Konformitätsdruck ist insoweit für die gesellschaftliche Produktion abweichenden Verhaltens einschließlich ihrer hochgradigen Selektivität von ganz erheblicher Bedeutung (vgl. auch *Brusten/ Hurrelmann,* 1976).

d) Übergeordnete betriebliche Interessen

Betriebliche Sozialkontrolle kann erhebliche Schutzfunktionen aktivieren. Ein eindrucksvolles empirisches Beispiel hierfür hat der Soziologe *Siegfried Lamnek* vorgelegt (1983, 38 ff.).

Durch umfassende Befragungen von Lehrlingen der Deutschen Bundespost in München wurde anhand einer Kontrollgruppenuntersuchung festgestellt, daß Postlehrlinge den gleichen Umfang delinquenten Verhaltens aufweisen wie von der Justiz sanktionierte gleichaltrige Jugendliche, die allerdings keinen geordneten sozialen Verhältnissen entstammten: Die einen kriminalisiert, die anderen – im Schutz geordneter Sozialverhältnisse – **offiziell** angepaßt (in Wirklichkeit genauso delinquent). Als dieser Befund massenmedial vermittelt wurde, reagierte die Oberpostdirektion München in einer Presseerklärung scharf: Falsche Methoden, falsche Ansätze, beleidigende Intentionen etc. wurden dem Sozialwissenschaftler vorgehalten, nur weil eine wissenschaftliche Untersuchung **unterschiedliche institutionelle Reaktionen bei gleichem Verhalten, aber anderer sozialer Gruppenzugehörigkeit** – im übrigen methodisch auf hohem Standard – belegte.

Diese offiziellen Reaktionen eines einflußreichen Arbeitgebers zeigen, daß nach dem Motto ‚was nicht sein darf, das nicht sein kann' **faktische Entkriminalisierung** durch dem Kriminaljustizsystem vorgelagerte betriebliche Schutz- und Normalisierungsstrategien höchst wirksam hergestellt wird.

3. Höhere Effizienz informeller Normen

Die gesellschaftliche Programmatik, die der Entfaltung der hier angesprochenen Normen informeller sozialer Kontrolle unterliegt, ist äußerst vielschichtig. Denn anders als im Bereich des Kriminaljustizsystems, in dem ein eigens zu Kontrollzwecken geschaffenes Normenprogramm die entsprechenden Handlungs- und Arbeitsanweisungen liefert, realisiert sich im alltäglichen gesellschaftlichen Verkehr der Individuen soziale Kontrolle in zahlreichen Handlungszusammenhängen gleichsam unter der Hand. Im Gegensatz zur sozialen Kontrolle des Kriminaljustizsystems eignet sich diese Kontrollform oft besser durch ihre **Latenz, höhere Wirksamkeit und geringere Sichtbarkeit.**

Beispielsweise ist die Kontrollmacht, die durch den drohenden Verlust des Arbeitsplatzes, d. h. durch strukturelle gesellschaftliche Krisentendenzen freigesetzt wird, in Bezug auf bestimmte Gruppen innerhalb der Gesellschaft ungleich größer als diejenige, die sich durch etwaige Strafrechtsdrohung aktualisiert. Dies bedeutet: Der Zugriff auf die ökonomischen Grundlagen des gesellschaftlichen Lebens der Individuen erschließt ein Potential zur Kontrolle eben dieser Individuen, das weit über die (sehr eingeschränkten) Möglichkeiten des Kriminaljustizsystems hinausgreift. So banal dieser Umstand klingt, so wichtig ist er für die Analyse von Reichweite und Wirksamkeit unterschiedlicher gesellschaftlicher Kontrollformen.

4. Transformation sozialer Kontrolle

Die sich mittels informeller Normen entfaltende Form sozialer Kontrolle ist jedoch nicht isoliert von Wirkungsmechanismen formeller Sozialkontrolle zu beachten. Es gibt gesellschaftliche Bereiche, in denen sich informelle und formelle Kontrollnormen weitgehend komplementär zueinander verhalten und so zu einer Komplettierung der sozialen Kontrolle beitragen können (Familie, Schule, Betrieb, Militär). Dagegen sind in subkulturellen Milieus die informellen Normen häufig gegen das rechtliche Kontrollsystem ausgelegt, um dem gesellschaftlichen Konformitätsdruck auszuweichen und eine eigene Lebensperspektive zu entwickeln (z. B. Jugendkulturen). Informelle Kontrollnormen sind sozial gewachsene Normen, die durch gesellschaftlichen Wandel nachdrücklich geprägt sind und insofern eine relativ hohe Integrationskraft freisetzen können. Deshalb ist es für die Wirksamkeit formeller Kontrollnormen besonders günstig, wenn sie an die Strukturen informeller Kontrolle anknüpfen können und diese gleichsam in den formellen Kontrollsektor hineinverlängern können.

Die „Transformation sozialer Kontrolle" (*Hartland*, 1989), die in der verstärkten Nutzung informeller Sozialkontrolle für formelle Kontrollstrategien zum Ausdruck kommt, wird von der radikalen Kriminologie in Großbritannien unter dem Etikett des „Left Realism" als fortschrittliche Kriminalpolitik angeboten (vgl. *Young*, 1988; zur Kritik *Boogaart/Seus*, 1991, 93 ff.). In diesem Zusammenhang gehen die Konzeptionen **gemeindenaher Konfliktbekämpfung** (vgl. *Stangeland*, 1987) jedoch von einem Wirkungsgrad informeller Kontrollnormen aus, der aufgrund der **nicht mehr vorhandenen objektiven Basis nachbarschaftlicher Sozialstrukturen** zu hoch angesetzt wird (vgl. *Kreissl*, 1987; *Mathiesen*, 1987).

B. Berücksichtigung gesellschaftlicher Basisstrukturen (Schichtung)

Bei der Analyse gesellschaftlicher Kontrollformen ist eine weitere Dimension zu berücksichtigen. Betrachten wir die in einer Gesellschaft ablaufenden informellen wie formellen Kontrollprozeduren, so läßt sich das nur sinnvoll unter Berücksichtigung der entsprechenden gesellschaftlichen Basisstrukturen durchführen. Eine Untersuchung von sozialer Kontrolle, die gesellschaftliche Machtverhältnisse, Chancenbeschneidungen und Ungleichgewichte ignoriert, bleibt auf bloße Oberflächenbeschreibung beschränkt und liefert lediglich positivistische Beschreibungen. Die in einer Gesellschaft bestehenden Kontrollformen sind nur dann hinreichend zu verstehen und ursächlich zu erklären, wenn die **vertikale und horizontale Strukturierung dieser Gesellschaft** in jedem Moment der Analyse mitgedacht wird. Dabei lassen sich Statusaufbau und Schichtungen der Bevölkerung zumindest annäherungsweise mit Hilfe des sogenannten ‚Zwiebelmodells' erfassen (vgl. *Bolte* u. a., 1974, 98).

Statusaufbau und Schichtungen der Bevölkerung der BRD

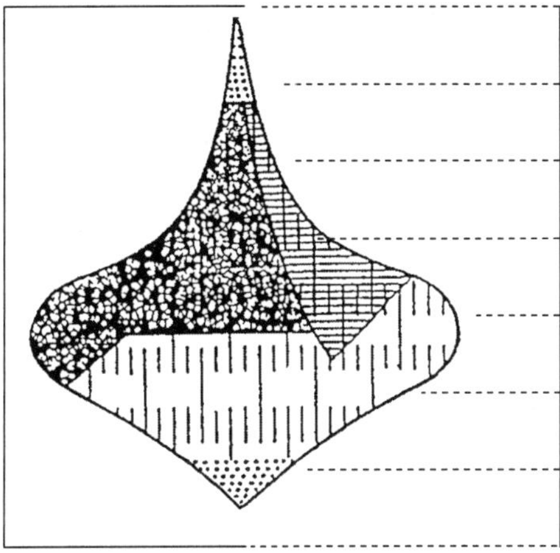

Bezeichnung der Statuszone	Anteil
Oberschicht	ca. 2 v. H.
obere Mitte	ca. 5 v. H.
mittlere Mitte	ca. 14 v. H.
untere Mitte	ca. (29)
unterste Mitte/oberes Unten	ca. (29)
Unten	ca. 17 v. H.
Sozial Verachtete	ca. 4 v. H.

(untere Mitte und unterste Mitte/oberes Unten zusammen: ca. 58 v. H.)

Abbildung 1: Statusaufbau und Schichtung der Bevölkerung der BRD (Quelle: *Bolte* u. a., 1974, 98)

In diesem Zusammenhang ergeben sich wiederum Rückverweisungen auf die ökonomischen Grundstrukturen der Gesellschaft, die die entsprechenden Eigentums- und Produktionsverhältnisse mit einschließen. Die deutlich hervortretende Schichtenstrukturierung der Gesellschaft muß zum wesentlichen Anhaltspunkt für die Analyse der ausschlaggebenden sozialen Kräfteverhältnisse genommen werden. Diese Prägekräfte spiegeln sich in den informellen wie formellen gesellschaftlichen Kontrollprozessen wider und finden dort ihre charakteristische soziale Gestalt.

Innerhalb der sozialen Schichtung der Gesellschaft finden wir völlig unterschiedliche Verhaltensweisen und Reaktionen (z.B. bezogen auf soziale Mängellagen). *Anatol France* (1925) hat das in trefflicher literarischer Form zum Ausdruck gebracht: „Das Gesetz in seiner erhabenen Majestät verbietet es Armen wie Reichen gleichermaßen, unter Brücken zu schlafen, Brot zu stehlen und an Ecken betteln zu gehen". Übersetzt in die kriminalsoziologische Begrifflichkeit heißt das, daß es in oberen Schichten der Gesellschaft völlig andere informelle Kontrollmechanismen gibt, die bei Abweichung und drohender Kriminalisierung konstruktivere Hilfestellungen bieten, als es in den sozialen Unterschichten der Fall ist. Aktive soziale Kontrolle, private Bezugspersonen, schulische und berufliche Alternativen zur Kriminalisierung stehen dort in größerem Ausmaß zur Verfügung. Als weiteres Beispiel kann die soziale Norm der Gewaltanwendung dienen. In oberen Sozialschichten werden Konflikte und Aggressionen eher verbal, in unteren Sozialschichten eher physisch ausgetragen. Die Kriminalisierungswahrscheinlichkeit geht somit zu Lasten der sozialen Unterschichten.

C. Nichtanzeigeverhalten als Steuerungsmedium des sozialen Ausleseprozesses

I. Forschungsbefunde

Ein bedeutsamer Ausleseschritt auf dem Weg zur Kriminalisierung kann über das Anzeigeverhalten der Bevölkerung erfaßt werden. Die Forschungsbefunde zu diesem Sektor stellen zugleich Einsichten über die informellen sozialen Kontrollprozesse zur Verfügung, die nunmehr auf eine sehr praktische Art und Weise belegt werden können.

1. Geschädigte steuern kriminalstatistische Erfassung

Ein Blick in offizielle Kriminalstatistiken belegt, daß nicht Polizei oder Staatsanwaltschaften das Anzeigeverhalten steuern. Durch die Einleitung eines Strafverfahrens bei der Wahrnehmung eines prinzipiell kriminalisierungsfähigen Ereignisses sind es ganz überwiegend Konfliktbetroffene oder Zeugen, die Anzeige erstatten. Über 90% aller registrierten Delikte werden durch Geschädigte und Zeugen der Polizei bzw. Staatsanwaltschaft zugetragen bzw. aufgeklärt (*Kaiser,* 1996, 355 f.).

Gleiches gilt für die Mehrzahl der konkreten Tatverdächtigen, obgleich die Polizei die Aufklärungsquote als ihre Leistungsbilanz aufweist. Die Gesamtaufklärungsquote wächst durch polizeieigene Ermittlungen lediglich von 41 auf 44% (*Steffen,* 1982, 15). Dieser Zusammenhang gilt bis auf wenige Deliktsausnahmen, die auf proaktive Ermittlungstätigkeit zurückgehen, wie z.B. Widerstand gegen die Staatsgewalt und andere Delikte gegen den Staat, Drogendelikte, Glücksspiel etc.

Für die Eingangsselektivität aus dem Dunkelfeld (vgl. hierzu unten § 12) sind demnach in erster Linie die Geschädigten verantwortlich. Diese stehen jedoch beispielsweise unter dem Einfluß von Versicherungsbedingungen (Hausratsversicherung: Fahrraddiebstahl; KFZ-Teilkaskoversicherung: Diebstahl an KFZ usw.), Kriminalberichterstattung und daraus folgender Tatbestandskenntnis, Präventionsprogrammen und daraus folgender Sensibilisierung. Ein Teil der Selektivität beruht demnach auch auf **extern** manipulierbaren Faktoren.

2. Nichtanzeigemotive

Forschungen zu **Nichtanzeigemotiven** geben Auskunft darüber, aus welchen Gründen Anzeigen **prinzipiell** unterbleiben können. Bei weitem nicht alle Unterlassungen dieser Art stellen bewußte Entscheidungen gegen das Kriminaljustizsystem dar.

a) Unbemerkte Schädigungen

Schädigungen können – gemessen am strafrechtlichen Normalitätsstandard – **unbemerkt** bleiben, z.B. bei Sexualdelikten in Abhängigkeit von Altersgrenzen und Geschlecht (vgl. § 176 StGB). Miet- oder Kreditwucher können als hohe Lebenshaltungskosten normalisiert werden, Verstöße gegen Umweltrecht können als natürliche Belastung gedeutet werden.

b) Verkannte strafrechtliche Relevanz

Eine **Schädigung wird bemerkt,** es erfolgt aber **keine Wahrnehmung** des Schadens als **kriminelle Handlung.** Beispielsweise können Tötungsdelikte als natürlicher Tod oder Unfall verkannt werden, z.B. bei einem ärztlichen Kunstfehler; auch können Diebstähle oder Betrugshandlungen als Pech oder Ungeschicktheit eingestuft, Brandstiftungen können als natürliche Entzündungen von brennbarem Material gewertet werden.

c) Bewußter Anzeigeverzicht

Schließlich können Schädigungen bemerkt werden, d.h. die Kriminalisierungsfähigkeit wird erkannt, gleichwohl wird auf eine **Anzeige bewußt verzichtet.** Hier können zusätzlich zwei Varianten in Frage kommen: Einmal kann es zur **Nichtanzeige** kommen, weil andere Lösungen oder Reaktionsverzichte vorgezogen werden (aa), zum anderen kann Anzeigeverzicht geübt werden, weil negative Folgeeffekte des Kriminaljustizsystems erwartet werden (bb).

aa) Eigenständige Reaktionsformen

Die Reaktionsformen hierzu sind keine bewußten Entscheidungen gegen die Strafjustiz, sondern eigenständige Reaktionsformen, z.B. das Motiv, andere als strafprozessuale Lösungen wählen zu wollen. In der kriminalsoziologischen Untersuchung von *Gerhard Hanak u.a.* (1989) sind verschiedene Motivationen erforscht worden:

- **Wahrnehmungsverweigerung,** d.h. die Augen werden vor dem Problem verschlossen (z.B. Betrug, Heiratsschwindel),
- **Resignation,** d.h. der Geschädigte sieht nur geringe Aufklärungschancen oder fügt sich resignierend seinem Schicksal,
- **Bagatellisierung,** man begründet den Reaktionsverzicht durch geringen Schaden,
- **Meidung,** man will dem Problem aus dem Wege gehen,
- **Versickern lassen,** d.h. man hofft, das Problem werde sich von selbst lösen,
- **Bilanzierung,** d.h. bei familiären Aggressionen wird das Leiden am Konfliktpartner gegen den Vorteil aus der Partnerschaft aufgerechnet,
- **Individuelle Schadensbereinigung** ohne Konfliktbereinigung, d.h. Geschädigte suchen Frauenhäuser oder Kinderschutzzentren auf, bzw. das gestohlene Fahrrad wird selbst zurückgeholt,
- **Dyadische Konfliktaustragung,** d.h. beispielsweise der von Gewalthandlungen Geschädigte will mit dem Verletzer eher in einen Diskurs eintreten oder man zieht eine Regelung im Rahmen von Betriebsjustiz vor.

bb) Negative Folgeeffekte der Strafverfolgung

Zur zweiten Variante kann es kommen, wenn Beteiligte generell eine negative Einstellung zum Justizsystem haben, kein Interesse an der Offenlegung ihrer Privatsphäre haben, kein Interesse an unnötigem Aufwand haben oder fürchten, als „Doppelverlierer" aus dem Verfahren zu kommen. Zum Beispiel kann das Opfer Angst vor Kompromittierung bei Straftaten im „Milieu" haben oder Rufschädigung z.B. bei Banken fürchten. Es kann ferner selbst Strafverfolgung auf sich zu ziehen oder aus Angst vor Rache bei Anzeigeerstattung passiv bleiben. Schließlich kann Anzeigeverzicht auch im Hinblick auf zusätzliche Verfahrenskosten erwogen werden (z.B. Kosten für Anwalt).

Der Verzicht auf Anzeigeerstattung kann also durchaus plausible Gründe für eine **Selbstregelung** oder für **Regelungsverzicht** haben. Jenen, die auf Anzeigen verzichten, mag das Dunkelfeld nicht so dunkel erscheinen, es ist vielmehr der soziale Nahraum, den sie überschauen können. Dunkel und unbekannt erscheint eher die ihnen fremde Kriminaljustiz.

In repräsentativen Untersuchungen von *Klaus Sessar* (1986) zur Nichtanzeige (nach Delikten differenziert) wurde festgestellt, daß die Quote der Geschädigten in der Bevölkerung knapp 60% beträgt (Befragung nach Opfererfahrungen), wobei die Eigentumsdelikte mit 71% im Vordergrund stehen. 40% der Geschädigten verzichteten bei Eigentumsdelikten auf Anzeige, bei Wohnungseinbruch ist die Anzeige die Regel (lediglich 10% Verzicht) und bei Gewaltdelikten ist die Nichtanzeige die Regel (63%). Als Gründe für den Anzeigeverzicht wurden überwiegend Probleme mit Polizei und Justiz angegeben (45%), ein Drittel begründete den Anzeigeverzicht mit der Geringfügigkeit der Tat, und im Bereich von Gewaltdelikten meinte ein Viertel der Befragten, daß es sich um eine Privatangelegenheit gehandelt habe. Angst vor dem Täter, die zu Anzeigeverzicht führte, hatten lediglich 4% (*Sessar*, 1986, 383ff.).

Eine Replikationsstudie *Hans-Dieter Schwinds* zu den Dunkelzifferrelationen in der Stadt Bochum, die 1975 erstmals durchgeführt und 1986 wiederholt wurde, hat eine Gesamtdunkelfeldquote von 1:4 bzw. 1:3, für vorsätzliche Körperverletzungen sogar bis zu 1:10 ergeben (*Schwind*, 1988). Legt man die für die Gesamtkriminalität ermittelte Dunkelfeldquote aus der zweiten Befragung *Schwinds* zugrunde (auf ein registriertes Delikt kamen durchschnittlich drei Nichtregistrierte), folgt daraus, daß den in der

Kriminalstatistik 2003 registrierten ca. 6,5 Millionen Taten etwa 19,5 Millionen entsprechende Ereignisse im Dunkelfeld pro Jahr gegenüberstehen.

II. Zusammenfassung

Aus diesen Untersuchungen zum Verhältnis Hellfeld/Dunkelfeld gewinnt man den Eindruck, daß die **Nichtanzeige als verbreitete Normalreaktion** anzusehen ist. Die individuellen Entscheidungsroutinen der Geschädigten weisen die Nichtanzeige – trotz des erlittenen Schadens – als eine durchaus verbreitete Reaktion aus, wobei bei einigen Delikten die Anzeige sogar als Ausnahmereaktion erscheint. Das gibt bereits einen Hinweis darauf, daß die dem „Opfer" unterstellten Dramatisierungswünsche und Rachebedürfnisse nicht sonderlich ausgeprägt sein dürften. Daraus wird gefolgert: Die Selbstregelung ist normal, die Fremdregelung ist die Ausnahme. Hieraus schließt der Konfliktforscher *Nils Christie,* die Strafjustiz müsse weitgehend zurückgedrängt werden, da sie sich als Herrschaftsorgan verselbständigt habe und im Grunde an den Problemen von Opfer und Täter desinteressiert sei.

Auch wenn diese konflikttheoretischen Folgerungen in der Literatur überzogen erscheinen können, dürften die Forschungsbefunde deutlich gemacht haben, daß eine Vielzahl delinquenter Handlungen, die kriminalisierungsfähig wären, im Zuge informeller sozialer Kontrollprozesse aus dem Zugriff des Kriminaljustizsystems bereits durch die Entscheidung von Geschädigten ausgefiltert werden. Die informelle soziale Kontrolle übernimmt Prozesse der Normalisierung von Verhaltensweisen, die – bei Kenntnisnahme durch offizielle Kontrollinstitutionen – zur Kriminalisierung führen würden. Auch wenn zahlreiche Tathandlungen dem Kriminaljustizsystem nicht mit Rücksicht auf den Schädiger bewußt vorenthalten werden, beläßt der quantitativ bedeutsame Ausleseprozeß dem Zugriff des Kriminaljustizsystems nur eine schmale Schnittmenge aus der Gesamtheit kriminalisierungsfähiger Handlungen.

D. Schlußfolgerungen

Soziale Kontrolle, die sich jenseits staatlich organisierter Kriminalitätskontrolle gesellschaftlich entfaltet, wird häufig in einen Gegensatz zu staatlicher Kriminalitätsverfolgung gebracht. Indem so getan wird, als ob die strafrechtliche Sozialkontrolle erst durch offizielle Anzeigen ausgelöst würde, wird der Eindruck erweckt, daß informelle und formelle Sozialkontrolle zwei getrennte Sektoren seien. Das ist – wie aufgezeigt – nicht der Fall.

Selbst wenn das „Strafrecht als Teilsystem der Sozialkontrolle" (*Kaiser,* 1996, 1080) begriffen wird, ist damit nicht automatisch das Blickfeld für die Gesamtheit des gesellschaftlichen Kontrollzusammenhangs geöffnet. Die Regelhaftigkeit des Kontrollprozesses, die der Ausfilterung kriminalisierten Verhaltens (offiziell registrierte Kriminalität) aus der Gesamtmenge strafrechtlich relevanten Verhaltens zugrundeliegt, kann letzlich nur durch eine **integrierende Gesamtbetrachtung der gesellschaftlichen Kontrollformen,** von denen das Kriminaljustizsystem erst ein nachrangiger Teil ist, herausgearbeitet werden.

Gesamtgesellschaftliche Entwicklungen bleiben einschließlich der (in-)formellen Kontrollmuster nicht ohne Auswirkungen auf die formellen Kontrollformen, die von den eigens dazu eingerichteten Instanzen ausgehen. Das, was in den offiziellen Kriminalstatistiken registriert wird und schließlich als polizeiliche Kriminalstatistik und Verurteilungsstatistik gesellschaftliche Abweichungspotentiale kennzeichnet, ist aus einer sozialwissenschaftlichen Perspektive nur ein **Tätigkeitsnachweis** formeller Kontroll-instanzen (Polizei, Gericht etc.). Das bedeutet zugleich, daß die **offiziellen Registrie-rungen** von Kriminalität ein höchst **selektives Produkt** sind. Die Kriminalsoziologie interessiert sich demgemäß nicht so sehr für die Handlungen jener, die als Tatverdäch-tige und Verurteilte registriert werden, sondern eher für die vorangegangenen **sozialen Selektionsprozesse** und die **Gesetzmäßigkeiten des Kontrollprozesses.**

Gerade der an verfassungsrechtlichen Vorgaben gleicher Rechtsanwendung gebun-dene Strafjurist muß wissen, daß das von ihm zu bearbeitende ‚Produkt Kriminalität' bereits das Ergebnis eines höchst **selektiven sozialen Ausleseprozesses** ist. Nicht die Bewahrung von Moralität und Rechtschaffenheit steht in den weiteren Prozessen der Rechtsanwendung im Vordergrund, sondern gesellschaftliche Vorgaben und Vorbedin-gungen, die in den kulturellen und sozialstrukturellen Voraussetzungen als ungeschrie-bene (und für viele unerkennbare) soziologische Gesetzmäßigkeiten wirken, werden vom Kriminaljustizsystem exekutiert und fortgeschrieben.

§ 12. Dunkelfelder kriminalwissenschaftlicher Wahrnehmung

Literatur: *Albrecht, P.-A./Backes, O.* (Hrsg.), Verdeckte Gewalt, 1990; *Beck, U.,* Risikogesellschaft, 2001; *Beck, U.,* Gegengifte, 1988; *Blankenburg, E.,* Die Selektivität rechtlicher Sanktionen, KZfSS 1969, 805 ff.; *Brusten, M. u. a.,* Freiheit der Wissenschaft, 1981; *Chambliss, W. J.,* Eine kriminelle Vereinigung. Über Polizei und Verbrechen in den USA, 1978; *Christie, N.,* Conflicts as Property, 1977; *Haferkamp, H.,* Kriminelle Karrieren, 1975; *Dollinger, B.,* Zur sozialen Kontrolle in der „Kontrollgesellschaft": Das Beispiel Drogenkonsum, Kriminologisches Journal 2001, 89 ff.; *Hopf, C./Weingarten, E.* (Hrsg.), Qua-litative Sozialforschung, 2. Aufl., 1984; *Kaiser, G.,* Kriminologie, 3. Aufl., 1996; *Kreuzer, A.,* Kinderde-linquenz und Jugendkriminalität, Zeitschrift für Pädagogik 1983, 47 ff.; *Narr, W.-D.,* Hin zu einer Ge-sellschaft bedingter Reflexe, in: Habermas, J. (Hrsg.), Stichworte zur „geistigen Situation der Zeit", Bd. 2, 1979, 489 ff.; *Popitz, H.,* Über die Präventivwirkung des Nichtwissens, in: Recht und Staat in Geschichte und Gegenwart, Bd. 350, 1968, 1 ff.; *Popitz, H.,* Die normative Konstruktion von Gesell-schaft, 1980; *Sack, F.,* Dunkelfeld, in: Kaiser, G./Kerner, H.-J./Sack, F./Schellhoss, H. (Hrsg.), Kleines Kriminologisches Wörterbuch, 1993, 99 ff.; *Schellhoss, H.,* Funktionen der Kriminalität, in: Kaiser, G./Kerner, H.-J./Sack, F./Schellhoss (Hrsg.), Kleines Kriminologisches Wörterbuch, 1993, 99 ff.; *Schumann, K. F./Berlitz, C./Guth, H. W./Kaulitzki, R.,* Jugendkriminalität und die Grenzen der Gene-ralprävention, 1987; *Schwind, H.-D.,* Dunkelfeldforschung in Göttingen 1973/74, 1975; *Statistisches Bundesamt Wiesbaden,* (Hrsg.), Staatsanwaltschaften 2003 [1997]; *Statistisches Bundesamt Wiesbaden* (Hrsg.), Strafverfolgung 2003; *Stephan, E.,* Die Stuttgarter Opferbefragung, 1976; *Teubner, G.,* Ver-rechtlichung – Begriff, Merkmale, Grenzen, Auswege, in: Kübler, F. u. a. (Hrsg.), Verrechtlichung von Arbeit, Wirtschaft und sozialer Solidarität, 1984.

I. Zur Wirksamkeit nichtstrafrechtlicher Sozialkontrolle

Die Wirksamkeit der nichtstrafrechtlichen Sozialkontrolle wird durch sogenannte **„Dunkelfeld"-Untersuchungen** zu erfassen versucht. Hierzu bedient man sich der Methoden empirischer Sozialforschung: Durch Befragung von bestimmten Personen-gruppen soll die Delinquenzbelastung in dem entsprechenden gesellschaftlichen Bereich ermittelt werden. In diesem Rahmen stellt der Begriff des Dunkelfeldes auf Phänomene ab, „die sich auf die Sichtbarkeit und Sichtbarmachung kriminellen Ver-haltens beziehen" (*Sack,* 1993, 100). Verkürzt kann definiert werden: Das **Dunkel-feld** ist die **Gesamtheit prinzipiell kriminalisierungsfähiger Ereignisse.** Somit er-streckt sich die Dunkelfeld-Forschung auf die Erschließung des vorhandenen Wissens über Kriminalität und kriminelles Verhalten, nicht zuletzt, um das gesellschaftliche Blickfeld der für die Strafverfolgung zuständigen staatlichen Kontrollinstanzen zu er-weitern.

II. Hellfeld versus Dunkelfeld: Zum ideologischen Gehalt zweier Begriffe

Zwei Hypothesen sollen eingangs die ganz unterschiedlichen wissenschaftlichen Ansätze zur Erklärung der Begriffe Hellfeld/Dunkelfeld vorstellen. Wir werden noch verschiedene Argumente für die eine oder andere Betrachtungsweise anführen können, entscheiden läßt sich dieser Streit im Rahmen einer Lehrbuchdarstellung nicht. Dennoch gibt es bislang und auch noch im weiteren Verlauf der Darstellung zahlreiche Hinweise dafür, daß eine rein naturalistische Abbildung eines wie auch immer gearteten Dunkelfeldes weder erwartbar noch wünschenswert ist.

1. Ätiologie-Ansatz: Kriminalität ist als Eigenschaft von Handlungen und Unterlassungen objektiv erkennbar (Hypothese 1)

Kriminalität ist keine konstante Größe, sondern weist innerhalb der Gesellschaft eine nach Delikt- und Täterstruktur ganz unterschiedliche Verteilung auf, die von den offiziellen Kriminalstatistiken so nicht wiedergegeben wird. Hiervon ausgehend ist man dazu übergegangen, neben der statistisch registrierten Kriminalität („Hellfeld") auch die nichtregistrierte, den Kontrollinstanzen vorenthaltene Kriminalität („Dunkelfeld") zu ermitteln. Dabei steht, aus positivistischer Sicht betrachtet, das entscheidende Problem im Mittelpunkt, „inwieweit die amtlich bekanntgewordenen Rechtsbrüche mit der **wirklichen Kriminalität** übereinstimmen" (*Kaiser*, 1996, 392). Es wird also eine Differenz zwischen tatsächlicher und registrierter Kriminalität hergestellt, die dann das entsprechende Dunkelfeld ausweisen soll.

Diese Auffassung folgt dem schon näher beschriebenen Ätiologie-Ansatz (siehe oben § 3 B I) der klassischen Kriminologie, die Kriminalität als Produkt von Delinquenten ansieht. Danach ist Kriminalität als Eigenschaft von Handlungen und Unterlassungen **objektiv erkennbar**. Die Richtung dieser Dunkelfeld-Forschung ist damit die Bestimmung der Größenordnung ‚realer' Kriminalität und die Ermittlung von Bedingungen der Nichtentdeckung.

2. Definitionsansatz: Kriminalität entsteht durch Zuschreibungsprozesse informeller und formeller Sozialkontrolle (Hypothese 2)

Die Vorstellung, man könne mittels dieser Differenz den tatsächlichen Umfang der Kriminalität messen, ist nur unter Rückgriff auf einen eindimensionalen Kriminalitätsbegriff nachzuvollziehen. Die Annahme, daß es so etwas wie „wirkliche Kriminalität" gäbe, sollte nicht unhinterfragt übernommen werden. Wenn der Definitionsansatz (vgl. oben § 3 B III und IV) eine kriminologische Erkenntnis deutlich zu Tage gefördert hat, dann ist es diejenige von der zuschreibenden Qualität des Etiketts „kriminell". Danach kann ein bestimmtes soziales Verhalten erst dann als kriminell qualifiziert werden, wenn es im **gesellschaftlichen Interaktionsprozeß** erfolgreich als solches bezeichnet und kategorisiert wird. Ob und in welcher Weise ein spezifisches Handeln im Sozialprozeß als „kriminelles Handeln" identifiziert wird, läßt sich nicht durch die bloße Aufhellung des Dunkelfeldes herausarbeiten: „‚Sichtbarkeit' der Kriminalität ist ein höchst komplexer – alles andere als nur zufälliger – und erst recht kein nur technischer, d. h. unpolitischer, sondern ein eng mit der sozialen, ökonomischen und politischen Schichtung und Struktur einer Gesellschaft verknüpfter Vorgang" (*Sack*, 1993, 106). Somit können wir Kriminalität gerade nicht als fest umgrenzbare Klasse vorweg bestimmter Verhaltensweisen definieren. Folgt man den Definitionsansätzen der kritischen Kriminologie, ist Kriminalität erst das Produkt des Kriminalisierungsprozesses. Kriminalität entsteht danach durch Zuschreibungsprozesse informeller und formeller Sozialkontrolle. Zielrichtung der Dunkelfeld-Forschung in diesem Kontext ist der

Nachweis von Selektionen im Sinne soziologischer Gesetzmäßigkeiten, wie z.B. sozialer Randständigkeit und Auffälligkeit als Anknüpfungspunkte für Kriminalisierung.

III. Zwei Unterstellungen

Die Definition, wonach das Dunkelfeld die Gesamtheit prinzipiell kriminalisierungsfähiger Ereignisse erfaßt, suggeriert zwei Annahmen: zum einen die **objektive Erkennbarkeit** kriminalisierbarer Ereignisse durch Fachleute der Strafverfolgung (1), zum anderen wird der Eindruck erweckt, als solle in das „Dunkelfeld" **alsbald Licht** (d.h. Registrierung in Kriminalstatistiken) hineingebracht werden (2).

1. Objektive Erkennbarkeit

Die Schwierigkeit objektiver Erkennbarkeit läßt sich bereits daran festmachen, daß sich auch im Hellfeld der von der Polizei akzeptierten bzw. selbst registrierten Taten zahlreiche Ereignisse finden, die einer näheren Überprüfung der Kriminalisierungsfähigkeit nicht standhalten. Das läßt sich durch einen einfachen Vergleich der Tatverdächtigenzahlen (Polizei) gegenüber den Verurteiltenzahlen (Justiz) schon auf den ersten Blick belegen. Selbst unter Strafverfolgungsexperten besteht demnach Uneinigkeit über die Frage der Kriminalisierungsfähigkeit.

2003 wurden beispielsweise 3,8 Mio. Ermittlungs**verfahren** (ohne Straßenverkehr) bei der Staatsanwaltschaft erledigt (allerdings auch gegen unbekannt). Hiervon wurden knapp 1,27 Mio. allein nach § 170 Abs. 2 StPO (kein hinreichender Tatverdacht) **eingestellt** und weitere 218 244 Verfahren als Ordnungswidrigkeiten an Verwaltungsbehörden abgegeben. Hierin sind nicht die Zurückweisungen von Anzeigebegehren enthalten, die bereits von der Polizei vorgenommen werden (vgl. *Statistisches Bundesamt:* Staatsanwaltschaften 2003, [1997]). Nach Abwicklung in Strafbefehlsverfahren und Einstellungen in Verfahren der Bagatellkriminalität verblieben lediglich 573 345 Verfahren (von 3,8 Mio.), die durch Anklage erledigt wurden, mithin nur 15,1%.

Viele Fremdregelungsversuche beziehen sich demnach auf Straftaten oder Tatverdächtige, welche die Strafgerichte nicht erreichen, weil der Verdacht auf eine strafbare Handlung oder ein schuldhaftes Handeln des Beschuldigten sich nicht erhärten läßt oder die Straftat sich als nicht schwerwiegend erweist.

Schon hieraus kann man schlußfolgern, daß es keine Handlung gibt, der die Handlungsqualität des „Kriminellen" objektivierbar innewohnt (Hypothese 1). Daraus kann folgen: Es gibt keine klar umgrenzte Zahl von Ereignissen, die die Gesamtkriminalität darstellt. Zu denken ist z.B. an Tötungsdelikte, bei denen eine konkurrierende Definition als Sterbehilfe einsetzt; an Notwehr, die eine vorsätzliche Tötung rechtfertigen kann; an „kunstgerechte" versus „nicht kunstgerechte" Tötung im Krieg – wobei es einen schmalen Grad zwischen Kriegsheld und Kriegsverbrecher gibt. Selbst, wenn ein strafrechtlicher Deliktsnachweis prinzipiell möglich ist, kann die soziale Wahrnehmung und die Selbstwahrnehmung des nicht entdeckten Täters die eines integrierten Bürgers bleiben. Insofern muß man schon jetzt konstatieren: **Kriminalität** in einem **sozialrelevanten Sinne** entsteht erst durch eine **verfahrensförmige autorisierte Zuschreibung.**

2. Licht für das Dunkelfeld (= Registrierung in Statistiken)

a) Soziale Ordnung als Abwesenheit von Delinquenz

Der Begriff des Dunkelfeldes im obengenannten Sinne erweckt den Eindruck, als sei es von Übel, daß diese Ereignisse nicht kriminalisiert, nicht den Strafverfolgungsbehörden bekannt würden. Die frühen Dunkelfeldforscher (*Schwind,* 1975; *Stephan,*

1976) forderten daher noch ganz auf dieser Linie, die **Erhöhung der Anzeigemotivation** („Bürgerpflicht") und die **Anzeigebereitschaft** zu verbessern sowie die Anzeigemöglichkeit durch die **Sensibilisierung der Geschädigten** für kriminelle Verhaltensweisen durch Aufklärung zu erhöhen. Die These lautete: je mehr Kriminalität aufgedeckt wird, desto besser für die soziale Ordnung. Diese These von der notwendigen Aufhellung des Dunkelfeldes entstammt einem Verständnis von **sozialer Ordnung als Abwesenheit von Delinquenz.**

b) Kriminalität ist normal und funktional für soziale Ordnung

Ordnung ist aber ohne Delinquenz und ohne unentdeckte Delinquenz nicht zu stabilisieren. Wir hatten zu dieser Gegenthese bereits die rechtssoziologischen Annahmen erörtert (vgl. oben § 7 A), daß **Kriminalität** (und ein ausgeprägtes Dunkelfeld) **normal** und **funktional** ist.

Normal ist (eine überwiegend nicht registrierte) Delinquenz insoweit, als prinzipiell kriminalisierbare Verhaltensweisen – so Selbstmeldeuntersuchungen – zur Normalbiographie hinzugehören (Ubiquität von Jugendkriminalität). Eine vollständige Kriminalitätserfassung würde demnach die gesamten Altersjahrgänge zumindest der männlichen Jugend erfassen.

Funktional ist Kriminalität insoweit, als bei vollständiger Erfassung der diskriminierende Effekt der Kriminalisierung verlorenginge. Damit wäre auch die strafrechtliche Norm verloren. Das, was jedem passieren kann, ist nicht mehr als illegal und abweichend ausweisbar. Insoweit hat die Abweichung einen konformitätsstabilisierenden Effekt, der aber auch auf dem Ausnahmecharakter der registrierten Kriminalität beruht.

Diese rechtssoziologisch-theoretischen Überlegungen sprechen für die Notwendigkeit eines ausgeprägten Dunkelfeldes nicht-registrierter Delinquenz, damit Kriminalität ihren Ausnahmecharakter behält und ihre normstärkende Wirkung entfalten kann.

IV. Methodische Zugänge zur Dunkelfeld-Forschung und ihre Probleme

Das methodische Instrumentarium zur Untersuchung des Dunkelfeldes ist teilweise identisch mit den klassischen empirischen Erhebungstechniken. Im Regelfall werden die geforderten Daten durch Interviews oder schriftliche Befragungen erhoben. Folgende methodische Zugriffe werden praktiziert:

- **Täterbefragungen oder Selbstmeldeuntersuchungen:** Gefragt wird, ob Interviewpartner innerhalb eines bestimmten Zeitraumes Straftaten begangen haben. Diese Art der Befragung ist unter Berücksichtigung der Aussagebereitschaft eher auf einfache Kriminalität beschränkt (vgl. etwa *Schumann* u. a., 1987).
- **Opferbefragungen:** Hier werden die Befragten selbst oder andere Personen (Familienangehörige) danach gefragt, ob sie in einem bestimmten Zeitraum Opfer von Straftaten geworden sind.
- **Informanten- oder Expertenbefragungen:** Hierbei werden Personen nach ihrer Kenntnis über kriminelle Aktivitäten Dritter befragt (z. B. Lehrer über Schüler, Sozialarbeiter über Klienten, Polizeiexperten über Organisierte Kriminalität).
- **Experimentelle Untersuchungen:** Hierbei wird das Risiko getestet, als Ladendieb ertappt zu werden (vgl. *Blankenburg*, 1969).
- **Teilnehmende Beobachtung:** Forscher begleiten Delinquente bei ihren Aktivitäten, z. B. Ladendiebe, Drogenabhängige oder Rocker (*Haferkamp*, 1975). Diese Vorgehensweise wird auch als „qualitative Sozialforschung" bezeichnet (z. B. *Hopf/Weingarten*, 1984). Der Forschungsansatz ist im Gegensatz zur quantitativen Methode nicht auf die Vielzahl einzelner Untersuchungseinheiten bezogen, sondern bevorzugt die sinnverstehende Analyse einer relativ geringen Anzahl von Beobachtungsabläufen. Erscheint die Beobachtungsmethode für bestimmte Bereiche „verdeckter Kriminalität" als besonders geeignet, ist sie andererseits mit erheblichen Mängeln behaftet. Zum einen ist der Forscher in einer Reihe von Fällen gezwungen, „subversiv" vorzugehen, da er ansonsten an sein Untersuchungs-

feld nicht herankommt (Beispiel: *Chambliss*, 1978). Zum anderen ist diese Forschungsstrategie äußerst aufwendig und mit erheblichen Unsicherheiten behaftet, die nur in der Minderheit der Fälle in vollem Umfang vorhergesehen werden können (*Brusten* u. a., 1981).

Die beschriebenen Forschungsmethoden werden auch in kombinierter Form eingesetzt. Gleichwohl gibt es schwerwiegende Einwände auch gegen die **mit quantitativen Methoden** vorgehenden Forschungsansätze. Generelle Probleme bei diesen Forschungen sind folgende:

• Die Umsetzung der strafrechtlichen Tatbestände in die Umgangssprache,
• das Erinnerungsvermögen der Befragten und
• der Wahrheitsgehalt der Angaben (Furcht vor Bestrafung, Geltungsbedürfnis).

Die Kritik bezieht sich dabei vor allem auf die Täter- und die Opferbefragung. Das Problem der Täterbefragung liegt besonders in ihrer Konzentration auf leichte und mittlere Delikte und leicht zugängliche Befragungsgruppen (Kinder, Jugendliche, Heranwachsende, Studenten, Soldaten, Auszubildende). Insofern entsteht ein verzerrtes Bild der Kriminalitätsstruktur außerhalb des amtlich registrierten Kontrollbereichs. Dieses Problem wird durch die Opferbefragung noch dadurch zusätzlich verschärft, daß ganze Deliktbereiche tendenziell ausgeklammert werden. Dazu zählen etwa opferlose Straftaten (auch abstrakte Gefährdungsdelikte), gegen nicht-individuelle Opfer gerichtete Straftaten, Verletzungen von Rechtsgütern der Allgemeinheit sowie Delikte, die sich durch ein geringes Wahrnehmungs- und Entdeckungsrisiko auszeichnen (vgl. *Sack*, 1993, 104 f.; *Kaiser*, 1996, 395 f.).

V. Forschungsbefunde für die Ubiquität von Abweichung

1. Ubiquitätsthese

Um die These der Ubiquität (Allgegenwart) von Kriminalität in der Phase von Kindheit, Jugend und Heranwachsen plausibel zu machen, sollen einige zentrale Befunde traditioneller Dunkelfeldforschungen vorgestellt werden.

Während im Strafverfolgungtrichter (vgl. unten § 13) als Kern der jährlich auftretenden Jugendkriminalität 6646 (Strafverfolgung 2003) Jugendliche und Heranwachsende (alte Bundesländer) ausgemacht werden können, die zu einer Freiheitsstrafe ohne Bewährung verurteilt werden, unterstellt die Ubiquitätsthese eine Delinquentenzahl von annähernd 5 Millionen: Das ist die Zahl aller Jugendlichen und Heranwachsenden zwischen 14 und 21 Jahren.

a) Hell- und Dunkelfeld

In der Untersuchung von *Schumann* u. a. (1987) zeigte sich bei Diebstahl und Körperverletzung mit Relationen von 1 : 5 bzw. 1 : 6 noch eine gewisse Nähe zwischen dem Hellfeld der registrierten Kriminalität und dem Dunkelfeld. Bei Leistungserschleichung (1 : 45), aber auch bei den Betäubungsmitteldelikten (1 : 49) fanden sich hingegen beträchtliche Unterschiede (1987, 37). Nimmt man die Erkenntnisse aus anderen Dunkelfeld-Untersuchungen hinzu, so gilt generell, daß mit zunehmender Deliktschwere die Registrierungswahrscheinlichkeit steigt.

Diese Untersuchung erbringt damit Belege für die Ubiquitätsthese, wenngleich diese eher auf den Bagatellbereich der Delinquenz beschränkt ist. Eine Einteilung der Jugend in „Kriminelle" und „Nicht-Kriminelle" kann nach diesen Erkenntnissen nicht vorgenommen werden. Ebenso bestätigen die Befunde, daß die Eigenschaft „kriminell" nicht dem Verhalten selbst innewohnt, sondern das Ergebnis von Auslese- und Bewertungsprozessen ist, die im Grunde jeden Jugendlichen und Heranwachsenden treffen können. Schwere Delikte sind allerdings auch im Dunkelfeld selten anzutreffen.

b) Erstsemesterbefragungen

Aus der Befragung Studierender über eigene Jugenddelinquenzerfahrung, die in den Kriminologie-Kursen der Universitäten gelegentlich unternommen werden, sind Täteranteile bekannt, die den Ergebnissen von *Schumann* ähneln. *Kreuzer* (1983) teilt aus einer Befragung etwa 20-jähriger Jura-Erstsemester-Studenten (N = 350) mit, daß bei männlichen Studenten bis zu 83% das Begehen krimineller Delikte eingeräumt wird: Fahrgeld hinterziehen (81%), etwas gestohlen haben (83%), Ladendiebstahl (42%), angetrunken Auto gefahren (62%), Schlägereibeteiligung (49%), Fahren ohne

Führerschein (61%) und Unterschrift gefälscht (33%). Die befragten Studentinnen weichen nur unwesentlich von diesen Zahlen ab.

In der kriminologischen Fachwelt rufen derlei Daten zur Ubiquität der Jugendkriminalität keine große Aufregung hervor. Anders jedoch in der Öffentlichkeit, was *Lamnek* mit der Befragung von 357 Fernmeldelehrlingen der Bundespost in München eindrucksvoll belegt hat (vgl. oben § 11).

2. Folgerungen

Faßt man die zahlreichen Forschungsbefunde, die in etwa zu gleichen Ergebnissen kommen, zusammen, so läßt sich folgendes feststellen: Die allermeisten Jugendlichen und Heranwachsenden haben im Laufe ihrer Entwicklung delinquente Verhaltensweisen verübt. Dieses Verhalten wiederum legt sich in den allermeisten Fällen wieder, in einigen wenigen allerdings nicht. In dem Maße, wie die Gesellschaft derartige Abweichungen durch informelle soziale Kontrolle verarbeitet, bleibt das Kriminaljustizsystem von der Erfassung und Erledigung verschont. Diese **rechtssoziologische Betrachtungsweise,** die zentralen strafrechtlichen Grundannahmen wie Abschreckung, Gleichheit, Gerechtigkeit strikt zuwider zu laufen scheint, führt zur Analyse **zentraler Funktionen** des Dunkelfeldes für Gesellschaft und Kriminaljustizsystem.

VI. Funktionen des Dunkelfeldes für Gesellschaft und Kriminaljustizsystem

Die Existenz des Dunkelfeldes hat für die Gesellschaft und das Kriminaljustizsystem wichtige Funktionen.

1. Verringerung formeller Kontrolle als Chance zur Selbstregulierung

Das Phänomen der amtlichen Nichtregistrierung strafrechtlicher Normbrüche kennzeichnet nicht nur die Lückenhaftigkeit und Brüchigkeit strafrechtlicher Sozialkontrolle. Es verweist vielmehr auf Funktionen im Bereich der „**normativen Konstruktion der Gesellschaft**" (vgl. *Popitz*, 1980).

a) Ansonsten: Kontrolle und Überwachung allgegenwärtig

Der Tatbestand, daß die staatlichen Kontrollinstanzen längst nicht alles erfahren, was an Rechtsbrüchen und strafrechtlichen Normübertretungen in einer Gesellschaft zu verzeichnen ist, hat durchaus positive Seiten. Man stelle sich nur eine Gesellschaft vor, in der sämtliche strafrechtlichen Normübertretungen von den Instanzen geahndet würden: **Kontrolle und Überwachung wären allgegenwärtig,** die Prinzipien eines freiheitlichen und demokratischen Gemeinwesens würden ad absurdum geführt. Der Sozialwissenschaftler *Narr* drückt das wie folgt aus: wir hätten es mit einer „Gesellschaft bedingter Reflexe" zu tun, in der gesellschaftlicher Erfindungsreichtum und soziale Kompetenz im Umgang mit konfliktgeladenen Situationen praktisch auf null reduziert wären (vgl. *Narr*, 1979).

b) Chance zu informeller Konfliktregelung

Trotz der Unübersichtlichkeit entwickelter Industriegesellschaften mit ihrem hohen Grad an Rollendiffusion, Einengung lebensweltlicher Entfaltungsmöglichkeiten und individuellem Autonomieverlust bieten die subkulturellen Bereiche und die nichtinstitutionellen Freiräume verschiedene Möglichkeiten, bei Vorliegen eines strafrechtlich relevanten Konflikts ohne Hinzuziehung der staatlichen Kontrollorgane fertig zu werden. In *Christie's* Formel von den „Conflicts of Property" (1977) kommt – aus gesamtgesellschaftlicher Perspektive betrachtet – der **Verzicht auf Herrschaftsansprüche und Führungspräsenz** zum Ausdruck. In diesem Bereich drängt informelle Sozialkontrolle häufig auf Nicht-Einmischung und trägt somit zur Verteidigung der jeweiligen Gruppenkonformität nach außen bei. Informelle Konfliktregelung im kontrollpolitischen Dunkelfeld gibt den Betroffenen die **Chance zur Selbstregulierung.** Insoweit kann die Kriminalisierung vermieden und in sozialverträgliche Bahnen gelenkt werden. Letztere zielen gerade auf die rechtliche Steuerung dieser Selbstregulierung ab und schützen die Mechanismen informeller Konfliktaustragung gegen die interventionistischen Ansprüche des Staates (*Teubner*, 1984, 293).

c) Gefahr kontraproduktiver Effekte bei schärferer Überwachung

Wenn wir über die Funktionen des Dunkelfeldes für Gesellschaft und Kriminaljustizsystem diskutieren, dann müssen wir jenseits des strafrechtlichen Rechtsgüterschutzes die **Interessengebundenheit staatlichen Handelns** und die staatliche **Legalisierung gesellschaftlicher Gewalt** in Rechnung stellen. Eine Funktionsanalyse des Dunkelfeldes hat zur Kenntnis zu nehmen, daß eine Aufhellung durch Dunkelfeldforschung in erster Linie dem staatlichen Interesse an verstärkter Kontrolle und Überwachung nachzukommen scheint. Die Chance einer Selbstregulierung würde aber durch die kontraproduktiven Effekte schärferer Überwachung – zum Beispiel soziale Stigmatisierung – deutlich geschmälert werden.

Bei näherer Betrachtung ergeben sich also nicht nur Nachteile einer lückenhaften Strafverfolgung, die zwangsläufig ins gesellschaftliche Chaos, in einen Zustand allgemeiner Regellosigkeit führen müßten. Die Gefahren und Gefährdungen, die in unserer Gesellschaft tagtäglich mit großer Selbstverständlichkeit produziert und akzeptiert werden, und die unter dem Schutz staatlichen Rechts ganz legal ihre zerstörerischen Auswirkungen entfalten können, dürften eine weit größere Bedrohung des friedlichen gesellschaftlichen Fortbestehens darstellen (vgl. z.B. die Beiträge bei *Albrecht/Backes*, 1990; *Beck*, 2001; 1988).

2. Verdeckung konfliktreicher gesellschaftlicher Zustände

Ein weiterer Gesichtspunkt, der mit den Möglichkeiten und Grenzen informeller Streitregelung im Dunkelfeld zusammenhängt, bezieht sich auf die unterschiedliche (schichtenspezifische) Entdeckungswahrscheinlichkeit und die damit zusammenhängende selektive Strafverfolgung.

Zahlreiche Straftaten können im Dunkelfeld gehalten werden, weil sie durch Blockierung der Anzeigeerstattung gegenüber einer möglichen Intervention durch die Verfolgungsbehörden entsprechend abgeschirmt werden. Auch kann durch bewußte Nichtanzeige die Kontrolle der Instanzen neutralisiert werden (z.B. Wirtschafts- und Umweltkriminalität). Für diese „Unterdrückung der Kriminalität" sind in beiden Fällen **gesellschaftliche Machtstrukturen** verantwortlich. Dabei resultiert die kontrollpolitische Unterbelichtung des gesamten Wirtschafts- und Finanzsektors aus einer Schlüsselposition bei der Steuerung gesellschaftlich-politischer Prozesse („**Rechtsetzung**") und entsprechender staatlicher Intervention („**Rechtsanwendung**").

Diese drücken sich im ersten Fall durch die Beherrschung bestimmter Individuen innerhalb einer kleinen sozialen Gruppe aus (man spricht von geringer Beschwerdemacht). Im zweiten Fall werden sie durch die beträchtlichen Möglichkeiten der Verschleierung innerhalb eines komplexen gesellschaftlichen Teilsystems deutlich, die durch die **geringe Verfolgungsintensität** der staatlichen Kontrollinstanzen noch zusätzlich erweitert wird.

Ausgewiesene Kriminalität und Dunkelfeld ergänzen sich in ihrer Funktion für die Gesellschaft: durch Art und Ausmaß von Reaktion und Nichtreaktion auf Strafrechtsverletzungen werden die zentralen Verhaltensregeln ins öffentliche Bewußtsein gehoben und damit entsprechend gesellschaftlich bekräftigt. Die Funktion von Normverdeutlichung und -entlastung, die der Kriminalität gemeinhin zugeschrieben wird, läßt sich somit in modifizierter Weise auch für das **Dunkelfeld als kontrollpolitisches Gegenstück zur Kriminalität** reklamieren. Insofern hat nicht nur die Kriminalität „Schrittmacherfunktion für den sozialen Wandel" (*Schellhoss*, 1993, 153), sondern auch das Dunkelfeld hat Schrittmacherfunktion – wenn auch eine negative, weil es die Fragwürdigkeit und Veränderungsbedürftigkeit gesellschaftlicher Zustände dem öffentlichen Bewußtsein vorenthält.

3. Vermeidung von Normbeschädigungen

Das Phänomen des Dunkelfeldes kann aber auch in enger Verbindung zur Geltungskraft der strafrechtlichen Norm interpretiert werden. Danach hätte eine lückenlose Sanktionierung sämtlicher Normbrüche einen **Gesichtsverlust der Norm selbst** zur Folge. Eine umfassende Kriminalisierung des gesellschaftlichen Dunkelfeldes setzt die vollkommene Information über jedes **normrelevante** Verhalten, also auch über jede **Abweichung von den geltenden Normen** voraus. Jedoch muß die Annahme bestritten werden, „daß ein soziales Normensystem diese lückenlose Information über abweichendes Verhalten aushalten könnte" (*Popitz*, 1968, 9). Denn wenn jede strafrechtlich relevante Normabweichung vom Kriminaljustizsystem aufgedeckt würde, würde es damit sogleich die **Geltung seiner Normen ruinieren** (*Dollinger*, 2001, 89 ff.). Perfekte Verhaltenstransparenz gibt in einem System sozialer Normen diese der Lächerlichkeit preis: jeder würde ertappt, auf jeden müßte entsprechend reagiert werden. Letztlich würde sich das Kriminaljustizsystem zu Tode sanktionieren.

4. Verhinderung von Sanktionsmüdigkeit

Bereits ein flüchtiger Blick auf das Kriminaljustizsystem einschließlich seiner Kapazitäten macht deutlich, daß es, als Sanktionsorganisation begriffen, der nahezu kompletten Anlieferung aller Normbrecher nicht gewachsen wäre. Auf der anderen Seite würde aber auch die **Sanktionsbereitschaft** in Mitleidenschaft gezogen. Denn die Hüter der Sanktionsgeltung sind nicht nur die Mitglieder des Sanktionsstabes, sondern alle Rechtsunterworfenen. *Popitz* spricht hier plastisch von einer „Sanktionsmüdigkeit, einem Ausleiern der Spannungskraft" (1968, 16). Letzteres sei im Fall flächendeckender Ahndung der Normbrüche auf Seiten der Rechtsgemeinschaft festzustellen. Oder anders ausgedrückt: „Wenn die Norm nicht mehr oder zu selten sanktioniert wird, verliert sie ihre Zähne, muß sie dauernd zubeißen, werden die Zähne stumpf". Selbst der praktische Nachteil, den die Strafe bringt, schwächt sich in dem Grade ab, in dem er allgemein wird (*Popitz*, 1968, 17). Somit hat die Dunkelziffer für das Kriminaljustizsystem die Funktion eines Puffers zwischen kontrollpolitisch produzierter Kriminalität und gesellschaftlicher Normabweichung, die angesichts ihres Ausmaßes jeden auf Vollständigkeit ausgerichteten Sanktionsapparat zum Scheitern bringen würde.

5. Ausgangshypothesen

Betrachten wir abschließend die beiden Ausgangshypothesen, so gibt es hinreichende Gründe, dem Streben nach **komplexer naturalistischer Abbildung** von Abweichung zu entsagen (Hypothese 1). Der Ausleseprozeß – schon in der Gestalt informeller Sozialkontrolle – läßt über Ubiquitätsbefunde, Methodenprobleme und Funktionsvorteile dem Definitionsansatz (Hypothese 2) eine größere wissenschaftliche Relevanz zukommen.

§ 13. Der Einstieg in das Kriminaljustizsystem: Das Trichtermodell

Literatur: *Albrecht, P.-A.,* Jugendstrafrecht, 3. Aufl., 2000; *Kaiser, G.,* Kriminologie, 3. Aufl., 1996; *Sessar, K.,* Neue Wege der Kriminologie aus dem Strafrecht, in: Hirsch, H.-J. u.a. (Hrsg.), Gedächtnisschrift für Kaufmann, H., 1986, 373 ff.; *Voß, M.,* Anzeigemotive, Verfahrenserwartungen und die Bereitschaft von Geschädigten zur informellen Konfliktregelung, MSchKrim 1989, 34 ff.

I. Folgerungen aus informeller Sozialkontrolle und Dunkelfeldforschungen für den Rechtsanwender

Strafjuristinnen und Strafjuristen haben die Aufgabe der Entdeckung (Tatverdacht), Verfolgung, Verteidigung und Aburteilung strafrechtlich relevanter Sachverhalte (Kriminalisierung). Auch haben sie deren strafrechtliche Konsequenzen (Vollstreckung) zu begleiten bzw. zu überwachen. Dabei müssen sie ein gesellschaftlich vorgefertigtes Produkt entgegennehmen, welches bis zu diesem Zeitpunkt schon durch zahlreiche soziologische Gesetzmäßigkeiten geprägt ist:
- Bestimmte gesellschaftliche Schadensbereiche sind normativ besonders ausgeleuchtet, andere Bereiche sind normativ vernachlässigt,
- spezifische Verfolgungsapparate sind ausgebildet,
- soziale Kontrollprozesse haben die formelle Erfassung vorsortiert (Selbstregulierung versus Fremdbearbeitung),
- hierbei sind schichtspezifische Bearbeitungs- und Regulierungsprozesse wirksam geworden (gesellschaftliche Basisstrukturen),
- Zuschreibungen im Mikrobereich haben den Tatverdacht erst wahrnehmbar gemacht,
- zahlreiche Abweichungen bleiben aus soziologischer Gesetzmäßigkeit unentdeckt,
- das Kriminaljustizsystem kann nur aufgrund selektiver Verfolgung überleben, etc.

Vor dem Hintergrund derartiger selektiver Gesetzmäßigkeiten steht die weitergehende hochselektive Verarbeitung innerhalb des Kriminaljustizsystems an. Die Ausleseprozesse haben nicht etwa ihr Ende gefunden, sondern beginnen nun erneut und auch verstärkt im Kriminaljustizsystem zu wirken. Strafjuristinnen und Strafjuristen haben im Studium Verfahrensvorschriften kennengelernt, mit deren Hilfe die angelieferten Verdachtsfälle verarbeitet werden sollen. Dieser ‚first code‘ der Rechtsanwendung wird in Prüfungen und Berufseinübungen abgefragt, hochprofessionell verarbeitet und präsentiert (Rechtswissenschaft). Das, was schließlich in der Sanktionierung herauskommt (Kriminalisierung), wird von Prozessen gesteuert, die den Rechtsanwendern häufig verborgen bleiben und die Bezeichnung ‚second code‘ der Rechtsanwendung tragen. Wir werden in den folgenden Kapiteln aufzeigen, wie diese Ausleseprozesse sich im einzelnen darstellen.

II. Trichtermodell

Für die Verarbeitung durch das Kriminaljustizsystem hat sich auf einer formalen Ebene die Bezeichnung ‚Trichtermodell‘ eingestellt, das auf den Ebenen der Polizei, der Staatsanwaltschaft, des Gerichts und des Strafvollzugs zu den dargestellten Konsequenzen führen kann.

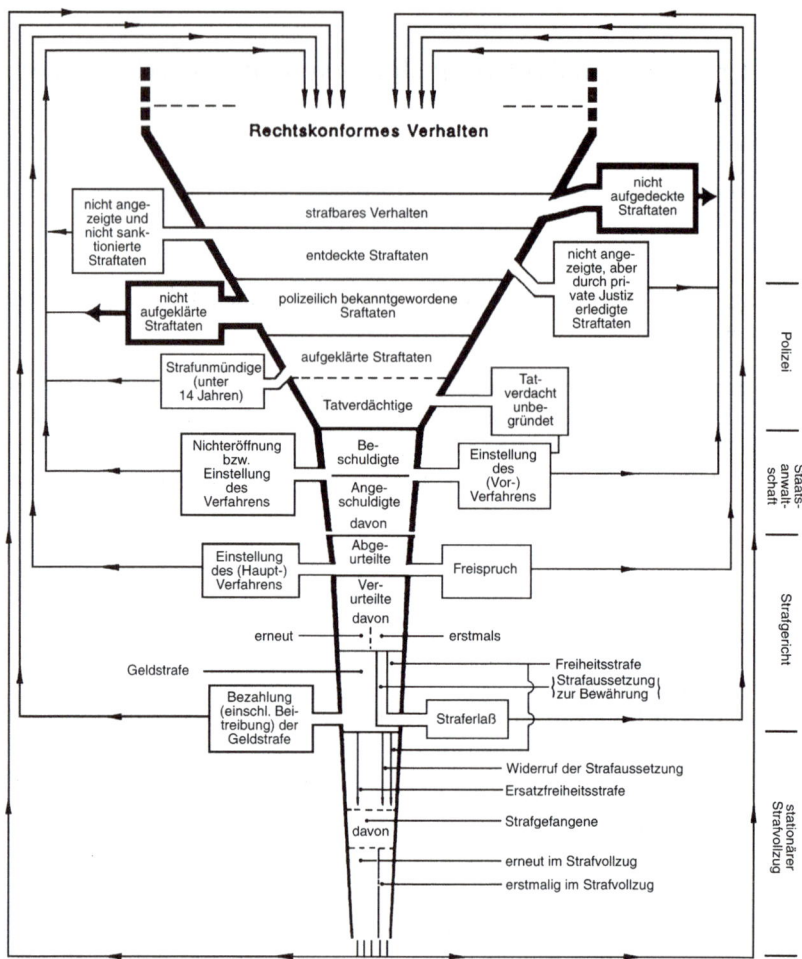

Abbildung 1: Entdeckung, Verfolgung und Aburteilung von Straftaten sowie deren strafrechtliche
Konsequenzen (Trichtermodell)
(Quelle: *Kaiser,* 1996, 362)

III. Forschungen zu Anzeigemotiven

Nachdem der Zugang zur rechtlichen Regelung erreicht ist, stellen sich zunächst die
Fragen, aus welchen Gründen Anzeigen überhaupt erfolgen, und inwieweit die Verfahrenserwartungen der Geschädigten mit dem Verfahrensprogramm der Justiz übereinstimmen. Formelles Verfahrensziel im Kriminaljustizsystem ist die Feststellung des
Tatbestandes und die Klärung der Schuldfrage sowie des Schuldausgleichs. Das Verfahren mündet gegebenenfalls in eine Sanktionierung, der spezial- und generalpräventive
Wirkungen zugeschrieben werden.

Auch den Geschädigten wird unterstellt, daß sie archaische Bedürfnisse im Hinblick
auf die Bestrafung des Täters haben: Rache- bzw. Selbstjustizinteressen bei fehlender
staatlicher Bestrafung werden vermutet. Kriminalisierungs- oder Strafschärfungsreformen werden häufig mit Blick auf Opferinteressen betrieben. Die Strafe soll über
unterstellte Abschreckungseffekte dem Opfer mehr Schutz geben.

Eine **Arbeitshypothese** der Anzeigemotiv-Forschung könnte daher lauten: Opfermotive und strafjustitielles Programm stimmen weitgehend überein. Der Untersuchungsgegenstand hierzu ist die Befragung von Geschädigten, die Anzeige erstattet haben. Einige Forschungsbefunde sollen im folgenden beschrieben werden.

1. Forschungsbeispiel: Bielefelder Opferbefragung

Befragungsthema waren Anzeigemotive, Verfahrenserwartungen und eine Teilnahmebereitschaft am sog. Täter-Opfer-Ausgleich (vgl. *Albrecht*, 2000, 184ff.). Die Befragtenpopulation erfaßte 270 Geschädigte, die nach der Anzeigeerstattung befragt wurden. Mit wenigen Deliktausnahmen wurden nur jene Geschädigte einbezogen, die durch Jugendliche und Heranwachsende geschädigt worden waren. Die Erhebungsmethode war die der mündlichen Befragung.

Mit einer offenen Frage wurden Anzeigemotive erfaßt, die folgendes Ergebnis zeigen: 45% der Befragten erwarten ausschließlich eine zivilrechtliche Regelung, 31% erwarten Hilfe für das Opfer bzw. eine Krisenintervention zu ihren Gunsten und nur 24% sprechen sich für eine Bestrafung des Täters aus. Anzeigemotive der Geschädigten waren damit primär die Schadensregelung (42%), die Annahme einer Pflicht zur Anzeige (17%), der Wunsch nach Täterbestrafung (15%), Hilfe und Krisenintervention zu Gunsten des Opfers (13%) und Hilfe für den Täter (8%). Das Bestrafungsmotiv der Geschädigten liegt mit knapp 27% weit hinter den übrigen, insbesondere den Schadensregulierungsmotiven. Das Bestrafungsinteresse wächst allerdings von den Eigentumsdelikten mit 12% zu den Gewaltdelikten bis auf 29% an (*Voß*, 1989, 34ff.).

2. Forschungsbeispiel: Hamburger Opferbefragung

Befragungsthema waren hier der Viktimisierungsgrad in der Bevölkerung und Anzeigemotive. Die befragte Population erfaßte 1799 repräsentativ ausgewählte in Hamburg gemeldete Deutsche, die mindestens 18 Jahre alt waren. Die Erhebungsmethode war die schriftliche Befragung.

54% der Befragten, die Opfer einer Straftat waren, haben Anzeige erstattet. Bei den Eigentumsdelikten 57%, bei den Wohnungseinbrüchen 74% und bei den Gewaltdelikten 30%.

Auf die Antworten nach den Anzeigemotiven ergab sich eine deutliche Zentrierung bei den Eigentumsdelikten im Hinblick auf die Erfüllung von Versicherungsbedingungen (44%). Das Motiv auf Schadensersatz lag bei 21%, das nach Bestrafung bezüglich aller Delikte nur bei 20%. Nur bei den Gewaltdelikten rangieren auch der Schadensersatz und das Einhalten von Versicherungsbedingungen nachrangig: Das Hauptmotiv liegt auch hier mit ca. einem Drittel der Befragten bei der Bestrafung des Tatverdächtigen (vgl. *Sessar*, 1986, 383ff.).

3. Schlußfolgerungen

Die kriminalpolitische Inanspruchnahme des Opfers für die Zwecke des Strafrechts oder gar für Kriminalisierungs- oder Strafschärfungsreformen ist empirisch nicht gedeckt. Opfer-Bedürfnisse liegen mehrheitlich jenseits der Alternative strafen/nicht strafen. Geschädigte stehen dem Täter häufig indifferent gegenüber. Dieses **relative Desinteresse des Opfers an der Bestrafung des Täters** gilt allerdings für staatliche oder institutionelle Geschädigte nicht.

Man kann Strafe aber auch aus anderen Gründen fordern, nicht als Geschädigter, sondern als jemand, der **Schädigungen fürchtet** oder Schädigungen anderer durch die **Medien vermittelt** bekommt. Denkbar ist auch, daß Menschen die eigene Konformität in gewisser Weise als Entbehrung empfinden und daher gelegentlich zur eigenen Konformitätsstützung erleben wollen, daß Deviante bestraft werden (**Sündenbocktheorie**). Hier ist die Rolle der Massenmedien entscheidend, die das „ideelle Gesamtopfer" vertreten. Die Überbetonung der Gewaltkriminalität (vgl. hierzu unten 13. Kapitel) und der individualistischen Perspektive der Strafverfolgungsorgane kann durchaus Bestrafungsforderungen provozieren. Es sind demnach auch **symbolische Funktionen** (vgl. oben § 6 C), die in der Strafjustiz nachgefragt werden.

Betrachtet man noch die Konfliktregelungsfunktion des Rechts vor dem Hintergrund der dargestellten Befunde, läßt sich für die Nachfrageseite folgendes feststellen: Der ohnehin vielfach beschränkte Zugang der Geschädigten zum Recht (teilweise aus eigener Einsicht) bezieht sich auf ein Rechtssystem, das eher systemeigene Rechtspflegeinteressen verfolgt. Es kann in der These gipfeln: ,**Pflege des Rechts**' statt ,**Pflege des Opfers**'. Auch werden die instrumentellen Interessen der Geschädigten vernachlässigt, obwohl nahezu 90% aller Straftaten mit dieser Regelungsabsicht der Justiz zugetragen werden. Insofern erscheint die geringe Nachfrage der Geschädigten nach strafrechtlichen Verfahren auch berechtigt. Bei jenen, die justitielle Konfliktregelung einfordern, zeigt sich in vielen Fällen, daß sie mit der Strafjustiz ein ungeeignetes Programm abrufen.

5. Kapitel. Polizei

§ 14. Organisation und Basisinformationen

Literatur: *Albrecht, P.-A.*, Jugendstrafrecht, 3. Aufl., 2000; *Beste, H./Voß, M.*, Verformungen des Strafrechts durch private Sicherheitsdienste, in: Institut für Kriminalwissenschaften Frankfurt a.M. (Hrsg.), Vom unmöglichen Zustand des Strafrechts, 1995; *Braum, S.*, Strafrechtliche Grenzen der Privatisierung, in: Strafverteidigervereinigungen (Hrsg.), 22. Strafverteidigertag 1998, 1999, 161ff.; *Bundesministerium des Innern* sowie *Bundesministerium der Justiz*, Erster periodischer Sicherheitsbericht, 2001; *v. Danwitz, K.*, Private Wachleute – die neuen Hüter von Sicherheit und Ordnung im öffentlichen Raum?, KritV 2002, 347ff.; *Feltes, T.*, Polizeiliches Alltagshandeln, in: Bürgerrechte und Polizei (19) 3/1984; *Feltes, T.*, Polizei, in: Handbuch Sozialarbeit/Sozialpädagogik, 2. Aufl., 2001, 1389ff.; *Funk. A./Werkentin, F.*, Der Todesschuß der Polizei, KJ 1976, 121ff.; *Götz, V.*, Allgemeines Polizei- und Ordnungsrecht, 13. Aufl., 2001; *Kaiser, G.*, Kriminologie, 3. Aufl., 1996; *Karlsruher Kommentar zur Strafprozeßordnung* und zum GVG mit Einführungsgesetz, 5. Aufl., 2003; *Knemeyer, F.-L.*, Polizei- und Ordnungsrecht, 10. Aufl., 2004; *Meixner, K.*, Kommentar zum HSOG, 10. Aufl., 2005; *Polizeiliche Kriminalstatistik Bundesrepublik Deutschland* 2003, BKA (Hrsg.).

A. Organisation

Bei der administrativen Organisation der Polizei ist die Landesebene (Ministerium des Inneren, Regierungspräsident, untere Polizeibehörden), die Bundesebene (Bundesinnenministerium, BKA, etc.) sowie die europäische Ebene (Interpol seit 1923 und Europol seit 1998) zu unterscheiden.

Die folgenden Schemata zeigen diese Organisationsformen auf der Ebene der Länder (am Beispiel Hessens) und des Bundes.

I. Polizeiorganisation

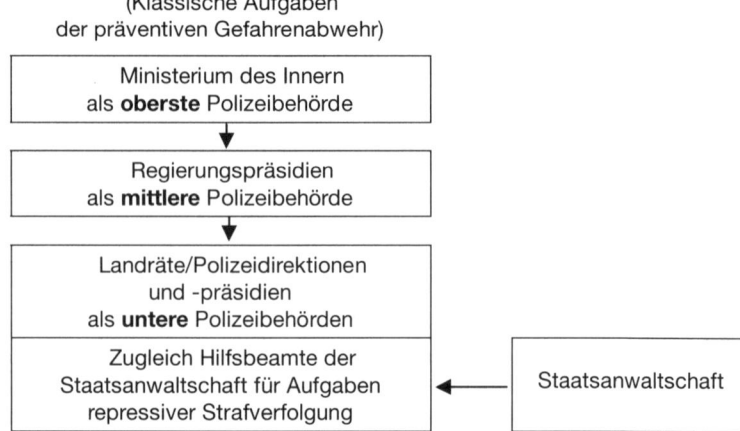

Organisation der Polizeibehörden

(Klassische Aufgaben
der präventiven Gefahrenabwehr)

Ministerium des Innern
als **oberste** Polizeibehörde

↓

Regierungspräsidien
als **mittlere** Polizeibehörde

↓

Landräte/Polizeidirektionen
und -präsidien
als **untere** Polizeibehörden

Zugleich Hilfsbeamte der
Staatsanwaltschaft für Aufgaben
repressiver Strafverfolgung   ←   Staatsanwaltschaft

II. Polizeiorganisation des Bundes

Bundesinnenminister

Bundesgrenzschutz
Art. 87 Abs. 1 S. 1 GG, §§ 1 ff. BGSG

Wasser- und Schiffahrtspolizei
Artt. 87 Abs. 1 S. 1, 89 GG, § 24 BWaStrG

Bundeskriminalamt (BKA)
Artt. 73 Nr. 10, 87 Abs. 1 S. 2 GG, §§ 1, 2 BKAG

III. Polizeibegriff

1. Vollzugspolizei

Unter „Polizei" wird heute im engeren Sinne nur noch die **Vollzugspolizei** verstanden (*Götz*, 2001, 13 f.). Die Vollzugspolizei untergliedert sich in Schutz-, Kriminal-, Wasserschutz-, Bereitschafts- und Grenzpolizei sowie den Bundesgrenzschutz, das Bundeskriminalamt und die Wasser- und Schiffahrtspolizei (vgl. im einzelnen *Knemeyer*, 2004, 24 ff.). Wenn im folgenden allgemein von „der Polizei" die Rede ist, so ist damit immer die Vollzugspolizei gemeint. Die übrigen Ordnungs- und Polizeibehörden der Verwaltung bleiben unberücksichtigt.

Die polizeilichen Aufgaben im **präventiven** Bereich **(Gefahrenabwehr)** bezwecken insgesamt den Schutz des vorhandenen Bestandes an Rechten, Rechtsgütern und Rechtsnormen, d.h. die Verhinderung von Rechtsverstößen über den strafrechtlichen Bereich hinaus. **Repressiv** hat die Vollzugspolizei die Aufgabe der Erforschung und **Verfolgung von Straftaten und Ordnungswidrigkeiten.** Bei der Verfolgung von Straftaten hat die Polizei – sobald sie von dem Anfangsverdacht einer Straftat (§ 152 Abs. 2 StPO) Kenntnis erlangt – das Recht des **ersten Zugriffs** (§ 163 Abs. 1 StPO). Sie hat selbständig, d.h. ohne daß ein Ersuchen oder ein Auftrag der Staatsanwaltschaft vorliegt (§ 161 Satz 2 StPO), den Sachverhalt zu erforschen und die zur Aufklärung erforderlichen Maßnahmen zu treffen (vgl. KK-*Wache*, 2003, § 163 Rn. 1).

2. Schutz- und Kriminalpolizei

Hierbei ist auf die grundlegende Trennung zwischen Schutzpolizei und Kriminalpolizei hinzuweisen. Zwar sind beide Teile der Polizei gleichermaßen Träger der Verbrechensbekämpfung" (§ 163 StPO), jedoch gibt es eine Zuständigkeitsabgrenzung zwischen beiden Organisationsbereichen, die nicht in allen Ländern einheitlich geregelt ist. Während die Kriminalpolizei aufgrund ihrer besonderen fachspezifischen Kenntnisse, Möglichkeiten und Mittel vorwiegend im Bereich schwerer Kriminalität (Tötungs- und Sexualdelikte, Raub und Erpressung, Brandstiftung, Sprengstoffdelikte etc.) ermittelt, erstrecken sich die Aufgaben der uniformierten Schutzpolizei weitge-

hend auf die Verfolgung von leichter und mittlerer Kriminalität sowie Ordnungswidrigkeiten, wobei insbesondere die Bearbeitung von Straßenverkehrsdelikten zu
nennen ist.

B. Basisinformationen

I. Polizeiliche Kriminalstatistik

Als Basisinformation für die Polizeiarbeit wird die **Polizeiliche Kriminalstatistik**
(PKS) angesehen. Sie wird seit 1953 alljährlich vom Bundeskriminalamt in Zusammenarbeit mit den Landeskriminalämtern herausgegeben.

Nach dem Gesamtüberblick gliedert sich die polizeiliche Kriminalstatistik in vier zentrale Bereiche: (1) bekanntgewordene Fälle; (2) Aufklärung; (3) Tatverdächtige; (4) ausgewählte Deliktbereiche. Als bekanntgewordener Fall wird „jede im Straftatenkatalog aufgeführte rechtswidrige (Straf-)
Tat einschließlich der mit Strafe bedrohten Versuche, der eine polizeilich bearbeitete Anzeige zugrunde liegt" (*PKS*, 2003, 12), definiert. Ein aufgeklärter Fall liegt vor, wenn nach den polizeilichen Ermittlungsergebnissen für eine rechtswidrige Straftat ein mindestens namentlich bekannter
oder auf frischer Tat aufgegriffener Tatverdächtiger festgestellt worden ist (*PKS*, ebd.). Als tatver-
dächtig gilt diejenige Person, die „nach dem polizeilichen Ermittlungsergebnis aufgrund zureichender
tatsächlicher Anhaltspunkte verdächtig ist, eine rechtswidrige (Straf-)Tat begangen zu haben" (*PKS*,
2003, 19).

Es handelt sich bei der PKS um eine statistische Dokumentation, in der sich die
Kontrolltätigkeit des polizeilichen Sicherheitssystems, über das Anzeigeverhalten der
Bevölkerung weitgehend vermittelt, in quantifizierter Weise widerspiegelt. Bevor es
überhaupt zur zahlenmäßigen Verarbeitung von Kriminalität kommt, sind bereits tiefgreifende Ausfilterungsprozesse abgelaufen, wobei ein beträchtlicher Teil „potentieller
Kriminalität" in der gesellschaftlichen „Normalität" verblieben ist (vgl. dazu oben
4. Kapitel).

1. Erläuterungen zur Polizeilichen Kriminalstatistik

- Die Polizeiliche Kriminalstatistik zeigt für das Jahr 1984 **1,254 Mio.** Tatverdächtige
an. Im Jahr 2003 erfaßte die Polizei **2,355 Mio.** Tatverdächtige. Diesen Anstieg der
Tatverdächtigenzahlen kann man erst einmal als erhebliche Zunahme der Arbeitsbelastung der Polizei bezeichnen. Aus der Sicht der Polizei gibt es seit Beginn der 80er
Jahre also eine Tatverdächtigenzunahme von 88% (vgl. Schaubild 1)!
- Absolute Zahlen der polizeilichen Kriminalstatistik (PKS) sind indes nicht aussage-
kräftig, soweit Aussagen über die polizeiliche Anzeigenaufnahme **hinaus** beabsichtigt sind, z.B. eine Aussage über die **Kriminalitätsbelastung der Bevölkerung**. Dazu muß immer die Bevölkerungsentwicklung in Bezug genommen werden. Erst die
Anzahl der Delikte (oder Deliktsgruppen) dividiert durch die Wohnbevölkerung ergibt die **Kriminalitätsbelastung,** die auch als Tatverdächtigenbelastung bezeichnet
und mittels einer Belastungsziffer berechnet wird. Einfach ausgedrückt ist das der
prozentuale Anteil von Tatverdächtigen an der gesamten Wohnbevölkerung. Die
Wohnbevölkerung der Bundesrepublik Deutschland hat sich von 1984 bis 2003 um
ca. 21 Millionen Menschen erhöht. Das ist insbesondere bedingt durch die deutsche
Wiedervereinigung im Jahr 1990 (vgl. Schaubild 2).
- Berücksichtigt man von 1984 an die Bevölkerungsentwicklung und bezieht sie auf
die Anzahl der Tatverdächtigen, dann zeigt sich über den **gesamten Zeitraum** eine
nahezu **gleiche Kriminalitätsbelastung,** die zwischen **2,1%** und **2,9% der Bevölke-**

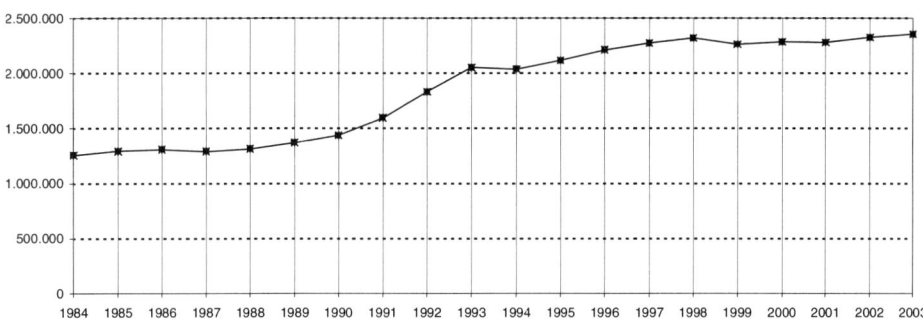

Abbildung 1: Tatverdächtige in absoluten Zahlen von 1984 bis 2003

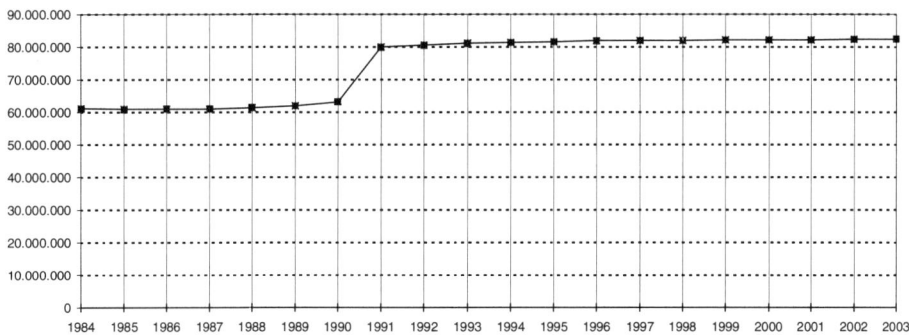

Abbildung 2: Bevölkerungsentwicklung (seit 1991 mit den neuen Bundesländern)

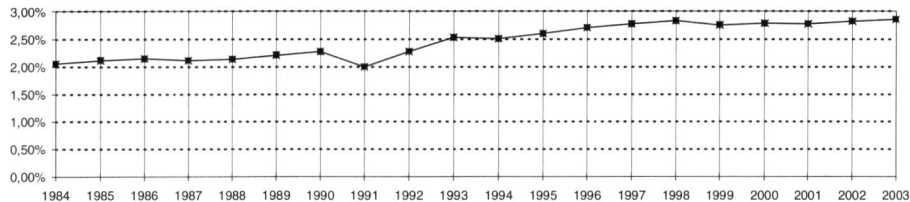

Abbildung 3: Tatverdächtigenbelastungsziffer bezogen auf die Bevölkerung in Prozent
(Definition: Tatverdächtigen-/Kriminalitätsbelastung =
Tatverdächtige x 100.000 / Einwohnerzahl)
(Quellen: Statistisches Jahrbuch, Statistisches Bundesamt Wiesbaden; Polizeiliche Kriminalstatistik, BKA Wiesbaden)

rung erfaßt. Es ist also weder ein sozial-relevanter Anstieg noch ein Rückgang an Tatbelastung innerhalb der deutschen Bevölkerung feststellbar, lediglich eine Differenz von 0,8 Prozentpunkten innerhalb von knapp zwei Jahrzehnten. Hauptmerkmal der Kriminalitätsbelastung der deutschen Bevölkerung ist, daß sie stets auf gleichbleibend niedrigem Niveau verharrt. Der Anstieg der absoluten Zahlen innerhalb der Kriminalstatistik suggeriert mithin einen falschen Eindruck bezüglich des Bedrohungspotentials des numerischen Anstiegs von Tatverdächtigen (vgl. Schaubild 3).

2. Altersbedingte Unterschiedlichkeit in der Kriminalitätsbelastung

Altersbedingt ist die Kriminalitätsbelastung unterschiedlich verteilt: Kinder, Jugendliche, Heranwachsende, Jungerwachsene und 25–30 jährige zeigen verschiedene Kriminalitätsbelastungen: Jugendliche und Heranwachsende sind die am stärksten, wenngleich bezogen auf die Gesamtheit dieser Bevölkerungsanteile auch nicht übermäßig belastete Altersgruppe. Bei den Jungerwachsenen geht die höhere Belastung gegenüber der Gesamtbevölkerung bereits wieder deutlich zurück (*Albrecht*, 2000, 13 [Abbildung 4]).

3. Deliktspezifische Differenzierungen

Deliktspezifische Differenzierungen zeigen, daß fast 50% der bekanntgewordenen Straftaten Diebstahlsdelikte sind, wobei „einfacher Diebstahl" und „schwerer Diebstahl" jeweils knapp ein Viertel aller Delikte ausmachen (*PKS*, 2003, 29). Gewaltdelikte haben nur einen vergleichsweise geringen Anteil an allen Delikten: 8,5% der Gesamtheit aller Tatverdächtigen (vgl. im einzelnen 13. Kapitel). Pro Jahr werden in ganz Deutschland „nur" ca. 800 vollendete Tötungsverdachtsfälle (inklusive Versuche = 2541/*PKS*, 2003, 133) registriert, was sich noch nicht einmal als prozentualer Anteil der Gesamtbevölkerung sinnvoll berechnen läßt (vgl. unten § 39 Abb. 2).

4. Sozialer Aussagewert der Polizeilichen Kriminalstatistik

Die polizeiliche Verdachtsstatistik eignet sich lediglich als Nachweis für die Registrierungstätigkeit der Polizei, ist mithin nur **Geschäftsstatistik** oder **Bilanz polizeilicher Kontrolle.** Will man überhaupt Aussagen über registrierte Kriminalität als „soziale Erscheinung" treffen, müßten ohnehin die **Justizstatistiken** (staatsanwaltschaftliche Geschäftserledigung und justitielle Verurteilungsstatistik) herangezogen werden (vgl. dazu § 17 und § 23). Für ätiologische oder soziale Bewertungen eignen sich aber offizielle Kriminalstatistiken nicht.

Schon die geringen Belastungszahlen in spezifischen Deliktbereichen erlauben keine ätiologischen (ursachenbezogenen) Schlußfolgerungen über Verhaltensveränderungen, Wertewandel oder Einstellungsveränderungen innerhalb der Bevölkerung. Dafür sind

- polizeiliche Verdachtsstatistiken keine verläßliche Informationsbasis,
- statistische Ausleseprozesse zu dominant, z.B. durch Dunkelfeld-Selektionen bedingt, durch Prozesse informeller sozialer Kontrolle, durch Nicht-Anzeige-Motivationen und Anzeige-Verhalten gesteuert, schließlich durch polizeiliche Selektionsfilter erzeugt;
- absolute Zahlen von Tatverdächtigen im Verhältnis zur Gesamtbevölkerung quantitativ irrelevant (nicht repräsentant). Wollte man z.B. aus der Entwicklung der Kriminalitätsdaten Schlußfolgerungen für einen „Wertewandel" oder für Änderungen sexueller Verhaltensstandards oder Aggressionspotentiale ableiten, dann würde unerklärlich bleiben, warum z.B. 98% der Bevölkerung nicht wegen entsprechender Aggressionen oder Veränderungen im Wertebewußtsein kriminalisiert werden. Der Einwand, man könne derartige Überlegungen nicht pro Jahr sondern nur pro Generation anstellen, verfängt nicht, weil generationenübergreifende Kohortenvergleiche schon aus methodischen Gründen unzulässig sind (vgl. § 5 A III 3).

Der Aussagewert der *PKS* muß vor dem Hintergrund ihres Zustandekommens zunächst deutlich relativiert werden. Diese Statistik wird nicht von einer unabhängigen (staatlichen) Instanz erstellt, sondern von einer Institution, die ein hohes Interesse an diesem kriminalitätsbezogenen Zahlenwerk hegt. Steigt die Kriminalität und sinkt die Aufklärungsquote (= prozentuales Verhältnis von aufgeklärten zu bekannt gewordenen Fällen im Berichtszeitraum), ist dies ein „Beweis" für die Notwendigkeit einer Aufstockung polizeilicher Ressourcen. Sinkt die Kriminalität und steigt die Aufklärungsquote, so ist dies ein Zeichen des „Erfolgs" polizeilicher Arbeit und verweist damit auf die (große) Bedeutung der Polizei. Die Präsentation und Interpretation der Kriminalitätsdaten, die alljährlich vom Bundesminister und den Landesministern des Inneren über die Massenmedien öffentlichkeitswirksam vermittelt werden, ist nur hinreichend verständlich, wenn dieser organisationsspezifische Bedingungskontext mitgedacht wird.

Dies gilt in gleichem Maße für den 2001 erstmals veröffentlichten „Periodischen Sicherheitsbericht" der Bundesregierung, gemeinsam herausgegeben vom Bundesministerium des Inneren und vom Bundesministerium der Justiz. Hierin stehen „kriminal- und rechtspolitische Schlußfolgerungen der Bundesregierung" im Vordergrund, die primär der Rechtfertigung der Kriminal- und Sozialpolitik der Bundesregierung und der sie tragenden Parteien dienen. Von wissenschaftlich unabhängiger Analyse ist der Bericht ebenso weit entfernt wie die statistischen Einzelverlautbarungen von Bundesbehörden. Geld für Forschung bringt Politik offenbar nur dann auf, wenn sich dadurch unmittelbar ein (partei-)politischer Nutzeffekt einstellt oder dieser zumindest erzielbar erscheint.

II. Sonstige Polizeidaten

1. Personalbestand

Die Schutzpolizei ist diejenige Institution, die für das Fremdregelungsbedürfnis nach einem Schaden oder einem Konflikt die traditionelle Anlaufstation darstellt. In den Bundesländern stehen den ca. 115 000 Schutzpolizeibeamtinnen und -beamten ca. 35 000 Kripobeamtinnen und -beamte (ohne Bereitschaftspolizei) gegenüber (*Feltes*, 2001, 1390f.). Rein rechnerisch kann man eine Polizeidichte von einem Polizeibeamten auf ca. 550 Bürger belegen, wobei zu berücksichtigen ist, daß Innendienst, Schichtdienst, Wechsel von Streifen- und Revierdienst, Krankenstand und Urlaub zu einem realistischen Verhältnis von eher einem Schutzpolizisten auf etwa 16 000 Bürger führt (vgl. hierzu *Feltes*, 2001, 1390f.).

2. Private Sicherheitsdienste

Im Bereich von Gefahrenabwehr und Strafverfahren treten zunehmend private Sicherheitsdienste auf. Deren Ordnungs- und Kontrollfunktionen im öffentlichen Raum haben sich in den letzten Jahren stark erweitert. Mittlerweile wird der Umfang **privater Sicherheitsdienste** und **betriebseigener Werkschutzmitarbeiter** auf ca. 110 000 bis 200 000 Personen geschätzt (*Knemeyer*, 2004, 14 ff.). Damit verdrängen sie noch nicht die Polizei, deutlich wird aber ihre Bedeutung im Prozeß der sozialen Kontrolle, insbesondere in den Großstädten. Private Sicherheitsdienste sind die modernen Dienstleister auf dem Markt der öffentlichen Sicherheit. Sie sind Servicebetriebe zur Bewältigung öffentlicher Unsicherheit und Kriminalitätsangst.

Die Struktur ihrer Auftraggeber ist gemischt. In einer von den Soziologen *Michael Voß* und *Hubert Beste* durchgeführten Studie gaben mehr als 90% der befragten privaten Wachunternehmen an, ihre Auftraggeber entstammten dem Dienstleistungs- und Handelsgewerbe. 77% der Unternehmen gaben Einzelpersonen bzw. Zusammenschlüsse privater Personen als Auftraggeber an, 68% nannten die Kommunen als öffentlichen Auftraggeber. Mit den privaten Sicherheitsdiensten ist eine quasi-staatliche Autorität entstanden, die im Prozeß der sozialen Kontrolle mit staatlichen Institutionen verstärkt kooperiert. Diese Kooperation verdichtet die soziale Kontrolle insgesamt (vgl. *Beste/Voß*, 1995).

Dabei sind die rechtlichen Grundlagen für das Bewachungsgewerbe vage und unscharf. § 34 a Gewerbeordnung ist keine Befugnisnorm für präventive Gefahrenabwehr oder strafrechtliche Repression, sondern lediglich Berufsausübungsregel. Eingriffsbefugnisse Privater werden aus Notwehr- und Nothilferechten (§ 32 StGB, § 227 BGB), aus Notstands- und Selbsthilferechten (§§ 228, 229–231, 904 BGB), aus dem Recht zur vorläufigen Festnahme (§ 127 Abs. 1 Satz 1 StPO) sowie aus Eigentums- und Besitzrechten abgeleitet (§§ 858, 903 ff. BGB). Die Anwendung strafrechtlicher Notwehrrechte auf kommerziell organisierte Sicherheitsunternehmen wird als unzulässig betrachtet, da Grundrechtsbindungen der öffentlichen Gewalt so umgangen werden können (*Braum*, 1999, 161 ff.; *v. Danwitz*, 2002, 347 ff.).

3. Berufsrisiken

Der Berufsalltag, insbesondere der schutzpolizeilichen Dienste, hat mit Kriminalitätsbekämpfung vor Ort relativ wenig zu tun. Kriminalität erleiden, Kriminalität melden und Tatverdächtige namhaft machen sind – je nach Delikttypus – zwischen **91 und 98% Bürgerangelegenheiten** (*Kaiser*, 1996, 355 f.).

Auch ist der Beruf des Polizeibeamten nicht sonderlich gefährlich. Schon Mitte der 70er Jahre wurden Vergleichsrisiken im Schrifttum berechnet. Im Vergleich der Risiken, in Ausübung des Berufs zu Tode zu kommen, haben andere Berufsgruppen deutlich höhere Werte: Binnenschiffahrt (127 Todesfälle auf 100000 Vollarbeiter), Bergbau (103), Tiefbau (47). Der Durchschnittswert aller Berufsgenossenschaften hatte mit 19,9 Todesfällen auf 100000 Mitarbeiter einen höheren Wert als die Polizei mit nur 17,8. Nur die öffentliche Verwaltung liegt mit 9 pro 100000 Beschäftigten unter dem Wert der Polizei (*Funk/Werkentin*, 1976, 131).

4. Polizeilicher Berufsalltag

Die Polizei ist die traditionelle Hilfeagentur, die der moderne Mensch bei Verletzungen von Alltagsroutinen und Normalitätsvorstellungen in Anspruch nimmt. Im Vordergrund für die Polizei stehen Kriseninterventionen und Protokollierungspflichten. Beispielsweise wird die Polizei für Ruhestörung, Vernichtung von Wespennestern und für die Unterstützung hilfloser Personen aller Art gerufen.

Der Kriminologe *Thomas Feltes* hat Einsatzprotokolle und Streifenberichte analysiert (vgl. *Feltes*, 1984). Danach entfallen 45% der Einsätze auf die Überwachung des Straßenverkehrs, 48,3% auf Personen- und KfZ-Überprüfungen, nur 2,3% auf die Ermittlung von Kleinkriminalität (meist Ladendiebstahl) und 3% sonstige Kriminalität (tätliche Auseinandersetzungen, Sachbeschädigungen). Die Einsätze gegen klassische Kriminalität insgesamt liegen mit 54% im Bereich des Diebstahls, mit 17% im Bereich der Gewaltdelikte, mit 14% bei Sachbeschädigungen und mit 7% beim Schwarzfahren. Insgesamt gibt es in der Gesellschaft also eine **hohe Nachfrage nach Dienstleistungen der Polizei**: so erfolgte in Berlin ca. alle 45 Sekunden ein Notruf, in Hamburg jede Minute, bezogen auf das Bundesgebiet (altes Bundesgebiet) insgesamt 27000 Notrufe pro Tag (vgl. *Feltes*, 1984).

§ 15. Rechtsgrundlagen der Polizei

Literatur: *v. Bogdandy, A./Nettesheim, M.*, Die Verschmelzung der Europäischen Gemeinschaften in der Europäischen Union, NJW 1995, 2324 ff.; *Busch, H.*, Europäische Innere Sicherheit – Möglichkeiten der parlamentarischen Kontrolle, Bürgerrechte und Polizei 57 (1997), 58 ff.; *Busch, H.*, Verpolizeilichung des Strafverfahrens, Bürgerrechte und Polizei 79 (2004), 6 ff.; *Denninger, E.*, Polizeiaufgaben, in: Lisken, H./Denninger, E. (Hrsg.), Handbuch des Polizeirechts, 3. Aufl., 2001, 131 ff.; *Fezer, G.,* Anmerkung zu BGH, 3 StR 418/84 sowie 2 StR 526/84, JZ 1985, 496 ff.; *Fisahn, A.,* Europol – Probleme der Kontrolle, KJ 1998, 358 ff.; *Frowein, J./Krisch, N.,* Der Rechtsschutz gegen Europol, JZ 1998, 589 ff.; *Götz, V.,* Allgemeines Polizei- und Ordnungsrecht, 13. Aufl., 2001; *Gusy, C.,* Polizeiarbeit zwischen Gefahrenabwehr und Strafverfolgung, StV 1993, 269 ff.; *Klawitter, E.,* Die Reduktion der Verteidigungsrechte im Anti-OK-Sonderrechtssystem, KritV 1997, 248 ff.; *Köhler, M.,* Unbegrenzte Ermittlung und justizfreie Bundesgeheimpolizei: Der neue Strafprozeß?, StV 1994, 386 ff.; *Köhler, M.,* Anmerkung zu BGH, Beschluß v. 7. 6. 1995, StV 1996, 186 f.; *Lassak, K.,* Europol und Strafprozeß – die Europäisierung des Ermittlungsverfahrens, 2002; *Lisken, H.,* Vorfeldeingriffe im Bereich der Organisierten Kriminalität, ZRP 1994, 264 ff.; *Lisken, H.,* Europol – ein Symptom des Verfassungswandels, in: DRiZ 1998, 75 ff.; *Nachbaur, A.,* Europol-Beamte und Immunität – ein Sündenfall des Rechtsstaates, in: KJ 1998, 231 ff.; *Paeffgen, H.-U.,* „Verpolizeilichung" des Strafprozesses – Chimäre oder Gefahr, in: Wolter, J. (Hrsg.), Zur Theorie und Systematik des Strafprozeßrechts, 1995, 13 ff.; *Petri, T.,* Die Verwirklichung des „Rechtsstaats"prinzips bei Europol, KritV 1998, 441 ff.; *Petri, T.,* Europol – grenzüberschreitende polizeiliche Tätigkeit in Europa, 2001; *Roggan, F.,* Handbuch zum Recht der Inneren Sicherheit, 2003; *Roggan, F.,* Über das Verschwimmen von Grenzen zwischen Polizei- und Strafprozeßrecht, KritV 1998, 336 ff.; *Roxin, C.,* Zum Hörfallen-Beschluß des Großen Senats für Strafsachen, NStZ 1997, 18 ff.; *Roxin, C.,* Strafverfahrensrecht, 25. Aufl., 1998; *Simitis, S.,* Europäische Union: Auf dem Weg zur politischen Einheit, KritV 1998, 383 ff.; *Stümper, A.,* Prävention und Repression als überholte Unterscheidung?, Kriminalistik 1975, 49 ff.; *Tröndle, H./Fischer, T.,* Strafgesetzbuch und Nebengesetze, 52. Aufl., 2004; *Weßlau, E.,* Vorfeldermittlungen, 1989; *Weßlau, E.,* Anmerkung zu BGH, Beschl. v. 23. 3. 1996, StV 1996, 578 ff.; *Weßlau, E.,* Waffengleichheit mit dem „organisierten Verbrechen"?, KritV 1997, 238 ff.

Traditionell wird der Polizei eine Zweiteilung des Aufgabenkreises zugewiesen: **Gefahrenabwehr (Prävention)** auf der einen, **Strafverfolgung (Repression)** auf der anderen Seite. Bezüglich der Gefahrenabwehr ist die Polizei Teil der Innenverwaltung und unterliegt in der Rechtskontrolle dem Verwaltungsrecht. Bezüglich der Strafverfolgung ist die Polizei funktional der Staatsanwaltschaft zugeordnet, wobei zwischen Hilfsbeamten der Staatsanwaltschaft und übrigen Polizeibeamten unterschieden wird. Die Rechtskontrolle obliegt in diesem Bereich der Strafgerichtsbarkeit.

I. Gefahrenabwehr (Prävention)

Die Grenze zwischen strafverfahrensrechtlichen (also bundesrechtlich geregelten) und polizeirechtlichen (landesrechtlichen) Eingriffsbefugnissen wurde traditionell streng alternativ angesehen. Eine klare Unterscheidung zwischen Prävention und Repression sollte dabei hilfreich sein. Präventiv sind alle Maßnahmen zur Abwehr von Gefahren von der Allgemeinheit oder dem einzelnen, durch die die öffentliche Sicherheit und Ordnung bedroht wird (vgl. statt vieler *Götz,* 2001, 39 ff.). Liegt mithin ein **Gefahrverdacht** oder besser eine **Gefahrwahrscheinlichkeit** vor, kann sie einschreiten. Die Polizei hat diejenigen Maßnahmen zu ergreifen, die keinen Aufschub dulden. Will der Bürger präventive Maßnahmen gerichtlich überprüfen lassen, steht ihm der Verwaltungsrechtsweg offen. Erkenntnisse aus präventiven Verfahren dürfen strafrechtlich – jedenfalls dem Prinzip nach – nicht verwendet werden.

Bereits Mitte der 70er Jahre wurde von Polizeipraktikern gefordert, daß „neue Methoden der Verbrechensbekämpfung" im Sinne „operativer Konzepte" erforderlich seien. Der damalige Landespolizeipräsident von Baden-Württemberg, *Alfred Stümper,* formulierte: Die traditionelle Aufgabenbestimmung der Polizei, die mit den Begriffen Prävention und Repression umschrieben werde, sei zu eng. Verbrechensbekämpfung könne nicht mehr unter dem Aspekt der Einzeltat betrieben werden, „es geht in erster Linie nicht mehr um den Täter und seine Tat, sondern – soweit eben möglich – um die Beseitigung der Kriminalität schlechthin" (*Stümper,* 1975, 52). Dieses Ziel könne durch ein „übergreifendes kriminalstrategisches Konzept" erreicht werden, das nicht die Aufklärung der Einzeltat, sondern die Aufdeckung **krimineller Strukturen** bezwecke. Der „Oberbegriff" für diese „neue Art polizeilichen Tätigwerdens" sollte „**operativ**" sein – im Gegensatz zu „bloß" präventiv oder „bloß" repressiv (*Stümper*, 1975, 50; vgl. hierzu auch *Weßlau*, 1989, 47 ff.).

Neuere Polizeigesetze der Länder haben diese Forderungen umgesetzt. Die Legalisierung des **operativen Konzepts** der Kriminalitätsbekämpfung hat freilich die klassische Unterscheidung zwischen polizeilich geregelter Gefahrenabwehr einerseits und strafprozeßrechtlich geregelter Strafverfolgungstätigkeit andererseits aufgegeben. Die Eingriffsschranke der **konkreten Gefahr** (Landespolizeigesetze) ist ebenso gefallen wie die Vorgabe eines bereits bestehenden **Anfangsverdachts** (StPO). Herausgekommen sind Normen – so die Strafrechtslehrerin *Weßlau* – „hinter deren beeindruckender Wortfülle und scheinbar präzisen Differenzierungen in Wirklichkeit keine einschränkenden Tatbestandsmerkmale stehen" (1997, 243). Nunmehr ist die Polizei bereits zuständig für die „**Vorsorge** für die Verfolgung oder die Verhütung" von Straftaten (vgl. z. B. § 36a Niedersächsisches Gesetz für die Gefahrenabwehr, NGefAG). Die Polizeigesetze der Länder haben in ihren neuesten Fassungen Rechtsgrundlagen geschaffen für die verschiedenen Formen der Datenerhebung durch Einsatz verdeckter Ermittler (vgl. z. B. § 16 Abs. 1 und 4 HSOG), durch polizeiliche Beobachtung (vgl. § 17 HSOG), Rasterfahndung (vgl. § 26 HSOG), Datenabgleich (vgl. § 25 HSOG) u. a. Damit ist einer bis dahin in rechtlichen Grauzonen entstandenen **operativen** Polizeiarbeit die offizielle Anerkennung durch den Gesetzgeber verschafft worden. Das Schlagwort von der **Verpolizeilichung des Strafverfahrens** macht seither die Runde (*Paeffgen*, 1995; *Weßlau*, 1997, 238).

Die genannten erweiterten Ermittlungsbefugnisse der Polizei – schon im präventiven Sektor – wurden begründet mit der kriminalpolitischen Notwendigkeit, eine „Waffengleichheit" mit der „organisierten Kriminalität" (siehe unten § 43) herzustellen. Neue Formen der Kriminalität würden neue Kriminalitätsbekämpfungskonzepte erfordern. Zur Existenz **neuer Kriminalitätsphänomene** – wie z. B. der „organisierten Kriminalität" – gibt es aber keine wissenschaftlich überprüfbaren Belege. Schon gar nicht ist klar, ob die geschaffenen Befugnisse und Sanktionsmittel geeignet seien können, die behaupteten kriminalistischen Erfolge zu erzielen (vgl. auch *Weßlau*, 1997, 240; *Lisken*, 1994, 264 ff.). Zudem bezeichnet der Begriff der „Waffengleichheit" ein gestaltendes Prinzip des **Strafverfahrens** (vgl. § 9 F II). Dabei wird die Notwendigkeit betont, die verschiedenen Verfahrensrollen, insbesondere diejenigen des Anklägers und des Verteidigers, ausgewogen auszugestalten. Der strukturell bestehenden Übermacht der Strafverfolgungsorgane soll eine adäquate Strafverteidigung gegenübergestellt werden. Insofern ist es nahezu eine Verkehrung dieser Zusammenhänge, wenn unter demselben Begriff mehr Eingriffsbefugnisse der Polizei gefordert werden.

II. Strafverfolgung (Repression)

Angesichts der Erweiterung der polizeilichen Aufgaben sowohl in das **Vorfeld von Gefahren** als auch in die **Vorsorge künftiger Strafverfolgungen** ist die ursprüngliche Differenzierung in Gefahrenabwehr und Strafverfolgung offensichtlich überholt. Dabei ist die **Kompetenzerweiterung** der Polizei auf „**antizipierte Repression**" als verfassungsrechtlich problematisch zu bewerten. Vorsorge künftiger Strafverfolgungen fällt konzeptionell in den Bereich der Repression und damit in die Gesetzgebungskompetenz des Bundes, die in einigen neueren Polizeigesetzen (vgl. z. B. § 1 Abs. 3 ASOG Berlin) unter Verstoß gegen die Prinzipien der Artikel 74 Nr. 1 und 72 Abs. 1 GG kompetenzüberschreitend landesgesetzlich geregelt wurden. **Antizipierte Repres-**

sion verfolgt nicht den alleinigen und unmittelbaren Zweck der Aufrechterhaltung der öffentlichen Sicherheit und Ordnung (vgl. *Denninger*, 2001, 274f.).

Die im Rahmen der Strafprozeßordnung möglichen repressiven Zwangsmittel **aller Polizeibeamten** sind die folgenden:
- Recht zur vorläufigen Festnahme, §§ 127 Abs. 1 Satz 1 und Abs. 2, 163b Abs. 1 Satz 2 StPO
- erkennungsdienstliche Maßnahmen, §§ 81b, 163b Abs. 1 Satz 3 StPO
- Recht zur Identitätsfeststellung, § 163b StPO
- das Recht zum Einsatz technischer Mittel, § 100c Abs. 1 Nr. 1a und b StPO
- sowie – bei Gefahr im Verzug – das Recht auf selbständigen Einsatz eines Verdeckten Ermittlers, § 110b Abs. 1 Satz 2 und Abs. 2 Satz 3 und 4 StPO.

Den **(polizeilichen) Ermittlungspersonen der Staatsanwaltschaft** (vgl. § 152 Abs. 1 GVG) stehen – bei Gefahr im Verzuge – folgende besondere Zwangsbefugnisse zu:
- Beschlagnahme, §§ 98 Abs. 1 sowie 111e Abs. 1 Satz 2 StPO
- Durchsuchung, § 105 StPO
- körperliche Untersuchung des Beschuldigten, § 81a Abs. 2 StPO
- körperliche Untersuchung von Zeugen, § 81c Abs. 5 StPO
- die Anordnung, Kontrollstellen einzurichten, § 111 Abs. 2 StPO
- Schleppnetzfahndung, § 163d Abs. 2 Satz 1 StPO
- sowie die Anordnung des Einsatzes technischer Mittel, § 100c Abs. 1 Nr. 2, § 100d Abs. 1 Satz 1 StPO.

All diese Zwangsbefugnisse dürfen **ausschließlich** im Rahmen der **Strafverfolgung** Anwendung finden. **Eingriffsschwelle** ist der in der Strafprozeßordnung normierte **Anfangsverdacht** (§ 152 Abs. 2 StPO), womit der Vorgang der **Herrschaft der Staatsanwaltschaft** unterfällt. Das **Strafverfahren** unterliegt **Regeln justizförmiger Aufklärung**, dem Prinzip des fairen Verfahrens, Verteidigungsrechten, Zeugenschutz und ähnlichem. Polizeiliches Eingreifen auf der Basis von – kompetenzerweiternden – Landesgesetzen unterliegt aber ausschließlich Polizeiinteressen. Die **Polizei** braucht die Prinzipien des Strafrechts – handelt sie aufgrund originärer präventiver Kompetenz – **nicht** zu beachten, da sie nach dem Grundsatz der Opportunität verfahren kann. Aufgrund dieser Gesetzeslage hat die Staatsanwaltschaft weitgehend die Kontrolle über die vorbeugende Bekämpfung von Straftaten verloren (so auch *Roggan*, 1998, 347).

III. Verfassungsrechtliche Grundlagen und Probleme

Die **Grenzverwischung** von Prävention und Repression (1) wird überlagert durch einen Trend des Strafverfahrens von einem ursprünglich transparenten zu einem zunehmenden **Geheimverfahren** (Sonderrechtssystem) (2). Zur Zeit besteht auch wenig Hoffnung, daß eine **europäische Rechtsentwicklung** einen Ausweg aus den Problemen weist (3).

1. Grenzverwischung von Prävention und Repression

Die Grenzen zwischen strafverfahrensrechtlichen und polizeirechtlichen Eingriffsbefugnissen erscheinen zunehmend verschwommen und sind bereits zum größten Teil gesprengt (*Gusy*, 1993, 269).

a) Verpolizeilichung des Strafverfahrens

Im Zuge der Verpolizeilichung des Strafverfahrens ist die Polizei bei ihrer **vorbeugenden Gefahrenabwehr (Vorsorge)** an keine **konkreten** Aufklärungsziele und Verdachtsgründe mehr gebunden. Weder eine **konkrete Gefahr** noch ein **Tatverdacht**

(§ 152 Abs. 2 StPO) sind nunmehr noch Schwellen für polizeiliche Eingriffsbefugnisse. Die polizeilichen Befugnisse sind entgrenzt. Entscheidend ist nicht mehr die Qualität des Verdachts, sondern die polizeiliche Prognoseentscheidung (*Busch*, 2004, 18). Im Zuge dieser **operativen** Polizeiarbeit fallen „bürgerrechtliche Kosten" (*Weßlau*, 1997, 239) an, die all jene zu tragen haben, die zu Objekten heimlicher Ausforschung, verdeckter Datenerhebung und unsichtbarer Kontrollpolitik gemacht werden. Das kann jeder Bürgerin und jedem Bürger widerfahren. Die neu entstandenen Regelungen in den Polizeigesetzen der Länder ermächtigen die Polizei, jederzeit und überall Informationen mit geeigneten Mitteln zu sammeln, sofern kriminalistische Hypothesen vorhanden sind (*Weßlau*, 1997, 243).

Das Bundesverfassungsgericht hat sich diesem **Trend exekutivischer Omnipotenz** mit Urteil vom 27. Juli 2005 (1 BvR 668/04) allerdings deutlich entgegengestellt. Eine vorbeugende Telefonüberwachung, wie sie das Niedersächsische Gesetz über die öffentliche Sicherheit und Ordnung (Nds.SOG) in § 33a Abs. 1 Nr. 2 und 3 seit 2003 vorsah, ist verfassungswidrig und die Vorschrift **nichtig.** Hierin liegt nach dem Urteil des Ersten Senats ein Verstoß gegen das Fernmeldegeheimnis (Art. 10 GG) sowie gegen das Bestimmtheitsgebot (vgl. oben § 9 A II 1) und das Verhältnismäßigkeitsprinzip (vgl. oben § 9 C). Auch habe sich der Landesgesetzgeber jeglicher Vorkehrungen enthalten, um Eingriffe in den **absolut geschützten Kernbereich privater Lebensgestaltung** zu vermeiden (vgl. dazu bereits BVerfGE 109, 279 ff.). Es bleibt abzuwarten, wie Landes- und Bundesgesetzgeber mit dieser Entscheidung künftig die **Politik exekutivischer Übersicherungen** angehen werden.

b) Das Beispiel des Verdeckten Ermittlers

Am Beispiel des Verdeckten Ermittlers lassen sich die multifunktionalen Tätigkeitsprobleme im Sinne präventiv-polizeilicher und repressiv-polizeilicher Eingriffe verdeutlichen. § 110a Abs. 1 StPO normiert den Einsatz Verdeckter Ermittler nach Strafprozeßrecht, mithin Bundesrecht. Eingriffsvoraussetzung ist hier das Vorliegen eines **Anfangsverdachts,** d.h. neben den übrigen Voraussetzungen müssen **zureichende tatsächliche Anhaltspunkte** einer Straftat von **erheblicher Bedeutung** vorliegen.

Anders die Einsatzbefugnis nach Landesrecht – beispielsweise § 36a Abs. 2 NGefAG, § 16 HSOG. Anlaß für den Einsatz eines Verdeckten Ermittlers ist hiernach ausschließlich die „**Vorsorge** für die Verfolgung oder Verhütung" von Straftaten „erheblicher Bedeutung", deren Aufklärung „auf andere Weise (als durch den Einsatz eines Verdeckten Ermittlers) **nicht** möglich erscheint". Die scheinbar einschränkende Subsidiaritätsklausel verweist auf sog. „Soft Law" und ermöglicht der Polizei gerichtlich nicht überprüfbare Beurteilungsspielräume (BGH StV 1995, 226; BGH StV 1996, 357 mit Anmerkung *Weßlau*, 1996, 579f.). Eingriffsgrenzen der Vorfeldermittlungen bei Gefahrenvorsorge sind begrifflich nicht mehr herzustellen (*Denninger*, 1996, 206). Mithin hat die Polizei ein uneingeschränktes Wahlrecht beim Einsatz Verdeckter Ermittler, wobei die rechtsstaatliche Problematik gerade darin besteht, daß sie sich der Justizförmigkeit, die mit der eingeschränkteren Eingriffsgrundlage des § 110a Abs. 1 StPO verbunden ist, beliebig entziehen kann.

c) Folgen der multifunktionalen polizeilichen Eingriffsmöglichkeiten

Neben dem Einsatz Verdeckter Ermittler gibt es weitere Überlagerungen z.B. im Verhältnis von **polizeilichem Gewahrsam** (z.B. § 22 bwPolG) und **Haftgrund des** § 112a StPO (Wiederholungsgefahr) sowie beim Einsatz **elektronischer Abhörmöglichkeiten nach** StPO (§ 100c Abs. 1 Nr. 3 StPO, einige der Durchführungsvorschriften zum sog. großen Lauschangriff wurden jedoch für verfassungswidrig erklärt

(BVerfGE 109, 279ff.)) oder Landesrecht (§ 22 bwPolG; vgl. zum großen Lauschangriff im einzelnen *Roggan,* 1998, 341ff. und zum Schutz der Wohnung vor präventiven Zugriffen das Urteil des BVerfG vom 27. 7. 2005 (1 BvR 668/04)).

aa) Kontrollverlust der Justiz

Die von der Polizei nach Belieben vorzunehmende Befreiung von den Fesseln der StPO führt zu einem **Kontrollverlust der Justiz.** Die Polizei kann unabhängig von der Justizförmigkeit des strafrechtlichen Ermittlungsverfahrens agieren, d.h. es gibt keine strafrichterliche Kontrolle und keine Erkenntnismöglichkeiten für die Strafverfolgung über die polizeilichen Methoden der Beweiserhebung. Auch die Beteiligung der Strafrichter durch den Richtervorbehalt führt nicht zu einer effektiven Begrenzung (geheim) polizeilicher Ermittlungen. Dies liegt zum einen an der Umgehung der richterlichen Beteiligung durch die Eilkompetenz der Staatsanwaltschaft und/oder Polizei, zum anderen an einer gefilterten Sachverhaltsdarstellung der Polizei, welche den Richtern eine tatsächliche Überprüfung kaum möglich macht (*Roggan,* 2003, 95ff.).

bb) Unzulässiger „Spurwechsel" ins Polizeirecht

Der Bundesgerichtshof, der es in der Hand gehabt hätte, derartiges zu unterbinden, hat sich – wie *Weßlau* (1997, 247) kritisch anmerkt – auf die wenig plausible Position zurückgezogen, die **freie Beweiswürdigung (§ 261 StPO) des Gerichts** sei ein ausreichendes Korrektiv für diesen Souveränitätsverlust (vgl. BGHSt 33, 178; 34, 15; 36, 166). In Wirklichkeit ist aber weder diese Norm noch die theoretisch mögliche verwaltungsgerichtliche Überprüfung von exekutivischen Akten der Informationssteuerung geeignet, Transparenz und Fairneß des Strafverfahrens in solchen Fällen zu retten (*Weßlau,* 1997, 247; *Fezer,* 1985, 497). Auch die Verwertbarkeit von nach Polizeirecht erlangten Erkenntnissen im Strafverfahren wurde vom Bundesgerichtshof bejaht (BGH NStZ 1995, 601). Damit wird der „Spurwechsel" (*Köhler,* 1996, 187) in das polizeiliche Landesrecht, um eine in der Strafprozeßordnung fehlende Ermittlungsmethode nutzen zu können, vom Bundesgerichtshof sogar angeordnet. Diese Rechtsprechung ist verfassungsrechtlich höchst bedenklich, auch wenn der Gesetzgeber in § 161 Abs. 2 StPO (StVÄG 1999 v. 2. 8. 2000) für bestimmte Sachverhaltskonstellationen Beweisverwendungen aus präventivpolizeilicher Tätigkeit zuläßt.

cc) „Bundesgeheimpolizei"

Die von den Landesgesetzgebern ermöglichte **operative** Polizeiarbeit ermöglicht rechtsstaatswidrige Freiräume, in denen die Polizei ohne effektive gerichtliche Überprüfbarkeit tätig sein kann. Von Vorfeld-Maßnahmen Betroffene können nicht mehr als **Störer** oder **Nichtstörer** identifiziert werden, was zur Folge hat, daß die größeren Schutzrechte für den Nichtstörer nicht mehr greifen (vgl. *Roggan,* 1998, 339). Besonders bedenklich ist, daß in diesem Verschwimmen von Grenzen polizeilicher Eingriffsbefugnisse nunmehr auch geheimdienstliche Befugnisse einfließen. So ist auch der Bundesnachrichtendienst neuerdings in der Lage, bei entsprechenden Erkenntnissen **nach seinem Ermessen** Strafverfolgung einzuleiten (Art. 1 § 1 bis § 3 G 10). Der Legalitätsgrundsatz wird damit außer Kraft gesetzt. Die Wertung des Bundesnachrichtendienstes als **Bundesgeheimpolizei** (*Köhler,* 1994) liegt nahe.

d) Verfassungsrechtliche Schlußfolgerung

Das Bundesverfassungsgericht ist aufgerufen, die Grenzziehung zwischen präventiv-polizeilichen und repressiv-polizeilichen Eingriffsmöglichkeiten wiederherzustellen.

Es muß eindeutig auf den **Anlaß** der Polizeiaktivität und den **Zweck** der Eingriffe als unabdingbare Kriterien für ein rechtsstaatliches Verfahren und effektiven Rechtsschutz abgestellt werden. Ein völlig gefahrunabhängiges Eingriffsinstrument ist für die Polizeiarbeit auch nicht nötig, da die Kriterien für die Wahrscheinlichkeit eines Gefahreintritts leicht belegbar sind und sein müssen, um Möglichkeiten effektiver gerichtlicher Überprüfung einräumen zu können. Von Verfassungs wegen ist in diesen sensiblen rechtsstaatlichen Bereich auch insofern einzugreifen, weil ansonsten die Entwicklung zum polizeilichen und justitiellen Geheimverfahren nicht mehr aufzuhalten ist.

2. Der Strafprozeß auf dem Weg zum Geheimverfahren (Sonderrechtssystem)

a) Anti-OK-Sonderrechtssystem

Die aktuelle Rechtspolitik entwickelt den Strafprozeß zu einem Geheimverfahren. Es wird **ein Sonderrechtssystem** zur spezifischen Bekämpfung sogenannter **Organisierter Kriminalität** normativ verankert. Dieses „Anti-OK-Sonderrechtssystem" ist in zentralen Elementen durch das „Gesetz zur Bekämpfung des illegalen Rauschgifthandels und anderer Erscheinungsformen der Organisierten Kriminalität" (OrgKG) 1992 erlassen worden. Es war Bestandteil eines Verrechtlichungsschubs, der schon Mitte der 80er Jahre begann und auch heute noch nicht abgeschlossen ist. Zwischenzeitlich sind auch der sogenannte „große Lauschangriff" (Änderung des Art. 13 GG iVm. § 100c Abs. 1 Nr. 3 StPO) sowie geheimdienstliche Befugnisse zur Straftataufklärung in das Strafrecht eingefügt worden.

b) Veränderungen im materiellen Recht

Im Zuge der Reform der Polizeigesetze im Sinne operativer Polizeiarbeit ist im „Anti-OK-Sonderrechtssystem" auch eine Veränderung des materiellen Strafrechts eingetreten. Insbesondere die tatbestandliche Bestimmtheit strafbarer Handlungen wird zunehmend beseitigt, wobei es tendenziell nicht mehr auf die Überführung des individuellen Täters ankommt, sondern auf das Erkennen und Erfassen krimineller Strukturen, bei deren Zerschlagung die Überführung des individuellen Täters „gleichsam nur noch ein Abfallprodukt ist" (*Klawitter*, 1997, 249). Die Einführung des Tatbestands der Geldwäsche (§ 261 StGB, zur Anwendungspraxis krit. *Tröndle/Fischer*, 2004, § 261 Rn. 4b), des erweiterten Verfalls (§ 73d StGB) und der Vermögensstrafe (§ 43a StGB) sind beispielhaft genannte Tatbestände und Sanktionen, die weder mit dem Schuldprinzip noch mit der Unschuldsvermutung noch mit den Eigentumsgarantien des Art. 14 GG vereinbar sind. Bürgerrechte und elementare rechtsstaatliche Schutzgarantien werden dadurch in verfassungswidriger Weise eingeschränkt (so auch *Weßlau*, 1997, 239). Für § 43a StGB hat das BVerfG dies bereits erkannt und die Vermögensstrafe für verfassungswidrig erklärt (BVerfGE 105, 135). Vorschriften zur repressiven und präventiven Telefonüberwachung wurden gleichermaßen mit dem Verdikt der Verfassungswidrigkeit belegt (vgl. zum Schutz der Wohnung (Art. 13 GG) BVerfGE 109, 279ff. und zur präventiven Telefonüberwachung Urteil vom 27.7.2005 (1 BvR 668/04)).

c) Prozeßrechtliche Veränderungen

In strafprozessualer Hinsicht stellt sich diese Problematik noch schärfer dar. Das Strafverfahren verändert sich insgesamt zu einem Verfahren, in dem **heimliche Ermittlungen** den gesamten **Strafprozeß bestimmen**. Das betrifft die Ausweitung der Telefonüberwachung gemäß § 100a StPO, den Einsatz technischer Mittel gemäß § 100c

StPO und den Verdeckten Ermittler (VE) gemäß § 110a StPO. Nach Einschätzungen von Strafverteidigern wird dessen Bedeutung bereits völlig überschätzt, weil in der Praxis an seiner Stelle der „nicht offen ermittelnde Beamte" (= n o e B) gemäß § 101 Abs. 1 StPO und die „Vertrauensperson" (= VP; Anlage D zu RiStBV) die polizeiliche Ermittlungstätigkeit beherrschen.

aa) Geheimprozeß

Der Strafverteidiger *Eckhart Klawitter* beobachtet, daß auch der Strafprozeß selbst zu einem **„Geheimprozeß"** in folgendem Sinne wird:
- **Gerichtsakten** seien nicht mehr vollständig, sondern in ihren wichtigsten Bestandteilen **geheim.**
- **Tatsächliche** und **rechtliche Voraussetzungen,** unter denen die Ermittlungstätigkeit begann, werden soweit wie möglich **vorenthalten** oder **verschleiert;** präsentiert würde nur das Ergebnis, nämlich die schließlich aufgeklärte Straftat und der angeblich überführte Beschuldigte.
- Dem entspreche ein **System der Vorenthaltung von Beweismitteln,** wie es die Sperrerklärung gemäß § 96 StPO und ihre systematische Anwendung auf nicht offen ermittelnde Beamte und Vertrauenspersonen zum Ausdruck bringe. Dabei würden auf die nicht offen ermittelnden Beamten die Norm des § 110b StPO analog angewandt, wodurch die restriktiveren Voraussetzungen des Einsatzes Verdeckter Ermittler unterlaufen würden.
- Die strukturellen Veränderungen der polizeilichen Ermittlungstätigkeit führten schließlich dazu, daß die in der StPO vorhandenen **Verteidigungsrechte nicht mehr greifen** würden. Für eine wirksame Rechtsverteidigung seien die normativ unveränderten Verteidigungsrechte, die von den Strukturveränderungen des „Anti-OK-Sonderrechtssystems" völlig überholt wurden, untauglich (*Klawitter,* 1997, 248ff.).

In der StPO werden die Konsequenzen heimlicher Ermittlungen für die Strafverteidigung nicht geregelt. Verwertungsverbote, um die es in der Verteidigung geht, bleiben in ihrer Ausgestaltung den Gerichten, d. h. insbesondere der Rechtsprechung des Bundesgerichtshofs, vorbehalten. Die Geltendmachung sogenannter **Verwertungsverbote** ist die einzige prozessuale Möglichkeit, wobei die Aufdeckung rechtswidriger Ermittlungsmethoden einseitig der Strafverteidigung aufgebürdet wird und die Berufung darauf in der Regel als „Störung des Prozesses begriffen wird" (*Klawitter,* 1997, 250). Die Geltendmachung von Verwertungsverboten scheitere aber zumeist schon daran, daß die Akten so aufbereitet werden, daß der tatsächliche Verlauf der Ermittlungen nicht erkennbar sei (*Klawitter,* 1997, 250ff. mit plastischen Beispielen).

bb) Widersprüchlichkeit der Rechtsprechung des BGH

Die Problematik des Geheimprozesses beschäftigt auch die Rechtsprechung des Bundesgerichtshofs in widerspruchsvoller Weise. Am Beispiel des „Hörfallenbeschlusses" (BGHSt 42, 139) kann das verdeutlicht werden. Beschuldigte, die von V-Leuten oder von Verdeckten Ermittlern in scheinbaren Privatgesprächen über die ihnen zur Last gelegten Taten ausgefragt werden, werden faktisch um ihr verfassungsrechtlich **garantiertes Schweigerecht** (nemo tenetur) gebracht, was auch für Angehörige von Beschuldigten und deren Zeugnisverweigerungsrecht gilt (§ 52 StPO). In einem Rechtssystem, das den systematischen Einsatz von Verdeckten Ermittlern und Vertrauenspersonen kennt, kann dieser verfassungsrechtlich verankerte Grundsatz der Mitwirkungsfreiheit nicht mehr verwirklicht werden: „Ob dieser Preis – nämlich die Aufweichung einer der traditionsreichsten Schutzgarantien des Strafverfahrens – nicht zu hoch ist, bedarf dringend einer erneuten gesetzgeberischen Entscheidung, nachdem im ersten ‚Anlauf' diese Problematik verkannt worden ist und die Gerichte sich nur zu angreifbaren, halbherzigen Aussagen durchringen konnten" (*Weßlau*, 1997, 246; vgl. auch *Roxin*, 1997).

cc) Justizverdummung

Der Trend zum Geheimverfahren führt schließlich – und das dürfte das Justizsystem insgesamt treffen – zu einer **Justizverdummung.** Die Verschiebung der Machtverhältnisse im Strafverfahren zugunsten der Polizei betrifft die gesamte Informationsverarbeitung in der strafgerichtlichen Hauptverhandlung, die von den Justizgrundrechten und Prinzipien des Strafrechts getragen wird (vgl. § 9). Bedenkt man die Sorgfaltspflichten des Gerichts, die Unabhängigkeit der gerichtlichen Erkenntnisse von den Ermittlungsergebnissen der Strafverfolgungsbehörden, die Nachvollziehbarkeit der gerichtlichen Aufklärungstätigkeit für die anderen Verfahrensbeteiligten und auch die autonomen Beweisführungsmöglichkeiten der Beteiligten am Strafverfahren, so ist die **„exekutivische Außensteuerung"** durch Polizei und Innenministerien, die ihre Informationen nach „operativen" Kriterien freigeben, in höchstem Sinne zerstörend für das rechtsstaatliche Strafverfahren.

Verweigert sich die Justiz – wie in den Verfahren vor dem OLG Hamburg zu Prozessen über den Verdacht der Beteiligung an Straftaten des 11. September 2001 (vgl. dazu Urteil des BGH vom 4. 3. 2004, BGHSt 49, 112ff.) – gegen eine Verurteilung ohne ausreichende Beweisgrundlage, was einer rechtsstaatlichen Selbstverständlichkeit entspricht, erhält sie umgehend Schelte aus höchsten exekutivischen Kreisen: Der Generalbundesanwalt *Nehm* kritisiert **rechtsstaatliche Zurückhaltung als „zögerliche Rechtsprechung"** und wähnt Hilfe seitens der Politik zur Schaffung „diffuser Tatbestände", die stets Verurteilungen ohne hinreichende Tatsachenbasis ermöglichen würden (vgl. FAZ vom 21. 5. 2005, S. 4).

So gilt es als zulässig, unmittelbare Tatzeugen, die als V-Leute oder Verdeckte Ermittler eingesetzt waren, aus dem Prozeß herauszuhalten und deren belastendes Wissen gleichwohl dadurch in das Strafverfahren einzuführen, daß Vorgesetzte bzw. V-Mann-Führer als sogenannte „Zeugen vom Hörensagen" vernommen werden (vgl. vertiefend *Roxin*, 1998, 378 f.). Wenn derartige Manipulationsmöglichkeiten und Fehlerquellen den Strafprozeß prägen, ist damit der **Souveränitätsverlust** der unabhängigen Justiz – und mithin der **Kontrollverlust** der dritten Gewalt – abschließend eingeleitet. Der Schaden für das rechtsstaatliche Strafrecht ist damit schon heute irreparabel.

3. Hoffnung auf europäische Rechtsentwicklung

Angesichts der beschriebenen Entwicklung des nationalen Polizeirechts stellt sich die Frage, wie sich das europäische Polizeirecht zu diesen Tendenzen verhält.

a) Geheimgesetzgebung

Die Europol-Konvention (EPK) vom 26. Juli 1995 hat die Errichtung eines europäischen Polizeiamtes (Europol-Übereinkommen) angeordnet. Art. 26 Abs. 1 EPK lautet: „Europol besitzt Rechtspersönlichkeit". Obwohl es Europol am Element der „Staatlichkeit" fehlt, ist sie gleichwohl über den Vertrag der Europäischen Union (EUV) mit einem ausdrücklichen Bekenntnis zur Rechtsstaatlichkeit ausgerüstet. Für Rechtsstaatlichkeit sind insbesondere die Aspekte Geltung der Freiheitsrechte, Gewaltentrennung, Gesetzmäßigkeit der Verwaltung, Voraussehbarkeit und Bestimmtheit des hoheitlichen Handelns sowie schließlich das Vorhandensein eines effektiven Rechtsschutzes bei Rechtsverletzungen durch die öffentliche Gewalt kennzeichnend (vgl. hierzu *Petri*, 1998, 442, m.w.N. zur Rechtsprechung des EuGH).

Insofern verwundert es, daß der EPK – immerhin ein Regelungswerk mit hoher Grundrechtsrelevanz – die Rüge der „Geheimgesetzgebung" schon früh erteilt wurde (vgl. *Busch,* 1997, 58 ff.; *Nachbaur,* 1998, 231 f.; *Petri,* 1998, 443). Diese Geheimgesetzgebung wurde ermöglicht durch die **extrem schwache Position des europäischen Abgeordnetenhauses in Bereichen der Justiz und des Inneren.**

Justiz und Inneres werden mit dem Begriff der „Dritten Säule" charakterisiert. Die Dritte Säule beruht auf dem Bild des europäischen Hauses, dessen Dach (die Europäische Union) durch die drei Säulen – Primärverträge, gemeinsame Außen- und Sicherheitspolitik sowie Zusammenarbeit in den Bereichen Justiz und Inneres – gehalten wird. Allerdings gerät dieses Bild sehr schnell in eine Schieflage, wenn man sich vor Augen hält, daß die institutionelle Stärke der jeweiligen Säulen unterschiedlich ausgeprägt ist (vgl. *v. Bogdandy/Nettesheim,* 1995, 2325). Trotz dieser hohen Zielsetzungen ist das europäische Parlament zu dem Entwurf der Europol-Konvention noch nicht einmal angehört worden (vgl. *Petri,* 1998, 444 m.w.N.). Lediglich die mitgliedschaftlichen Parlamente nehmen die Funktion der rechtsstaatlichen Kontrolle wahr. Diese jedoch nur eingeschränkt: Denn die Ratifizierung der EPK gem. Art. 59 Abs. 2 GG kann nicht als hinreichende Geltungsvoraussetzung angesehen werden, da sich der Gesetzgeber nicht maßgeblich an der organisatorischen Gestaltung und den Eingriffsbefugnissen von Europol beteiligen konnte (vgl. hierzu auch *Lisken,* 1998, 77).

Die EPK ist daher nicht in einem demokratischen, rechtsstaatlichen Verfahren zustande gekommen.

b) Uferlose Rechtsbegriffe

Der EPK wird der Vorwurf entgegengehalten, sie verwende „uferlos weite Rechtsbegriffe" (*Petri,* 1998, 446; *ders.,* 2001) und verlagere Handlungsverantwortung vom Normgeber auf den Normanwender, der bei Eingriffen in Freiheitsrechte gerade durch das Gesetz gebunden werden soll.

Die Kompetenzen von Europol liegen z. Zt. vornehmlich in der Einrichtung umfassender **Datenverarbeitungssysteme** zur Information von Ermittlungstätigkeiten der Mitgliedsstaaten. Angesichts der nationalen Entwicklung im Polizeirecht der Bundesrepublik Deutschland verwundert es nicht, wenn selbst im supranationalen Bereich polizeilicher Zusammenarbeit Abschied von dem traditionellen polizeirechtlichen Gefahrenbegriff genommen wird (vgl. Art. 8 bis 11 EPK). Betroffen von der Herabsenkung der Eingriffsschwelle sind nicht nur „Störer" bzw. „Straftäter", betroffen ist jedermann (*Fisahn,* 1998, 362 f.; *Lisken,* 1998, 77). Für die Informationsverarbeitung nach Art. 10 Abs. 1 EPK genügt bereits, daß der Betroffene Opfer ist oder eine Person, die Informationen über eine „betreffende Straftat" liefern kann. Erhebung, Speicherung und Verarbeitung sensibler grundrechtsrelevanter Daten liegt weitgehend im Ermessen der Europol-Bediensteten, und es besteht die Gefahr, daß Nützlichkeitserwägungen zum Tragen kommen (vgl. *Lassak,* 2002).

c) Mangelnder Rechtsschutz

Schließlich sind die legitimen Interessen der Betroffenen durch rechtsstaatliche Verfahren wenig gewahrt. Das betrifft zum einen die kaum effektive Kontrolle der ausgeübten Gewalt, eine kaum effektive Datenschutzkontrolle und einen geringen Rechtsschutz der Betroffenen als individuelle Möglichkeit der Überprüfung hoheitlicher Maßnahmen. Es gibt keine strikte parlamentarische Kontrolle, keine hinreichende Kontrollbefugnis der gemeinsamen Kontrollinstanz (Art. 24 EPK), keine den Anforderungen der europäischen Menschenrechtskonvention gerecht werdenden Überprüfungsmöglichkeiten und keine individuelle Beschwerde zum Europäischen Gerichtshof gegen Maßnahmen des Europäischen Kriminalamtes (vgl. hierzu *Frowein/Krisch,* 1998, 589 ff.). *Petri* resümiert daher einen „unzureichenden Schutz der Privatheit des einzelnen Bürgers" (1998, 457).

d) Ausblick

Mit *Spiros Simitis* läßt sich **Europol als Musterbeispiel der Unionsdefizite** charakterisieren: „Die gleiche Union, die um der Grundrechte willen den Datenschutz regelte, wendet sich im Rahmen der polizeilichen Kooperation von den Schutz- und Kontrollmechanismen ab, die sie zuvor für unentbehrlich erklärt hatte. Der individuelle Rechtsschutz schrumpft, die parlamentarische Kontrolle schwindet. Die Kollision mit elementaren rechtsstaatlichen Grundsätzen ist ebenso evident wie die Notwendigkeit von Korrekturen, die auch und gerade Grundrechtsbindung und Rechtsstaatlichkeit der polizeilichen Zusammenarbeit sicherstellen" (1998, 384).

Impulse für eine rechtsstaatliche Kontrolle und Korrektur der Rechtsgrundlagen der Polizei lassen sich aus der europäischen Rechtsentwicklung derzeit nicht gewinnen. Rechtsstaatliche Kontrollfunktionen können gegenwärtig wohl nur vom Bundesverfassungsgericht erwartet werden. Die Geschwindigkeit der Erweiterung polizeilicher Überwachungsbefugnisse geht in der Kriminalpolitik nur mit dem Schüren von Ängsten und Stimmungen bestimmter Bedrohungsszenarien wie „Ausländerkriminalität" (siehe unten § 42), „Organisierte Kriminalität" (siehe unten § 43) und Terrorismus (siehe unten § 44) einher. Der Abbau von Feindbildern dieser Art kann auch der europäischen Rechtsentwicklung nur nützlich sein.

§ 16. Kriminologie des polizeilichen Zugriffs (Ausleseprozeß)

Literatur: *Albrecht, P.-A.*, Jugendstrafrecht, 3. Aufl., 2000; *Eisenberg, U.*, Kriminologie, 6. Aufl., 2005; *Feest, J./Blankenburg, E.*, Die Definitionsmacht der Polizei, 1972; *Kaiser, G.*, Kriminologie, 3. Aufl., 1996; *Karlsruher Kommentar zur Strafprozeßordnung* und zum GVG mit Einführungsgesetz 5. Aufl., 2003; *Kerner, H.-J.*, Kriminologie Lexikon, 4. Aufl., 1991; *Kleinknecht, T./Meyer-Goßner, L.*, Strafprozeßordnung mit GVG und Nebengesetzen, 47. Aufl., 2004; *Kürzinger, J.*, Kriminologie, 2. Aufl., 1996; *Löwe-Rosenberg*, Großkommentar zur StPO, 25. Aufl., 1997; *Naucke, W.*, Strafrecht. Eine Einführung, 10. Aufl., 2002; *Niedersächsische Kommission zur Reform des Strafrechts und des Strafverfahrensrechts*: Strafrecht – ultima ratio, Albrecht, P.-A./Beckmann, H./Frommel, M./Goy, A./Grünwald, G./Hannover, H./Holtfort, W./Ostendorf, H. (Hrsg.), 1992; *Ransiek, A.*, Die Rechte des Beschuldigten in der Polizeivernehmung, 1990; *Rasch, W./Hinz, S.*, Für den Tatbestand ermitteln. Der Einfluß der gesetzlichen Mordmerkmale auf kriminalpolizeiliche Erstvernehmungen bei Tötungsdelikten, Kriminalistik 1980, 377 ff.; *Rzepka, D.*, Polizei und Diversion – Das Bielefelder Modell der Informationsvermittlung, in: Albrecht, P.-A. (Hrsg.), Informalisierung des Rechts, 1990, 341 ff.; *Sonderforschungsbereich 227*, Prävention und Intervention im Kindes- und Jugendalter, Universität Bielefeld, Arbeits- und Ergebnisbericht Januar 1986 bis Juni 1988; *Steffen, W.*, Inhalte und Ergebnisse polizeilicher Ermittlungen, Bayerisches Landeskriminalamt, 1982; *Wulf, P.*, Strafprozessuale und kriminalpraktische Fragen der polizeilichen Beschuldigtenvernehmung auf der Grundlage empirischer Untersuchungen, 1984.

I. Einleitung

Von einer Straftat kann die Polizei auf zweierlei Wegen Kenntnis erlangen: zum einen durch eine Anzeige aus der Bevölkerung, insbesondere vom Geschädigten selbst oder möglichen Zeugen; zum anderen durch eigene Beobachtungen aufgrund polizeieigener Fähigkeiten, Kenntnisse und Techniken, z.B. im Rahmen von Streifendiensten. Im Gegensatz zur **reaktiven** Tätigkeit bei der Anzeigenaufnahme spricht man bei den eigenständigen polizeilichen Ermittlungstätigkeiten von **proaktiver Tätigkeit** (vgl. *Kürzinger*, 1996, 130 ff.). Die durch Strafanzeige Dritter der Polizei zur Kenntnis gelangten Straftaten nehmen mit über 90% der Fälle den bei weitem größten Anteil ein (*Kaiser*, 1996, 355 f.). Gleichwohl ist im Bereich der opferlosen Delikte (z.B. Drogenkriminalität) oder in den Fällen, in denen der Staat der Geschädigte ist (z.B. Steuerhinterziehung), die proaktive Tätigkeit von großer Bedeutung (*Eisenberg*, 2005, 700 ff. sowie *Steffen*, 1982, 18).

Kriminologische Forschungsinteressen knüpfen an diesen drei Selektivitätsstufen an und Forschungsfragen lauten entsprechend:

- Welche **außerrechtlichen** Bedingungen oder Faktoren steuern den Verdacht: die Anzeigenaufnahme oder die Beschuldigtenvernehmung?
- Welche **Selektivitätsregeln** gelten?

Kriminologische Forschungen untersuchen also das Verhältnis von Recht zu außerrechtlichen handlungsleitenden Bedingungen von Polizeibeamten in Strafverfolgungsfunktionen. Das Ziel ist das Herausarbeiten möglicher Selektivitätsregeln **informeller Art** für Ausleseprozesse im Strafverfolgungsprozeß.

II. Selektionsstufe 1: Die Situation des Tatverdachts bei der proaktiven polizeilichen Tätigkeit

1. Gesetzliche Anforderungen

Bei ihren Ermittlungen in Strafverfahren ist die Polizei dem Legalitätsprinzip unterworfen. Demgemäß ist sie nach §§ 152, 163 StPO verpflichtet, bei jeder Straftat, von der sie erfährt, Nachforschungen anzustellen. Die Polizei ist verpflichtet bei einem konkreten Anfangsverdacht, Ermittlungen einzuleiten. Hierbei reichen bereits „zureichende tatsächliche Anhaltspunkte" (§ 152 Abs. 2 StPO) aus, d.h. also, wenn konkrete Tatsachen vorliegen, die es nach kriminalistischen Erfahrungen als möglich erscheinen lassen, daß eine verfolgbare Straftat vorliegt. Bei der Frage, ob zureichende tatsächliche Anhaltspunkte vorliegen, steht der Polizei kein Ermessensspielraum zu, es handelt sich um unbestimmte Rechtsbegriffe.

Formal gilt: Herrin des Ermittlungsverfahrens ist die Staatsanwaltschaft, die Polizei hat keine eigene rechtliche Entscheidungsmacht. Sie ist im Rahmen der Strafverfolgung ausschließlich der StPO unterworfen, wobei formalrechtlich das **Legalitätsprinzip**, also der Strafverfolgungszwang, gilt. Zuwiderhandlungen werden mit Strafe bedroht (§ 258a StGB: Strafvereitelung im Amt, oder § 257 StGB: Begünstigung).

2. Praktische Ausgestaltung

Bereits eine Plausibilitätsprüfung legt nahe, daß in der polizeilichen Arbeit das Legalitätsprinzip nicht durchsetzbar ist. Alle Verdachtssituationen müßten eindeutig klassifizierbar sein, was allein schon aufgrund der strafrechtlichen Normenfülle kaum möglich ist. Neben den Normen des Strafgesetzbuchs ist vor allem das Nebenstrafrecht umfangreich und erfährt ständige Ausdehnung.

Grob geschätzt kommt man auf ca. 300 strafrechtliche Nebengesetze. Beispiele sind das Lebensmittelrecht, Wasserrecht, Tierschutzgesetz, Heilpraktikergesetz, Versammlungsgesetz, Pflichtversicherungsgesetz usw. (vgl. hierzu *Naucke*, 2002, 112 ff.). Zahlreiche Strafdrohungen bei Verstößen gegen ordnungsrechtliche Bestimmungen verkomplizieren für die Polizei die Rechtslage erheblich. Neben der Fülle strafjuristischer Normen mit den komplizierten Subsumtionstechniken bleibt auch hier die Erkenntnis leitend, daß die Ordnung bei einer vollständigen Durchsetzung aller Normen nahezu zerstört würde. Als Beispiel mag der Straßenverkehr gelten, bei dem ständig Verstöße gegen Strafgesetze zu beobachten sind. Das gleiche gilt für den Ubiquitätsnachweis bei der Jugendkriminalität (*Albrecht*, 2000, 18 ff.).

Aus diesen Plausibilitätsüberlegungen heraus kann man die Arbeitshypothese bilden, daß im Rahmen polizeilicher Arbeit ein **faktisches Opportunitätsprinzip** zu vermuten ist. Kriminologische Studien haben sich mit der These auseinandergesetzt, daß der Verdacht von selektiver Zuschreibung lebt.

3. Die Definitionsmacht der Polizei

Die Sozialwissenschaftler *Feest* und *Blankenburg* (1972) haben in einer sechs-monatigen teilnehmenden Beobachtung bei der Schutz- und Kriminalpolizei einer Großstadt Diensthandlungen begleitet.

Sie haben 341 Verdachtssituationen aufgezeichnet und festgestellt, daß Straftaten – außer bei Baga-tellen – kaum offen zu Tage treten. Der Polizeibeamte ist auf verdachtserregende Indikatoren für Straf-taten angewiesen. Es wird kategorial unterschieden zwischen „Anständigen" und „Verdächtigen". Die Forscher fanden schichtspezifische Auffälligkeitskriterien wie äußere Erscheinung und bestimmte verdächtige Gegenden. Auffälligkeitskriterien wurden auch bezüglich der Beschwerdemacht und der Rechtskenntnisse festgestellt (z.B. Jugendliche versus Erwachsene). Unterstellte Neben-Effekte der Kriminalisierung werden von Polizeibeamten berücksichtigt und die Kooperations- und Unterwer-fungsbereitschaft wurde ebenfalls bezüglich bestimmter Tatverdächtiger schichtspezifisch registriert. Die Autoren fanden ferner professionsspezifische Kriterien für Interventionen (z.B. im Erfolgsdruck von Spezialstreifen) oder Konsequenzen aus einem „verbummelten Arbeitstag". Letzteres mündet – so beobachten die Sozialforscher – in hektische Ermittlungsaktivitäten. Polizeibeamte – wie auch andere Berufsgruppen – haben präzise Vorstellungen darüber, welches tägliche Arbeitspensum als angemessen gilt. So werden übereifrige, aufstiegsorientierte Kollegen sanktioniert, z.B. im Kollegenkreis lächerlich gemacht. Der Zeit- und Arbeitsaufwand von Ermittlungen schlägt sich nieder in Strategien von Baga-tellisierung oder in Verzicht auf Ermittlung bei komplizierteren Tatbeständen wie z.B. dem Betrug.

Ein wesentlicher Einwand gegen die Studie liegt in der Konzentration auf die **pro-aktive** Ermittlungstätigkeit. Dadurch werden nur Selektionsmuster für den geringen Teil der Kriminalität erfaßt, der durch proaktive Polizeitätigkeit registriert wird, was insgesamt nicht mehr als 10% aller Verdachtssituationen ausmachen dürfte. Entschei-dend für die registrierte Kriminalität sind aber Selektionsmuster von Geschädigten und Zeugen.

III. Selektionsstufe 2: Anzeigenaufnahme

1. Gesetzliche Regelung

Gemäß § 158 Abs. 1 StPO kann eine Anzeige schriftlich oder mündlich bei der Polizei eingereicht werden. Sie ist im Falle der Mündlichkeit zu protokollieren, wobei gemäß §§ 160 Abs. 1, 163 StPO grundsätzlich jeder Anzeige nachzugehen ist. In Zweifelsfällen muß eine Vorlage bei der Staatsanwaltschaft erfolgen.

2. Praktische Ausgestaltung

Zur polizeilichen Anzeigenaufnahme hat der Kriminologe *Joseph Kürzinger* eine empirische Untersuchung durchgeführt.

Der Forscher hat in den 70er Jahren in teilnehmender Beobachtung (in Uniform!) in einem Schutz-polizeirevier 80 Tage lang 100 Anzeigenvorgänge beobachtet. Festgestellt wurde, daß 21% der Anzei-genbegehren von Privatpersonen durch die Polizei zurückgewiesen wurden. Hiervon wären nach Einschätzung des Beobachters 2/3 strafrechtlich verfolgbar gewesen. Delikte gegen Eigentum und Ver-mögen wurden zu 97% protokolliert. Delikte gegen Personen wurden zu 70% nicht protokolliert, wobei es sich hierbei überwiegend um Bagatellen handelte. *Kürzinger* stellt keine Tendenz zur Über-kriminalisierung fest, denn keiner der nicht-strafrechtlich faßbaren Sachverhalte wurde verfolgt. Bei der Entscheidungsmöglichkeit zwischen straf- und zivilrechtlichen Definitionen wurden die zivilrecht-lichen Lösungsansätze vorgezogen. Der soziale Status des Anzeigeerstatters hat nach den Beobachtun-gen nur Auswirkung auf den inhaltlichen Ablauf des Anzeigevorganges. Für die Entscheidung über Anzeige/Nichtanzeige sind eher Tatschwere und Schadenshöhe relevant. Der Anzeigeerstatter kann insbesondere dann mit weiterer polizeilicher Tätigkeit rechnen, wenn der Fall schon weitgehend – durch ihn selbst – aufgeklärt ist. In den Fällen, in denen der Täter bei der Anzeige quasi mitgeliefert wird, ist die Polizei in 80% der Fälle zu weiterer Ermittlungstätigkeit bereit, in Unbekanntsachen da-gegen nur zu 52% (vgl. auch *Steffen*, 1982, 21, 34). Diese Selektion führt dazu, daß die geklärten Fälle sich von 41% der von Anfang an geklärten Fälle bis zum Abschluß der Ermittlungen lediglich auf 44% erhöhen. Die im Verlauf polizeilicher Ermittlungen geklärten Fälle nehmen also lediglich um 3% zu

(*Steffen*, 1982, 22, 67). In 37% aller Fälle erfolgte nach der ersten polizeilichen Kenntnisnahme keine weitere Bearbeitung mehr, so daß die Ausgangssituation zugleich die Endsituation war. Eine Weiterbearbeitung erfolgt – so die Untersuchung aus der bayerischen Polizei – in 80% der aufgeklärten, arbeitsökonomisch günstigen Fälle, und nur zu 52% der Unbekannt-Sachen. Durch eigene polizeiliche Ermittlungstätigkeiten erhöht sich der Erkenntnisstand in diesen Fällen also nur minimal (*Steffen*, 1982, 96f.).

IV. Selektionsstufe 3: Beschuldigtenvernehmung

Sofern die Polizei weitere Ermittlungen durchführt, konzentrieren sich diese im wesentlichen auf die Beschuldigtenvernehmung.

1. Bedeutung für das weitere Strafverfahren

Häufig werden Ermittlungsakten von der Staatsanwaltschaft ohne weitere Sachbearbeitung, nur mit einem entsprechenden Verfahrensantrag versehen, an das Gericht weitergegeben (*Kerner*, 1991, 315). So ist das polizeiliche Protokoll der Beschuldigtenvernehmung maßgebliche Entscheidungsgrundlage der Staatsanwaltschaft und zugleich Fundament richterlicher Beweiswürdigung. Der Beschuldigtenvernehmung wird weichenstellende Funktion für das weitere Strafverfahren beigemessen.

2. Informatorische Befragung

Nach Beobachtungen polizeilicher Vernehmungspraxis wird in 80% aller Fälle eine sogenannte „informatorische Befragung" vor der „förmlichen" Beschuldigtenvernehmung durchgeführt. Hierbei erfolgt in aller Regel keine Belehrung gemäß § 136 Abs. 1 StPO (*Wulf*, 1984, 154). Die informelle informatorische Befragung fördert damit eine restriktive Belehrungspraxis, obwohl eine Belehrungspflicht gemäß § 136 Abs. 1 StPO dadurch nicht umgangen werden darf. Gibt es für die Polizei Anlaß dazu, den Betroffenen als Beschuldigten zu behandeln, ist er entsprechend zu belehren, erst dann dürfen Vernehmungen oder „Vorbesprechungen" durchgeführt werden. Angaben des Beschuldigten bei einer weit ausgedehnten informatorischen Befragung sind auch dann gerichtsverwertbar, wenn dieser bei der polizeilichen Vernehmung und im späteren Strafverfahren die Aussage verweigert, da in diesem Fall der vernehmende Polizeibeamte als Zeuge in den Prozeß eingeführt werden kann.

Die Auffassung des Strafprozeßkommentators *Meyer-Goßner*, informatorische Befragungen seien **jederzeit** ohne Belehrung zulässig (*Kleinknecht/Meyer-Goßner*, 2004, Einl. Rn. 79), ist als rechtsstaatswidrig zu verwerfen. Die hierin liegende Verletzung der Belehrungspflicht ist evident, denn nur wer seine Rechte kennt, hat die Möglichkeit, diese auch wahrzunehmen (*Ransiek*, 1990, 88). Es erscheint problematisch, den Strafverfolgungsbehörden ein Ermessen einzuräumen, über die Beschuldigteneigenschaft und den Belehrungszeitpunkt zu befinden. Im Rahmen arbeitsökonomischer Zwänge schiebt sich der Belehrungszeitpunkt automatisch so weit hinaus, daß nur objektive Aspekte maßgeblich sein dürfen, die Belehrung durchzuführen. Es muß daher bereits bei konkretem Tatverdacht vor jeglicher Befragung über das Recht belehrt werden, die Aussage verweigern zu dürfen. Die eigenverantwortliche Entscheidung über die Rechtswahrnehmung setzt Rechtskenntnis voraus, die jedem Tatverdächtigen durch Vernehmungspersonen dargelegt werden muß.

3. Belehrungen

a) Gesetzliche Grundlagen

Gemäß §§ 136 Abs. 1 iVm. 163a Abs. 4 StPO erstreckt sich die Belehrungspflicht des Polizeibeamten auf vier, dem Beschuldigten mitzuteilende Informationen. Danach

- ist dem Beschuldigten zu eröffnen, welche Tat ihm zur Last gelegt wird,
- hat sich der Hinweis auf die Möglichkeit, sich zur Sache zu äußern oder keine Aussage zu machen, anzuschließen,
- muß ihm die Information erteilt werden, daß es ihm freistehe, einen Verteidiger zu konsultieren,
- ist der Beschuldigte darüber zu belehren, daß er das Recht hat, einzelne Beweiserhebungen zu beantragen. Die gesamte Belehrung hat so zu erfolgen, daß es dem Beschuldigten möglich ist, ihren Sinn zu erfassen.

Die verfassungsrechtliche Notwendigkeit der Belehrung wird aus dem Rechtsstaatsprinzip und dem Gebot des fairen Verfahrens abgeleitet (siehe oben § 9 F). Die Belehrung ist ein Mittel, um „Waffengleichheit" im Sinne eines kommunikativen Gleichgewichts zwischen Staat und Beschuldigtem herzustellen. Außerdem ist die ordnungsgemäße Belehrung unverzichtbar für eine selbstbestimmte, nicht durch Zwang beeinflußte Entscheidung über die Teilnahmeform an der Vernehmung und somit unverzichtbarer Bestandteil des Rechtes, sich nicht selber beschuldigen zu müssen (vgl. eingehend *Ransiek*, 1990, 8 f., 56 ff.).

b) Praktische Durchführung

Zur polizeilichen Beschuldigtenvernehmung gibt es kriminologische Untersuchungen, die die Frage der **Bindung des polizeilichen Handelns** durch die relativ strikten Vorgaben der Strafprozeßordnung geprüft haben und deutliche Abweichungen ermitteln.

aa) Polizeiliche Vernehmungspraxis bei der Hamburger Polizei (Wulf)

Der Jurist *Peter Wulf* war als Forscher im Rahmen eines Rechtsreferendariats im Hamburger Polizeipräsidium tätig. Die Polizei unterstellte die Rolle des zukünftigen Staatsanwalts (Quasi-Kollege). Insofern wurde *Wulf* auch für Dienstleistungen in Anspruch genommen. Der Vernehmungsort war die kriminaldienstliche Abteilung des Hamburger Polizeipräsidiums, die die Aufgabe der Bekämpfung schwerer Kriminalität hat. Es wurden 100 Vernehmungen beobachtet, wobei 65 Beamte an diesen Vernehmungen beteiligt waren:

- Vorwiegend erfolgte die Vernehmung im Sinne einer „informatorischen Vorbefragung" (86 Fälle). Hierin wurden in 80% der Fälle Tatverdachts-Klärungen herbeigeführt. Die **Eröffnung des Tatvorwurfs** wurde in 26 Fällen als korrekt, davon in 15 Fällen als völlig und in 11 Fällen als annähernd (z.B. mit Verspätung) korrekt erfaßt. In 74 Fällen erfolgte ein Verstoß gegen die Vernehmungsvorschriften bzw. überhaupt keine Belehrung.
- Der Hinweis auf die **Aussagefreiheit** erfolgte in 18 Fällen korrekt, 82 mal wurde ein Verstoß festgestellt, dabei in 23 Fällen eine mangelhafte Belehrung und in 30 Fällen eine verspätete oder erst am Ende der Vernehmung erfolgende Vernehmung über die Aussagefreiheit.
- Eine **Verteidigerkonsultation** wurde 26 mal korrekt angesprochen, in 74 Fällen wurde jeglicher Hinweis unterlassen.
- Ein Hinweis auf das **Beweisantragsrecht** wurde in 99 Fällen mit keinem Wort erteilt.

Abgesehen vom Beweisantragsrecht wurde also lediglich in 9 der beobachteten 100 Vernehmungen den gesetzlichen Anforderungen entsprochen. Nach dieser Untersuchung wird die polizeiliche Vernehmungspraxis den Vorschriften des § 136 Abs. 1 StPO weitgehend nicht gerecht. Dabei ist – methodenkritisch – zu berücksichtigen, daß *Wulf* nicht zu allen Vernehmungen hinzugezogen wurde.

bb) Polizeiliche Vernehmungspraxis bei der Bielefelder Polizei (SFB 227)

Im Rahmen des Sonderforschungsbereichs 227 zur Präventionsforschung wurden über ein Jahr insgesamt 300 Vernehmungsbeobachtungen von Jugendlichen und

Heranwachsenden in jugendtypischen Deliktbereichen durchgeführt (vgl. *Rzepka,* 1990, 341 ff. sowie Bericht für die Deutsche Forschungsgemeinschaft des Teilprojektes C 4, 377 ff.). Auch hier wurde lediglich in 11% der beobachteten Vernehmungen eine vollständige Belehrung über alle vier Normbereiche des § 136 Abs. 1 StPO festgestellt:

- in 76% der Fälle wurde über den Tatvorwurf belehrt, in 38% über vorliegende Verdachtsgründe Mitteilungen gemacht,
- in 72% der Fälle Belehrungen zur Aussagefreiheit,
- in 50% der Fälle Belehrungen zur Verteidigerkonsultation gemacht,
- nur in 14,5% der Fälle erfolgte eine Belehrung über Beweisantragsrechte.

21,5% der Vernehmungen erfolgten ohne jede Belehrung. Das Ergebnis ist ähnlich wie die Untersuchung in Hamburg, wenngleich in Bielefeld die Belehrung zur Aussagefreiheit wesentlich häufiger erfolgte.

c) Schlußfolgerungen für die Rechtsbindung polizeilichen Handelns

Die Polizei hat überwiegend Aufgaben, bei welchen auch andere als rechtliche Erwartungen zu erfüllen sind: Kriminalitätsbekämpfung, Streitschlichtung, Beseitigung von Ruhestörungen und Belästigungen, wobei gerade bei der Schutzpolizei der Straßenverkehr einen wesentlichen Teil der polizeilichen Praxis darstellt. Gerade im letzteren Bereich wird Delinquenz durch Opportunität weitgehend geregelt. Für die Kriminalpolizei gilt umgekehrt der häufig öffentlich unterstrichene, im Kollegenkreis gepflegte und für den Aufstieg wichtige **Erfolg** im Rahmen der Kriminalitätsbekämpfung, der zu Abweichungen von Rechtsvorschriften führen kann. Insgesamt kann man nach den vorliegenden Untersuchungen die Schlußfolgerung ziehen, daß die **Unschuldsvermutung** faktisch durch die **Schuldvermutung** ersetzt wird. Das Polizeihandeln ist auf **Kriminalitätsbekämpfung** und **Überführung** gerichtet.

Diese Normabweichungen entsprechen einem **Prinzip „brauchbarer Illegalität".** Der Begriff stammt aus der **Organisationssoziologie.** Danach erfolgt der Regelbruch im wohlverstandenen Interesse des Organisationsziels, um starre Regeln auf wechselnde Anforderungen abstimmen zu können. Dieser Flexibilitätsgewinn schafft für die Polizei gleichwohl Verwertungsprobleme, die im späteren Strafverfahren nicht selten von vielen Prozeßbeteiligten thematisiert und skandalisiert werden müssen. Diese „Normenfalle" schafft für die Polizei auch Legitimationsprobleme, weshalb besonders hartnäckig darauf insistiert wird, das Handeln der Polizei sei allein rechtlich gesteuert.

Aus rechtssoziologischer Sicht ist die **Normabweichung** der Strafverfolger gleichwohl als **normal** und **funktional** anzusehen. Normal ist sie im Sinne von alltäglichem Auftreten. Sie hat nicht als Abweichung zu gelten, tritt nicht nur bei „schlechten" Staatsanwälten oder Polizeibeamten auf, sondern ist allgegenwärtig. Die handlungsleitenden Faktoren werden im Wege der Praxissozialisation vermittelt. Die Normabweichung ist funktional im Sinne des organisationssoziologischen Konzepts der „brauchbaren Illegalität", also der Vermittlung zwischen starren Bürokratieregeln und den störrischen Alltagsanforderungen.

Gleichwohl schafft das Nebeneinander von formellen und informellen bzw. außerrechtlichen handlungsleitenden Normen **Probleme** bei der **Außendarstellung des Rechts** bzw. der **Rechtsanwendung.** Probleme treten ferner für die Selbstwahrnehmung der Rechtsanwender auf. Vor allem widerspricht die Normabweichung fundamentalen Prinzipien des Rechts wie Gleichheit, Gerechtigkeit, Gesetzlichkeit. Die Legitimationsgrundlagen des Rechts werden dadurch prinzipiell in Frage gestellt. Der Rechtsstaat erleidet schweren Schaden.

4. Aussagevorgang

a) Verbotene Vernehmungsmethoden

Wird ein Verstoß gegen polizeiliche Belehrungspflichten im Strafverfahren festgestellt, d.h. bewiesen, was auch bei kunstgerechter Verteidigung nur selten gelingt, ist nach der Rechtsprechung ein Verwertungsverbot die Folge. Die Aussage kann damit nicht mehr als Verurteilungsgrundlage herangezogen werden.

Nicht nur Belehrungsfehler, jede Beeinträchtigung der Willensentscheidung und Willensbetätigung durch Drohung, Täuschung, Zwang und ähnliche Mittel ist im Rahmen der polizeilichen Aussage verboten. Es darf nichts geschehen, was die völlige Freiheit des Beschuldigten hinsichtlich des Ob und Wie seiner Aussage aufheben und beeinträchtigen könnte (LR-*Hanack*, § 136a Rn. 1).

> Die in § 136a Abs. 1 StPO nicht abschließend aufgezählten Beeinträchtigungen der freien Willensentschließung und -betätigung sind Mißhandlungen im Sinne des § 223 StGB. Untersagt sind selbst völlig schmerzlose und folgenlose Eingriffe, ferner die Verabreichung von Mitteln, insbesondere Rausch- und Weckmittel sowie die Quälerei als eine länger andauernde oder sich wiederholende Verursachung körperlicher oder seelischer Schmerzen oder Leiden. Verboten sind außerdem Hypnose, über die Ermächtigung der StPO hinausgehender Zwang sowie Täuschung, Drohung mit einer verfahrensrechtlich unzulässigen Maßnahme sowie Versprechen eines gesetzlich nicht vorgesehenen Vorteils.
>
> Allein schon der Begriff der Täuschung ist – wie ein Blick in die Kommentierungen belegt – auslegungsfähig. Nach allgemeiner Auffassung ist der Begriff der Täuschung in der StPO zu weit gefaßt und sollte – wie die Kommentatoren raten – einschränkend ausgelegt werden (LR-*Hanack*, § 136a Rn. 33). § 136a StPO schließt nach dieser Ansicht nicht jede List bei der Vernehmung aus, verbietet aber jede Art der **Lüge**. Ein **vernehmungspsychologisch geschicktes Vorgehen**, um den aussagewilligen Beschuldigten zu ihm nachteiligen Angaben zu veranlassen, wird durch § 136a StPO ebenfalls nicht verboten. So darf der Vernehmende dem Beschuldigten Fragen stellen, die dazu bestimmt sind, ihn in Widersprüche zu verwickeln. Auch Fangfragen sind nicht untersagt. Die Täuschung durch Unterlassen (das Unterdrücken von Tatsachen) ist nicht untersagt (vgl. hierzu KK-*Boujong*, 2003, § 136a Rn. 19ff. m.w.N.).

Diese Interpretationen des Begriffs Täuschung machen deutlich, welchen juristischen Fallstricken ein Beschuldigter in der Vernehmung ausgeliefert ist. Kommen Suggestivfragen noch hinzu, die durch ihre Formulierung selbst schon eine bestimmte Stellungnahme nahelegen, wird folgendes deutlich: Der Vernehmungserfolg der Polizei ergibt sich allein schon aus der Erfahrung, dem Handlungsspielraum, der Definitionsmacht und der juristisch ausgefüllten Handlungskompetenz der Vernehmungsbeamten. Von Waffengleichheit kann kaum die Rede sein.

b) Vernehmungspraxis

Die Aussagepraxis bei der Polizei ist gerichtlich nur schwer kontrollierbar, sofern nicht, was sehr selten ist, wörtlich protokolliert wird (vgl. unten V). Diese forensische Unkontrollierbarkeit trägt zu einer erheblichen Absicherung polizeilicher Definitionsmacht bei. Hierbei spielen Schichtzugehörigkeit und Persönlichkeitsstruktur des zu Vernehmenden keine geringe Rolle. Suggestivfähig sind besonders ängstliche, widerstandsunfähige, müde und erinnerungsunsichere Personen. Erst mit steigendem sozialen Status und zunehmend entwickelter Persönlichkeitsstruktur sinkt die Neigung des Aussagenden, Erwartungen – schon gar, wenn diese offenbar unzutreffend sind – zu entsprechen. Besonders suggestivfähig sind Angehörige unterer sozialer Schichten (*Eisenberg*, 2005, 319ff.).

c) Verwertbarkeit

Aussagen, die unter Verletzung des § 136a Abs. 1 StPO erlangt wurden, unterliegen trotz eventueller Einwilligung des Beschuldigten einem Verwertungsverbot nach § 136a Abs. 3 StPO.

Umstritten ist hierbei, ob Suggestivfragen und Anwendung kriminalistischer List das Tatbestandsmerkmal der Täuschung mit der Folge der Unverwertbarkeit erfüllen. Bedenklich ist eine Vernehmung jedenfalls dann, wenn in ihr der Druck auf den Beschuldigten so groß wird, daß die Aussage eine Folge von Zwang oder Täuschung und damit nicht eigenverantwortlich ist (*Ransiek*, 1990, 56). Dann, wenn dem Beschuldigten die Einsichtsfähigkeit in die Bedeutung seiner Aussage genommen wird, ist eine Täuschung im Sinne des § 136a Abs. 1 StPO anzunehmen.

Verbotene Vernehmungsmethoden sind nur selten nachweisbar. Sie lassen sich nur durch eine Teilnahme eines Verteidigers während der polizeilichen Vernehmung ausschließen. Deutlich einschränkbar wären sie, wenn ein polizeiliches Vernehmungsprotokoll mittels eines Tonbandes geführt werden müßte.

Das folgende Beispiel verdeutlicht, daß die Problematik polizeilicher Vernehmung keineswegs nur in den informellen Selektionsstufen der proaktiven Tätigkeit, der Anzeigenaufnahme oder der Beschuldigtenvernehmung liegt. Das Hauptproblem für jeden Tatverdächtigen liegt darin, daß ein **polizeilicher Experte** eine Vernehmung professionell auf **Rechtsfiguren** hinführt, die im Alltagssprachgebrauch des **Laien keine Bedeutung** haben, jedenfalls die rechtliche Relevanz der Aussage dem zu Vernehmenden nicht deutlich werden kann.

V. Vernehmungsbeispiel *Erna*

Das folgende Vernehmungsprotokoll aus einem Todesermittlungsverfahren ist auf Tonband aufgezeichnet und abgeschrieben worden. Der Psychiater *Wilfried Rasch* und der Psychologe *Stefan Hinz* haben es in einem Beitrag in der Fachzeitschrift Kriminalistik veröffentlicht (1980, 377 ff.). Wir wollen davon ausgehen, daß die Belehrung und die Vernehmungsmethoden prozeßordnungsgemäß abgelaufen sind. Die Problematik liegt ausschließlich darin, daß eine Frau mit offensichtlich niedrigem Sozialstatus – im Zuge affektiver Erregung nach dem Tatgeschehen – juristisch-professionell vernommen wurde, ohne den Bedeutungsgehalt der Fragen erfassen zu können. Ein Verteidiger war nicht anwesend.

1. Vernehmungsprotokoll

Die Vernehmungssequenz zeigt, wie der Kriminalbeamte und die Tatverdächtige allein schon aufgrund unterschiedlicher Rechtskenntnisse aneinander vorbeireden, sich am Ende aber die Definition des Beamten durchsetzt.

Frage:	*Wie lag denn Ihr Vater auf dem Bett, und wo haben Sie genau hingeschlagen?*
Antwort:	*Vater lag auf der Seite in Richtung Ofen. Wo ich genau hingeschlagen habe, weiß ich nicht.*
Frage:	*War Ihnen das egal?*
Antwort:	*Ja.*
Frage:	*Wo haben Sie denn Ihrer Meinung nach nun hingeschlagen?*
Antwort:	*Nur auf den Kopp, mal auf die Seite und mal ruff.*
Vorhalt:	*Da es Ihnen egal war, wo Sie hinschlugen, muß ich daraus schließen, daß Sie Ihren Vater auf jeden Fall töten wollten. Ist dies richtig?*
Antwort:	*Töten wollte ich ihn ja nun ausgerechnet nich'.*
Frage:	*Was passiert wohl mit einem Menschen, wenn man ihn sieben bis achtmal ziemlich kräftig mit einem Hammer schlägt, insbesondere dann, wenn man dabei nur den Kopf trifft?*
Antwort:	*Daß er tot ist oder was. Aber er hat doch noch geatmet, als er bei uns abgeholt wurde.*

Frage: *Aus Ihrer Antwort muß ich entnehmen, daß Sie mit dem Tod Ihres Vaters*
             *gerechnet und den **Tod** somit **in Kauf genommen** haben?*
Antwort: *Ja.*

Im Verlauf der weiteren Vernehmung wehrt sich die Beschuldigte noch einmal gegen
die zuvor vom Beamten vorgenommene Definition. Erst am Ende der zweistündigen
Vernehmung werden die unterschiedlichen Plausibilitätsstrukturen von Vernommener
und Vernehmendem im Protokoll wieder auf eine Formel gebracht, übrigens unter
Verzicht auf Logik:

Frage: *Ich frage Sie nochmal, was Sie mit Ihrer Tat bezweckten und was wohl*
             geschieht, wenn man einem Menschen sieben- bis achtmal einen Hammer
             auf den Kopf schlägt?
Antwort: *Ich wollte Ruhe haben, und dazu war mir alles egal. Wenn man einem*
             Menschen mit einem Hammer auf den Kopf schlägt, ist er tot oder was.
Frage: *Es ist also richtig, wenn ich annehme, daß Sie bei der Tat auf jeden Fall*
             *den **Tod** des Vaters **in Kauf genommen** haben?*
Antwort: *Ja.*

Die Tatverdächtige – wir wollen sie *Erna* nennen und sie durch die weiteren Stufen
der Rechtsverfolgung in diesem Buch begleiten – hatte im ersten Teil der Vernehmung
den Tötungsvorsatz deutlich verneint („Töten wollte ich ihn ja nun ausgerechnet
nich'."). Anschließend bejaht sie das intellektuelle Element des Vorsatzes, das Wissen
(mit dem Tod gerechnet). Zum Schluß wird sie auf das voluntative Element des Eventualvorsatzes vom Vernehmungsbeamten hingeführt: Nunmehr hat sie den Tod des
Vaters „in Kauf genommen". Ohne von der juristischen Relevanz dieser diffizilen Begrifflichkeit Kenntnis zu haben, ist damit der Tötungsvorsatz juristisch eindeutig subsumiert worden.

2. Juristische Anforderungsstruktur zur Abgrenzung von Vorsatz und Fahrlässigkeit

Die juristische Differenzierung zwischen Vorsatz und Fahrlässigkeit setzt die
Kenntnis der dogmatischen Begrifflichkeit voraus.

- Hinsichtlich des **intellektuellen Elementes** des Vorsatzes, des **Wissens** um die Tatbestandsverwirklichung, muß ein Täter lediglich die Verwirklichung des Tatbestands ernsthaft für möglich halten oder damit rechnen (BGHSt 36, 9f.). Dieses intellektuelle Element ist beim Eventualvorsatz und bei der bewußten Fahrlässigkeit
  identisch.
- Hinsichtlich des **voluntativen Elementes**, des **Wollens** der Tatbestandsverwirklichung, reicht für die Annahme eines Eventualvorsatzes – und damit für die Annahme eines Totschlags oder eines Mordes – bereits das „Sich-abfinden" mit dem
  Tod des Geschädigten aus. Hat der Täter hingegen in Kenntnis der Möglichkeit des
  Todes gehandelt, aber subjektiv **„auf den Nichteintritt vertraut"**, ist damit lediglich
  (bewußte) Fahrlässigkeit gegeben.

Der Unterschied ist juristisch hoch bedeutsam. Im Falle des Eventualvorsatzes (sich
damit abfinden bzw. billigend in Kauf nehmen) heißt es in der Gesetzeslogik des § 211
StGB (Mord): lebenslange Freiheitsstrafe. Für die fahrlässige Tötung sieht das Strafgesetzbuch lediglich einen Strafrahmen bis zu 5 Jahren Freiheitsstrafe vor. Eine Tötung
im Affekt kann gemäß § 213 StGB sogar nur mit einer Bewährungsstrafe belegt werden.

	Wissen *intellektuelles Element*	**Wollen** *voluntatives Element*
Absicht *dolus directus 1. Grades*	Verwirklichung des Tatbestandes für möglich halten	zielgerichteter Erfolgswille
direkter Vorsatz *dolus directus 2. Grades*	Gewißheit der Tatbestandsverwirklichung	(Nicht-Wollen unbeachtlich)
Eventualvorsatz *dolus eventualis*	Verwirklichung des Tatbestandes ernsthaft für möglich halten; mit etwas ernsthaft rechnen	sich damit abfinden bzw. etwas billigend in Kauf nehmen
davon abzugrenzen:		
bewußte Fahrlässigkeit	Verwirklichung des Tatbestandes ernsthaft für möglich halten; mit etwas ernsthaft rechnen	auf Nichteintritt vertrauen

Ohne Kenntnis dieser subtilen sprachlichen Abgrenzung, die nur dem juristischen Experten bekannt ist, kann sich so gut wie niemand – schon gar nicht in einer affektiven Nachtatsituation – realitätsgerecht „einlassen". Die Zielvorstellungen eines fairen Strafverfahrens, das von dem Begriff der „Waffengleichheit" getragen ist, erfordert in einer derartigen Situation zumindest die Rechtsberatung durch kompetente Strafverteidigung. Ist eine Aussage erst einmal in dieser Weise dokumentiert, gibt es im weiteren Verlauf der Rechtsanwendung so gut wie keine juristische Korrektur mehr.

3. Kriminalpolitische Schlußfolgerung

Das Vernehmungsbeispiel *Erna* zeigt, daß die Rechte von Beschuldigten in der ersten Phase der Ermittlungstätigkeit erweitert und deren Beachtung besser gewährleistet sein muß, als dies nach dem geltenden Recht der Fall ist. Mit den Angaben eines Beschuldigten im Ermittlungsverfahren sind wesentliche Weichenstellungen für den Fortgang des Strafverfahrens verbunden. In diesem Stadium abgegebene Erklärungen bestimmen die Stellung des Beschuldigten entscheidend für den weiteren Verfahrensablauf. Das Beispiel hat deutlich gemacht, wie die Vernehmungssituation durch den professionell agierenden Vernehmungsbeamten dominiert wird (**Definitionsmacht der Polizei**). Das wirkt sich zudem bei der Herausarbeitung subjektiver Tatbestandsmerkmale häufig zum Nachteil des rechtsunkundigen Beschuldigten aus. Darüber hinaus steht der Beschuldigte im Rahmen seiner ersten Vernehmung regelmäßig unter einem erheblichen psychischen Druck, der eine interessengerechte Handhabung seiner Rechte erschwert.

Da eine Pflichtverteidigung etwa im Falle eines Freiheitsentzuges oder des Verdachts eines Verbrechens nicht von Beginn des Ermittlungsverfahrens an vorgesehen ist, kann eine wirksame Vertretung des Beschuldigten in diesen Fällen häufig nicht erfolgen. Hierzu trägt auch der Umstand bei, daß viele Beschuldigte wegen der damit verbundenen Kosten darauf verzichten, von sich aus einen Verteidiger ihres Vertrauens mit der Vertretung ihrer Interessen zu beauftragen.

In der rechtspolitischen Diskussion werden verschiedene Vorschläge unterbreitet, um diesem Mißstand abzuhelfen (vgl. z.B. *Niedersächsische Kommission zur Reform des Strafrechts und Strafverfahrensrechts*, 1992, 79ff.).

a) Verwertungsverbot bei Vernehmung ohne Belehrung

Insofern wird in der rechtspolitischen Debatte vorgeschlagen, ein **Verwertungsverbot** bezüglich einer im Ermittlungsverfahren vor der Polizei oder Staatsanwaltschaft **ohne Belehrung** erfolgten Aussage des Beschuldigten gesetzlich vorzuschreiben. Ein derartiges Verwertungsverbot würde den Vorteil beinhalten, auf eine effektive Beachtung der gesetzlichen Belehrungspflichten hinzuwirken, ohne von Anfang an in allen Fällen die Anwesenheit eines Verteidigers bei der ersten polizeilichen Vernehmung samt der damit verbundenen Kosten zwingend vorzusehen.

b) Pflichtverteidiger bei drohendem Freiheitsentzug

Es wird auch empfohlen, die Verteidigung mit Rücksicht auf die geschilderte Ausgangssituation zu erweitern. In jedem Falle eines drohenden Freiheitsentzuges müßte ein Pflichtverteidiger von Anfang an bestellt werden. Die Vernehmung des festgenommenen Beschuldigten dürfte dann nur in Anwesenheit des Verteidigers erfolgen. Der Freiheitsentzug beinhaltet einen nachhaltigen Eingriff in die Lebenssituation des Betroffenen. Ein unter diesem Druck stehender Beschuldigter bedarf des anwaltlichen Beistands, um seine Interessen sachgerecht wahrnehmen zu können. Besonders im Falle des Freiheitsentzuges ist die fachkundige Unterstützung des Beschuldigten notwendig, um diesen nicht als Objekt staatlichen Handelns, sondern als eigenständiges Subjekt des Strafverfahrens ansehen zu können.

c) Notwendige Verteidigung bei Verdacht eines Verbrechens

Schließlich wird vorgeschlagen, daß die polizeiliche Vernehmung eines Beschuldigten, gegen den der Verdacht eines Verbrechens besteht, erst dann erfolgen dürfte, wenn dieser von einem Verteidiger seines Vertrauens vertreten wird bzw. ihm ein Pflichtverteidiger bestellt ist. Gerade bei dem Verdacht eines Verbrechens muß ein rechtsstaatlich einwandfreies Verfahren von Anfang an gewährleistet sein. Die hohe Strafdrohung macht es notwendig, daß der Beschuldigte mit der Unterstützung eines Verteidigers die Möglichkeit haben muß, zur Wahrung seiner Rechte auf den Gang und das Ergebnis des Verfahrens von Beginn an Einfluß zu nehmen. Unter dem Druck der drohenden Sanktion wird ein Beschuldigter hierzu ohne anwaltlichen Beistand kaum in der Lage sein.

Es ist nicht zu bestreiten, daß eine von Anfang an gesetzlich angeordnete notwendige Verteidigung im Falle eines Verbrechensverdachts die Ermittlungstätigkeit der Polizei hemmen kann. Auch könnte die Polizei geneigt sein, in vermehrtem Umfang eine Umdefinition vom Beschuldigten zum Zeugen vorzunehmen, und vermehrt informatorische Befragungen durchzuführen. Gleichwohl vermögen diese Einwände die schweren rechtsstaatlichen Schäden für ein faires Strafverfahren nicht aufzuwiegen. Eine strafrechtliche Überführung aufgrund von Überrumpelung und evidenter Waffenungleichheit muß dem Selbstverständnis eines zivilisierten Rechtsstaates fremd sein. Die obigen Vorschläge zeigen rechtsstaatlich brauchbare Alternativen auf.

VI. Schlußbetrachtung

Im Polizeialltag konkretisieren sich die Wertentscheidungen des Grundgesetzes. Im Spannungsverhältnis zwischen den der Polizei von der **Verfassung gesetzten Grenzen** und den **gesellschaftlichen** sowie **politischen Daueranforderungen,** die an die Polizei gerichtet werden, müssen sich Polizistinnen und Polizisten täglich behaupten. Das ist mehr als schwierig. Einerseits soll die Polizei Sicherheit und Ordnung rund um die Uhr garantieren, Gefahren abwenden und Risiken vorbeugen. Andererseits hat sie jedoch bei ihren Eingriffen strikt die durch Grundrechte fixierten Freiheitssphären der Bürger zu achten. Keine andere gesellschaftliche Institution ist Anforderungen dieser Art permanent ausgesetzt.

Verantwortung für die grundrechtsverzehrenden Eingriffserweiterungen und -kompetenzen trägt der Gesetzgeber. Er richtet dabei zunehmend an die Polizei verfassungsrechtlich höchst problematische Anforderungen. Diese finden sich unter anderem in der

- normativen Grenzverwischung zwischen Prävention und Repression,
- damit einhergehenden Zentrierung auf operative Ermittlungsstrategien,
- Umorientierung zu einem „Anti-OK-Sonderrechtssystem" und der damit einhergehenden Zunahme geheimer Ermittlungsmethoden,

- Zuweisung multi-funktionaler Tätigkeiten im Spannungsfeld von Prävention und Repression,
- Abkoppelung aus der Justizförmigkeit und dem intendierten Kontrollverlust der Justiz,
- dem Ineinanderfließen von polizeilichen und geheimdienstlichen Tätigkeiten.

Hinzu kommen die aus dem politischen Sektor formulierten Anforderungen an gesellschaftssteuernde Kompetenzen (Kriminalitätsbekämpfung), die sich durchweg als symbolische Scheinanforderungen erweisen, gleichwohl im Wirtschafts-, Umwelt- und Sozialbereich immer neue Eingriffsmöglichkeiten bereitstellen. Bei allfälligen Konflikten ist es primär dann die Polizei, die den gesellschaftlichen und politischen Strukturwidersprüchen **unmittelbar** ausgesetzt ist. Die Bezeichnung des Polizeibeamten als „Bulle" ist hierfür beredtes Beispiel.

Dabei ist der Widerspruch zwischen **martialischen Eingriffskompetenzen** (Lauschangriff, Verdeckter Ermittler, nicht offen ermittelnder Polizeibeamter, elektronische Überwachungsmittel etc.) und den **logistischen Voraussetzungen des Polizeialltags** überdeutlich. Schlechte Ausrüstung, nachteilige Personalschlüssel zwischen Innen- und Außendienst, bürokratische Überlast, personelle Unterausstattung, geringe Präsenz in öffentlichen Gefahrbereichen etc. lassen die Polizeiarbeit – auch für den Polizeinachwuchs – als wenig attraktiv erscheinen. Insofern ist es wenig verwunderlich, wenn grundrechtsverzehrende Flexibilisierungsmittel „brauchbarer Illegalität" im ‚wohlverstandenen Interesse' des Organisationsziels die Kriminalitätsbekämpfung zu erleichtern helfen. Sind die in diesem Kapitel aufgezeigten polizeilichen **Ausleseestrategien** im organisationssoziologischen Sinne auch **normal** und **funktional,** so **zerstören** sie gleichwohl über kurz oder lang – insbesondere vor dem Hintergrund der derzeitigen Gesetzesentwicklungen – die **demokratische Legitimation** der Polizei.

6. Kapitel. Staatsanwaltschaft

Literatur: *Backes, O.,* Kriminalpolitik ohne Legitimität, KritV 1986, 315 ff.; *Kausch, E.,* Der Staatsanwalt – Ein Richter vor dem Richter?, 1980.

Im Prozeß der Kriminalisierung bildet die Staatsanwaltschaft (StA) nach den informellen und formellen Kontrollinstanzen außerhalb des Strafrechtssystems sowie der Polizei die dritte Instanz im Rahmen des Ausleseprozesses der Kriminalisierung. Sie ist strafjustitielle Eingangsinstanz, in der wichtige Weichenstellungen für den weiteren Verfahrensverlauf vorgenommen werden. Dabei steht sie zwischen Polizei und Gericht. Insofern ist die Position der Staatsanwaltschaft durch einen zweiseitigen funktionellen Zusammenhang gekennzeichnet: Während sie in ihrer Funktion als „Herrin" des Ermittlungsverfahrens de facto durch die Polizei verdrängt wurde (vgl. 5. Kapitel), hat die Staatsanwaltschaft ihre Bedeutung gegenüber dem Gericht festigen und noch weiter ausbauen können. So wurde bereits vor Jahren die Frage gestellt, ob der Staatsanwalt ein **„Richter vor dem Richter"** sei (so *Kausch,* 1980). Aufgrund der gängigen Praxis, daß „die Staatsanwaltschaft durch Richtlinien und Verfügungen generalisierte Anwendungsmaßstäbe für Strafbestimmungen des StGB aufstellt", wurde gefolgert, sie fungiere „auch als ‚Gesetzgeber vor dem Gesetzgeber'" (*Backes,* 1986, 320). Diese Funktionsverschiebung im Bereich der staatsanwaltschaftlichen Praxis, die das Verhältnis Staatsanwaltschaft und Polizei einerseits sowie Staatsanwaltschaft und Gericht andererseits betrifft, hat zur **Entwicklung** der Staatsanwaltschaft zu einer **selbständigen Erledigungsinstanz** geführt.

§ 17. Organisation und Erledigungspraxis

Literatur: *Albrecht, P.-A.* (Hrsg.), Informalisierung des Rechts, 1990; *Blankenburg, E./Sessar, K./ Steffen, W.,* Die Staatsanwaltschaft im Prozeß strafrechtlicher Sozialkontrolle, 1978; *Kotz, P.,* Die Wahl der Verfahrensart durch den Staatsanwalt, 1983; *Kunz, K.-L.,* Die Einstellung wegen Geringfügigkeit durch die Staatsanwaltschaft, 1980; *Ludwig-Mayerhofer, W.,* Das Strafrecht und seine administrative Rationalisierung: Kritik der informalen Justiz, 1998; *Roxin, C.,* Strafverfahrensrecht, 25. Aufl., 1998; *Statistisches Bundesamt Wiesbaden* (Hrsg.), Arbeitsunterlage Staatsanwaltschaften 1981 bis 2001; *Statistisches Bundesamt Wiesbaden* (Hrsg.), Staatsanwaltschaften, (Jahr).

A. Organisation der Staatsanwaltschaft (Behördenaufbau)

I. Äußerer Behördenaufbau

Aufgabe der Staatsanwaltschaft als staatlicher Behörde ist die Strafverfolgung. In diesem Rahmen ist sie eine selbständige, hierarchisch aufgebaute Institution der Justiz. Im Gegensatz zum Richter, der das Privileg sachlicher und persönlicher Unabhängigkeit genießt, sind die Beamten der Staatsanwaltschaft gegenüber ihren Vorgesetzten **weisungsgebunden** (§ 146 GVG). Dabei kommen den jeweiligen Behördenleitern

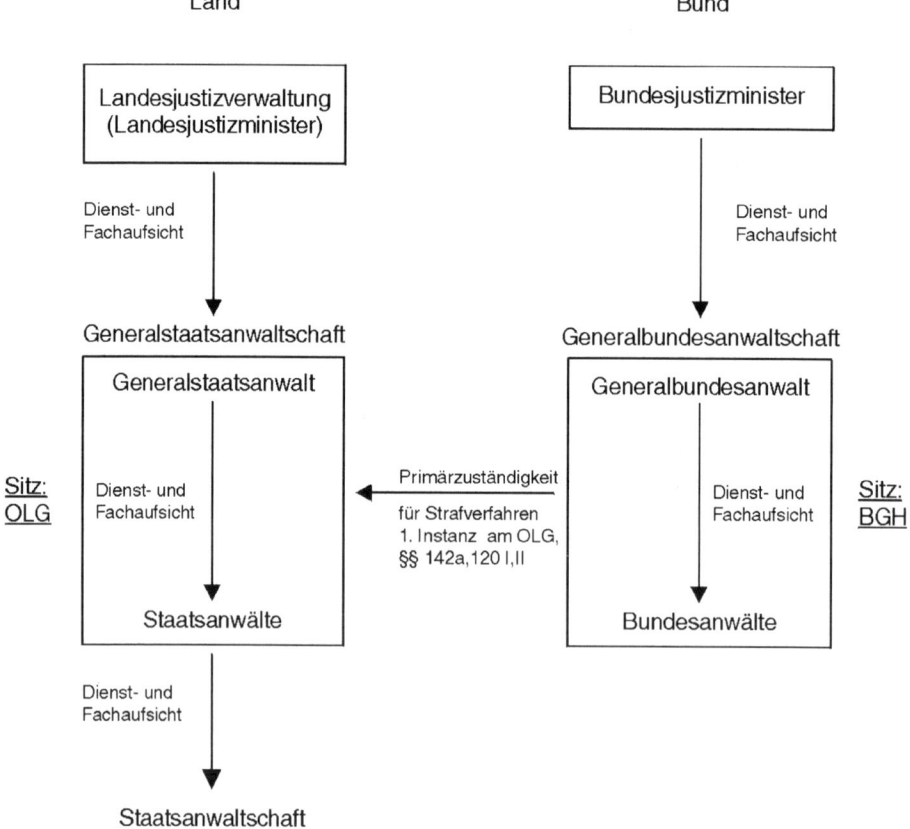

Abbildung 1: Behördenaufbau der Staatsanwaltschaften in Land und Bund

das Devolutions- und Substitutionsrecht zu: Sie können jederzeit die Sache an sich ziehen oder einen anderen Staatsanwalt damit beauftragen (§ 145 GVG), wobei der einzelne Staatsanwalt stets als Vertreter des vorgesetzten ersten Beamten handelt (§ 144 GVG). Nach § 141 GVG soll bei jedem Gericht eine Staatsanwaltschaft bestehen.

Das Amt der Staatsanwaltschaft beim Bundesgerichtshof und bei den Oberlandesgerichten im Kontext ihrer erstinstanzlichen Zuständigkeit wird vom **Generalbundesanwalt** ausgeübt, der der Dienstaufsicht des Bundesministers der Justiz untersteht und seinerseits gegenüber den Bundesanwälten weisungsberechtigt ist (§§ 142 Abs. 1 Nr. 1; 142 a, 147 Nr. 1 GVG).

Das Amt der Staatsanwaltschaft bei den Oberlandesgerichten wird vom **Generalstaatsanwalt** ausgeübt, der unter der Aufsicht und Leitung des Landesjustizministers steht (§§ 142 Abs. 1 Nr. 2, 147 Nr. 2 GVG). Der jeweiligen Landesjustizverwaltung obliegt die Dienstaufsicht über alle staatsanwaltschaftlichen Beamten des betreffenden Landes. Bei den Landgerichten ist der **Leitende Oberstaatsanwalt** erster Vorgesetzter, dem alle Staats- und Amtsanwälte des betreffenden Bezirks unterstellt sind (§§ 142 Abs. 1 Nr. 2, 3; 147 Nr. 2, 3 GVG). Die Amtsanwälte brauchen nicht – anders als die Staatsanwälte (§ 122 DRiG) – die Befähigung zum Richteramt zu besitzen und dürfen nur in amtsgerichtlichen Sachen tätig werden (§§ 142 Abs. 1 Nr. 3 und Abs. 2; 145 Abs. 2 GVG).

II. Innerer Behördenaufbau

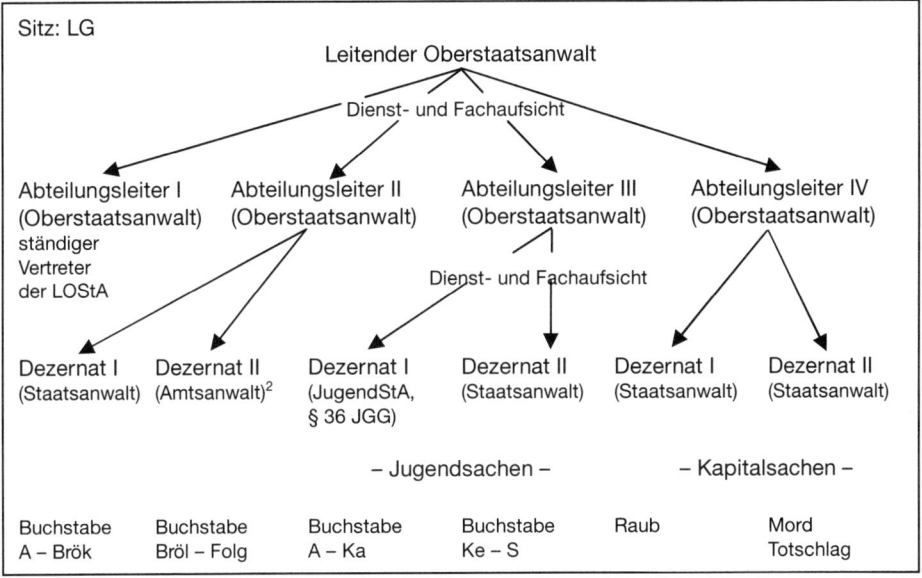

1) § 147 GVG: Recht der Aufsicht und Leitung
§ 146 GVG: internes und externes Weisungsrecht
§ 145 GVG: Substitutionsrecht
Berichts- und Unterrichtspflicht der Staats- und Amtsanwälte

2) zuständig nur für Strafsachen in denen der Strafrichter (§§ 24, 25 GVG) entscheiden kann (§ 142 I Nr. 3, II GVG; § 145 II GVG)

Abbildung 2: Innerer Behördenaufbau der Staatsanwaltschaft

Vom äußeren Aufbau der Staatsanwaltschaft als komplexe Justizorganisation ist der innere Aufbau der einzelnen Staatsanwaltschaften zu unterscheiden. Sie ist im Regelfall in mehrere Abteilungen aufgeteilt, denen als Abteilungsleiter meist Oberstaatsanwälte vorstehen. Die Abteilungen wiederum sind in einzelne Dezernate aufgegliedert, die von Staatsanwälten oder Amtsanwälten als Dezernenten verwaltet werden. Dabei sind die Dezernate nach Sachgebieten untergliedert. Die spezielle Zuständigkeit eines Dezernenten wird im Geschäftsverteilungsplan bzw. Organisationsplan der Behörde festgelegt.

B. Erledigungspraxis der Staatsanwaltschaften

I. Erledigungsstruktur

Die zentrale Aufgabe der Staatsanwaltschaft liegt darin, die von der Polizei vorgelegten Ermittlungsverfahren justizförmig zu bearbeiten: durch **Anklage** zum Gericht oder durch **Einstellung des Verfahrens**.

Die Staatsanwaltschaft hat grundsätzlich vier Möglichkeiten, das Ermittlungsverfahren zu beenden:

- durch Einstellung wegen mangelnden Tatverdachts (§ 170 Abs. 2 StPO),
- durch Anklageerhebung (§ 170 Abs. 1 StPO), soweit die Ermittlungen „genügenden Anlaß zur Erhebung der öffentlichen Klage" gebieten bzw. durch Antrag auf Erlaß eines Strafbefehls (§§ 170 Abs. 1, 407 ff. StPO),
- durch Einstellung aus Opportunitätsgründen (§§ 153 ff. StPO, 45 JGG; vgl. hierzu im einzelnen *Roxin*, 1998, 314 ff.).

Welche Erledigungsart die Staatsanwaltschaft im konkreten Fall wählt, kann nicht isoliert, d.h. nur aufgrund der jeweiligen Fallkonstellation und ihrer materiell-rechtlichen Sachlage bestimmt werden. Empirische Befunde weisen darauf hin, daß sich das Entscheidungsverhalten der Staatsanwaltschaft bezüglich dieser vier Entscheidungsmöglichkeiten durch eine ganz erhebliche **Varianz** auszeichnet (*Blankenburg* u.a., 1978; *Kunz*, 1980). Der Staatsanwalt avanciert zur dominierenden Verfahrensinstanz: „Während die Polizei nur Vorbereitungsdienste leistet und das Gericht lediglich ‚nacharbeitet', kann der Staatsanwalt im wahrsten Sinne des Wortes kreativ sein, auswählen, ob er Verfahren an das Gericht weitergibt oder ob er sie selbst beendet" (*Kotz*, 1983, 202). Insoweit kann die Staatsanwaltschaft Norminterpretationen für eigene Zwecke leisten und sich selbst damit zu einem wichtigen kriminalpolitischen Faktor aufwerten.

Die Dokumentation der Verfahrenserledigungen erfolgt in der Staatsanwaltschaftsstatistik (vgl. Abbildung). Sie wird als Statistik für die ganze Bundesrepublik vom Statistischen Bundesamt Wiesbaden von 1981 an jährlich als „Arbeitsunterlage Staatsanwaltschaften", seit 2002 als Teil der Rechtspflegestatistik herausgegeben. Die Staatsanwaltschaftsstatistik legt in vielen Tabellen nicht die Zahl der Personen, sondern die der **Verfahren** zugrunde. Verfahren richten sich aber z.T. gegen mehrere Beschuldigte. Nach Maßgabe dieser Einschränkungen läßt sich die Erledigungspraxis prozentual beschreiben.

1. Verfahrenseinstellungen nach § 170 Abs. 2 StPO

Die Staatsanwaltschaften erledigten 2003 in allen Bundesländern **4 766 070** Ermittlungsverfahren. Davon wurden 26,7% (ca. 1,3 Mio.) mangels genügenden Anlasses eingestellt (§ 170 Abs. 2 StPO, der in den Arbeitsunterlagen Staatsanwaltschaft vom Statistischen Bundesamt Wiesbaden seit 1998 nicht mehr nach unterschiedlichen Verdachtsgründen aufgeschlüsselt wird). Seit 1981 hat sich die Quote dieser Einstellungen nicht wesentlich geändert (1981: 29,4%; 1990: 27%).

Nicht enthalten sind in dieser Quote auch sog. **Unbekanntsachen,** d.h. Verfahren, in denen kein Tatverdächtiger von der Polizei und der Staatsanwaltschaft ermittelt werden konnte.

2. Anklagen und Strafbefehle

Bezogen auf die Verfahren mit nachweisbarem Tatverdacht ergaben sich folgende Quoten für Anklagen und Beantragung von Strafbefehlen (auf alle Verfahrenserledigungen):

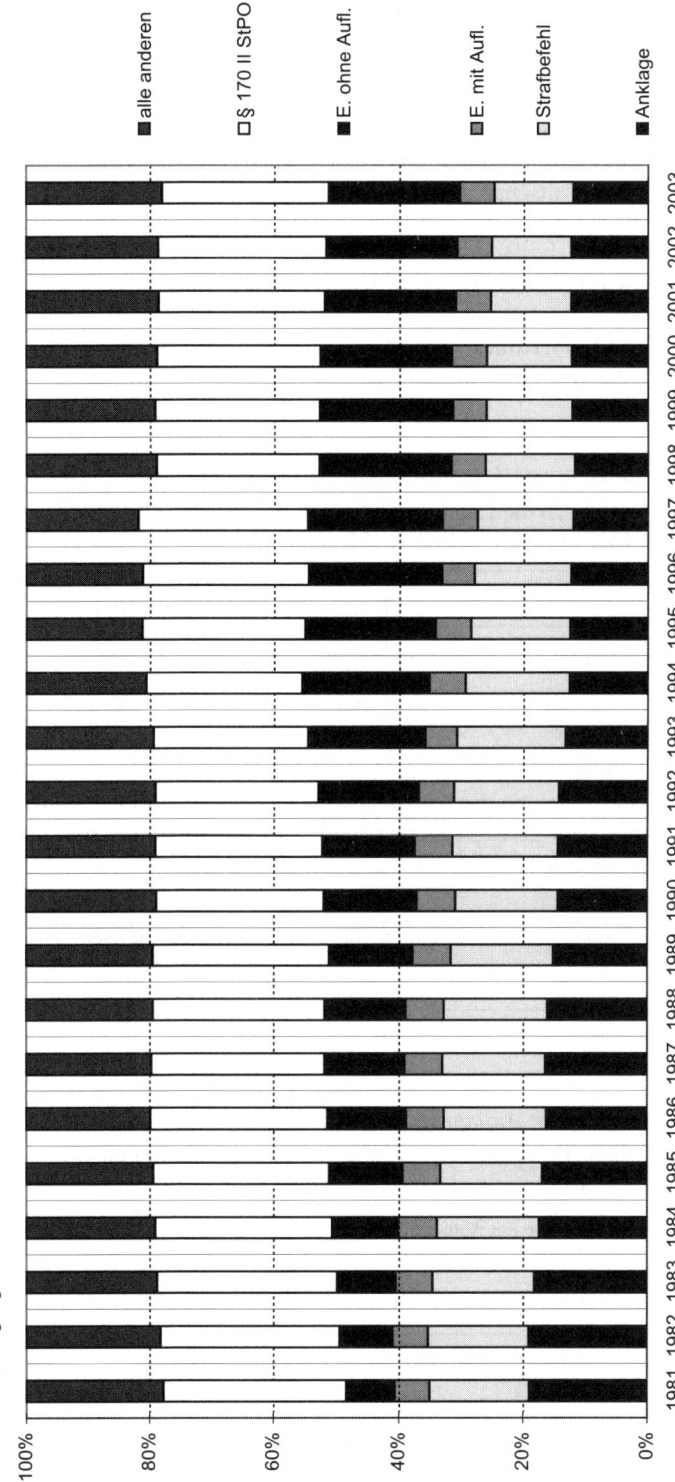

Abbildung 3: Erledigungspraxis der Staatsanwaltschaften in den Jahren 1981 bis 2003

(Quelle: Statistisches Bundesamt Wiesbaden: Arbeitsunterlage Staatsanwaltschaften 1981 bis 1999; erst ab 1995 für alle Bundesländer)

- 1981 45,0%
- 1990 38,8%
- 2003 33,7%.

In diesem mehr als zwanzigjährigen Zeitraum geht die **Quote** von Anklagen und Strafbefehlsanträgen **kontinuierlich zurück**, d.h. bezogen auf alle Verfahrenserledigungen spielen Anklagen (und Strafbefehle) eine immer geringere Rolle in der Erledigungspraxis der Staatsanwaltschaften.

Ungeachtet des rückläufigen prozentualen Anteils nehmen Anklagen und Strafbefehle in absoluten Zahlen zu: Bei den Anklagen um 42% (1981: 402975; 2003: 573345), bei den Strafbefehlen um 75% (1981: 344193; 2003: 603999).

3. Einstellungen aus Opportunitätsgründen

Zunehmend tritt die Staatsanwaltschaft bei Einstellungen als **informelle Sanktionsinstanz** in Aktion.

a) *Verfahrenseinstellungen nach Opportunitätsvorschriften insgesamt*

Diese Praxis erfolgt durch die Einstellung des Verfahrens ohne bzw. unter Auflagen/Weisungen nach §§ 153, 153a Abs. 1 StPO, 45ff. JGG:

Einstellungsquoten bezogen auf alle Verfahrenserledigungen		Einstellungsquoten bezogen auf alle Verfahren mit nachweisbarem Tatverdacht	
1981	13,3%	1981	17,0%
1990	21,1%	1990	26,5%
2003	26,6%	2003	36,2%

aa) *Verfahrenseinstellung ohne Auflage (§ 153 StPO/§ 45 JGG)*

Die weitaus größte Zunahme der Einstellungen ist bei § 153 StPO feststellbar: Der Einstellungsnorm mit dem geringsten Verfahrensaufwand (schlichte postalische Mitteilung an den Beschuldigten mittels Formblatts). Die Quote dieser Erledigungsform entwickelte sich wie folgt:

Quote der Verfahrenseinstellungen **ohne Auflage** bezogen auf alle Verfahren mit nachweisbarem Tatverdacht	
1981	9,9%
1990	18,7%
2003	28,6%

bb) *Verfahrenseinstellung mit Auflage (§ 153a StPO/§ 45 JGG)*

Demgegenüber blieb die Quote der Einstellungen **mit Auflagen** (zumeist Geldleistung) gemäß § 153a StPO in den letzten zwanzig Jahren nahezu gleich:

Quote der Verfahrenseinstellungen **mit Auflage** bezogen auf alle Verfahren mit nachweisbarem Tatverdacht	
1981	7,2%
1990	7,8%
2003	7,6%

b) *Quote der Opportunitätsentscheidungen bezogen auf alle anklagefähigen Delikte*

Während auf der gerichtlichen Ebene bei den Verfahrenseinstellungen in den 80er und 90er Jahren eine Stagnation auf hohem Niveau stattfindet (vgl. unten § 23), läßt sich der Trend feststellen, daß in diesem Zeitraum die Verfahrenseinstellungen von den Gerichten auf die Staatsanwaltschaften verlagert wurden. Alle Bundesländer weisen am Ende der 90er Jahre eine geringere Quote der Anklageerhebungen als zu Anfang der 80er Jahre auf. Hierbei handelt es sich um eine kontinuierliche Entwicklung, die bislang dahin führte, daß bereits mehr als die **Hälfte** aller **anklagefähigen** Verfahren seitens der Staatsanwaltschaft durch eine Opportunitätsentscheidung beendet wird:

- **1981 27,5%**
- **1990 40,6%**
- **2003 51,8%.**

c) Schlußfolgerungen

Diese Erledigungsstrategien staatsanwaltschaftlicher Verfahrenseinstellungen entlasten sowohl die Gerichte als auch die Staatsanwaltschaften, indem – bei erheblicher Zunahme der Bagatelldelinquenz – einerseits die Zahl der Angeklagten, also die Belastung der Gerichte verringert wird. Andererseits wählt die Staatsanwaltschaft dabei zunehmend Verfahrenserledigungen, die für sie keine Folgeprobleme nach sich ziehen. Im Gegensatz zu § 153a StPO (zumeist Geldauflagen) entfällt gem. § 153 StPO jede spätere Nachprüfung, da auf zu kontrollierende Auflagen (zumeist Geldzahlungen, seltener Arbeitsleistungen) verzichtet wird.

Mit der Zunahme wachsender Steuerungsansprüche des Strafrechts, die bis heute an den Staat herangetragen werden, wächst der Bedarf an Ausfilterungsprogrammen, die den Verfahrensandrang von den aufwendigen Ebenen der Rechtsgewährungsverfahren (Strafgerichte) fernhalten. Zwischen 1971 und 2003 stehen der Zunahme von 947 888 zusätzlichen Tatverdächtigen (ohne Straßenverkehr) nur 202 397 zusätzlich Abgeurteilte gegenüber. Das ist ein weiterer deutlicher Indikator für die wachsende selbständige Fallerledigungspraxis der Staatsanwaltschaften mittels **schlichter Nonintervention.**

Man kann die zunehmende Informalisierung des Rechts auch als **Steuerungsineffizienz** des Strafrechts werten. Die zentralstaatlichen Normen des StGB sind ein zu starres und unflexibles Instrumentarium, um auf saisonale und regionale Schwankungen im Fallaufkommen reagieren zu können. Da materiell-rechtliche Entkriminalisierung dem Gesetzgeber undurchführbar erscheint, folgt daraus eine **verfahrensförmige Normsuspendierung** über das rechtstechnische Instrumentarium der Opportunität.

II. Personalentwicklung bei den Staatsanwaltschaften und Gerichten

Die Justizministerien greifen mit Richtlinien regulierend in die staatsanwaltschaftliche Entscheidungspraxis ein, mit dem Ziel einer vermehrten Anwendung informalisierender Entscheidungen. Und sie reagieren prompt auf ihre Erfolge, indem sie die Zahl der Strafrichter konstant halten oder – bezogen auf den Zuwachs der neuen Bundesländer – sogar reduzieren. Die Anzahl der Staatsanwälte nimmt hingegen kontinuierlich zu.

Die Anzahl der Staatsanwälte entwickelte sich von 2999 im Jahr 1975 auf 3593 im Jahr 1981. Bis zum Jahr 2003 stieg die Zahl der Staatsanwälte nochmals auf 5150 an. Demgegenüber lagen die Strafrichter im Jahr 1981 mit 4413 um knapp 1000 Stellen noch über den Staatsanwälten. Dieses Verhältnis ist seit Beginn der 90er Jahre von den Landesjustizverwaltungen umgekehrt worden. Trotz des Zuwachses an fünf neuen Bundesländer stagnieren die Strafrichter seit 1994 bundesweit auf gleichem Niveau (1994: 4306; 1995: 4390; 1997: 4340; 2000: 4449; 2003: 4395). Die Staatsanwälte liegen im selben Zeitraum dagegen deutlich höher (1993: 4920; 1995: 5375; 1997: 5211; 2000: 5044; 2003: 5150).

(Diese Daten sind für Staatsanwälte der Fachserie 10 der Rechtspflegestatistik zu entnehmen. Die Daten für die Richter sind bis 1984 der BT-Drucksache 10/5317 zu entnehmen, danach wurden sie aus internen Statistiken vom Bundesministerium der Justiz zur Verfügung gestellt.)

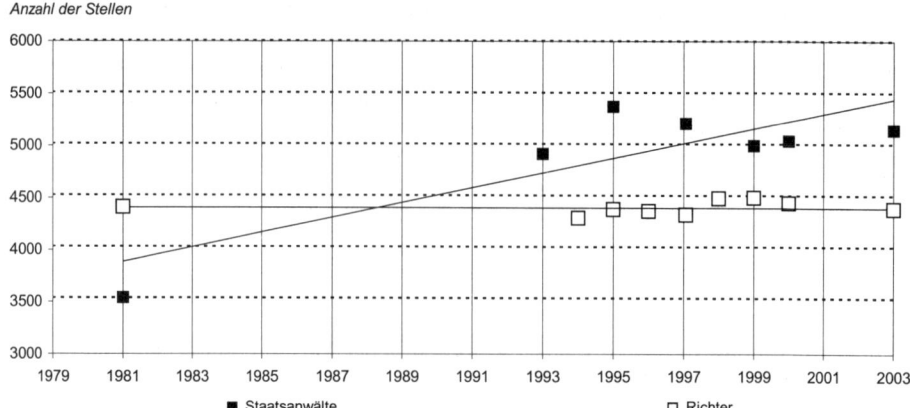

Abbildung 4: Stellenentwicklung bei Staatsanwälten und Richtern in Strafsachen (Trendlinie)

Der Prozeß der **verfahrensförmigen Normsuspendierung** wird also begleitet durch einen Abbau an Richterstellen und einen Zuwachs an Staatsanwälten. Der Zunahme der – zumeist bagatellhaften – Delinquenz begegnet die Justizverwaltung mithin dadurch, daß sie die Steuerung des Regelungsbedarfs **selbst in die Hand nimmt,** indem sie **aktiv** – d.h. auch personalpolitisch – eine Politik der Ablenkung von Fällen von der Gerichtsbarkeit betreibt (vgl. auch *Ludwig-Mayerhofer,* 1998, 84).

III. Ergebnis: Informalisierung des Rechts

Wir können aus der Analyse der Verfahrenserledigungen und der Personalentwicklung im Kriminaljustizsystem insgesamt den deutlichen **Trend** bestätigen: **Die Strafgerichtsbarkeit wird bei den Verfahrenserledigungen weitgehend durch die Staatsanwaltschaft verdrängt.** Dieser administrative Zugriff der Exekutive auf strafrechtliche Verfahrenserledigungen mag unter dem Gesichtspunkt der Ressourceneinsparung und der Effizienz des Kriminaljustizsystems ökonomisch nachvollziehbar sein. Die rechtsstaatlichen Kosten werden dabei aber verkannt. Das Kriminaljustizsystem erlebt schleichend eine gravierende Aufweichung grundlegender Verfahrensrechte, wie sie im System der Gewaltenteilung formuliert und institutionalisiert sind. Dieser Prozeß läßt sich mit dem Begriff der **Informalisierung** des Rechts charakterisieren (vgl. *Albrecht,* 1990), d.h. die Exekutive übernimmt die Kontrolle über sich selbst. Kriminalpolitik wird durch die enorme Ausweitung der staatsanwaltschaftlichen Einstellungspraxis in das Ermessen der Strafverfolgungsbehörden und der Justizministerien verlagert.

§ 18. Rechtsgrundlagen der Staatsanwaltschaft

Literatur: *Arndt, A.,* Umstrittene Staatsanwaltschaft, NJW 1961, 1615 ff.; *Backes, O.,* Kriminalpolitik ohne Legitimität, KritV 1986, 314 ff.; *Bender, T.,* Das Weisungsrecht gegenüber der Staatsanwaltschaft, DRiZ 1973, 137 f.; *Berger, P./Luckmann, T.,* Die gesellschaftliche Konstruktion der Wirklichkeit, 1969; *Blankenburg, E.,* Die Aktenanalyse, in: Blankenburg, E. (Hrsg.), Empirische Rechtssoziologie, 1975, 193 ff.; *Blankenburg, E.,* Die Staatsanwaltschaft im System der Strafverfolgung, ZRP 1978, 263 ff.; *Blankenburg, E./Sessar, K./Steffen, W.,* Die Staatsanwaltschaft im Prozeß strafrechtlicher Sozialkontrolle, 1978; *Görcke, H.-H.,* Weisungsgebundenheit und Grundgesetz, ZStW 1961, 560 ff.; *Gössel, K.-H.,* Überlegungen über die Stellung der Staatsanwaltschaft im rechtsstaatlichen Strafverfahren und über ihr Verhältnis zur Polizei, GA 1980, 325 ff.; *Hassemer, W.,* Die „Funktionstüchtigkeit der Strafrechtspflege" – ein neuer Rechtsbegriff?, StV 1982, 275 ff.; *Hermann, D.,* Die Konstruktion von Realität in

Justizakten, ZfS 1987, 44 ff.; *Kerner, H.-J.,* Kriminologie, in: Bick, W. u. a. (Hrsg.), Sozialforschung und Verwaltungsdaten, 1984, 207 ff.; *Kreissl, R.,* Soziale versus juristische Realität – Eine Analyse von Urteilstexten, in: Albrecht, P.-A./Schüler-Springorum, H. (Hrsg.), Jugendstrafe an Vierzehn- und Fünfzehnjährigen, 1983, 111 ff.; *Koller, C.,* Die Staatsanwaltschaft – Organ der Judikative oder Exekutivbehörde, 1997; *Kunz, K.-L.,* Die Verdrängung des Richters durch den Staatsanwalt: eine zwangsläufige Entwicklung effizienzorientierter Strafrechtspflege?, KrimJ 1984, 39 ff.; *Lampe, J.,* Ermittlungszuständigkeit von Richter und Staatsanwalt nach dem 1. StVRG, NJW 1975, 195 ff.; *Löwe-Rosenberg,* Großkommentar zur StPO, 25. Aufl., 1997; *Ludwig-Mayerhofer, W.,* Das Strafrecht und seine administrative Rationalisierung: Kritik der informalen Justiz, 1998; *Münstermann, M.,* Die Bindung des Staatsanwalts an Weisungen seiner Vorgesetzten, 1978; *Naucke, W.,* Strafrecht. Eine Einführung, 10. Aufl., 2002; *Pott, C.,* Die Aushöhlung des Legalitätsprinzips, in: Institut für Kriminalwissenschaften Frankfurt am Main (Hrsg.), Vom unmöglichen Zustand des Strafrechts, 1995, 79 ff.; *Pott, C.,* Die Außerkraftsetzung der Legalität durch das Opportunitätsdenken in den Vorschriften der §§ 154, 154 a StPO, 1996; *Riehle, G.,* Die rechtliche Bedeutung der Staatsanwaltschaft unter besonderer Berücksichtigung ihrer Rolle in der nationalsozialistischen Zeit, 1985; *Rieß, P.,* Die Zukunft des Legalitätsprinzips, NStZ 1981, 2 ff.; *Roxin, C.,* Strafverfahrensrecht, 25. Aufl., 1998; *Schoreit, A.,* Wie unabhängig sind die Staatsanwälte?, ZRP 1969, 133 ff.; *Sessar, K.,* Empirische Untersuchungen zur Funktion und Tätigkeit der Staatsanwaltschaft, ZStW 1975, 1033 ff.; *Steffen, W.,* Grenzen und Möglichkeiten der Verwendung von Strafakten als Grundlage kriminologischer Forschung, in: Müller, P. J. (Hrsg.), Die Analyse prozeßproduzierter Daten, 1977, 89 ff.; *Vormbaum, T.,* Die Lex Emminger vom 4. Januar 1924, 1988; *Wax, P.,* Der unabhängige Staatsanwalt, DRiZ 1972, 163 f.; *Weigend, T.,* Anklagepflicht und Ermessen, 1978; *Wessels, J./Beulke, W.,* Strafrecht AT, 34. Aufl., 2004.

I. Rechtsprinzipien staatsanwaltschaftlicher Tätigkeit

Aufgaben und Funktionen der Staatsanwaltschaft werden von verfassungsrechtlich abgesicherten Prinzipien getragen. Das Offizialprinzip, das Legalitätsprinzip und das Opportunitätsprinzip bilden einen normativen Spannungsbogen.

1. Offizialprinzip

Das Offizialprinzip bezeichnet den Grundsatz, wonach die Strafverfolgung von Amts wegen (durch den Staat) erfolgt. Im Prozeß der Aufklärung war dieses Prinzip ein Instrument der Emanzipation der Staatsanwaltschaft von Einflüssen der „Kabinettsjustiz". In einem engeren Sinne wird unter Strafverfolgung die Tätigkeit der Staatsanwaltschaft bis zur Anklageerhebung verstanden, in einem weiteren Sinne die gesamte (das Gericht einschließende) staatliche Tätigkeit bis zum Urteil (*Roxin,* 1998, 79, m.w.N.). Sie hat hierbei das Anklagemonopol. Entgegen der Popularklage ist nach dem Offizialprinzip die Staatsanwaltschaft im Prozeß der Kriminalisierung Initiativorgan (§§ 152 Abs. 1, 170 Abs. 1 StPO). Dem Staat obliegt, unabhängig vom Willen des Verletzten, das Recht und die Pflicht zur Strafverfolgung. Als Grund dafür wird das öffentliche Interesse, daß Straftaten nicht unverfolgt bleiben, angesehen.

Ausnahmen vom Offizialprinzip bilden die sogenannten **Antragsdelikte,** die nur auf Antrag des Verletzten verfolgt werden (z. B. §§ 123, 247 StGB). Die sog. **Ermächtigungsdelikte,** bei denen die Strafverfolgungsnotwendigkeit in das Ermessen der zuständigen politischen Organe gestellt wird (z. B. die §§ 90, 90 b, 97, 353 a, 353 b StGB) sowie die **Privatklagedelikte,** bei denen der Verletzte die weitere Strafverfolgung, Klageerhebung und -vertretung übernehmen kann (z. B. §§ 185, 223, 241, 374 StGB; vgl. im einzelnen *Roxin,* 1998, 78 ff.).

2. Legalitätsprinzip

Das Legalitätsprinzip bezeichnet den Strafverfolgungszwang der Staatsanwaltschaft. Danach ist die Staatsanwaltschaft, „soweit nicht gesetzlich ein anderes bestimmt ist, verpflichtet, wegen aller verfolgbaren Straftaten einzuschreiten, sofern zureichende tatsächliche Anhaltspunkte vorliegen" (§ 152 Abs. 2 StPO). Während der Legalitätsgrundsatz in formell-verfahrensrechtlicher Hinsicht nur in Grenzen umstritten ist, hat er in der Strafverfolgungspraxis in weiten Bereichen ausgesprochen geringe Bedeutung. Hier wird das Legalitätsprinzip – zumindest teilweise – de facto außer Kraft gesetzt (vgl. *Pott*, 1995, 88 ff.), was Befürworter des Grundsatzes jedoch nicht daran hindern kann, lediglich von einer „Legitimierungskrise" zu sprechen (vgl. *Rieß*, 1981, 2). Allerdings wird seit längerer Zeit kaum mehr daran gezweifelt, daß sich das Legalitätsprinzip in einer deutlichen Krise befindet (vgl. nur *Weigend*, 1978, 40 ff.; *Pott*, 1996, 44). Das geht sicher auch darauf zurück, daß sich seit dem endgültigen Durchbruch des Legalitätsprinzips in der Strafprozeßordnung von 1877 in gesellschaftlicher und kriminalpolitischer Hinsicht gründliche Veränderungen vollzogen haben. Wenn das Legalitätsprinzip als ein Leitprinzip des Verfahrensrechts mit materiellem Gehalt gedacht war, das beweisbares strafbares Verhalten regelmäßig an eine richterliche Sanktion koppelte (vgl. *Rieß*, 1981, 3 ff.), so hat sich das Strafverfolgungssystem in immer stärkerem Maße von Zweckmäßigkeits- und Opportunitätsgesichtspunkten leiten lassen.

Erste Schritte einer Aufweichung gab es in der Weimarer Republik (Emminger-Reform; vgl. hierzu *Vormbaum*, 1988, 154 ff.). Vor der Einführung in die Reichsstrafprozeßordnung galt in einzelnen Partikularstaaten, z. B. auch in Preußen, das Opportunitätsprinzip. Die Fülle des materiellen Rechts, insbesondere im Bereich der sogenannten Übertretungen (heute überwiegend Ordnungswidrigkeiten), führte zu **massiver Justizüberlastung,** aber auch zur Klage über eine übermäßige Zahl an Bestrafungen. In den Reformvorschlägen zur Strafprozeßordnung wurde daher Anfang des Jahrhunderts für Fälle relativer Geringfügigkeit die Einführung des Opportunitätsprinzips gefordert.

Durch die „Verordnung über Gerichtsverfassung und Strafrechtspflege" vom Januar 1924 („**Lex Emminger**") wurden Lockerungen des Legalitätsprinzips für Geringfügigkeitsfälle eingeführt. Bei geringer Schuld und unbedeutenden Tatfolgen sollten **Übertretungen** nicht verfolgt werden (es sei denn, daß ein öffentliches Interesse dieses geboten hatte). Bei **Vergehen** konnte unter gleichen Voraussetzungen von der Erhebung der öffentlichen Klage **mit Zustimmung des Amtsrichters** abgesehen werden. Nach Klageerhebung konnte bereits mit Zustimmung der Staatsanwaltschaft das Verfahren eingestellt werden. Diese Grundsätze finden sich heute in ausgeprägter Form in den §§ 153 ff. StPO wieder.

Die Wahrung der Gleichheit vor dem Gesetz (Art. 3 Abs. 1 GG), die gerade durch das Legalitätsprinzip sichergestellt werden sollte, wird heute zusehends von Überlegungen durchkreuzt, die die „**Funktionstüchtigkeit der Strafrechtspflege**" zum Hauptziel des Strafverfahrens deklarieren (*Hassemer*, 1982).

3. Opportunitätsprinzip

Die Durchbrechungen des Anklagezwanges – vor allem im Bereich der Bagatell- und mittleren Kriminalität – stützen sich weitestgehend auf das sog. Opportunitätsprinzip (vgl. vertiefend *Naucke*, 2002, 175 ff.). Danach kann das Strafverfahren trotz bestehenden Tatverdachts eingestellt werden, wenn der Tatvorwurf geringfügig ist und ein Strafverfolgungsinteresse nicht besteht, das Strafverfolgungsinteresse auf andere Weise durchgesetzt werden kann, staatliche Interessen gegen die Weiterführung des Verfahrens gerichtet sind oder der Verletzte die Strafverfolgung selbst betreiben kann (§§ 153 ff.; 376 f. StPO; vgl. *Roxin*, 1998, 86 ff.).

Dabei sind vor allem die Fallgruppen des geringen Strafverfolgungsinteresses (§§ 153, 153 b, 153 c, 154 a StPO) sowie die Beseitigung des Strafverfolgungsinteresses durch Auflagen und Weisungen (§ 153 a StPO) in ihrer praktischen Realisierung problematisch. Es gibt – insbesondere bei Einstellung nach §§ 153, 153 a StPO – die rechtspolitische Tendenz, gesetzliche Kriterien wie „geringe Schuld" oder „kein öffentliches Interesse" durch Verfügungen und Richtlinien zu entsprechenden Schadenshöhen zu konkretisieren. Auf diese Weise setzen die Behördenleiter und Justizverwaltungen „Schadenstaxen" fest, die für die Frage der Verfahrenseinstellung ausschlaggebend sind (vgl. *Backes*, 1986, 323).

Mit diesem Ungleichheit produzierenden Verfahrensmodus korrespondieren Problemstellungen verfassungsrechtlicher Art, da aufgrund der unbestimmten Einstellungsvoraussetzungen gegen das Bestimmtheitsgebot (Art. 103 Abs. 2 GG) verstoßen wird. Die faktische Entscheidungsmacht der Staatsanwaltschaft beeinträchtigt darüber hinaus das Gewaltenteilungsprinzip (Art. 20 Abs. 3, 92 GG). Bei Einstellung unter Auflagen und Weisungen (§ 153a StPO) wird außerdem die Freiwilligkeit des Beschuldigten auf die Probe gestellt, da bei Verweigerung die Fortführung des Verfahrens droht.

Insgesamt bietet das strafprozessuale Entscheidungsrepertoire der Staatsanwaltschaft beträchtliche Entscheidungsfreiheit und Handlungsspielräume. Insoweit ist die Wahl der Verfahrensart vielfach kaum abschätzbar. Es ist eine Liberalisierung oder Verschärfung der Strafverfolgung durch veränderte staatsanwaltschaftliche Entscheidungsmaßstäbe bei gleichzeitiger Beibehaltung der äußeren Form der Straftatbestände möglich. Unterstützt durch die geringe Publizität staatsanwaltschaftlicher Tätigkeit und befördert durch die sehr eingeschränkten Möglichkeiten rechtlicher wie politischer Anfechtbarkeit staatsanwaltschaftlicher Entscheidungen, ergibt sich somit eine Form „verdeckter Kriminalpolitik", die als äußerst wirksam eingestuft werden muß. Ohne legislative Reformen lassen sich so die Kapazitätsprobleme des Strafverfolgungssystems „diskret" bewältigen und die „generalpräventive Schlagkraft des Strafrechts" aufrechterhalten (vgl. *Kunz*, 1984). Die Legitimität einer derartigen Kriminalpolitik bleibt allerdings fraglich.

II. Der Staatsanwaltschaft normativ zugewiesene Aufgaben

1. Entgegennahmen von Strafanzeigen und Strafanträgen

Die Staatsanwaltschaft hat einen originären Aufgabenbereich, der in der Strafprozeßordnung positiv geregelt ist.

Danach hat sie Strafanzeigen und Strafanträge entgegenzunehmen (§ 158 StPO). Sie hat das Ermittlungsverfahren zu führen (§§ 160 ff. StPO), d.h. die Pflicht zur Sachverhaltserforschung gemäß § 152 Abs. 2 StPO und die Verpflichtung zum Einschreiten „sofern zureichende tatsächliche Anhaltspunkte vorliegen" (= Anfangsverdacht). **Zureichende Anhaltspunkte** sind solche, „die es rechtfertigen, die Mittel der Strafverfolgungsbehörden einzusetzen (…), um festzustellen, ob eine verfolgbare Straftat vorliegt und wer sie begangen hat. Es genügt eine gewisse, wenn auch noch sehr geringe Wahrscheinlichkeit, bei der der Zweifel an der Richtigkeit des Verdachts noch überwiegen darf". **Tatsächliche Anhaltspunkte** müssen auf eine „tatsächliche Grundlage (verweisen), die darauf hindeutet, daß über eine bloße allgemeine Möglichkeit der Begehung von Straftaten gerade der zu untersuchende Lebenssachverhalt eine Straftat enthält" (*Rieß*, in: Löwe-Rosenberg 1997, § 152 Rn. 23 ff.).

Ferner ist die Staatsanwaltschaft zur Anwendung von **Zwangsmitteln**, insbesondere Fahndungsmaßnahmen befugt, die z.T. nur in dringenden Fällen (d.h. bei Gefahr im Verzuge) angeordnet werden dürfen: z.B. vorläufige Festnahme (§ 127 Abs. 2 StPO), die Anordnung einer Beschlagnahme bzw. Sicherstellung (z.B. §§ 98 Abs. 1; 100 Abs. 1 StPO), die Anordnung einer Durchsuchung (§ 105 Abs. 1 Satz 1, 2 StPO), die Anordnung der Einrichtung einer Kontrollstelle (§ 111 Abs. 2 StPO), die Anordnung einer Schleppnetzfahndung (§ 163d Abs. 2 Satz 1 StPO; vgl. im einzelnen *Roxin*, 1998, 310 f.). Schließlich hat sie die Entscheidung über die Erhebung der öffentlichen Klage (§ 170 StPO) zu treffen. Hierzu muß hinreichender Tatverdacht (§§ 170 Abs. 1, 203 StPO) gegeben sein.

2. Hinreichender Tatverdacht: Selektions- und Zulieferungsmedium für die Justiz

a) Selektionsmedium

Da die Staatsanwaltschaft in erster Linie keine Ermittlungs-, sondern eine **„Aktenbearbeitungsbehörde"** ist, die ohne eigenen Ermittlungsstab auf überwiegend schriftliche Information angewiesen ist, legalisiert sie weitgehend die selektive Kriminalisierung durch Anzeigeerstatter und Polizei (*Blankenburg*, 1978, 263). Dabei läßt sich diese Selektivität staatsanwaltschaftlicher Verfolgung wie folgt unterscheiden:

aa) **Organisierte Selektivität** liegt dort vor, wo die Staatsanwaltschaft ihrer Aufgabe nachkommt, alle amtlich registrierte Kriminalität nach **Anklagefähigkeit** (gemäß Beweislage) und **Anklagewürdigkeit** (gemäß Deliktschwere) zu sortieren. In diesem Kontext zeigt sich eine pyramidenähnliche Gesamtverteilung mit einer großen Masse alltäglicher Kleinkriminalität, einem Zwischenfeld mit relativ häufig vorkommender mittlerer Kriminalität (Verhandlung vor dem Einzelrichter) und einer Spitze schwerer Kriminalität, die erheblich aufwendigere Verfahren nach sich zieht.

bb) **Strukturelle Selektivität** verweist innerhalb der Strafverfolgung hingegen auf Prozesse der Nichtverfolgung und Nichtkenntnisnahme, die für die Beteiligten nicht direkt einsehbar sind. Da die Staatsanwaltschaft als justizförmige Instanz fast ausschließlich auf Fälle reagiert, die an sie herangetragen werden, unterstreicht sie die strukturelle Selektivität des gesamten Strafverfolgungssystems. Dabei entwickelt sie keine eigenen Strategien, die auf den Verfahrensinput erheblichen Einfluß hätten (*Blankenburg*, 1978, 266 ff.; *Sessar*, 1975).

b) Zulieferungsmedium

Im Rahmen der Zulieferung zur Strafgerichtsbarkeit werden wichtige Vorentscheidungen hinsichtlich der weiteren gerichtlichen Behandlung eines spezifischen Falls getroffen, der vom polizeilichen Ermittlungsergebnis in der Regel deutlich geprägt ist. Insofern schaltet sich die Staatsanwaltschaft durch Rückverfügungen höchst selten in die polizeilichen Ermittlungen ein, „sondern sie resultieren überwiegend aus der Antizipation von Begründungsnotwendigkeiten vor Gericht. Die Staatsanwaltschaft übersetzt das polizeiliche Ermittlungsergebnis in juristische Entscheidungskriterien" (*Blankenburg*, 1978, 264). Daher ist die Staatsanwaltschaft nicht als kriminalistische Aufklärungsinstanz zu charakterisieren, sondern als justizförmige Einstellungs- bzw. Anklagebehörde, die nach der juristischen Entscheidungslogik ihre Fälle präpariert. Als Beispielsfall kann das polizeiliche Ermittlungsergebnis zur Vernehmung von *Erna* dienen.

c) Die Verarbeitung der polizeilichen Vernehmung

Für die Fertigung einer Anklageschrift muß der Staatsanwalt aus der polizeilichen Vernehmung den juristisch relevanten Sachverhalt herausarbeiten und unter strafgesetzliche Normen subsumieren. Der erste Arbeitsschritt besteht im Herauspräparieren des „wesentlichen Ergebnisses der Ermittlungen".

aa) Das wesentliche Ergebnis der Ermittlungen

Der komplexe Lebenssachverhalt, der von der Polizei bereits in justizförmige Kategorien umgesetzt worden ist, stellt sich für den Staatsanwalt wie folgt dar, was in den Ermittlungsakten dokumentiert werden muß:

„Nach längeren Streitereien im Laufe des Abends begab sich der Vater der Beschuldigten ins Schlafzimmer. Er legte sich in sein Bett auf die Seite, dem Ofen zugewandt. Die Beschuldigte wollte ihre Ruhe haben. Um dieses Ziel zu erreichen, war ihr „alles egal". Deshalb näherte sie sich ihrem Vater, ohne daß dieser es bemerken konnte, und schlug mit einem Hammer sieben- bis achtmal auf ihn ein, wobei sie auch mehrfach den Kopf traf. Ihr war bewußt, daß sie ihren Vater dadurch töten könnte; dies nahm sie in Kauf. Der Vater verstarb im Krankenhaus an den Folgen seiner schweren Verletzungen".

bb) Die rechtliche Würdigung des Sachverhalts durch die Staatsanwaltschaft

Die Staatsanwaltschaft hat das Rechtsproblem zu bearbeiten, ob Erna mit Eventualvorsatz gehandelt hat (dann **vorsätzliches** Tötungsdelikt als Mord [§ 211 StGB]) oder Totschlag [§ 212 StGB]), oder ob sie bezüglich des Todes des Vaters lediglich **fahrlässig** gehandelt hat. Im letzteren Fall käme eine wesentlich geringere Strafe (Körperverletzung mit Todesfolge [§ 227 StGB] oder lediglich fahrlässige Tötung [§ 222 StGB]) in Betracht.

Die Staatsanwaltschaft wird folgende rechtliche Erwägungen anstellen (vgl. zur strafjuristischen Analyse im folgenden *Wessels/Beulke*, 2004, 82 ff.):

(1) **Eventualvorsatz** (= dolus eventualis) liegt vor, wenn der Täter es ernstlich für möglich hält und sich damit abfindet, daß sein Verhalten zur Verwirklichung des gesetzlichen Tatbestandes führt. Die Frage, in welcher Weise der Eventualvorsatz sich von der bewußten Fahrlässigkeit abgrenzen läßt, ist äußerst streitig.

In beiden Fällen rechnet der Täter mit der Möglichkeit, daß die im Gesetz genannten Umstände gegeben sind und daß sein Verhalten den Eintritt des tatbestandlichen Erfolges bewirkt. Der Unterschied liegt darin, daß er diese Folge beim dolus eventualis hinnimmt und sich mit dem Risiko der Tatbestandsverwirklichung abfindet. Beim bewußt fahrlässigen Handeln vertraut er hingegen auf das Nichtvorliegen des betreffenden Tatumstandes oder sonst auf das Ausbleiben des Erfolges. Die vornehmlich in der Rechtsprechung vertretetene Einwilligungs- oder Billigungstheorie verlangt beim dolus eventualis, daß der Täter den für möglich gehaltenen Erfolg „gebilligt" oder „billigend in Kauf genommen hat" (vgl. hierzu oben § 16 V 2). Eventualvorsatz in seiner objektiven und subjektiven Komponente liegt also vor, wenn der Täter sich auch durch die naheliegende Möglichkeit des Erfolgseintritts nicht von der Tatausführung hat abhalten lassen und sein Verhalten den Schluß rechtfertigt, daß er sich um des von ihm erstrebten Zieles willen mit dem Risiko der Tatbestandsverwirklichung abgefunden hatte, also eher zur Hinnahme dieser Folge bereit war als zum Verzicht auf die Vornahme der Tathandlung. Im Gegensatz dazu ist (nur) bewußte Fahrlässigkeit anzunehmen, wenn der Täter fest darauf vertraut hat, daß „alles gut gehen" und es ihm gelingen werde, den drohenden Erfolgseintritt und die Verwirklichung des gesetzlichen Tatbestandes zu vermeiden.

Im Fall *Erna* hat die Polizei folgendes ermittelt: Die Täterin hat die konkret drohende Gefahr des Todes erkannt; sie hat diese Gefahr ernst genommen und sich schließlich mit dem Risiko der Tatbestandsverwirklichung abgefunden. Wer die so erkannte Gefahr in dieser Weise hinnimmt, hat die Möglichkeit ihrer Realisierung zur Grundlage des Handlungsentschlusses gemacht und damit in seinen Verwirklichungswillen einbezogen.

Die Staatsanwaltschaft hat damit den Tatbestand des § 212 StGB (Totschlag) in objektiver wie subjektiver Hinsicht „ermittelt", ohne Erna je gesehen und vernommen zu haben. Die Staatsanwaltschaft wird wie folgt juristisch subsumieren:

Indem die Beschuldigte ihrem Vater mittels eines Hammers schwere Verletzungen zufügte, an denen dieser verstarb, hat sie dessen Tod verursacht (objektiver Tatbestand des § 212 StGB). Die Beschuldigte hat in subjektiver Hinsicht mit bedingtem Vorsatz gehandelt, da sie den Eintritt des tatbestandlichen Erfolges ernsthaft für möglich hielt und diesen letztlich billigend in Kauf genommen hat. Der Beschuldigten war bewußt, daß die Schläge mit dem Hammer auf den Kopf ihres Vaters geeignet waren, seinen Tod herbeizuführen. Damit hat sie die Möglichkeit des Erfolgseintrittes erkannt. Ihrer Einlassung zufolge ist der Beschuldigten „alles egal" gewesen, als sie mit dem Hammer zuschlug. Demnach hat sie jedenfalls nicht darauf vertraut, die von ihr erkannte Gefahr des Todeseintritts werde sich nicht verwirklichen. Zugunsten der Beschuldigten ist daher davon auszugehen, daß sie ihren Vater nicht gezielt töten wollte. In Kenntnis der nicht fernliegenden Möglichkeit des Erfolgseintritts hat sie die Tat gleichwohl ausgeführt und damit den Tod ihres Vaters billigend in Kauf genommen. Damit handelte sie bedingt vorsätzlich.

(2) Für das Eingreifen eines **Rechtfertigungsgrundes** sind keine tatsächlichen Anhaltspunkte ersichtlich. Deshalb war die Handlung der Beschuldigten auch rechtswidrig.

(3) Weder für eine erhebliche Verminderung der **Schuldfähigkeit** noch für das Vorliegen eines **Entschuldigungsgrundes** liegen tatsächliche Anhaltspunkte vor. Deshalb handelte die Beschuldigte auch schuldhaft.

Hierbei ist davon auszugehen, daß ein von der Staatsanwaltschaft eventuell herangezogener Sachverständiger diese eventuelle Möglichkeit der Schuldausschließung oder der Schuldminderung (§§ 20, 21 StGB) geprüft und verneint hat. Notwendig ist eine sachverständige Begutachtung an dieser Stelle des Verfahrens nicht, jedenfalls dann nicht, wenn keine Anhaltspunkte für schuldausschließende Merkmale gegeben sind.

(4) Die Staatsanwaltschaft wird weiterhin das Vorliegen von **Mordmerkmalen** (§ 211 StGB) prüfen und in ihrer Anklage darlegen:

Die Beschuldigte könnte ihren Vater heimtückisch getötet haben (§ 211 Abs. 2, 2. Gruppe StGB). Heimtückisch tötet, wer die Arg- und Wehrlosigkeit des Opfers bewußt zur Begehung der Tat ausnutzt.

Dabei ist das Opfer ‚arglos‘, das sich eines Angriffs auf sein Leben von Seiten des Täters nicht versieht. ‚Wehrlos‘ ist das Opfer, wenn seine natürliche Abwehrbereitschaft infolge der Arglosigkeit fehlt oder stark eingeschränkt ist.

Nach diesen Grundsätzen ist davon auszugehen, daß der Vater der Beschuldigten zum Tatzeitpunkt arg- und wehrlos war. Ihm fehlte es insbesondere nicht bereits an Arglosigkeit, weil es vorher im Laufe des Abends zu längeren Streitereien gekommen war. Denn er legte sich nach Abschluß dieser Auseinandersetzung zunächst unbehelligt ins Bett. In dieser Lage war er auch wehrlos. Trotz der vorangegangenen Streitereien bestand offenbar auch ein familiäres Vertrauensverhältnis zwischen der Beschuldigten und ihrem Vater, das diese gebrochen hat. Die Arg- und Wehrlosigkeit des Opfers müßte die Beschuldigte bewußt zur Tötung ausgenutzt haben. Ihr war klar, daß sie die Tathandlung nicht mit Erfolg hätte durchführen können, wenn sie dem ihr überlegenen Vater offen feindselig gegenübergetreten wäre. Daher nutzte sie bewußt die Tatsache aus, daß ihr Vater sich hingelegt hatte und so zur Abwehr des konkreten Angriffs nicht imstande war.

Damit – so wird die Staatsanwaltschaft schlußfolgern – handelte die Beschuldigte heimtückisch. Aus der Sicht der Staatsanwaltschaft hat sich Erna also gemäß §§ 212, 211 StGB „hinreichend verdächtig“ gemacht, ihren Vater getötet zu haben (vollendeter Mord).

(5) Mittels dieser rechtsgutachterlichen Prüfung hat die Staatsanwaltschaft zugleich „dringenden Tatverdacht“ (§ 112 StPO) ermittelt. Sie wird einen Haftbefehl beim zuständigen Gericht beantragen.

3. Weitere Aufgaben der Staatsanwaltschaft

Über die bisher genannten Aufgaben hinaus
- vertritt die Staatsanwaltschaft in der Hauptverhandlung die Anklage (§§ 243 Abs. 3, 226 StPO) und
- wacht über die Einhaltung der Strafprozeßordnung.
- Sie hat die Möglichkeit, nach erstinstanzlichem Urteil Rechtsmittel einzulegen (§§ 296, 301 StPO) und
- ist Vollstreckungsbehörde (§ 451 StPO) bzw. nach jeweiligem Landesrecht auch Gnadenbehörde (vgl. im einzelnen Roxin, 1998, 51).

Vor allen gerichtlichen Entscheidungen muß der Staatsanwaltschaft die Gelegenheit der mündlichen oder schriftlichen Äußerung gegeben werden (§ 33 StPO). Bei all diesen Maßnahmen ist sie nicht „Partei“, d.h. sie hat nicht nur Belastungsmaterial gegen den Beschuldigten zu sammeln, sondern hat „auch die zur Entlastung dienenden Umstände zu ermitteln“ (§ 160 Abs. 2 StPO). Insofern kann die Staatsanwaltschaft Rechtsmittel zu Gunsten des Beschuldigten einlegen (§ 296 Abs. 2 StPO) und die Wiederaufnahme des Verfahrens zum Zwecke des Freispruchs des Angeklagten beantragen (§§ 365, 301 StPO). Hierzu ist sie sogar verpflichtet, wenn auf diese Weise eine richtige Entscheidung herbeigeführt werden kann.

4. Die Aktenverarbeitung als Modell der „Informationskonservierung“

a) Die Akte als umfassender Informationsträger

Die Position der Staatsanwaltschaft im Strafverfahren ist mithin die einer Filter-, Mittler- und Selektionsinstanz. Innerhalb des gesamten Strafverfahrens hat das staatsanwaltschaftliche Ermittlungsverfahren die Funktion eines „Torwächters“, der darüber zu befinden hat, welche Verfahren das Tor zur weiteren Bearbeitung passieren und welche ausgesondert werden. Dabei kontrolliert die Staatsanwaltschaft ihren eigenen Verfahrensinput nur unwesentlich. Ihre Hauptfunktion liegt vielmehr darin, daß sie Ermittlungsverfahren in gerichtliche Verfahren „übersetzt“.

Hierbei bildet die **Akte** für alle Beteiligten in den folgenden Instanzen das wichtigste **Kommunikationsmittel.** Sie enthält alle verfahrensrelevanten geschriebenen Dokumente in chronologischer Folge. Dazu gehören sowohl die von der Polizei gesammelten Beweise wie Vernehmungsprotokolle, Zeugenaussagen oder Gutachten sowie die Begründung der staatsanwaltschaftlichen und gerichtlichen Entscheidung. Geht es um das Nachvollziehen des Verfahrensablaufs in seiner Gesamtheit, ist die Akte die „einzige gemeinsame Informationsbasis" (*Blankenburg* u. a., 1978, 63).

b) „Äußere" und „innere" Kennzeichen von Akten

Die Akte kann als Bezugsgrundlage staatsanwaltschaftlichen Handelns und entscheidender Datenlieferant durch „äußere" und „innere" Kennzeichnen charakterisiert werden.

Zu den **äußeren Kennzeichen** zählen ihre relativ leichte Zugänglichkeit, ihre standardisierte Aufmachung, ihr chronologischer Aufbau, ihr Umfang und ihre Produzenten. Die **inneren Kennzeichnen** der Strafakten beziehen sich auf ihren Zweck und ihr Ziel (Vorbereitung, Begründung und Legitimation von Entscheidungen), ihre Schematisierung und Standardisierung des Ermittlungs- und Entscheidungsvorgangs, ihr inhärentes Kontrollpotential, ihre Informationsdichte und ihre Einsichtsmöglichkeit durch Dritte (vgl. *Steffen*, 1977, 89 ff.).

Die Ermittlung „nach Aktenlage" zeichnet sich vor allem dadurch aus, daß sie die Wirklichkeitsaneignung jener Instanzen zu übernehmen hat, die für den Informationsgehalt der Akte verantwortlich sind. Eine nachträgliche Korrektur der in der Akte eingeschlagenen Informationsrichtung wird mit fortschreitendem Verfahren immer schwieriger (*Blankenburg*, 1975; *Kerner*, 1984).

c) Realität sui generis

In der neueren Sozialforschung ist weitestgehend unstrittig, daß es sich bei Justizakten um eine „Konstruktion von Realität" handelt (*Berger/Luckmann*, 1969). Danach ist die Akte kein getreues Abbild der Wirklichkeit, sondern Instrument einer „zielgerichteten Erledigungsstrategie", das der Legitimation getroffener oder noch zu treffender Entscheidungen dient und in der eine „Realität sui generis" zum Ausdruck kommt (*Hermann*, 1987, 44 f.).

Da sich die Staatsanwaltschaft als Aktenproduzent in erster Linie auf die bereits vorhandenen Akten als Informationsquelle stützt, kann ihre Form der Konstruktion von Wirklichkeit zutreffend mit dem **„Modell der Informationskonservierung"** erfaßt werden. Der Beschuldigte selbst wird nur in relativ seltenen Fällen als Informationsquelle genutzt, wofür der *Erna*-Fall ein plastischer Beleg ist. Gerade weil sich die Staatsanwaltschaft in ihrem Ermittlungshandeln von Informationen leiten läßt, die vorwiegend durch die Deutungsmuster der Polizei geprägt sind, wird die soziale Realität des Vorfalls in der Regel durch die kontrollpolitische Sichtweise wenn nicht **verfremdet,** so aber doch wenigstens in ihrer Komplexität erheblich reduziert (vgl. vertiefend *Kreissl*, 1983, 129 ff.). Staatsanwaltliche Entscheidungen sind daher zum größten Teil stark **standardisierte Schreibtischentscheidungen,** die fernab von der Lebenswelt der erfaßten Sachverhalte getroffen werden.

III. Die Stellung der Staatsanwaltschaft im Strafverfolgungssystem

1. Verfassungsrechtliche Verortung der Staatsanwaltschaft im Kriminaljustizsystem

Die Stellung der Staatsanwaltschaft im Gesamtgefüge des Strafverfolgungssystems ist seit ihrer Einführung in Deutschland Mitte des 19. Jahrhunderts umstritten. Grob gesehen lassen sich vier Positionen ausmachen, die in ihren Akzentuierungen mehr oder weniger stark voneinander abweichen:

- Nach herrschender Meinung ist die Staatsanwaltschaft als **Teil der dritten Gewalt** zu qualifizieren. Sie wird organisatorisch der Justiz zugerechnet und gilt als wesentlicher Bestandteil der Rechtsgewährung im Rechtsstaat. Mithin wird die Staatsanwaltschaft auch als „**Organ der Strafrechtspflege**" gekennzeichnet, in dem sich gleichsam das „Zwillingsamt des richterlichen Amtes" manifestiert (BGHSt 24, 171; BVerfG = DRiZ 1971, 428; vgl. *Koller*, 1997, 35 ff. m. w. N.).
- Nach anderer Ansicht wird die Staatsanwaltschaft nicht oder nicht nur zur Justiz gerechnet. Ganz im Sinne eines konturlosen sowohl-als-auch wird die Tätigkeit des Staatsanwalts in justitielle und verwaltende Bestandteile zerlegt. Danach ist die Staatsanwaltschaft **zugleich Verwaltungsbehörde und Justizorgan** (vgl. *Arndt*, 1961; *Gössel*, 1980; vgl. *Koller*, 1997, 116 ff. m. w. N.).
- Eine spezifische Variante dieser Position schlägt die **Staatsanwaltschaft der Exekutive** zu. In diesem Bezugsrahmen stellt sie einen besonderen Zweig innerhalb der Verwaltung dar und wird mit der Rolle eines „**Gesetzeswächters**" betraut (vgl. *Koller*, 1997, 85 ff. m. w. N.; BVerfG NJW 2001, 1123).
- Schließlich gilt die Staatsanwaltschaft weder als Teil der Judikative noch der Exekutive, sondern wird als „**selbständiges Organ der Rechtspflege**" (*Roxin*, 1998, 52) bezeichnet, das zwischen beiden Gewalten steht. Insofern kann der Staatsanwalt keineswegs dem Richter gleichgestellt werden, ebenso wenig gilt er als reiner Verwaltungsbeamter. In Funktionsteilung mit den Gerichten wird die Staatsanwaltschaft hiernach auf dem Feld der Strafrechtspflege tätig (vgl. *Roxin*, 1998, ebd.).

Die Ansichten, die der Staatsanwaltschaft eine unabhängige Position zuschreiben wollen, zeichnen ein sehr optimistisches Bild, denn rechtlich und faktisch ist die Staatsanwaltschaft an die Exekutive, nämlich die Landesjustizministerien angebunden. Es werden zunehmend ministerielle Richtlinien formuliert, die für die staatsanwaltschaftliche Entscheidungspraxis Bedeutung erlangen. Herauszustellen bleibt, daß es sich bei der Staatsanwaltschaft um eine bürokratisch organisierte, der Exekutive zugehörige Behörde handelt, in der im Regelfall nach Aktenlage entschieden wird. Damit wird die Wahrscheinlichkeit erhöht, daß die Entscheidungen nur nach routinemäßig angewandten Fallkriterien getroffen werden (*Ludwig-Mayerhofer*, 1998, 47). Eine weitergehende Einschätzung wird erst dann erfolgen, wenn weitere empirische Befunde zur staatsanwaltschaftlichen Rechtsanwendung vorgestellt worden sind (vgl. § 19).

Die Stellung der Staatsanwaltschaft ist im Gegensatz zu derjenigen des Richters verfassungsrechtlich bis heute ausdrücklich nicht geregelt. Nach *Schoreit* (1969, 133) ist die einseitige Aufnahme allein der Richter in grundgesetzliche Regelungen hinsichtlich der ungeklärten Zuweisung der Staatsanwaltschaft zur dritten Gewalt als eine gesetzgeberische Fehlentscheidung zu sehen. Durch die „bewußte" Nichtbeachtung der Staatsanwaltschaft im Richtergesetz sei diese noch zusätzlich verstärkt worden.

Wird die Staatsanwaltschaft als reine Verwaltungsbehörde gesehen und insoweit aus dem Gefüge der Justiz eliminiert, gerät ein zentraler Punkt aus dem Blickfeld, der für die Schaffung der Staatsanwaltschaft entscheidend war. Eine wesentliche Aufgabe der Staatsanwaltschaft im Ermittlungsverfahren liegt gerade in der **Kontrolle der Exekutive**, insbesondere der **Polizei**. Die inquisitorische Prozeßfunktion der Staatsanwaltschaft kann nicht darüber hinwegtäuschen, daß sie als Rechtsorgan die Ermittlungen ihrer „Hilfsbeamten" (= Polizei) auch zu kontrollieren hat. Die Schaffung eines Strafpolizeiprozeßrechts und der Trend zum polizeilichen Geheimverfahren sowie die Verwischung von präventiven und repressiven polizeilichen Aufgaben konterkariert diese wichtige Kontrollfunktion allerdings erheblich (vgl. oben § 15 III 1).

2. Strukturprinzip: externes Weisungsrecht

Besonders umstritten im Rahmen der Abhängigkeit staatsanwaltschaftlicher Tätigkeit ist das sog. **externe Weisungsrecht,** das dem Bundesjustizminister gegenüber dem Generalbundesanwalt und den Bundesanwälten sowie den Landesjustizverwaltungen gegenüber den Staatsanwälten des entsprechenden Bundeslandes Weisungsbefugnis erteilt (§ 147 Nr. 1, 2 GVG).

a) Weisungen: Gefahr politischer Beeinflussung

Da das externe Weisungsrecht die sachliche Unabhängigkeit des Staatsanwalts beschneidet, stößt es bei einer Reihe von Autoren auf Ablehnung (*Görcke*, 1961, 608; *Wax*, 1972, 164). Es wird vor allem darauf hingewiesen, daß die (politische) Einflußnahme auf die Staatsanwaltschaft auf den behördeninternen Weg beschränkt bleiben müsse, ähnlich der Kontrolle richterlichen Handelns, die auch nur durch ebenfalls unabhängige Richter ausgeübt werde (*Riehle*, 1985, 282). Die konkrete Gefahr der (partei-)politischen Einflußnahme auf die Staatsanwaltschaft liegt vor allem in der Unkontrollierbarkeit der Weisungen. In diesem Punkt wird von den Kritikern die These vertreten, „daß den seltenen Fällen schriftlicher Weisung eine erheblich umfangreichere Zahl mündlicher Weisungen gegenüberstehe" (*Riehle*, 1985, 283 f.).

b) Weisungen: unverzichtbares Regulativ

Demgegenüber geht die herrschende Meinung bis heute davon aus, daß das externe Weisungsrecht ein **unverzichtbares Regulativ** darstellt und als Grundprinzip parlamentarischer Verantwortlichkeit zu werten ist (*Bender*, 1973; *Münstermann*, 1978, 107, 113 ff.; *Schoreit*, 1969; *Lampe*, 1975, 196). Dabei werden aber auch die Grenzen des Weisungsrechts betont, die durch das Legalitätsprinzip gezogen werden (Gefahr der Strafvereitelung im Amt gemäß § 258 a StGB). Dennoch werden Weisungen des vorgesetzten Staatsanwalts oder des Ministers auch im Rahmen der Opportunitätsentscheidungen als zulässig erachtet, sofern sie keine Überschreitung der normativ eingeräumten Ermessensspielräume darstellen (*Roxin*, 1998, 52).

Bei alledem dürften nicht nur Fragen der Gerechtigkeit, sondern auch verfahrensökonomische Gesichtspunkte eine Rolle spielen, die sich innerhalb der Grenzen des weiten rechtlichen Ermessensspielraums bewegen können. Dieser gesetzlich zugewiesene Opportunitätssektor – der durchaus weisungsoffen ist – ist für rechtssoziologische Erkenntnisinteressen von großer Bedeutung, wobei empirische Befunde Rückschlüsse auf die Stellung der Staatsanwaltschaft im Strafverfolgungssystem ermöglichen werden (vgl. § 19).

§ 19. Administrative Regeln der Rechtsanwendung

Literatur: *Albrecht, P.-A.* (Hrsg.), Informalisierung des Rechts, 1990; *Albrecht, P.-A.,* Jugendstrafrecht, 3. Aufl., 2000; *Blankenburg, E./Sessar, K./Steffen, W.,* Die Staatsanwaltschaft im Prozeß strafrechtlicher Sozialkontrolle, 1978; *Blankenburg, E./Rogowski, R.,* Zur Theorie von Gerichtsverfahren, Zeitschrift für Rechtssoziologie, 4, 1983, 133 ff.; *Hassemer, W.,* Menschenrechte im Strafprozeß, KritV 1988, 336 ff.; *Libuda-Köster, A.,* Diversion: Selbsteinschätzung und Realität staatsanwaltschaftlichen Entscheidens – Eine Befragung nordrhein-westfälischer Jugendstaatsanwältinnen und Jugendstaatsanwälte, in: Albrecht, P.-A. (Hrsg.), Informalisierung des Rechts, 1990, 229 ff.; *Ludwig-Mayerhofer, W.,* Die staatsanwaltschaftliche Diversionspraxis im Jugendstrafrecht – Eine landesweite Aktenuntersuchung in 19 Staatsanwaltschaften Nordrhein-Westfalens, in: Albrecht, P.-A. (Hrsg.), Informalisierung des Rechts, 1990, 47 ff.; *Ludwig-Mayerhofer, W.,* Das Strafrecht und seine administrative Rationalisierung. Kritik der informalen Justiz, 1998; *Luhmann, N.,* Politische Theorie im Wohlfahrtsstaat, 1981; *Polizeiliche Kriminalstatistik Bundesrepublik Deutschland 2003,* BKA (Hrsg.); *Rhode, B.,* Regulierung und Deregulierung, in: Soziale Welt, 44, 512 ff., 1993; *Spieß, G./Storz, R.,* Informelle Reaktionsstrategien im deutschen Jugendstrafrecht: Legalbewährung und Wirkungsanalyse, in: Jugendstrafrechtsreform durch die Praxis – Konstanzer Symposium, 1989, 127 ff.; *Teubner, G./Willke, H.,* Kontext und Autonomie: Gesellschaftliche Selbststeuerung durch reflexives Recht, in: Zeitschrift für Rechtssoziologie, 6, 1984, 4 ff.; *Willke, H.,* Kontextsteuerung durch Recht?, in: Glagow, M./Willke, H. (Hrsg.), Dezentrale Gesellschaftssteuerung, 1987, 3 ff.; *Willke, H.,* Ironie des Staates, 1992.

A. Legitimationsversuche für den Abbau erhöhter Arbeitsbelastung

Die Zunahme der Fallbelastung für die Staatsanwaltschaften hat sowohl bei den Landesjustizministerien als auch beim Bundesgesetzgeber zu diversen Reaktionen geführt: Entlastung für die Strafgerichte, Flexibilisierung des staatsanwaltlichen Zugriffs mittels Ausweitung von Opportunitätsnormen, Kosteneinsparungen (Gesetz zur Entlastung der Rechtspflege) sollten der **Steuerungsineffizienz** traditioneller zentralstaatlich-gesetzlicher Reaktionsformen, insbesondere der strafgerichtlichen Ab- und Verurteilungen, entgegenwirken. Die Lösung ist eine **verfahrensförmige Normsuspendierung.** Die These dürfte lauten, daß sich das Strafverfahren unter dem Zwang ökonomischer Restriktionen auf eine **administrativ-bürokratische Grundstruktur** hin entwickelt.

Diese von der Staatsanwaltschaft praktizierte **Informalisierung des Rechts** wird aber auch ganz anders verstanden: Sie wird als Ausdruck einer **wohlfahrtsstaatlichen Materialisierung** oder/und als Zunahme **lebensweltorientierter Verfahrensformen** interpretiert. Beiden Thesen wollen wir im folgenden nachgehen.

I. Die These der Materialisierung und Prozeduralisierung des Rechts im Wohlfahrtsstaat

1. Informalisierung als Materialisierung (Wohlfahrtsstaatliche Aufladung des Rechts)

Eine Materialisierung des Rechts ist offenkundig mit dem **Aufkommen des Wohlfahrtsstaates** verbunden (*Rhode*, 1993). Es ist das Modell des Staates, der aktiv steuernd eingreift und durch Interventionen Lebenschancen von Menschen verändert. Die Resozialisierungsidee in der Strafrechtsreform der Bundesrepublik Deutschland war Ausdruck dieser „Materialisierung" in den 60er und 70er Jahren – jedenfalls im kriminalpolitischen Diskurs. Intendiert war eine Öffnung des Rechts im Sinne von Generalklauseln und unbestimmten Rechtsbegriffen, weil nur so eine Berücksichtigung der jeweils relevanten Aspekte des Einzelfalles möglich sein soll. Die Beeinflussung der gesamten Täterpersönlichkeit soll durch pädagogische, psychologische und medizinische Experten eingeleitet werden, was nur unter der Einschränkung der **formalen Rationalität des Rechts** möglich sein soll. Nach außen sichtbar wurde dies in der Einführung der Gesetzesnorm des § 153 a StPO im Jahre 1974. Mit dieser Reform sollte der Staatsanwaltschaft (neben den Gerichten) die Möglichkeit in die Hand gegeben werden, Verfahren nicht nur wie bisher wegen Geringfügigkeit schlicht einzustellen, sondern „Geringfügigkeit" sollte **durch Auflagen** gegenüber dem Beschuldigten erst „**hergestellt**" werden: Schadenswiedergutmachung, Geldbußen, gemeinnützige Leistung sollten Verfahrenseinstellungen besser legitimieren. Insofern sollte der repressive Ansatz der strafrechtlichen Kontrolle ergänzt und letztlich ersetzt werden durch Maßnahmen, die auf die (Re-)integration und (Re-)sozialisierung abweichender Individuen abzielen. Anstelle der Repression sollte nunmehr Prävention durch personenbezogene Interventionen sozialisatorischer Art stattfinden (vgl. vertiefend hierzu *Ludwig-Mayerhofer*, 1998, 30 ff.).

2. Informalisierung als Prozeduralisierung (Erhöhung von Beteiligungschancen)

Die Informalisierung des strafrechtlichen Normprogramms wird rechtstheoretisch auch als Zunahme der prozeduralen Rationalität des Rechts gewertet (vgl. hierzu *Willke*, 1992; *Teubner/Willke*, 1984). Statt formaler Legalität vermögen – so die Auffassung –

neuere informelle Steuerungsmechanismen eine größere Orientierung an den Umständen des Einzelfalles zu ermöglichen. Diese These geht von der Überlegung aus, daß als Folge der **funktionalen Differenzierung** der Gesellschaft die herkömmlichen hierarchischen Modelle des Staates obsolet seien und durch Kreislaufmodelle ersetzt werden müßten (*Luhmann*, 1981, 22). Die zentralstaatliche Steuerung würde die lebensweltlichen Zusammenhänge nicht mehr in den Griff bekommen, der Staat sei damit hoffnungslos überfordert. Politische Planung und Durchsetzbarkeit von Entscheidungen scheiterten an der „operativen Geschlossenheit" der autonomen, selbstreferentiellen Systeme, denen die Maßnahmen gelten (*Willke*, 1992).

Übernimmt man diese Sichtweise, kommt man zu der Forderung einer rechtlichen Selbst-Beschränkung im Sinne beschränkterer, abstrakterer, indirekterer Formen sozialer Kontrolle (*Teubner/Willke*, 1984, 28; *Willke*, 1987). Die Informalisierung des Rechts erfüllt aus dieser Sicht mithin die **Partizipationschancen** von Rechtsunterworfenen. Insoweit steht auch diese These als Erklärung für normative Flexibilisierungsprozesse im Sinne der Zunahme opportuner Rechtsanwendung.

II. Die These der administrativen Rationalisierung (bürokratische Verflachung)

Materiale Gerechtigkeit statt formaler Legalität und Erhöhung von Partizipationschancen im Prozeß der Rechtsanwendung sind hoffnungsvolle Interpretationsmuster, die freilich erst einmal empirisch belegt sein wollen. Die schlichte Transformation des Strafverfahrens von einem rechtsstaatlichen zu einem immer mehr administrativen Verfahren bedeutet einer anderen These zufolge nichts anderes als die **Dominanz administrativ-bürokratischer Grundstrukturen.** Die Strafrechtsinstitutionen können sich ohne weiteres auf der symbolischen Ebene einer wohlfahrtsstaatlichen Rhetorik bedienen, wobei in der alltäglichen Rechtspraxis ganz andere Regeln gelten. Mit der Stagnation des Wohlfahrtsstaates würde sich eine bürokratisch und exekutivisch ausgerichtete Kriminalpolitik entwickeln, für die es immer weniger um eine materiell-inhaltliche oder prozedurale, sondern um eine administrative Rationalisierung der Strafrechtspraxis gehe (vgl. *Ludwig-Mayerhofer*, 1998, 45ff.).

Im Lichte der folgenden empirischen Befunde werden wir die vorgestellten Begründungsmuster für die Hypothesen staatsanwaltschaftlicher Informalisierung überprüfen.

B. Empirische Forschungen zu den Grundlagen staatsanwaltschaftlicher Entscheidungen

I. Normative und pragmatische Anwendungsregeln

Das Entscheidungsverhalten der Staatsanwaltschaft läßt sich in seinem Ablauf nach bestimmten Anwendungsregeln analysieren. Dabei können **pragmatische Anwendungsregeln,** die der Orientierung des Staatsanwalts an der Sachlage dienen, und **normative Anwendungsregeln,** die die Orientierung des Staatsanwalts am richterlichen Strafzumessungsprogramm befördern, unterschieden werden (*Blankenburg* u.a., 1978, 119ff.). Sowohl der Tatverdächtige als auch das Opfer haben aber nur mittelbaren Einfluß auf die Verfahrenserledigung durch den Staatsanwalt.

Beim Tatverdächtigen drückt sich dies vor allem durch die Faktoren „**anwaltliche Vertretung"** (eher schwächer) und „**Geständnisbereitschaft"** (eher stärker) aus. Dabei ist das Vorliegen eines Geständnisses in hohem Maße für die Alternative ‚Anklage oder Einstellung' des Verfahrens ausschlaggebend (*Blankenburg* u.a., 1978, 143, 226f.). Bei den normativen Anwendungsregeln wird die staatsanwaltliche Verfahrenserledigung insbesondere durch die Faktoren „Schaden" und „Vorbelastung" bestimmt. Die Korrelation von hohem Schaden (über 250 €) und vorhandener Vorbelastung treibt die Sanktionierungsquoten (also die Anklagen) um 16% bei Diebstahl, um 19% bei Betrug, um 22% bei der Unterschlagung und um 32% beim Raub hoch (*Blankenburg u. a.*, 1978, 161 ff.). Nicht also Aspekte der Hilfe, Resozialisierung und Verbesserung von Lebenslagen oder Erhöhung autonomer Regelungschancen stehen im staatsanwaltschaftlichen Entscheidungsverhalten im Vordergrund, sondern Selektionskriterien wie Alter, Schaden, Vorbelastung prägen die staatsanwaltschaftliche Handlungspraxis. Die umfassende Untersuchung zur „Staatsanwaltschaft im Prozeß strafrechtlicher Sozialkontrolle" von *Blankenburg, Sessar* und *Steffen* aus dem Jahr 1978 sieht die Tätigkeit des Staatsanwalts durch fünf Merkmale gekennzeichnet:

- **Fremdbestimmtheit,** d.h. die Staatsanwaltschaft wird durch Aufklärungsbeiträge und -interessen der Geschädigten, der Tatverdächtigen und vor allem durch die Ermittlungsergebnisse der Polizei gesteuert.
- **Orientierung an der Beweislage,** d.h. kriminalpolitische Motivationen treten bei der Staatsanwaltschaft gegenüber Kriterien der Beweislage in den Hintergrund.
- **Desinteresse an den Betroffenen,** d.h. die Staatsanwaltschaft zeigt eine „geringe Berücksichtigung der mit dem Tatverdächtigen verbundenen sozialen Handlungsbedingungen zugunsten einer Konzentration auf normative und pragmatische Entscheidungskriterien" (1978, 317).
- Erhebliche **Informationsdefizite** und
- dominanten **Aktenbezug** bei der Entscheidungsfindung und -begründung.

Staatsanwaltschaftliche Entscheidungen sind zudem eingebettet in einen relativ **hohen Formalisierungsgrad,** der gerade nicht durch präzise gesetzliche Regelungen erreicht wird. Insbesondere in den Bereichen der leichten und mittleren Kriminalität, in denen die Staatsanwaltschaft die polizeilich ermittelten Fälle ohne eigene Nachermittlungen – in aller Regel „unhinterfragt" – übernimmt, werden die Verfahren durch **Routineprogramme** zum Abschluß gebracht. Im Rahmen dieser schematisierten Erledigungsform werden die Akten mittels entsprechender Formblätter bearbeitet, wobei Entscheidungen größtenteils in Formularform erfolgen. Von Materialisierung und Prozeduralisierung des Rechts kann hierbei nicht die Rede sein.

II. Forschungsbefunde zur Informalisierung im Jugendstrafrecht (Sonderforschungsbereich 227 der DFG)

In einer dreijährigen Forschungsphase (1986–1988) wurde im Rahmen des Sonderforschungsbereichs 227 der Deutschen Forschungsgemeinschaft in den 19 Staatsanwaltschaften des bevölkerungsstärksten Bundeslandes Nordrhein-Westfalen unter dem Leitthema ‚Diversion' eine Aktenerhebung von nahezu 18000 Einzelfällen vorgenommen und eine daran direkt gekoppelte Befragung der Jugendstaatsanwältinnen und Jugendstaatsanwälte durchgeführt. Die Forschungsbefunde sind im einzelnen in der Dokumentation des Sonderforschungsbereichs 227 enthalten (*Albrecht*, 1990).

Der Begriff **Diversion** hat seit Anfang der 80er Jahre die deutsche jugendkriminalpolitische Diskussion beherrscht. Dahinter steht die jugendkriminologische Intention, die Stufenfolge von Strafverfolgung, Strafprozeß und Strafvollzug zum frühestmöglichen Zeitpunkt abzubrechen. Dadurch sollen die kumulativen negativen Effekte dieser Eingriffe vermieden werden, wo immer dies generalpräventiv möglich erscheint und wo spezialpräventiv wirksamere Maßnahmen vorhanden sind. Dazu kann auch ein **Verzicht** auf weitere Maßnahmen gehören **(Non-Intervention).** Veränderungen im Umgang mit strafrechtlich auffälligen Jugendlichen und Heranwachsenden sind im Zuge der Diversionsbewegung wie folgt begründet worden (vgl. im einzelnen *Albrecht*, 2000, 23 ff.):

- **Kriminologische Hypothesen** (Stigmatisierung),
- **verfahrensökonomische Argumente** (Überlastthese),
- **kriminalpolitische Programmatiken** (Informalisierung/Opportunität versus Legalität).

Ein Blick in die Strafverfolgungsstatistik zeigt, daß es der Diversionsbewegung nicht gelungen ist, die selbst proklamierten Ziele der **Vermeidung förmlicher Verfahren** und des **Abbaus stationärer Sanktionen** zu erreichen. Belegbar ist nur das zunehmende Gewicht der Staatsanwaltschaft bei der Verfahrensentscheidung und der Rechtsfolgenwahl als wesentliches Charakteristikum der neueren Rechtsentwicklung im Jugendstrafrecht. Zwischen 1982 und 1988 hat sich das Verhältnis von gerichtlichen zu staatsanwaltschaftlichen Verfahrenseinstellungen praktisch umgekehrt. Damit wird die bereits erwähnte Verdrängungs- bzw. Verschiebungsthese bestätigt. Verfahrenseinstellungen nach § 45 JGG nehmen zwar beträchtlich zu, indes vorwiegend aufgrund einer Reduktion der vereinfachten Verfahren (§ 76 JGG) sowie einer Reduktion der Verfahren (mit richterlicher Beteiligung) gemäß § 45 und § 47 JGG. Der Staatsanwalt löst den Richter ab und übernimmt richterähnliche Funktionen (vgl. *Ludwig-Mayerhofer*, 1990, 74 ff.).

1. Ergebnisse der Aktenanalyse

Auf der Basis der – repräsentative Schlüsse ermöglichenden – Überprüfung der Verfahrensentscheidungen aller Jugenddezernenten in 19 Staatsanwaltschaften ergab sich für alle Erledigungen in den Deliktbereichen Diebstahl, Sachbeschädigung und Körperverletzung eine **Anklagequote** von 47%. Bezieht man den Vergleich nur auf Anklagen und Opportunitätsentscheidungen (§ 45 JGG), dann lautete das Verhältnis 62,5% zu 37,5%, auf eine Einstellung kamen also im Schnitt 1,7 Anklagen. Damit ist die staatsanwaltschaftliche Erledigungspraxis im Jugendverfahren im großen Umfang von Informalisierungen geprägt (vgl. *Ludwig-Mayerhofer*, 1990, 82 ff.).

a) Bürokratisch-formale und leicht quantifizierbare Entscheidungskriterien

Zentrale Entscheidungskriterien sind die folgenden Tat- und Tätermerkmale:
- Schadenshöhe
- Anzahl der strafrechtlichen Vorbelastungen
- Anzahl der vorgeworfenen Delikte.

Die zentralen Entscheidungskriterien für die Frage „Anklage oder Einstellung" sind damit **leicht quantifizierbare Faktoren**, die vielfach in hausinternen Verfügungen der Behördenleitungen vorgegeben werden.

b) Deliktspezifische Einstellungstypen

Bei den Delikttypen Diebstahl, Sachbeschädigung und Körperverletzung werden unterschiedliche Informalisierungsnormen herangezogen. Beim Diebstahl dominiert die Einstellung gemäß § 45 JGG (33,3%) der anklagefähigen Verfahren. Bei der Sachbeschädigung wird eher aufgrund fehlender Verfahrensvoraussetzungen informalisiert (fehlender Strafantrag, Verneinung eines besonderen öffentlichen Verfolgungsinteresses). Bei der Körperverletzung wird die Verfahrenseinstellung – neben dem Hinweis auf fehlende Verfahrensvoraussetzungen (§ 232 StGB) – überwiegend mit dem Verweis auf den Privatklageweg (§ 374 StPO) begründet. Rechtsanwender nutzen mithin die Verfahrenseinstellungsmöglichkeiten je nach Delikttypen in differenzierter Form unter Einbeziehung spezifischer Informalisierungsalternativen (vgl. *Ludwig-Mayerhofer*, 1990, 82 ff.).

c) Dominierende Non-Intervention

Rechtsanwender bevorzugen bei den JGG-Diversionsnormen ganz überwiegend die non-interventionistische Einstellungsmöglichkeit (Einstellung ohne jede Auflage). Aber selbst bei den Interventionen dominiert das formalisierte Mahnschreiben der Staatsanwaltschaft, das mit der Einstellungsentscheidung postalisch versandt wird. Einstellungen mit Auflagen (Interventionsvariante) sind im exekutivischen Recht damit ausgesprochen selten (vgl. *Ludwig-Mayerhofer*, 1990, 82 ff.).

d) Nachrangigkeit sozialer Selektivität

Soziale Selektivität bleibt – bezogen auf die Gesamtheit der erfaßten Fälle – in ihrer Wirkung deutlich hinter der Orientierung an Tatschwere und strafrechtlicher Vorbelastung zurück. Der Staatsanwalt orientiert sich – jedenfalls beim Diebstahl – bei seiner Einstellungsentscheidung primär an **formal-quantifizierbaren** Kriterien (vgl. *Ludwig-Mayerhofer,* 1990, 177 ff.).

e) Selektive Faktoren bei sozial Benachteiligten

Sozial benachteiligte Tatverdächtige zeigen insgesamt eine häufigere Anklagequote. Das läßt sich zum Teil dadurch erklären, daß sozial auffällige Jugendliche/Heranwachsende mit schwereren Delikten registriert werden und bereits häufiger strafrechtlich in Erscheinung getreten sind. Aber auch ein selbständiger Einfluß der Sozialvariablen ist feststellbar. Arbeitslose Beschuldigte werden bei Diebstahl und Sachbeschädigung statistisch signifikant häufiger angeklagt als nicht arbeitslose. Hier ist zudem eine häufigere Anklageerhebung bei ausländischen, vor allem türkischen Beschuldigten zu beobachten (vgl. *Ludwig-Mayerhofer,* 1990, 170 ff.).

f) Ungleiche Rechtsanwendung trotz gleicher Voraussetzungen

Bei den Bagatell-Diebstählen verbergen sich hinter der durchschnittlichen landesweiten Informalisierungsquote von knapp 75% ganz erhebliche Differenzen in der Erledigungsstruktur der verschiedenen Staatsanwaltschaften. Bezogen auf **klar definierte Bagatell-Diebstähle** (Ladendiebstahl, ein Delikt, Schaden unter 25,– €, Geständnis, keine Vorbelastung) fanden sich in der landesweiten Untersuchung die folgenden Anklagequoten (bei diesem Delikttypus):

- Landesweite Informalisierungsquote: 75%.
- 5 Staatsanwaltschaften: Anklagequote unter 10%,
- 3 Staatsanwaltschaften mit Anklagequoten von über 60% (vgl. Abbildung 1).

Die Analyse der einzelnen Staatsanwaltschaften zeigt, daß nicht nur zwischen den Staatsanwaltschaften erhebliche Verfahrenseinstellungs-Differenzen bestehen, sondern auch innerhalb ein und derselben Behörde ganz unterschiedliche Einstellungsquoten zu verzeichnen sind. Hier beeindruckt die enorme Spannbreite im Informalisierungsverhalten bei klar definierbaren Bagatelldiebstählen. Die Quoten reichen von 0% bis 100%. Es ist festzustellen, daß teilweise – wenn auch keineswegs durchgehend – sogar innerhalb einer Behörde ein Nebeneinander von äußerst umfassender oder weitgehender Informalisierungsbereitschaft und ebenso extremer Informalisierungsverweigerung beobachtet werden kann.

Allerdings ist auch festzustellen, daß es zumindest stellenweise Tendenzen einer Vereinheitlichung der Entscheidungspraxis gibt. Nicht in allen Staatsanwaltschaften zeigt das individuelle Informalisierungsverhalten eine derartig ausgeprägte Bandbreite. So finden sich Behörden, in denen relativ einheitlich ein recht hohes, aber auch mittleres oder ziemlich niedriges Niveau bei eher geringer Abweichung herrscht (vgl. *Libuda-Köster,* 1990, 307 ff.).

2. Landesweite Befragung der Staatsanwälte in Nordrhein-Westfalen

Zusätzlich wurden 158 Jugendstaatsanwältinnen und Jugendstaatsanwälte aus allen 19 nordrhein-westfälischen Staatsanwaltschaften befragt.

Der Rücklauf der Fragebögen erfolgte bis Juli 1988 und erbrachte mit 112 Beantwortungen eine Rücklaufquote von 71%. Für die direkte Koppelung mit der Aktenanalyse verblieben insgesamt 79 Dezernate mit 10 491 Falluntersuchungen (Aktenerhebung, vgl. *Ludwig-Mayerhofer,* 1990). Mit der multivariablen Analyse (multiple Regression) konnte erfaßt werden, welche unabhängigen Variablen einen Einfluß auf das Erledigungsverhalten des Staatsanwalts haben.

Die folgenden Bedingungsfelder wurden in den Blick genommen:

- normative Orientierung
- bürokratiespezifische Tätigkeitsmerkmale
- Organisationsbedingungen
- Umweltbeziehungen
- staatsanwaltliche Überzeugungen sowie
- Berufs- und Sozialmerkmale.

a) Dominanz formaler Normkriterien

Die allgemeine Diversionsbereitschaft des Staatsanwalts erklärt sich – auch mittels der Befragungsergebnisse – primär aus der Orientierung an **formalen Normkriterien.** Täterstrafrechtliche und interventionistische Faktoren treten demgegenüber in den Hintergrund. Der Staatsanwalt berücksichtigt bei seiner Entscheidung bewußt leicht klassifizierbare Formalkriterien wie Deliktschwere und Anzahl der Delikte, strafrechtliche Vorbelastungen und Schadenshöhe. Die Befunde der Aktenanalyse werden somit durch die Befragung bestätigt (vgl. *Libuda-Köster*, 1990, 243 ff.).

b) Interventionsneigung wird durch Resteliste minimiert

Die allgemeine Diversionsbereitschaft wird neben der schematischen Normausrichtung insbesondere durch Bürokratiebedingungen gesteuert. Ein zentrales administratives Steuerungsinstrument ist die Führung einer sogenannten **Resteliste** der Behördenleitung. Diese Restelisten werden in bestimmten Behörden geführt, um Verfahren festzuhalten, bei denen nach Ablauf eines bestimmten Zeitraums noch keine Abschlußverfügung getroffen wurde. Dadurch hat die Behördenleitung die Möglichkeit, die Arbeitseffizienz der Dezernenten zu kontrollieren. Die Existenz einer Resteliste wirkt in signifikantem Maße der Interventionsneigung des Staatsanwalts entgegen.

c) Interventionsneigung wird durch Pensenüberwachung minimiert

Daneben beeinflußt auch das sogenannte staatsanwaltschaftliche **Pensum** die Verfahrenswahl und die Interventionsform. Das Pensum wird unter anderem durch die Zahl der von jedem Staatsanwalt in einem bestimmten Zeitraum zu erledigenden Ermittlungsverfahren bestimmt. Ganz eindeutig wirkt sich der Zeitaufwand, der mit den einzelnen Erledigungsarten verbunden ist, auf die Diversionspraxis aus. Dieses arbeitsökonomische Hemmnis betrifft vor allem interventionistische Diversionsformen, also Einstellungen mit Folgemaßnahmen, die gesonderter Überwachung bedürfen (vgl. *Libuda-Köster*, 1990, 266 ff.).

d) Irrelevanz kriminalpolitischer Überzeugungen

Normübergreifende Überzeugungen zur Erziehungsfunktion des Jugendstrafrechts und zu den Resozialisierungszielen zeigen keinen Einfluß auf die Einstellungsbereitschaft. Diese wird primär durch schematische Normorientierung und durch bürokratische Rahmenbedingungen gesteuert (vgl. *Libuda-Köster*, 1990, 283 ff.).

e) Streben nach Autonomie

Es gibt nur quantitativ unbedeutende Ansätze zu einer administrativ angeleiteten Vereinheitlichung der Diversionspraxis. Sowohl Absprachen und Empfehlungen als auch die individuelle Beurteilung eines jeden Falles werden in einem ungefähr gleichen Umfang befürwortet. 55% der Staatsanwältinnen und Staatsanwälte treffen – nach ihren Angaben – ihre Diversionsentscheidung ohne jede Richtlinie, Empfehlung oder kollegiale Absprache. Staatsanwälte versuchen, ihre eigene Unabhängigkeit und Handlungsfreiheit so weit wie möglich zu bewahren. Der autonomen Einzelfallentscheidung messen alle Rechtsanwender einen hohen Stellenwert bei (vgl. *Libuda-Köster*, 1990, 273 ff.).

f) Interpretationsermessen ermöglicht ungleiche Rechtsanwendung

Auch die Analyse **homogenisierter Sachverhalte** (Ladendiebstahl, maximal 50 € Schaden, ein Delikt, keine Vorbelastung, volles Geständnis) zeigt, daß die schon ermittelten Determinanten in gleicher Weise die reale Bagatellisierungs**bereitschaft** prägen: normative Formalkriterien und bürokratische Einflüsse steuern hier wie dort die Entscheidung, ob ein Verfahren eingestellt wird oder nicht. Alle anderen Variablen, insbesondere die JGG-spezifische Erziehungsorientierung, behördeninterne Vereinheitlichungsbemühungen sowie sozial-biographische Merkmale treten hinter den Formal- und Bürokratieeinflüssen mehr oder weniger zurück. Die in der Abbildung 1 gezeigte Ungleichheit der Rechtsanwendung bei derart homogenisierten Fallkonstellationen wird primär vom **individuellen normativen Interpretationsermessen** und **lokal-bürokratischen Rahmenbedingungen** gesteuert. Jugendstrafrechtliche spezialpräventive Erwägungen treten demgegenüber zurück.

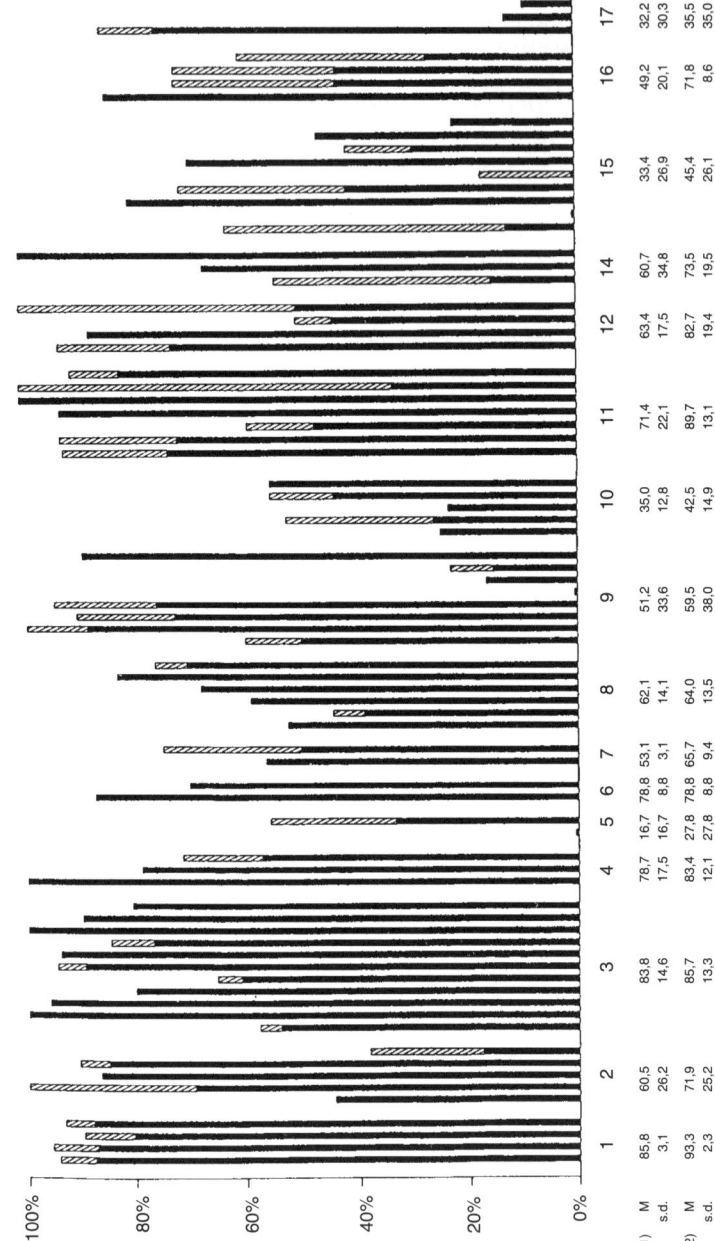

Rechtsanwendungsungleichheit, dargestellt am Beispiel der Verfahrenserledigung vergleichbarer Ladendiebstahlsfälle
1) Einstellungsquote § 45 Abs. 2 JGG
2) Einstellungsquote §§ 45 JGG, 153, 153a StPO

Abbildung 1: Rechtsanwendungsungleichheit, dargestellt am Beispiel der Verfahrenserledigung vergleichbarer Ladendiebstähle
in 16 Staatsanwaltschaften Nordrhein-Westfalens 1988

(Quelle: *Libuda-Köster*, 1990, 309)

III. Länderspezifische Unterschiede bei der Informalisierung

Vergleichbare Befunde sind aus anderen Untersuchungen bekannt (vgl. z.B. *Spieß/ Storz*, 1989, 127 ff.). Ausgewählt wurde ein Delikt aus dem Straßenverkehrsstrafrecht: Fahren ohne Führerschein in Ersttäterschaft eines bestimmten Geburtsjahrgangs, nach JGG behandelt. Die Verfahrensvariante „Anklage oder Einstellung" erbrachte in verschiedenen Bundesländern folgende Anklagequote:

- Hamburg: 0,6%
- Berlin: 3,8%
- Bremen: 5,2%
- Saarland: 5,8%
- Niedersachsen: 25,6%
- Rheinland-Pfalz: 51,4%
- Baden-Württemberg: 61,1%.

Die Zufälligkeiten des Wohn- oder Tatorts bestimmen also jenseits der tat- und täterbezogenen Sachkriterien die Anklage- oder Informalisierungsentscheidung. Das ist der Preis der Opportunität. Entscheidungskriterien sind z.B. das Stadt-Landgefälle, d.h. unterschiedliche Arbeitsbelastungen der Strafgerichte werden durch die staatsanwaltschaftliche Informalisierung ausgeglichen. All das hat höchst unterschiedliche Konsequenzen für die Beschuldigten. Es stellt einen Unterschied dar, ob man sich wegen eines Tatvorwurfs vor Gericht zu verantworten hat oder ob ein Verfahren von der Exekutive schlicht eingestellt wird. Abgesehen von den Konsequenzen für den Betroffenen, geht es hierbei um den Verlust der rechtsstaatlichen Prinzipien von Gleichheit und Gerechtigkeit, die dem flexiblen Zugriff der Exekutive – von Gerichten nicht kontrolliert – ins Belieben gestellt werden.

C. Steuerungstheoretische und kriminalpolitische Schlußfolgerungen

I. Steuerungstheoretische Schlußfolgerungen

Exekutivisches Recht ist geprägt durch drei zentrale Merkmale, die sich sowohl objektiv (Aktenanalyse) als auch subjektiv (Befragung) empirisch belegen lassen: Informalisierung, Interventionsverzicht, massive Ungleichheit. Diese Erkenntnisse sind zwar zuvörderst aus einer Analyse jugendstrafrechtlicher Diversion erwachsen, zeigen aber in ihrer strukturellen Ausrichtung Gültigkeit für alle Rechtsbereiche. Im Lichte dieser Befunde lassen sich jedenfalls die Deutungen zur normativen Informalisierung überprüfen.

1. Informalisierung: Erledigungsstrategie für Bagatelldelinquenz

Das durch Informalisierung gekennzeichnete exekutivische Recht ist geprägt durch eine primäre **Funktionsentfaltung im Bereich massenbagatellarischer Kriminalität:** es zeigt sich eine prinzipielle Orientierung der Entscheidungsfindung an schematischen Kriterien der Deliktschwere und der strafrechtlichen Vorbelastung von Beschuldigten, mithin eine eher schematisch-formale gegenüber einer material-inhaltlichen Orientierung. Diese Formalkriterien werden vom Rechtsanwender favorisiert. Staatsanwältinnen und Staatsanwälte zeigen ein ausgeprägtes Bewußtsein von der Bedeutung arbeitsökonomischer Rahmenbedingungen, was sich unmittelbar auf die Erledigungsform niederschlägt. Die Arbeitsüberwachung durch sog. Restelisten und Pensen zwingen den Rechtsanwender zur Akzeptanz formal-schematischer und bürokratischer Kriterien der Arbeitsentlastung. Eine material-inhaltliche Orientierung gibt es nur bei den Delikten der Körperverletzung und Sachbeschädigung mit geringen Fallzahlen. Sie treten in ihrer Bedeutung hinter dem Massendelikt des geringfügigen Diebstahls zurück. Die Hoffnung, daß eine Informalisierung zu materialer Gerechtigkeit statt formaler Legalität führe, hat sich mithin in der Einstellungspraxis der Staatsanwaltschaften nicht erfüllt. Anstelle der erhofften Orientierung an den Umständen des Einzelfalles gibt es eine strikte Ausrichtung an aktenmäßig zu erfassenden Formalkriterien.

Gegen eine Uminterpretation von Repression zu materialer Prävention (vgl. oben These A I 1) spricht vor allem, daß derartige Maßnahmen von der Strafjustiz hauptsächlich für Ersttäter, weniger für mehrfach auffällige Wiederholungstäter oder für Jugendliche mit sozialen Auffälligkeiten Anwendung finden. Die Maßnahmen greifen im Justizalltag für Auffällige, bei denen gravierende soziale Problemlagen kaum vorliegen. Hinzu kommt die Tendenz, daß präventive Maßnahmen geeignet sind, förmliche Rechtsgarantien zu unterlaufen. Sie zielen auf potentiell Gefährdete, auf Risikogruppen, das Individuum gerät dabei aus der Sicht. Die Rhetorik der Prävention steht im Vordergrund.

2. Interventionsverzicht des exekutivischen Rechts

Das exekutivische Recht ist weiterhin geprägt durch eine **non-interventionistische Einstellungspraxis**. Diese ist deliktspezifisch und Folge der bürokratisch-administrativen Kapazitätsgrenzen der Staatsanwaltschaft und der Steuerungsgrenzen des Individualstrafrechts. Es ist sogar eine **hohe systemische Resistenz** gegenüber jedweder spezialpräventiven Orientierung festzustellen, und zwar auch wieder objektiv (Aktenuntersuchung) wie subjektiv (Befragung). Rechtsanwender auf der Ebene der Staatsanwaltschaft berücksichtigen nicht material-inhaltliche, spezialpräventive Kriterien bei der Erledigung von Bagatelldelinquenz. Hierfür haben bereits die Untersuchungen von *Blankenburg/Sessar/Steffen* (1978) plausible Befunde erbracht (vgl. oben B I).

Schon damit haben sich die Hoffnungen für eine **Prozeduralisierung** des Rechts, d.h. für eine Erhöhung der Beteiligungschancen von Beschuldigten, im Rahmen staatsanwaltschaftlicher Verfahrenserledigungen zerschlagen. Zwar ermöglichen die Generalklauseln und unbestimmten Rechtsbegriffe der Opportunitätsvorschriften rein theoretisch die Erhöhung von Partizipationschancen der Betroffenen im Verfahren. Diese Hoffnungen finden indes ihre Grenzen an den Kapazitäten staatsanwaltschaftlicher Arbeitsmöglichkeiten, nämlich in bürokratischer und administrativer Hinsicht. Die Staatsanwaltschaft ist fremdbestimmt, sie ist Zulieferungsinstanz für die Strafjustiz und damit an Formalkriterien orientiert. Sie kann spezialpräventive Belange im Rahmen dieser bürokratischen Prozeduren nicht verarbeiten. Häufig verfügt sie gar nicht über derartige Informationen, stützt sich in aller Regel ausschließlich auf Akteninhalte.

Diese Absage an eine höhere prozedurale Rationalität verringert aber zugleich die Sorgen von Kritikern, die in der Informalisierung ein tieferes Vordringen in bislang zugriffsfreie Sphären, den Einriß letzter Schutzzäune und die Vernichtung von Rechtsgarantien befürchten. Es wird vermutet, daß neue Kontrollformen in Lebensbereiche eindringen, die vorab von staatlicher Kontrolle frei waren. Soziale Problemgruppen würden nicht privilegiert, sondern mitsamt ihrem sozialen Umfeld einer subtileren Kontrolle unterzogen. Anstelle der ‚totalen Institutionen‘ trete eher die ‚totale Gesellschaft‘, in der Pädagogen, Psychologen und Psychiater den „therapeutischen Zugriff" auf die innere Natur des Menschen vorantreiben. Die Materialisierung und Prozeduralisierung des Rechts könnte schließlich zu einer Art ‚Therapeutokratie‘ führen (im Überblick *Ludwig-Mayerhofer*, 1998, 32).

Die geringe Bereitschaft der Staatsanwaltschaft, in bislang staatlicher Kontrolle verschlossene Lebenswelten einzudringen, zeigt eher das Gegenteil der Befürchtungen: „Die Abstinenz gegenüber jeglichen Kontakten mit der ‚Lebenswelt‘, die Entscheidung am Schreibtisch unter administrativem Absehen von individuellen Merkmalen des Falles" (*Ludwig-Mayerhofer*, 1998, 103). Das informale Recht bewirkt mithin keinen inhaltlichen, materialen Wandel des Rechts, sondern führt über die rein administrative Abwicklung der Exekutive zu gravierenden Aufweichungen grundlegender Verfahrensrechte, wie sie im System der Gewaltenteilung formuliert und institutionalisiert sind.

Für die These der **Materialisierung** und/oder **Prozeduralisierung des Strafrechts** haben die empirischen Befunde insgesamt keine hinreichenden Belege erbracht. Es kommt gar nicht erst zum Ersatz traditioneller strafrechtlicher Reaktionsformen, sondern die informellen Reaktionen fungieren als **zusätzliche** Möglichkeiten, Verfahren zu bewältigen. Es erfolgt mithin keine grundsätzliche Umgestaltung des Rechts, sondern eher eine Ausdifferenzierung von Verfahrensformen (*Blankenburg/Rogowski*, 1983). Auch ist in der Realität des Justizsystems wenig davon zu erkennen, daß im Rahmen der informellen Verfahren die Konfliktbeteiligten selbst – möglichst einverständlich – nach Lösungen suchen können. Von Partizipations- bzw. Kommunikationschancen ist in der Realität des staatsanwaltschaftlichen Zugriffs wenig zu merken. Wollte man mit der Prozeduralisierung auf den sog. Täter-Opfer-Ausgleich abzielen, so kann – falls überhaupt höhere prozedurale Rationalität nachweisbar ist (vgl. unten § 45) – schon wegen der geringen Quantität dieser informellen Erledigung hierin keine umfassende Erneuerung von Rahmenbedingungen erkannt werden.

3. Massive Ungleichbehandlung bei der Rechtsanwendung

Das dritte Merkmal exekutivischen Rechts, die Entscheidungsflexibilität des Rechtsanwenders, führt zu erheblicher Ungleichheit der Rechtsanwendung (selbst bei absolut vergleichbaren Fällen). Das breite Bewußtsein für Beurteilungsspielräume, das Streben nach Unabhängigkeit und Entscheidungsfreiheit sowie die deutliche Resistenz gegenüber dienstlichen Weisungen zeigt die Problematik deutlich: Informalisierung führt auf der Ebene der Staatsanwaltschaft zu **evidenter ungleicher Rechtsanwendung**. Die zum Teil nur lokal auftretende Homogenität spricht dafür, daß in die Entscheidungsflexibilität des staatsanwaltschaftlichen Rechtanwenders in großem Maße Willkür und Belieben einbezogen ist. Gemäß Art. 103 Abs. 1 GG hat zwar jeder Mann und jede Frau Anspruch auf rechtliches Gehör vor Instanzen der dritten Gewalt, wenn aber die meisten Entscheidungen gar nicht mehr durch Gerichte getroffen werden, ist das System der Gewaltenteilung bereits aufgehoben.

II. Kriminalpolitische Schlußfolgerungen

1. Der zementierte Status quo des exekutivischen Rechts

Ladendiebstahl, Beförderungserschleichung und Sachbeschädigung machen knapp die Hälfte der registrierten Jugendkriminalität aus (vgl. *PKS*, 2003, 79). Das Kriminaljustizsystem reagiert auf die systemisch produzierte massenhafte Delinquenz mit der Freigabe des Strafverfolgungszwangs. Dies stellt die einzig verbleibende Möglichkeit dar, den instrumentellen Konkurs des Kriminaljustizsystems abzuwenden: durch den Rückzug auf **symbolische Normgeltung** einerseits und **massiven Interventionsverzicht** andererseits. Das Medium für die Harmonisierung dieses Grundwiderspruchs ist das exekutivische Recht. Materiell-rechtlich gesteuerte Strafverfolgung wird damit informalisiert. Der Exekutive, im Kriminaljustizsystem also der Staatsanwaltschaft, wird massive Selbststeuerungskompetenz verliehen. Die Legalität weicht der Opportunität.

Wer glaubt, schlicht die Umkehr dieses Rechtsentwicklungsprozesses fordern zu können, verkennt die sozialstrukturellen Prämissen von Rechtsgeltung. Exekutivisches Recht ist nicht nur eine juristische, sondern vor allem eine politische und soziale Realität. Diese Erkenntnis befreit den Gesetzgeber gleichwohl nicht von jeder zukünftigen Aktivität.

2. Verpflichtung für den Gesetzgeber zur Nachbesserung

Der Gesetzgeber ist verpflichtet, die Handhabung jener delegierten Selbstregelungskompetenz systematisch zu überwachen. Dabei hat er die Verpflichtung zu **gesetzlicher Nachbesserung**, wenn sich herausstellt, daß informales Recht elementare Verfassungsund Schutzgarantien, z.B. massiv den Gleichheitsgrundsatz, verletzt. Exekutivisches Recht basiert primär auf einer subtilen Balance von symbolischer Normgeltung und rechtlich gebundenem Verfolgungsverzicht. Offenkundige Rechtsungleichheit, Willkür, Unbestimmtheit der Rechtsfolgenwahl und die Undurchsichtigkeit von Verfahrensabläufen sowie Entscheidungsprozessen führen auf lange Sicht zwangsläufig zu einem **Verlust von Massenloyalität** gegenüber dem Kriminaljustizsystem, aber auch gegenüber dem politischen System.

a) Normative Entkriminalisierung

Die wesentliche Kollision besteht zwischen **dezentraler Autonomie** der Entscheidungsfindung und rechtsstaatlich geforderter **Gleichheit des Entscheidens**. Das gilt jedenfalls für die Deliktbereiche, in denen die aufgewiesene Ungleichheit aus keinem rechtsstaatlich begründbaren Gesichtspunkt zu legitimieren ist. Das ist in allen Fällen von Bagatellkriminalität der Fall, weil der Rechtsanwender seine Entscheidung nur auf wenige Formalkriterien stützen kann und ihm material-inhaltliche Beurteilungskriterien nach Lage der Akten nicht zur Verfügung stehen (können). Die konsequenteste Umsetzung dieser Erkenntnisse wäre die **materiell-rechtliche Entkriminalisierung** bestimmter Bereiche der Bagatelldelinquenz (vgl. dazu 10. bis 12. Kapitel). Da die Staatsanwaltschaften dieses – von der Öffentlichkeit zumeist unbemerkt – faktisch (wenn auch rechtsungleich) bereits tun, wäre der Gesetzgeber gut beraten, die Normsuspendierung nicht nur verfahrensförmig, sondern positiv-rechtlich, d.h. durch materielle Entkriminalisierung, umzusetzen.

Wenn in Nordrhein-Westfalen ohnehin schon 75% der Bagatellkriminalität verfahrensförmig durch Einstellung erledigt wird, ist es angesichts der evidenten Ungleichheit der Rechtsanwendung überfällig, hier normative Konsequenzen zu ziehen. Die verfahrensökonomische Justizentlastung muß hinter dem Verfassungsprinzip der Gerechtigkeit und der Gleichheit der Rechtsanwendung, der das Strafrecht unterliegt, zurücktreten.

b) Einbeziehung von Richtern und Verteidigern

Andere Merkmale exekutivischen Rechts erscheinen geradezu als Bestätigung rechtsstaatlicher Standards, die in der Euphorie sozialstaatlicher und wohlfahrtsstaatlicher Funktionsüberfrachtung des Kriminaljustizsystems verloren zu gehen droh(t)en. Insofern stellt der steuerungstechnisch und verfahrensökonomisch bedingte **Interventionsverzicht** die Anerkennung rechtsstaatlicher Limitierungsprinzipien dar: Gemeint sind im wesentlichen das Verfassungsprinzip der Verhältnismäßigkeit, die Subsidiarität staatlicher Interventionen und der ultima-ratio-Grundsatz des Strafrechts. Will man in Bereichen sogenannter **mittelschwerer Kriminalität** auf Verfahrenseinstellungen durch die Staatsanwaltschaft nicht verzichten, zeigen die empirischen Befunde, daß exekutivisches Recht für jede Form interventionistischer Diversion gleichwohl ein unangemessenes Steuerungsmedium ist und demnach auch keine angemessenen Ressourcen zur Verfügung stellen kann. Die Staatsanwaltschaft kann prinzipiell nur die non-interventionistische Verfahrensbeendigung unter Inanspruchnahme der Selbststeuerungskompetenz des sozialen Umfeldes des Beschuldigten praktizieren. Ohne Einbeziehung des Richters und des Verteidigers lassen sich derartige Informalisierungen (die dann schon keine mehr sind) nicht legitimieren.

c) Strikte Justizförmigkeit bei Aburteilung schwerer Kriminalität

Jede Form von staatlich sanktionierender Intervention verlangt rechtsförmige Ermittlungs- und Entscheidungsverfahren, die der Vorfeldsteuerung durch exekutivisches Recht entzogen werden müssen. Der damit angesprochene Bereich „schwerer **Kriminalität**" erfordert die rechtsstaatlichen Schutzgarantien des regulatorischen Rechts: insbesondere Rechtsberatung, Rechtsschutz und die Förmlichkeit rechtsstaatlicher Strafverfolgung, deren Notwendigkeit mit zunehmender Tatschwere und Strafdrohung wächst.

Der Ressourcenzuwachs, der hier zwangsläufig eintritt, könnte durch die Ressourceneinsparung infolge materieller Entkriminalisierung bestimmter Bagatellbereiche sachgerecht kompensiert werden. Damit ist, in eine knappe Formel gefaßt, „die strenge Justizförmigkeit des Verfahrens im Interesse des Rechtsschutzes aller Beteiligten" (*Hassemer*, 1988, 338) gemeint. „Nicht Promptheit und Effizienz, sondern Zurückhaltung und Prinzipientreue" kennzeichnen danach den Rechtsstaat. Straf- und Strafverfahrensrecht sind „nicht der verlängerte Arm der Kriminalpolitik, sonderen deren ‚unübersteigbare Schranke'" (ebd.).

3. Die Stärkung des rechtsstaatlichen Wächteramtes der Staatsanwaltschaft

Die Staatsanwaltschaft ist nicht nur Instanz staatlicher Strafverfolgung, sie ist auch **Rechtsschutzorgan des Beschuldigten**. Auch als solche ist sie gegen den strategischen Anspruch der auf Geheimhaltung ausgerichteten Polizeigesetze in Dienst zu nehmen. Der präventiven Kontrolloptimierung kann so – im Verbund mit einer starken und unabhängigen Gerichtsbarkeit – begegnet werden. Damit wären zugleich rechtsstaatliche Verfahrensgarantien gestärkt, deren Hüterin die Staatsanwaltschaft ist und für deren Schutz sie ein **rechtsstaatliches Wächteramt** innehat.

7. Kapitel. Strafverteidigung

§ 20. Organisation und prozessuale Stellung

Literatur: *Beulke, W.,* Der Verteidiger im Strafverfahren. Funktionen und Rechtsstellung, 1980; *Hassemer, W.,* Informelle Programme im Strafprozeß – Zu Strategien der Strafverteidigung, StV 1982, 377 ff.; *Holtfort, W.,* Interessenvertreter ohne Interessenvertretung, in: Holtfort, W. (Hrsg.), Strafverteidiger als Interessenvertreter, 1979 a, 37 ff.; *Lüderssen, K.,* Wie abhängig ist der Strafverteidiger von seinem Auftraggeber? Wie unabhängig kann und soll er sein?, in: Festschrift für Dünnebier, 1982, 263 ff.; *Malmendier, B.,* „Konfliktverteidigung" – ein neues Prozeßhindernis?, NJW 1997, 227 ff.; *Preuß, U.-K.,* Verteidiger vor Gericht, in: Holtfort, W. (Hrsg.), Strafverteidiger als Interessenvertreter, 1979, 48 ff.; *Roxin, C.,* Strafverfahrensrecht, 25. Aufl., 1998; *Schlothauer, R.,* Vorbereitung der Hauptverhandlung durch den Verteidiger, 2. Aufl., 1998; *United Nations,* International Tribunal for the former Yugoslavia, Basic Documents, Part 4, February 2003; *Welp J.,* Die Rechtsstellung des Strafverteidigers, ZStW 90 (1978), 804 ff.

A. Berufspraxis

I. Einzelkämpfertum

Der Strafverteidiger muß in seiner beruflichen Wirklichkeit vielfältige Anforderungen bewältigen. Je nach Strategie ist er als alleiniges Gegengewicht zu Staatsanwaltschaft und Gericht, als Kommunikator für medienöffentliches Interesse und nicht zuletzt als Rechtshelfer, ja gar als pädagogischer Beistand seines Mandanten tätig. Die Entwicklung einer Verteidigungsstrategie, die all diese Komponenten berücksichtigt, läßt sich nur bei hoher persönlicher Belastbarkeit bewältigen. Neben juristischen Kenntnissen muß der Strafverteidiger über soziale und kommunikative Kompetenzen verfügen. Er ist mitunter einziger Beistand in einer spezifisch krisenhaften Situation anderer Menschen. Schon insofern verlangt Strafverteidigung nach ausgesprochen „personalen Qualitäten" (*Preuß*, 1979, 54). Da es ihm im Unterschied zu den Prozeßbeteiligten Staatsanwaltschaft und Gericht an Zwangsmitteln fehlt, hat er nichts in den Händen, außer den schützenden Formen eines fairen Verfahrens und die „Kraft seiner Argumente", um diese Formen zugunsten seines Mandanten effektiv zu nutzen (*Preuß*, ebd.). Im Hinblick auf mögliche Strategien der Strafverteidigung wird grob zwischen Konfliktverteidigung und Konsensverteidigung unterschieden.

1. Konfliktverteidigung

Der Begriff der „Konfliktverteidigung" ist aus der Perspektive der justitiellen Praxis zum Synonym geworden für den „Kampf gegen die Rechtsordnung mit den Mitteln des Strafprozeßrechts" (vgl. nur *LG Wiesbaden* NJW 1995, 410). Verteidigern, die dieser Strategie folgen, wird Mißbrauch ihrer prozessualen Befugnisse vorgehalten. Damit wird der konsequente Umgang mit prozessualen Rechten und die praktisch wirksame Umsetzung des fair-trial-Grundsatzes in Frage gestellt.

Eine offensive Strafverteidigung, die das Beweisantragsrecht umfassend nutzt, die Befangenheitsanträge stellt und von dem Instrument der Protokollierung Gebrauch macht, gerät in den Verdacht, gegen das Kriminaljustizsystem als solches zu operieren. Sobald sich ein Verfahren in die Länge zieht, wird der Strafverteidiger als Hindernis für die „Funktionstüchtigkeit der Strafrechtspflege" ausgemacht. Konfliktverteidigung wird daher von einer restaurativen Kriminalpolitik als Vehikel gebraucht, prozessuale Schutzformen im scheinbaren Dienste effizienten Strafrechts schrittweise abzubauen. Der Begriff wird dabei bewußt dramatisiert. Dieser Dramatisierung liegen Verteidigungsstrategien zugrunde, die im Rahmen der RAF-Prozesse oder des Düsseldorfer Kurdenprozesses zu beobachten waren (*Malmendier*, 1997, 227). Anhand solcher politisch belasteten Prozesse wurde Strafverteidigung als Sicherheitsrisiko und als Sabotage des Rechtsstaats bezeichnet.

Es wird leicht verkannt, daß Konfliktverteidigung überall dort strafprozessualer Alltag ist, wo der Verteidiger die prozessualen Schutzformen zu Gunsten seines Mandanten offensiv wahrnimmt. Konfliktverteidigung beginnt im Ermittlungsverfahren mit dem Ziel der Einstellung mangels hinreichenden Tatverdachts. Sie setzt sich in der Hauptverhandlung fort, um für den angeklagten Mandanten ein optimales Ergebnis zu erzielen. Sie wird gegebenenfalls in der Rechtsmittelinstanz fortgeführt und endet schließlich bei rechtlichem Beistand im Strafvollzug. Konfliktverteidigung ist damit die offensive Interessenvertretung des Beschuldigten, der selbst im Konflikt mit den Mechanismen staatlicher Gewalt steht. Sie trägt diesem Konflikt Rechnung. So verstanden bedroht sie den Rechtsstaat nicht, sondern macht Gebrauch von ihm.

2. Konsensverteidigung

Konsensverteidigung wird in der justitiellen Praxis als positiv besetzter Gegenbegriff zur Konfliktverteidigung konstruiert. Terminologisch erfaßt wird damit eine Strafverteidigung, die sich einer objektiv verstandenen materiellen Wahrheit verpflichtet fühlt und die sich als Hüterin öffentlicher Interessen an einer wirksamen Strafrechtspflege versteht (*Beulke*, 1980, 51). Dies sind akademische Konstruktionen, deren politischer Gebrauchswert in der Beschneidung prozessualer Möglichkeiten der Strafverteidigung liegen kann. In der Berufspraxis des Strafverteidigers ist die Konsensverteidigung kein notwendiger Gegensatz zur Konfliktverteidigung. Sie stellt lediglich eine andere Strategie dar, um Verteidigungsziele zu erreichen.

So kann es für den Strafverteidiger Sinn machen, bereits im Ermittlungsverfahren Geständnisbereitschaft des Mandanten zu signalisieren, wenn sich dafür eine für den Mandanten unter Umständen günstige Einstellung gemäß §§ 153, 153a StPO ergeben könnte. Denkbar ist auch, daß das Gericht Interesse an einem einverständlichen Verhandlungsergebnis deutlich macht, und sich so die unter Berücksichtigung des Mandanteninteresses definierten Verteidigungsziele realisieren lassen (*Schlothauer*, 1998, 2). Die Informalisierung des Strafverfahrens insbesondere das Vordringen der Opportunität schafft für den Strafverteidiger Nischen, in denen er selbst zur Informalität gezwungen ist. Wo das Strafverfahren an Verbindlichkeit verliert, bleibt auch die Strafverteidigung auf Berufsroutinen angewiesen, die das Verteidigerverhalten in der jeweils konkreten Prozeßlage bestimmen (*Schlothauer*, 1998, 14f.).

Konsens kann nötig sein, wenn das Mandanteninteresse an wirksamer Strafverteidigung es verlangt. Konflikt muß nötig sein, wenn sich nur so die Freiheitsrechte des beschuldigten Mandanten behaupten lassen. Eine strenge Unterscheidung von Konfliktverteidigung und Konsensverteidigung ist vor dem Hintergrund des informalisierten Verfahrens praktisch hinfällig. Eine unverbindliche Informalität kennzeichnet die Praxis der Strafverteidigung (*Hassemer*, 1982, 377ff.).

II. Berufsorganisation

1. Traditionelle Strafverteidigerorganisationen

Aus der Standesorganisation der Rechtsanwälte haben sich die Strafverteidigervereinigungen entwickelt. Sie sind in den einzelnen Bundesländern als eingetragene Vereine organisiert. Ihr Forum – der einmal im Jahr stattfindende Strafverteidigertag – bündelt die spezifischen Berufsinteressen der Strafverteidiger, interpretiert und kritisiert aktuelle Entwicklungen des Strafrechts und Strafprozeßrechts und ermöglicht einen Erfahrungsaustausch über die Berufspraxis der Strafverteidigung.

2. Anwaltliche Standesorganisationen

Strafverteidiger sind in aller Regel Rechtsanwälte. Als solche sind sie gemäß § 60 BRAO Zwangsmitglieder einer Rechtsanwaltskammer, die an den jeweiligen Orten der Oberlandesgerichte angesiedelt sind.

Gemäß § 62 Abs. 1 BRAO ist die Rechtsanwaltskammer eine Körperschaft des öffentlichen Rechts. Strafverteidiger unterliegen der Gerichtsbarkeit von Anwaltsgerichten, die für den Bezirk der Rechtsanwaltskammer errichtet werden (Standesgerichtsbarkeit, § 92 Abs. 1 BRAO). Sachlich zuständig ist die Standesgerichtsbarkeit für schuldhafte Verstöße gegen Pflichten, die dem Anwalt durch die Bundesrechtsanwaltsordnung auferlegt werden – so zum Beispiel die allgemeine Berufspflicht gemäß § 43 BRAO sowie die Grundpflichten des § 43a BRAO (Wahrung der beruflichen Unabhängigkeit, Verschwiegenheit, Sachlichkeit, Verbot der Vertretung widerstreitender Interessen, sorgfältige Behandlung anvertrauter Vermögenswerte).

Der Deutsche Anwaltsverein (DAV) ist die Standesorganisation der Rechtsanwälte in Deutschland. Der DAV ist der Zusammenschluß der örtlichen Rechtsanwaltsvereinigungen. Sein Vorstand wird nach regionalem Proporz gewählt.

Konfliktorientierte Strafverteidigung hat in den klassischen Standesorganisationen keine ausgeprägte Lobby. Im Gegenteil: In der Vergangenheit haben sich die Rechtsanwaltskammern und die Rechtsanwaltsvereinigungen als Disziplinierungsinstitutionen für politisch mißliebige Strafverteidiger erwiesen. Dies wird vor dem Hintergrund der in den 70er Jahren im Mittelpunkt des öffentlichen Interesses stehenden RAF-Prozesse deutlich. Die Verteidiger angeklagter RAF-Angehöriger waren Ehrengerichtsverfahren und öffentlichen Diffamierungen durch die Anwaltsverbände ausgesetzt (*Holtfort,* 1979, 193 ff.). Beschränkungen der Strafverteidigung fanden schweigende Zustimmung. Als überwiegend rückwärtsgewandt und starr zeigten sich die Standesorganisationen auch in Reformfragen des Anwaltsberufs. Dies reicht vom Tragen richterähnlicher Roben bis hin zum Werbeverbot. Vor diesem Hintergrund war die Gründung eigener Interessenorganisationen ein konsequenter Schritt.

3. Internationale Berufsorganisation

Die Internationalisierung des Strafrechts macht gerade vor den Strafverteidigern nicht Halt. Um den europäischen Prozeß der Gesetzgebung zu verfolgen, gegebenenfalls auch zu beeinflussen, haben die Organisationen der Strafverteidiger eigene Büros in Brüssel gegründet. Zum Teil haben sich eigene Vereinigungen gebildet, wie zum Beispiel die „European Criminal Bar Association" (ECBA). Sie sammeln Informationen über die Vorhaben der europäischen Instanzen im Rahmen der innen- und justizpolitischen Zusammenarbeit. So dienen sie den Strafverteidigern als wichtige Drehscheibe, um möglichst frühzeitig Kritik und Änderungsvorschläge an europäischen Gesetzgebungsvorhaben formulieren zu können. Zudem macht es die Praxis des europäischen Haftbefehls erforderlich, ein europaweites Netzwerk von Strafverteidigern zu schaffen. Für einen effektiven Rechtsschutz des Beschuldigten wird es zumindest notwendig, bei staatenübergreifenden Ermittlungen so auch eine staatenübergreifende Verteidigung zu ermöglichen. Ein solches Netz gilt es allerdings noch deutlich enger zu knüpfen.

Fester etabliert dagegen sind die Verteidiger an den internationalen Strafgerichtshöfen. So existiert am internationalen Jugoslawien-Tribunal eine eigene Standesorganisation der dort zugelassenen Strafverteidiger (Association of Defence Counsel Practising before the International Tribunal) (vgl. *United Nations,* 2003).

B. Prozessuale Stellung (§§ 137 ff. StPO)

Funktion, Idee und Legitimation der Strafverteidigung sind in der Literatur umstritten. Die dort vertretenen Konzeptionen der prozessualen Stellung haben mittlerweile hohe Komplexität erreicht. Der Streit um die konzeptionelle Grundlage der Strafverteidigung ist nicht nur von akademischer Bedeutung. Er kann Sinn machen, wenn es um die Auslegung prozessualer Befugnisse geht und außerdem für die Frage relevant sein, ob diese Befugnisse verteidigungsfreundlich oder verteidigungsbegrenzend interpretiert werden. Er kann praktisch bedeutsam werden, wo kriminalpolitische Interessen auf die Stellung des Verteidigers im Strafverfahren Zugriff nehmen.

Man kann grob zwei Lager unterscheiden: Zum einen wird der Strafverteidiger in Anlehnung an § 1 BRAO als selbständiges Organ der Rechtspflege (I) angesehen. Zum anderen gilt er als autonome und einseitige Interessenvertretung zugunsten seines Mandanten (II).

I. Selbständiges Organ der Rechtspflege

Die Legitimation des Strafverteidigers als selbständiges Organ der Rechtspflege (BGHSt 12, 367, 369) verläuft parallel zu denjenigen Argumenten, welche die Konzeption der Konsensverteidigung tragen sollen. Das Prinzip der materiellen Wahrheit verpflichte den Verteidiger im öffentlichen Interesse zu einer „funktionstüchtigen Strafrechtspflege" beizutragen. Daraus resultiert für den Strafverteidiger die Verpflichtung, stets die Wahrheit zu sagen; Verdunkelung (also Fluchthilfe, die Ermöglichung oder Förderung von Verdunkelungsmaßnahmen) ist ihm jedenfalls verwehrt. So definiert gerät die offensive Strafverteidigung in die Nähe des Tatbestandes der Strafvereitelung gemäß § 258 StGB. Die Verletzung der Pflichten, die mit der Organstellung verbunden sind, kann insbesondere Strafverfolgungsvereitelung begründen. Für diese Konzeption kann der Wortlaut des § 1 BRAO angeführt werden. Zudem ergibt sich aus § 137 StPO, daß der Verteidiger als Beistand an der Seite des Beschuldigten selbständig auftritt. Die Strafprozeßordnung enthält ferner Vorschriften, wonach der Verteidiger **aus eigenem Recht** und **in eigenem Namen** und nicht als Vertreter des Beschuldigten in dessen Namen handelt. Beispiele sind das Akteneinsichtsrecht gemäß § 147 StPO, das Kreuzverhör gemäß § 239 StPO und das Stellen von Beweisanträgen.

II. Einseitige Interessenvertretung (Strafverteidigung als soziale Gegenmacht)

Konzeptionen, die den Strafverteidiger als einseitige Interessenvertretung ansehen, verweisen zum Teil auf die Argumente, die zur Begründung der Konfliktverteidigung angeführt wurden. Danach ist der Verteidiger der verlängerte Arm subjektiver Rechte des Beschuldigten auf ein faires Verfahren. Diese subjektiven Rechte sind danach nur zu wahren, wenn die Verteidigung abhängig von den Weisungen des Beschuldigten agiert. Das Prinzip der materiellen Wahrheit ist im Sinne und aus Sicht des Beschuldigten zu interpretieren. Wahrheit wird im Verfahren erst hergestellt. Der Beschuldigte muß daher sein rechtliches Gehör durchsetzen und seine Sicht der Dinge gegenüber den übrigen Verfahrensbeteiligten kommunikativ wirksam entfalten können. Aus der Sicht dieser Konzeption hat die Verteidigung das Recht zur Lüge, da dieses auch dem Beschuldigten eingeräumt ist.

1. Autonomie-Konzept

Profiliert ist die Idee der einseitigen Interessenvertretung im „Autonomiekonzept" des Strafrechtslehrers *Jürgen Welp* entwickelt (*Welp*, 1978, 803 ff.). Autonomie ist danach das Grundgesetz der prozessualen Stellung des Beschuldigten. Niemand darf dem kraft seiner Autonomie selbständigen Beschuldigten vorschreiben, wie er sich zu verteidigen hat. Nach *Welp* ist „das Mandatsverhältnis Sitz von Faktoren, die den Verteidiger als Organ wohlverstandener Beschuldigteninteressen qualifizieren" (*Welp*, 1978, 828). Diese Interessenfunktion ist allerdings durch die prozessuale Wahrheitspflicht des Verteidigers begrenzt.

2. Soziales Gegenmacht-Konzept

Im Zusammenhang mit einer traditionell sozialdemokratisch geprägten Auffassung von Recht als Ergebnis gesellschaftlicher Auseinandersetzung zwischen „Obrigkeitsstaat" und „freiheitlichem Rechtsstaat" hat der Rechtsanwalt *Werner Holtfort* Ende der 70er Jahre für die einseitige Interessenvertretung den Begriff der „sozialen Gegenmacht" geprägt (*Holtfort*, 1979 a, 37 ff.). Das Konzept der Strafverteidigung wird danach nicht primär aus einer individuellen Sicht subjektiver Rechte bestimmt, sondern aus der realen gesellschaftlichen Vermittlung politischer Machtverhältnisse, die in ökonomischen Gegensätzen von Kapital und Arbeit ihren Ursprung haben. Strafverteidigung ist danach gegen illegitime gesellschaftliche und staatliche Gewalt gerichtet. Sie ist ein „Machtfaktor, den jede pluralistische und auf gerechten Ausgleich bedachte Gesellschaft und jeder freiheitliche Staat dem der Rechtshilfe bedürftigen Bürger gegen sich (gegen Gesellschaft und Staat) selbst zur Verfügung stellen muß" (*Holtfort*, 1979 a, 45). Zur Erfüllung dieser Aufgabe stehen der Verteidigung alle gesetzlich nicht verbotenen Mittel zur Verfügung.

3. Vertrags-Konzept

Klar durchgeführt ist die Konzeption der einseitigen Interessenvertretung in dem von *Klaus Lüderssen* entwickelten Vertragsprinzip. Darin wird das Verhältnis von Strafverteidiger und Mandanten als

Geschäftsbesorgungsvertrag gedeutet. Der Strafverteidiger ist damit gänzlich den Weisungen seines Mandanten unterworfen. Grenzen dieser Weisungsabhängigkeit sieht *Lüderssen* in den §§ 134, 138 BGB (*Lüderssen*, 1982, 270 ff.). Danach sind dem Verteidiger Betrug, Falschaussage, Urkundenfälschung, üble Nachrede oder Verleumdung ebenso verboten wie unwahre Behauptungen, die eine Strafbarkeit gemäß § 258 StGB begründen können. Das Recht des Verteidigers zur Lüge wird hingegen anerkannt.

Die Konzeption *Lüderssens* begegnet indes **Bedenken,** da sie das Institut der notwendigen Verteidigung nicht ausreichend erklären kann. Zudem stehen einzelne Regelungen der Strafprozeßordnung, die den Verteidiger als selbständig agierenden Prozeßbeteiligten behandeln (§§ 137, 147 StPO), diesem Konzept entgegen (*Roxin*, 1998, 126).

III. Widerstreitende Anforderungen

Aus den divergierenden Vorstellungen zur prozessualen Stellung der Strafverteidigung werden die widerstreitenden Anforderungen ersichtlich, die an den Strafverteidiger in der Praxis gestellt werden.

Einerseits obliegt dem **Verteidiger die Pflicht zur Wahrhaftigkeit,** andererseits ist er durch das Standesrecht und durch die Strafbewehrung des § 203 Abs. 1 Nr. 3 StGB auch in strafrechtlicher Hinsicht zum **Schweigen verpflichtet.** Einerseits unterliegt er dem **Verbot der Verdunkelung,** andererseits ist er zur **Fürsprache** zugunsten seines Mandanten verpflichtet.

Nach *Roxin* besteht die Kunst der Verteidigung darin, im konkreten Fall diese widerstreitenden Anforderungen in Einklang zu bringen. „Der Verteidiger muß nach besten Kräften fürsprechen, ohne je die Unwahrheit zu sagen oder zu verdunkeln, aber auch ohne seine Schweigepflicht zu verletzen" (*Roxin*, 1998, 129). Daraus ergibt sich, daß die verschiedenen Ansätze in der Berufspraxis der Strafverteidigung nicht im Vordergrund stehen. Die Rechtsstellung des Verteidigers ergibt sich nicht aus einer theoretischen Herleitung, sondern aus den einzelnen Vorschriften der Strafprozeßordnung, deren Interpretation allerdings von der prozessualen Stellung des Strafverteidigers abhängig sein kann. Wie schon bei dem scheinbaren begrifflichen Gegensatz Konfliktverteidigung und Konsensverteidigung ergibt sich für den Verteidiger angesichts der Informalität des Verfahrens die berufspraktische Notwendigkeit, subjektive Rechte des Mandanten in der konkreten Prozeßsituation in strategisch optimierter Weise zu entfalten und durchzusetzen. In der **Berufspraxis** des Strafverteidigers nehmen die **abstrakten Leitbilder** seiner prozessualen Stellung zahlreiche **Mischformen** an.

§ 21. Rechtsgrundlagen der Strafverteidigung

Literatur: *Barton, S.,* Mindeststandards der Strafverteidigung, 1994; *Müller, I.,* Rechtsstaat und Strafverfahren, 1980; *Sessar, K.,* Rechtliche und soziale Prozesse einer Definition der Tötungskriminalität, 1981.

I. Notwendige und freiwillige Verteidigung

Eine Verteidigung ist notwendig und nicht freiwillig, wenn das Gesetz die Mitwirkung eines Verteidigers zwingend vorschreibt. Die zentrale Vorschrift ist § 140 StPO.

In § 140 Abs. 1 Nr. 1–8 StPO sind Katalog-Fälle notwendiger Verteidigung genannt. § 140 Abs. 2 StPO enthält die Generalklausel notwendiger Verteidigung. Voraussetzungen für notwendige Verteidigung sind danach Schwere der Tat oder Schwierigkeit der Sach- und Rechtslage oder die ersichtlich fehlende Fähigkeit des Beschuldigten, sich selbst zu verteidigen. Darüber hinaus sehen einzelne Vorschriften der Strafprozeßordnung die notwendige Verteidigung vor. So zum Beispiel bei dem Zwangsmittel der Untersuchungshaft im Rahmen der Haftprüfung und der mündlichen Verhandlung im Haftprüfungsverfahren (§§ 117 Abs. 4 Satz 1, 118a Abs. 2 Satz 2 und 3 StPO); desweiteren im Wiederaufnahmeverfahren (§§ 364a, 364b Abs. 1 StPO), im beschleunigten Verfahren (§ 418 Abs. 4 StPO) und schließlich bei der Verteidigung in Jugendstrafsachen gemäß § 68 Nr. 2–4 JGG.

Die Folgen der notwendigen Verteidigung sind bedeutsam. Gemäß § 145 StPO ist dann die Anwesenheit eines Verteidigers während der gesamten Hauptverhandlung einschließlich der Urteilsverkündung zwingend vorgeschrieben. Die Verletzung dieser Vorschrift stellt einen absoluten Revisionsgrund gemäß § 338 Nr. 5 StPO dar.

II. Gewählter und bestellter Verteidiger

In den Fällen der notwendigen Verteidigung wird dem bereits Angeschuldigten ein Vertreter jedenfalls durch den Vorsitzenden des Gerichts gemäß § 141 Abs. 1 und Abs. 4 StPO bestellt. Notwendige und bestellte Verteidigung korrespondieren, da nur in den Fällen einer notwendigen Verteidigung ein Verteidiger bestellt wird. Auch in diesen Fällen kann der Beschuldigte aber den Verteidiger frei wählen. Diese freie Wahl des Verteidigers ist in Art. 6 Abs. 3c EMRK abgesichert.

Für Erna kann es einen gewichtigen Unterschied machen, ob sie den Beistand eines Pflichtverteidigers hat oder durch einen Wahlverteidiger vertreten wird. Schon an dieser Stelle können faktische Einflüsse der Verteidigung auf das Verfahrensergebnis benannt werden. Folgt man dem Kriminologen *Klaus Sessar*, tragen Pflichtverteidiger in geringerem Maße zu einer Umdefinition der angeklagten Straftat bei als Wahlverteidiger (*Sessar*, 1981, 179). Mit einem Wahlverteidiger ergäbe sich für Erna eher die Möglichkeit, den angeklagten Totschlag zu einer Körperverletzung mit Todesfolge umzudefinieren. Der vom Mandanten bezahlte Wahlverteidiger wird in aller Regel ein „Fachanwalt für Strafrecht" sein, hat dadurch einen höheren Grad an Professionalisierung und strafrechtspraktischer Erfahrung. Zudem stehen ihm mehr finanzielle und zeitliche Ressourcen für eine effiziente Strafverteidigung zur Verfügung. Auch ein Schwerkranker zieht bei schwierigem Krankheitsbild einen Facharzt dem Hausarzt vor. Sozial benachteiligte Personen wie Erna werden in aller Regel von Pflichtverteidigern in der Hauptverhandlung vertreten, da ihnen die finanziellen Mittel für die Bezahlung eines Wahlverteidigers zumeist nicht zur Verfügung stehen. Daraus ergibt sich für sie – zum Beispiel im Vergleich zu Mittelschichtsangehörigen – eine empirisch nachweisbare Benachteiligung in der Durchsetzung ihrer subjektiven Rechte (vgl. zum empirisch belegten Zusammenhang zwischen richterlicher Reaktion auf staatsanwaltschaftliche Definition, anwaltlicher Vertretung und Schichtzugehörigkeit: *Sessar*, 1981, 178 ff.).

III. Aufgaben und Rechte des Strafverteidigers

1. Aufgaben

Wie schon in der Beschreibung der Berufspraxis des Strafverteidigers deutlich wurde, gehört die Unterstützung des Mandanten bei der Wahrnehmung seiner prozessualen Beschuldigtenrechte zum Kern der Aufgaben wirksamer Strafverteidigung. Der Verteidiger erteilt umfassende Rechtsauskünfte, indem er über die materielle Rechtslage aufklärt und die prozessuale Situation, in der sich der Mandant befindet, erläutert. Zudem unterstützt der Strafverteidiger den Beschuldigten durch eigene Ermittlungen. Er führt beispielsweise eigene Tatortbesichtigungen durch, sucht nach Entlastungszeugen oder fordert private Sachverständigengutachten an.

An der **Vielfalt der Aufgaben** läßt sich erkennen, daß ein **hoher Zeit- und Arbeitsaufwand** erforderlich ist, um eine wirksame Strafverteidigung zu gewährleisten. Bei einem Pflichtverteidiger, der seinen Tätigkeitsschwerpunkt nicht im Strafrecht hat und ein strafrechtliches Mandat mitunter „nebenbei" betreibt, besteht daher die Gefahr, daß Mindeststandards einer wirksamen Strafverteidigung unterlaufen werden.

Nicht zuletzt aufgrund der zunehmenden Spezialisierung auch auf dem Gebiet des Strafrechts und Strafprozeßrechts wird zur Qualitätssicherung der Strafverteidigung die Forderung erhoben, das Institut des Fachanwalts (§ 43 Abs. 1 BRAO) auch auf das Strafrecht – hier insbesondere auf die Revision in Strafsachen – zu erstrecken (*Barton*, 1994, 243 f.).

2. Rechte des Verteidigers

Die Rechte des Strafverteidigers haben praktische Bedeutung für die prozessuale Durchsetzung subjektiver Rechte des Beschuldigten.

a) Der Verteidiger im Ermittlungsverfahren

Dies beginnt bereits im Ermittlungsverfahren, wenngleich sich hier die Befugnisse des Verteidigers nur auf das Akteneinsichtsrecht erstrecken. Ist allerdings der Abschluß der Ermittlungen noch nicht in den Akten vermerkt, kann dem Verteidiger das Akteneinsichtsrecht verwehrt werden, wenn eine „Gefährdung des Untersuchungszwecks" möglich ist (§ 147 Abs. 2 StPO).

Nur bei richterlichen Untersuchungshandlungen im Vorverfahren hat der Verteidiger ebenso wie in der Hauptverhandlung ein garantiertes Anwesenheitsrecht. Im Ermittlungsverfahren ist der Beistand eines Verteidigers gesetzlich nicht notwendig. Dies erhellt die äußerst begrenzten Möglichkeiten professioneller Verteidigung im Stadium des Ermittlungsverfahrens.

Die Vernehmung von Erna hat gezeigt, wie schutzlos der rechtsunkundige Bürger den Definitionsprozessen von Polizei und Staatsanwaltschaft ausgesetzt sein kann. Ein von Erna zur Unterstützung herangezogener Wahlverteidiger hätte ein Gegengewicht zu der polizeilichen Vernehmungspraxis bilden können. Er hätte Erna womöglich geraten zu schweigen oder sie auf die Bedeutung ihrer Antworten im Hinblick auf die Zurechnungstechniken des Kriminaljustizsystems hinweisen können, um die Beantwortung der Fragen an dieser Bedeutung zu orientieren.

Wird nach der Vernehmung oder gar erst nach Abschluß der Ermittlungen ein Verteidiger bestellt oder gewählt, trifft dieser oft auf einen bereits zum Nachteil des Mandanten einseitig aufbereiteten Prozeßstoff, den er nur ex-post dekonstruieren kann. Hierfür stehen ihm verschiedene Mittel und Strategien bereit.

b) Der Verteidiger im Hauptverfahren

Der Verteidiger kann Beweisanträge stellen, um Regelverstöße bei der Beweisgewinnung zu untermauern und um neue entlastende Tatsachen in die Hauptverhandlung einzuführen. Er kann gemäß § 240 Abs. 2 Satz 1 StPO sein Fragerecht nutzen, um die Glaubwürdigkeit von Belastungszeugen und die Plausibilität des der Anklage zugrundeliegenden Beweismaterials zu erschüttern.

Ernas formale Verfahrensrechte werden durch Erklärungsrechte ihres Verteidigers in der Hauptverhandlung gewahrt (§ 257 Abs. 2 StPO). In seinem Recht zum Schlußvortrag (§ 258 Abs. 3 StPO) hat der Verteidiger die Möglichkeit zu einer geschlossenen argumentativen Auseinandersetzung mit dem Ergebnis der Beweisaufnahme. Ernas Position zum Antrag der Staatsanwaltschaft wird verdeutlicht, ihr Anspruch auf rechtliches Gehör durch ihren Verteidiger umgesetzt. Im Gebrauch dieser Befugnisse ist der Konflikt zwischen Verteidigung und Staatsanwaltschaft, aber auch zwischen Verteidigung und Gericht beinahe notwendig enthalten. Ernas Verteidiger tritt zu den übrigen Verfahrensbeteiligten in eine kontradiktorische Situation.

aa) Revisionsstrategie in der Hauptverhandlung

Diese Situation schärft sich zu, wenn sich das Gericht gegenüber den Argumenten der Verteidigung verschlossen zeigt und zumindest in den Grundzügen von dem wesentlichen Ergebnis der staatsanwaltschaftlichen Ermittlungen überzeugt ist. In einer solchen Lage bleibt der Verteidigung nichts anderes übrig, als bereits die Revision des Urteils vorzubereiten. Dem Revisionsgericht müssen mögliche Verfahrensfehler wie zum Beispiel die unzulässige Ablehnung eines Beweisantrags oder fehlende Aufklärung des Sachverhalts plausibel gemacht werden. Insbesondere hat der Verteidiger darauf zu achten, daß entsprechende Prozeßhandlungen im Protokoll der Hauptverhandlung dokumentiert werden, da nur so ein Verfahrensfehler in der Revision nachweisbar ist. Für diese konfliktorientierte und kontradiktorische Strategie der **Revisionsverteidigung** benötigen Angeklagte einen in Strafsachen erfahrenen Wahlverteidiger, zu dem eine starke persönliche Vertrauensbeziehung besteht. Das Recht des Strafverteidigers zur Einlegung von Rechtsmitteln endet am ausdrücklichen Willen des Beschuldigten (§ 297 StPO). Ohne das Vertrauen der Mandanten in ihre Verteidiger muß die Revisionsverteidigung daher scheitern.

bb) Strafzumessungsverteidigung

Ist hingegen für den Verteidiger erkennbar, daß hinsichtlich der polizeilichen Vernehmung weder ein Verwertungsverbot zu ermitteln noch zu beweisen ist und es darüber hinaus an entlastendem Tatsachenmaterial fehlt, so bleibt ihm nur noch die Möglichkeit einer **Strafzumessungsverteidigung.** Die Verteidigung wird dann neben der Wahrnehmung formaler Verfahrensrechte in der Hauptverhandlung nur noch Argumente vortragen, die ein niedriges Strafmaß begründen können. Die Konfliktorientierung tritt gegenüber einem eher konsensuellen Verteidigerverhalten zurück. Die Vermittlung einer solchen Konsensstrategie gegenüber den Mandanten kann sich für den Verteidiger als problematisch erweisen, da sich jene dem integrierten Zusammenwirken aller professionellen Verfahrensbeteiligten gegenübersehen. Daß der Verteidiger damit auch die Interessen seiner Mandanten vertritt, wird für diese nicht transparent. So kann Verteidigerverhalten die berechtigten Erwartungen von Mandanten in ein faires Verfahren enttäuschen und deren Vertrauen in die scheinbar integrativen Fähigkeiten des Kriminaljustizsystems destabilisieren. Für eine wirksame Strafverteidigung bleibt die professionelle Verteidigerberatung schon bei der Vernehmung daher ein unverzichtbares Element. Dies unterstreicht die Notwendigkeit einer kriminalpolitischen Reform, die Rechte des Verteidigers im Ermittlungsverfahren stärkt.

3. Ausschluß des Verteidigers

Die in den §§ 138a, 138b StPO vorgesehene Möglichkeit des Verteidigerausschlusses stellt die schärfste Beschränkung der Strafverteidigung dar. Nach den Katalog-Fällen des § 138a Abs. 1 Nr. 1–3 StPO kann der Verteidiger von der Mitwirkung in einem Verfahren ausgeschlossen werden, bei:

- dringendem oder hinreichendem Verdacht der Tatbeteiligung;
- der Gefährdung der Sicherheit im Vollzug durch den Verkehr mit dem Beschuldigten;
- einer Handlung, die für den Fall der Verurteilung des Beschuldigten Begünstigung, Strafvereitelung oder Hehlerei wäre.

In Verfahren mit der Bildung terroristischer Vereinigungen (§ 129a StGB) als Gegenstand kann der Ausschluß auch schon bei Anfangsverdacht dieser Handlungen erfolgen. Über den Ausschluß entscheidet das Oberlandesgericht (§ 138c StPO). Gegen die Ausschlußentscheidung des Gerichts kann der Verteidiger die sofortige Beschwerde einlegen (§ 138 d Abs. 6 StPO). Die Vorschriften über den Verteidigerausschluß wurden gesetzlich eingeführt, nachdem das Bundesverfassungsgericht im **Fall Schily** eine gesetzliche Grundlage für den Verteidigerausschluß verlangt hatte (BVerfGE 34, 293). Das Antiterrorismusgesetz vom 14. 4. 1978 hat die zum Nachteil der Verteidigung geschaffenen Eingriffsmöglichkeiten nochmals erweitert und verschärft. Dies entsprach den kriminalpolitischen Tendenzen, offensive Strafverteidigung zu disziplinieren und politisch belastete Strafverfahren zum Abbau von Verteidigerrechten zu instrumentalisieren. Der Beschränkung der Verteidigung stand dabei die Ausweitung der prozessualen Befugnisse von Staatsanwaltschaft und Gericht gegenüber (*Müller*, 1980, 114 ff.).

§ 22. Zum faktischen Einfluß auf das Verfahren

Literatur: *Ahlbrecht, H./Lagodny, O.*, Einheitliche Strafverfahrensgarantien in Europa?, in: Internationalisierung des Strafrechts, Fortschritt oder Verlust an Rechtsstaatlichkeit, Schriftenreihe der Strafverteidigervereinigungen, Band 27, 2003, 239 ff.; *Barton, S.*, Mindeststandards der Strafverteidigung, 1994; *Bemsmann, K.*, Die Geldwäsche-Entscheidung des BGH – Eine (polemische) Analyse, StraFo 2001, 344 ff.; *Braum, S.*, Aufbruch oder Abbruch europäischer Strafverteidigung?, StV 2003, 576 ff.; *Dokumentation*, Diskussionsentwurf für eine Reform des Strafverfahrens, StV 2004, 228 ff.; *Hamm, R.*, Der strafprozessuale Beweis der Kausalität und seine revisionsrechtliche Überprüfung, StV 1997, 159 ff.; *Klawitter, E.*, Die Reduktion der Verteidigungsrechte im Anti-OK-Sonderrechtssystem, KritV 1997, 248 ff.; *Nestler, C.*, Der Bundesgerichtshof und die Strafbarkeit des Verteidigers wegen Geldwäsche, StV 2001, 641 ff.; *Niedersächsische Kommission zur Reform des Strafrechts und des Strafverfahrensrechts*, Albrecht, P.-A./Beckmann, H./Frommel, M./Goy, A./Grünwald, G./Hannover, H./Holtfort, W./Ostendorf, H. (Hrsg.), 1992; *Ott, C./Schäfer, H.-B.*, „Plea-bargaining" – der „Deal" im Strafprozeß, in: Schenk, K.-E./Schmidtchen D./Streit, M. E. (Hrsg.), Jahrbuch für Neue Politische Ökonomie, Band 15, 107 ff.; *Schlothauer, R./Wieder, H.-J.*, Erweiterte Handlungsspielräume – gesteigerte Verantwortung der Verteidigung im künftigen Ermittlungsverfahren, StV 2004, 504 ff.; *Schünemann, B.*, Alternativ-Entwurf Europäische Strafverfolgung, 2004; *Sessar, K.*, Rechtliche und soziale Prozesse einer Definition der Tötungskriminalität, 1981; *Sinner, S.*, Der Vertragsgedanke im Strafprozeßrecht, 1999.

I. Richterliche Strafzumessung und Verfahrensbeteiligte

Der Kriminologe *Klaus Sessar* hat in Hamburg 253 Tötungsverfahren untersucht (1981). Neben der wirksameren Hilfe des Wahlverteidigers im Hinblick auf eine mögliche Umdefinition des Tatbestandes (vgl. oben § 21 II) wurde ermittelt, daß der Wahlverteidiger signifikant bessere Möglichkeiten als der Pflichtverteidiger hat, sowohl den Sanktionstypus als auch die Höhe der Freiheitsstrafe zu beeinflussen. Mit der Anwesenheit des Wahlverteidigers sind bei Tötungsdelikten weniger lebenslange Freiheitsstrafen und mehr Freiheitsstrafen, die auf Bewährung ausgesetzt werden, verbunden. Nur 28% der Angeklagten, die einen Wahlverteidiger hatten, erhielten mehr als fünf Jahre Freiheitsstrafe gegenüber 51% derjenigen, denen ein Pflichtverteidiger zur Seite stand (*Sessar*, 1981, 178 f.).

Dies gilt insbesondere dann, wenn nicht der Sachbearbeiter, sondern ein anderer Staatsanwalt die Anklage im Hauptverfahren vertritt. Der Sachbearbeiter hat die Ermittlungen geführt und die Anklage formuliert. In der strafprozessualen Praxis ist es nicht selten, daß in der Hauptverhandlung die Anklage durch einen anderen Staatsanwalt vertreten wird, der nicht von Anfang an mit dem Fall befaßt war (Sitzungsvertreter). Ein Sachbearbeiter, der schon am Tatort anwesend war, hat in der Hauptverhandlung – psychologisch verständlich – ein ausgeprägteres Verurteilungsinteresse als der Sitzungsvertreter und kann sich in der Hauptverhandlung offenbar besser behaupten (*Sessar*, 1981, 178).

II. Absprachen im Strafprozeß

Wir hatten bereits im Kontext der Konsensverteidigung gesehen, daß der Strafverteidiger angesichts der Informalisierung des Verfahrens selbst auf informelle Strategien angewiesen ist, um unter gegebenen Umständen strategisch das Optimale für seinen Mandanten erzielen zu können. Der „Deal" im Strafverfahren stellt eine solche informelle Strategie dar. Er entsteht im Zuge der geschilderten Überlastung des Kriminaljustizsystems mit Steuerungsanspüchen. Auf den Teilgebieten des Wirtschaftsstrafrechts und des Umweltstrafrechts folgt der Deal einer instrumentellen Vernunft, nach der außergesetzlich („praeter legem") die Rechtsfolgen des Einzelfalls ausgehandelt werden (*Ott/Schäfer*, 1996).

Der **Frankfurter Holzschutzmittelprozeß** (BGHSt 41, 206 ff.) vermag als Beispiel für die praktische Kraft dieser instrumentellen Vernunft dienen. Nach 13 jähriger Prozeßdauer und der komplexen Beweislage im Hinblick auf den generellen Kausalzusammenhang zwischen den in Holzschutzmitteln vorhandenen Stoffen PCP bzw. Lindan und Krankheitssymptomen der Holzschutzmittelanwender (Atemnot, körperliche Erschöpfung, allergische Reaktionen) (*Hamm*, 1997, 159 ff.) wurde das Verfahren schließlich eingestellt. Den angeklagten Geschäftsführern wurde zur Auflage gemacht, eine größere Geldsumme an die Geschädigten zu zahlen. Der Vergleich wurde nicht zuletzt auch deshalb nötig, weil an derselben Kammer des Landgerichts, an die der BGH nach Aufhebung des erstinstanzlichen Urteils das Verfahren zurückverwiesen hatte, das sogenannte Schneider-Verfahren (Umfangstrafsache: Bau- und Finanzierungsbetrug) anhängig war. Zur Bewältigung seiner Aufgaben war das Kriminaljustizsystem auf informelle Erledigung angewiesen. Die Strafverteidigung konnte sich erfolgreich in dieser Informalität bewegen und eine Verurteilung des Angeklagten verhindern.

Nicht immer aber kann die Verteidigung mit Hilfe informeller Strategien die Überlastung des Systems zugunsten der Mandanten nutzen. Im Hinblick auf die Absprachen im Strafverfahren fehlt es an Garantien, daß das praeter legem erzielte Ergebnis auch eingehalten wird. Das Risiko des Deals liegt letztlich bei dem Verteidiger und seinem angeklagten Mandanten. Noch immer fehlt es in der Rechtsprechung an einer klaren, an Vertragsprinzipien orientierten Konturierung der Absprachen, die alle Verfahrensbeteiligten bindet (*Sinner*, 1999, 206). So kann die Verteidigung im informellen Strafprozeß das Verfahrensergebnis zwar häufig faktisch beeinflussen, ohne sich aber auf das Ergebnis der Beeinflussung verlassen zu können.

Immerhin hat der Bundesgerichtshof im Beschluß des Großen Senats vom 3. März 2005 versucht, Kriterien für eine zulässige Absprachepraxis zu entwickeln. Dabei betont er die Grundsätze des fairen Verfahrens wie auch der Unschuldsvermutung. Daraus leiten sich für den BGH fünf Mindestbedingungen für einen rechtlich vertretbaren Deal ab. Das Gericht darf nicht vorschnell auf eine Urteilsabsprache ausweichen, ohne zuvor pflichtgemäß die Anklage tatsächlich anhand der Akten und insbesondere auch rechtlich überprüft zu haben. Ein bei einer Urteilsabsprache in der Regel abgelegtes Geständnis gilt es, auf seine Zuverlässigkeit hin zu überprüfen. Der Schuldspruch selbst darf nicht Gegenstand der Urteilsabsprache und die Strafzumessung nicht unvertretbar sein (Sanktionsschere). Schließlich soll das Gericht von einer Zusage abweichen dürfen, wenn schon bei der Urteilsabsprache vorhandene relevante tatsächliche oder rechtliche Aspekte übersehen wurden. Jedenfalls unzulässig ist die Vereinbarung eines Rechtsmittelverzichts.

Diese Kriterien bleiben allerdings vage und erweisen sich vor allem vor dem Hintergrund der proklamierten Rechtsprinzipien kaum als angemessen. Der Große Senat räumt selbst ein, daß sich der Bundesgerichtshof mit seiner Judikatur nur knapp innerhalb der Grenzen der Strafprozeßordnung bewegt. Das wird allerdings hingenommen. Auch hier liefert der Gedanke administrativer Rationalisierung die Begründung. Diese wird unter den Begriffen „funktionstüchtige Strafrechtspflege" und „Beschleunigung des Verfahrens" rechtstechnisch zusammengefasst. Darin liegen indes nur schlechte Umschreibungen für ein ebenso schlechtes Phänomen: die Ungleichheit produzierende und prinzipienferne Informalität des Verfahrens. Es bleibt dabei: die Verteidigung kann im informellen Strafprozeß das Verfahrensergebnis zwar häufig faktisch beeinflussen, ohne sich aber auf das Ergebnis der Beeinflussung sicher verlassen zu können.

III. Konflikt- versus Konsensverteidigung

Schon bei der Schilderung der Berufspraxis wurde deutlich, daß die Informalität des Verfahrens eine strenge Begriffsdifferenzierung zwischen Konflikt- und Konsensverteidigung verwischt. Der Konflikt entsteht notwendig aus dem Gebrauch prozessualer Befugnisse. Die Strategie der Revisionsverteidigung liefert ein gutes Beispiel dafür. Um das Ergebnis der polizeilichen Vernehmung ex-post erschüttern zu können, muß die Verteidigung unter anderem

- gemäß § 136a StPO unzulässige Vernehmungsmethoden nachweisen,
- nach der Verletzung von Belehrungspflichten (§§ 163a Abs. 4, 136 Abs. 1 Satz 2 StPO) forschen,
- Befangenheit von Gericht und Staatsanwaltschaft begründen und den Ausschluß von Justizpersonal forcieren,
- die Rechtmäßigkeit der Schöffenbesetzung überprüfen,
- Fehler in der Beweisaufnahme für die Revision überprüfbar machen.

Je nach Lage des Verfahrens geht es für den Verteidiger darum, vor dem Hintergrund des praktisch und normativ Machbaren das für den Mandaten optimale Ergebnis zu erzielen. Den Anspruch des Beschuldigten auf wirksame Strafverteidigung muß der Verteidiger unter Wahrung von Mindeststandards, die sich auch aus dem Haftungsverhältnis von Verteidiger und Mandanten ergeben, praktisch umsetzen (*Barton*, 1994, 364f.). Ob diese praktische Umsetzung konfliktorientiert oder eher konsensual erfolgt, ist durch den in der polizeilichen Vernehmung vorbereiteten Prozeßstoff zumeist determiniert. Die reduzierte Stellung des Strafverteidigers durch die sich zunehmend entwickelnden Geheimverfahren befördern die Konfliktorientierung der Strafverteidigung erheblich (vgl. *Klawitter*, 1998).

IV. Kriminalpolitische Reformforderungen zur Strafverteidigung

Die Entwicklung des Rechts der Strafverteidigung muß eingebettet werden in eine Diskussion über die Fortentwicklung des Strafprozeßrechts. Einige ausgewählte Beispiele mögen den erheblichen Reformbedarf zur Situation der Strafverteidigung verdeutlichen. Die Empfehlungen der *Niedersächsischen Kommission zur Reform des Strafrechts und des Strafverfahrensrechts* (1992) beinhalten zentrale Reformanstöße, die nach wie vor von der Kriminalpolitik unberücksichtigt und deshalb immer noch aktuell sind (1992, 79ff.).

1. Stärkung des anwaltlichen Beistands in der ersten Phase der Ermittlungstätigkeit

Die Rechte des Beschuldigten müssen gerade in der ersten Phase der Ermittlungstätigkeit erweitert und deren Beachtung besser gewährleistet sein, als dies nach geltendem Recht der Fall ist. Der Fall *Erna* hat das überaus deutlich gemacht (vgl. oben § 16 V). Einige – die Verteidigung betreffende – kriminalpolitische Schlußfolgerungen sind dort bereits angesprochen worden.

a) Probleme der Belehrung im Strafverfahren

Gefahren für eine sachgerechte Verteidigung des Beschuldigten ergaben sich bei seiner ersten Vernehmung insbesondere aus der Vernehmungssituation. In der Regel wird diese durch einen professionell agierenden Vernehmungsbeamten dominiert. Nach dem geltenden Recht steht es dem Beschuldigten frei, ob und in welchem Umfang er sich als Beweismittel in dem Ermittlungsverfahren zur Verfügung stellt. In dieser Hinsicht ist im Ermittlungsverfahren eine umfassende Belehrung über die dem Beschuldigten zustehenden Rechte vorgesehen (§§ 136 Abs. 1, 163a Abs. 4 StPO). Die Anwendung dieser Regelung in der polizeilichen Praxis wird den gesetzlichen Anforderungen jedoch häufig nicht gerecht. Nach empirischen Befunden und herkömmlichen Erfahrungen ist davon auszugehen, daß in der Mehrzahl der Beschuldigtenvernehmungen die Belehrungspraxis gegen § 136 Abs. 1 StPO verstößt (vgl. oben § 16 IV 3).

Dabei ist auch zu berücksichtigen, daß ein Verwertungsverbot wegen einer unterlassenen oder mangelhaften Belehrung im weiteren Fortgang des Verfahrens über die Rechte des Beschuldigten nicht ausreichend gewährleistet ist. Der Bundesgerichtshof (5 StR 190/91) hat trotz grundsätzlichem Verwertungsverbot festgestellt, daß die Angaben des Beschuldigten verwertet werden dürfen, wenn feststehe, daß dieser sein Recht zu schweigen auch ohne Belehrung gekannt habe. Ferner soll eine relevante Ausnahme darin bestehen, daß ein Angeklagter, der verteidigt wird, in der Hauptverhandlung ausdrücklich der Verwertung zustimmt oder der Verwertung nicht bis zu dem in § 257 StPO genannten Zeitpunkt widersprochen hat. Schließlich sollen auch die Äußerungen eines nichtverteidigten Angeklagten verwertet werden dürfen, wenn dieser vom Vorsitzenden über die Möglichkeit eines Widerspruchs unterrichtet worden ist.

Trotz der geänderten Rechtsprechung ist die Unverwertbarkeit von Aussagen im Ermittlungsverfahren, die auf Basis einer fehlenden oder fehlerhaften Belehrung zustande gekommen sind, noch nicht hinreichend gesichert. So ist es zweifelhaft, ob davon ausgegangen werden kann, daß einem Beschuldigten im Moment der polizeilichen Vernehmung früher erteilte Hinweise auf die Möglichkeit der Aussageverweigerung bewußt sind und er deren Bedeutung für die bevorstehende Vernehmung erkennen kann. Ein weiteres Problem besteht darin, daß nach der Rechtsprechung im Wege des Freibeweises zu klären ist, ob eine ordnungsgemäße Belehrung erfolgt ist und der Tatrichter den Inhalt der Vernehmung verwerten darf, wenn diese Frage letztlich nicht zu klären ist. Die Rechtsprechung berücksichtigt daher auch weiterhin nicht ausreichend die zum Schutze des Beschuldigten vorgesehene Belehrungspflicht.

b) Konsequenzen

Häufig wird unter diesen Umständen auf die Hinzuziehung anwaltlichen Beistands in der ersten Phase der Ermittlung verzichtet. Das gilt gerade auch für diejenigen Sachverhalte, die für die Betroffenen mit besonders einschneidenden Konsequenzen verbunden sind. Da eine Pflichtverteidigung etwa im Falle eines Freiheitsentzuges oder des Verdachts eines Verbrechens nicht von Beginn des Ermittlungsverfahrens an vorgesehen ist, kann eine wirksame Vertretung durch den Verteidiger in diesen Fällen häufig nicht erfolgen. Hierzu trägt auch der Umstand bei, daß viele Beschuldigte wegen der damit verbundenen Kosten darauf verzichten, von sich aus einen Verteidiger ihres Vertrauens mit der Vertretung ihrer Interessen zu beauftragen.

Deshalb sind zur Stärkung und Sicherung der Rechte des Beschuldigten in der ersten Phase der Ermittlungstätigkeit im wesentlichen zwei Forderungen zu erheben.

Zum einen bedarf es eines strikten Verwertungsverbots bezüglich einer im Ermittlungsverfahren vor der Polizei oder der Staatsanwaltschaft ohne Verteidiger erfolgten Aussage des Beschuldigten. Zum anderen muß auch die notwendige Verteidigung mit Rücksicht auf die geschilderte Ausgangssituation erweitert werden. Insofern sollte in jedem Fall eines drohenden Freiheitsentzuges ein Pflichtverteidiger zu bestellen sein.

Das könnte auch bereits beim Vorwurf eines Verbrechens erwogen werden. (Zu den Bedenken aus kriminalistisch-polizeilicher Sicht vgl. oben § 16 V 3).

c) Konsens und Partizipation: Zukunft der Strafverteidigung?

Die Notwendigkeit, den Strafverteidiger in das Ermittlungsverfahren einzubinden, scheint erkannt. Im Februar 2004 legten die Bundestagsfraktionen von SPD und Bündnis 90/Die Grünen zusammen mit dem Bundesministerium der Justiz einen Diskussionsentwurf für eine Reform des Strafverfahrens vor (vgl. *Dokumentation*, 2004, 228ff.). Freilich müssen sich die Strafverteidiger erst noch vergewissern, was die scheinbar schöne Verpackung, wie sie die Einbindung des Verteidigers in das Ermittlungsverfahren darstellt, wirklich enthält.

So soll dem Verteidiger Gelegenheit gegeben werden, künftig vermehrt an Vernehmungen mitwirken zu können. Dabei ist jedoch nicht der Gedanke einer durch den Verteidiger gestärkten Subjektstellung des Beschuldigten leitend. Vielmehr verspricht sich die Politik Entlastungseffekte für das gesamte Verfahren, wenn sich der Verteidiger schon im Ermittlungsverfahren stärker engagiert. Die Verteidigung soll zum Bestandteil und Instrument der Rationalisierungsstrategien werden. Damit ließe sich zumindest einer Strategie der Konfliktverteidigung die Spitze nehmen. Explizit möchte man den Verteidiger „aus der Reserve locken" (*Dokumentation*, 2004, 230). Frühzeitig sollen nur dem Verteidiger bekannte Entlastungszeugen präsentiert werden. Damit haben Staatsanwaltschaft und Gericht Gelegenheit, sich auf die Verteidigungsstrategie vorzubereiten, um ihrerseits darauf reagieren zu können. Mit der Einbindung des Verteidigers in das Ermittlungsverfahren handelt man sich zudem ein Abschleifen prozessualer Garantien in allen weiteren Verfahrensstadien ein. Wirkt der Verteidiger an Vernehmungen im Ermittlungsverfahren mit, können die dort erstellten Vernehmungsprotokolle ebenso wie Bild-Ton-Aufzeichnungen von Zeugen, Sachverständigen und Beschuldigten aus dem Ermittlungsverfahren in die Hauptverhandlung überführt werden. Die stärkere Partizipation im Ermittlungsverfahren ginge so zu Lasten des elementaren Prozeßprinzips der Unmittelbarkeit. Darüber hinaus soll die frühzeitige Einbindung des Verteidigers auch Konsequenzen für die Rechtsmittel haben. Für einen mitwirkenden Verteidiger sollen die Anforderungen an eine Revisionsbegründung erhöht werden. Stärkere Partizipation im Ermittlungsverfahren ginge so zu Lasten des rechtlichen Gehörs. Denkt man hinzu, daß parallel zu der scheinbar ausgebauten Position des Verteidigers auch noch die Opferrechte im gesamten Verfahren ausgebaut werden sollen, ergibt sich ein für die Strafverteidigung eigentlich inakzeptables Bild. Der Verteidiger wird eingebunden in ein Konsensmodell des Strafverfahrens und durch Partizipation gezähmt. Zwar gilt es, den Widerspruch zwischen einer weitgehend unkontrollierten Beweiserhebung im Ermittlungsverfahren und den beschränkten Möglichkeiten einer Korrektur der Ermittlungsergebnisse in der Hauptverhandlung zu überwinden (*Schlothauer/Wieder*, 2004, 517). Dies kann aber nicht um den Preis weiterer Prinzipienerosion geschehen. Von einer Idee des Strafverteidigers, durchgängige Schutzmacht der Beschuldigtenrechte zu sein, ist dieser Reformentwurf weit entfernt.

2. Reform der Kostentragungspflicht im Strafverfahren

Im Falle der Verurteilung hat nach geltendem Recht der Verurteilte die Kosten des Verfahrens (auch der Verteidigung) zu tragen. Gegen diese Regelung sprechen vor allem soziale Gründe. Wegen der im Falle der Verurteilung auf sie zukommenden Kosten verzichten viele Betroffene darauf, einen Verteidiger mit der Vertretung ihrer Interessen zu beauftragen. Das Recht auf Wahlverteidigung kann gegenwärtig in zahlreichen Fällen nur von Betroffenen in Anspruch genommen werden, die über die erforderlichen finanziellen Mittel verfügen. Eine von dem Betroffenen gewünschte Verteidigung darf deswegen nicht an den damit verbundenen Kosten scheitern. Da Strafverfahren öffentlichen Zwecken dienen, sollten die Kosten des Verfahrens auch von der Allgemeinheit zu tragen sein. Die Durchführung des Strafverfahrens dient öffentlichen Zwecken, in dem es die Durchsetzung der Rechtsordnung nach außen dokumentiert und künftigen Straftaten vorbeugen soll.

Die Konsequenzen des aktuellen Kostenrechts stehen einer sozialen Wiedereingliederung von Verurteilten häufig diametral entgegen. Die finanziellen Schwierigkeiten von Betroffenen werden weiter vertieft.

Die Kosten der Verteidigung müssen gleichwohl nicht allgemein der Staatskasse auferlegt werden. Es könnten Gesichtspunkte der zivilrechtlichen Prozeßkostenhilfe analog herangezogen werden, um der spezifischen Situation von Beschuldigten im Strafverfahren Rechnung zu tragen. Erforderlichenfalls müßte das Gericht auf eine Schätzung der wirtschaftlichen Verhältnisse des Beschuldigten zurückgreifen. Auch könnte erwogen werden, die Kostentragungspflicht nach Maßgabe der Leistungsfähigkeit des Angeklagten zu beurteilen. Allerdings können diese Rückgriffsgrundsätze nicht für die Fälle der **notwendigen** Verteidigung gelten. Die Zweckbestimmung der notwendigen Verteidigung sollte folgerichtig auch dazu führen, daß die hieraus entstehenden Kosten letztlich vom Staat getragen werden.

3. Abschaffung der Möglichkeit des Verteidigerausschlusses

Die Einführung der Ausschlußregelungen erfolgte unter dem Eindruck von Verfahren gegen terroristische Gewalttäter, deren Verteidigern zum Teil Unterstützungshandlungen vorgeworfen wurden. Maßgeblich für die Einführung der Ausschlußregelung war das Bemühen, ein Instrument zur Bekämpfung terroristischer Aktivitäten zu schaffen.

Die Regelungen über die Ausschließung eines Verteidigers berühren den Kern des Rechts auf Verteidigung. Durch den erzwungenen Verzicht auf den Verteidiger seines Vertrauens wird dem Angeklagten der Schutz entzogen, der für ein rechtsstaatliches Verfahren unentbehrlich ist. Die Möglichkeit, einen Verteidiger unter bestimmten Bedingungen aus einem laufenden Strafverfahren auszuschließen, birgt die Gefahr des Mißbrauchs in sich. Dies gilt insbesondere in Strafverfahren, die politisch motivierte Straftaten zum Gegenstand haben und häufig durch eine erhebliche Konfrontation zwischen den Verfahrensbeteiligten geprägt sind. Darüber hinaus ist mit diesen Regelungen eine Disziplinierung der Anwaltschaft verbunden. Die Möglichkeit des Verteidigerausschlusses bewirkt einen allgemeinen Anpassungsdruck auf die Anwaltschaft, insbesondere auch auf Berufsanfänger, die im Rahmen der Ausübung von Strafverteidigungen ein staatliches Disziplinierungspotential von vornherein einzukalkulieren haben.

Will man gleichwohl in eng begrenzten Ausnahmefällen die Möglichkeit des Ausschlusses weiterhin für erforderlich halten, könnte man einen gesetzlichen Ausschlußgrund normieren, der aber erst für den Fall der **Eröffnung des Hauptverfahrens** wegen des Verdachts einen Ausschluß ermöglicht. Möglich erscheint es aber auch, auf eine Regelung des Verteidigerausschlusses im Strafverfahrensrecht zu verzichten und diese Frage dem anwaltlichen Standesrecht zu überlassen. Der Anwalt übt einen freien Beruf aus, der staatliche Kontrolle und Bevormundung prinzipiell ausschließt, wie das Bundesverfassungsgericht mit Recht festgestellt hat (BVerfGE 39, 293, 302). Es entspricht dem Grundsatz der freien Advokatur, ein vorwerfbares anwaltliches Verhalten in erster Linie der Ahndung durch die Anwaltschaft selbst zu überlassen.

Nach dem Grundsatz-Urteil des BGH zu **Geldwäsche und Strafverteidigung** (*BGH* NJW 2001, 2891 ff.; vgl. dagegen *OLG Hamburg* NJW 2000, 673 ff.) - in dem die Verurteilung eines Strafverteidigers wegen Geldwäsche bei positivem Wissen über die Herkunft des Honorars erfolgte - wird befürchtet, daß auch dieser Rechtsprechung ein ähnliches Disziplinierungs-Potential innewohnt (vgl. *Bemsmann*, 2001, 346; *Nestler*, 2001, 647).

4. Vom Gericht bestellte Verteidiger

Nach geltendem Recht stellt der Vorsitzende des Gerichts grundsätzlich einen von dem Beschuldigten benannten Pflichtverteidiger, wenn nicht wichtige Gründe entgegenstehen (§ 142 Abs. 1 Satz 3 StPO). Nach der herrschenden Rechtsprechung ist auch die Bestellung eines Pflichtverteidigers **gegen den Willen** des Beschuldigten möglich, wenn dieser bereits einen oder mehrere Verteidiger seines Vertrauens mit der Vertretung beauftragt hat. Auf diese Weise bestellte Verteidiger werden von den Angeklagten häufig als „Zwangsverteidiger" bzw. als die „Vertrauensanwälte des Gerichts" empfunden. Hintergrund dieser Bestellungsmächtigung ist das Begehren, einen kontinuierlichen Verfahrensverlauf zu gewährleisten. Eine Reform muß daher darauf abzielen, der Bestellung einer Pflichtverteidigung in jedem Fall den Charakter einer Zwangsmaßnahme zu nehmen. Grundlage der Interessenvertretung muß vielmehr eine vorhandene Vertrauensbasis sein. Insofern ist § 142 StPO in dieser Hinsicht zu reformieren (vgl. den konkreten *Normvorschlag der Niedersächsischen Kommission zur Reform des Strafrechts und des Strafverfahrensrechts*, 1992, 91 f.).

5. Abschaffung der Kontrolle des Verteidigerverkehrs in Fällen des § 129 a StGB

Die Vorschriften, die eine Kontrolle des mündlichen oder schriftlichen Verkehrs zwischen der Verteidigung und einer beschuldigten Person, die sich wegen des Verdachts einer Straftat nach § 129 a StGB in Haft befindet, sollten zukünftig gestrichen werden.

Dieses Sonderrecht für terroristisch motivierte Straftäter ist nicht akzeptabel. Es diskriminiert sowohl die betroffenen Gefangenen als auch deren Verteidigung. Im Hinblick auf die Gefangenen ist nicht erkennbar, warum die Gefahr eines unerlaubten Kontaktes nach außen in höherem Maße bestehen soll, als dies bei anderen Gefangenen der Fall ist. Die Realität des Strafvollzuges dürfte eine solche Unterstellung widerlegen. Hinzu kommt, daß Gefangene, die einer terroristischen Vereinigung zugerechnet werden, besonders intensiven Kontrollen unterzogen werden. So ist es zum Teil üblich, die Gefangenen vor und nach einem Gespräch mit ihrer Verteidigung zu durchsuchen. Dennoch darf das Gespräch mit der Verteidigung nur mittels einer Trennscheibe geführt werden. Die Kontrolle der schriftlichen und mündlichen Kommunikation hat für eine ordnungsgemäße Verteidigung schwerwiegende Nachteile. Der Kontakt zwischen dem Inhaftierten und der Verteidigung wird durch die Trennscheibe erheblich beeinträchtigt. Eine offene Kommunikation wird durch ständig präsente Kontrolle erschwert. Gespräche leiden darunter, daß die Beteiligten unter dem Eindruck entwürdigender Umstände stehen. Die Kontrollmaßnahmen des Verteidigerverkehrs sind auch ohne diese Sondervorschriften umfassend.

6. Streichung der Kontaktsperreregelung

Die Vorschriften über eine Kontaktsperre (§§ 31–38 EGGVG), Sondervorschriften für dem Terrorismus zugerechnete Gefangene, sind das Produkt eines beispiellosen Gesetzgebungsverfahrens. 1977 wurde für Angeklagte in Terrorismus-Prozessen der Kontakt mit der Außenwelt einschließlich der Verteidigung unter Hinweis auf einen rechtfertigenden Notstand (§ 34 StGB) unterbunden. Da dies eine kaum vertretbare Rechtsgrundlage war, wurde ein Gesetzgebungsverfahren eingeleitet, das in wenigen Tagen die parlamentarischen Gremien passierte. Seit dem hat sich kein weiterer Bedarf für die in vieler Hinsicht bedenkliche Kontaktsperre ergeben. Die allgemeinen Möglichkeiten in den Vollzugsanstalten, eine unerlaubte Kommunikation von Gefangenen mit der Außenwelt zu verhindern, haben sich als ausreichend erwiesen. Unter diesen Umständen ist kein Grund erkennbar, die Vorschriften über die Kontaktsperre beizubehalten.

7. Reform als Gebot der Fairneß

Es ist ein Gebot der Fairneß, diese die Waffengleichheit erheblich beeinträchtigenden Ungleichgewichte zwischen den Ermittlungsbehörden und Gerichten auf der einen Seite sowie Beschuldigten und ihren Verteidigern auf der anderen Seite aufzuheben bzw. konstruktiv und rechtsstaatlich angemessen zu kompensieren.

Gerade auf europäischer Ebene ist es notwendig, die Fairneß des Verfahrens und damit die Berücksichtigung der Strafverteidigung einzuklagen. Die Berufsorganisationen der Verteidiger dürfen sich der kriminalpolitischen Dominanz von EU-Institutionen nicht unterwerfen, sondern müssen eigene Akzente setzen. Dabei erscheint fraglich, ob eine eigene institutionalisierte Verteidigung auf europäischer Ebene genügt. Entsprechende Vorschläge sind mit dem **Institut eines Eurodefensors** unlängst unterbreitet worden (*Schünemann*, 2004, 5). Dieser soll Eurojust und Europol ergänzen und ein effektives Netzwerk der Verteidiger in Europa sicherstellen. Auf dieser Linie liegt auch die zu Recht erhobene Forderung nach einem Verfahrenskatalog, der das Grünbuch der Europäischen Kommission zu Verfahrensgarantien ergänzen soll (*Ahlbrecht/Lagodny*, 2003, 239 ff.). Freilich darf man die Macht europäischer Institutionen nicht unterschätzen. Es wird nicht ausreichen, an die aktuelle Situation europäischen Strafrechts anzuknüpfen und dessen rasanter Entwicklung ein paar Verfahrensgarantien und eine neue Institution hinzuzufügen (*Braum*, 2003, 580). Die Aufgabe der Strafverteidigung für eine europäische Reform des Strafrechts ist viel umfassender. Sie ist verfassungs- und kriminalpolitischer Natur. Strafverteidiger sind auch Kontrolleure der Europäischen Union und ihres Strafrechts. Außerdem stünde es der Europäischen Kommission gut an, wenn man bei der Begründung prozessualer Garantien bei den Strafverteidigern sachkundigen Rat einholen würde.

8. Kapitel. Gericht

Im Ablauf des Ausleseprozesses der Kriminalisierung bildet die Strafgerichtsbarkeit nach den informellen und formellen Kontrollinstanzen außerhalb des Kriminaljustizsystems, der Polizei und der Staatsanwaltschaft die vierte Bearbeitungsinstanz. Die Strafgerichte entscheiden, ob eine Strafe verhängt wird, und wenn ja, in welcher Art und wie hoch sie ausfällt.

Der gerichtliche Verfahrens-Input ergibt sich aus der Menge derjenigen Fälle bzw. Verfahren, in denen von der Staatsanwaltschaft Anklage erhoben bzw. ein Strafbefehl beantragt worden ist: Dies ist bei in etwa der Hälfte aller von der Polizei ermittelten Tatverdächtigen der Fall. Insofern ist die Gesamtmenge der gerichtlichen Verfahren durch die Vorinstanzen bereits sehr stark vorgefiltert. Zudem ist der Richter in seinem Entscheidungsverhalten in erheblichem Maße von den Informationen abhängig, die ihm von den vorgeschalteten Instanzen (Polizei und Staatsanwaltschaft) jeweils aktenmäßig aufbereitet und zugewiesen werden.

§ 23. Organisation und Verurteilungsstatistik

Literatur: *Albrecht, P.-A.*, Jugendstrafrecht, 3. Aufl., 2000; *Ludwig-Mayerhofer, W.*, Das Strafrecht und seine administrative Rationalisierung. Kritik der informalen Justiz, 1998; *Reichsjustizministerium im Statistischen Reichsamt* (Hrsg.), Kriminalstatistik (Jahr); *Roxin, C.*, Strafverfahrensrecht, 25. Aufl., 1998, *Statistisches Bundesamt Wiesbaden* (Hrsg.), Strafverfolgungsstatistik, (Jahr), „Fachserie 10, Reihe 3: Strafverfolgung"; *Statistisches Bundesamt Wiesbaden* (Hrsg.), Statistisches Jahrbuch für die Bundesrepublik Deutschland (Jahr); *Statistisches Bundesamt Wiesbaden* (Hrsg.), Fachserie A, Bevölkerung und Kultur, Reihe 9 Rechtspflege, 2 Strafverfolgung (Jahr); *Statistisches Bundesamt Wiesbaden* (Hrsg.), Fachserie A, Bevölkerung und Kultur, Reihe 9 Rechtspflege, 1 Organisation etc.; *Statistisches Bundesamt Wiesbaden* (Hrsg.), Strafverfolgung (Vollständiger Nachweis der einzelnen Straftaten), (Jahr); *Statistisches Bundesamt Wiesbaden* (Hrsg.), Strafverfolgungsstatistik, Ausführliche Ergebnisse, Arbeitsunterlage, (Jahr).

A. Organisation und Behördenaufbau

I. Die sachliche Zuständigkeit

Die sachliche Zuständigkeit der Strafgerichte ist im gegenwärtigen Recht sowohl **abstrakt**, d.h. ohne Rücksicht auf die im konkreten Fall erwartbare Strafe durch das Gesetz, als auch **konkret**, d.h. aufgrund der den Gerichten gesetzlich zugeschriebenen Strafgewalt, geregelt. Die Einzelheiten sind dem Gerichtsverfassungsgesetz (GVG) zu entnehmen.

So ist der **Strafrichter** beim **Amtsgericht** zuständig für Privatklagedelikte sowie für solche Vergehen, bei denen nicht mehr als zwei Jahre Freiheitsstrafe zu erwarten sind (§ 25 GVG). Das **Schöffengericht,** das abstrakt für sämtliche Vergehen in Betracht kommt, ist als urteilender Spruchkörper außerdem für Vergehen und Verbrechen vorgesehen, wenn die Zuständigkeit nicht bei einem anderen Gericht liegt oder im konkreten Fall keine höhere Strafe als vier Jahre Freiheitsstrafe zu erwarten ist (§§ 24, 25, 28 GVG). Beim **Landgericht** sind neben Strafkammern mit besonderer sachlicher Zuständigkeit die **kleine Strafkammer,** die **große Strafkammer** und das **Schwurgericht** angesiedelt. Dabei ist die **kleine Strafkammer** zuständig für Berufungen gegen Urteile des Amtsgerichts (§§ 74 Abs. 3, 76 Abs. 1 GVG), die **große Strafkammer** ist zuständig für alle erstinstanzlichen Delikte, für die keine andere Zuständigkeit (höhere oder niedere) besteht (§§ 74 Abs. 1, 76 Abs. 1 GVG). Schließlich sind die **Schwurgerichte** (als große Strafkammern) als Strafgerichte der ersten Instanz zuständig für solche (besonders gravierenden) Verbrechen, die im Katalog des § 74 Abs. 2 Nr. 1–26 GVG aufgelistet sind.

Die **Oberlandesgerichte** entscheiden über Revisionen gegen Urteile des Amtsgerichtes sowie gegen Berufungsurteile des Landgerichtes (§ 121 GVG). Außerdem sind sie in erster Instanz zuständig für schwere Staatsschutzdelikte und solche Einzelfälle, in denen der Generalbundesanwalt wegen der besonderen Bedeutung des Delikts die Verfolgung übernimmt (§§ 120, 122 GVG).

Schließlich entscheidet der **Bundesgerichtshof** über Revisionen gegen Urteile der Schwurgerichte und großen Strafkammern erster Instanz, wenn eine Zuständigkeit der Oberlandesgerichte nicht besteht sowie über Revisionen gegen erstinstanzliche Urteile des Oberlandesgerichts (§ 135 GVG). Zu Einzelheiten ist auf entsprechende Lehrbücher des Strafprozeßrechts und des Gerichtsverfassungsgesetzes zu verweisen (vgl. z.B. *Roxin,* 1998, 27 ff.).

II. Die Besetzung der Strafgerichte

Beim Amtsgericht ist der **Einzelrichter** als Berufsrichter tätig. Das **Schöffengericht** besteht aus einem oder zwei Berufsrichtern sowie zwei ehrenamtlichen Richtern (Schöffen; §§ 28, 29 GVG).

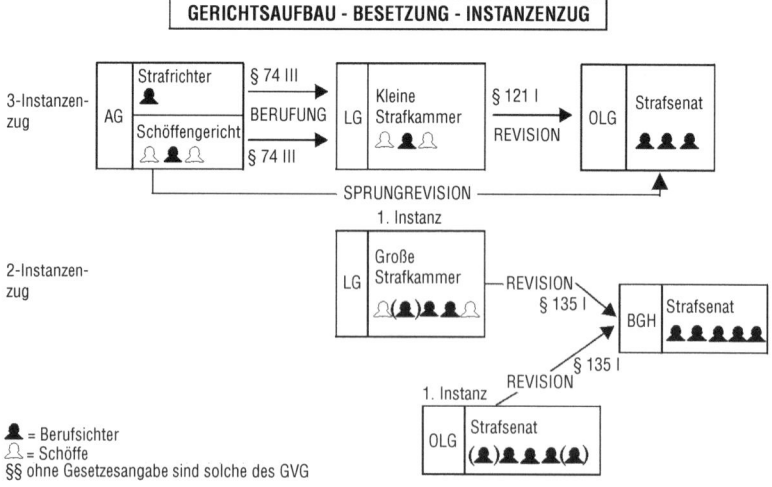

Abbildung 1: Gerichtsaufbau – Besetzung – Instanzenzug

Die **kleine Strafkammer** beim **Landgericht** setzt sich zusammen aus einem Berufsrichter und zwei ehrenamtlichen Richtern (Schöffen), die **große Strafkammer** (auch Schwurgericht) dagegen aus drei Berufsrichtern und zwei ehrenamtlichen Richtern (ebenfalls Schöffen). Seit 1993 (Rechtspflegeent-lastungsgesetz – BGBl. I, S. 50) beschließt die große Strafkammer, daß sie in der Hauptverhandlung mit zwei Richtern einschließlich des Vorsitzenden und zwei Schöffen besetzt ist, wenn nicht die Strafkammer als Schwurgericht zuständig ist oder nach dem Umfang oder der Schwierigkeit der Sache die Mitwirkung eines dritten Richters notwendig erscheint (§ 76 Abs. 2 GVG). Mit dieser Personaleinsparung, die insbesondere dem Aufbau der Strafjustiz in den neuen Bundesländern zugute kommen sollte, ist der **Arbeitsanfall** der Strafjustiz erheblich **gestiegen**. Zugleich ist die **Rechtsqualität** aufgrund des Einschnitts in die bislang komplexe Kompetenz dieser Spruchkörper **eingeschränkt** worden.

Dem **Strafsenat für Revisionen und Beschwerden** am **Oberlandesgericht** gehören drei Berufsrichter an, dem erstinstanzlichen Strafsenat dagegen fünf bzw. drei Berufsrichter (§§ 121, 122 Abs. 2 Satz 2 GVG). Schließlich setzen sich die fünf **Strafsenate des Bundesgerichtshofs** aus je fünf Berufsrichtern zusammen (§ 139 GVG).

III. Strukturprinzipien

Im Zuge strafjustitieller Spezialisierung haben sich neben dem **Schwurgericht** (§ 74 Abs. 2 GVG) und der **Staatsschutzkammer** (§ 74 a GVG) weitere Spezial- oder Sonderstrafkammern herausgebildet, um den Anforderungen spezifischer Sachbereiche gerecht zu werden. Dazu gehören die **Jugendschutzkammer** (§ 74 b GVG) und die **Wirtschaftsstrafkammer** (§ 74 c GVG).

Spezialisierungen sind aber nicht nur auf der organisatorisch-institutionellen Ebene der Instanzen sichtbar, sie lassen sich auch an den Sonderfällen des **Jugendrichters** und des **Laienrichters** weiterverfolgen. Während der Jugendrichter „erzieherisch befähigt und in der Jugenderziehung erfahren" (§ 37 JGG) sein soll (vgl. dazu *Albrecht*, 2000, 298 ff.), wird sich vom Laienrichter Bürgernähe, Gegenwartsbezug, Rechtsempfinden und Plausibilitätskontrolle versprochen, was salopp auch als „gesunder Menschenverstand" jenseits juristischer Dogmatik umschrieben werden könnte.

B. Strafgerichtliche Verurteilungsstatistik

Die Verurteilungsstatistik, die sowohl Aburteilungen als auch Verurteilungen erfaßt, gibt Auskunft über die **Fallbelastung der Justiz** (I), macht Einschätzungen der **Verfahrenseinstellungen** (II) auf der Justizebene möglich, kann Entwicklungen in Bezug auf die **Belastung der Bevölkerung** mit Verurteilungen (III) und die **Sanktionspraxis** (IV) belegen.

I. Fallbelastung der Justiz

Die Fallbelastung der Justiz hat seit Beginn statistischer Aufzeichnungen in der Bundesrepublik Deutschland zugenommen, wobei wir uns in einem ersten Schritt den absoluten Zahlen der Aburteilungen und Verurteilungen zuwenden wollen.

Abgeurteilte sind alle **Verurteilten** und Personen, bei denen durch Einstellungsbeschluß oder durch andere Entscheidungen (u.a. Freispruch) das Verfahren abgeschlossen worden ist. **Verurteilte** sind Angeklagte, gegen die nach allgemeinem Strafrecht Freiheitsstrafe, Strafarrest oder Geldstrafe verhängt worden ist, oder deren Straftat nach Jugendstrafrecht geahndet wurde.

Zu Beginn der 50er Jahre können wir Verurteilungen in der Größenordnung zwischen 400 000 und 500 000 Personen feststellen. Von Mitte der 50er Jahre bis Mitte der 60er Jahre pendelt die Zahl der Verurteilungen zwischen 500 000 und 600 000. Zwischen 1966 und 1975 bewegt sich die Anzahl der Verurteilten zwischen 600 000 und 700 000 per anno und seit Mitte der 70er Jahre bis zum Ende der 90er Jahre haben sich die Verurteilungen zwischen 700 000 und 800 000 Personen pro Jahr eingependelt.

Wollte man von der Basiszahl 500 000 seit Beginn statistischer Aufzeichnungen in der Bundesrepublik Deutschland im Jahr 1948 ausgehen, sind Verurteilungen bis zum Ende der 90er Jahre – in einem Zeitraum von 50 Jahren – um über 60% angestiegen.

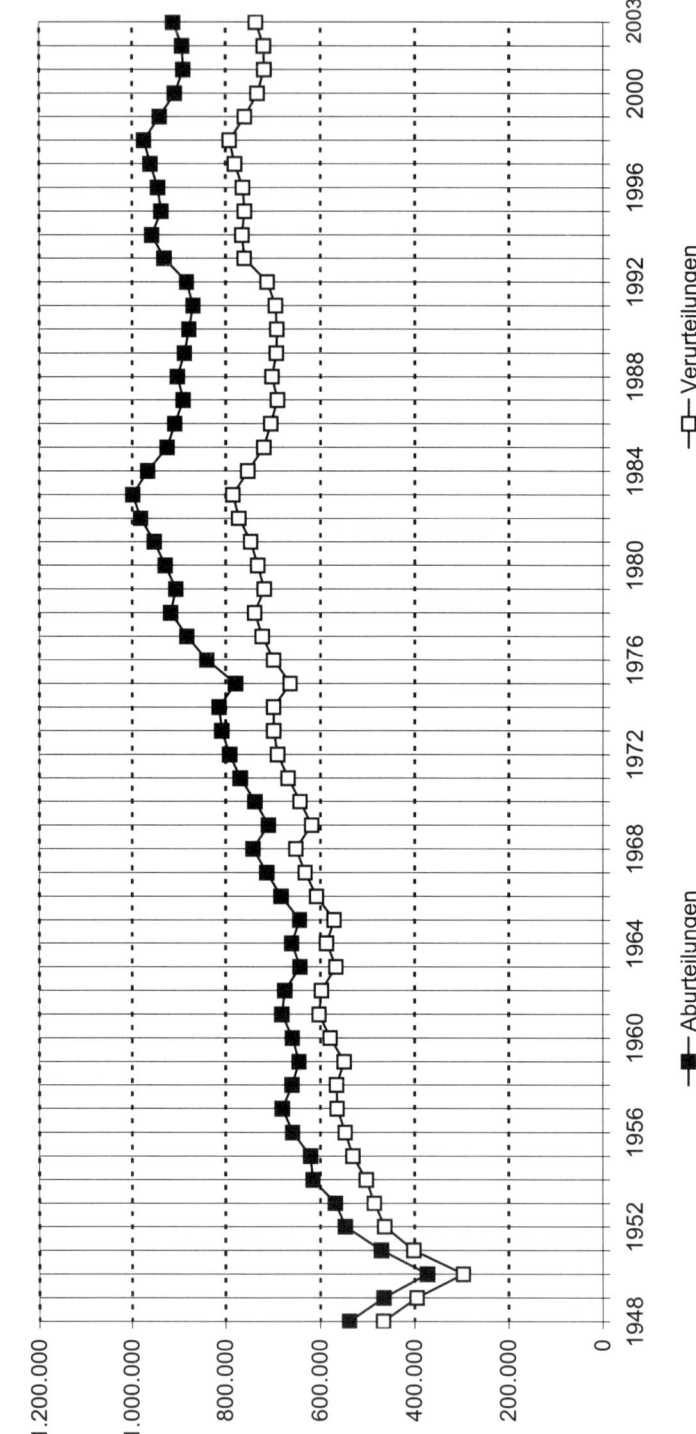

Abbildung 2: Aburteilungen und Verurteilungen (Verfahren) in den Jahren 1948 bis 2003 in absoluten Zahlen (nur alte Bundesländer)

(Quellen: Statistisches Jahrbuch; Fachserie A, Bevölkerung und Kultur, Reihe 9 Rechtspflege/ Strafverfolgung; ab 1974: Strafverfolgungsstatistik – sämtliche Quellen Statistisches Bundesamt Wiesbaden)

Wir können also feststellen, daß die Justiz – ausgehend von absoluten Zahlen – **kontinuierlich** eine **Zunahme** von **Verurteilungen** zu bewältigen hat, wenngleich in den letzten 20 Jahren eine Stagnation auf dem Niveau um 700000 Verurteilungen zu beobachten ist.

Zu berücksichtigen ist gegenüber dem Vergleich mit der polizeilichen Kriminalstatistik, daß die Justizstatistik Straßenverkehrsdelikte mit erfaßt, die in der Polizeistatistik nicht enthalten sind. Die Zunahme an Verurteilungen ermöglicht auch keine Aussage über eine Veränderung des Verhaltens der Bevölkerung, da die absoluten Zahlen der Verurteilungen ohne Berücksichtigung der Bevölkerungsentwicklung nicht aussagefähig sind (vgl. dazu unten Abschnitt III). Auch kann die Strafverfolgungsstatistik noch keine Auskunft über die Entwicklung in den neuen Bundesländern geben, weil die dortigen Aburteilungs- und Verurteilungszahlen noch nicht vom Statistischen Bundesamt veröffentlicht werden.

II. Strafgerichtliche Verfahrenseinstellungen

Der Vergleich zwischen Aburteilungen und Verurteilungen läßt erkennen, daß die strafgerichtlichen Verfahrensbeendigungen aus **Opportunitätsgründen** – was im wesentlichen durch die Differenz der Ab- und Verurteilungen ausgewiesen wird – einen unterschiedlichen Phasenverlauf innerhalb der letzten 40 Jahre zeigen.
Wir können drei Phasen feststellen:
- Bis etwa zum Jahr 1965 spielen die Verfahrenseinstellungen eine eher geringe Rolle (vgl. *Ludwig-Mayerhofer*, 1998, 86, Tab. 3.9). Zwar nehmen von da an die Einstellungen zu, aber erst
- ab 1975 erfährt der Trend zur Einstellung eine erhebliche Ausweitung. Im allgemeinen Strafrecht dürfte dies auch wegen der Schubkraft des neuen § 153a StPO (Einstellungen gegen Auflagen) initiiert worden sein.
- Dieser Aufwärtstrend einer zunehmenden gerichtlichen Verfahrenseinstellungspraxis endet mit Beginn der 80er Jahre, stagniert dann bis Mitte der 80er Jahre auf hohem Niveau und fällt in den 90er Jahren sogar ab. Die Distanz der Aburteilungen zu den Verurteilungen beträgt per anno von nun an ca. 200000 Personen, mit leicht rückläufiger Tendenz.

Zieht man zum Vergleich die Verfahrenseinstellungen der Staatsanwaltschaft heran, läßt sich nunmehr feststellen, daß der Rückgang der gerichtlichen Verfahrenseinstellungen durch den kontinuierlichen Anstieg des staatsanwaltschaftlichen Einstellungsverhaltens aufgefangen wird, wobei dort die bereits belegte starke Zunahme zu verzeichnen ist (vgl. oben § 17). Der Masse der bei der Polizei registrierten Bagatelldelinquenz wird also mittels der staatsanwaltschaftlichen Verfahrenseinstellungen begegnet.

Berücksichtigt man vor diesem Hintergrund den steten Anstieg des Personals bei den Staatsanwaltschaften und die Stagnation bei den Richterstellen (vgl. oben § 17 B II), hat die **Arbeitsbelastung** der Strafrichter **erheblich zugenommen.** Diese wird durch die Maßnahmen des sog. Rechtspflegeentlastungsgesetzes von 1993 noch erheblich verstärkt: Die Ausweitung der Strafrahmenkompetenz der Amtsgerichte und die personelle Reduzierung der Kammern haben das ihrige dazu beigetragen, zumal die einfachen – bagatellarischen –, aber auch beweisproblematischen Fälle durch die Staatsanwaltschaften vorab bereits ausgefiltert werden.

III. Verurteilungen in Bezug auf die Bevölkerungsentwicklung

Die Zunahme der Fallbelastungen der Strafgerichte macht noch keine Aussage über die Verurteilungsbelastung der Bevölkerung möglich. Erst im Vergleich mit der Bevölkerungsentwicklung kann man mittels der Verurteilungsziffer feststellen, ob die Bevölkerung insgesamt mit strafgerichtlichen Verurteilungen stärker belastet ist – das heißt vereinfacht ausgedrückt, ob die Bevölkerung insgesamt „krimineller" wird. Möglicherweise ist die Zunahme der Fallbelastung der Gerichte lediglich eine Folge der Zunahme der Bevölkerung.

Die Verurteiltenziffer seit 1882 bis 2003 läßt eine deutliche Kontinuität erkennen:
- Sowohl die Strafjustiz des Deutschen Reiches bis zum Ersten Weltkrieg als auch die Strafjustiz der Bundesrepublik Deutschland verurteilt kontinuierlich per anno zwischen 0,8% und 1,2% der deutschen Bevölkerung zu Strafsanktionen. Dieser Tatbestand gilt gleichermaßen für das Kaiserreich, die Weimarer Republik und die Bundesrepublik Deutschland. Kriegsphasen und die Zeit des Nationalsozialismus sind in diesem Zusammenhang nicht interpretationsfähig.

Dieser „Jahrhundertüberblick" zeigt eine erstaunliche Kontinuität des Kriminaljustizsystems in der Verarbeitung von Straftaten. Positiv gewendet kann man formulieren, daß seit über 100 Jahren ca. 99% der Bevölkerung jährlich **nicht** von Strafverurteilungen erfaßt werden. Die Verurteilungsstatistik bestätigt also, daß sich innerhalb der letzten 100 Jahre die justitielle Verarbeitung der Kriminalität in Deutschland in keinem statistisch relevanten Maße verändert hat. Nimmt man die hohen Einstellungsquoten der Staatsanwaltschaft und auch der Gerichte hinzu, dürfte die Vermutung lauten, daß zwar Bagatellkriminalität zunimmt, die anderweitig erledigt wird: Die Strafjustiz aber gibt mittels der **Verurteilungskontinuität** keinen Anlaß zur sozialen Besorgnis. Damit ist noch nichts über die internen Strukturen der Sanktionspraxis gesagt, sondern nur eine Aussage über die Verarbeitungskapazität der Strafjustiz insgesamt getroffen.

IV. Entwicklung der gerichtlichen Sanktionspraxis 1962 bis 2003

Eine einfache Antwort auf die Frage, ob die Sanktionspraxis innerhalb eines größeren Zeitraumes insgesamt repressiver oder milder geworden ist, erscheint ohne weiteres nicht möglich. Der Vergleich der polizeilichen und staatsanwaltschaftlichen Statistik mit der Verurteilungsstatistik ist aus unterschiedlichen Gründen problematisch (vgl. dazu im einzelnen *Ludwig-Mayerhofer*, 1998, 303 ff.). Deshalb soll lediglich die Entwicklung der gerichtlichen Verfahren in den Blick genommen werden. Jenseits der absoluten Zahlen der Sanktionen läßt sich erst unter Einbeziehung der Bevölkerungsentwicklung die Frage beantworten, ob die Bevölkerung insgesamt mehr oder weniger sanktionsbelastet ist (vgl. unten Abb. 5).

1. Die absoluten Zahlen der Verurteilungen zu Freiheits- und Jugendstrafen

Die auffälligste Veränderung seit 1960 ist die Wirkung der sogenannten großen Strafrechtsreform Ende der 60er Jahre, durch welche das **Gesamtniveau der Freiheitsstrafen mehr als halbiert** wurde. Diese Wirkung folgte den gesetzlichen Vorgaben, wonach Freiheitsstrafen bis zu 6 Monaten radikal reduziert und die Möglichkeit der Strafaussetzung zur Bewährung deutlich erweitert wurden. Im Vergleich hierzu sind die Entwicklungen ab 1970 als eher bescheiden zu charakterisieren. Von den absoluten Zahlen her hat sich das Sanktionsniveau zwischen 1970 und 2003 nicht wesentlich verändert. Verurteilungen zu Freiheitsstrafen (mit und ohne Bewährung) erfassen per anno jeweils ca. 100 000 bis 150 000 Personen (Abb. 4).

2. Qualitative Entwicklung der Strafen (Prozeß der Polarisierung)

Änderungen zeigen sich allerdings in der qualitativen Entwicklung der Strafen, und zwar in einer polarisierten Form:
- Zum einen haben seit 1970 die **Freiheitsstrafen**, die zur **Bewährung** ausgesetzt wurden, erheblich zugenommen: Ein Jahr Freiheitsstrafe mit Bewährung stieg von 52 424

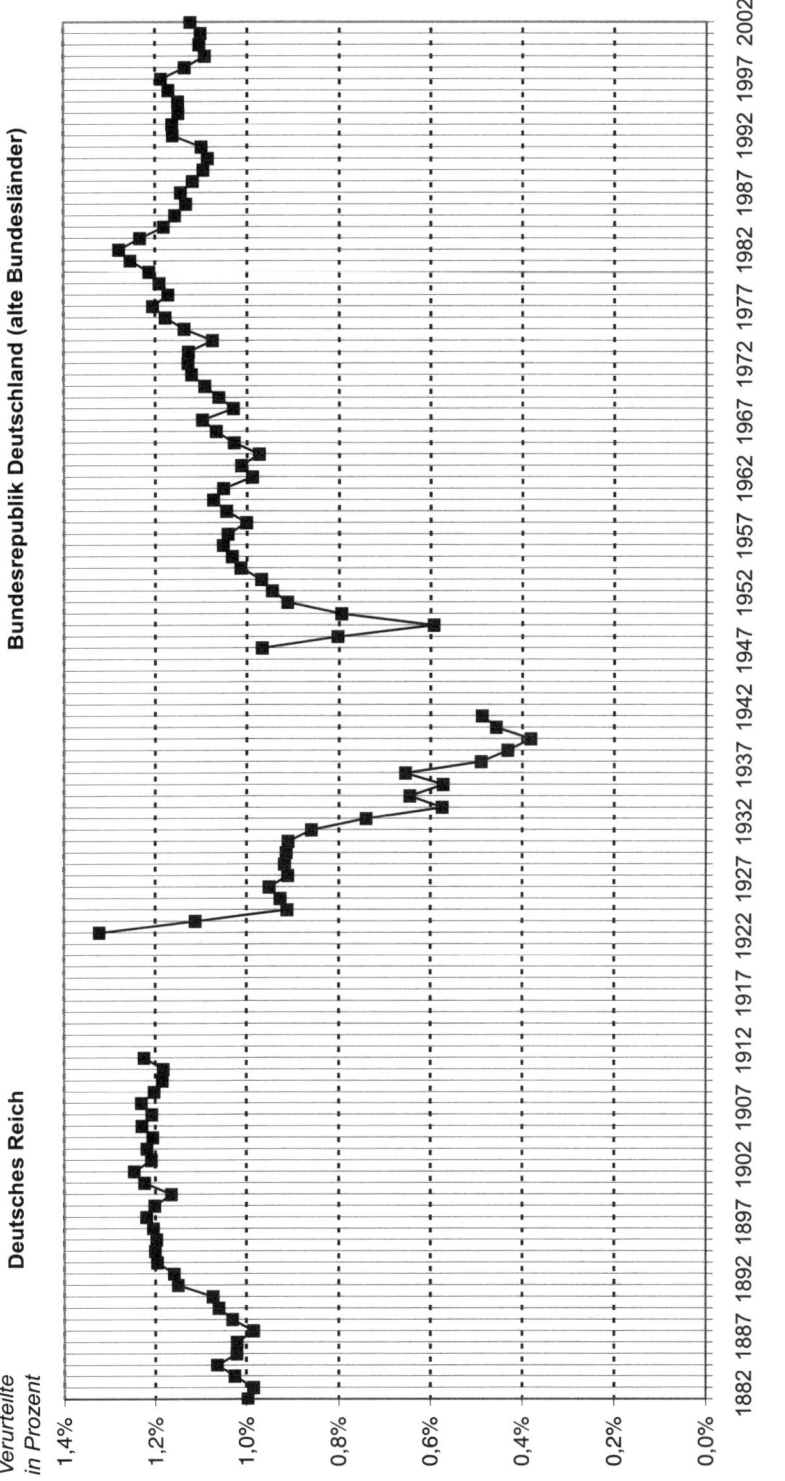

Abbildung 3: Verurteilungsziffer (Anteil der Verurteilten an der Bevölkerung) für die Jahre 1882 bis 2002 – Gebiet des Deutschen Reiches und der Bundesrepublik Deutschland (nur alte Bundesländer)

(Quellen: Kriminalstatistik des Deutschen Reiches, Reichsjustizministerium im Statistischen Reichsamt; Bevölkerung – Statistisches Jahrbuch der Bundesrepublik Deutschland, Strafverfolgungsstatistik, Statistisches Bundesamt Wiesbaden)

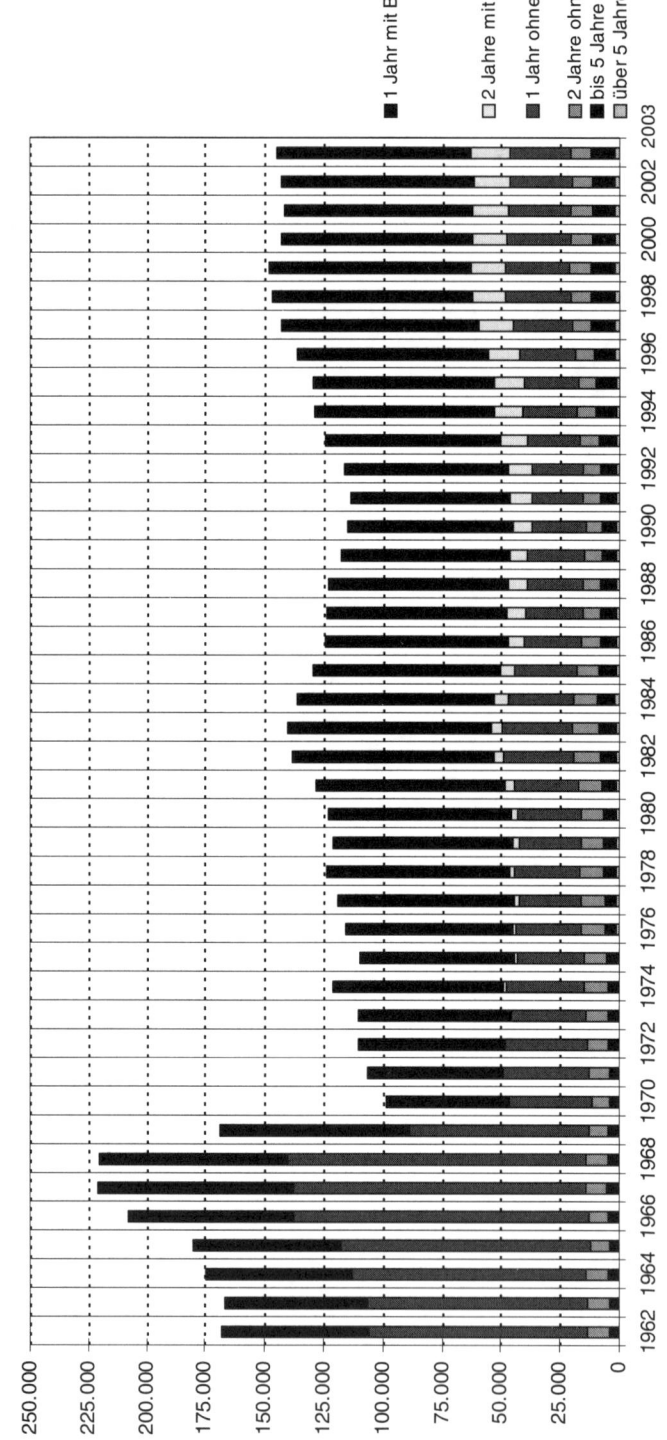

Abbildung 4: Verurteilungen zu Freiheitsstrafen in absoluten Zahlen nach Allgemeinem Strafrecht und Jugendstrafrecht von 1962 bis 2003

(Quelle: 1962 bis 1973 Fachserie A – Bevölkerung und Kultur, Reihe 9 Rechtspflege/Strafverfolgung; ab 1974 Strafverfolgungsstatistik – sämtliche Quellen: Statistisches Bundesamt Wiesbaden)

(1970) auf 82 256 (2003) Verurteilte, mithin um 57%. Die Freiheitsstrafen von zwei Jahren mit Bewährung von 1262 im Jahr 1974 auf 16 429 im Jahr 2003, mithin um das gut 13fache der Ausgangsbasis. Die kurzen Freiheitsstrafen von ein und zwei Jahren ohne Strafaussetzung zur Bewährung **stagnieren** innerhalb der letzten dreißig Jahre auf niedrigem Niveau (ein Jahr) bzw. sind **rückläufig** (zwei Jahre).

- Gegenüber diesem **Trend zur ambulanten Sanktion** erkennen wir bei den Freiheitsstrafen über zwei Jahren das Gegenteil: Die **stationären Sanktionen** werden **repressiver.** Freiheitsstrafen bis zu fünf Jahren sind von 3715 im Jahr 1971 auf 10 000 im Jahr 2003 angestiegen: das ist ein Anstieg von ca. 170%. Mehr als fünf Jahre haben 1971 566 Verurteilte erhalten, 2003 waren das bereits 1846: das ist eine Zunahme von 226%! Die absoluten Zahlen zeigen an, daß es sich um eine relativ geringe Gruppe von Betroffenen handelt, weshalb auch die hohen Steigerungsraten wenig Aussagekraft haben, denn bezogen auf die Gesamtbevölkerung nimmt die stationäre Verurteilungsziffer sogar ab (vgl. unten Abb. 5).
- Der Trend in der Sanktionspraxis der Justiz ist dennoch eindeutig: Das zunehmende **Auseinanderdriften** der **milderen** und der **längeren Sanktionen** zeigt eine Art **Polarisierung,** d. h. die Aufspaltung der Population der Bestraften in einen Teil, der zunehmend ‚normalisiert‘, und einen Teil, der zunehmend ‚ausgeschlossen‘ wird.

Im Rahmen der Gerichtsforschung des Sonderforschungsbereichs 227 sind diese Trendentwicklungen auch deliktspezifisch verfolgt worden, die *Ludwig-Mayerhofer* im einzelnen ausgewiesen hat (1998, 93 ff.). Betrachtet man die ausgewählten Delikte, die dort differenziert analysiert wurden, so ist die These angemessen, daß bei allen Unterschieden, die man im Detail findet, die Schlußfolgerungen aus der summarischen Analyse aufrechterhalten werden können.

3. Die Entwicklung der Freiheitsstrafen bezogen auf die Bevölkerung (Freiheitsstrafenziffer)

Schon die Berechnung der allgemeinen Verurteiltenziffer (alle strafgerichtlichen Sanktionen) hatte deutlich gemacht, daß selbst im Jahrhundertüberblick weder eine Zu- noch eine Abnahme, sondern eine nahezu gleichbleibende Verurteilungsziffer (zwischen 0,8 bis 1,2% der Gesamtbevölkerung) eine Kontinuität strafgerichtlicher Verurteilung ausweist. Dieser Trend wird auch durch eine Betrachtung der Freiheitsstrafenziffer der letzten 40 Jahre bestätigt.

Die unter Berücksichtigung der Bevölkerungsentwicklung berechnete **Quote der Verurteilungen zu Freiheits- und Jugendstrafen** zeigt zum einen die – bereits bei den absoluten Zahlen belegte – gesetzlich intendierte Absenkung der Verurteilungsbelastung um die Hälfte, aufgrund des 2. Strafrechtsreformgesetzes von 1969: Lag die Verurteilungsziffer bezüglich der Freiheitsstrafen 1968 bei 475,2 (**0,4% der Bevölkerung),** sank sie im Jahr 1970 auf 211,3 (**0,2% der Bevölkerung).** Zum anderen zeigt die Berechnung ein seit 1970 bis zum Ende des letzten Jahrtausends gleichbleibendes Niveau bei Einbeziehung der Freiheitsstrafen mit und ohne Bewährung. Seit über 35 Jahren bewegt sich die Quote der Verhängung von Freiheitsstrafen bezogen auf die Bevölkerung kontinuierlich um **0,25%.**

Die **Ziffer** der **unbedingten Freiheitsstrafen** ist sogar **rückläufig,** selbst diejenige der langen Freiheitsstrafen (die absolut gesehen zugenommen haben). Die hierauf bezogene Verurteilungsziffer ist seit 1975 von 69,8 (0,07% der Bevölkerung) auf 55,4 (0,06% der Bevölkerung) im Jahr 2003 gesunken. Die **Sanktionspraxis der stationären Freiheitsstrafe** innerhalb der letzten vierzig Jahre ist also bezogen auf die Bevölkerung als **weniger punitiv** zu bezeichnen.

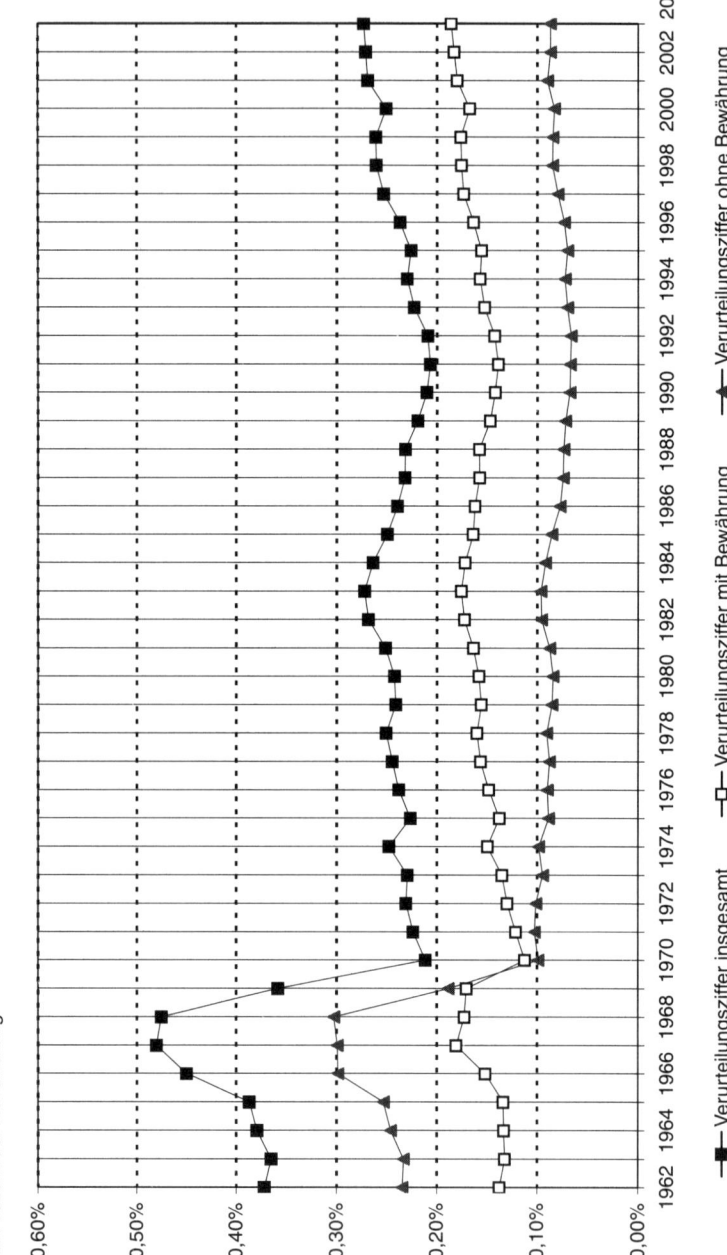

Verurteilungsziffer
in Prozent der Bevölkerung

Abbildung 5: Verurteilungen zu Freiheits- und Jugendstrafen **mit und ohne Bewährung** in Bezug auf die strafmündige Bevölkerung Deutschlands (in Prozent) von 1962 bis 2003

(Quellen: Fachserie A – Bevölkerung und Kultur, Reihe 9 Rechtspflege/Strafverfolgung; ab 1974 Strafverfolgungsstatistik, Bevölkerung – statistisches Jahrbuch; sämtliche Quellen: Statistisches Bundesamt Wiesbaden)

Legende:
■ Verurteilungsziffer insgesamt   □ Verurteilungsziffer mit Bewährung   ◀ Verurteilungsziffer ohne Bewährung

Auch hier zeigt eine deliktspezifische Analyse (vgl. im einzelnen *Ludwig-Mayer-hofer*, 1998, 97 ff.) erneut, daß es sich bei dem Rückgang der Freiheitsstrafenziffern um einen allgemeinen Trend handelt, von dem nur einzelne Delikte – etwa die Betäubungsmitteldelikte – abweichen. Die Polarisierung findet allein innerhalb der strafjustitiellen Sanktionierungspraxis statt. Die Bevölkerung insgesamt wird durch die Verhängung von absoluten Freiheitsstrafen indessen immer weniger belastet.

§ 24. Der Verfassungs-Topos: Dritte Gewalt

Literatur: *Albrecht, P.-A.*, Überzeugungsbildung und Sachverständigenbeweis in der neueren strafrechtlichen Judikatur zur freien Beweiswürdigung, NStZ 1983, 486 ff.; *Albrecht, P.-A.*, Die Kriminalisierung der Dritten Gewalt, ZRP 2004, 259 ff.; *Bender, H.-U.*, Merkmalskombinationen in Aussagen, 1987; *Berkemann, J.*, Rechtsfortbildung – Aspekte tatsächlichen Richterverhaltens, KritV 1988, 29 ff.; *Böttcher, H.-E.*, Richterliche Rechtsfortbildung anhand willkürlich ausgewählter Entscheidungen des Bundesverfassungsgerichts, KritV 1988, 76 ff.; *Braum, S.*, Geschichte der Revision im Strafverfahren von 1877 bis zur Gegenwart, 1996; *Faupel, R.*, Bemerkungen zu „Abhängigkeiten". Der beamtenrechtliche Status des obersten Anklägers und die Stellung der Justiz im Staatsgefüge, DRiZ 2000, 312 ff.; *Karlsruher-Kommentar* zur Strafprozeßordnung und zum GVG mit Einführungsgesetz, 5. Aufl., 2003; *Krauß, D.*, Der Grundsatz der Unschuldsvermutung im Strafverfahren, in: Müller-Dietz, H. (Hrsg.), Strafrechtsdogmatik und Kriminalpolitik, 1971, 153 ff.; *Krauß, D.*, Das Prinzip der materiellen Wahrheit im Strafprozeß, in: Jäger, H. (Hrsg.), Kriminologie im Strafprozeß, 1980, 65 ff.; *Kube, E. (Hrsg.)*, Wissenschaftliche Kriminalistik, 1983; *Macke, P.*, Die Dritte Gewalt als Beute der Exekutive, DRiZ 1999, 481 ff.; *Maisch, H.*, Fehlerquellen psychologisch-psychiatrischer Begutachtung im Strafprozeß, StV 1985, 517 ff.; *Montesquieu, C.-L.*, Vom Geist der Gesetze, 1965; *Naucke, W.*, Strafrecht. Eine Einführung, 10. Aufl., 2002; *Neumann, U.*, Materielle und prozedurale Gerechtigkeit im Strafverfahren, ZStW 1989, 52 ff.; *Oppenheimer, J.*, Richterliche Rechtsfortbildung und Gesetzgebung. Bemerkungen aus der Sicht eines Richters, KritV 1988, 57 ff.; *Peters, K.*, Fehlerquellen im Strafprozeß. Eine Untersuchung der Wiederaufnahmeverfahren in der Bundesrepublik Deutschland, 3 Bde., 1970/72/74; *Rieß, P.*, Zur Revisibilität der freien tatrichterlichen Überzeugung, GA 1978, 257 ff.; *Roxin C.*, Strafverfahrensrecht, 25. Aufl., 1998; *Rüping, H.*, Grundriß der Strafrechtsgeschichte, 3. Aufl., 1998; *Schafarth, M.*, Zur richterlichen Rechtsfortbildung, KritV 1988, 86 ff.; *Sinner, S.*, Der Vertragsgedanke im Strafprozeßrecht, 1999; *Stern, S.*, Der Geständniswiderruf in der Strafverteidigerpraxis, 1986; *Wiethölter, R.*, Zum Fortbildungsrecht der (richterlichen) Rechtsfortbildung. Fragen eines lesenden Recht-Fertigungslehrers, KritV 1988, 1 ff.

Die Gerichte bilden in erster Linie den organisatorischen und institutionellen Rahmen zur Durchführung des Strafverfahrens. Sie sind gleichsam der Hauptort, an dem das Strafrecht seine praktische Umsetzung erfährt oder besser: erfahren soll. Die Strafjustiz als Dienstleistungsbetrieb in Sachen „Gerechtigkeit" scheint vor dem Hintergrund der gegenwärtigen Kapazitäten überfordert. Wenn die Funktion des Strafverfahrens darin gesehen wird, den Verdacht einer strafbaren Handlung zu klären, so verweist dies auch auf eine konkrete soziale Dimension: es geht um eine noch ungesühnte Tat und um einen noch nicht zur Rechenschaft gezogenen Täter. Art und Ausmaß staatlicher Reaktion stehen im Mittelpunkt und nicht die Beeinträchtigung der Rechtsordnung, die durch die Tat längst geschehen ist (vgl. *Krauß*, 1971, 167).

Durch verfassungsrechtliche und strafprozessuale Voraussetzungen wird der Richter zur Zentralgestalt des Kriminaljustizsystems definiert. Der gesetzliche Richter ist unabhängig (I) und in seiner Überzeugungsbildung frei (§ 261 StPO) (II). Zentrale Prozeßgrundsätze sollen die richterliche Entscheidungsfreiheit schützen (III).

I. Unabhängigkeit des gesetzlichen Richters

1. Richterliche Unabhängigkeit als Verfassungsgrundsatz

Die Unabhängigkeit der Dritten Gewalt ist eine tragende Säule des freiheitlich-demokratischen Rechtsstaats. Normiert ist sie in Art. 97 GG. Das Grundgesetz ist dabei das Produkt historischer Erfahrungen mit der Bedeutsamkeit der richterlichen Unabhängigkeit. Es setzt der Werkzeugfunktion der Justiz im totalitären Staat das aus der Freiheitsbewegung der Aufklärung resultierende Credo der Paulskirchen-Verfassung von 1848 entgegen.

Damals wie heute prägten drei Elemente das Prinzip der richterlichen Unabhängigkeit, nämlich **sachliche, persönliche** und **innerliche** Unabhängigkeit.

- Sachliche Unabhängigkeit soll den größtmöglichen richterlichen Freiraum schaffen. Der Richter soll unbeschränkt und frei von Weisungen sein Amt ausüben.
- Persönliche Unabhängigkeit soll dem Richter eine gesicherte Rechtsposition verschaffen, unterbindet den mittelbaren Einfluß exekutiver und legislativer Gewalt durch die Regulierung von Gehältern und Rangpositionen.
- Die innerliche Unabhängigkeit umfaßt schließlich – sieht man von der Bindung an revisionsrichterliche Entscheidungen einmal ab – die Verantwortungsfreiheit des Richters gegenüber Dritten.

All diese freiheitsbezogenen Elemente sollen den Richter in die Lage versetzen, seiner Kontrollaufgabe gegenüber der legislativen und exekutiven Gewalt nachzukommen. Bei der Erledigung dieser Aufgabe ergibt sich nur eine einzige, entscheidende **Begrenzung: das Gesetz.**

2. Die Idee der Aufklärung

Mit der Bestimmung der richterlichen Unabhängigkeit durch das Gesetz verweist das Grundgesetz auch auf die **Metaebene rechtsphilosophischer Deutungsmuster** von Recht. Die richterliche Unabhängigkeit ist in ihrer aufklärerischen Begründung in ein anspruchsvolles erkenntnistheoretisches Programm eingebunden.

„Die Richter der Nation sind (…) lediglich der Mund, der den Wortlaut des Gesetzes spricht. Wesen ohne Seele gleichsam, die weder die Stärke noch die Strenge des Gesetzes mildern können". In diesem Satz *Montesquieus* (1965, 221) sind die Aufgaben der Strafjustiz in der Idee der Aufklärung gebündelt zusammengefaßt: Am Anfang war die Vernunft, die sich aus der Fähigkeit des Menschen zur Reflexion und aus der Begabung ergibt, „ungebeugt von den Gedanken und Eindrücken anderer", von den „Launen der Natur" (*Montesquieu*, 1965, 89ff.) unbeeinflußt zu selbständiger Erkenntnis des normativ Richtigen und des tatsächlich Vorhandenen zu gelangen. Diese Vernunft verlangt nach freier Entfaltung des Individuums. Die aus der Vernunft abgeleitete Freiheit des Individuums geht dem Staat voraus. Recht ist die a priori bestehende Freiheit. Gleichzeitig drängt der vernunftbegabte Mensch zur Vergesellschaftung. Jedes Zusammenleben aber gefährdet die individuelle Freiheit. In der Idee der Aufklärung wird das Zusammenleben durch den Gesellschaftsvertrag organisiert. Im Gesellschaftsvertrag geben sich die Individuen die Gesetze, die das a priori bestehende Freiheitsrecht in die Wirklichkeit vermitteln. Diese Vermittlung des Freiheitsprinzips begründet die Legitimität der Gesetze. In der gemeinsamen Unterwerfung unter diese Gesetze entsteht für die Individuen ein Zustand der gesetzmäßigen Freiheit innerhalb einer Gesellschaft. Leitbild der Dritten Gewalt ist diese Vernunft der gesetzmäßigen Freiheit. „Ohne Seele gleichsam" zu urteilen bedeutet, die Vernunft des denkenden Menschen in der Rechtsprechung tatsächlich umzusetzen. Die Anwendung des Gesetzes wird dem Freiheitsgedanken gerecht, wenn sie vorurteils- und emotionsfrei erfolgt und sich als Akt selbständiger Erkenntnis des normativ Richtigen legitimieren kann. Die normative Richtigkeit gründet sich im genau bestimmten Gesetz, das ohne Generalklauseln, ohne vage und poröse Begriffe auskommen soll. Diese Vernunft soll gleichmäßige, gerechte Rechtsanwendung gewährleisten. Selbständige, gesetzlich gesteuerte Erkenntnis ist die Leitlinie der unabhängigen richterlichen Gewalt, welche als Kontrollinstanz gegenüber politischer Macht von Exekutive und Legislative fungiert und sich dabei von gesellschaftlichen Bedürfnissen, Vorurteilen, emotionalen Verblendungen emanzipiert.

Kriminalpolitik und Strafgesetzgebung haben sich seit dem Beginn der Aufklärung kontinuierlich von diesem Leitbild der richterlichen Unabhängigkeit entfernt. Die These im Hinblick auf die politischen, verfassungsrechtlichen und rechtstheoretischen Zusammenhänge richterlicher Unabhängigkeit lautet: Die **Dritte Gewalt** – die Strafjustiz insbesondere – sieht sich dem **Zugriff kriminalpolitischer Interessen** und **exekutivischen Handelns** ausgesetzt. Die Folge dieses Zugriffs liegt im Verlust an effektiver Kontrolle staatlicher und gesellschaftlicher Macht. Ein Präsident eines Oberlandesgerichts (*Macke*, 1999, 481 ff.) gibt seiner Besorgnis mit den Worten Ausdruck, die Judikative sei bereits „Beute der Exekutive" (vgl. dagegen *Faupel*, 2000, 312 ff.). In dieses Bild paßt die Strafverfolgung eines Richters durch die baden-württembergische Staatsanwaltschaft wegen Strafvereitelung aufgrund – wie die Staatsanwaltschaft meinte – „zögerlicher Bearbeitung" von Anklagen. Das LG Mannheim und das OLG Karlsruhe haben die staatsanwaltschaftliche Verfolgung konsequent zurückgewiesen und konsequent judiziert, das Richterprivileg sei durch derartige Anmaßungen der Exekutive nicht auszuhebeln (vgl. *Albrecht*, 2004, 259 ff.). Erleichtert werden diese Art von Zugriffen durch einen theoretisch verursachten und politisch erwünschten Mangel an einer normativen, verfassungsrechtlich fundierten Konzeption richterlicher Unabhängigkeit. Die empirischen Erkenntnisse, die im nächsten Abschnitt (§ 25) vorgestellt werden, wollen wir zur Prüfung dieser Vermutung heranziehen.

3. Gesetzlicher Richter

Nach dem verfassungsrechtlich festgeschriebenen Grundsatz des gesetzlichen Richters (Art. 101 Abs. 1 Satz 2 GG) muß nicht nur die sachliche, örtliche und funktionelle Zuständigkeit des zur Entscheidung berufenen Gerichts vorher feststehen. Gerade der zuständige Spruchkörper des entsprechenden Gerichts und seine Besetzung sind ebenfalls im voraus so eindeutig wie möglich zu bestimmen. Damit sollen Kompetenzkonflikte zwischen den einzelnen Gerichten sowie Zuständigkeitsüberschneidungen vermieden werden. Hauptgrund ist jedoch, „daß für jede Straftat ein **bestimmter** Spruchkörper **gesetzlich** zur Verfügung gestellt werden soll, damit keinerlei Möglichkeit besteht, die Person des entscheidenden Richters nach sachfremden Gesichtspunkten willkürlich auszuwählen" (*Roxin*, 1998, 29).

Jenseits formeller Kontrollmechanismen des Beamten- und Disziplinarrechts ist das faktische Kontrollpotential von Bedeutung, das sich durch die Abhängigkeit des Richters von der Gerichtsverwaltung und seine Eingebundenheit in die Hierarchie der Richterschaft entfaltet. Der Richter ist gehalten, das Verfahren revisionssicher zu machen und möglichst rasch abzuwickeln. Werden seine Urteile vom Berufungs- bzw. Revisionsgericht regelmäßig aufgehoben, so läuft der Richter Gefahr – jedenfalls nach justizinternen Bewertungsmaßstäben –, als „ineffizient" abgestempelt zu werden.

II. Freie Beweiswürdigung

1. Wahrheitssuche

Ist im Strafprozeß von der Suche nach Wahrheit die Rede, so kursieren eine Reihe von Wahrheitsbegriffen, die über die schlichte Wahrheit im Gesetzestext, die es so undifferenziert kaum geben kann, hinausgreifen. Hat das Gericht „zur Erforschung der Wahrheit die Beweisaufnahme von Amts wegen auf alle Tatsachen und Beweismittel zu erstrecken, die für die Entscheidung von Bedeutung sind" (§ 244 Abs. 2 StPO), ist damit noch nicht der spezifische Wahrheitsbegriff geklärt, der zugrundegelegt wird. Gesprochen wird von absoluter, objektiver, materieller oder formeller Wahrheit. Darüber hinaus steht eine forensische, eine philosophische, eine soziale, kurz also eine funktionale Wahrheit zur Disposition, der es um die Funktionsbestimmung von Strafprozeßrecht und Strafrecht geht.

Doch jenseits dieser Funktionalisierung von Wahrheit und anderweitigen Zweckmäßigkeitsüberlegungen hinsichtlich des Wahrheitsbegriffes muß – bei allen rechtsstaatlichen Restriktionen – immer der höchstmögliche Grad an Sachverhaltsermittlung und -aufklärung im Mittelpunkt des Strafverfahrens stehen. Dies bezieht sich vor allem auf die bestmögliche Aufklärung hinsichtlich des Verhältnisses der Identität zwischen Beschuldigung und Wirklichkeit. Nur das ständige Bemühen um eine Annäherung an die materielle Wahrheit entspricht dem verfassungsrechtlich garantierten Gerechtig-keitsgebot. Das Gerechtigkeitsziel des gegenwärtigen Strafprozesses allein ist mit funktionaler Wahrheit nicht kompatibel. **Zielvorgabe** für den Richter im Strafprozeß ist also die **materielle Wahrheit,** obgleich sich die Tatgerichte bei der Einlösung dieser Bestimmung nach wie vor schwertun. Insofern ist für die Verurteilung nicht die Feststellung von Wahrheit erforderlich, sondern vielmehr die Überzeugung von der Wahrheit, die auch als das „Fürwahrhalten" bezeichnet werden kann (vgl. *Krauß,* 1980; *Albrecht,* 1983, 486 f.; *Neumann,* 1989).

2. Freie Überzeugungsbildung

Nach dem Grundsatz der freien richterlichen Beweiswürdigung (§ 261 StPO) ist das Gericht nicht an Beweisregeln oder sonstige Richtlinien gebunden, die ihm vorschreiben würden, unter welchen Voraussetzungen es einen Umstand für bewiesen oder nicht bewiesen zu halten hat und welcher Wert einem gegebenen Beweismittel beizumessen ist. Eine bekannte historische Beweisregel war das Erfordernis zweier Zeugenaussagen oder das – durch Folter – herbeigeführte Geständnis (Carolina von 1532, Art. 22; siehe auch *Rüping,* 1998, 124 ff.).

Gemäß § 261 StPO soll sich der Tatrichter seine Überzeugung frei bilden können, ohne irgendwelchen Restriktionen zu unterliegen. Andererseits kann dies nicht bedeuten, daß er seine Befugnisse willkürlich ausüben dürfte. Der Richter darf sich mit seinen Vermutungen nicht so weit von den Tatsachen entfernen, daß sich damit nur mehr ein bloßer Verdacht begründen läßt. Vielmehr ist der Richter gehalten, die für die Bildung seiner Überzeugung entscheidenden Umstände im Urteil festzuhalten (vgl. *Rieß,* 1978, 264). Das bezieht sich vor allem auf diejenigen Schlußfolgerungen, die aus Teilen des Tatgeschehens gezogen werden, die nach dem Ergebnis der Beweisaufnahme noch fragwürdig erscheinen. Insofern gibt es Grenzen der freien richterlichen Beweiswürdigung, die insbesondere die Revisibilität, d. h. die Nachprüfbarkeit der richterlichen Überzeugungsbildung betreffen.

Letztlich unterliegt aber auch die Überprüfung der freien Überzeugungsbildung klaren Begrenzungen, die speziell im strukturellen Typus des Rechtsmittels der Revision begründet liegen. Der Revisionsrichter ist kein Tatrichter, er kann seine Überzeugung nicht aus den Prinzipien des Strengbeweises, der Mündlichkeit und der Unmittelbarkeit der Hauptverhandlung schöpfen. Vielmehr handelt es sich um eine Form **richterlicher Selbstkontrolle,** bei der die Sache in der Regel an einen anderen Tatrichter verwiesen wird, der wiederum seine Überzeugung auf den Grundsätzen der freien Beweiswürdigung bilden muß (vgl. auch KK-*Hürxthal,* 2003, § 261 Rn. 28 ff.; zur richterlichen Selbstkontrolle siehe vertiefend *Braum,* 1996).

3. Rechtsfortbildung

Die verfassungsrechtliche Stellung der Richter scheint eindeutig. Sie sind an Recht und Gesetz gebunden (Art. 20 Abs. 3, 97 Abs. 1 GG), was gleichzeitig auf die Unabhängigkeit innerhalb ihrer Tätigkeit verweist oder besser: verweisen soll. Die Frage dabei ist nur: Wer bestimmt, was jeweils als Recht und Gesetz zu bezeichnen ist? Wer hat das letzte Wort über die richterliche Bindung an das Gesetz? Wie ist es um die Rechtsbindung oder Rechtserfassung der höchsten Richter (Verfassungsrichter) bestellt? (Siehe hierzu im einzelnen *Wiethölter,* 1988, 1).

Der Richter ist immer wieder mit spezifischen Konstellationen konfrontiert, auf die das Gesetz keine eindeutige Antwort gibt (vgl. *Schubarth,* 1988, 86). Zwar besteht im Strafrecht das sog. Analogieverbot (§ 1 StGB) (vgl. oben § 9 A II 2). Allerdings besteht auch für den Strafrichter das Problem der Auslegung des Gesetzes, dessen mögliche Wortsinn als „die äußerste Grenze zulässiger Auslegung" definiert wird (BVerfGE 71, 115; vgl. auch *Naucke,* 2002, 75 ff.). In diesem Rahmen ist Rechtsfortbildung als Teil der richterlichen Berufstätigkeit anzusehen. Gesetze werden zur Anwendung gebracht und tragen damit zu einer Weiterentwicklung ihrer innerlichen Ausgestaltung bei (*Berkemann,* 1988, 30).

Was die Zulässigkeit der richterlichen Rechtsfortbildung und ihr Verhältnis zur parlamentarischen Gesetzgebung betrifft, so gehen die Meinungen auseinander. Auf der einen Seite wird gesagt, daß man von richterlicher Rechts-„fortbildung" terminologisch exakt nur sprechen könne, soweit sie sich außerhalb des gesetzten Rechts, auch des Verfassungsrechts, abspiele. Eine solche Rechtsfortbildung sei schlichtweg rechtswidrig. Auf der anderen Seite wird die Ansicht vertreten, daß im Prinzip jede richterliche Entscheidung innerhalb oder außerhalb der Gesetze neue Rechtsnormen schaffe. Und dies sei auch die legitime Aufgabe der Gerichte (vgl. *Oppenheimer*, 1988, 57).

Außer Frage steht in diesem Zusammenhang, daß in einem funktionierenden Rechtssystem mit einer unabhängigen rechtsprechenden Gewalt, die sich den Erfordernissen einer freiheitlichen Verfassung zu verpflichten hat, das Gesetz nicht statisch und ohne Einzelfallabwägung angewendet werden kann. Es sind Auslegungen, inhaltliche Interpretationen, Dynamik, Einzelfallberücksichtigung gefragt, die gerade in einem hierarchisch strukturierten Rechtssystem auch als Rechtsfortbildung charakterisiert werden können. Der Einfluß der Rechtsmittelkontrolle und obergerichtlichen Entscheidungen ist beträchtlich. Die dadurch geschaffenen rechtsfortbildenden Fakten sind nicht zu unterschätzen. Wo allerdings die Grenze zwischen bloßer Rechtsauslegung und Rechtsfortbildung verläuft, dürfte dagegen kaum zu entscheiden sein. Es gibt vielmehr eine Grauzone der Begrifflichkeit, die der beste Gesetzgeber (einschließlich des Verfassungsgebers) nicht aus der Welt schaffen kann (vgl. auch *Böttcher*, 1988, 76).

III. Strafprozessuale Prinzipien

Der deutsche Strafprozeß wird – was die **Einleitung** des Verfahrens betrifft – von der **Offizialmaxime** beherrscht, d.h. er wird – anders als im Zivilverfahren – von Amts wegen eingeleitet (*Roxin*, 1998, 79ff.). Im Zivilverfahren bestimmen demgegenüber die Parteien das Ob und Wie des Prozesses (**Dispositionsmaxime**).

Was den **Verlauf** des Verfahrens betrifft, spricht man im Strafprozeß von der **Untersuchungsmaxime**, d.h. dem Amtsermittlungsgrundsatz, wonach es dem Richter von Amts wegen obliegt, die Wahrheit aufzuklären. Im Zivilprozeß, der von der **Verhandlungsmaxime** geprägt ist, ist es hingegen Sache der Parteien, die entsprechenden Beweismittel vorzubringen.

1. Amtsermittlungsgrundsatz (Offizialmaxime)

Nach dem strafprozessualen Amtsermittlungsgrundsatz ist das Gericht gehalten, den Sachverhalt selber zu ermitteln, ohne dabei an Anträge und Erklärungen der Prozeßbeteiligten gebunden zu sein (§§ 155 Abs. 2, 244 Abs. 2 StPO). Im einzelnen bedeutet dieser Grundsatz, daß das Gericht nicht an Äußerungen der Prozeßbeteiligten, insbesondere nicht an das Geständnis des Angeklagten gebunden ist. Erscheint der Angeklagte nicht, so kann das Gericht nicht den Schluß ziehen, daß er schuldig ist oder sich für schuldig bekennt (kein Versäumnisverfahren). Jenseits der vom Staatsanwalt und Angeklagten gestellten Beweisanträge kann bzw. muß das Gericht andere Beweismittel beiziehen, wenn dies zur Klärung der Sachlage notwendig ist. Das gilt für das Zwischenverfahren, die Vorbereitung des Hauptverfahrens und die Hauptverhandlung selbst (vgl. im einzelnen *Roxin*, 1998, 99ff.). In der gegenwärtigen Gerichtspraxis wird der Ermittlungsgrundsatz de facto dadurch in Frage gestellt, daß es zwischen Gericht, Staatsanwaltschaft und Angeklagten (bzw. Verteidigung) immer häufiger zu sog. Absprachen (Deal) kommt, um das Verfahren zu beschleunigen oder für den Betroffenen einen vermeintlich günstigeren Verfahrensabschluß zu erzielen (vgl. oben § 22 II; weiterführend *Sinner*, 1999, 179ff.).

2. Das Konzentrationsprinzip

Das Konzentrationsprinzip besagt, daß die Hauptverhandlung möglichst in einem Zug durchzuführen ist. Unterbrechungen dürfen höchstens 10, bei längeren Verfahren höchstens 30 Tage dauern (§ 229 Abs. 1, 2 StPO). Die Verkündung des Urteils muß spätestens am 11. Tag nach Verhandlungsschluß erfolgen (§ 268 Abs. 3 Satz 2 StPO).

3. Der Beschleunigungsgrundsatz

Einen Beschleunigungsgrundsatz gibt es zwar ausdrücklich nicht, jedoch kommt in vielen Einzelregelungen das Ziel der Verfahrensbeschleunigung zum Ausdruck, jedenfalls in Haftsachen. Das gilt sowohl für die richterliche Vorführung des Festgenommenen (§§ 115, 128 f. StPO) als auch für die Beschränkung der Untersuchungshaft (§ 121 StPO) und für die Pflicht von Beschuldigten, Zeugen und Sachverständigen, den Ladungen der Staatsanwaltschaft nachzukommen (§§ 161 a, 163 a Abs. 3 StPO). Darüber hinaus ist auch die Polizei gehalten, ihre Verhandlung unverzüglich der Staatsanwaltschaft zu übermitteln (§ 163 Abs. 2 Satz 1 StPO; vgl. im einzelnen *Roxin*, 1998, 110).

4. Grundsatz der Unmittelbarkeit, der Mündlichkeit und der Öffentlichkeit

Zu den Beweisgrundsätzen im Strafverfahren zählt auch der Grundsatz der Unmittelbarkeit. Nach diesem Grundsatz, der nur für die Hauptverhandlung gilt, hat der Richter sein Urteil zu bilden aufgrund des **persönlichen Eindrucks,** den er vom Angeklagten und von den Beweismitteln gewonnen hat (§ 261 StPO).

Darüber hinaus besagt der Grundsatz der Mündlichkeit, daß nur der mündlich vorgetragene Prozeßstoff Grundlage des Urteils sein darf (§§ 261, 264 StPO).

Der Grundsatz der Öffentlichkeit (§ 169 Satz 1 GVG) bezieht sich ebenfalls ausschließlich auf die Hauptverhandlung (vgl. oben § 9 F V).

5. Grundsätze des Beweisrechts

Im Rahmen der Ermittlungsnormen ist das Beweisrecht von zentraler Bedeutung. Das gesamte Strafverfahren steht und fällt mit der Beweislage, mit der Durchschlagskraft, die den Beweisen zukommt bzw. mit der Relevanz, die den Beweisen vom Gericht beigemessen wird. „Beweisen" heißt, „dem Richter der Überzeugung von dem Vorliegen einer Tatsache" zu verschaffen (*Roxin*, 1998, 175). Dabei wird zwischen **Strengbeweis** und **Freibeweis** unterschieden.

a) Für Fragen der Schuld und der Strafe ist eine strenge Förmlichkeit der Beweiserhebung (**Strengbeweis**) vorgeschrieben, die auf die gesetzlichen Beweismittel beschränkt ist, wobei diese Beweismittel nur nach genau festgelegten Regeln (§§ 244 ff. StPO) verwendet werden dürfen. Dies sind entweder der Beschuldigte und Zeugen (§§ 48–71 StPO), Sachverständige (§§ 72–85 StPO), Augenschein (§§ 86–93 StPO) und Urkunden (§§ 249–256 StPO).

b) Für die Durchleuchtung aller übrigen Umstände kann das Gericht den Weg des **Freibeweises**, d. h. jede beliebige Weise der Wissens- und Informationsbeschaffung wählen. In vielen Fällen genügt einfache Glaubhaftmachung. Das Freibeweisverfahren, das prozeßrechtlich nicht geregelt ist, findet vor allem Anwendung bei solchen Entscheidungen, die außerhalb des Urteils getroffen werden (vgl. hierzu *Roxin*, 1998, 176). In diesem Kontext ist auf **Beweiserhebungs- und Beweisverwertungsverbote** hinzuweisen, die der Beweisführung im Strafverfahren Grenzen setzen (vgl. hierzu *Roxin*, 1998, 178 ff.).

c) Für die Beweisaufnahme gilt generell die **Amtsaufklärungspflicht** (§ 244 Abs. 2 StPO), d. h. das Gericht hat sich auf alle Tatsachen und alle tauglichen und zulässigen Beweismittel zu konzentrieren, die für die Entscheidung bedeutsam sind. Für die Hauptverhandlung gilt das Recht der Verhandlungsbeteiligten auf **unmittelbare Befragung** (§ 240 StPO). Neben dem Vorsitzenden (§ 238 Abs. 1 StPO) haben auch die übrigen Beteiligten ein weitgehendes Fragerecht (§ 240 StPO), das nur unter sehr engen Voraussetzungen entzogen werden darf, wobei eine pauschale Entziehung des Fragerechts selbst in Extremfällen umstritten ist (vgl. hierzu *Roxin*, 1998, 342 f. m. w. N.).

IV. Fehlerquellen im Strafprozeß

Die Fehlerquellen im Strafprozeß (*Peters,* 1970) sind zahlreich. Der Jurist *Karl Peters* hat einige hundert Wiederaufnahmeverfahren im Auftrag des Bundesjustizministeriums analysiert und die Fehlerquellen eindrucksvoll herausgearbeitet (immer noch aktuell: *Peters,* 1970; 1972; 1974). Wieviele Fehlurteile aufgrund mangelhafter Ermittlung jährlich zustandekommen, ist zuverlässig nicht zu ermitteln. Mangels hinreichend präziser empirischer Befunde dürfte auch heute noch die Feststellung zutreffen, die *Peters* bereits vor drei Jahrzehnten gemacht hat: daß nämlich „die Dunkelzifferzahl (...) bei Fehlurteilen auch nicht annähernd zu schätzen" (1970, 24) sei. Da es bei der gerichtlichen Ermittlungsarbeit und Beweisführung in erster Linie um Fragen der Wahrnehmung, Erinnerung und Wiedergabe im Rahmen menschlicher Beobachtung und Informationsaufnahme geht, ist die prinzipielle Möglichkeit von Ermittlungsfehlern entsprechend hoch zu veranschlagen. Das bezieht sich zunächst auf die allgemeinen Fehlerquellen beim Personalbeweis unabhängig von der Prozeßrolle der Aussageperson.

1. Personalbeweis

a) Kognitive Fehlerquellen

In diesem Kontext ist Wahrnehmung nicht nur ein passiver Vorgang im Sinne der bloßen Aufnahme des Geschehens, sondern bedeutet aktive Verarbeitung der empfundenen Reize. Insofern gehen in die Aussagen vor Gericht Selektionen und Verzerrungen ein, die bei der Prüfung des „Wahrheits-" und „Plausibilitätsgehaltes" zu berücksichtigen sind. Auch bei der Erinnerung liegen Unterschiede der Gedächtnisleistung vor, die zu Falschaussagen und Aussagen mit eingeschränktem Wahrheitsgehalt führen können. Außerdem verfügen die Aussagepersonen über eine unterschiedlich ausgebildete Sprachkompetenz, die ebenfalls zu erheblichen Schwierigkeiten bei der Wiedergabe von Beobachtungen und Sachverhalten führen kann. In diesen aussagepsychologischen Fallstricken können sich Gerichte schnell verfangen.

b) Beteiligtenrolle als Fehlerquelle

Entsprechend der besonderen Rolle der Prozeßbeteiligten ergeben sich spezifische Fehlerquellen. Diese liegen beim **Beschuldigten** bzw. **Angeklagten** in der Hauptsache darin begründet, daß diese einerseits das Schweigerecht besitzen und eine „Wahrheitspflicht" nicht haben. Zudem sind bereits im Ermittlungsverfahren umfassende Aussagen von den Instanzen festgehalten worden, die Angeklagte in der Hauptverhandlung nicht bestätigen, einschränken, relativieren, widerrufen. Der Geständniswiderruf verweist in diesem Rahmen auf die erhöhten Anforderungen an die Interaktionsbeteiligten (vgl. *Stern*, 1986).

2. Zeugenbeweis

Demgegenüber ist der Zeuge, sofern er nicht ein Zeugnis- oder Auskunftsverweigerungsrecht besitzt, zur wahrheitsgemäßen Aussage verpflichtet. Doch auch bei ihm können sich Irrtümer über die Notwendigkeit zur Alibibeschaffung ergeben, die de facto zu einer Falschaussage führen. Die statistisch ausgewiesene Zahl der Verurteilten wegen Falschaussagen (§§ 153 ff. StGB) bildet lediglich die Spitze einer Fehlerquellenpyramide. Nach *Peters* dürfte die Dunkelziffer wesentlich höher liegen.

3. Sachverständigenbeweis

Auch die Rolle und Tätigkeit der Sachverständigen deutet auf eine Reihe möglicher Fehlerquellen. Was die Gültigkeit und Zuverlässigkeit der psychologisch-psychiatrischen Begutachtung betrifft, wird – in der Literatur weitgehend übereinstimmend – von einem niederschmetternden Ergebnis gesprochen (vgl. nur *Maisch,* 1985, 518 m.w.N.). Die naturwissenschaftlich-technischen Begutachtungen im Bereich sachlicher Beweismittel (Spurenanalyse, Tathergang) deuten ebenfalls auf erhebliche Unsicherheitszonen aufgrund unzureichender Sachkenntnis oder unzulänglichen Prüfungsmaterials hin. Gleichwohl genießen Sachverständigen-Gutachten vor Gericht großen Einfluß und werden äußerst selten in Frage gestellt.

4. Fehlerquellen beim Sachbeweis

Mit den Fortschritten der Kriminalistik ist zunehmend der Sachbeweis in den Blickpunkt gerichtlicher Beweisführung gerückt. Von ihm erhofft man sich jene Objektivität, Sicherheit und Zuverlässigkeit, die beim Zeugenbeweis gerade vermißt wird. Wenngleich der Sachbeweis den Zeugenbeweis nicht vollständig ersetzen kann, so wird sich von einer „wissenschaftlichen Kriminalistik" (*Kube* u.a., 1983) doch die weitere Perfektionierung der Beweisführung versprochen.

Unter sachlichen Beweismitteln werden allgemein **Augenscheinsobjekte** und **Urkunden** verstanden, wobei dem Augenscheinsbeweis Sachen und Vorgänge unterliegen. Urkunden sind hingegen alle Schriftstücke, die einen Gedankeninhalt aufweisen (vgl. *Roxin*, 1998, 232f.). Dabei können sich Fehlerquellen des Sachbeweises ergeben durch unterlassene Nachforschung nach Sachbeweisen, unrichtige Aufnahme von Sachbeweisen, unklare, klärungsbedürftige und mehrdeutige Sachbeweise, verfälschte Sachbeweise (vgl. *Peters*, 1972, 186f.). Andererseits hat jedoch das Vordringen der wissenschaftlich-technischen Kriminalistik dazu geführt, daß sich Gerichte in ihrer Beweisführung sehr stark von einer solch hochtechnisierten „Beweisinstanz" leiten lassen (vgl. *Bender*, 1987).

Die Relevanz von Fehlerquellen im Strafprozeß läßt sich allein schon dadurch plausibel belegen, daß es weder für die Psychologie der Zeugenaussage noch für naturwissenschaftliche Zusammenhänge oder kriminalistische Erkenntnisse universitäre Ausbildungszüge innerhalb der Rechtswissenschaft gibt. Der Strafjurist ist allein auf Hinweise und Alltagswissen aus seiner Berufssozialisation angewiesen, ohne für diesen fast seine gesamte Berufspraxis überspannenden Erkenntnisbereich wissenschaftlich oder praktisch ausgebildet worden zu sein.

§ 25. Anwendungsregeln und Erledigungsroutinen

Literatur: *Adorno, T.W.*, Der autoritäre Charakter: Studien über Autorität und Vorurteil, 1969; *Albrecht, P.-A.*, Exekutivisches Recht, in: Albrecht, P.-A. (Hrsg.), Informalisierung des Rechts, 1990, 1ff.; *Asbrock, B.*, Zum Mythos des Richtervorbehalts, KritV 1997, 225ff.; *Backes, O./Gusy, C.*, Wer kontrolliert die Telefonüberwachung?, 2003; *Bettmer, F./Messmer, H./Otto, H.-U.*, Informal Justice an Conflict Solution, in: Albrecht, P.-A./Backes, O., Crime Prevention and Intervention, 1988, 129ff.; *Braum, S.*, Verdeckte Ermittlung – Kontinuitätsphänomen des autoritären Strafverfahrens, in: Institut für Kriminalwissenschaften (Hrsg.), Vom unmöglichen Zustand des Strafrechts 1995, 13ff.; *Dahrendorf, R.*, Bemerkungen zur sozialen Herkunft und Stellung der Richter an Oberlandesgerichten, in: Hamburger Jahrbuch für Wirtschafts- und Gesellschaftspolitik, 1960, 260ff.; *Dahrendorf, R.*, Gesellschaft und Demokratie in Deutschland, 1965; *Ehrlich, E.*, Freie Rechtsfindung und freie Rechtswissenschaft, 1973; *Esser, J.*, Vorverständnis und Methodenwahl in der Rechtsfindung. Rationalitätsgrundlagen richterlicher Entscheidungspraxis, 2. Aufl., 1972; *Heldrich, A./Schmidtchen, G.*, Gerechtigkeit als Beruf, 1982; *Kaupen, W.*, Die Hüter von Recht und Ordnung, 1969; *Klawitter, F.-E.*, Die Reduktion der Verteidigerrechte im Anti-OK-Sonderrechtssystem, KritV 1997, 248ff.; *Lautmann, R.*, Justiz, die stille Gewalt, 1972; *Ludwig, W.*, Diversion. Justiz und kriminologische Forschung, KrimJ 1985, 290ff.; *Ludwig-Mayerhofer, W.*, Das Strafrecht und seine administrative Rationalisierung. Kritik der informalen Justiz, 1998; *Luhmann, N.*, Evolution des Rechts, 1970, 11ff. in: Luhmann, N., Ausdifferenzierung des Rechts, 1981; *Luhmann, N./Lange, E.*, Juristen – Berufswahl und Karrieren, in: Verwaltungsarchiv 1974, 113ff.; *Naucke, W.*, Versuch über den aktuellen Stil des Rechts, KritV 1986, 201ff.; *Opp, K.-D./Peuckert, R.*, Ideologie und Fakten in der Rechtsprechung, 1971; *Peters, D.*, Richter im Dienst der Macht, 1973; *Pfeiffer, C.*, Diversion – Alternativen zum Freiheitsentzug, in: BMJ (Hrsg.), Jugendstrafrechtsreform durch die Praxis, 1989, 74ff.; *Pfeiffer, C./Oswald, M.* (Hrsg.); Strafzumessung. Empirische Forschung und Strafrechtsdogmatik im Dialog, 1989, 1ff.; *Rehbinder, M.*, Max Weber und die Rechtswissenschaft, in: Rehbinder, M./Tieck, K.P. (Hrsg.), Max Weber als Rechtssoziologe, 1987, 127ff.; *Richter, W.*, Die Richter der Oberlandesgerichte der Bundesrepublik, in: Hamburger Jahrbuch für Wirtschafts- und Gesellschaftspolitik, 1960, 241ff.; *Rottleuthner, H.*, Rechtssoziologische Studien zur Arbeitsgerichtsbarkeit, 1984; *Rottleuthner, H.*, Einführung in die Rechtssoziologie, 1987; *Schumann, K.-F./Winter, G.*, Zur Analyse der Hauptverhandlung im Strafprozeß, in: Friedrichs, J. (Hrsg.), Teilnehmende Beobachtung abweichenden Verhaltens, 1973; *Simon, D.*, Die Unabhängigkeit des Richters, 1975; *Voss, S.*, Staatsanwaltliche Entscheidung – Beeinflussung durch systematische Informationserweiterung? – Die Umsetzung des Bielefelder Modellversuchs durch die Staatsanwaltschaft, in: P.-A. Albrecht (Hrsg.), Informalisierung des Rechts, 1990, 461ff.; *Weßlau, E.*, Waffengleichheit mit dem „Organisierten Verbrechen", KritV 1997, 238ff.

A. Plurale Rahmenbedingungen strafrichterlichen Handelns

I. Die Anforderungen

Die Rahmenbedingungen strafrichterlichen Handelns sind bislang in ihren normativen und zum Teil auch administrativen Bezügen beschrieben worden. Die wesentlichen Eckpunkte sind die folgenden:
- starke Zunahme der Fallbelastung,
- Rückgang bzw. Stagnation personeller Ressourcen in der Strafgerichtsbarkeit,
- Polarisierung in der Rechtsfolgenpraxis,
- Abschichtung einfach gelagerter Fälle durch die Staatsanwaltschaft und damit sozial- und verfahrensrelevante Eingriffe in den strafgerichtlichen Fall-Input,
- stete Berücksichtigung freiheitssichernder Prozeßprinzipien, die hohe prozedurale Rationalität fordern,
- geringe Ausbildungsqualifikationen in zentralen Befähigungsfeldern (Psychologie, Naturwissenschaften, Kriminalistik).

Die Vielfalt und Komplexität der Rahmenbedingungen für das Handeln der Dritten Gewalt lassen aus rechtssoziologischer Sicht die Fragen nach **außerrechtlichen Einflüssen** auf das **richterliche Erledigungsverhalten** wie folgt stellen:
- Ist auch die Ebene des gerichtlichen Strafverfahrens außerrechtlichen Einflüssen unterworfen, also etwa persönlichen Eigenarten und Vorurteilen des Richters oder bestimmten politischen und administrativen Einflüssen?
- Oder ist das Gegenteil der Fall: Erfolgt die Rechtsanwendung gleichsam in einem geschlossenen rechtlichen Entscheidungssystem, das solchen Einflüssen keinen Zugang gewährt?

Beide Positionen sind in der Rechtstheorie offensiv vertreten worden und sind unter den traditionellen Ansätzen der **Begriffsjurisprudenz** auf der einen und der **Freirechtsschule** auf der anderen Seite bekannt.

1. Strikt normatives Konzept der Rechtsanwendung (Begriffsjurisprudenz)

Das Geschlossenheitskonzept der Begriffsjurisprudenz folgt dem Legalitäts- und Gesetzlichkeitsprinzip, auch dem Prinzip der materiellen Wahrheit, wie es in § 244 Abs. 2 StPO niedergelegt ist. Historisch gesehen hat sich dieses Konzept gegen feudalistische Willkürjustiz, gegen politisch ausgelöste Strafverfolgung, gegen nicht berechenbare staatliche Zwangseingriffe, gegen politische Eingriffe in laufende Verfahren (Kabinettsjustiz) gerichtet. Demnach ist jedem Strafbarkeitsverdacht in gleicher Weise nachzugehen mit dem Ziel, die Wahrheit zu ermitteln, wobei allein das Recht das Handeln des Rechtsanwenders lenkt. Der Grundgedanke ist **Rechtsprechung ohne Ansehen der Person,** symbolisiert durch die Augenbinde der Justitia. Der Richter erscheint in diesem **Konzept als Subsumtionsautomat.** Hieraus beschreibt die Begriffsjurisprudenz die Rechtsordnung als **vollständig geschlossenes Begriffssystem,** wobei Auslegung und mithin die Rechtsprechung aus dem System von Rechtssätzen mit logischen Mitteln erfolgen.

2. Der Richter: Das offene System (Freirechtsschule)

Die These vom offenen System – die Freirechtsschule – war bereits zu Anfang des 20. Jahrhunderts gegen die seinerzeit vorherrschende Idee vom geschlossenen Rechtssystem und seiner verbindlichen Auslegungslehre angetreten. Dieser Ansatz geht auf eine Schrift von *Eugen Ehrlich* zurück: „Freie Rechtsfindung und freie Rechtswissenschaft" (zuletzt 1973). Auch nach diesem Konzept gilt die Gesetzestreue des Richters, die notwendig bestehenden **Lücken** müssen aber durch Rechtsüberzeugungen und Gerechtigkeitsvorstellungen **geschlossen** werden. Die Freirechtsschule versuchte das Vorherrschen subjektiver Werte in der Rechtsauslegung nachzuweisen (*Rehbinder,* 1987, 141). Sie propagierte die **Richterpersönlichkeit als legitime Quelle** juristischer Entscheidungen nach dem Vorbild der anglo-amerikanischen Richterfunktion. Der Maßstab der Gerechtigkeit ist danach letztlich eine **Sache des Gefühls,** diese könne staatlich nicht vorgegeben werden. Es komme entscheidend auf die Person des Richters an, der in der Gesellschaft verwurzelt sei. Gesetze seien notwendig lückenhaft, lieferten keine geschlossenen Vorgaben für den Einzelfall. Die Lücke habe der Richter zu schließen.

3. Moderne juristische Methodenlehre

Die moderne juristische Methodenlehre erkennt durchaus an, wie locker bisweilen die Bindung des Richters an das Gesetz ist, und zwar nicht nur bezogen auf unbestimmte Rechtsbegriffe, Generalklauseln, auf das Opportunitätsprinzip bei der Verfahrenseinstellung oder auf offenkundige Gesetzeslücken. Auch **das eindeutige Gesetz** läßt ein „Vorverständnis" (*Esser,* 1972) zu, das selbst nicht mehr durch Rechtsnormen gesteuert ist. Auf diesen rechtstheoretischen Kontext beziehen sich die empirischen, rechtssoziologischen Untersuchungen, die den Rechtsstab (insbesondere Polizei, Staatsanwaltschaft und Richter) auf die Anwendung außerrechtlicher Entscheidungsnormen hinterfragt haben.

II. Erklärungsmodelle

1. Modelle der Erklärung richterlichen Handelns

Für die Rechtssoziologie ist es selbstverständlich, daß für polizeiliches oder richterliches Entscheidungshandeln die **generellen Modelle** für die **Erklärung sozialen Handelns** gelten. Folgende Modelle werden aufgestellt:

- **materialistisches Modell,** wonach die Schicht oder die Klassenlage handlungsleitende normative Funktionen habe,
- **sozialpsychologisches Modell,** wobei persönliche Dispositionen, Wertorientierungen oder -einstellungen in Vorurteile gegenüber Schicht, Nationalität oder Rasse münden können,
- **psychoanalytisches Modell,** wonach Unbewußtes aus eigenen Affekten oder Bedürfnisunterdrückungen resultieren kann,
- **rollentheoretisches Modell,** wobei die Berufsrolle, die etwa in Erwartungen der Berufskollegen oder der Vorgesetzten bestehen kann, handlungsleitend sein kann, und schließlich auch
- das **bürokratietheoretische Modell,** das den organisatorischen Normen (Pensenschlüssel, Resteliste, personelle Engpässe etc.) handlungsleitende Funktionen zuweist.

Rechtssoziologisch wird unterschieden zwischen **Handlungsgründen,** die dem Handelnden nicht bewußt sein müssen, und **Handlungsrechtfertigungen,** das sind offizielle Lesarten normgemäßen Handelns. Für die Handlungsgründe können die oben aufgeführten Modelle handlungsleitende Einflüsse zeigen. Nochmals: diese müssen dem Handelnden nicht bewußt sein!

2. Ungleichheit der Rechtsprechung als Indiz mannigfaltiger Einflüsse

Indiz für mannigfaltige außerrechtliche Einflüsse ist die unbestrittene **Rechtsprechungsungleichheit.** Schon die Ungleichheit der richterlichen Rechtsanwendung gibt Anlaß zu der Frage, ob neben dem normativen Programm andere Einflußfaktoren auf die Entscheidung von Justizorganen einwirken. Dabei soll zunächst offen bleiben, ob dies Persönlichkeitsmerkmale oder Merkmale der Justizorganisation, lokaler Rechtskulturen oder administrativer Bedingungen sind.

Der Kriminologe *Christian Pfeiffer* (1989) hat die Verhängung von Jugendstrafe ohne Bewährung bei schwerem Diebstahl untersucht. Herangezogen wurden lediglich nach dem Jugendgerichtsgesetz in ausgewählten Landgerichtsbezirken Verurteilte, bei denen vier und mehr Vorverurteilungen vorlagen. Bei bis zu 2500 Verurteilten pro Landgerichtsbezirk wurde die Verhängung von Jugendstrafe untersucht (verhängt wurde sie auf 31,6% aller Fälle). Auf fünf Landgerichtsbezirke in **unterschiedlichen Bundesländern** verteilen sich diese Verurteilungen zu Jugendstrafe wie folgt (vgl. *Pfeiffer*, 1989, 94 f.):

Landgerichtsbezirk in Nordrhein-Westfalen	10%
Landgerichtsbezirk in Hessen	21%
Landgerichtsbezirk in Bremen	38%
Landgerichtsbezirk in Berlin	55%
Landgerichtsbezirk in Bayern	71%.

Diese Beispiele zeigen deutlich, daß es Anlaß zu der Frage gibt, worin derartige Unterschiede in der strafjuristischen Verarbeitung weitgehend homogener Fälle ihre Ursache haben. Eines scheint deutlich: Das rechtlich-normative Programm kann nicht allein maßgebend sein!

Auch wenn diese Ungleichheit in der Strafzumessung nicht ernsthaft bestritten wird, so wird sie doch höchst unterschiedlich interpretiert. Für die einen verletzt sie den Grundsatz der Gleichbehandlung, steht sie quer zum Gerechtigkeitsempfinden der Bevölkerung und zerstört damit die Legitimationsgrundlage einer rechtsstaatlichen Strafjustiz. Für die anderen ist sie Ausdruck des unabhängigen richterlichen Ermessens, mögliches Mittel einer Innovation des Strafrechts und generalpräventives Element infolge des ungewissen Verfahrensausganges (vgl. im einzelnen die Beiträge bei *Pfeiffer/Oswald*, 1989).

B. Forschungen über außerrechtliche Einflüsse auf richterliches Entscheidungsverhalten

Außerrechtliche Einflüsse auf richterliches Entscheidungsverhalten werden in folgenden Bereichen vermutet: Soziale Herkunft der Juristen (I), Einstellungen von Juristen (II) und berufliche Sozialisation der Juristen (III). Erkenntnisse werden auch aus der Soziologie richterlichen Handelns/Entscheidens abgeleitet (IV), und schließlich werden Einflüsse der Justizorganisation vermutet (V). Empirisch erforscht wurde schließlich die „Rationalität" der jugendgerichtlichen Hauptverhandlung und deren Einfluß auf das Verfahrensergebnis (VI).

I. Forschungstypus: soziale Herkunft der Juristen

Schlußfolgerungen aus der sozialen Herkunft der Juristen auf ihr Handeln entstammen schon einer frühen Untersuchung des Bremer Oberlandesgerichts-Präsidenten *Walther Richter*, der 1959 Daten über die Herkunft aller OLG-Richter erhoben und ausgewertet hatte. Datenquelle waren Personalakten der Richter. Ziel war es, die räumliche und soziale Herkunft und den beruflichen Werdegang aufzuklären. Der Maßstab für den Sozialstatus war ein berufsbezogenes Schichtmodell, wofür Repräsentativdaten aus Bevölkerungsumfragen vorlagen.
Über die Hälfte der Väter der erfaßten Richter waren selbst Beamte, 18% Selbständige und Gewerbetreibende. 60% wurden der oberen Mittelschicht zugerechnet, 30% der unteren Mittelschicht. Nur 2,8% der Väter waren Arbeiter, wobei seinerzeit die Arbeiterschicht 56% der Normalbevölkerung stellte. Während also 60% der Juristen der oberen Mittelschicht entstammten, galt das nur für 4,6% der Normalbevölkerung (*Richter*, 1960, 245).

Aus derartigen Erkenntnissen folgerte der Soziologe *Dahrendorf* seine These von der **„halbierten Gesellschaft".** Die Welt der Oberschichtsrichter stünde der ihnen fremden Welt der Straffälligen gegenüber, die sich mehrheitlich aus der Unterschicht rekrutierten. *Dahrendorf* bedauert, „daß in unseren Gerichten die eine Hälfte der Gesellschaft über die ihr unbekannte Hälfte zu urteilen befugt ist" (*Dahrendorf*, 1960, 275; vgl. auch 1965). Zahlreiche nachfolgende Studien bestätigten *Richters* Daten über die soziale Herkunft der Juristen, so die Untersuchung von *Heldrich/Schmidtchen* (1982): Danach lag der Anteil von Arbeiterkinder unter jungen Richtern lediglich bei 5%.

Kritisch ist zu diesem Forschungstypus und den Schlußfolgerungen anzumerken, daß der Einfluß der sozialen Herkunft hier stellvertretend für Einstellungen und Werthaltungen, die das Handeln von Juristen leiten sollen, nur unterstellt wird. Es wurden weder Einstellungen erhoben noch deren Wirkung auf konkrete Entscheidungen überprüft. Es fehlt auch der Vergleich mit anderen akademischen Berufsgruppen, um dies als spezifisches Merkmal der juristischen Profession deuten zu können.

II. Forschungstypus: Einstellungen von Juristen

Eine weitere Forschungswelle ging anschließend der Frage nach, welche Persönlichkeitsmerkmale und Werthaltungen sich unter Juristen finden. Besonders bekannt wurde die Arbeit von *Wolfgang Kaupen* mit dem Titel: „Die Hüter von Recht und Ordnung" (1969).

Mit einer Fragebogenuntersuchung bei jedem 30sten Richter, Staatsanwalt und Rechtsanwalt in der Bundesrepublik Deutschland wurden Fragen zum Ausbildungsgang, zum Berufs- und Lebensziel, zum beruflichen Selbstverständnis, zu moralischen und religiösen Wertvorstellungen, zum gesellschaftspolitischen Engagement etc. gestellt (vgl. *Kaupen*, 1969, 220 ff.). *Kaupen* kam im Ergebnis zu der These von dem **Konservatismus der Justiz**. Er fand eher konservative, undemokratische, autoritäre, antiliberale Grundhaltungen unter Justizjuristen.

In diesem Zusammenhang wurde auf das Konzept von *Horkheimer* und *Adorno* von der **„autoritären Persönlichkeit"** verwiesen, das diesen Sozialphilosophen für die politische Justiz der Weimarer Zeit und das Engagement der Juristen für den Nationalsozialismus eine Erklärung bot (*Adorno*, 1969). „Autoritarismus" ist ein Begriff aus der Sozialpsychologie, bezeichnet Einstellungen, die ein hohes Maß an konformem Verhalten, Tendenzen zur Unterwerfung unter Stärke und zur Beherrschung Schwächerer, übermäßige Kontrolle eigener Gefühle, Intoleranz, sexuelle Prüderie, Ethnozentrismus, Antisemitismus etc. auszeichnet.

Kritisch zur Einstellungsforschung ist einzuwenden, daß diesem Forschungszweig noch begründet der Vorwurf einer **Rechtssoziologie ohne Recht** (*Luhmann*, 1970, 12) gemacht werden kann. Die Schlußfolgerung von dem Sozialprofil oder den Einstellungsmustern auf eine entsprechend beeinflußte Rechtsprechung blieb auch bei dieser Forschung ungeprüft. Der Einfluß der konservativen Einstellung auf eine Rechtsprechung zu Lasten unterer Schichten wurde schlicht unterstellt. Es mangelte den Einstellungsuntersuchungen an Vergleichsgruppen, die die gemessenen Werte als spezifisch für die juristische Berufssozialisation auswiesen.

III. Forschungstypus: Berufliche Sozialisation der Juristen

Zur beruflichen Sozialisation der Juristen liegt eine Untersuchung von *Elmar Lange* und *Niklas Luhmann* über die Berufswahl von Angehörigen des öffentlichen Dienstes vor (*Lange/Luhmann*, 1974, 113 ff.). Die Untersuchung bezieht sich auf Schul- und Hochschulabsolventen kurz vor dem Berufseintritt und auf Angehörige des öffentlichen Dienstes (darunter jeweils Juristen und Nicht-Juristen).

Auch nach dieser Untersuchung stammen Jurastudenten häufiger als andere aus Familien der oberen Mittelschicht oder Oberschicht, deren Väter überdurchschnittlich häufig im öffentlichen Dienst beschäftigt sind. Die Schulleistungen sind eher durchschnittlich, die Jurastudenten sind deutlich stärker als andere Studierende in Freundes- und Bekanntengruppen integriert. Insoweit schließt die Erhebung an die Befunde aus der Untersuchung von *Richter* an.

Neu ist hingegen die Erkenntnis, daß bei beruflichen Werthaltungen (Leistungsorientierung, soziale Sicherung etc.) sich keine ausgeprägt abweichenden Werthaltungen der Jura-Studierenden gegenüber anderen zeigen. Das gilt auch für allgemeine Persönlichkeitsmerkmale wie Dogmatismus oder Rigidität bzw. Risikobereitschaft. Die Herkunftsfamilie beeinflußt nicht die Wahl des Studienfaches über die Prägung besonderer Persönlichkeitsmerkmale, sondern nimmt Einfluß auf anderen Wegen.

In der Gruppe der Jura-Studierenden, die Justizjuristen werden wollen, findet sich eine ausgeprägte Sicherheits- und Ordnungsorientierung. Die Befragten sind an einem festen, leistungsunabhängigen Gehalt interessiert, nicht an Selbständigkeit und hoher Eigenverantwortung. Jene Studierenden, die Rechtsanwälte werden wollen, zeigen gegenteilige berufliche Werthaltungen. Auch bei den allgemeinen Persönlichkeitsmerkmalen zeigen sich deutliche Unterschiede zwischen den juristischen Berufswahlgruppen. Die Justizjuristen zeigen eine geringe Risikobereitschaft und erhöhte emotionale Labilität. Die Verwaltungsjuristen verbleiben jeweils ohne spezifische Unterschiede gegenüber den beiden anderen Gruppen.

Das Ergebnis von *Lange* und *Luhmann* lautet zusammengefaßt: Die zu den Rechtsberufen hingezogenen **konservativ-autoritären Persönlichkeiten** finden sich primär bei den **Justizjuristen** ein.

IV. Forschungstypus: Soziologie richterlichen Handelns und Entscheidens

In diesem Forschungsfeld wurde überwiegend mit den Methoden der Aktenanalyse und der Methode fiktiver Fälle gearbeitet.

1. *Rottleuthner*

Der Rechtssoziologe *Hubert Rottleuthner* (1984) hat in mehreren Forschungen Entscheidungen von Richtern untersucht. Danach entscheiden Arbeitsrichter, die in der Gewerkschaft organisiert sind, nicht arbeitnehmerfreundlicher als nichtorganisierte Arbeitsrichter (*Rottleuthner*, 1984, 291 ff.).

Bei der Untersuchung von Entscheidungen von Bundesverfassungsrichtern, die seit der Einführung des Sondervotums im Jahr 1970 individualisiert werden können, stellte sich heraus, daß **Karrieremuster** der Richter erklärungskräftiger sind als deren Parteipräferenz (1987, 110). Die Übereinstimmung ist dort besonders hoch, wo Richter klassische juristische Karrieren innerhalb der Rechtsprechung durchlaufen haben. Als Abweichler – von der Parteizugehörigkeit – erweisen sich eher die Richter, die **Zwischenstationen** als Rechtsanwälte oder Bundestagsabgeordnete durchlaufen haben (1987, 110).

2. *Opp/Peuckert*

Die Soziologen *Karl-Dieter Opp* und *Rüdiger Peuckert* („Ideologien und Fakten in der Rechtsprechung", 1971) fanden mit der Befragungsmethode zu fiktiven Fällen keine Schichtdiskriminierung. Sie fanden in der (auch hier erwiesenen) Oberschichtherkunft der Strafjuristen eher eine Bedingung für die Abkehr vom Vergeltungsdenken und eine Hinwendung zur Spezialprävention (*Opp/Peuckert*, 1971, 108 ff.).

3. *Schumann/Winter*

Die Soziologen *Karl F. Schumann* und *Gerd Winter* („Zur Analyse der Hauptverhandlung im Strafprozeß", 1973) beobachteten 30 Hauptverhandlungen in Verkehrssachen. Aus den Ergebnissen wurde ein hoher Zusammenhang zwischen erfaßten Vorstrafen und der juristischen Entscheidung abgeleitet. Der Sozialstatus der Angeklagten korrelierte dann mit dem Strafmaß in gleicher Höhe wie mit dem Delikt (*Schumann/Winter*, 1973, 187 ff.). Der **Sozialstatus** drückte sich insbesondere in der **Aktivität des Angeklagten** vor Gericht aus, d.h. hohe Aktivität = hohe Schicht = niedrige Bestrafung (ebd., 191 ff.).

4. *D. Peters*

Mittels einer Befragung von 98 Strafrichtern und 51 Beobachtungen von strafrechtlichen Hauptverhandlungen ging *Dorothee Peters* der Frage nach, ob sich soziale

Ungleichheit in der Rechtsprechung reproduziert („Richter im Dienst der Macht",
1973).

Peters erforschte vorab das Bewußtsein über Schichtmerkmale der befragten Richter. Ein hoher sozialer Status ist aus der Sicht der Befragten eine Privilegierung, d.h. der hohe soziale Status wird als Folge
konformen und disziplinierten Verhaltens gedeutet. Ein hoher sozialer Status erscheint aus der Sicht
der befragten Richter als **Verdienst**. Ein niedriger sozialer Status erscheint hingegen als Folge von Abweichung gegenüber Ordnungsvorstellungen und mangelnder Disziplin, d. h. in der Sicht der befragten
Richter war ein niedriger sozialer Status selbst verschuldet (*Peters*, 1973, 110 ff.). Insofern wurden von
den Richtern **Lebensführungsmerkmale** besonders beachtet. Die Hypothese der Forscherin lautete:
Die richterliche Definition der Lebensführung des Angeklagten steuert die Definition des Sachverhalts:
Gelegenheitstat also bei ordentlicher Lebensführung, Gewohnheitstat bei ungeordneter Lebensführung
(ebd., 39 ff.).
    Peters legte den befragten Richtern zwei Parallelfälle vor. Beurteilt werden sollte ein Bauarbeiter,
der Geldscheine aus einer halbgeöffneten Ladenkasse entnimmt. Ferner ein Architekt, der Geldscheine am Schalter einer Amtskasse entwendet, wobei beiden wirtschaftliche Schwierigkeiten unterstellt wurden (ebd., 132 ff., 180 f.). In diesem Fall zeigten die Beurteilungen der befragten Richter
zwar eine große Bandbreite der Sanktionierung, aber keine schichtspezifischen Unterschiede (ebd.,
132 ff.).
    In einem weiteren Fall wurde die Schicht nunmehr konstant gehalten, aber die Lebensführung vari-
iert (ebd., 183). Ein Lagerarbeiter mit geregelter Lebensführung (fleißig, gewissenhaft, familienorien-
tiert, Vereinsmitglied) wurde einem Lagerarbeiter mit ungeregelter Lebensführung (häufige Berufs-
wechsel, getrennt Leben von Frau und Kind) gegenübergestellt. Beide wiesen einschlägige Vorstrafen
auf (ebd., 183 ff.). Die Urteile zeigen nunmehr hochsignifikante Unterschiede im Strafmaß. Eine härtere
Strafe bei ungeregelter Lebensführung, wobei in den Urteilsbegründungen gleichsam eine Lebens-
führungsschuld unterstellt wurde (ebd., 136 ff.).

Insgesamt wurde deutlich, daß es weniger der einfache Unterschied im Sozialstatus ist, der entscheidungsrelevant ist, sondern zusätzliche Aspekte einer sog. **Lebens-
führungsschuld** (ebd., 140 f.). Gleichwohl spielt die Schicht eine Rolle: Statushöhe-
ren wird die ordentliche Lebensführung zunächst qua Status zugeschrieben, Status-
niedrige müssen die ordentliche Lebensführung durch bestimmte Einstellungen und
Handlungen dokumentieren, um nicht mit ungeregelter Lebensführung in Zusammenhang gebracht zu werden. Die Unterschichtzugehörigkeit löst nach dieser Untersuchung damit eine Art von **institutionalisiertem Verdacht** aus (ebd., 160 f.). Insofern
zeigt der aufwendige Forschungsansatz durchaus ein schichtspezifisches Entschei-
dungsmuster.

V. Forschungstypus: Einflüsse der Justizorganisation

Der Jurist *Rüdiger Lautmann* beobachtete (verdeckt teilnehmend) nach seiner Einstellung als Gerichtsassessor an zwei Landgerichten in verschiedenen Bundesländern
33 Richter der Ziviljustiz („Justiz, die stille Gewalt", 1972, 26 ff.).

Die Befunde zeigen die Orientierung richterlichen Entscheidens an pragmatischen Variablen der
Fallbearbeitung. Im Vordergrund steht sogenanntes **Rechtsmittelvermeiden** (*Lautmann*, 1972, 166 ff.),
vorwiegend durch pragmatisches Vermeiden von Zivilurteilen, wobei Vergleiche und das Aussprechen
von Versäumnisurteilen beliebte Mechanismen seien. Vermieden wird zugleich eine **Zensur von oben,**
um – wie *Lautmann* feststellt – die Karriere nicht zu gefährden. Eine niedrige Aufhebungsquote durch
eingelegte Rechtsmittel wird als Auszeichnung verstanden. Auch die Variable „**schneller Verfahrensabschluß**" gilt als Zensurmaßstab und Karrierevehikel (ebd., 168 ff.).

Die Untersuchung von *Lautmann* gibt interessante Einblicke in pragmatische Er-
ledigungsroutinen von Richtern, ist allerdings auf Grund der methodischen Schwächen
verdeckt teilnehmender Beobachtung nur eingeschränkt verallgemeinerbar.

VI. Forschungstypus: Empirische Überprüfung der Rationalität von Hauptverhandlungen (Verfahrensrationalität und Ergebnisrationalität)

1. Forschungsfrage

Der Sonderforschungsbereich 227 der DFG hatte in einem ersten Schritt das große **Rationalitätsdefizit staatsanwaltschaftlicher Entscheidungsstrategien** aufgedeckt (vgl. oben § 19 B). In einer zweiten Forschungsphase in den Jahren 1989 bis 1991 wurde die **Rationalität der gerichtlichen Hauptverhandlung** erforscht.

Die zentrale Forschungsfrage lautete, ob eine Verhandlung vor einem Gericht in verfahrensmäßiger Hinsicht einem bürokratisch-administrativen Verfahren, wie es bei der Staatsanwaltschaft praktiziert wird, überlegen ist. Die Prinzipien der Mündlichkeit und der Unmittelbarkeit der Gerichtsverhandlung sollen gerade der Gefahr einer routinemäßigen, bürokratisch geprägten Regeln folgenden Entscheidungsfindung entgegenwirken, die bei der staatsanwaltschaftlichen Diversion eindeutig im Vordergrund steht. Angesichts der verfassungsrechtlich gewährten Prinzipien der Fairneß und der Unschuldsvermutung dürften vor dem Hintergrund der richterlichen Unabhängigkeit diese Maximen in der mündlichen Hauptverhandlung am ehesten gewährleistet sein. Diese Frage ist bedeutsam, weil die informalisierenden Diversionsstrategien gerade mit der Notwendigkeit begründet werden, die Gerichte von unnötigen Bagatellen zu entlasten. Dadurch soll ihnen der notwendige Spielraum zur Realisierung jener normativen rechtsstaatlichen Postulate verschafft werden (vgl. im einzelnen *Ludwig-Mayerhofer*, 1998, 106).

Diese Hypothese aufgreifend wurden zwei Amtsgerichtsbezirke miteinander verglichen, die sich bezüglich der staatsanwaltschaftlichen Diversionspraxis erheblich unterschieden. Im Landgerichtsbezirk Bielefeld waren aufgrund vielfältiger Initiativen die Anteile der jugendstrafrechtlichen Anklagen deutlich zugunsten staatsanwaltlicher Verfahrenseinstellungen zurückgegangen. Das mit den Diversions-Reformprojekten anvisierte Ziel der Verminderung von Anklagen wurde von den Bielefelder Staatsanwälten auf ihren gesamten Entscheidungsbereich generalisiert (vgl. *S. Voss*, 1990). Dem Landgerichtsbezirk Bielefeld wurde der Landgerichtsbezirk Paderborn gegenübergestellt. Aus den verfügbaren Statistiken war bekannt, daß Paderborn in Nordrhein-Westfalen die niedrigsten staatsanwaltlichen Einstellungsquoten aufwies (vgl. *Ludwig*, 1985, 295).

2. Untersuchungsgegenstand

Erfaßt wurden 510 Angeklagte in Jugendgerichtsverfahren vor Amtsgerichten in den Landgerichtsbezirken Bielefeld und Paderborn. Als wesentliches Datenerhebungsverfahren wurde die **Beobachtung** eingesetzt, und zwar im Rahmen einer ‚quantitativen‘ Vorgehensweise. Die 510 Verfahren verteilten sich auf 11 Richterinnen und Richter. Mit einem standardisierten Instrument wurden bestimmte Aspekte von Kommunikation und Interaktion festgehalten, mit dem Zweck, statistisch auswertbare Daten über eine große Zahl von Fällen zu erhalten. Zusätzlich wurden mit einem Aktenerhebungsbogen Verfahrensakten ausgewertet (vgl. zu den Forschungsmethoden im einzelnen *Ludwig-Mayerhofer*, 1998, 129 ff.).

3. Ergebnisse bezüglich der Gesamtheit der Verfahren

a) Prozedurale Rationalität

Die strafgerichtliche Hauptverhandlung wird in der Literatur zum einen als stigmatisierende Prozedur, als „Ort der Unterdrückung" beschrieben. Anderseits vermutet man gerade dort die Gewährleistung rechtsstaatlicher Verfahrensfairneß, im Idealfall als einen Ort „herrschaftsfreier Kommunikation", zumindest als einen Ort, der Gelegenheit gibt, auf das Verfahren Einfluß zu nehmen (vgl. *Ludwig-Mayerhofer*, 1998, 105 ff., m.w.N.). Das Erkenntnisinteresse richtete sich bei den 510 Verfahrensbeobachtungen demnach auf die **Belehrung** der Angeklagten über ihre **Verfahrensrechte,** auf die Initiative der Angeklagten zur **freien Aussage** zur Sache, auf die **Auseinander-setzung zum Tatvorwurf** und auf die Auseinandersetzung zur **Persönlichkeit** des Angeklagten.

Die Ergebnisse der Untersuchung sind eher deprimierend. Zusammenfassend läßt sich ein **Desinteresse** der Justiz an der **Person des Angeklagten** resümieren (vgl. im einzelnen *Ludwig-Mayerhofer*, 1998, 160ff.):

- Nur 15% der Angeklagten wurden über ihr Recht der Aussageverweigerung formell korrekt belehrt, in 60% der Fälle haben die Richter eine eher beiläufige Form der Belehrung gewählt, in 25% aller Fälle erfolgte überhaupt keine erkennbare Belehrung über das Recht zur Aussageverweigerung (ebd., S. 160; vgl. zur Polizei oben § 16 IV 3).
- Bei 2/3 der Angeklagten wurde der Tatvorwurf wegen des Geständnisses nicht hinterfragt. 1/3 der jugendlichen Angeklagten haben den Tatvorwurf – jedenfalls zum Teil – bestritten. Gleichwohl erfolgte nur bei 3% – also entsprechend dem bundesweiten Wert – Freisprüche (ebd., S. 162ff., S. 179f.).
- Die Orientierung der Sanktion nicht nur an der Tatschuld, sondern auch an den Merkmalen der Täter gilt als charakteristisch für das interventionistisch orientierte Erziehungsstrafrecht. An der Struktur der Kommunikation in der Hauptverhandlung zu diesem Aspekt zeigt sich allerdings der eher autoritäre Charakter des Erziehungsprinzips. Obwohl in 90% der Verfahren auch der Persönlichkeit des Angeklagten erörtert wurden, äußern sich 57% aller Angeklagten hierzu überhaupt nicht (ebd., S. 184). Und auch wenn sie sich äußern, waren ihre Redebeiträge ziemlich gering. Das Desinteresse der Justiz schlägt sich in den Sanktionsentscheidungen nieder, die sich fast ausschließlich an Merkmalen der Tat und am Eskalationsprinzip (schärfere Strafe nach Vortaten) orientieren (ebd., S. 189).

Die Forschung kommt aufgrund der nur geringen Interaktionsfeststellungen zu dem Ergebnis, daß die Hauptverhandlung dem Angeklagten durchaus Chancen eröffnet, einen eigenen Standpunkt zum Tatvorwurf zu **vertreten**, aber die Chancen, diesen Standpunkt auch **durchzusetzen**, seien reichlich gering (*Ludwig-Mayerhofer*, 1998, 180). Eine partielle Berechtigung der Perspektive, die Hauptverhandlung als Prozedur der Stigmatisierung, der Unterdrückung und der Ausgrenzung zu verstehen, wird von dieser Untersuchung nicht von der Hand gewiesen.

b) Ergebnisrationalität

Die Ergebnisse der Jugendstrafverfahren im Sinne der gerichtlichen Sanktionierung zeigen **40% gerichtliche Verfahrenseinstellungen** gem. §§ 45, 47 JGG, wobei nur ein geringer Anteil mit einer Arbeitsweisung verknüpft wird (vgl. im einzelnen *Ludwig-Mayerhofer*, 1998, 190ff.):

- **Pädagogische Interventionen** im jugendrichterlichen Sanktionsspektrum, die gerade für sozialbiographisch auffällige Jugendliche eingesetzt werden sollten, sind praktisch **nicht auffindbar**. Konfliktschlichtung bleibt ein Schlagwort für Programme, die in der Jugendstrafrechtspraxis offensichtlich keine Beachtung finden – jedenfalls nicht in den untersuchten Gerichtsbezirken. Obwohl in 1/4 aller Fälle Merkmale sozialer Auffälligkeit (familiäre Probleme, negativ bewertetes Freizeitverhalten, berufliche Probleme) vorliegen, werden pädagogische Interventionen nicht erwogen. Es ist zu resümieren, daß pädagogische Intentionen – wie z.B. bei der Verhängung von Bewährungsstrafen – nicht an die Stelle von Strafe treten, sondern höchstens **mit Hilfe von Strafe** durchgesetzt werden (ebd., S. 206).
- Die Richter orientieren sich bei ihren Sanktionen vorwiegend an der Tatschwere und den Vorsanktionen (ebd., S. 215ff.).
- Nachweisbar ist auch eine zwar geringe, aber eben vorhandene soziale Selektivität, die sich einmal auf Jugendliche mit abweichenden sozialbiographischen Merkmalen bezieht, zum anderen aber ausländische Jugendliche, türkischer und jugoslawischer Staatsangehörigkeit betrifft (ebd., S. 223).
- Auch die Handhabung der Verfahrenseinstellung durch die Richter variiert erheblich: Die Varianz reicht von 28% bis 81% bei vergleichbaren Voraussetzungen. Die Vermutung einer automatischen Wirkung organisatorischer Einflüsse fördert damit ihre **Grenzen** an der jedenfalls partiell vorhandenen **Autonomie der richterlichen Entscheidungen** (ebd., S. 227f.).

4. Einflüsse staatsanwaltschaftlicher Diversionsorientierung auf die Rechtsprechung

a) Verfahrensrationalität

Die Untersuchung war darüber hinaus angelegt auf die Frage, ob eine **intensive Diversionspraxis** im Vorfeld der Staatsanwaltschaft **Auswirkungen** auf die **Rationalität** des **gerichtlichen Verfahrens** zeigt.

Genau die **gegenteilige Vermutung** hat sich bestätigt: Das Abschöpfen eindeutiger Bagatellkriminalität wird auf der Seite der Strafjustiz nicht durch höhere prozedurale Rationalität ausgeglichen. Die umfassend praktizierte Diversionspraxis der Staatsanwaltschaft Bielefeld führt dazu, daß den Gerichten **nur noch eindeutige Fälle** – insbesondere im Hinblick auf die Beweislage – präsentiert werden. Dadurch werden die Gerichte nunmehr in die Lage versetzt, wesentlich schneller und eindeutiger zu judizieren. Die **Abschöpfung der Verfahren** vor der Ebene des Gerichts führt also nicht zu größerer Kommunikation bei Gericht, sondern nur zu **schnellerer Verurteilung.** Je höher die Staatsanwaltschaft die Diversionsquoten schraubt, desto eindeutiger ist die Beweislage bei Gericht und desto schneller gehen die Verfahren zu Ende (vgl. *Ludwig-Mayerhofer,* 1998, 237 f.).

Die Untersuchung erweist die jugendrichterliche Hauptverhandlung gerade in Fällen intensiver staatsanwaltschaftlicher Diversion also als Prozedur, die **Routineprogrammen folgt** und **keine Kommunikationsverbesserungen** zeigt. Die Hauptverhandlung ist auch vor dem Hintergrund umfassender Diversion weniger Instanz einer genuinen Schuldprüfung, sondern vielmehr Instanz der Sanktionierung. *Ludwig-Mayerhofer* empfiehlt daher, prozedurale Rationalität eher im Vorverfahren bei der Polizei und der Staatsanwaltschaft anzusiedeln (1998, 239 f.) – eine Empfehlung, die im Lichte der im 5. und 6. Kapitel referierten Forschungsbefunde nur eine falsche Hoffnung sein dürfte.

b) Ergebnisrationalität

Auch in der **Ergebnisrationalität** bei **diversionsintensiver** Vorleistung der Staatsanwaltschaft zeigen die Richter ähnliche Orientierungen wie die Staatsanwälte selbst (vgl. *Ludwig-Mayerhofer,* 1998, 239 ff.):
- Die Tatschwere und das Eskalationsprinzip sind handlungsleitend.
- Eindeutige sozialbiographische Konfliktlagen führen nicht zu pädagogischen Interventionen.
- Ausländer stehen am unteren Ende der Prestigehierarchie und werden härter bestraft.

Insgesamt führt die Diversion bei der Staatsanwaltschaft nicht zu einem niedrigeren Sanktionsniveau der Gerichte – was ausdrückliche Intention dieser kriminalpolitischen Strategie ist. Die Diversion verspricht den Abbau repressiver Sanktionierung, was aber gerade in dem diversionsorientierten Gerichtsbezirk Bielefeld nicht stattfindet. Versprochen wird Intervention für soziale Problemfälle, wenn überhaupt, wird durch Diversion der Normalfall gefördert.

5. Ergebnis der Forschung des SFB 227 zur gerichtlichen Hauptverhandlung

Die Frage nach der Rationalität der strafgerichtlichen Hauptverhandlung führt zu einer ernüchternden Antwort.

Hinsichtlich des **prozeduralen Aspekts** haben sich zahlreiche Indizien dafür ergeben, daß die Rationalität gerichtlicher Verfahren weitaus geringer ist, als rechtliche Modelle des Strafverfahrens nahelegen. Im Vordergrund steht nicht das Streben nach möglichst intensiver Erforschung des Sachverhalts und der Täterpersönlichkeit, sondern die **rasche und effiziente Fallerledigung**. Kommunikative Rationalität wird unterlaufen, da die Teilnahme der Angeklagten in der Sachverhaltskonstruktion sich weitestgehend als irrelevant herausstellt, denn die Beweislage der zugeführten Sachverhalte ist mehr oder weniger eindeutig.

Auch die Erwartungen in Hinblick auf eine höhere **Ergebnisrationalität** des gerichtlichen Verfahrens haben sich nicht bestätigt. Richterliche Sanktionsentscheidungen orientieren sich an leicht handhabbaren Kriterien wie der Tatschwere und dem Eskalationsprinzip und ähneln damit im übrigen sehr stark staatsanwaltschaftlichen Entscheidungen (vgl. oben § 19 B II). Das Vorliegen von sozialbiographischen Konfliktlagen führt nicht zu pädagogischen Interventionen. Gerade ausländische Gruppen werden benachteiligt, die in der gesellschaftlichen Prestigehierarchie am weitesten unten stehen. Auch hat die hohe staatsanwaltschaftliche Diversionsaktivität im Landgerichtsbezirk Bielefeld nicht zu einem niedrigeren Sanktionsniveau bei den Jugendgerichten geführt. Im Landgerichtsbezirk Paderborn, in dem eine deutlich niedrigere staatsanwaltschaftliche Diversionsneigung besteht, ist die Sanktionspraxis keineswegs repressiver.

Wir müssen also nach dieser Untersuchung eine **Diskrepanz** zwischen den **normativen Leitlinien** der gerichtlichen Hauptverhandlung (vgl. oben § 24) und ihrer **faktischen Rolle** feststellen. Das Idealbild einer an freiheitlichen Rechtsprinzipien orientierten Hauptverhandlung wird zunehmend obsolet. Versprochen wird eine durch Diversion getragene Entlastung der Strafjustiz, eine Verbesserung der Rechtsprechung, doch das Gegenteil ist der Fall: Die Grauzone der Informalität dringt in das Recht selbst ein. Das Ergebnis ist – in der Stichprobe der vorgestellten Untersuchung – nicht besseres, sondern **willkürlicheres** Recht (*Ludwig-Mayerhofer*, 1998, 241).

C. Die Funktionalisierung der Dritten Gewalt im exekutivischen Konzept der Verbrechensbekämpfung

Außerrechtliche Einflußmöglichkeiten sind nach den vorgestellten Befunden zahlreich vorhanden. Ob Herkunft, Attitüden, berufliche Sozialisation etc. dominierende Handlungseinflüsse sind, ist allerdings nach dem derzeitigen Forschungsstand in einem empirisch-repräsentativen Sinne nicht abschließend nachweisbar. Angesichts der angespannten Rahmenbedingungen für die Justizadministration und die Arbeitsbelastung der Gerichte (Zunahme der Verfahren, organisatorische Unterausstattung, Ausbildungsdefizite etc.) dürften jene Forschungsbefunde aber eine große Plausibilität haben, wonach der **Fallerledigungsdruck** die strafgerichtliche Berufspraxis in weiten Zügen dominiert. Informelle Aushandlungen in Umfangstrafsachen sind Indiz dafür, daß forensische Ressourceneinsparung hier wie dort durch Nichtberücksichtigung der freiheitssichernden Prozeßprinzipien erkauft werden muß.

Es besteht die Gefahr, daß die Unabhängigkeit und die konstitutiven Prinzipien der Dritten Gewalt durch ein exekutivisches Konzept informalisierender Verfahrensbewältigung ausgehöhlt werden (I). Aber nicht nur das: Die Kriminaljustiz wird präventiv überfordert (II), die Rechtsprechung wird von rechtsstaatlichen Topoi abgekoppelt (III) und durch fragwürdige Verfahren scheinbar legitimiert (IV).

I. Informalisierung des Strafverfahrens und exekutivisches Recht

Die Vielzahl der Verdachtsfälle in Bagatell- und Jugendstrafverfahren, unzeitgemäße Organisationsformen des Kriminaljustizsystems einschließlich permanenter Ressourcenverknappung und nicht zuletzt der Handlungsdruck, den eine angsterzeugende populistische Kriminalpolitik entfacht (vgl. unten 13. und 14. Kapitel), zwingen die Kriminaljustiz zu **verfahrensökonomischen Erledigungsstrategien.** Trotz zunehmender Fallast soll die Justizorganisation funktionsfähig bleiben. Anstelle angezeigter normativer Entkriminalisierung werden Informalisierungen des Strafverfahrens geschaffen. Der Ressourcendruck zwingt gerade in Umfangstrafsachen zur informellen Verfahrensbeendigung (Deal), unter Außerachtlassung der rechtsstaatlichen Prinzipien des Strafverfahrens. Informalisierung wird von legitimatorischen und instrumentellen Aspekten getragen.

1. Kriminologische Legitimierung der Informalisierung

Es ist ein wenig das Schicksal der traditionellen Kriminologie, mit ihrer Kritik am Strafrecht die soziale Kontrolle durch Strafrecht verformt und mit dessen Verformung auch die Unberechenbarkeit des Kriminaljustizsystems sowie die Erweiterung von Eingriffsmöglichkeiten zum Nachteil des Individuums hervorgerufen zu haben.

In der formalen Distanz des Strafrechts zur Wirklichkeit des rechtsunterworfenen Bürgers soll unnötiges menschliches Leiden entstanden sein. Strafrechtlich stigmatisiert wurden Lebensentwürfe zerstört, konnten kriminalisierte Individuen gesellschaftlich ausgeschlossen werden, ohne die Chance der gesellschaftlichen Reintegration jemals wieder zu erhalten. Blind agierte das formale Strafrecht in seinen Verfahren und Sanktionen den individuellen und gesellschaftlichen Bedürfnissen gegenüber. Dieser konstatierten Blindheit wurde das Konzept spezialpräventiver, reflexiver Folgenorientierung gegenübergestellt. Das Jugendstrafrecht diente dieser Konzeption als Experimentierfeld. Diversion war der Zauberbegriff für den Verzicht auf stigmatisierende Sanktion (Non-Intervention) und für die Begründung spezialpräventiv wirksamer und damit auch humanerer Rechtsfolgen. Es galt, den Rechtsanwendern Sanktionen mit sozialpädagogischer Orientierung zur Verfügung zu stellen, die in der Lage waren, Normabweichung Jugendlicher verstehend zu erfassen und ihren Besonderheiten gerecht zu werden. Förmliche Verfahren sollten vermieden, rasch abschließende, weniger belastende Verfahrenswege etabliert werden. Stationäre Sanktionen wollte man durch ambulante Sanktionsangebote ersetzen. Das Strafrecht humaner zu gestalten, die Lösung des Konflikts dem autoritären Zugriff des Staates zu entziehen und ihn den Konfliktbeteiligten selbst zu überantworten, waren die Ideale dieser Zielvorstellungen, die sich auch auf die Professionalisierungs- und Institutionenkritik der siebziger Jahre theoretisch berufen konnte (*Bettmer* u. a., 1988, 121 ff.).
Indes, die Verhältnisse wurden nicht so.

2. Instrumentelle Aspekte der Informalisierung

Mit der Informalisierung beginnt keine Erfolgsgeschichte des Strafrechts – im Gegenteil. Verfahrenseinstellungen haben kontinuierlich prozentual zugenommen. Damit war eine Vermeidung belastender Verfahren nicht herbeigeführt worden. Verändert hatte sich lediglich die Form der einst kritisierten Stigmatisierung: Der Richter wurde durch den Staatsanwalt ersetzt. Zugleich erwies sich auch die Hoffnung auf den Abbau stationärer Sanktionen im Jugendstrafrecht als trügerisch (*Albrecht*, 1990, 5).
Das Strafrecht hat sich schlicht als ungeeignet erwiesen, den vorhandenen Konflikt sozialpädagogisch flankiert zu bewältigen. Auch das Jugendstrafverfahren läßt sich nicht als Ort der Harmonie konstruieren, sondern bleibt notwendig immer auch Strafrecht in traditionellem Sinne: Ort der Gewaltausübung des Staates gegenüber dem Bürger. Geblieben ist nur die Auflösung rechtlicher Formen, die der Exekutive ein Mehr an strafprozessualer Gestaltungsmacht verlieh und das Strafverfahren damit beliebiger und in der praktischen Rechtsanwendung ungleicher werden ließ.

Diese Auflösung rechtlicher Form ist nicht nur ein aus der Dialektik der Diversionsbewegung resultierendes Ergebnis. Sie ist vielmehr das Kennzeichen des modernen Strafrechts im allgemeinen. Das auf der Grundlage des Präventionsgedankens aufgerüstete Strafrecht produziert für das Kriminaljustizsystem eine **Situation des Erledigungsdrucks.** Strafrecht folgt einem Steuerungsanspruch, den es realiter nicht einlösen kann. Selbst diese Vorverlagerung aber kann die vorhandenen Beweisschwierigkeiten nicht beseitigen helfen, weil die Gebiete, auf die sich das Strafrecht begibt, für dessen Steuerungsansprüche unerreichbar bleiben müssen, will man nicht vollends auf rechtsstaatliche Sicherungen verzichten.

In der gegebenen Erledigungspraxis wird dieser durch den Zweckgedanken im Strafrecht erzeugte Problemdruck kanalisiert: Um den Durchsetzungs- und damit Geltungsproblemen des Strafrechts zu entgehen, darf die Geltung der Norm verfahrenstechnisch außer Kraft gesetzt werden. Auf die **Stoffüberlastung** muß das Kriminaljustizsystem mit Mechanismen der **Stoffbegrenzung** reagieren. **Opportunität** und **Absprachen** im Strafverfahren sind die **Mittel dieser Stoffbegrenzung.**

Naucke bezeichnet diese Situation als „Auflösung der Positivität des aktuellen Rechts" und sieht darin ein „Hauptkennzeichen heutigen juristischen Arbeitens: An die Regeln gebunden zu sein und doch zu wissen, daß man sie nur anwenden braucht, wenn man sie für richtig hält, daß man ihnen entkommen kann, wenn man will" (*Naucke*, 1986, 201 ff.).

Diese Art der Erledigung wurzelt nicht mehr in wohlfahrtsstaatlichen Rechtskonzeptionen, wie sie die kritische Kriminologie einstmals selbst verfolgte, sondern in Überlegungen **administrativer Rationalisierung.** Das dabei entstehende **exekutivische Recht** impliziert einen **gehaltlosen Rechtsbegriff.** Die einst durch die Verpflichtung auf die individuelle Freiheit zum Recht sich legitimierenden Gesetze sind nur noch poröse Sammelsurien bürokratischer Praktiken im zweifelhaften Dienst des Interventionsstaats, dem das Attribut „sozial" längst abhanden gekommen ist.

Die von den Justizadministrationen produzierten Diversionsstrategien schlagen in der massenweisen Anwendungspraxis der Staatsanwaltschaften um in eine Abstinenz gegenüber jeglichen Kontakten mit der „Lebenswelt". Die Diversion verkümmert zur Entscheidung am Schreibtisch unter administrativem Absehen von individuellen Merkmalen des Falles (*Ludwig-Mayerhofer*, 1998, 103). Die Annahmen, welche die administrative Rationalisierung als bewußte kriminalpolitische Strategie einer „List der Vernunft" betrachten, mit deren Hilfe auf der Ebene der Gerichte eine erhöhte Kommunikations- und Ergebnisrationalität erzeugt werden könnte, erweisen sich vor dem Hintergrund aktueller Forschungen allesamt als nicht zutreffend. Nebenprodukt der Informalisierung ist allenfalls ein – bislang noch – außerordentlich vorsichtiger Abbau repressiver Sanktionen, jedenfalls, wenn man das auf die Gesamtbevölkerung bezieht. Kritiker bezeichnen das als spezifisch deutschen Weg eines „administrativen Pragmatismus".

II. Überforderung der Strafjustiz im Präventionswettbewerb

Aus der Informalisierung ergeben sich auch für die Strafjustiz sehr konkrete Folgen. Mit der Informalisierung verbunden ist die Dominanz der Staatsanwaltschaft im Kriminaljustizsystem, gerade gegenüber den Gerichten. Der in der staatsanwaltschaftlichen Erledigungspraxis zum Tragen kommende Ansatz administrativer Rationalisierung überträgt sich – fast zwangsläufig – auch auf die Gerichte.

Empirische Untersuchungen können aufzeigen, daß auch die Sanktionsentscheidungen der Gerichte Routineprogrammen folgen, die inhaltlich von rechtspraktisch fixierten Merkmalen getragen werden. Im Verfahren selbst – auch dies läßt sich empirisch belegen – ist die formalisierte Suche nach der Wahrheit, zu der auch die Persönlichkeit des Angeklagten im Hinblick auf Art und Umfang der Strafzumessung zählen kann, durch Zeitdruck und dem Bestreben nach schneller Erledigung geprägt. Die **Kommunikation** zwischen den Prozeßbeteiligten muß **oberflächlich** bleiben.

Jeder Praktiker kennt das Gefühl des Erledigungsdrucks, wenn der Arbeitstag mit Verhandlungsterminen überladen ist. In dieser Praxis geht das mit der Dritten Gewalt konfrontierte Individuum mit seinen individuellen Bedürfnissen und Freiheitsansprüchen unter. Was sich in den letzten Jahren abzeichnet, ist eine Art Präventionswettbewerb innerhalb des Kriminaljustizsystems, da der Prozeß administrativer Rationalisierung auch in den kriminalpolitischen Tendenzen festgeschrieben wird. Die Zahl der Richter – nicht der Staatsanwälte – wird durch die Landesjustizverwaltungen reduziert. Die finanziellen Ressourcen, die für den Bereich der Rechtspolitik bereitgestellt werden, sind zusehends durch die technische Aufrüstung der Polizei gebunden. Gerichtsintern werden zur Verfügung gestellte Ressourcen durch komplizierte Wirtschafts- und Umweltstrafverfahren gebunden. Das am Zweckgedanken ausgerichtete Strafrecht droht am eigenen Steuerungsanspruch in der Justizpraxis zu versagen. Auf der Strecke bleiben die Prinzipien eines streng formalisierten, auf die Verletzung eines Rechtsgüterkerns beschränkten Strafrechts.

Die Dritte Gewalt steht inmitten administrativer Effizienzüberlegungen. Die Unabhängigkeit der Gerichte muß zu einer Abhängigkeit von der Ministerialbürokratie führen, wenn organisatorische Defizite, verursacht durch oftmals groteske Personalschlüssel, herrschen, wenn die Ressourcen der Landesjustizverwaltungen auf die treibenden Kräfte der politisch gewollten Präventionsstrategie – Polizei und Staatsanwaltschaft – verteilt werden (*Simon*, 1975, 30 ff.).

Präventionswettbewerb bedeutet die **Auseinandersetzung** innerhalb des Kriminaljustizsystems um **knapper werdende Haushaltsmittel**. Nur derjenige kann Ressourcen beanspruchen, der sich zweckrational als tauglich erweist, die herrschenden Politikmodelle in die Justizpraxis umzusetzen. Damit verkümmert die Dritte Gewalt zum bürokratischen Erfüllungsgehilfen, läßt sie im Verteilungskampf öffentlicher Mittel hintanstehen. Ihre Institutionen sind in der großen Gefahr, sich gegenüber den menschlichen Bedürfnissen und individuellen Freiheitsrechten des Bürgers zu verselbständigen. Auf Dauer muß dieser Prozeß den demokratischen Rechtsstaat selbst destabilisieren.

III. Abkoppelung der Justiz von rechtsstaatlichen Topoi

1. Geheime Ermittlungsverfahren als Ausschluß richterlicher Kontrolle

Die Dominanz des exekutivischen Rechts zeigt sich auch in der kontinuierlichen Erweiterung operativer Ermittlungsbefugnisse. Deren Anwendung beeinflußt das Hauptverfahren und damit die Rolle der Strafjustiz nachhaltig. Die **Tendenz der Geheimhaltung** (§ 15 III 2) läßt die Ermittlungsbehörden den Beweisstoff so beeinflussen, daß den Gerichten wesentliche Erkenntnismöglichkeiten entzogen werden.

Am Beispiel der Sperrerklärung in bezug auf Erkenntnisse, die durch verdeckte Ermittlung gewonnen wurden, läßt sich verdeutlichen, daß das Prinzip der Gewaltenteilung einer Maxime von Gewaltenverschränkung weichen soll, die die Justiz in das innenpolitische Konzept der Verbrechensbekämpfung einbinden will. In diesem Konzept wird die Idee der richterlichen Unabhängigkeit – Kontrolle exekutiver und legislativer Macht – verdrängt: Die richterliche Kontrolle der Rechtmäßigkeit einer Sperrerklärung erstreckt sich gemäß § 110 b Abs. 3 Satz 1 iVm. § 96 StPO nur darauf, ob die jeweilige Behörde ihr Ermessen in pflichtgemäßer Weise ausgeübt hat. Eine vollständige Überprüfung der Voraussetzung der behördlichen Sperrerklärung ist den Gerichten hingegen verwehrt. Das Gericht prüft, ob die Sperrerklärung erforderlich war. Erforderlich ist sie gemäß § 110 b Abs. 3 Satz 3 StPO im Falle verdeckter Ermittlung dann, wenn durch die Enttarnung das Leben und die Gesundheit des verdeckten Ermittlers gefährdet würden. Sie ist es aber auch dann, wenn das Geheimhaltungsinteresse des Staates tangiert wird, wenn sich die Enttarnung als unökonomisch darstellen würde (*BGH* StV 1993, 113; *BGH* StV 1994, 169).

In diesen der operativen Ermittlungsmethode der verdeckten Ermittlung geschuldeten Prüfungsprämissen sind die Gerichte gezwungen, den Weg ökonomischer Kalkulation zu beschreiten und sich darüber hinaus dem überhöhten Strafverfolgungsinteresse der Exekutive zu beugen (*Braum*, 1995, 18).

Genereller: Nicht nur die verdeckte Ermittlung, sondern auch die anderen auf Geheimhaltung gestützten operativen Ermittlungsmethoden konfrontieren die Gerichte mit Zumutungen an eine rechtsstaatliche Strafprozeßdogmatik (*Weßlau*, 1997, 238ff.; *Klawitter*, 1997, 248ff.). Der täuschende, strafverfolgende Staat setzt die Maßstäbe und bestimmt die Lehre von den Beweisverboten: Unter Verstoß gegen Zeugnisverweigerungsrechte oder den nemo-tenetur-Grundsatz gewonnene Erkenntnisse können gleichwohl als Beweise verwertet werden, wenn in der Abwägung zwischen bürgerlichen Freiheitsrechten und staatlichem Strafverfolgunginteresse das letztere überwiegt. Will man die operativen Ermittlungsmethoden in ihrer vermeintlichen Effizienz retten, verpflichtet dies die Gerichte in der politischen Logik des Präventionsstaats zwangsläufig zu einer am exekutivischen Interesse orientierten Beweisverbotsdogmatik (vgl. zum Beispiel den Hörfallen-Beschluß des *BGH* StV 1996, 255ff.). Operative Ermittlungsmethoden ziehen auch die Entformalisierung des gesamten nachfolgenden Strafverfahrens nach sich. Die **Gerichte** werden **zu Subjekt und Gegenstand** dieser **Entformalisierung.**

2. Die Politisierung des Richters bei Prognoseentscheidungen

Im Gefolge des 6. Strafrechtsreformgesetzes wurde dem Richter die Erkenntniskompetenz für Prognosen bei vorzeitiger Entlassungsentscheidung eingeschränkt, wenn nicht gänzlich genommen (vgl. § 57 Abs. 1 Satz 1 Nr. 2 StGB iVm. § 454 Abs. 2 Nr. 2 StPO). In Zukunft kommt es nicht mehr auf sachgerechte Individualprognosen (die schwierig genug waren) an. Das „Sicherheitsinteresse der Allgemeinheit" wird zum dominierenden Entscheidungskriterium. Der Richter wird unmittelbar in die „Verantwortung" der staatlichen Sicherheitspolitik genommen. Wenn „nicht auszuschließen ist", daß bei Verurteilungen wegen eines Verbrechens **„Gründe der öffentlichen Sicherheit** einer vorzeitigen Entlassung eines Verurteilten entgegenstehen", ist aus kriminologischer Sicht überhaupt keine vorzeitige Entlassung mehr vornehmbar, weil kein Mensch – auch kein Sachverständiger – einen derartigen prognostischen „Ausschluß" vornehmen kann. Das Instrument vorzeitiger Entlassung war bislang einer der wenigen sinnvollen Ansätze für soziale Anpassungsleistungen von Gefängnisinsassen während und nach der Strafhaft. Mit dem überflüssigen und kontraproduktiven Einbau unüberwindbarer Entlassungshindernisse hat der Gesetzgeber den Richter zum Objekt seiner populistischen Sicherheitspolitik gemacht und sinnvolle Ansätze positiver Spezialprävention mit einem Federstrich wider jede empirische und normative Vernunft über den Haufen geworfen.

IV. Anspruch und Wirklichkeit des Richtervorbehalts

Es gehört zu den zweifelhaften Kompromissen aktueller Kriminalpolitik, nachhaltige **Eingriffe in bürgerliche Freiheitsrechte** mittels richterlicher Kontrollbefugnisse in Gestalt des **Richtervorbehalts** zu kompensieren (*Asbrock*, 1997, 255).

Normativ soll der Eindruck vermittelt werden, daß die mit der Erweiterung operativer Ermittlungsbefugnisse verbundene Ausdehnung exekutivischer Macht richterlich noch zu kontrollieren sei und daß die das Strafverfahren prägende Gewaltenbalance nicht tangiert werde. Der Richter wird zur letzten Hoffnung im Hinblick auf die Verteidigung von Grundrechten. Gleichzeitig ist der für die richterliche Anordnung im Ermittlungsverfahren zuständige Richter eben auch **Ermittlungsrichter,** d.h. aufgrund seiner Zuständigkeiten im Ermittlungsverfahren auch gehalten, dieses im Rahmen seiner Justizförmigkeit zu fördern. Der Ermittlungsrichter steht im Spannungsverhältnis von Effizienz der Strafverfolgung einerseits und der Garantie bürgerlicher Freiheitsrechte andererseits. Dieses Spannungsverhältnis kennzeichnet bereits die Unsicherheit der normativen Grundlagen des Richtervorbehalts. Positivrechtlich ist das Institut durch die Unüberschaubarkeit der strafprozessualen Regelungen geprägt.

Dieser bereits unsichere **normative Anspruch** wird durch die **Rechtswirklichkeit** des Richtervorbehalts in der strafprozessualen Praxis konterkariert. In dieser Praxis scheint der Richtervorbehalt seinen Dienst zu versagen. Dies wird deutlich

- an der ungehindert zunehmenden Anzahl von Telefonüberwachungen,
- in der damit verbundenen Seltenheit richterlicher Ablehnungen von beantragten Maßnahmen sowie
- in der weitverbreiteten Nutzung der staatsanwaltschaftlichen und polizeilichen Eilkompetenzen, die das Institut des Richtervorbehalts praktisch unterlaufen (*Asbrock*, 1997, 258; vgl. jedoch BVerfGE 103, 142).

Das praktische Versagen des Richtervorbehalts steht in Zusammenhang mit dem Zeitdruck, der auch durch die Belastung der Justiz mit den zahlenmäßig wuchernden Anträgen auf operative Ermittlungsmaßnahmen bedingt ist. Aufgrund dieses Zeitdrucks wird auf der Grundlage von Sachverhalten entschieden, die polizeitaktisch vorkonstruiert werden und empirisch pauschal bleiben. Auf der anderen Seite wird ein Großteil der staatsanwaltschaftlichen Anträge von den Richtern wörtlich – ohne inhaltliche Überprüfung der tatbestandlichen Voraussetzungen – übernommen. Hierdurch zeigt sich, daß von richterlicher Seite die angestammte **Wächterfunktion** weder wahrgenommen werden kann noch wahrgenommen werden möchte (*Backes/Gusy*, 2003, 123 ff.). Im Ergebnis stellt der Richtervorbehalt ein dünnes rechtsstaatliches Feigenblatt für verfassungsrechtlich bedenkliche polizeiliche und staatsanwaltschaftliche Ermittlungsbefugnisse dar.

V. Das Prinzip der richterlichen Unabhängigkeit als Bollwerk gegen den Zeitgeist

Insgesamt sollte deutlich geworden sein, daß die Belastungen durch exekutivisches Recht zu einer Politisierung der Dritten Gewalt führen, die sich auf eine von rechtsstaatlichen Prinzipien geleitete Rechtsprechung negativ auswirken muß. Freilich: Die Idee der Aufklärung sieht den Richter keineswegs als politisches Neutrum. In der **Kontrolle legislativer und exekutiver Macht** weist der Gesellschaftsvertrag der **Dritten Gewalt** auch eine bedeutsame **verfassungspolitische Funktion** zu. Es geht um die Stiftung von **Rechtssicherheit** und von **Rechtsfrieden**. Gemeint ist die Sicherheit des Bürgers vor staatlichem Zugriff und der Frieden, welcher durch die Begrenzung gesellschaftlicher Macht die individuelle Freiheit erst zur Entfaltung kommen läßt. In der aktuellen Kriminalpolitik ist zur Sicherung dieser verfassungsrechtlichen Prinzipien ein justitielles Rollenverständnis vonnöten, das sich auf die Ideen der Aufklärung selbstbewußt zurückbesinnt. Dieses Rollenverständnis muß auf der **Einhaltung rechtsstaatlicher Prinzipien** beharren.

Es wäre wünschenswert, wenn sich das Bundesverfassungsgericht dieser Kontrollaufgabe als Hüter elementarer Prinzipien der Funktionsfähigkeit der Dritten Gewalt besinnt. In der Judikatur des höchsten Gerichts sind Ansätze durchaus vorhanden. Das Recht des Angeklagten auf ein faires rechtsstaatliches Strafverfahren (Art. 2 Abs. 1 iVm. Art. 20 Abs. 3 GG) gebietet es nach der Rechtsprechung des Bundesverfassungsgerichts, wegen der nur begrenzten Zuverlässigkeit mittelbar erhobener Beweise – zu denen auch V-Leute, gesperrte Akten, nicht offen ermittelnde Polizeibeamte gehören dürften – besondere Anforderungen an die Beweiswürdigung zu stellen: „So ist der Beweiswert von Bekundungen, die auf einen in der Hauptverhandlung nicht vernommenen Gewährsmann zurückgehen, besonders kritisch zu überprüfen. Dessen Angaben genügen regelmäßig nicht, wenn sie nicht durch andere, nach der Überzeugung des Strafgerichts wichtige Gesichtspunkte bestätigt werden; das Gericht muß sich der Grenzen seiner Überzeugungsbildung stets bewußt sein, sie wahren und dies in den Urteilsgründen zum Ausdruck bringen" (*BVerfG* StV 1995, 562). Die Strafjustiz sollte sich dieser **Wächterfunktion** für die **Wahrung elementarer rechtsstaatlicher Prinzipien** stets bewußt sein. Anderenfalls droht sie sich selbst zu eliminieren.

9. Kapitel. Strafvollzug

§ 26. Organisation und Belegungsstatistik

Literatur: *Calliess, R.-P./Müller-Dietz, H.,* Strafvollzugsgesetz, 10. Aufl., 2005; *Kaiser, G.;* Kriminologie, 3. Aufl., 1996; *Kinzig, J.,* Die Sicherungsverwahrung auf dem Prüfstand, 1996; *Lamott, F.,* Die erzwungene Beichte, 1984; *Müller-Dietz, H.,* Ehrenamtliche Helfer im Strafvollzug, Blätter der Wohlfahrtspflege 1987, 204 ff.; *Pollähne, H.,* Lockerungen im Maßregelvollzug, 1994; *Schneider, H.-J.,* Kriminologie, 1987; *Schüler-Springorum, H.,* Strafvollzug im Übergang, 1969; *Statistisches Bundesamt Wiesbaden* (Hrsg.), Fachserie 10 Rechtspflege, Reihe 4.1 und 4.2, Strafvollzug; *Walter, M.,* Strafvollzug, 2. Aufl., 1999.

Der Strafvollzug ist die letzte formelle Kontrollinstanz im Zuge des Ausleseprozesses im Kriminaljustizsystem. Der Trichtereffekt beschert dem Strafvollzug noch 7,05% jener 736 297 Verurteilten, die 2003 von den Strafgerichten der alten Bundesländer (einschl. Gesamt-Berlin) mit einer kriminalrechtlichen Sanktion belegt wurden. Von den 144 799 zu Freiheits- und Jugendstrafe Verurteilten (= 19,7% aller Verurteilten) mußten 62 594 Menschen den Strafvollzug antreten.

Erna ist eine dieser Personen, an denen – lebenslange – Freiheitsstrafe vollzogen wird. Nehmen wir an, daß gemäß der polizeilichen und staatsanwaltschaftlichen Vorgaben das Schwurgericht im Sinne „administrativer Rationalisierung" ‚kurzen Prozeß' gemacht hat. Das von der Polizei aktenkundig gemachte Geständnis für den bedingten Tötungsvorsatz konnte auch von einem vom Gericht bestellten Pflichtverteidiger nicht wesentlich in Frage gestellt werden. Der Vorsitzende des Schwurgerichts hatte Erna zwar hinreichend Gelegenheit gegeben, den Tatablauf zu schildern. Sie hat wiederholt geäußert, daß sie den Tod des Vaters nicht gewollt habe, konnte aber mit dem Vorhalt, sie habe die Todesfolge doch „billigend in Kauf" genommen, nicht viel anfangen. Ohne die juristische Relevanz dieser Begriffe abschätzen zu können, hat sie die Aussagen vor der Polizei im großen und ganzen als zutreffend bestätigt; schließlich habe der polizeiliche Vernehmungsbeamte ihr gegenüber doch selbst bestätigt, daß sie den Tod des Vaters nicht beabsichtigt habe. Für dieses Verständnis war sie in der damaligen Situation sehr dankbar. Da Erna sich ihrem Vater auf eine Weise genähert hatte, ohne daß dieser etwas bemerken konnte, war das Ausnutzen von Arg- und Wehrlosigkeit – also die Heimtücke als Mordmerkmal – ebenfalls gegeben. Ein Sachverständiger, der Erna in der Untersuchungshaft untersucht hatte, konnte keine krankhaften Entwicklungen und keine Schuldausschließungsgründe erkennen. Die Motive für Ernas Handeln konnten weder von den Richtern noch vom Sachverständigen näher aufgeklärt werden, zumal Erna selbst die Sprache fehlte, ihr Handeln nachvollziehbar erklären zu können. Nach ihren eigenen Worten wollte sie eigentlich „nur noch Ruhe haben". Ihre Hinweise auf dauerhafte Quälereien, Alkoholismus des Vaters und stete Erniedrigungen waren weder durch Zeugen belegbar noch sonstwie für das Gericht nachvollziehbar. Der Verteidiger beantragte im Schlußplädoyer eine angemessene Bestrafung, der Staatsanwalt plädierte auf die eindeutige Rechtsfolge für § 211 StGB: lebenslang! Das Schwurgericht verhängte nach zwei Verhandlungstagen die beantragte Strafe. Ermessensspielräume sahen die Richter nicht. Eine besondere Schwere der Schuld freilich auch nicht. Die eingelegte Revision wurde vom Bundesgerichtshof nach wenigen Monaten als „offensichtlich unbegründet" verworfen. Das Urteil war rechtskräftig.

Erna kam aus der Untersuchungshaftanstalt in eine Justizvollzugsanstalt für Frauen zwecks Verbüßung lebenslanger Strafhaft. Der Fall ist – bis auf die von *Rasch/Hinz* dokumentierte Vernehmungsniederschrift (vgl. § 16 V 1) – zwar fiktiv fortgeführt, in dieser Konstellation bei der gegebenen Beweislage aber durchaus typisch. Wir wollen Erna nunmehr in den Strafvollzug begleiten.

A. Organisation des Strafvollzugs

I. Strafvollstreckung und Strafvollzug

Strafvollstreckung und Strafvollzug sind keine deckungsgleichen Begriffe, sondern verschiedenen Gebieten des Strafrechts zuzurechnen. Dabei beziehen sich Strafvollstreckung und Strafvollzug auf getrennte Ebenen bei der Verwirklichung des Urteilsinhalts. Während die Strafvollstreckung den Zeitraum von der Rechtskraft des Urteils bis zum Strafantritt bzw. darauf folgender Überwachungsaufgaben einschließt, erstreckt sich der Strafvollzug von der Aufnahme des Verurteilten bis zur Entlassung aus der Haftanstalt: Vollzug ist somit die praktische Durchführung der Kriminalsanktion, Vollstreckung die Herbeiführung und Überwachung der Durchführung.

Unter Strafvollzug wird in diesem Sinne jedoch nur die Vollziehung der freiheitsentziehenden Sanktionen verstanden. Dazu gehören die Freiheitsstrafe (§§ 38ff. StGB), die freiheitsentziehenden Maßregeln der Besserung und Sicherung (§§ 63ff. StGB), der Strafarrest (§ 9 WStG, § 167 StVollzG) und die Jugendstrafe (§§ 17ff., 91 JGG). Die Vorschriften über die Strafvollstreckung gelten nur für Vollstreckungen von Entscheidungen des Strafgerichts. Die lückenhaften Bestimmungen der Strafprozeßordnung (§§ 449–463 d StPO) werden ergänzt durch die Verwaltungsvorschriften der Strafvollstreckungsordnung (StVollstrO), der Einforderungs- und Beitreibungsanordnung (EBAO) und der Justizbeitreibungsordnung (JBeitrO), an welche die Gerichte bei der Gesetzesauslegung nicht gebunden sind.

Zuständig für die Strafvollstreckung, die als Justizverwaltungsaufgabe anzusehen ist, ist generell die Staatsanwaltschaft (§ 451 Abs. 1 StPO). Eine Zuständigkeit des Gerichts ergibt sich lediglich bei der Vollstreckung von Ordnungsmitteln (§§ 179f. GVG) und bei Vollstreckungen gegen Jugendliche bzw. nach Jugendstrafrecht verurteilte Heranwachsende (§§ 82–85, 110 JGG). Gerichtlicher Rechtsschutz und Entscheidungen zur Vollstreckungsunterbrechung oder zur Aussetzung des Strafrestes zur Bewährung sind speziellen Strafvollstreckungsgerichten zugewiesen (§ 109 StVollzG).

II. Aufbau und Struktur des Strafvollzugs

1. Vertikale Hierarchie

In der Bundesrepublik ist der Strafvollzug nach föderativem Prinzip Angelegenheit der Länder, wobei die Aufsicht über die Justizvollzugsanstalten den Landesjustizverwaltungen, d.h. in aller Regel den Justizministerien obliegt. Sie können Aufsichtsbefugnisse auf zentrale Justizvollzugsämter übertragen (§ 151 Abs. 1 StVollzG). Unter Aufsicht ist in diesem Zusammenhang die Rechts- und die Fachaufsicht zu verstehen. Sie darf indessen „die Anstalten nicht bis ins einzelne durch das Erlaß- und Berichtswesen steuern. Sie hat sich vielmehr grundsätzlich auf die Rahmenplanung und Globalsteuerung des Vollzugsgeschehens zu beschränken. Die Aufsicht ist daher so auszuüben, daß den Anstalten ein möglichst weiter Spielraum für die eigenverantwortliche Gestaltung des Vollzuges verbleibt" (*Calliess/Müller-Dietz*, 2005, § 151 Rn. 2 m.w.N.).

Als Justizvollzugsanstalten werden nach § 139 StVollzG die Anstalten für den **Vollzug der Freiheitsstrafe,** die sozialtherapeutischen Anstalten (*Lamott*, 1984) und die Anstalten der **Sicherungsverwahrung** (*Kinzig*, 1996) bezeichnet. Psychiatrische Krankenhäuser und Entziehungsanstalten, in denen nach §§ 63, 64 StGB der sog. **Maßregelvollzug** (*Pollähne*, 1994) durchgeführt wird, sind weder Einrichtungen des Justizvollzuges noch den Justizverwaltungen unterstellt. Sie sind jedoch im Hinblick auf den

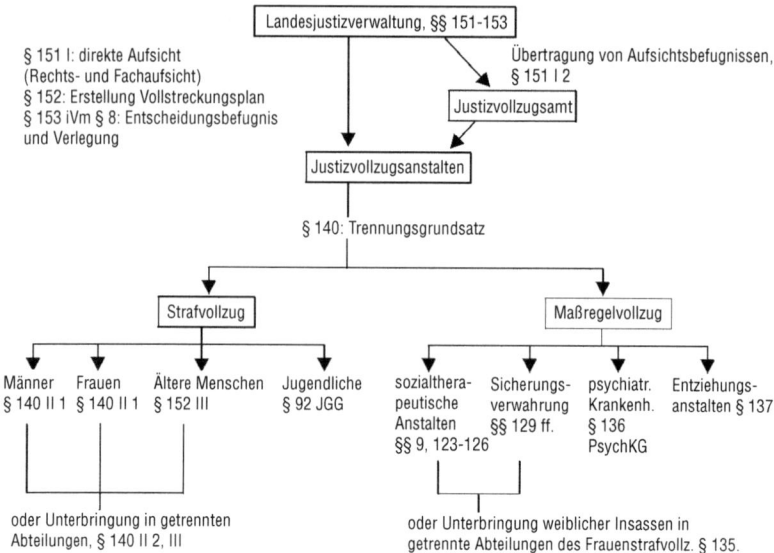

Abbildung 1: Organisation des Strafvollzuges

Vollzug der Maßregel an die entsprechende strafrechtliche Aufgabenstellung gebunden (vgl. *Calliess/Müller-Dietz*, 2005, §§ 136 Rn. 1, 137).

Den **gerichtlichen Rechtsschutz** für den Bereich des Strafvollzugs nach §§ 109 ff. StVollzG nehmen die Strafvollstreckungskammern wahr. Das bezieht sich auf den Vollzug sowohl der Freiheitsstrafe als auch der freiheitsentziehenden Maßregeln der Besserung und Sicherung. Danach kann der Gefangene „gegen eine Maßnahme zur Regelung einzelner Angelegenheiten auf dem Gebiete des Strafvollzuges" (§ 109 Abs. 1 Satz 1 StVollzG) Antrag auf gerichtliche Entscheidung stellen. Der Antrag ist jedoch nur unter der Voraussetzung zulässig, daß „der Antragsteller geltend macht, durch die Maßnahme oder ihre Ablehnung oder Unterlassung in seinen Rechten verletzt zu sein" (§ 109 Abs. 2 StVollzG). Die Grenze wird im „allgemeinen Schikaneverbot" gesehen, das einem Mißbrauch des Gerichts entgegenarbeiten soll (vgl. ebd., § 109 Rn. 23).

2. Horizontale Hierarchie

Neben der vertikalen Hierarchie innerhalb des Strafvollzugssystems eines Bundeslandes ergibt sich auf der Ebene der einzelnen Justizvollzugsanstalt ein spezifischer innerer Aufbau, der auch als „horizontale Hierarchie" gefaßt werden kann.

Im Strafvollzug sind folgende Personalfunktionen zu unterscheiden:

a) Der **Anstaltsleiter** vertritt die Anstalt nach außen und trägt die Verantwortung für den gesamten Vollzug, sofern bestimmte Aufgabenbereiche nicht anderen Vollzugsbediensteten übertragen sind (§ 156 Abs. 2 StVollzG). Er ist, was die Regelung einzelner Angelegenheiten betrifft, mit weitreichenden Befugnissen ausgestattet, die bei Bedarf auf die untergeordneten Ebenen der Anstaltskonferenz, der Einzelabteilungen (Abteilungsleiter, Betreuungsgruppenteams) und der zuständigen Gruppenbeamten delegiert werden können (vgl. *Calliess/Müller-Dietz*, 2005, § 156 Rn. 4).

b) Die **Beamten des allgemeinen Vollzugsdienstes (AVD)** sind in erster Linie für den straff durchorganisierten Tagesablauf in der Anstalt vor dem Hintergrund des Prinzips der Sicherheit und Ordnung verantwortlich. Diese eigens für den Strafvollzug ausgebildeten Beamten tragen Uniform und gehören in der Regel dem mittleren Dienst an. Die Mitarbeiter des Verwaltungsdienstes sind nicht uniformiert und dem mittleren bzw. gehobenen Dienst zuzurechnen. Dagegen ist der **Werkdienst** für die Organisation und Durchführung der Gefangenenarbeit in den anstaltsinternen Betrieben zuständig. Dazu gehört auch die Aus- und Fortbildung der Gefangenen.

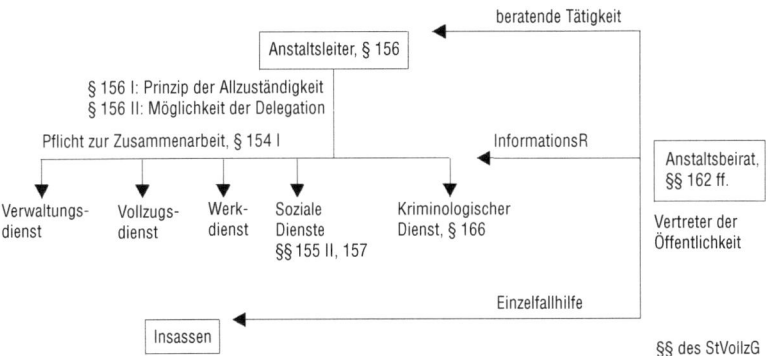

Abbildung 2: Innerer Behördenaufbau des Strafvollzugs

c) Die **Mitarbeiter des psychologischen und sozialen Dienstes** in der Anstalt (Psychologen, Pädagogen, Sozialarbeiter) sollen sich mit persönlichen Schwierigkeiten und Problemen des einzelnen Inhaftierten befassen, die regelmäßig aus seinem spezifischen Gefangenenstatus resultieren. Rollenkonflikte zwischen Bediensteten sind hier bereits vorprogrammiert (insgesamt dazu § 155 Abs. 2 StVollzG).

d) Schließlich sind die **Seelsorge** im Vollzug (§ 157 StVollzG), das Engagement externer **ehrenamtlicher Gruppen und Helfer** (vgl. *Müller-Dietz*, 1987) sowie der **kriminologische Dienst** (§ 166 StVollzG) hervorzuheben, die sämtlichst das Gesamtbild des Vollzugs mitprägen sollen.

III. Differenzierung und Klassifikation im Vollzug

1. Geschlossener Vollzug

Obgleich nach § 10 Abs. 1 StVollzG der offene Vollzug die Regelvollzugsform ist, waren im Jahr 2003 – je nach Belegungstag – 81,7% aller Gefangenen und Verwahrten im geschlossenen Vollzug untergebracht (vgl. *Statistisches Bundesamt*, Reihe 4.1, 2003, 7). De facto haben wir es also beim geschlossenen Vollzug mit der Regelform des Strafvollzugs zu tun. Da die oben genannte Bestimmung als Sollvorschrift ausgestaltet ist, bleibt den Vollzugsbehörden ein entsprechender Ermessensspielraum, den sie bei der Beurteilung des Gefangenen nach seiner „Eignung für den offenen Vollzug" nur selten zu seinen Gunsten nutzen. In erster Linie wird davon ausgegangen, daß der Gefangene sich dem Vollzug der Freiheitsstrafe entziehen oder die Möglichkeiten des offenen Vollzugs zur Begehung von Straftaten mißbrauchen wird (vgl. *Calliess/Müller-Dietz*, 2005, § 10 Rn. 8). Dabei sind die sozialisationsfeindlichen Schädlichkeiten eines Übermaßes an Sicherung bekannt: „Es erzeugt nämlich ein Brechungsbewußtsein, das seinerseits allenfalls zum Widerstande reizt" (*Schüler-Springorum*, 1969, 182).

Nach § 141 StVollzG ist für den Vollzug der Freiheitsstrafe auch in der geschlossenen Anstalt eine an den Behandlungsbedürfnissen des Gefangenen und an den Sicherheitsbedürfnissen der Allgemeinheit orientierte **Differenzierung** vorzunehmen, mit der die Strukturierung des Vollzugs nach spezifischen Vollzugsformen gemeint ist. So sind innerhalb der einzelnen Strafanstalt bestimmte Abteilungen für die berufliche Ausbildung, die allgemeine schulische Bildung oder die therapeutische Behandlung einzurichten, um den Inhaftierten für sein späteres Leben in der Gesellschaft besser vorzubereiten (§ 141 Abs. 1 StVollzG). Dem steht allerdings entgegen, daß der geschlossene Vollzug aufgrund der hohen Kontrolldichte, der Zellenarchitektur, der Ausstattung, des streng reglementierten Tagesablaufs, des spezifischen „Gefängnisklimas", der einschlägigen subkulturellen Phänomene etc. denkbar schlecht geeignet ist, auf ein (normkonformes) Leben in Freiheit vorzubereiten. Insofern steht denn auch beim geschlossenen Vollzug die „sichere Unterbringung" an erster Stelle (vgl. § 141 Abs. 2 StVollzG).

Für einen Großteil der Gefangenen wird schon seit jeher die **Übersicherung** kritisiert. Es erscheint der Gefängnisforschung als widersinnig, Menschen, die sich freiwillig zur Strafverbüßung stellen, einzuschließen. Den Anteil jener, die ohne wirksamste Sicherungen wirklich entweichen würden, schätzen Vollzugsspezialisten höchst gering (*Schüler-Springorum*, 1969, 181 m. w. N.; *Walter*, 1999, 179).

2. Offener Vollzug

Gegenüber dem geschlossenen Vollzug unterliegt der offene Vollzug erheblich geringeren Sicherheitsvorkehrungen. Innerhalb der Anstalt soll sich der Gefangene nach entsprechenden Regelungen möglichst frei bewegen können. Unter Wegfall der direkten Aufsicht sollen Wohn- und Schlafräume unverschlossen bleiben. Zeitweise sollen auch die Außentüren der Unterkunftsgebäude nicht verschlossen sein (vgl. *Calliess/ Müller-Dietz*, 2005, § 141 Rn. 2). Mit offenem Vollzug sind „offene" und „halb offene" Anstalten angesprochen, die keine oder verminderte Vorkehrungen gegen Entweichungen aufweisen. Die in dieser Vollzugsform untergebrachten Gefangenen müssen „den besonderen Anforderungen des offenen Vollzugs genügen" (ebd., § 10 Rn. 6; vgl. hierzu auch *Walter*, 1999, 188 ff.).

Die im Gesetz genannten Kriterien, die auf die Eignung des Gefangenen für den offenen Vollzug abzielen (§ 10 Abs. 1 StVollzG), sind unbestimmte Rechtsbegriffe, die vom Gericht inhaltlich bestimmt werden können. Dabei werden häufig verhaltens- und situationsbezogene Aspekte herangezogen. Einerseits soll sich der Gefangene den besonderen Gegebenheiten des offenen Vollzugs unterwerfen, also die notwendige Selbstdisziplin mitbringen, um einen störungsfreien Vollzugsablauf zu gewährleisten. Andererseits werden Momente ins Spiel gebracht, die nur ganz bestimmten Gefangenen die Möglichkeit des offenen Vollzugs einräumen.

3. Vollzugs- und Behandlungsplanung

Von der Aufgliederung nach Anstaltstypen und Vollzugsformen (**Differenzierung**) wird die sog. Klassifikation unterschieden, die sich auf die Einteilung der Gefangenen nach Aspekten der Behandlung und Sicherung bezieht. Danach sind die Gefangenen in verschiedene Gruppen zusammenzufassen, wobei innerhalb der einzelnen Gruppe hinsichtlich der Behandlungserfordernisse und Vollzugsgestaltung eine möglichst große Homogenität der Gefangenenstruktur bestehen soll (vgl. *Schneider*, 1987, 828 f.).

Zum Zweck der Behandlungsplanung ist nach dem Aufnahmeverfahren die sog. **Behandlungsuntersuchung** vorgesehen (§ 6 StVollzG), auf die der Gefangene einen Rechtsanspruch hat, soweit diese mit Rücksicht auf die Dauer seines Vollzugs geboten erscheint. Die Behandlungsuntersuchung hat „die Persönlichkeit und die Lebensverhältnisse des Gefangenen zu erforschen" (§ 6 Abs. 1 Satz 1 StVollzG). Dies stellt zum einen auf eine mit (sozial-)wissenschaftlichen Erkenntnissen und Methoden abgesicherte Untersuchung ab (bloße „Alltagstheorien" genügen nicht), und meint zum anderen die eigenständige Erhebung der individuellen Sozialisations- und Lebensbedingungen (der einfache Rückgriff auf die Prozeßakten ist unzureichend) (vgl. *Calliess/Müller-Dietz*, 2005, § 6 Rn. 3). Auf der Basis der Behandlungsuntersuchung ist sodann für den Gefangenen ein entsprechender **Vollzugsplan** (§ 7 Abs. 1 StVollzG) zu erstellen. Dieser Vollzugsplan soll acht Mindestangaben enthalten, die von der Unterbringung im geschlossenen oder offenen Vollzug über den Arbeitseinsatz sowie Maßnahmen der beruflichen Aus- und Fortbildung bis zu notwendigen Maßnahmen zur Vorbereitung der Entlassung reichen (§ 7 Abs. 2 Nr. 1–8 StVollzG). Hiernach ist die Vollzugsbehörde dazu verpflichtet, den Vollzugsplan inhaltlich so zu gestalten, daß zu den im Gesetz genannten acht Punkten entsprechende Angaben gemacht werden (vgl. *Walter*, 1999, 399 ff.).

Insgesamt betrachtet muß allerdings bezweifelt werden, daß eine fundierte Behandlungsuntersuchung sowie eine problemadäquate Vollzugsplanung tatsächlich zum Alltag der Vollzugspraxis gehört. Gerade auf dem Gebiet des fachwissenschaftlich betreuten Behandlungsvollzugs sind die Defizite des deutschen Strafvollzugs besonders gravierend.

IV. *Ernas* Vollzugsplanung

Erna ist gemäß des Vollstreckungsplans des zuständigen Bundeslandes in eine Justizvollzugsanstalt für Frauen eingewiesen worden. Eine Anstalt des offenen Vollzugs, für die sie sich durchaus eignen würde, kommt wegen der Anordnungen des Vollstreckungsplanes nicht in Frage. Der Anstaltsleiter führt ein Einweisungsgespräch, an dem der zuständige Abteilungsleiter und einige Fachbedienstete teilnehmen. Er weist Erna darauf hin, daß sie mindestens eine Verbüßungszeit von 15 Jahren vor sich hat und gemäß § 13 Abs. 3 StVollzG erstmals nach 10 Jahren einen Lockerungsantrag wird stellen können. Erna, die keine abgeschlossene Schulausbildung hat, wird zur Aufnahme einer Beschäftigung in die Anstaltsküche abgeordnet. Eine Schulausbildung kommt zu diesem Zeitpunkt nicht in Frage, weil die Entlassung unabsehbar ist und deshalb staatliche Förderungsmittel, die für Resozialisierungsmaßnahmen staatlicher Träger vorgesehen sind, für sie keine Anwendung finden. Erna wird in Zukunft am Tag zwischen 3,69 € und 6,56 € verdienen können (5% der Eckvergütung der Rentenversicherten), wovon ein Teil einer sog. Rücklage (für die spätere Entlassung) zugeführt wird. Der Rest wird ihrem Hausgeldkonto gutgeschrieben, von dem sie sich Konsumartikel kaufen kann. Der Anstaltsleiter wird auf Freizeitmöglichkeiten (Bastelgruppe, Schachgruppe etc.) verweisen. Der Psychologe bekommt den Hinweis, in der Anfangszeit auf Erna zu achten, da Suizid bei Langstrafigen nicht auszuschließen ist. Erna erhält Anstaltskleidung und wird auf eine Zelle verlegt, in der noch eine andere Insassin lebt. Von dieser Maßnahme verspricht sich der Vollzug eine „Integrationshilfe". Erna steht um 6.00 Uhr morgens auf, arbeitet – unterbrochen von einer Mittagspause – ganztägig in der Anstaltsküche und kommt gegen 19.00 Uhr in den sog. „Verschluß", d. h. die Zellentür wird vor dem nächsten Morgen nicht mehr geöffnet. In den nächsten 10–15 Jahren wird sich an diesem Tagesablauf nichts mehr ändern.

B. Belegungsstatistik im Justizvollzug

I. Stichtagszählungen

Die Stichtagszählung aller Insassen, meist am 31. 12. bzw. 31. 3. jeden Jahres vorgenommen („Strafvollzugsstatistik"), zeigt in den letzten Jahrzehnten keine wesentlichen Schwankungen (vgl. Abb. 3). 1965 gab es 49 573 Strafgefangene (Freiheits- und Jugendstrafen), 2003 beträgt die Zahl 62 594. Dabei ist zu berücksichtigen, daß seit 1992 die Verurteilungen in den neuen Bundesländern mitgezählt werden.

Letzteres ist für den Strafvollzug – rein quantitativ gesehen – zwar eine größere Belastung, unter Berücksichtigung der Bevölkerungsentwicklung hat sich aber die **Gefangenenziffer** sogar **verringert,** von 106 (1965) auf knapp 89 (2003) (vgl. Abb. 4).

Neben der Strafhaft wird zusätzlich **Untersuchungshaft** vollzogen. In diesem Bereich befanden sich zum Stichtag des 31. 12. 2001 17 431 Personen, wobei die Zunahme gegenüber der Zeit vor 1990 von ca. 3000 Personen auch mit den neuen Bundesländern im Zusammenhang steht.

II. Rückgang der Freiheitsstrafen als Zugewinn an Humanität?

7,05% aller Verurteilten in den alten Bundesländern (einschl. Gesamt-Berlin) haben 2003 eine unbedingte Freiheitsstrafe bzw. Jugendstrafe erhalten. Das erscheint wenig. Eingebettet in die langfristige Verschiebung von der Freiheits- zur Geldstrafe erscheint dies möglicherweise als Zugewinn an Humanität.

Die Geldstrafe hat heute die einstmals dominante Rolle der Freiheitsstrafe eingenommen, auch durch die Verdrängung der kurzen Freiheitsstrafe. Standen 1882 noch 75% Freiheitsstrafen 25% Geldstrafen gegenüber, hatte sich das Verhältnis 1910 bereits halbiert und 1925 standen 35% Freiheitsstrafen bereits 65% Geldstrafen gegenüber. Der Geldstrafenanteil beträgt heute über 80% aller Verurteilungen (vgl. *Kaiser*, 1996, 985).

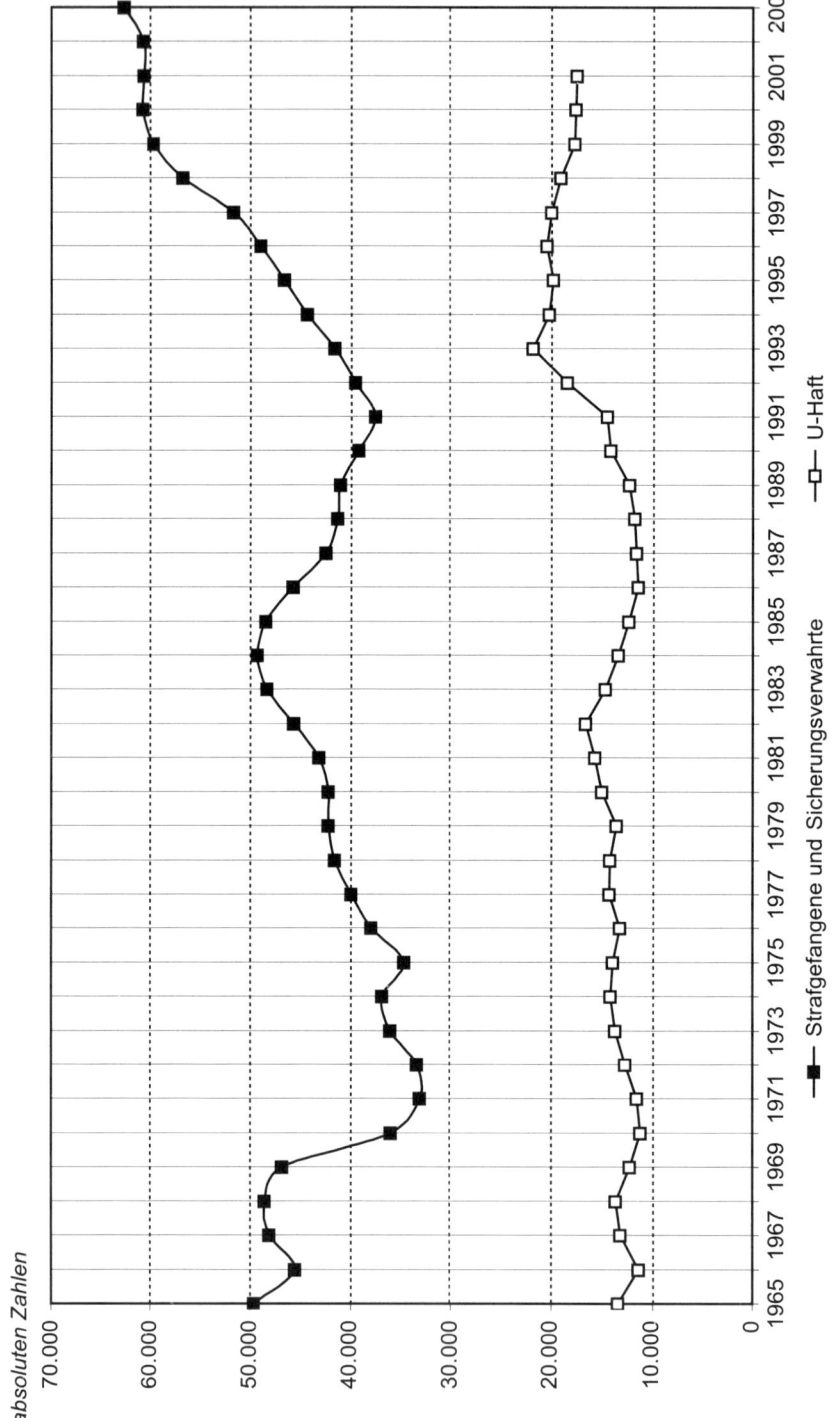

in absoluten Zahlen

Abbildung 3: Strafgefangene/Sicherungsverwahrte einschl. Verurteilte nach JGG und U-Haft (absolute Zahlen) von 1965 bis 2003 (alle Bundesländer)

(Quelle: Fachserie 10 Rechtspflege Reihe 4.1 und 4.2, Statistisches Bundesamt Wiesbaden)

Strafgefangene und Sicherungsverwahrte — U-Haft

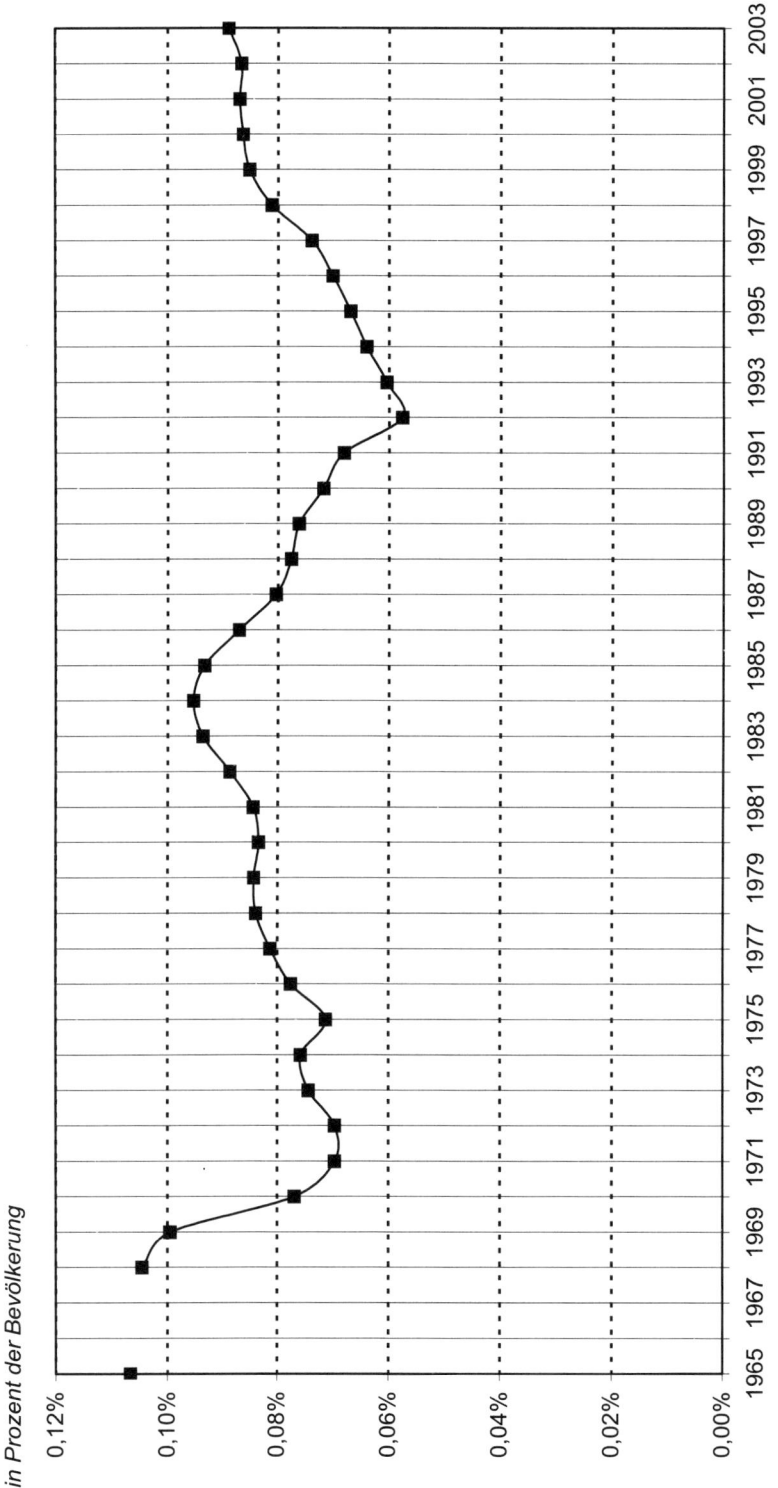

Abbildung 4: Strafgefangenenziffer (Freiheitsstrafe, Jugendstrafe und Sicherungsverwahrung) in Bezug auf die strafmündige Bevölkerung Deutschlands in Prozent von 1965 bis 2003 (alle Bundesländer)

(Quelle: Fachserie 10 Rechtspflege Reihe 4.1 Strafvollzug, Statistisches Bundesamt Wiesbaden)

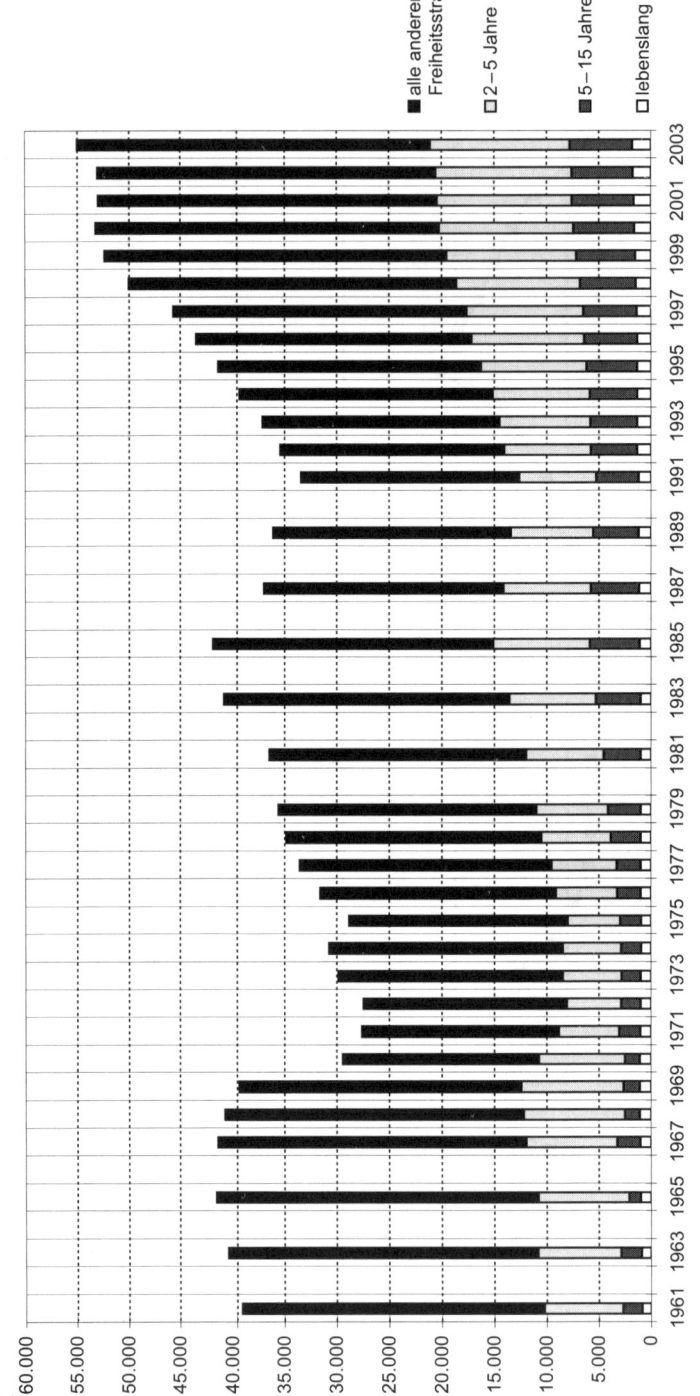

Abbildung 5: Strafgefangene (in absoluten Zahlen) nach Dauer der Freiheitsstrafe von 1961 bis 2003 (ohne Jugendstrafen)

(Quelle: Fachserie 10 Rechtspflege, Reihe 4.1 Strafvollzug, Statistisches Bundesamt Wiesbaden)

Bezogen auf die Bevölkerung ist im Zeitraum von 1965 bis 2003 die Gefangenenziffer um 10% gesunken. Auf die Gesamtbevölkerung bezogen ist festzustellen, daß seit dem 2. Strafrechtsreformgesetz von 1969 die Gefangenenziffer deutlich zurückgegangen ist. Seit 1970 bewegt sich die Ziffer zwischen 0,07% und 0,09% der Gesamtbevölkerung. Der Höhepunkt der Belastung Anfang der 80er Jahre (1984: 0,095%) ist seither nicht mehr erreicht worden. Im Jahr 2003 lag die Belastung bei 0,089% und ist seit 1992 – dem bisherigen Tiefpunkt der Bevölkerungsbelastung (0,057%) – um 56% gestiegen.

Zum langfristigen Rückgang im Gebrauch der Freiheitsstrafe insgesamt ist aber anzumerken, daß dies den Strafvollzug als Institution nahezu unberührt gelassen hat. In Ballungszentren nimmt die Überbelegung – gerade in der Untersuchungshaft – sogar erheblich zu.

Vor 100 Jahren wurden zwar noch etwa 250 000 Bürger jährlich zum Strafantritt geladen, heute ist das nur noch ca. ein Fünftel dieser Ausgangsbasis. Der Umfang des Strafvollzugs – also die **Belegungsfähigkeit** – weist keine größeren Unterschiede auf. Sie schwankte damals wie heute um die 50 000 Haftplätze. Die Erklärung liefert die Strafdauer: Seinerzeit dominierten sehr kurze Strafzeiten. Etwa 200 000 Personen hatten Strafzeiten von weniger als 3 Monaten zu verbüßen, heute gibt es kurze Freiheitsstrafen unter 6 Monaten nur in Ausnahmefällen (§ 47 StGB). Früher wurden sehr viel mehr Personen pro Jahr auf einem Zellenplatz versorgt, daher in etwa die gleichbleibende Kapazität. Heute wird die Freiheitsstrafe zwar seltener angewandt, wen sie trifft, den trifft sie aber sehr viel härter, jedenfalls länger. Es ist deshalb fraglich, ob dieser langfristige Rückgang im Gebrauch der Freiheitsstrafen als Humanitätsgewinn verbucht werden kann. Auch zeigt die Graphik zur Dauer der Freiheitsstrafe, daß die Anteile der langen Freiheitsstrafen kontinuierlich zunehmen (vgl. Abb. 5).

Von 1961 bis 2003 stieg der Anteil der 2- bis 5jährigen Freiheitsstrafen von 19% auf 21%, der Freiheitsstrafen von 5 bis 15 Jahren von knapp 5% auf 12%. Der Anteil der lebenslangen Freiheitsstrafe pendelt kontinuierlich um 3% aller zu verbüßenden Freiheitsstrafen. Der Anteil der längeren Freiheitsstrafen nimmt also zu. Es gelangt eine feinere Schwereauslese in den Vollzug, bei immer längeren Belegzeiten.

Ein Zugewinn an Humanität läßt sich jedenfalls aus den statistischen Verläufen nicht ableiten.

§ 27. Rechtsgrundlagen des Strafvollzugs

Literatur: *AK-StVollzG*, Kommentar zum Strafvollzugsgesetz. Reihe Alternativkommentare, 4. Aufl., 2000; *Bemmann, G.*, Über den Angleichungsgrundsatz des § 3 Abs. 1 StVollzG, in: Festschrift für K. Lackner, 1987, 1047 ff.; *Calliess, R.-P./Müller-Dietz, H.*, Strafvollzugsgesetz, 10. Aufl., 2005; *Schüler-Springorum, H.*, Strafvollzug im Übergang, 1969; *Schüler-Springorum, H.*, Tatschuld im Strafvollzug, StV 1989, 262 ff.; *Schwind, H.-D./Böhm, A.*, Strafvollzugsgesetz (StVollzG) Großkommentar, 3. Aufl., 1999.

A. Normative Grundsätze des Strafvollzugs

Das Strafvollzugsgesetz von 1977 ist kein aus freien Stücken erstelltes Normengefüge des deutschen Gesetzgebers. Das Bundesverfassungsgericht sah sich 1972 genötigt, dem Gesetzgeber eine Frist zu setzen, damit dieser dem heutigen Grundrechtsverständnis folgend ein Strafvollzugsgesetz mit fest umrissenen Eingriffstatbeständen schaffen sollte (BVerfGE 33, 13).

Bis zu diesem Zeitpunkt griff die Exekutive auf die traditionelle Rechtsfigur des „besonderen Gewaltverhältnisses" zurück und verstand dieses als eine eigenständige, implizite Beschränkung der Grundrechte der Strafgefangenen. Ein Strafvollzugsgesetz hielt man von Verfassungs wegen nicht für geboten (vgl. hierzu *Schüler-Springorum*, 1969, 59 ff.). Das Bundesverfassungsgericht erklärte sich diese Auffassung rückblickend nur damit, daß die traditionelle Ausgestaltung des Strafvollzuges als eines „besonderen Gewaltverhältnisses" es zuließ, die Grundrechte des Strafgefangenen in einer unerträglichen Unbestimmtheit zu relativieren. Der unmittelbaren Bindung der staatlichen Gewalt an die Grundrechte widerspricht es jedoch, wenn im Strafvollzug die Grundrechte beliebig oder nach Ermessen eingeschränkt werden können. Verboten war die briefliche Schilderung von Anstaltsverhältnissen, die den Gefangenen „persönlich nichts angingen" (BVerfGE 33, 3 ff.). Das änderte sich mit der verfassungsgerichtlichen Auflage an den Gesetzgeber, die Grundrechte von Strafgefangenen nur durch oder aufgrund eines Strafvollzugsgesetzes, dessen Generalklauseln möglichst eng begrenzt sein sollten, einschränken zu dürfen.

I. Anwendungsbereich

Nach § 1 StVollzG erstreckt sich der Anwendungsbereich des Gesetzes auf den Vollzug der Freiheitsstrafe und den Vollzug der freiheitsentziehenden Maßregeln, so wie sie vom Strafrecht vorgesehen sind.

Dagegen regelt das StVollzG **nicht** die Vollstreckung **ambulanter** Sanktionen. Auch solche Arten des Freiheitsentzugs, die bereits an anderer Stelle gesetzlich geregelt sind, zählen nicht zum Anwendungsbereich des StVollzG. Dazu gehört der Vollzug von Jugendarrest und Jugendstrafe (§§ 90–93 JGG) sowie von Untersuchungshaft (§ 119 StPO). Die entsprechende Anwendung des StVollzG auf den Jugendstrafvollzug ist durch § 1 prinzipiell jedoch nicht ausgeschlossen. „Soweit nicht die besonderen Erfordernisse des Jugendvollzugs entgegenstehen" (*Calliess/Müller-Dietz*, 2005, § 1 Rn. 8), wird ganz überwiegend davon ausgegangen, daß das StVollzG – mangels separater Regelungen für den Strafvollzug an Jugendlichen – auch in diesem Bereich die Rechtsgrundlage bildet. Sind die Regelungen des StVollzG hinsichtlich der Unterbringung in der Sicherungsverwahrung abschließend (§§ 129–135), werden in bezug auf die Unterbringung im psychiatrischen Krankenhaus (§§ 136, 138) und in der Entziehungsanstalt (§§ 137, 138) lediglich allgemeine Regelungen getroffen, da sich diese Vollzugsformen weitestgehend nach Landesrecht richten (alle Bundesländer haben inzwischen eigene „Maßregelvollzugsgesetze").

II. Aufgaben des Vollzugs

1. Allgemeines Vollzugsziel

Nach § 2 Satz 1 StVollzG besteht das allgemeine **Vollzugsziel** in der **Resozialisierung**. Danach „soll der Gefangene fähig werden, künftig in sozialer Verantwortung ein Leben ohne Straftaten zu führen". Die Aufgabe des Strafvollzugs liegt also in der gesellschaftlichen Wiedereingliederung des Inhaftierten, die zugleich als „Gestaltungsmaxime für den Vollzug" (*Calliess/Müller-Dietz*, 2005, § 2 Rn. 1) fungiert. Wenn in § 2 Satz 2 StVollzG davon die Rede ist, daß „der Vollzug der Freiheitsstrafe ... auch dem Schutz der Allgemeinheit vor weiteren Straftaten (dient)", ist daraus allerdings „kein eigenständiges Ziel des Vollzuges" ableitbar. Die Sicherung der Allgemeinheit ist weder Zweck noch Ziel des Strafvollzugs. Vielmehr geht das Gesetz von dem **Vorrang** des Zieles der sozialen Integration vor den sonstigen Aufgaben des Vollzuges aus. Jedoch werden in jüngster Zeit Bestrebungen sichtbar, dem Sicherheitsbedürfnis der Bevölkerung stärker Rechnung zu tragen. So haben im Jahre 2003 die Länder unter der Führung Hessens die Einbringung eines Gesetzes zur Änderung des § 2 StVollzG beschlossen:

Neben die Resozialisierung soll die Sicherheit der Bevölkerung als gleichwertiges Vollzugsziel treten (BR-Drucks. 910/02).

Insgesamt gesehen hat das StVollzG den Zielkonflikt zwischen individueller Resozialisierung einerseits und spezialpräventiver Sicherung andererseits nicht ausräumen können. Es ist diesem Grundwiderspruch im Bereich der Regelung von Vollzugslockerungen gar erlegen. Nach § 11 Abs. 2 StVollzG dürfen diese nur angeordnet werden, „wenn nicht zu befürchten ist, daß der Gefangene sich dem Vollzug der Freiheitsstrafe entziehen oder die Lockerungen des Vollzuges zu Straftaten mißbrauchen werde". Hier wird eindeutig dem Sicherungsaspekt der Vorrang eingeräumt, wenngleich bei anderen Vollzugsmaßnahmen dem Sicherheitsdenken eine nicht so eindeutige Vormachtstellung zugewiesen wird (vgl. *Schwind/Böhm*, 1999, § 2 Rn. 7f.).

2. Schutz der Allgemeinheit als Aufgabe des Vollzugs

Normative Zielkonflikte sind durch die gesetzlich festgelegte Priorität des Resozialisierungsziels entschieden. Danach besteht eine Konkurrenz zwischen dem Ziel der sozialen Integration des Gefangenen sowie den Zielen der Sühne und der Sicherheit der Öffentlichkeit nicht mehr. Der **Schutz der Allgemeinheit** vor weiteren Straftaten wird zwar als **Aufgabe** des Vollzugs geführt, allerdings nicht zum Ziel des Vollzugs selbst gemacht. Allgemeine Strafzwecke wie Vergeltung, Sühne, Schuldausgleich, Schuldschwere, Generalprävention und Verteidigung der Rechtsordnung können daher nicht als Kriterien für Vollzugsentscheidungen herangezogen werden. Soweit einzelne Gerichte die allgemeinen Strafzwecke bei Vollzugsentscheidungen berücksichtigten, haben diese ihre Auffassung mittlerweile aufgegeben (*Calliess/Müller-Dietz*, 2005, § 2 Rn. 8).

Im Hinblick auf den allgemeinen Begriff der Vollzugsentscheidung unterscheidet man heute zwischen **Statusentscheidungen** und **Gestaltungsentscheidungen.** Ist es bei Statusentscheidungen – also bei gerichtlichen Entscheidungen, die nach dem StGB den Status des Straftäters als Strafgefangenen begründen – noch verfassungsrechtlich zulässig, allgemeine Strafzweckerwägungen vorzunehmen, gilt bei Gestaltungsentscheidungen – also solchen, die den einmal begründeten Status der Gefangenen lediglich ausgestalten und den im Strafurteil vorgegebenen Rahmen ausfüllen – ausschließlich das Strafvollzugsgesetz mit seinen Zielsetzungen (*Calliess/Müller-Dietz*, 2005, § 2 Rn. 9). Somit haben die allgemeinen Strafzwecke „für den Vollzug **keine unmittelbare Gestaltungswirkung,** sondern lediglich eine **Reflexwirkung**" (*Calliess/Müller-Dietz*, 2005, § 2 Rn. 10), die sich über die Dauer der Freiheitsstrafe realisiert. In keinem Falle „sind die Vollzugsbehörden und die sie kontrollierenden Gerichte positivrechtlich ermächtigt, weder durch die Verfassung noch durch das Strafvollzugsgesetz, über §§ 2 und 3 StVollzG hinweggehend die allgemeinen Strafzwecke des materiellen Strafrechts als Gestaltungskriterien des Vollzugs direkt anzuwenden" (*Calliess/Müller-Dietz*, 2005, § 2 Rn. 10). (Vgl. zum Zielkonflikt auch *Schüler-Springorum*, 1969).

III. Gestaltung des Vollzugs

Die Vorschrift des § 3 StVollzG enthält drei Mindestgrundsätze für die Gestaltung des Vollzugs. Dabei geht es konkret um

- den Angleichungsgrundsatz (Abs. 1),
- den Gegensteuerungsgrundsatz (Abs. 2) und
- den Integrationsgrundsatz (Abs. 3),

die in ihrer Gesamtheit als Gestaltungsprinzipien für den Aufbau und die Struktur des Strafvollzugs maßgebend sind. Zutreffend führen *Calliess/Müller-Dietz* (2005, § 3 Rn. 1) hierzu aus: „Ein Vollzug, der nicht mindestens diesen Grundsätzen entspricht, kann nicht den Anspruch erheben, etwas zur Verwirklichung des Zieles und den Aufgaben des Vollzuges beizutragen. Es handelt sich um die Angleichung an die allgemeinen, **menschenwürdigen** Lebensverhältnisse".

a) Der **Angleichungsgrundsatz,** nach dem „das Leben im Vollzug … den allgemeinen Lebensverhältnissen soweit als möglich angeglichen werden (soll)", verpflichtet die Vollzugsbehörden zu einer Minimierung der Unterschiede in den Lebensverhältnissen innerhalb und außerhalb des Vollzugs. Damit ist in erster Linie eine „Normalisierung" der Lebensverhältnisse im Strafvollzug angesprochen. Diese Angleichung an die allgemeinen gesellschaftlichen Lebensverhältnisse wird freilich durch die Formel „soweit als möglich" – nicht zuletzt vor dem Hintergrund der dominierenden Organisationsprinzipien der Sicherheit und Ordnung – wesentlich eingeschränkt (vgl. *Bemmann*, 1987).

b) Der **Gegensteuerungsgrundsatz** zielt auf die Verhinderung der schädlichen Nebenfolgen für die Inhaftierten ab. Hiernach sind vor allem die häufig im Vollzug zu beobachtenden Deprivationen und Prisonierungsprozesse durch Behandlung, Therapie und andere Integrationshilfen (Berufsausbildung, Weiterbildung) in ihrem Ausmaß möglichst zu minimieren.

c) Schließlich insistiert der **Integrationsgrundsatz** auf die (Hilfe zur) Eingliederung des Gefangenen in das gesellschaftliche Leben. Danach ist der gesamte Prozeß des Vollzugs auf die Integration in die Gesellschaft zuzuspitzen und nicht erst – wie auch heute noch vielfach praktiziert – kurz vor dem Entlassungstermin in den Blick zu nehmen (vgl. insgesamt *Calliess/Müller-Dietz*, 2005, § 3 Rn. 1 ff.).

B. Zentrale Normkomplexe zur Stellung des Gefangenen

I. „Materielle" Stellung

Die Stellung des Gefangenen im Vollzug hat sowohl eine rechtsstaatliche als auch eine sozialstaatliche Komponente (BVerfGE 40, 276). Die sozialstaatliche Komponente der Gefangenenstellung kommt in § 4 Abs. 1 StVollzG zum Zuge.

Danach wirkt der Inhaftierte „an der Gestaltung seiner Behandlung und an der Erreichung des Vollzugszieles mit" (Satz 1). Dabei ist Mitwirkung nicht auf eine passive Empfängerstellung beschränkt, sondern meint vielmehr auch die aktive Mitgestaltung des Gefangenen an der Organisation und inhaltlichen Ausformung des Behandlungs- und Vollzugsprozesses. Jedoch ist damit weder ein Mitwirkungs**recht** noch eine Mitwirkungs**pflicht** normiert. Das Strafvollzugsgesetz geht hier von einer Mitwirkungs**notwendigkeit** des Gefangenen aus, die aus verfassungsrechtlicher Sicht aber nicht dazu führen darf, daß der Betreffende unter dem Siegel des Behandlungsvollzugs einschließlich der sozial-therapeutisch geforderten „Mitarbeit" dazu genötigt wird, einen Teil seiner Grundrechte aufzugeben. Auch ist die Regelung nicht auf eine willenlose Unterordnung des Gefangenen im Rahmen der getroffenen Vollzugsmaßnahmen ausgerichtet. Sie betont vielmehr die Notwendigkeit, daß der Gefangene an der Gestaltung der Behandlung sowie an der Erreichung des Vollzugsziels unter Einbringung eigener Vorstellungen und Ideen beteiligt werden soll. Im Gesetz wird denn auch formuliert, daß „seine Bereitschaft hierzu (…) zu wecken und zu fördern (ist)" (Satz 2).

Dies bedeutet konkret: Verweigert der Gefangene seine Mitwirkung, hat der Vollzugsstab die Entscheidung zu respektieren. Andererseits darf die Mitwirkungsverweigerung jedoch nicht dazu führen, daß dem Gefangenen zukünftig keine entsprechenden Angebote mehr unterbreitet werden. Denn „Freiwilligkeit" stellt in einer freiheitsentziehenden Zwangssituation ein besonderes Problem dar und unterliegt demzufolge Bewertungskriterien, die der totalen Institution Gefängnis angemessen sein müssen. Insoweit ist das Mißtrauen des Inhaftierten gegenüber dem Vollzugsstab auch „Überlebenstechnik" (vgl. AK-StVollzG/*Feest*, 2000, § 4 Rn. 1 ff.).

II. „Formelle" Stellung

Die rechtsstaatliche Komponente der Stellung des Gefangenen kommt in § 4 Abs. 2 StVollzG zum Ausdruck. Danach unterliegt der Inhaftierte „den in diesem Gesetz vorgesehenen Beschränkungen seiner Freiheit" (§ 4 Abs. 2 Satz 1 StVollzG). Dies bedeutet mit anderen Worten, „daß **Rechte des Gefangenen**, die nicht ausdrücklich eingeschränkt werden, d. h. **deren Einschränkung im Gesetz nicht vorgesehen** ist, erhalten bleiben" (*Calliess/Müller-Dietz*, 2005, § 4 Rn. 10).

Über das hier angesprochene Enumerationsprinzip des Gesetzes hinaus wird auch der Vorrang der Einzelregelung vor der Generalklausel klargestellt. Darauf deuten im weiteren die in § 4 Abs. 2 Satz 2 StVollzG formulierten generalklauselähnlichen Ausnahmebedingungen hin. Nach ihnen ist eine Freiheitsbeschränkung des Gefangenen ohne gesetzliche Einzelregelung unter bestimmten Voraussetzungen möglich. Insoweit ergibt sich die besondere Stellung des Gefangenen aus den Normen des StVollzG, aus denen der Gefangene entweder keine unmittelbaren Rechte herleiten kann oder aber subjektive Rechte bzw. das Recht auf fehlerfreien Ermessensgebrauch folgern kann. Zwar gelten die Grundrechte für den Inhaftierten ebenso wie für jeden anderen Bürger, jedoch können diese durch das Strafvollzugsgesetz und andere Gesetze bis zu einem bestimmten Grad (Wesensgehaltssperre gem. Art. 19 Abs. 2 GG) eingeschränkt werden. Für Grundrechte ohne Vorbehaltsklausel gilt allerdings die bereits von der Strafvollzugskommission getroffene Feststellung: „Grundrechte des Gefangenen sind nur in dem Maße einschränkbar, als die Gesetzesvorbehalte des Grundgesetzes dies zulassen" (zit. nach *Calliess/Müller-Dietz*, 2005, § 4 Rn. 16).

Insoweit enthält § 4 Abs. 2 StVollzG Grundsätze, die den rechtsstaatlich fundierten „negativen Abwehrstatus" des Gefangenen betreffen. Andererseits wird die Generalklausel des § 4 Abs. 2 Satz 2 jedoch von der Praxis verstärkt als Rechtsgrundlage für (gesetzlich nicht legitimierte) Eingriffe in die Rechte des Gefangenen herangezogen.

III. Wichtige Einzelregelungen zur Sicherheit und Ordnung

Die „Angstklausel" des § 4 Abs. 2 Satz 2 StVollzG, nach der dem Inhaftierten solche Freiheitsbeschränkungen auferlegt werden dürfen, „die zur Aufrechterhaltung der Sicherheit oder zur Abwendung einer schwerwiegenden Störung der Ordnung der Anstalt unerläßlich sind", deutet bereits an, daß die „Sicherheit und Ordnung-Formel" auch in den Einzelregelungen einen nicht zu unterschätzenden Stellenwert einnimmt. Zahlreiche Vorschriften des Strafvollzugsgesetzes sind von dieser Denkfigur durchdrungen und sorgen damit für eine nachdrückliche Relativierung der oben dargelegten Vollzugsgrundsätze. Daß der Strafvollzug ein Dauereingriff in die Bürger- bzw. Grundrechte der Betroffenen darstellt, wird am elften Titel („Sicherheit und Ordnung") des Strafvollzugsgesetzes überdeutlich.

Die §§ 81–93 StVollzG befassen sich ausführlich mit Vollzugsmaßnahmen zur Kontrolle, Überwachung und Sicherung der Gefangenen. Unter dem Diktum von Sicherheit und Ordnung sind „besondere Sicherungsmaßnahmen" (§ 88 StVollzG) vorgesehen, die vom Entzug oder der Vorenthaltung von Gegenständen (§ 88 Abs. 2 Nr. 1), über die Absonderung von anderen Gefangenen (§ 88 Abs. 2 Nr. 3) bis zur Fesselung (§ 88 Abs. 2 Nr. 6) reichen. Dazu gehört z. B. auch eine solch fragliche Regelung, daß der Gefangene nur über Eigengeld (§ 83 Abs. 2 S. 2) verfügen darf, das von der Justizvollzugsanstalt auf einem Eigengeldkonto in Verwahrung genommen wird. Er darf also innerhalb der Anstalt nicht im Besitz von Bargeld sein, was mit Blick auf die vom Vollzug zu leistende „gesellschaftliche Integration" fraglich erscheint.

Andererseits muß jedoch auch auf diejenigen Bestimmungen hingewiesen werden, die den gerichtlichen Rechtsschutz auf dem Gebiet des Strafvollzugs regeln (§§ 109–121 StVollzG). Danach kann „gegen eine Maßnahme zur Regelung einzelner Angelegenheiten" (§ 109 Abs. 1 Satz 1 StVollzG) im Bereich des Strafvollzugs vom Gefangenen eine gerichtliche Entscheidung beantragt werden. Auf diesem Wege kann eine Überprüfung von Maßnahmen der Vollzugsbehörde durch die Strafvollstreckungskammer herbeigeführt werden. In diesem Kontext muß der Gefangene als Antragsteller allerdings geltend machen, daß er „durch die Maßnahme oder ihre Ablehnung oder Unterlassung in seinen Rechten verletzt (ist)" (§ 109 Abs. 2 StVollzG).

§ 28. Defizitprofil

Literatur: *Albrecht, P.-A.*, Zur sozialen Situation entlassener „Lebenslänglicher", 1977; *Dünkel, F.*, Strafaussetzung zur Bewährung und Bewährungshilfe im internationalen Vergleich, in: Dünkel, F./Spiess, G. (Hrsg.), Alternativen zur Freiheitsstrafe. Kriminologische Forschungsberichte aus dem MPI-Freiburg, Bd. 14, 1983, 399 ff.; *Dünkel, F./Rosner, A.*, Die Entwicklung des Strafvollzugs in der Bundesrepublik Deutschland seit 1970. Materialien und Analysen, 1982; *Expertenkommission Hessischer Justizvollzug*, Abschlußbericht, StV 1994, 215; *Jescheck, H.-H.* (Hrsg.), Die Freiheitsstrafe und ihre Surrogate im deutschen und ausländischen Recht, 1985; *Kaiser, G./Schöch, H.*, Strafvollzug, 5. Aufl., 2002; *Kommission zur Sicherheit im Niedersächsischen Strafvollzug*, Niedersächsisches Ministerium der Justiz, 1992 (unveröffentlicht); *Laubenthal, K.*, Strafvollzug, 3. Aufl., 2003; *Schüler-Springorum, H.*, Die Resozialisierung des normalen erwachsenen Straftäters – eine Skizze, in: Rechtsstaat und Menschenwürde. Festschrift für W. Maihofer, 1988, 503 ff.

A. Strafvollzug als „sozialer Tod": Die Betroffenenperspektive

Beim Thema „Strafvollzug aus empirischer Sicht" geht es auch, aber nicht nur um Zahlen. Es gibt geradezu beängstigende rechtstatsächliche Werke über den Strafvollzug, die fast nur aus Zahlenkolonnen, Tabellen und Graphiken bestehen (so *Dünkel/Rosner*, 1982). Man kann daraus lernen, wieviele Lehrer im bayerischen, wieviele Theologen im nordrhein-westfälischen Strafvollzug und wieviele Ärzte im hessischen Vollzug tätig sind. Man erfährt Zahlen zur Belegung, zum Ausmaß von Lockerungen, über Krankheits- und Todesfälle usw. Gleichwohl liefert ein solches Buch keinen Eindruck vom Strafvollzug, wie ihn ein Gefangener oder Vollzugsbeamter hat. Noch weniger kann solch ein Zahlenwerk auch nur eine Ahnung davon liefern, was Freiheitsstrafe für die Bestraften bedeutet.

Eine Anstaltsbesichtigung oder eine empirische Untersuchung im Strafvollzug eröffnet eine weitergehende Möglichkeit, ein Gefängnis mit erweiterten Sinnen zu erfassen. Man weiß jetzt, wie es in Anstaltsküchen und in schlechtbelüfteten Fluren riecht, stellt mit Erstaunen fest, wieviele Menschen man auf engem Raum unterbringen kann, und empfindet die mühsame Fortbewegung von Gitter zu Gitter als höchst lästig. Aber solche oder ähnliche Eindrücke kann man auch in anderen Formen kasernierten Lebens sammeln: in Soldatenkasernen, Klöstern, Schiffen.

Eine Besichtigung liefert wenig Einsichten in die Wirklichkeit der Freiheitsstrafe. Würde ein Besucher bei einer Anstaltsbesichtigung zwischen zwei Gittern eines entlegenen Gefängnisflügels vergessen, so würde dieser einen Eindruck von der Hilflosigkeit und Ohnmacht bekommen, die mit Freiheitsentzug verbunden sind.

Dennoch bleibt der langfristige Entzug von sozialer Lebenszeit, die Unterbrechung sozialer Beziehungen, die einem wichtig sind, für all diejenigen fremd, die das nicht selbst erleben müssen. Juristen gehen mit dieser Zeit mit ihren Strafmaßen in einer hochabstrakten Form um, verkürzen lange Zeiträume auf kleine Zahlen: 5 Jahre oder 2 Jahre. Das hört sich nicht besonders schwerwiegend an und suggeriert hohe Zumessungsrationalität.

Hinzu kommt: In seiner Außendarstellung verkörpert der moderne Strafvollzug – im Vergleich zu körperlichen Strafen oder alten Zuchthäusern – Humanität und Rationalität. Moderner Strafvollzug wirkt klinisch-sauber. Der schlichte und unauffällige Entzug sozialen Lebens hat Blut und Knute ersetzt, wie auch die Todesstrafe gern durch Injektion auf dem Operationstisch vollzogen wird und auch die Kriegsführung Distanz zwischen den Gegnern schafft: Raketen und Flugzeuge statt Bodentruppen und Stellungskrieg. Kriegsführung am Computer, Fernsehaufnahmen aus großer Höhe lassen die getöteten Menschen verschwinden. Das entspricht der heutigen Tabuisierung körperlicher Gewalt und ihrer Folgen: bei der Zufügung von Leid darf kein Blut mehr fließen.

Eine Ahnung vom Entzug sozialen Lebens bekommt man eher, wenn man beispielsweise die letzten 5 Jahre seines Lebens Revue passieren läßt. Die fünf Jahrgänge eines Tagebuches können diesen Eindruck noch verdichten und verdeutlichen, welchen Verlust man erleiden würde, selbst wenn in der Rückschau die Zeit zusammengedrängt und verkürzt erscheint. Das gleiche gilt für die Vorausschau, die Hoffnungen und Erwartungen, die man mit den nächsten Jahren verbindet. Strafvollzug bedeutet offenbar eine Art von **sozialem Tod,** bedeutet **soziale Isolation,** aber auch **Entwürdigung** durch die kasernenhaften Lebensumstände.

B. Strafvollzug als Sicherheitsproduzent: Die Perspektive der Öffentlichkeit

Die Öffentlichkeit und mit ihr die Politik erwarten sich vom Strafvollzug vor allem eines, nämlich **Sicherheit.**

Spektakuläre Vollzugsereignisse, seien es Geiselnahmen oder gewaltsame Ausbrüche, haben immer Auswirkungen auf die öffentliche Wahrnehmung des Strafvollzuges. Zumeist allerdings nur temporär, denn was heute im Zentrum medial vermittelter Aufmerksamkeit steht, ist den Gesetzen der Mediengesellschaft folgend morgen wieder vergessen. Insofern ist es den Interessen des Strafvollzuges – d.h. denen der Insassen und der Bediensteten – förderlich, wenn Landesregierungen nicht nur nach der medialen und politischen Beruhigung zur Tagesordnung übergehen, sondern wie 1992 in Niedersachsen und 1993/94 in Hessen Probleme des Strafvollzuges – erst einmal analytisch – in den Blick nehmen lassen.

Diese Problemsichtung in zwei Bundesländern zeitigt repräsentative Befunde für den Strafvollzug in Deutschland. Sowohl in Niedersachsen als auch in Hessen waren Vollzugspraktiker aus mehreren Bundesländern vertreten, die den politisch Verantwortlichen übereinstimmende Empfehlungen zur Entwicklung des Stafvollzuges vermittelt haben. Das Resümee ist bedrückend: **Der Strafvollzug gerät zunehmend politisch, sozial, administrativ und organisatorisch ins Abseits.** Die reformerische Euphorie der 60er und 70er Jahre ist verflogen. Aus beiden Kommissionsberichten ergibt sich ein bedrückendes Defizitprofil des aktuellen Strafvollzugs, das in der Zwischenzeit kaum beseitigt worden sein dürfte. Die wesentlichen Ergebnisse der Kommissionsberichte, die für die *Hessische Kommission* im Strafverteidiger 1994, 215ff. veröffentlicht wurden, sollen im folgenden zusammenfassend dargestellt werden.

I. Mängelprofil

Die derzeitige Situation in vielen Justizvollzugsanstalten ist insbesondere gekennzeichnet durch
- eine starke Überbelegung, besonders in den Ballungszentren (*Kaiser/Schöch,* 2002, 121ff.; *Laubenthal,* 2003, 176f.),
- einen hohen Ausländeranteil (häufig über 50% in den Anstalten des Regelvollzugs und über 70% in den Untersuchungshaftanstalten der Ballungszentren),
- Personalmangel (*Kaiser/Schöch,* 2002, 448) sowie
- unzureichende Weiterbildungsmöglichkeiten für alle im Vollzug Tätigen; hinzu kommen

- mangelnde Möglichkeiten der Entwicklung und Umsetzung problemadäquater und zielgruppenorientierter Vollzugskonzepte aufgrund (kriminal-)politischer Entwicklungen und
- die Schwierigkeit, all diese Probleme bei einer höchst angespannten Haushaltslage konzeptionell und organisatorisch zu bewältigen.

II. Sicherheitsanforderungen

Vor dem Hintergrund dieses Mängelprofils sind die Justizvollzugsanstalten demnach hohen Sicherheitsanforderungen ausgesetzt. Sicherheit im Strafvollzug wird definiert als die Erfüllung der Vollzugsaufgaben, ohne daß die Allgemeinheit, die Bediensteten oder die Gefangenen Schaden nehmen. Dabei können instrumentelle, kooperative, administrative und soziale Aspekte bei der Gewährleistung von Sicherheit unterschieden werden:

- **Instrumentelle Sicherheit** betrifft bauliche und technische Vorkehrungen im weitesten Sinne, wie Mauern, Wachtürme, Fenstergitter, Türschlösser oder Alarmanlagen, aber auch sicherheitsrelevantes Personal, das Sicherungsmaßnahmen umzusetzen hat.
- **Kooperative Sicherheit** betrifft die Zusammenarbeit aller am Strafvollzug im weitesten Sinne beteiligten Behörden und Personen.
- **Administrative Sicherheit** wird durch strukturierende, in der Regel schriftliche Vorgaben der Anstaltsverwaltung und ihrer übergeordneten Behörden mit dem Ziel bewirkt, auf sicherheitsrelevante Vollzugsabläufe Einfluß zu nehmen.
- **Soziale Sicherheit** schließlich bezeichnet die sozialen Beziehungen zwischen den in der Anstalt zusammenlebenden und -arbeitenden Menschen, also insbesondere die Art und Weise, in der Gefangene und Bedienstete ihren Umgang miteinander gestalten.

Sicherheit im Strafvollzug bedeutet mithin ein komplexes Ineinandergreifen unterschiedlichster Voraussetzungen. Dieser differenzierte Sicherheitsbegriff macht von vornherein deutlich, daß von dem statischen Ansatz instrumenteller Sicherheit allein keine hinreichende Lösung zur Bewältigung der Sicherheitsprobleme im und durch Strafvollzug zu erwarten ist. Beide Kommissionen haben vor dem Hintergrund dieses differenzierten Sicherheitsverständnisses mit Bediensteten und Gefangenen in zahlreichen Justizvollzugsanstalten in Gesprächen anhand eines Leitfadens Informationen erfaßt und in umfangreichen Stellungnahmen verarbeitet.

1. Instrumentelle Sicherheit

a) Personalausstattung

Der Allgemeine Vollzugsdienst (AVD) ist die eigentliche Auffanggruppe schwerwiegender Problemlagen im Strafvollzug. Im Gegensatz zur zentralen Bedeutung dieser Berufsgruppe für die Sicherheit inner- und außerhalb der Vollzugsanstalt wird der AVD am schlechtesten bezahlt und am wenigsten beachtet. Es verwundert nicht, wenn die Organisationsstrukturen der Anstalten nur selten Konzepten zeitgerechter Menschenführung und sachgemäßen Sicherheitsstandards entsprechen. Zeitgemäße Menschenführung erfordert die Organisation des Vollzugsalltages in Form von überschaubaren Dienstgruppen, in denen gerade den Beamten des AVD ein weitaus höheres Maß an Verantwortung und Menschenführung zuerkannt werden muß. Der alltägliche Umgang des AVD mit Gefangenen prägt unmittelbar und anhaltend das Bewußtsein der Gefangenen vom Strafvollzug. Diese Bewußtseinsprägung hat Auswirkungen auf späteres Verhalten auch nach der Entlassung, weil im Alltag des Strafvollzuges wesentliche Kommunikationen und Einstellungen eingeübt werden.

In Hessen fehlten zum Stichtag des Jahres 1993 in allen Berufsgruppen 222 Mitarbeiterinnen und Mitarbeiter, davon allein im AVD und Krankenpflegedienst 204 Bedienstete. Das bestehende Personaldefizit führt in einigen Anstalten zu einer nicht mehr zu verantwortenden Unterbesetzung. Ein Stationsbediensteter ist in Anbetracht der Fülle der von ihm zu bewältigenden Aufgaben bei einer Stationsbelegung von weit über 50 Gefangenen überfordert.

Die *Niedersächsische Kommission* ermittelte unklare, bisweilen widersprüchliche und sich zum Teil überholende Erlasse, Verfügungen und andere Anordnungen, was zu hohen Verunsicherungen beim AVD geführt hat. Ein Organisationsmangel ist die Überfrachtung mit sich widersprechenden Zielanweisungen, denen alle Bediensteten zugleich gerecht werden sollen. Behandlung, Verwaltung und sicherheitsorientierte Aufgaben sind nicht eindeutig getrennt, sondern sollen von den meisten Funktions- und Leitungsbeamten gleichermaßen erfüllt werden. Diese Zielwidersprüche wirken sich in Verunsicherung gegenüber Gefangenen und gegenüber der eigenen Berufsrolle aus und führen zu Schwierigkeiten, angeordnete Maßnahmen dem Gefangenen überzeugend zu vermitteln und konsequent durchzusetzen. Die Bediensteten des AVD werden zudem für die Wahrnehmung ihrer sensiblen Aufgaben nicht genügend fortgebildet. Fortwährende Rotation von Aufsichtsbeamten innerhalb der Anstalten hebt jegliche Verantwortlichkeit für den Nahbereich auf. Beamte und Gefangene ziehen sich jeweils auf ihre Bezugsgruppen zurück, Beamte nehmen nur noch Funktionen wahr, präzise Erkenntnisse über Veränderungen und Empfindlichkeiten von Insassen fallen erst gar nicht an.

b) Organisationsstrukturen der Anstalt

Neben der notwendigen Aufstockung im Personalbereich müßte in den Anstalten durch geeignete organisatorische Veränderungen den Anforderungen eines auf Sicherheit und Kooperation ausgerichteten Vollzuges Rechnung getragen werden. Dies betrifft sowohl die personelle als auch die räumliche Organisationsstruktur. Vollzugsanstalten mit großen und überbelegten Stationen gefährden die Sicherheit. Durchweg mangelt es im Vollzug an

- kleinen, überschaubaren, selbständigen Vollzugseinheiten
- mit einem festen Bedienstetenteam
- bei kooperativer Entscheidungsfindung unter Verantwortung des jeweiligen Vollzugsabteilungsleiters.

Erst damit könnte die Anonymisierung der Gefangenen abgebaut und Sicherheit hergestellt werden.

2. Kooperative Sicherheit

a) Öffentlichkeit und Verwaltung

aa) Medien und politische Öffentlichkeit

Besondere Ereignisse im Justizvollzug (Geiselnahmen, Entweichungen, Mißbrauch von Lockerungen etc.) stehen stets im Mittelpunkt medialer und politischer Aufmerksamkeit. Die von der Öffentlichkeit gehegte Erwartung, **absolute Sicherheit** sei erreichbar, ist **illusionär**. Aufgabe verantwortungsbewußter Politik ist es, auf im Sinne eines menschenwürdigen Vollzuges unabwendbare Risiken hinzuweisen und diese mitzutragen. Die medienorientierte, destruktive Diskussion besonderer Vorkommnisse im Strafvollzug durch politische Gremien (z.B. parlamentarische Untersuchungsausschüsse, Untersuchungskommissionen, politische Öffentlichkeit) führt einerseits zu einer erheblichen Verunsicherung der Mitarbeiter vor Ort und andererseits werden dadurch nachträgliche konstruktive Aufarbeitungen derartiger Vorkommnisse erschwert bzw. behindert. Dadurch wird die Möglichkeit einer notwendigen Akzeptanz unabwendbarer Risiken, die dem Strafvollzug gemäß seiner gesetzlichen Aufgabenstellung (§ 2 StVollzG) immanent sind, in der Öffentlichkeit verhindert. Medien und politischen sowie administrativen Funktionsträgern und Institutionen ist zu empfehlen, in sachlicher Form auf besondere Ereignisse im Justizvollzug zu reagieren. Die **Sicherheits-**

risiken in einem rechtsstaatlich und auf soziale Wiedereingliederung orientierten Strafvollzug müssen als **unvermeidbar** akzeptiert werden, und in der Öffentlichkeit ist für dieses Verständnis sachlich zu werben.

bb) Vollzugslockerungen unverzichtbar

Zur Gewährung von Lockerungen gibt es im Strafvollzug keine kriminalpolitisch sinnvolle Alternative. Ohne Lockerungen würden die Haftschäden steigen und die Chancen der Wiedereingliederung fallen, so daß es wahrscheinlich zu noch gesteigerteren Rückfallquoten kommen würde. Entweichungen und Mißbräuche bei Vollzugslockerungen sind quantitativ irrelevant und letztlich unvermeidbar.

Die Quote der bei den Ausgängen nicht freiwillig zurückgekehrten Gefangenen aus dem geschlossenen Vollzug schwankt in Bezug auf die getroffenen Entscheidungen dieser Art stets zwischen 1 und 2%. Ebenso liegt die Quote der nicht freiwilligen Rückkehr bei Ausgangsentscheidungen aus dem offenen Vollzug fast konstant zwischen 0,1 und 0,2% (vgl. *Hessische Kommission,* 1994, 217). Auch die Quote der aus dem Urlaub nicht freiwillig zurückgekehrten Gefangenen ist niedrig: Im geschlossenen Vollzug liegt sie zwischen 4 und 5% und im offenen Vollzug zwischen 0,1 und 0,3% (*Hessische Kommission,* ebd.). Bei 471 682 Lockerungsmaßnahmen in einem 5-jährigen Zeitraum kam es lediglich zu 27 gravierenden Straftaten, was nicht einmal prozentual, sondern nur in Promille gemessen werden kann (0,0057%). Die Straftaten schwanken um das statistische Mittel von 4,8 von einer bis zu sieben Straftaten pro Jahr.

cc) Kooperationsbeispiel: Organisierte Kriminalität

Die *Hessische Kommission* hat sich bemüht, durch Befragungen von Bediensteten des Strafvollzuges Informationen über Art, Ausmaß und vollzugliche Relevanz organisierter Kriminalität zu ermitteln. Der Kommission wurden keine wesentlichen und quantitativ ins Gewicht fallenden Sicherheitsprobleme im Zusammenhang mit organisierter Kriminalität berichtet. Eher erzwingt der Verlust an Überschaubarkeit in den Justizvollzugsanstalten durch Überbelegung und die hohen Anteile an Ausländern (zum Teil über 50%) ein Nachdenken darüber, wie sicherheits- und vollzugsrelevante Erkenntnisse über einzelne Gefangene zukünftig überhaupt noch zu erreichen sind. Die Einstellung ausländischer Bediensteter könnte zur Entschärfung dieser Problematik beitragen.

dd) Kooperationsbeispiel: Drogenproblematik

Die Drogenkriminalität stellt sich im Vollzug als ein ständig wachsendes Sicherheitsproblem dar. Gleichwohl sind in einem auf soziale Wiedereingliederung ausgerichteten Strafvollzug – trotz aller sinnvollen Sicherheitsvorkehrungen – totale Besucherkontrollen und permanente Durchsuchungen nicht durchführbar. Polizei, Staatsanwaltschaft und Strafvollzug konzentrieren sich bei ihren kooperativen Bemühungen lediglich auf repressive Strategien der Drogenbekämpfung. Dadurch wird der Blick auf bedeutsame Kooperationsfelder verstellt. Die bisherige Doktrin, jedweden Konsum weicher Drogen durch Abhängige unter Einsatz erheblicher personeller und finanzieller Mittel von Polizei, Staatsanwaltschaft und Justizvollzug zu bekämpfen, muß daher überdacht werden. Für süchtige Gefangene müßten geeignete Substitutionsmöglichkeiten – unter sorgfältiger wissenschaftlicher Begleitung – ausgebaut werden.

ee) Überfrachtung mit sachfremden Aufgaben

Die politische Entscheidung, Abschiebungshaft innerhalb der Untersuchunghaft und des Strafvollzuges zu vollziehen, ist für einen erheblichen Belegungsdruck verantwortlich. Dies führt zu unlösbaren Sprachproblemen zwischen Gefangenen und Personal, zum Zusammentreffen unverträglicher Kulturkreise, zu einer nicht einschätzbaren psycho-sozialen Situation der Abschiebehäftlinge sowie zu fehlenden Außenkontakten. Der durch diese erhöhte Belastung notwendig vermehrte Personaleinsatz kann aufgrund der aktuellen Personallage nicht gewährleistet werden. Abschiebehaft müßte deshalb in eigens dafür vorzusehenden Einrichtungen mit entsprechender personeller und sachlicher Ausstattung – jedenfalls nicht in der Verantwortung des Justizressorts – vollzogen werden, um den Strafvollzug von dieser sachfremden Aufgabe zu entlasten.

b) Verbesserung der Kooperation mit der Kriminaljustiz und justiznahen Institutionen

aa) Gerichte

Bezüglich der Zusammenarbeit mit den Strafvollstreckungskammern kommt es zu nicht unerheblichen Problemlagen. Die Unerfahrenheit von Richtern, erhöhte Richterfluktuation, mangelnde Information über und mangelnde Kommunikation mit dem Strafvollzug sowie unzureichende Ausbildung im Bereich des Vollzugsrechts führen nach Auffassung von Bediensteten des Justizvollzuges zum Teil sogar zu Gefährdungen der Sicherheit der Anstalten.

Darüber hinaus würden Anträge der Gefangenen auf gerichtliche Entscheidungen nicht mit der erforderlichen Schnelligkeit bearbeitet und erledigten sich oft durch Zeitablauf. Formal vorhandener Rechtsschutz geht infolge (zu) lang dauernder Bearbeitung auf allen Ebenen häufig faktisch ins Leere.

Im übrigen ist es nicht vermeidbar, daß durch rechtsstaatlich unabdingbare Verfahrensprozeduren institutionelle Konflikte zwischen der Justiz und dem Strafvollzug entstehen können. Diese sind indes in einem freiheitlichen Rechtsstaat unvermeidlich, denn die Vollstreckungsgerichte haben nicht die Funktion, die Anstaltsmaßnahmen stets zu bestätigen, sondern sie auf ihre Rechtmäßigkeit hin zu überprüfen. Das wird im Strafvollzug hin und wieder verkannt. Insofern wäre es zweckmäßig, Vollstreckungskammern mit erfahrenen und mit den Belangen des Strafvollzugs vertraut gemachten Richtern zu besetzen.

bb) Staatsanwaltschaften

Hinsichtlich der Zusammenarbeit mit den Staatsanwaltschaften wird kritisiert, daß Fehler bei Lockerungsentscheidungen unter anderem dadurch zustande kommen könnten, daß die Stellungnahmen und Mitteilungen der Staatsanwaltschaft (MiStra) unvollständig seien bzw. verspätet einträfen und daher ohne diese Erkenntnisse entschieden werden müsse.

Ferner wird bemängelt, daß bei ausländischen Gefangenen, die nicht in Deutschland verbleiben können, eine Abschiebung zu spät erfolge. Die verspäteten Abschiebungsverfügungen sollen zum Teil an nicht rechtzeitigen Entscheidungen der Ausländerbehörden, zum Teil aber auch an verspäteten oder bewußt hinausgezögerten Entscheidungen der Staatsanwaltschaften liegen. Um die Problematik zunehmender Belegungsintensität mit inhaftierten Ausländern für den Vollzug entschärfen zu können, wird empfohlen, von den Überstellungsabkommen der Bundesrepublik Deutschland mit anderen Staaten stärker Gebrauch zu machen sowie bei Auslieferung und Ausweisung häufiger und vor allem früher von der Vollstreckung (§ 456 a StPO) bzw. Anklageerhebung (§ 154 b StPO) abzusehen.

cc) Ausländerbehörden

Auch die durch den erhöhten Ausländeranteil unter den Gefangenen vermehrt notwendig werdende Kooperation mit den Ausländerbehörden gestaltet sich – nach Aussagen von Vollzugsbediensteten – insbesondere dann sehr schwierig, wenn ortsfremde Ausländerbehörden zuständig sind. Die Zusammenarbeit mit Ausländerämtern sei häufig kompliziert, weil diese wegen der unterschiedlichen Zielsetzungen im

Ausländer- und Strafvollzugsrecht oft nicht sach- und fristgerecht reagierten und damit Lockerungsentscheidungen und Verlegungen in den offenen Vollzug blockieren können. Die Zielrichtung, primär Ausweisungen durch Abschiebung herbeizuführen, kollidiert mit den sozial-integrativ bezweckten Lockerungsmaßnahmen des Strafvollzugs.

3. Administrative Sicherheit

a) Ebene: Justizministerien

aa) Der Bereich der Politik

Der Strafvollzug kann sich nur langfristig bei überzeugenden und relativ gleichbleibenden Konzeptionen entwickeln. Sicherheitsrelevante Vorfälle im Strafvollzug stellen ein Risiko dar, das nur schwer kalkulierbar, aber nicht vermeidbar ist, solange gesetzlich vorgegebene Vollzugsgrundsätze umgesetzt werden. Es ist ein Fehler, wenn sicherheitsrelevante Ereignisse in populistischer Art und Weise genutzt werden, um tagespolitische Vorteile im Blick der öffentlichen Meinung zu erheischen. Die wechselnden politischen Anforderungen verunsichern das auf Kontinuität angelegte System des Strafvollzuges in fundamentaler Weise. Insofern wird eine unkontrollierte Vollzugspolitik selbst zum Sicherheitsrisiko.

Es findet bundesweit eine problematische Diskussion über scheinbar personelle, d. h. jeweils politische Verantwortlichkeiten im Justizvollzug statt. Die jeweilige Opposition kritisiert fundamental diejenigen, die Regierungsverantwortung tragen, obwohl eine individuell-politische Verantwortung für sicherheitsrelevante Ereignisse nur selten festzumachen ist. Derartige Verantwortlichkeiten für verfehlte Strukturen im Strafvollzug sind nicht innerhalb einer Legislaturperiode, sondern in aller Regel in sehr ausgedehnten Zeiträumen festzumachen. Darüber hinaus spielen Fragen des Personalrechts und der Personalkapazitäten, der Bundesgesetzgebung und allgemeiner Strukturentwicklungen im Strafvollzug eine Rolle, für die individuelle Verantwortlichkeiten kaum feststellbar sind.

Die politischen Spitzen der Justizministerien, die Ministerialbürokratie selbst, insbesondere aber die Mitarbeiter im Justizvollzug werden durch diese Entwicklung erheblich verunsichert. In Folge dieser politischen Verunsicherung werden häufig fragwürdige Maßnahmen im Hinblick auf eine Erhöhung des instrumentellen Sicherheitsstandards angeordnet. Zum Teil belasten diese Maßnahmen den Justizvollzug an der falschen Stelle: Mauerabweiser und Auswechselung von herkömmlichen Gittern mit Manganhartstahl in den Jugendanstalten, Anbringung von Panzersperren auf Grund eines einmaligen Vorkommnisses etc. Zudem bringen eine rein technische Reaktion ohne differenzierte Ursachenforschung und darauf aufbauende Lösungsansätze auf Dauer auch keinen Zugewinn an Sicherheit, was angesichts dafür aufgebrachter erheblicher Mittel besonders zweifelhaft ist.

Auch aus dem **parlamentarischen Raum** heraus ist kein hinreichendes Gestaltungsinteresse für die Weiterentwicklung des Strafvollzuges und die Lösung der bestehenden Probleme mehr spürbar. **Der Politik sind die Visionen für eine Weiterentwicklung des Strafvollzuges abhanden gekommen.** Die politische Diskussion läßt kaum noch Raum für die Weiterentwicklung und Impulsgebung, für die Mobilisierung materieller und personeller Ressourcen sowie die modifizierten Aufgabenstellungen des Strafvollzuges. Dabei sind politische Reaktionen auf die Vielzahl von Ausländern im Vollzug, zur Drogenproblematik, zur Haftvermeidung, zur Arbeitsentlohnung und zu Langzeitbesuchen für Inhaftierte mehr als überfällig. Der permanenten drastischen Überbelegung wird von den Landesregierungen kaum durch zweckmäßige Konzeptionen entgegengewirkt. Dabei liegen die Gründe für die Überbelegung auf der Hand:

- **Belastung der Untersuchungshaft** mit Tatverdächtigen (insbesondere Ausländer) im **Bagatellbereich,** die durch Berichtsanweisung an die Anstalten und ministerielle Dienstaufsicht abgebaut werden müßte.
- **Mangelnde Auslastung** der Einrichtungen des **offenen Vollzuges.**

bb) Führung, Ausbildung und Erhöhung der Selbständigkeit der Justizvollzugsanstalten

Auf allen Ebenen wird das Führungspersonal des Justizvollzuges nicht systematisch und mit zeitgemäßen Methoden auf seine Aufgaben vorbereitet und fortgebildet. Es fehlen die entsprechenden Anforderungsprofile für die unterschiedlichen Führungspositionen und es fehlt eine richtig angelegte systematische Schulung von Führungskräften zu Fragen der Organisation und Führung. Durch Fortbildung besonderer Funktionsträger müßten die Anstalten und ihre einzelnen Organisationseinheiten zunehmend in die Lage versetzt werden, ihre Aufgaben, Probleme und Weiterentwicklungen selbst in die Hand zu nehmen. Das bedeutet anstaltsinterne, teambezogene, regelmäßige Fortbildung. Auch sollten Justizvollzugsanstalten im einzelnen selbständiger handeln, unter anderem durch Einführung der Einstellungskompetenz für Nachwuchskräfte, Einführung ortsspezifischer Zulagen, Beförderungskompetenzen etc.

b) Die Ebene der Justizvollzugsanstalten

aa) Aufbauorganisation

Die **Mitarbeiter** des Vollzuges müssen auf allen Ebenen bei der Erstellung, Durchführung und der Erfolgskontrolle der Anstaltskonzeptionen **kontinuierlich beteiligt** werden. Das gilt auch und insbesondere für die Beteiligung der Mitarbeiter an ihrer eigenen Arbeitsorganisation. Sie sind bei der Erarbeitung von Vorschriften entscheidend zu beteiligen. Vorschriftensammlungen sind zu aktualisieren und zu reduzieren, wobei dann die Einhaltung notwendiger Regeln sichergestellt werden muß.

bb) Fachdienste (psychologischer Dienst/Sozialarbeiter)

Die sozialen Fachdienste sind in den meisten Anstalten zu wenig in den Vollzugsalltag integriert. Vor dem Hintergrund der ohnehin unzureichenden Ausstattung der Anstalten mit besonderen Fachdiensten sollten in der Arbeit dieser Dienste eine Entlastung herbeigeführt und veränderte Prioritäten gesetzt werden:

- Fachdienste sollten stärker auf den Vollzugsstationen präsent sein und zwar auch zu Zeiten, in denen die Gefangenen sich auf den Stationen befinden und nicht arbeiten.
- Eine stärkere Hinwendung der Fachdienste zu den Problemen des allgemeinen Vollzugsdienstes ist notwendig. Die zentralen Aufgaben der Fachdienste sollten nicht allein in der Diagnostik und Therapie bei Gefangenen liegen, zumal die Effizienz therapeutischer Maßnahmen unter den Bedingungen des Normalvollzuges ohnehin als fraglich betrachtet werden muß. Die Fachdienste sollten sich stärker betriebspsychologischen Aufgaben zuwenden und – je nach den Bedingungen der Anstalt – die Organisation und die Bediensteten befähigen, ihren Aufgaben gerechter zu werden, insbesondere den AVD in die Lage versetzen, mit schwierigen Gefangenen umzugehen, deren Probleme wahrzunehmen und so weit wie möglich bearbeiten zu können.
- Die in diesen Anstalten gem. § 88 StVollzG (Besondere Sicherungsmaßnahmen) untergebrachten Gefangenen sollten von den Fachdiensten regelmäßiger, langfristiger und intensiver angesprochen werden. Die Aufgabe von Fachdiensten bei diesen Gefangenen mit besonderen Problemlagen besteht darin, diese sobald wie möglich wieder in den Normalvollzug zu integrieren und damit die Deprivationen, die mit repressiven Sonderbedingungen verbunden sind, so weit wie möglich zu vermeiden bzw. abzubauen.

Praktische Sozialarbeit und Arbeit der Fachdienste im Vollzug bedeuten im Grunde Hilfestellung bei der Bewältigung der Probleme, die mit Freiheitsstrafe verbunden sind. Darüber hinaus reichende „therapeutische Behandlungen" sind im Vollzugsalltag so gut wie nicht realisierbar.

cc) Differenziertere Vollzugsgestaltung

Die oben beschriebenen defizitären Strukturen der Justizvollzugsanstalten lassen oft ein Vollzugsklima entstehen, in dem Gefangene und Bedienstete sich in einer Situation der Konfrontation, aber auch gegenseitiger Ignoranz, gegenüberstehen. Die **Beschränkungen,** die im Grunde auf eine **kleine Gruppe gefährlicher Gefangener,** die nach Aussagen von Vollzugsbeamten nicht mehr als 10 Häftlinge umfassen dürfte, ausgerichtet sind, haben den Vollzugsalltag der **gesamten Anstalten** erfaßt und somit ein Klima der Repression und Hoffnungslosigkeit für Gefangene entstehen lassen. Diese Kumulation negativer Grundbedingungen führt dazu, daß kein Vollzugsklima von Vertrautheit, Kooperation und Zukunftsperspektive entsteht. In einem derartig feindseligen Klima läßt sich weder eine sinnvolle Behandlung noch ein auf soziale Sicherheit, d. h. auf die Sicherheit der Bevölkerung ausgerichteter Strafvollzug organisieren. Dieses Defizit führt nicht nur zu einer Steigerung an Gefährlichkeit jener, mit denen später eine ahnungslose Öffentlichkeit wieder konfrontiert wird, sondern verhindert auch jedes vernünftige Konzept administrativer Sicherheit.

Ursache für ein derartiges Vollzugsklima dürfte nicht zuletzt die undifferenzierte Sicherheitsorientierung sein, die an Stelle einer kleinen Gruppe die Gesamtheit aller – auch gutwilligen – Gefangenen erfaßt hat. Das zentrale Problem bei dieser scheinbar absoluten Sicherheitsorientierung läßt sich zusammenfassend so skizzieren:

- Die notwendige und angemessene Sicherheit für einige wenige ist nicht hinreichend gewährleistet;
- die Übersicherung der überwiegend gutwilligen Gefangenen hingegen ist unangemessen und kontraproduktiv (zur Ausgestaltung entsprechender Konzeptionen vgl. *Hessische Kommission,* 1994, 221).

Für Konzeptionen, im Hinblick auf die die Sicherheit intensiv und akut gefährdende Gefangene gilt folgendes:

- Sie sollten nur auf Zeit und speziell gesichert untergebracht werden.
- Es bedarf bei erhöhten Sicherungsmaßnahmen spezieller Behandlungskonzeptionen psychologischer und sozialer Art, die auch dort einen Gruppenvollzug ermöglichen, der Persönlichkeitsschäden ausschließt.
- Für die Unterbringung von Gefangenen unter besonderen Sicherungsvorkehrungen bedarf es intensiver Zuwendungs- und Beschäftigungsmöglichkeiten, um Haftschäden zu vermeiden.
- In jedem Fall ist darauf hinzuwirken, daß diesen Gefangenen mittel- bzw. langfristig ein Übergang in den Normalvollzug möglich ist.

Im übrigen sollte darauf geachtet werden, alle Gefangenen in möglichst kleinen, überschaubaren Organisationseinheiten mit festen Betreuungsteams vom Allgemeinen Vollzugsdienst bis hin zu den Fachdiensten unterzubringen (Wohngruppenvollzug).

4. Soziale Sicherheit

Die Orientierung von Stab, Sicherheitsdienstleitung, allgemeinem Vollzugsdienst und Abteilungsleitern ist im geschlossenen Justizvollzug auf Aspekte äußerer Sicherheit fixiert.

Diese instrumentelle Sicherheit ist mit **äußerer Anpassung** und **Disziplinierung** nur scheinbar gewährleistet. Eine Schwerpunktverlagerung auf rein instrumentelle Sicherheit widerspricht auch den prinzipiell auf soziale Wiedereingliederung ausgerichteten Grundsätzen des Strafvollzugsgesetzes. Ein bedeutender Schwerpunkt aller Sicherheitsüberlegungen sollte deshalb die soziale Sicherheit sein. Sie sollte ausgezeichnet sein durch Transparenz, Verantwortungsdelegation, befriedigende Arbeitsbedingungen, korrekten und höflichen Umgang mit den Gefangenen, Gefangenenmitverantwortung und eine Normalisierung der Lebensbedingungen der Gefangenen. Ein derartiger Vollzug setzt intensive Kommunikation zwischen Bediensteten und Gefangenen,

Transparenz und Informationsfluß voraus. Diese Vollzugsgestaltung könnte man als **kooperativen Vollzug** bezeichnen.

a) Ziel- und Rollenklarheit bei den Bediensteten

Soziale Sicherheit kann nur funktionieren, wenn der kooperative Vollzug von den Mitarbeitern getragen wird. Voraussetzung dafür ist eine Konzeption, die klar definiert, was von den Mitarbeitern erwartet wird. Die *Hessische* und *Niedersächsische Kommission* haben festgestellt, daß eine solche Konzeption überwiegend noch nicht entwickelt ist.

Eine Konzeption des kooperativen Vollzuges wird von einigen Bediensteten nur teilweise mitgetragen, andere können z.B. aufgrund hoher Arbeitsbelastung daran nicht mitwirken. Traditionelle Zielvorstellungen bei einem Teil der Bediensteten, Überbelastung, Rotation innerhalb der Aufgabenbereiche in der Anstalt, Abordnung von Bediensteten des allgemeinen Vollzugsdienstes an andere Anstalten, mangelnde Übertragung von Eigenverantwortung, fehlende Fortbildung und fehlende Einbindung in Entscheidungsprozesse stehen der Umsetzung eines kooperativen Vollzuges entgegen.

Die teilweise erkennbare Zurückhaltung der Bediensteten des Justizvollzuges gegenüber neuen Konzeptionen kann man nicht als individuelle Problemlage angehen. Sie ist vielmehr Folge der widersprüchlichen Anforderungen, die aus dem politischen Raum und aus der Öffentlichkeit sowie aus den gesetzlichen Bestimmungen (Strafvollzugsgesetz) an den Strafvollzug herangetragen werden und alle Bediensteten im Strafvollzug in ihren jeweiligen Rollen und in ihrem Selbstverständnis verunsichern.

b) Arbeitsbedingungen

Zur sozialen Sicherheit gehört Kollegialität. Verläßlichkeit unter den Mitarbeitern und Kontinuität in festen Teams schaffen eine Vertrauensbasis, die kooperativen Vollzug schafft. Es fehlt häufig an transparenten Entscheidungen der Vorgesetzten und an einer Einbindung der Bediensteten in Entscheidungen.

c) Situation der Gefangenen

Soziale Sicherheit setzt voraus, daß die Interessen und Bedürfnisse der Gefangenen akzeptiert und berücksichtigt und annehmbare Lebensbedingungen entwickelt werden. Der Vollzug war in der Vergangenheit gekennzeichnet durch das Prinzip „**organisierter Nichtbehandlung**". Es ist für die Kommissionen auch nach intensiver Recherche weder ein Sicherheits- noch ein Behandlungskonzept erkennbar geworden, das den Anforderungen einer Behandlung, wie sie das Strafvollzugsgesetz erfordert, gerecht wird.

Die von den Kommissionen in fast allen Anstalten festgestellte **Überbelegung** wirkt sich auf alle Lebensbereiche der Gefangenen aus,

- führt zum Wegfall von Freizeiträumen durch Umwandlung in Hafträume,
- zur Mehrfachbelegung von Einzelzellen,
- zum Rückgang der ohnehin unzureichenden Beschäftigungsmöglichkeiten und
- zur Reduzierung der Freizeitgestaltung.

Dies hat die sicherheitsrelevante Folge, daß gefährliche undurchdringliche Strukturen sowie erhöhte Gewaltbereitschaft und Aggressionen unter den Gefangenen entstehen, und zwar sowohl gegenüber Bediensteten als auch untereinander.

Eine mehrstufige Klassifizierung nach Gefährlichkeitskriterien innerhalb des Vollzuges würde auch für die – durchaus gutwillige – Mehrheit der langstrafigen Gefangenen die Perspektive eröffnen, durch Teilnahme an sinnvollem Gruppenvollzug und

Mitarbeit an Behandlungsprogrammen die Chancen von Vollzugslockerungen, einer Öffnung zum offenen Vollzug und vorzeitiger Entlassung zu erhöhen.

Äußere Sicherheit gegenüber Gefangenen, die zu erkennen geben, daß sie mit Entschlossenheit jederzeit ausbrechen wollen, ist durch die Einrichtung einer kleineren Sicherheitsabteilung zu gewährleisten. Ziel innerhalb des Sicherheitsvollzuges muß sein, Gefangene mit Perspektiven vertraut zu machen, die zu langfristiger Kooperation ermuntern und nicht auf Konfrontation abstellen.

Für den Normalvollzug müßten die klassischen Angebote langfristiger schulischer, beruflicher und persönlicher Bildung mit begleitender psychologischer und sozialpädagogischer Hilfe erheblich ausgebaut werden. Anreize zur Mitgestaltung eines möglichst akzeptablen Anstaltsalltags sollten planvoll gegeben werden.

Gefangene des Normalvollzuges sollten sich nach der Anstaltsarbeit in der Freizeit so entfalten können, daß sie ihre Strafe nicht als eine völlig vertane Zeit empfinden. Außerdem sollte die Anstalt im Rahmen von Freizeitgruppen kulturelle und gesellschaftspolitische Kontakte und Veranstaltungen organisieren. Der nur dumpfe Medienkonsum sollte nicht Hauptinhalt der Freizeit der Gefangenen sein.

d) Die besondere Situation ausländischer Gefangener

Alle bestehenden Probleme im Vollzug verstärken sich durch den hohen und steigenden Ausländeranteil. Bei den Bediensteten ist eine Unkenntnis und Orientierungslosigkeit im Umgang mit der Vielzahl Gefangener unterschiedlicher Nationen, Kulturkreise und Religionen festzustellen. Die Verständigungsschwierigkeiten verhindern die Einbeziehung der Gefangenen in den Vollzug und in eine vernünftige und zielorientierte Vollzugsplanung. Die mangelnde Integration hat Isolation und Gruppenbildung der Ausländer zur Folge. Dazu kommen kaum kalkulierbare Sicherheitsrisiken, zumal die Bediensteten aufgrund sprachlicher Probleme keine Möglichkeiten haben, Entwicklungen und Gefahren frühzeitig zu erkennen.

Die Ursache für eine festzustellende erhöhte Gewaltbereitschaft innerhalb dieses Strafvollzuges kann nicht nur in einer Veränderung der Gefangenenklientel, ethnischen Konflikten oder der Fortsetzung milieubedingter Streitigkeiten in der Haft gesehen werden. Die Lebensbedingungen in vielen Justizvollzugsanstalten und Untersuchungshaftanstalten sind schlicht **menschenunwürdig**. Dies schafft und fördert Aggressivität.

C. Strafvollzug als gesellschaftliche Realität: Perspektiven für die Zukunft?

I. Behandlungsernüchterung

Einsperrung war ursprünglich reines (Verfahrens-)Sicherungsmittel bzw. Ersatzfreiheitsstrafe für uneinbringbare Forderungen. Später war es, nach der Entstehung der Zuchthäuser, wiederum nicht die Besserung der Insassen, die im Vordergrund stand, sondern die rationale **Nutzung der Arbeitskraft** der Gefangenen. Erst mit der Entstehung einer zweckorientierten Strafzumessungstheorie wurde auch die Freiheitsstrafe der **Resozialisierungszielsetzung** unterworfen – jedenfalls dem Anspruch nach.

Heute ist **Ernüchterung** über die Möglichkeit der **Behandlung** im **Strafvollzug** eingetreten. Die Ineffektivität und Kontraproduktivität ist unübersehbar. „Behandlung" läßt sich nicht erzwingen. Defizite liegen häufig außerhalb der Person des Verurteilten. Zudem ist der Freiheitsentzug mit Resozialisierungsabsicht ein Widerspruch in sich: Soziales Lernen in asozialer Lebenswelt, Regeln lernen außerhalb des Regelwerks. Dabei muß entsozialisierenden, kriminogenen Rahmenbedingungen und Infiltrationen eigens entgegengewirkt werden. Es werden künstlich und unvollständig Lebenswelten rekonstruiert, wobei wichtige Bestandteile im Vollzug nicht rekonstruierbar sind, sondern bei Strafe sogar verboten: z.B. Geld, Alkohol, Sexualität.

II. Alternative Reaktionsformen

Gerade die „**Nichterweislichkeit schlichter Abschreckungserfolge**" (*Schüler-Springorum*, 1988, 510) hat die umfassende, intensive Suche nach alternativen gesellschaftlichen Reaktionsformen, wozu auch Alternativen zum Strafvollzug gehören, vorwärtsgetrieben. Insofern wäre die Forderung nach einer Art „Beweislastumkehr" angebracht: „Nicht die alternativen (= ambulanten) Sanktionen müßten beweisen, daß sie besser wirken als Strafvollzug, sondern der Strafvollzug solle überhaupt erst einmal seine bessere Wirksamkeit als die Alternativen beweisen; und so lange dies nicht geschehen sei, gebühre jeder Alternative zum Strafvollzug schon rein logisch der Vorrang vor der Einsperrung des Täters" (ebd.). Der Betroffene sollte also nicht der Gesellschaft entzogen und im Gefängnis seiner Lebenszeit (ersatzlos) verlustig werden, sondern durch das „Prinzip Aktivierung" in die Lage versetzt werden, Raum für Eigenaktivitäten zu schaffen und diese, auch mit Blick auf den durch die Straftat ggf. entstandenen Schaden, positiv zu wenden. In diesem Sinne wären vom Staat härtere Reaktionsweisen zurückzustellen und der jeweils mildeste Eingriff zu wählen (*Schüler-Springorum*, 1988, 511).

Auch aus **rechtsstaatlicher Perspektive** ergibt sich die Notwendigkeit einer (zumindest partiellen) Abschaffung der Freiheitsstrafe und der Hinwendung zu alternativen Reaktionsformen. Wenn nämlich die Wirksamkeit des schwersten Eingriffs nicht nachweisbar ist, sollten Gesichtspunkte der **Verhältnismäßigkeit** ins Zentrum der Betrachtung rücken. Insoweit wäre nach dem Grundsatz „in dubio pro libertate" für ein humanes, weniger eingriffsintensives Strafrecht zu plädieren, um die Anwendung der Freiheitsstrafe konsequent weiter zurückzudrängen (vgl. *Dünkel*, 1983, 454; auch *Jescheck*, 1985).

Kriminalpolitisch wären daher weitere ambulante Alternativen zur Freiheitsstrafe zu entwickeln. Hier werden gegenwärtig vor allem nicht-monetäre Alternativen gesucht, so etwa **freie Arbeit** anstelle der Ersatzfreiheitsstrafe. Mit der **Laufzeit-Leistungsstrafe** verspricht man sich kontinuierliche Leistungen gegenüber der Gesellschaft in Form von Geld oder Arbeit. **Laufzeit-Geldstrafen** könnten die Absenkung des Lebensstandards um 20% des Monatseinkommens in Zukunft anordnen. Mittels einer **Laufzeit-Arbeitsstrafe** könnten z.B. 20% der wöchentlichen Regelarbeitszeit unentgeltlich für gemeinnützige Zwecke bereitgestellt werden. Die Probleme dieser Diskussionsvarianten für ein Strafrecht der Zukunft sind allerdings vielschichtig. So werden bei all diesen Surrogaten die Angehörigen noch deutlicher als bei der Summengeldstrafe mitbestraft. So wichtig und notwendig diese Rückdrängung des Strafvollzugs ist, so erforderlich ist die **kritische Durchleuchtung der Alternativen**, die an seine Stelle treten sollen.

III. Pragmatische Schlußfolgerungen

Abschließend verbleiben **pragmatische Schlußfolgerungen**, die wir schon aus den spezialpräventiven Sanktionswirkungen (vgl. oben § 5) abgeleitet haben. Bezüglich der verhaltenssteuernden Wirkung des Strafvollzuges auf den Bestraften ist Nüchternheit und Skepsis anzuraten, gerade gegenüber den Absichtserklärungen des normativen Programms des Strafvollzugsgesetzes. Nach den empirischen Befunden ist

- **bestenfalls eine Nichtwirkung und**
- **schlechtestenfalls ein kontraproduktiver Effekt**

zu unterstellen. Das gilt insbesondere für vollstreckte Freiheitsstrafen im geschlossenen Vollzug. Diese Erkenntnis sollte erneut die ultima-ratio-Funktion der Freiheitsstrafe stärken. Sie bedeutet zugleich die **Anerkennung der Übelszufügung** durch Strafe und eine Art von **Minimalisierungsprinzip** bei der Strafzumessung. Orientiert man sich an diesen – zugegeben bescheidenen – Ergebnissen der empirischen Sanktionsforschung, läuft man zumindest nicht Gefahr, einem **Sogeffekt vermeintlich effektiver Maßnahmen** zu unterliegen.

Die wirksamste Reform des Strafvollzuges dürfte die Umsetzung des gesetzlichen Gebots sein, den **offenen Strafvollzug als Regelvollzugsform** zu praktizieren. Mittels dieser Vollzugsform ließen sich die nachweislichen Schäden des kustodialen Sicherheitsvollzuges zumindest abbauen, soziale Beziehungen könnten erhalten und berufliche Einbindungen könnten aufrechterhalten oder ausgebaut werden. Eine höhere Entweichungsquote wäre dann zwar unvermeidbar, aber im Hinblick auf die höhere soziale Integration bei der Entlassung aus dem offenen Vollzug wäre das gegenüber der derzeitigen gesteigerten **Desintegration** von **Strafentlassenen** des **Sicherheitsvollzuges** das weitaus geringere Übel.

IV. *Ernas* Perspektive

Für Erna verbleibt nach alledem nur die Hoffnung, daß sie nach 15 Jahren gem. § 57a StGB in den Genuß einer Aussetzung der lebenslangen Freiheitsstrafe kommen wird. Dies setzt ein unauffälliges und angepaßtes Vollzugsverhalten für die Haftzeit voraus. Sie wird nach 15 Jahren nicht mehr mit dem Menschen vergleichbar sein, der sie zur Zeit ihrer Konflikttat einmal war. Ein Gutachter wird feststellen, daß eine Wiederholungsgefahr in ihrem Fall auszuschließen sei, und eine Strafvollstreckungskammer wird festzustellen haben, ob eine Aussetzung der Vollstreckung des Restes der lebenslangen Freiheitsstrafe „unter Berücksichtigung des Sicherheitsinteresses der Allgemeinheit verantwortet werden kann" (§ 57 Abs. 1 Nr. 2 StGB). Erna wird im Strafvollzug nicht nur Schlechtes erleben. Sie wird Bestandteil einer eigenständigen Welt hinter Mauern sein, wird Kontakte zahlreicher Art erfahren haben, von Fachdiensten, Seelsorgern, Beamtinnen des Werkdienstes und vielleicht von ehrenamtlichen Betreuern Zuspruch erhalten haben. Der Vollzug wird sich um Integrationsmaßnahmen nach der Entlassung zumindest bemüht zeigen, eventuell eine Arbeitsstelle beschaffen und für eine Unterkunft Sorge tragen. Letzeres aber nur im Idealfall. Die eigentliche Konsequenz 15-jähriger Isolation wird sie erst im Kontakt mit der sozialen Umwelt außerhalb des Strafvollzuges erfahren. Hier drohen Konsequenzen der Stigmatisierung, der sozialen Degradierung und Zurückweisung (*Albrecht,* 1977), die ein wie auch immer organisierter Strafvollzug nicht wird auffangen können.

Erna haben wir als Prototyp des ‚homo juridicus criminalis' kennengelernt: Aus gescheiterter Sozialisation in einer Unterschichtenfamilie, ohne soziale Unterstützung im sozialen Umfeld in eine Konflikttat gestürzt, verfing sie sich in den professionellen Fallstricken „brauchbarer Illegalität" polizeilicher Vernehmung. Die juristisch eindeutige Zubereitung durch die Polizei konnte von der Staatsanwaltschaft in bürokratisch-administrativer Art und Weise ohne jede Rückfrage und persönliche Einvernahme in eine Anklageschrift umgesetzt werden. Ein Pflichtverteidiger folgte den Regeln ökonomischer Rationalität und begleitete Erna durch zwei Tage einer Hauptverhandlung: Juristisch war im Zuge dieser Pflichtverteidigung der Fall verurteilungsreif. Das Gericht hat pflichtgemäß subsumiert, ein Sachverständiger konnte krankhafte Entwicklungen nicht feststellen. Die absolute Rechtsfolge des § 211 StGB führte Erna in die Sanktion „lebenslang".

In den Fängen bürokratischer und administrativer Rationalisierung des Strafvollzuges wird Erna nunmehr den wichtigsten Teil ihres Lebens veröden. Hilfe bei der Bewältigung ihrer Tat wird sie nicht erfahren, weiß sie noch nicht einmal selbst von sinngebender Erklärung ihres Tuns. Die künstliche Welt des Strafvollzugs wird ihr im Laufe der Jahre soviel Probleme bereiten, daß darin – bezogen auf ihre Konflikttat – wenigstens eine „psychische Entlastung" liegen wird.

3. Teil. Exemplarische Erkenntnisbereiche

§ 29. Entlastungskonzepte:
Informalisierung versus normative Entkriminalisierung
Ein Überblick

Die Analysen des Zweiten Teiles haben zahlreiche Belastungen des Kriminaljustiz-systems aufgezeigt, welche die rechtsstaatliche Funktionsfähigkeit des Strafrechts in Frage stellen:

- **Verschiebung der Gewaltenbalance** zugunsten polizeilicher Eingriffsbefugnisse in Freiheitsrechte,
- **Funktionswandel der Staatsanwaltschaft** durch Informalisierung und exekutivisches Recht von einer Anklage- zu einer Rechtsprechungsbehörde,
- **Marginalisierung der Strafverteidigung** durch geheime Ermittlungsverfahren,
- **Kontrollverlust der Judikative** durch Informalisierung und exekutivisches Recht und die administrative Rationalisierung des Strafprozesses, bedingt unter anderem durch Verlagerung von Ressourcen,
- **Stagnation des Strafvollzugs** als weit übersichertes System „organisierter Nichtbe-handlung".

Was ist zu tun, um ein rechtsstaatlich akzeptables Kernstrafrecht und damit eine funktionsfähige rechtsstaatliche Kriminaljustiz zu gewähren?

I. Entlastung des materiellen Strafrechts von überzogenen Steuerungsansprüchen

Der Überfrachtung des Strafrechts mit politisch aufgeladenen Steuerungsansprüchen ist eine deutliche Absage zu erteilen. Wir wollen uns im Dritten Teil hiermit exempla-risch auseinandersetzen. Adressat dieser Mahnung ist die Politik. Sie belastet das Straf-recht mit Steuerungsansprüchen gesellschaftlicher Art: Wirtschafts-, Umwelt- und So-zialsysteme werden strafrechtlich aufgerüstet, indessen sind sie durch Strukturpolitiken und entsprechende Regelungssysteme des Wirtschafts-, Sozial-, Zivil-, Steuer- und Verwaltungsrechts angemessener erreichbar. Das Strafrecht kann nicht alles schützen; es ist lediglich die ultima ratio, das schärfste Schwert staatlicher Steuerung oder Reak-tion auf Normbrüche. Das Strafrecht ist aufgrund seiner rechtsstaatlichen Bindungen sowie seiner stigmatisierenden Folgen nur dazu berufen, auf **wesentliche Beeinträch-tigungen** sozialen Zusammenlebens zu reagieren – es kann allein **fundamentale** Nor-men öffentlich behaupten und sichern.

Die Funktionsfähigkeit der Strafrechtspflege ist angesichts der verfassungsrechtlich gebotenen Verfahrenssicherungen nur dann aufrecht zu erhalten, wenn die Politik den Grundsatz der **Subsidiarität strafrechtlichen Rechtsgüterschutzes** konsequent be-achtet. Das Gegenteil ist heute der Fall. Anstatt das Strafrecht vom Ballast unzähliger Bagatellen durch normative Entkriminalisierung zu befreien, wird das Kriminaljustiz-system auf das – scheinbare – Entlastungskonzept der Opportunität verwiesen. Die rechtsstaatlichen Schäden dieser Strategie haben wir im Zweiten Teil vielfach aufweisen können.

Gleichwohl ist das Bemühen um die Effizienzsteigerung des Strafrechts bei Abbau schützender Formen der dominierende Ansatz aktueller Kriminalpolitik. Entformalisierung zugunsten einer vermuteten Effizienzsteigerung erwartet einen Entlastungseffekt von Maßnahmen, die den Strafverfolgungsorganen durch die Lockerung gesetzlicher Bindungen eine größere Handlungsfreiheit und Flexibilität einräumen. Die intendierte Steigerung der Effizienz des Kriminaljustizsystems wirkt sich tendenziell zu Lasten einer freiheitlichen Grundrechtsorientierung aus. Durch die Abkehr von zeitintensiver Förmlichkeit sollen unter anderem Ermittlungen erleichtert, der Fallumsatz gesteigert und auf diese Weise Rechtsprechungsressourcen eingespart werden.

Die aktuelle rechtspolitische Diskussion hat sich bislang nur wenig von materiellrechtlichen Entkriminalisierungsüberlegungen leiten lassen. Einerseits wird die offene **parlamentarische Auseinandersetzung** um den Geltungsanspruch des Strafrechts im Geflecht politischer Interessenartikulation **gescheut**. Andererseits haben Kriminalisierungsreformen als politisches Mittel Konjunktur, um strukturelle Gesellschaftsprobleme als handhabbar und kontrollierbar erscheinen zu lassen. Diese politische Inanspruchnahme symbolischer Strafrechtsfunktionen geht einher mit einer faktischen instrumentellen Ineffizienz des Strafrechts, komplexe soziale Probleme zu bewältigen.

Das aktuelle Strafrecht leidet an evidenter Widersprüchlichkeit. Einerseits wird ihm die Aufgabe zugewiesen, Steuerungsansprüche systemischer Art durchzusetzen, die das Strafrecht zunehmend zu einem sozialpolitischen Präventionsinstrument aufrüsten. Andererseits sieht sich die Gesellschaft durch systembedingt auftretende Rechtsverletzungen gefährdet, die durch das Strafrecht mangels hinreichender Steuerungskapazität nicht wirksam aufgehalten werden können. Das Strafrecht verharrt hier in rein **symbolischem Rechtsgüterschutz**. Die **Flexibilisierung** der Rechtsgrundlagen des gesamten Kriminaljustizsystems ist die kriminalpolitische Strategie, diese **Sollbruchstellen** zwischen dem symbolischen Steuerungsanspruch des Strafrechts und der instrumentellen Steuerungsfähigkeit des Kriminaljustizsystems zu **harmonisieren**.

So dient zum Beispiel das Umwelt- und das Wirtschaftsstrafrecht mehr und mehr als Mittel symbolischer Politik und arbeitet mit dem Mechanismus der Vorverlagerung der Eingriffsvoraussetzungen und der administrativen Ausformung der Tatbestandsmerkmale (z.B. verwaltungsförmige Grenzwertbestimmung im Bereich des Umweltstrafrechts). Typischer Beleg aus dem Verfahrensrecht ist die zunehmende Bewältigung komplexer Sachverhalte in Strafverfahren mit Hilfe von Opportunitätsnormen oder informellen Absprachen. Hierbei wird der Anwendungsbereich des Rechts partikularisiert, statt universalistische, allgemeine und gleiche Eingriffsvoraussetzungen zu formulieren. Das Strafrecht verlagert seine Steuerungsansprüche vom materiellen Recht in das Prozeßrecht und entläßt das ehemals strikt regulative Recht in das exekutivische Recht. Gesetzestechnische Mittel hierfür sind Generalklauseln, unbestimmte Rechtsbegriffe oder unbegrenzte Ermessensspielräume. So verliert das rechtsstaatliche Strafrecht seine Fähigkeit, staatliche Macht zu binden.

Soll das rechtsstaatliche Strafrecht behauptet und gesichert werden, so ist dem Strafrecht der Rückzug aus dem allumfassenden präventiven Steuerungsanspruch, der dem Strafrecht tagespolitisch aufgenötigt wird, zu empfehlen. Das bedeutet nicht Verzicht auf rechtliche Steuerung, sondern Hinwendung zu adäquaten Steuerungsformen und angemessenen nicht-strafrechtlichen Steuerungsmedien. Diese gegenüber dem Strafrecht derzeit als subsidiär angesehenen Rechtsbereiche des Ordnungswidrigkeiten-, Sozial- und Zivilrechts bieten einen wesentlich effizienteren Rechtsgüterschutz als das steuerungsschwache Strafrecht.

Das **Zivilrecht** hat im Bereich der vermögens- und eigentumsrechtlichen Bagatellverstöße schon längst eine Vorrangstellung errungen und weist dem Strafrecht problematische Büttelfunktionen zu (vgl. unten 10. Kapitel). Im Bereich des **Straßenverkehrsrechts** greift das Ordnungswidrigkeitenrecht schneller, besser und sachgerechter, zumal es in dem Hauptanwendungsfeld unbewußter Fahrlässigkeit eine adäquate Antwort auf Fehlverhalten sein dürfte (vgl. unten 11. Kapitel). Im Bereich des **Drogenstrafrechts** wird der Zugriff des Sozialrechts durch das dominierende Strafrecht sogar behindert, wobei die überwiegende Kriminalisierung der Konsumenten neue und erhebliche Gefahren für die Bevölkerung erzeugt (Beschaffungskriminalität) (vgl. unten 12. Kapitel).

Wir wollen in den folgenden drei Kapiteln das materielle Strafrecht einer kritischen Durchsicht unterziehen mit dem Ziel dafür zu werben, staatliche Strafverfolgung und kriminalrechtliche Sanktionen nur auf einen **Kernbestand von Rechtsverletzungen** zu beschränken. Nicht die Effizienzsteigerung der Strafverfolgung durch Flexibilisierung, das heißt der Abbau von Justizförmigkeit zu Gunsten von Opportunität, sondern die Entlastung des Strafverfahrens durch Zurücknahme übersteigerter und überkommener Regelungsansprüche (Entkriminalisierung) sollte zentraler Gegenstand rechtspolitischer Reformbemühungen sein.

II. Stärkung der Freiheitsrechte im formellen Recht

Neben der Überlastung des Kriminaljustizsystems mit unangemessenen Steuerungsansprüchen ist weiteres Kennzeichen aktueller Politik, durch stete Eingriffe in das Verfahrensrecht und Organisationsstrukturen dem Kriminaljustizsystem Entlastung zu versprechen. Derartige **verfahrensrechtliche Entlastungen** sind aber nur insoweit zu empfehlen, als sie abwägungsfeste rechtsstaatliche Grundprinzipien des Strafverfahrens unberührt lassen oder gar stärken. Zugunsten eines rechtsstaatlichen, das heißt an abwägungsfesten Verfassungsprinzipien orientierten Verfahrensrechtes ist zu fordern, daß die **Freiheitsrechte der Bürger** gegenüber staatlicher Strafverfolgung **erhalten** und **gestärkt** werden müssen.

Dem stehen insbesondere die aus Rechtspolitik und Praxis empfohlenen Beschränkungen der Regelungen zur Beweisaufnahme sowie die Beschränkungen der Rechtsmittel entgegen. Die Strafprozeßordnung wird aus dieser Sicht umorientiert von einem Instrument der Abwehr des Individuums vor dem strafverfolgenden Staat zu einem präventiven und intervenierenden Eingriffsinstrument zugunsten der Strafverfolgung. Der aufklärerische und freiheitliche Aspekt der Verfassung droht bei dieser einseitigen exekutiven Inanspruchnahme des Verfahrensrechts verloren zu gehen. Ein ausschließliches Effizienzdenken der Strafverfolgung sprengt jedwede verfassungsrechtliche Grenzziehung vor staatlichem Zugriff in die Freiheitssphäre des Bürgers.

Der Abbau rechtsstaatlicher Sicherungen wird in der kriminalpolitischen Diskussion mit Gefahren legitimiert, die dem rechtstreuen Bürger angeblich im Übermaß drohen. Im Vordergrund stehen kriminalpolitisch und von den Medien geprägte Szenarien einer „explodierenden Gewaltkriminalität". Wir werden im 13. Kapitel hierzu kriminologische Einschätzungen vermitteln, die zumindest eine entdramatisierende Betrachtungsweise ermöglichen.

Kriminalpolitische Bedrohungsvokabeln sind darüber hinaus die „Ausländerkriminalität", „Terrorismus" und das Phänomen „Organisierte Kriminalität". Mit diesen zugespitzten Irrationalitäten verschärft, verformt und zerstört eine populistische Kriminalpolitik die rechtsstaatlichen Grundlagen des Kriminaljustizsystems. Die Bürger akzeptieren Erosionen von Freiheitsrechten, wenn ein krimineller Notstand besteht. Aber was ist, wenn dieser Notstand nicht besteht? Eine autonome Kriminologie muß Aufklärung leisten, um Irrationalitäten aus der kriminalpolitischen Debatte herauszuhalten. Im 14. Kapitel nehmen wir dazu Stellung.

Bisweilen wird behauptet, daß materiellrechtliche strafrechtliche Aufrüstung und der Abbau rechtsstaatlicher Förmlichkeit jenen nützen sollen, die bislang in der Kriminalpolitik angeblich zu kurz gekommen sind: nämlich den **Opfern von Straftaten**. Das Gegenteil ist der Fall. In der aktuellen Kriminalpolitik werden die Opferinteressen funktionalisiert (siehe dazu unten 15. Kapitel). Die Privatisierung von Interessenkonflikten, auch eine Form der Informalisierung des Strafrechts, verknüpft die angebliche Rücksicht auf den Verletzten mit Einschränkungen von Prinzipien, die dem Schutz von Beschuldigten dienen. Die eigentliche Stärkung der Interessen von Geschädigten im Zivilrecht oder Öffentlichen Recht (z.B. Opferentschädigungsrecht) wird in keiner Weise in dem Maße gefördert, wie es der kriminalpolitische Diskurs suggeriert. Die grundrechtsferne Privilegierung privater Macht führt statt dessen zur Erosion formalisierter staatlicher Reaktionsmuster, der **Konflikt verliert den Charakter einer öffentlichen Angelegenheit**, er wird **privatisiert**. Die aktuelle Kriminalpolitik steter Privatisierung symbolisiert damit auch den Niedergang des öffentlichen Strafverfahrens und damit die Kontrollfunktion der dritten Gewalt.

Die Rechtspolitik einer materiellen Entkriminalisierung und einer Stärkung der Freiheitsrechte der Bürger gegenüber staatlicher Strafverfolgung hat somit eine **Stärkung der rechtsstaatlichen Grundlagen des Kriminaljustizsystems** und seiner **verfassungsrechtlichen Verankerungen** im Blick. Es geht also um wesentlich mehr als um materielle Ressourceneinsparung und Verfahrenseffizienz.

10. Kapitel. Kriminologische Einschätzungen zum Eigentums- und Wirtschaftsstrafrecht

§ 30. Umfang und Ausprägung

Literatur: *Hessische Kommission „Kriminalpolitik" zur Reform des Strafrechts:* Rechtsgüterschutz durch Entkriminalisierung, Albrecht, P.-A./Hassemer, W./Voß, M. (Hrsg.), 1992; *Niedersächsische Kommission zur Reform des Strafrechts und des Strafverfahrensrechts:* Strafrecht – ultima ratio, Albrecht, P.-A./Beckmann, H./Frommel, M./Goy, A./Grünwald, G./Hannover, H./Holtfort, W./Ostendorf, H. (Hrsg.), 1992; *Polizeiliche Kriminalstatistik* 2003, BKA (Hrsg.); *Strafverfolgungsstatistik* (vollständiger Nachweis der einzelnen Straftaten), Statistisches Bundesamt Wiesbaden (Hrsg.).

I. Dominanz von Bagatellverstößen gegen Eigentum

Strafverfolgung und Ahndung der Eigentums- und Vermögensdelikte stehen quantitativ im Mittelpunkt der Aktivitäten des Kriminaljustizsystems:

- Von 6,5 Millionen registrierten Straftaten des Jahres 2003 (ohne Straßenverkehrsdelikte) zählen **73%** (4,8 Millionen) zur gewaltlosen Eigentums- und Vermögenskriminalität.
- Von 1,5 Millionen Fällen vollendeten einfachen Diebstahls weist knapp die Hälfte einen Schaden von bis zu 50 EURO auf. Rund 30% der registrierten Ladendiebstähle beziehen sich auf Schäden unter 15 EURO, insgesamt 90% auf unter 500 EURO (Polizeiliche Kriminalstatistik 2003, 165ff.).

Die Strafverfolgungsstatistik 2003 belegt, daß rund 38% aller Verurteilungen auf gewaltfreie Eigentums- und Vermögensdelikte entfallen (Strafverfolgungsstatistik 2003, Tabelle 2.1, S. 20). Der größte Teil der Eigentums-Bagatellkriminalität dürfte bereits durch staatsanwaltschaftliche Verfahrenseinstellungen erledigt werden.

II. Delikte gegen das Vermögen

Im Gegensatz zur Eigentumskriminalität ist der Bereich der Vermögensdelikte quantitativ nachrangig. Abgesehen vom **Betrug** mit 65810 Verurteilten im Jahr 2003 hat lediglich der Tatbestand der **Leistungserschleichung** (§ 265a StGB) noch einige quantitative Relevanz (**35970 Verurteilte**: Strafverfolgungsstatistik 2003, Tab. 8.3, S. 438ff.).

Alle übrigen Vermögenstatbestände, insbesondere jene des Ersten und Zweiten Gesetzes zur Bekämpfung der Wirtschaftskriminalität, sind überwiegend quantitativ marginal. Die geringen quantitativen Ausprägungen der Kriminal- und Verurteiltenstatistik zeigen offensichtlich Probleme an, die sowohl in der Konstruktion der Tatbestände, in jedem Fall aber bei der Normdurchsetzung entstehen dürften.

Tatverdächtige 2003 nach der Polizeilichen Kriminalstatistik und Verurteilte nach der Strafverfolgungsstatistik 2003 für ausgewählte Delikte des Wirtschaftsstrafrechts der Bundesrepublik Deutschland

Tatbestand (StGB)	Tatverdächtige	Verurteilte
§ 152a (Fälschungen im Zahlungsverkehr)	271	106
§ 202a (Ausspähen von Daten)	471	18
§ 263a (Computerbetrug)	3408	2541
§ 264 (Subventionsbetrug)	781	125
§ 264a (Beteiligungs- und Kapitalanlagebetrug)	94	7
§ 265a (Leistungserschleichung)	128359	35970
§ 265b (Kreditbetrug)	729	11
§ 266 (Untreue)	8004	1893
§ 266a (Vorenthalten und Veruntreuen von Arbeitsentgelt)	21161	6473
§ 266b (Mißbrauch von Scheck- und Kreditkarten)	3526	53
§ 303a (Datenveränderung und Computersabotage)	638	18

Die Gegenüberstellung zeigt, daß überwiegend sowohl der Tatverdacht als auch die Verurteilungen quantitativ marginal sind. Zum größten Teil zeigen die Verurteilungen für die gesamte Bundesrepublik Deutschland lediglich zwei oder drei Ziffern. Noch drastischer fällt die Quote bezogen auf die Ermittlungen ins Gewicht: Im Regelfall folgt auf 3 bzw. 4 Verdachtsfällen in der Polizeilichen Kriminalstatistik **eine** Verurteilung. Anders bei Delikten des Wirtschaftsstrafrechts: auf 26 Verdachtsfälle der Polizei erfolgt **eine** Verurteilung beim Ausspähen von Daten, auf 13 Fälle des Verdachts wegen Kapitalanlagebetruges, auf 66 des Kreditbetruges und auf 35 der Datenveränderung kommt ebenfalls jeweils nur **eine** Verurteilung.

Quantitative Marginalität und Probleme der gerichtlichen Normumsetzung kennzeichnen das moderne Wirtschaftsstrafrecht insgesamt.

III. Rechtspolitische Konsequenzen

Aus der Dominanz der Bagatellverstöße und den Konstruktions- und Durchsetzungsschwächen zahlreicher Normen des Wirtschaftsstrafrechts werden zwei gegensätzliche rechtspolitische Konsequenzen gezogen:

- Die einen sehen **strafrechtliche Steuerungsmöglichkeiten** ökonomischer Teil-systeme (auch) im Rahmen einer (sozialen) marktwirtschaftlichen Ordnung – insbe-sondere aus rechtsstaatlicher Sicht – **prinzipiell als erschöpft** an. Dabei geht man da-von aus, daß die Strafrechtsdrohung bei den Eigentums- und Vermögensdelikten dem sozialen Wandel in wirtschaftlichen Verkehrsformen anzupassen sei. Im gesam-ten wirtschaftlichen Verkehr sei zu beobachten, daß der Verbraucher immer um-fassenderen Angebots- und Verkaufsstrategien ausgesetzt ist und das Strafrecht zunehmend flankierende Auffangfunktionen für die Ausfallrisiken der Anbieter übernimmt. Der ultima-ratio-Charakter des Strafrechts gebiete den Verzicht auf Strafe, soweit ein anderweitiger Rechtsgüterschutz ersichtlich ist.
- Andere glauben, daß das **Strafrecht** sehr wohl ein **taugliches Instrument** für den Schutz von Rechtsgütern der Volkswirtschaft sei, sofern die normativen **Zugriffs-möglichkeiten** sowie die personellen und sachlichen **Ressourcen** der Strafverfol-gung **erweitert** würden. Zahlreiche als abstrakte Gefährdungsdelikte ausgestaltete Normen des Wirtschaftsstrafrechts eröffneten – im Unterschied zum Erfolgsdelikt des Betruges – den Strafverfolgungsbehörden die kriminalpolitisch wünschenswerte Möglichkeit, schon dann ermittelnd tätig zu werden (z.B. Vernehmungen, Durchsu-chungen etc.) und Beweise zu sichern, wenn zwar die Tatbegehung dringend wahr-scheinlich, ein Geschädigter jedoch noch nicht namentlich bekannt ist.

Die Pro- und Contra-Argumente der jeweiligen Positionen sind im einzelnen do-kumentiert bei der *Hessischen Kommission „Kriminalpolitik" zur Reform des Straf-rechts* (vgl. *Albrecht/Hassemer/Voß*, 1992, 63 ff.) und in den Empfehlungen der *Nieder-sächsischen Kommission zur Reform des Strafrechts und des Strafverfahrensrechts* (1992, 29 ff.).

Die rechts- und kriminalpolitische Debatte richtet sich auf die Möglichkeiten und Grenzen einer strafrechtlichen Steuerung wirtschaftlicher Abläufe. Die strafrechtspoli-tischen Positionen werden auf der einen Seite markiert durch

- Forderungen nach einem Rückzug des Strafrechts auf einen **Kernbestand besonders schutzwürdiger Individualrechtsgüter** und einem **Verzicht auf unterstellte gesell-schaftliche Lenkungsfunktionen** des Strafrechts.

Auf der anderen Seite wird der Hoffnung Ausdruck verliehen, daß durch

- normative Veränderungen und durch die **Bereitstellung entsprechender Straf-verfolgungsressourcen** die wirtschaftspolitischen **Steuerungsfunktionen** des Straf-rechts **optimiert** werden können.

Zwischen diesen Argumentationspolen pendelt die rechtswissenschaftliche Aus-einandersetzung um die Steuerungsmöglichkeiten des Strafrechts. Die rechtspolitischen Positionen liegen zum Teil so weit auseinander, daß sie sich nicht in einen reformeri-schen Kompromiß einbinden lassen. Die Argumente im folgenden Abschnitt lesen sich damit als Beitrag zur rechtspolitischen Debatte um die Grenzen strafrechtlicher Gesell-schaftssteuerung.

§ 31. Debatte zur Entkriminalisierung

Literatur: *Arzt, G.*, Referat, in: Verhandlungen des 51. Deutschen Juristentages, Band 2, N 43, 1976; *Deutsch, E.*, Gutachten, in: Verhandlungen des 51. Deutschen Juristentages, Band 1, E 1, 1976; *Hessi-sche Kommission „Kriminalpolitik" zur Reform des Strafrechts:* Rechtsgüterschutz durch Entkriminali-sierung, Albrecht, P.-A./Hassemer, W./Voß, M. (Hrsg.), 1992; *Liebl, K.*, „Bekämpfung der Wirtschafts-kriminalität". Ein Programm und seine Auswirkungen auf die kriminologische Forschung, MSchr-Krim 2004, 1 ff.; *Niedersächsische Kommission zur Reform des Strafrechts und des Strafverfahrens-rechts:* Strafrecht – ultima ratio, Albrecht, P.-A./Beckmann, H./Frommel, M./Goy, A./Grünwald, G./ Hannover, H./Holtfort, W./Ostendorf, H. (Hrsg.), 1992; *Villmow, B.*, Schwereeinschätzung von Delikten, in: Forschungsgruppe Kriminologie (Hrsg.), Band 1, 1980, 72 ff.; *Voß, M.*, Anzeigemotive, Verfahrenserwartungen und die Bereitschaft von Geschädigten zur informellen Konfliktregelung, MschrKrim 1989, 34 ff.

I. Verfassungsrechtliches Gebot der Entkriminalisierung

Vorschläge für Maßnahmen der Entkriminalisierung setzen verfassungsrechtlich daran an, daß es kein staatliches Pönalisierungs**gebot** gibt. Vielmehr gebiete der Charakter des Strafrechts als ultima ratio den Verzicht auf Strafe, falls ein anderweitiger Rechtsgüterschutz bestehe. Dies sei im Bagatellbereich der Eigentums- und Vermögenskriminalität angesichts zivilrechtlicher Ansprüche der Geschädigten zumeist der Fall. Als zweckrationales Mittel sozialer Kontrolle sei die Berechtigung strafrechtlicher Eingriffe an nachweisbare Folgen geknüpft. Erweise die empirische Prüfung der instrumentellen Ansprüche des Strafrechts in spezial- oder generalpräventiver Hinsicht Folgenlosigkeit oder kontraproduktive Effekte, so verstoße die Bestrafung gegen das Verfassungsprinzip der Verhältnismäßigkeit. Das gelte auch, wenn der Zweck mit weniger einschneidenden Maßnahmen zu erreichen ist.

II. Wandel in der gesellschaftlichen Bedeutung des Eigentums

Die Debatte zur Entkriminalisierung sieht die persönliche und gesellschaftliche Bedeutung des Eigentums und des Vermögens einem Wandlungsprozeß unterworfen. Nichtmaterielle Werte würden die zuvor dominanten materiellen Werte zusehends ablösen. Das Strafgesetzbuch reproduziere hingegen die ausgeprägte Eigentumsbedeutung des 19. Jahrhunderts, obwohl die **Ersetzbarkeit** des Eigentums durch die industrielle Massenproduktion und der Austausch von Eigentum durch raschen Verschleiß und technische Veralterung der Güter wesentlich erhöht worden ist. Zudem verringere sich die **Verletzbarkeit** des Eigentümers durch Diebstahl infolge der Zunahme von Sachversicherungen mehr und mehr. Ferner sei die existenzsichernde Funktion gegenständlichen Eigentums durch vermögenswerte Rechtsforderungen (Sozialversicherung) eher verdrängt worden.

III. Schwereeinschätzung

Auch Untersuchungen zur Schwereeinschätzung von Delikten hätten die geringere Bedeutung der gewaltfreien Eigentumsdelikte erwiesen. In Befragungen – z.B. des Kriminologen *Villmow* (1980) – wurden Eigentums- und Vermögenstatbeständen der unterste Schwererang zugewiesen. Gesetz und Justizpraxis bewerteten demnach den angesprochenen Deliktbereich deutlich schwerwiegender als die Bevölkerung.

IV. Motive von Anzeigeerstattern

Aus Forschungen zu den Motiven von Anzeigeerstattern sei zu entnehmen, daß durch Eigentumsdelikte Geschädigte in einem besonders geringen Maße an einer Bestrafung des Täters interessiert seien (vgl. etwa *Voß*, 1989, 42). Bei weitergehender Indifferenz gegenüber dem Strafverfolgungsanliegen des Staates herrschten bei den Geschädigten Bedürfnisse nach Schadensausgleich vor. Daraus folge: Eingriffe in Eigentum oder Vermögen werden zwar weiterhin als unerwünschtes Verhalten und Störung des Soziallebens angesehen, die Bedeutung solcher Störungen sei jedoch zurückgegangen.

V. Besondere Verführungssituationen

Neue Werbungs- und Verkaufstechniken schafften schließlich für den Verbraucher eine besondere **Verführungssituation.** Der werbepsychologisch erzeugte Drang nach Statusgütern treffe auf eine Warenpräsentation, welche die „materiellen Barrieren zwischen Ware und Erwerber" beseitigt und damit die „seelischen Barrieren zwischen Verkaufsware und potentiellen Käufern" (*Deutsch,* 1976, E 16) verringert habe. Auch die Anonymität des Opfers erleichtere den Zugriff auf die Ware.

VI. Betriebswirtschaftliche Entscheidungsstrukturen

Die massenhafte Gelegenheit zur Begehung bestimmter strafbarer Handlungen könne insoweit ganz überwiegend als Folge **betriebswirtschaftlicher Entscheidungen** bezeichnet werden. Selbstbedienung z.B. führe zu einer drastischen Senkung der Personalkosten, die auch unter Berücksichtigung der Ladendiebstähle einen Rationalisierungsgewinn verspricht. Die verkaufstechnisch hergestellte Disponibilität der Ware zeige, daß „nicht der Zugriff auf die Ware, sondern die ausbleibende Gegenleistung" (*Arzt,* 1976, N 48) den eigentlichen strafrechtlichen Vorwurf markiere. Der Ladendiebstahl (insofern eher Vermögens- als Eigentumsdelikt) nehme gegenüber dem idealtypischen Diebstahl eine Sonderstellung ein, die hier eine gezielte Entkriminalisierung begründen könne. In ähnlicher Weise könne die Beförderungserschleichung als eine Folge der kostensparenden schaffnerlosen Betriebe von Bussen und Bahnen im öffentlichen Personennahverkehr angesehen und im Unrechtsgehalt geringer bewertet werden.

VII. Zugriffs- und Verführungssituationen für Teilnehmer von Finanzmärkten

Einer ähnlichen Zugriffs- und Verführungssituation wie bei der Präsentation von Einzelhandelsprodukten sähen sich die Teilnehmer von Finanzmärkten ausgesetzt. Der bargeldlose Zahlungsverkehr, das Bankomatsystem, Ratenzahlungsangebote, aller Orten offerierte Sachkredite, bereitwillig eingeräumte Kontoüberziehungskredite, Umschuldungsangebote oder allseits empfohlene Kreditkarten eröffneten weitreichende Konsummöglichkeiten auch dort, wo die finanziellen Möglichkeiten begrenzt seien oder nicht zur Verfügung stünden. Darlehensangebote für die Privatwirtschaft, Subventionsofferten und Wirtschaftsförderungsprogramme erleichterten riskante unternehmerische Dispositionen. Versicherungen böten Ausfallgarantien für Vermögensschäden oder gegenüber Schadensersatzforderungen, die bei nur geringer Prüfung der Anspruchsberechtigung im Massengeschäft der Versicherer Bereicherungswünsche der Kunden wecken können. Derartige Offerten steigerten – selbst unter Berücksichtigung von Mißbrauchsfällen – durch ihre ausgeprägten Rationalisierungs- und Verkaufsförderungseffekte die Profite im Bereich der Finanz- und Versicherungswirtschaft erheblich. Zugleich führten sie bei den Kunden zu erweiterten Kriminalisierungsgefahren im Bereich der Vermögensdelikte.

VIII. Ungleichheit der Rechtsanwendung

Nach *Liebl* zeigt sich, daß bei gleichen Delikten (Betrug und Untreue) Wirtschaftskriminalität signifikant niedriger sanktioniert werde als Alltagskriminalität (*Liebl,* 2004, 13). Schon aus dieser Zurückhaltung der Strafjustiz könnte man ableiten, daß die Strafjustiz im Bereich der Wirtschaftskriminalität andere Steuerungsinstrumente erwartet.

Die Argumente in ihrer Gesamtheit, die im einzelnen in der *Hessischen Kommission „Kriminalpolitik"* (1992) und den Empfehlungen der *Niedersächsischen Kommission zur Reform des Strafrechts und des Strafverfahrensrechts* (1992) nachzulesen sind, führen zu **normativen Reformvorschlägen**, die im nächsten Abschnitt vorgestellt werden.

§ 32. Reformvorschläge

Literatur: *Braum, S.*, Zur Strafbarkeit des „goldenen Handschlags" wegen Untreue (§ 266 StGB) – Rechtliche Überlegungen zum Fall Mannesmann –, KritV 2004, 67 ff.; *Freudenthal,* in: Vergleichende Darstellung des deutschen und ausländischen Strafrechts, 1906, Bd. VIII, 105 ff.; *Hessische Kommission „Kriminalpolitik" zur Reform des Strafrechts:* Rechtsgüterschutz durch Entkriminalisierung, Albrecht, P.-A./Hassemer, W./Voß, M. (Hrsg.), 1992; *Kausch, E.,* Der Staatsanwalt – Ein Richter vor dem Richter?, 1980; *Leipziger Kommentar,* Strafgesetzbuch, 6. Band, 10. Aufl., 1988; *Männlein, U.,* Empirische und kriminalpolitische Aspekte zur Anwendung der Opportunitätsvorschriften §§ 153, 153 a StPO durch die Staatsanwaltschaft, 1992; *Matt, H.,* Mißverständnis der Untreue – Eine Betrachtung auch zum Verhältnis von (Straf-)Recht und Moral, NJW 2005, 389 ff.; *Niedersächsische Kommission zur Reform des Strafrechts und des Strafverfahrensrechts:* Strafrecht – ultima ratio, Albrecht, P.-A./Beckmann, H./Frommel, M./Goy, A./Grünwald, G./Hannover, H./Holtfort, W./Ostendorf, H. (Hrsg.), 1992; *Riemann, Th.,* Vermögensgefährdung und Vermögensschaden, 1989; *Systematischer Kommentar* zum Strafgesetzbuch, Band 2, Besonderer Teil, 4. Aufl., 1998; *Rzepka, D.,* Polizei und Diversion – Das Bielefelder Modell der Informationsvermittlung, in: Albrecht, P.-A. (Hrsg.), Informalisierung des Rechts, 1990, 341 ff.; *Saliger, F.,* Grenzen der Opportunität – § 153 a StPO und der Fall Kohl, GA 2005, 155 ff.; *Savelsberg J. J./Brühl, P.,* Zur Genese strafrechtlicher Vorschriften des 2. WiKG, Schlußbericht an die DFG, 1986; *Schönke, A./Schröder, H.,* Strafgesetzbuch, Kommentar, 26. Aufl., 2001; *Schubarth, M.,* Das Verhältnis von Strafrechtswissenschaft und Gesetzgebung im Wirtschaftsstrafrecht, ZStW 1980, 80 ff.; *Volk, K.,* Strafrecht und Wirtschaftskriminalität, JZ, 1982, 85 ff.; *Wolf, G.,* Die Strafbarkeit des ehemaligen CDU-Vorsitzenden Dr. Helmut Kohl nach § 266 StGB, KJ 2000, 531 ff.

I. Diebstahl, insbesondere Ladendiebstahl (§ 242 StGB)

1. Zur Geringfügigkeit als Rechtsprinzip

Die kriminalpolitische Debatte zur Steuerungsfähigkeit des Strafrechts führt zu der Schlußfolgerung, daß ein lückenloser strafrechtlicher Eigentumsschutz weder faktisch möglich noch kriminalpolitisch sinnvoll ist. Das Phänomen des massenhaften Auftretens bestimmter Deliktsformen (z.B. Ladendiebstahl) ist zum großen Teil nicht auf eine veränderte Einstellung zu den geschützten Rechtsgütern (Privateigentum) auf der Täterseite, sondern auf ein verändertes („modernes") Verhalten der Opferseite zurückzuführen. Teils aus Gründen der Verkaufspsychologie, teils aus Gründen der Personal- und Kostenersparnis, werden Verkaufswaren in einer Art und Weise bereitgestellt und angeboten, daß damit die Hemmschwelle, insbesondere bei jungen Menschen, vor der unrechtmäßigen Aneignung erheblich herabgesetzt wird.

In vielen Fällen wird unter Ausnutzung subtiler werbepsychologischer Anbietungsformen zu einem gewissen Anteil die rechtswidrige Wegnahme von Gegenständen von der Opferseite als eine das Gesamtvermögen nicht wesentlich beeinträchtigende Begleiterscheinung umsatz- bzw. gewinnerhöhender „Verkaufsstrategien" bewußt in Kauf genommen. Bei derartigen Anbietungsstrategien muß der Schuldgehalt auf der Täterseite erheblich minimiert sein. Hier dürfte der Verzicht auf Strafe wegen der damit verbundenen Verweisung der Opfer auf die Eigenverantwortung bei der Vermeidung solcher Taten eher geeignet sein, „generalpräventiv" zu wirken als die stigmatisierende und in erheblichem Maße Justizressourcen beanspruchende Pönalisierung.

Nicht nur die Art und Weise, in der die entwendeten Sachen angeboten werden, auch der geringe Wert der entwendeten Sachen im Bereich des Ladendiebstahls läßt Entkriminalisierungsmaßnahmen als angemessen erscheinen. Mittels der Anwendung von Opportunitätsvorschriften praktizieren die Staatsanwaltschaften landauf landab – wenn auch in sehr unterschiedlicher Ausprägung – den Grundsatz des fragmentarischen Rechtsgüterschutzes des Strafrechts (vgl. oben 6. Kapitel). Dieser Grundsatz verlangt erst jenseits einer erheblichen Bagatellgrenze Strafrechtsschutz. Überall, wo mit den Mitteln des bürgerlichen bzw. des öffentlichen Rechts – ordnungspolizeilich bzw. sozialfürsorgerisch – ausreichender Rechtsgüterschutz gewährleistet werden kann, sind strafrechtliche Sanktionen mit ihren weitreichenden, oft existenzgefährdenden Folgen nicht mehr zu rechtfertigen (vgl. für viele SK-*Rudolphi*, vor § 1 Rn. 14).

In der staatsanwaltschaftlichen Diversionspraxis finden sich in Gestalt offizieller Richtlinien zu den §§ 242, 248a StGB Schadensgrenzen, die regional zwischen DM 50, DM 100, DM 200 bis schließlich zur fehlenden festen Obergrenze schwanken (vgl. *Männlein*, 1992, 56 ff.). Diese Art von exekutivischem Recht prägt sich aus als eine „Art regionales Sonderstrafrecht der Staatsanwaltschaft für die kleinere und mittlere Kriminalität" (*Kausch*, 1980, 205). Polizeiliche Reformvorschläge aus der Praxis zielen sogar auf eine deutliche Anhebung dieser Schadensgrenze für Verfahrenseinstellungen (vgl. *Rzepka*, 1990, 429).

Vor dem Hintergrund des Gleichheitsgrundsatzes erscheint es mithin geboten, daß der Gesetzgeber die Grenzen strafrechtlicher Subsidiarität nunmehr präzisiert. Die Exekutive hat die Rücknahme des Strafanspruchs in den letzten 15 bis 20 Jahren bereits praktisch erprobt. Nach Maßgabe der vorliegenden empirischen Erkenntnisse liegt der Hauptakzent bei der Forderung an den Gesetzgeber auf Sicherung einer rechtsstaatlich unabdingbaren Erhöhung von Rechtssicherheit und Berechenbarkeit staatlicher Strafverfolgung. Die rechtstechnische Umsetzung könnte entweder durch die Einführung eines materiell-rechtlichen Geringfügigkeitsprinzips oder durch die Normierung fester Wertgrenzen geschehen. Diese gesetzgeberische Wertgrenzen**orientierung** ist dem Strafrecht nicht fremd: Vermögensdelikte, die sich auf einen unbedeutenden Wert beziehen, werden nur auf Antrag verfolgt. Für eine Reihe von Tatbeständen im Rahmen der Diebstahls- und Vermögensdelikte, der Körperverletzung, der Sachbeschädigung, der Freiheitsberaubung oder der Vorteilsannahme ist anerkannt, daß „ganz geringfügige Rechtsgutbeeinträchtigungen materiell schon den Tatbestand einer Strafnorm nicht erfüllen, auch wenn sie von dessen Wortlaut formell miterfaßt werden" (*OLG Hamm* NJW 1980, 2537).

2. Reformstrategien

In der kriminalpolitischen Debatte haben sich zu Fragen der Reformbedürftigkeit der Diebstahlsvorschriften zwei Auffassungen herausgebildet. Einer Orientierung zur **Entpönalisierung** steht eine **normative Entkriminalisierungsposition** gegenüber.

a) Entkriminalisierungsvariante

Ein Teil des Reformschrifttums spricht sich dafür aus, bestimmte Formen des Diebstahls, nämlich die Wegnahme geringwertiger Gegenstände, in nicht gewerbsmäßiger Form und aus Selbstbedienungsläden aus dem Tatbestand § 242 StGB herauszunehmen. An die Stelle einer strafrechtlichen Reaktion soll demzufolge eine zivilrechtliche in der Art treten, daß der Wegnehmende verpflichtet wird, einen über den konkreten Schadenswert hinausgehenden Betrag an den Geschädigten zu zahlen (pauschalierter Schadensersatz). Auch eine zivilrechtliche Lösung kann durch die Schadensersatzverpflichtung wirksame Präventiveffekte entfalten, wobei der Sonderfall der pauschalierten Entschädigung bei Ladendiebstahlsfällen durchaus positiv-rechtlich geregelt werden soll. Mit dieser Regelung wäre der Einzelhandel nicht rechtlos gestellt, sondern es stünde ein wirksames Instrument der Interessendurchsetzung jenseits des Strafrechts zur Verfügung.

Aus der Sicht der Befürworter der Entkriminalisierungsvariante gibt es bei Mehrfachtätern folgende Regelungsvorschläge: Der weitestgehende Vorschlag verzichtet auf jede Registrierung, auch von Mehrfachtaten. Er beläßt es beim wiederholten zivilrechtlichen Schadensausgleich, es sei denn, es handelt sich bei den Taten um **anderweitig erkannte** gewerbsmäßige Bandenkriminalität, die neben der Verfolgung gemäß § 242 StGB z.B. über § 243 StGB erfaßt werden kann. Der weniger weitgehende Vorschlag sieht die Einrichtung einer amtsgerichtlichen Registratur der zivilrechtlichen Schadensausgleichverfahren vor, um Vielfachtäter, bzw. gewerbsmäßig vorgehende Tätergruppen, besser erfassen zu können.

b) Entpönalisierungsvariante

Ein anderer Teil der Reformdebatte vermag ein solches Modell nicht zu befürworten. Maßgeblich hierfür ist insbesondere die Überlegung, daß jede Tatbestandreduzierung des § 242 StGB eine formal klare und inhaltlich einsehbare Grenzziehung verlange, die jedoch inhaltlich nicht geleistet werden könne. So müsse von der Sache her unterschieden werden, ob die entwendete Ware in einem Kaufhaus oder in einem kleinen Einzelhandelsladen zugriffsleicht angeboten wird. Das könne aber niemals so umschrieben werden, daß es der für Straftatbestände notwendigen Eindeutigkeit entspräche. Eine vom Gesetzgeber vorzugebende Wertgrenze – die der jeweiligen Geldentwertung angepaßt werden müßte – werfe die Frage auf, warum bei einer geringfügigen Wertdifferenz (ein Cent!) eine zunächst straflose Handlung zum Diebstahl werde. Befürwortet wird hingegen eine sogenannte „weiche" Rechtsfolgenlösung, wonach in einschlägigen Fällen von Strafe abgesehen werden kann. Da das Institut des Absehens von Strafe nicht der Ebene der Tatbestandsmäßigkeit angehört, sondern nur die Rechtsfolgen betrifft, und da es lediglich fakultativ eingesetzt wird, könnten die Genauigkeitsanforderungen für die Umschreibung seiner Anwendung wesentlich geringer sein (vgl. im einzelnen *Hessische Kommission „Kriminalpolitik"*, 1992, 58 f. *und Empfehlung der Niedersächsischen Kommission zur Reform des Strafrechts und des Strafverfahrensrechts*, 1992, 30 ff.).

II. Reformvorschläge zu § 265 a StGB

Der Straftatbestand der Leistungserschleichung (§ 265 a StGB) erfaßt in der Rechtspraxis vor allem die sogenannten „Schwarzfahrer", die öffentliche Verkehrsmittel ohne ein entsprechendes Entgelt nutzen. Die übrigen Tatbestandsalternativen des § 265 a StGB haben nur eine geringe Bedeutung. Insgesamt erfaßte die Polizei im Jahre 2003 176 019 Straftaten nach dieser Vorschrift. Die Zahl der nicht zur Strafanzeige gelangten Fälle von Beförderungserschleichung sowie die Dunkelziffer dürften weit höher liegen.

Der Straftatbestand der Leistungserschleichung ist unter verschiedenen Gesichtspunkten in Frage zu stellen.

- Zweck dieser Vorschrift war es, das aktive Unterlaufen bestehender Sicherungssysteme unter Strafe zu stellen. Die Leistungserschleichung ist in dieser Hinsicht als ein Auffangtatbestand des Betruges anzusehen. Dabei ging der historische Gesetzgeber von den seinerzeit gegebenen Verhältnissen aus, die dadurch gekennzeichnet waren, daß durch Sperren und Zugangskontrollen eine Präventivkontrolle vor der Nutzung von Verkehrsmitteln bestand. In dieser Hinsicht hat sich ein für die Bewertung der Strafvorschrift entscheidender gesellschaftlicher Wandel vollzogen.
- Es dürfte nicht zweifelhaft sein, daß Beförderungsbetreibern – keineswegs geringe – Schäden zugefügt werden, wenn man ihre entgeltliche Beförderungsleistung durch „Schwarzfahren" unterläuft. Gleichwohl konstituiert sich dadurch nicht zugleich das Kriminal-Unrecht des Schwarzfahrens. Ähnlich wie der Betrugstatbestand erfordert auch § 265 a StGB neben dem Zahlungsunwillen zusätzlich eine **Täuschung,** insofern eine vom Unrechtsgehalt gekennzeichnete **Handlung,** nämlich das **Erschleichen** einer Leistung. An einer solchen, über die Schädigung als solche hinausgehende Be-

gehungsweise (Handlung) fehlt es in den Fällen, in denen es ein Fahrgast lediglich unterläßt, einen Fahrschein zu lösen. Das Nichterwerben einer Beförderungsberechtigung ist und bleibt ein schlichtes Unterlassen, das die strafbarkeitsbegründende bzw. -begrenzende Funktion des Erschleichens (Handlung) durch keine noch so waghalsige interpretative Ausweitung der Rechtsprechung zu kompensieren vermag.

• Wer aus betriebswirtschaftlichen Erwägungen auf jegliche Kontrolle bei der Inanspruchnahme seiner jedermann angebotenen Leistung verzichtet, begibt sich ganz bewußt der Möglichkeit, Empfänger eines von der Rechtsprechung geforderten „Anscheins von Ordnungsmäßigkeit" zu sein. Derartige Empfänger sind üblicher- und richtigerweise Schaffner und Eingangskontrolleure, die vom Beförderungsbetreiber abzustellen sind. Das jedenfalls dürfte die Vorstellung des historischen Gesetzgebers gewesen sein. Mit dem Verzicht auf Eingangskontrolle wird indes auf den Schutzzweck des § 265a StGB, nämlich auf den Schutz vor Erschleichen, verzichtet. Wer alles unkontrolliert öffnet, kann sich schlechterdings nicht darauf berufen, daß ihn das Strafrecht vor dem „Erschleichen" durch Nichtberechtigte zu schützen habe. Nicht die unentgeltliche Inanspruchnahme eines Verkehrsmittels kann gemäß der Tatbestandsstruktur des § 265a StGB strafbar sein, sondern nur diejenige unentgeltliche Inanspruchnahme, die erschlichen wird.

Trotz alledem wird von vielen Beförderungsbetreibern und von der Rechtsprechung der Oberlandesgerichte die Kriminalisierung bewußt als Instrument betriebswirtschaftlich rationeller Kundenkontrolle eingesetzt. Diese ökonomisch intendierte Kriminalisierung erreicht prompt bekannte kriminologische Problemgruppen: Jugendliche und Heranwachsende sowie Randständige, die bei der – zivilrechtlich häufig zwischengeschalteten – Konfliktaushandlung zwangsläufig unterliegen müssen. Für das gesamte – betriebswirtschaftlich erfolgreiche – Kosten-Nutzen-Kalkül darf der Schutzzweck des § 265a StGB indes nicht die generalpräventive Basis liefern. Wer – wie die Rechtsprechung der Oberlandesgerichte – anders argumentiert, nimmt der Handlungskomponente im Tatbestand des § 265a StGB jedwede strafbarkeitsbegründende bzw. -begrenzende Kontur.

Es ist wegen der Widersprüchlichkeit der Rechtsprechung Sache des Gesetzgebers klarzustellen, daß § 265a StGB nicht Auffangtatbestand für sozialschädliches Verhalten schlechthin sein kann. Es muß im Gesetzestext verdeutlicht werden, daß nur das Überlisten oder Umgehen von Kontrollpersonen ohne Wissen des Berechtigten unter Strafe gestellt werden sollte. Strafbar dürfte ein solches Verhalten höchstens sein, wenn es zur Täuschung und dadurch bedingten konkreten Fehlvorstellung (Irrtum) bei einer Person kommt. In jedem Fall geht es nur um das **aktive Unterlaufen präsenter Präventivkontrolle.** Nur eine derartige gesetzliche Klarstellung wird – wie die Rechtsprechung mancher Oberlandesgerichte zeigt – dem ultima-ratio-Anspruch des Strafrechts gerecht (vgl. dazu die gescheiterten Gesetzentwürfe BT-Drs. 12/6484, 13/374, 13/2005).

III. Vorenthalten von Sozialversicherungsbeiträgen (§ 266a StGB)

§ 266a StGB ist die quantitativ bedeutendste Vorschrift aus dem Zweiten Gesetz zur Bekämpfung der Wirtschaftskriminalität von 1986. Von 21161 Tatverdächtigen gelangten im Jahr 2003 6473 zur Verurteilung.

Auch hier wird in der kriminalpolitischen Diskussion gefordert, in § 266a Abs. 1 StGB auf die Strafandrohung für die – häufigen – Fälle der bloßen Nichtabführung der Sozialversicherungsbeiträge zum Fälligkeitszeitpunkt zu verzichten. Geschützt werden soll durch die Vorschrift die Funktionsfähigkeit des Sozialversicherungssystems und das Vermögen der Arbeitnehmer, mithin zwei klassische systemische Rechtsgüter ohne Individualbezug.

Der Tatbestand macht indes nicht hinreichend deutlich, daß er jegliche **Nichtzahlung** erfaßt und eine besondere untreueähnliche Begehungsmodalität voraussetzt. Besonders problematisch ist, daß als Tathandlung das schlichte „Vorenthalten" genannt ist, womit der Tatbestand in problematischer Weise die **schlichte Nichtzahlung einer Schuld** kriminalisiert (vgl. auch SK-*Samson/Günther*, § 266a Rn. 5). Da es nicht darauf ankommt, ob der Arbeitgeber das Arbeitsentgelt ganz oder teilweise ausgezahlt hat, ist es für die Kriminalisierung allein maßgeblich, ob der Arbeitgeber den Anspruch der Träger der Sozialversicherung in der gesetzlichen Höhe und zur rechten Zeit befriedigt hat.

Mit dieser Konstruktion wird sowohl unter dem Gesichtspunkt der Strafwürdigkeit als auch unter dogmatischer Perspektive ein einmaliger strafrechtlicher Systembruch erzeugt: weder im Steuerstrafrecht noch bei Unterhaltsansprüchen wird die schlichte Nichtzahlung mit Strafe bedroht. § 370 AO (Steuerhinterziehung) setzt eine Täuschung der Finanzbehörde voraus, die leichtfertige Steuerverkürzung ist ausschließlich Ordnungswidrigkeit; die Unterhaltsentziehung (§ 170 StGB) macht die Gefährdung des Lebensbedarfs des Berechtigten zur tatbestandlichen Voraussetzung. Die „pure Verletzung schuldrechtlicher Ansprüche durch Nichtzahlung" (SK-*Samson/Günther*, § 266a Rn. 21) als strafrechtliche Sanktionierungsgrundlage ist ein exzeptioneller gesetzgeberischer Fehlgriff und eröffnet späterer Gesetzgebung systemgefährdende Wege.

IV. Subsidiarität des Strafrechts im Rahmen bagatellarischer Betrugsdelikte

1. Zivilrecht als primäres Steuerungsinstrument

Die massenweise Begehung von Straftaten, wie sie gerade im Bereich bagatellarischer Vermögensdelikte zu verzeichnen ist, führt in der kriminalpolitischen Debatte zu der Überlegung, daß der Wandel im wirtschaftlichen Verkehr hin zu aggressiveren Angebotsstrategien auch Auswirkungen auf die Strafverfolgung haben müsse. Der Eigentumsschutz wird vielfach nur noch unter Kostenaspekten bewertet, womit das Strafrecht den Charakter einer flankierenden Gewinnsicherungsmaßnahme erhält. Eine Rechtsgüterverletzung, die im wesentlichen auch auf die Sorgfaltspflichtsverletzung seitens der Geschädigten zurückzuführen ist, sollte deshalb auch im Bereich der Vermögensdelikte nur noch zu einer subsidiären strafrechtlichen Sanktionierung führen. Primäres Steuerungsinstrument sollte hier das Zivilrecht werden.

2. Anwendungsbereiche

Für Entkriminalisierung kommen Sachverhalte in Frage, die insbesondere erhebliche polizeiliche und staatsanwaltliche Ressourcen binden, was im Hinblick auf die Rechtsgutverletzung unverhältnismäßig erscheint: im Rahmen unkontrollierter Warenanbietung ist es häufig möglich, Preisetiketten oder Verpackungen auszutauschen **(Umetikettierungsbetrug)**. Tankstellen sparen Personal ein und legen alle bisher üblichen Dienstleistungen auf die Kunden um, wobei es häufig zum sogenannten **Tankbetrug** kommt. In der Gastronomie wird durch Einsparung von Bedienungspersonal mehr und mehr die Selbstbedienung ohne jegliche Überwachung praktiziert, was häufig zum **Zechbetrug** führt. Der **Versandhandel** bietet gerade für finanzschwache Kunden Ratenzahlungsgeschäfte und Kauf auf Kredit an, obgleich hier häufig Zahlungsschwierigkeiten absehbar sind (Betrug zum Nachteil von Versandhäusern). Die Folge ist eine Überflutung von Polizei und Staatsanwaltschaften mit Anzeigen aus diesen Bereichen.

3. Normativer Reformvorschlag

In der kriminalpolitischen Diskussion wird deshalb der Vorschlag gemacht, den Strafrechtsschutz bei bagatellarischen Betrugstatbeständen als subsidiär auszugestalten, wenn ein Mitverschulden der Geschädigten offensichtlich ist. Für Bagatellbetrugstaten, in denen eine Sorgfaltspflichtverletzung der Geschädigten offensichtlich ist, sollte – wie auch schon jetzt in § 374 Abs. 1 Nr. 7 und 8 StPO für bestimmte Verstöße im Wirtschaftsleben vorgesehen – der **Privatklageweg obligatorisch** sein. Dabei sei die Annahme des „öffentlichen Interesses" im Sinne des § 376 StPO (Voraussetzung für Klageerhebung der Staatsanwaltschaft) an näher zu bestimmende restriktive gesetzliche

Voraussetzungen zu knüpfen. Außerdem sollte für Fälle, in denen ein öffentliches Interesse für die Strafverfolgung angenommen wird, der rechtskräftige Abschluß des Zivilrechtsweges Voraussetzung für die strafrechtliche Verfolgung sein. Sei eine Schadensregulierung durchgeführt, sollte das Absehen von der Strafverfolgung obligatorisch sein.

V. Schadensbegriff bei Betrug und Untreue (§§ 263, 266 StGB)

In der kriminalpolitischen Debatte wird erörtert, ob die Vermögens**gefährdung** mittels gesetzgeberischer Korrektur aus dem Strafrechtsschutz der Vermögens**schädigungs**delikte (insbesondere §§ 263, 266 StGB) herausgenommen werden soll.

1. Kriminalpolitisches Votum für eine Einschränkung

a) Die Gleichstellung einer bloßen Vermögens**gefährdung** mit einem nach dem Gesetzeswortlaut eindeutig vorausgesetzten Vermögens**schaden** mag in den Grenzen wirtschaftlicher Bewertungsgrundsätze ökonomischer Denkweise entsprechen. Eine darüber hinausgehende, z.B. sich auf die subjektive Werteinschätzung erstreckende Vermögensgefährdung sollte aus dem Strafrechtsschutz der Vermögensschädigungsdelikte herausgenommen werden (vgl. *Riemann*, 1989, 60ff.). Die Rechtsprechung unterscheidet zwischen Vermögensgefährdung und Vermögensschaden grundsätzlich nicht, sondern behandelt die Vermögensgefährdung im Prinzip als Vermögensschaden (SK-*Samson*, § 263 Rn. 166 m.w.N.). Dabei betont sie freilich, nur die **konkrete** Vermögensgefährdung stehe dem Vermögensschaden gleich, wenngleich sie diese Einstellung nicht immer durchhält. Die Literatur bemüht sich demgegenüber zunehmend darum, die Vorverlagerung der Vollendung durch zusätzliche einschränkende Merkmale zu verhindern (vgl. *Schönke/Schröder-Cramer*, § 263, Rn. 143).

b) § 266 StGB (**Untreue**) sollte insgesamt reformiert und auf wirklich strafwürdige Angriffe auf fremdes Vermögen zurückgeführt werden. Seine im internationalen Vergleich einzigartig weite Fassung (nicht alle rechtsstaatlich verfaßten Länder kennen überhaupt eine entsprechende Vorschrift) hat die früh erhobene Forderung nach einer Änderung bis heute nicht verstummen lassen (vgl. z.B. *Freudenthal*, 1906, 105ff.). Die Vorschrift bedroht in ihrer heute praktizierten Handhabung z.B. Geschäftsführer von juristischen Personen mit strafrechtlicher Verfolgung wegen unternehmenspolitischer Fehlentscheidungen. Dabei werden vielfach riskante Geschäftspraktiken, die bei ihrem Gelingen (mit dem Erfolg der Überwindung einer Krise) als unternehmerisch kreativ und sozial erwünscht behandelt werden, im Falle ihres Scheiterns pönalisiert.

Auch finden in der letzten Zeit zunehmend Anzeigeerstatter bei den Staatsanwaltschaften Gehör mit der Behauptung, verantwortliche Kommunalpolitiker (Bürgermeister oder auch Ratsmitglieder) seien wegen riskanter oder auf eine Fehlinvestition hinauslaufender Haushaltsbeschlüsse der „Haushaltsuntreue" verdächtig. Auf diese Weise können Staatsanwaltschaften von politisch interessierten Kreisen für Aufgaben, die den Rechnungshöfen (mit guten Gründen ohne Sanktionsbefugnis) übertragen sind, instrumentalisiert werden. Solchen Fehlentwicklungen könne nur durch eine gesetzliche Einschränkung des § 266 StGB begegnet werden.

Besonderes Aufsehen hat die Uneinheitlichkeit der Rechtsprechung in diesem Bereich erregt. Insbesondere bei Prozessen mit politischem Hintergrund gegen den ehemaligen Bundeskanzler *Kohl* und den ehemaligen Bundesinnenminister *Kanther* haben nahezu gleiche Sachverhaltskonstellationen zu völlig unterschiedlichen rechtlichen Konsequenzen geführt: während gegen den ehemaligen Bundeskanzler die Einstellung gemäß § 153a StPO durch das Landgericht Bonn erfolgte (*LG Bonn* NJW 2001, 1736), mußte sich der ehemalige Bundesinnenminister vor einem Landgericht verantworten und wurde dort erstinstanzlich zu einer Freiheitsstrafe auf Bewährung verurteilt (*Matt*, 2005, 389 ff.).

Auch im so genannten Mannesmann-Prozeß, in dem sich verschiedene Wirtschaftsführer wegen der Zuerkennung von Prämien und Pensionsabfindungen zu verantworten hatten, erfolgte erstinstanzlich zwar ein Freispruch, der mit entsprechender Medienaufmerksamkeit nunmehr in die Revision zum Bundesgerichtshof geführt wurde. Alle Prozesse verdeutlichen eines: Moral und Recht sind gerade im Bereich von Politik und Wirtschaft nicht kongruent, wobei das Strafrecht die schlechteste Form der Konfliktschlichtung abgibt. Übermäßige Gewinne, verfehlt geleitete oder verwendete Parteispenden sind durch wirtschaftsrechtliche oder parteigesetzliche Vorschriften optimaler zu steuern. Das Straf- und gar das Strafprozeßrecht mit seinen Rechtsschutz gewährenden Schweige- oder Abwehrrechten sind unzureichende Steuerungsinstrumente, die weder politische noch soziale oder gar moralische Transparenz erzeugen können. In diesen Bereichen dürften schärfere zivilrechtliche und disziplinare Konsequenzen oder Einschnitte in der beruflichen Karriere durch öffentliche Skandalisierung eher Wirksamkeit entfalten (*Braum*, 2004, 67 ff.; *Saliger*, 2005, 155 ff.; *Wolf*, 2000, 531 ff.).

2. Kriminalpolitisches Votum gegen eine Einschränkung

Eine Herausnahme der Vermögens**gefährdung** aus dem Strafrechtsschutz der §§ 263, 266 StGB würde nach Auffassung anderer die Praxis in zahllosen Fällen, speziell im Bereich der Wirtschaftskriminalität vor unüberwindliche Hindernisse stellen. Die Effizienz der Arbeit und der Schlagkraft der Strafverfolgungsbehörden wäre noch weiter beeinträchtigt. Die Folge wäre zum einen die Notwendigkeit der Ausweitung von Ermittlungen (Verschwendung zeitlicher Ressourcen). Hinzu käme zum anderen, daß in vielen Fällen genaue Feststellungen zum „rechnerischen" Schaden auf der Grundlage der erlangten bzw. erzielbaren Erkenntnisse nicht möglich seien. Ohne das Instrument der Vermögensgefährdung könnten die Verantwortlichen zahlreicher krimineller Machenschaften strafrechtlich nicht mehr zur Verantwortung gezogen werden.

Schließlich entspreche die von der Rechtsprechung vollzogene Gleichstellung einer Vermögensgefährdung mit einem Vermögensschaden der erforderlichen wirtschaftlichen Betrachtungsweise, da die Vermögensgefährdung in aller Regel bereits einer Vermögensminderung gleichkomme. Für Entkriminalisierungsmaßnahmen im Sinne des § 266 StGB bestehe aus der Sicht dieser kriminalpolitischen Auffassung ebenfalls kein Bedarf. Die Anwendung der Norm auf der Grundlage und innerhalb der von der Rechtsprechung gezogenen Grenzen in objektiver wie subjektiver Hinsicht bleibt nach dieser Auffassung auf Verhaltensweisen beschränkt, die tatsächlich auch strafwürdig seien.

VI. Wirtschaftsstrafrecht (Erstes und Zweites Gesetz zur Bekämpfung der Wirtschaftskriminalität)

1. Rechtspolitische Ausgangsfragestellung

In der Reformdebatte werden neben diversen Neukriminalisierungsvorschlägen umfassende Entkriminalisierungsmöglichkeiten aufgezeigt. Der umfassendste Vorschlag ging von der *Hessischen Kommission „Kriminalpolitik"* aus. Hiernach sollen im Bereich des Wirtschaftsstrafrechts (Erstes und Zweites WiKG) jene Vorschriften, die in der Verfolgungspraxis nur eine untergeordnete Bedeutung erlangt haben und auch rechtsstaatlich umstritten sind, wieder gestrichen werden. Hierzu zählen insbesondere:

§ 152 a/Fälschung von Vordrucken für Euroschecks und Euroscheckkarten, § 202 a/ Ausspähen von Daten, § 263 a/Computerbetrug, § 264/Subventionsbetrug, § 264 a/ Kapitalanlagebetrug, § 265 b/Kreditbetrug, § 266 b/Mißbrauch von Scheck- und Kreditkarten, § 291/Wucher, § 303 b/Computersabotage.

2. Kriminalpolitische Argumente für eine Streichung dieser Vorschriften

a) Gesetzgebung

Der Gesetzgeber wollte mit der Einführung des Ersten und Zweiten Gesetzes zur Bekämpfung der Wirtschaftskriminalität ein Bollwerk gegen die „Bedrohlichkeit" unlauteren wirtschaftlichen Handelns errichten, dessen jährlicher Gesamtschaden zwischen 4,4 Milliarden und 130 Milliarden DM (in den 70er und 80er Jahren) geschätzt wurde.

Schon 1976 trat das Erste Gesetz zur Bekämpfung der Wirtschaftskriminalität in Kraft, womit unter anderem neue Tatbestände gegen Subventionsbetrug (§ 264 StGB) und den Kreditbetrug (§ 265 b StGB) in das StGB eingeführt wurden. Neugefaßte Konkursstraftaten wurden in das StGB überführt, und ein einheitlicher Wuchertatbestand wurde geschaffen (§ 291 StGB). Knapp 10 Jahre danach (1986) trat das Zweite Gesetz zur Bekämpfung der Wirtschaftskriminalität in Kraft. Nunmehr wurden unter anderem die neuen Regelungsmaterien ,Ausspähen von Daten' (§ 202 a StGB), Computerbetrug (§ 263 a StGB), Computersabotage (§ 303 b StGB), Kapitalanlagebetrug (§ 264 a StGB) in das StGB aufgenommen. Die gesetzgeberischen Bemühungen, die von einer Sachverständigenkommission mit 12 umfangreichen Bänden begleitet wurden, werden mit den Worten zusammengefaßt: „und alle waren sich darin einig, daß man nicht wieder einmal die Kleinen hängen, die Großen aber laufen lassen dürfe" (*Volk*, 1982, 85).

b) Schutz von Funktionen und Institutionen des Wirtschaftslebens

Indes war schon der normative Ansatz mehr als fraglich. Die neuen wirtschaftsrechtlichen Tatbestände wenden sich – jedenfalls tendenziell – ab vom klassischen Individualrechtsgüterschutz und intendieren den **Schutz von Funktionen und Institutionen des Wirtschaftslebens**. Staatliche Wirtschaftslenkung und wirtschaftspolitische Zielsetzung (deutlich: § 264 StGB) sind Beispiele für abstrakte Funktionen und objektivierte Institutionen, wobei die Tatbestände, mit weit vorverlagertem Strafschutz und zum Teil als Gefährdungsdelikte ausgestaltet, nunmehr – bezogen auf soziale Rechtsgüter – Systemfunktionen haben sollen.

c) Schutz des wirtschaftlich Schwachen?

Die Hinwendung zahlreicher Normen des WiKG zum „abstrakten Systemvertrauen" und die Abkehr vom konkreten Vertrauensschutz im Hinblick auf Individualrechtsgüter läßt indes den Schutz des wirtschaftlich Schwachen außer Betracht, desjenigen also, der dem Zugriff wirtschaftlicher Knebelung zumal schutzlos ausgeliefert ist. Gerade der Schutz des wirtschaftlich Schwachen müßte im Rechts- und Sozialstaat aber Ziel eines effizienten Wirtschaftsstrafrechts sein. Letzteres hat der Gesetzgeber jedoch nicht verwirklicht.

Schubarth resümiert, „daß der Gesetzgeber unter dem politisch-psychologischen Zwang, etwas gegen das Phänomen der Wirtschaftsdelinquenz zu unternehmen, Gesetze schafft, die bei oberflächlicher Betrachtung einen Konnex zum Wirtschaftsleben haben, in Wirklichkeit aber zur Bekämpfung der Wirtschaftsdelinquenz gar nichts beitragen" (*Schubarth*, 1980, 105). Von dieser prinzipiellen Kritik unterscheiden sich auch neuere Einschätzungen – insbesondere zur Steuerungsfähigkeit des Zweiten WiKG – nur wenig. Die Autoren *Savelsberg* und *Brühl* stellen in einem DFG-Forschungsbericht fest, daß der Euphorismus bestimmter Reformer, im Sinne eines höheren Maßes an Gleichheit vor dem Strafrecht eine Umverteilung von Sanktionschancen zu Ungunsten mächtiger gesellschaftlicher Akteure zu erreichen, einen erheblichen Dämpfer erfahren hat: „,Illustratoren' und ,Reformer' haben weder die im Geneseprozeß noch die im Prozeß der Implementation wirksam werdenden gesellschaftlichen Dynamiken und Machtfelder hinreichend antizipiert. Sie stehen nun nicht nur nicht-intendierten, sondern sogar kontra-intentionalen Folgen ihrer Bestrebungen gegenüber" (*Savelsberg/Brühl*, 1986, 379, f.).

Aus der Sicht eines Teils der Reformdiskussion stellen viele Normen des Ersten und Zweiten WiKG **Vorverlagerungen des Strafrechtsschutzes** mit dem erklärten Ziel des Gesetzgebers dar, **prozessualen Beweisschwierigkeiten** hinsichtlich der Voraussetzungen des allein strafwürdigen Betrugstatbestandes zu **entgehen.** Hiergegen bestehen prinzipielle rechtsstaatliche Bedenken.

3. Kriminalpolitisches Votum gegen eine Streichung

Die Normen des Ersten und Zweiten WiKG stellen aus anderer kriminalpolitischer Sicht ein unverzichtbares Mittel dar, Erscheinungsformen der Wirtschaftskriminalität wenigstens annähernd wirkungsvoll zu bekämpfen. Die herkömmlichen, auf individuelle, überschaubare Wirtschaftsvorgänge und auf individuellen Vermögensschutz zugeschnittenen Tatbestände sollen mit ihren hohen Anforderungen an den Nachweis einer Tat im Bereich des Individualgüterschutzes eine sinnvolle Synthese von Rechtsstaatlichkeit und Effektivität darstellen. Zwar waren sie schon in der Vergangenheit – und dies gilt um so mehr für die Zukunft – nicht in der Lage, strafwürdige Verhaltensweisen hinreichend aufzufangen, die sich in der Anonymität und in vielfältigen Verflechtungen des heutigen Wirtschaftslebens verbergen und bei starker Verbreitung wichtige Teile der Wirtschaftsordnung beeinträchtigen könnten. Insbesondere wenn es sich um Verhaltensweisen handele, die nicht nur das Vermögen des konkreten Opfers, sondern in der Folge auch eine Vielzahl anderer Personen schädigen können oder gar in der Lage sind, das Vertrauen in das Funktionieren der sozialen Marktwirtschaft oder deren wesentliche Bestandteile, z.B. der Kreditwirtschaft oder des Kapitalmarkts zu schädigen, sei ein zusätzlicher Strafrechtsschutz dringend geboten. Wie auch sonst, wenn es um den Schutz überindividueller Rechtsgüter gehe, sei der Einsatz abstrakter Gefährdungstatbestände, wie sie Reformgesetze geschaffen haben, ein probates Mittel zur Erreichung dieses Zieles.

Die bislang relativ bescheidene praktische Bedeutung der fraglichen Strafvorschriften hat aus der Sicht dieser kriminalpolitischen Auffassung ihre Ursache primär darin, daß die entsprechenden Verfahren in aller Regel außerordentlich komplexe und schwer durchschaubare bzw. nachvollziehbare Sachverhalte zum Gegenstand hätten. Diese ließen sich deshalb nur ungemein mühselig und oftmals gar nicht mit der erforderlichen Sicherheit nachträglich rekonstruieren und justizförmig nachweisen. Die Folge seien endlos lange Ermittlungen, welche die Strafverfolgungsbehörden binden oder zermürben und im Ergebnis nicht selten die ihnen zur Verfügung stehenden personellen und sachlichen Kapazitäten schlicht überforderten. Als Konsequenz daraus die Forderung nach Wegfall oder jedenfalls Lockerung einzelner Straftatbestände zu erheben, wäre nach dieser kriminalpolitischen Auffassung ein Schritt in die falsche Richtung. Die unausweichliche Konsequenz soll sein:

- die weitere erhebliche Zunahme unerwünschter – weil in der Regel schädigender – Verhaltensweisen im Rahmen des Wirtschaftslebens;
- das Vertrauen der daran Teilnehmenden müßte weiteren Schaden nehmen;
- letzlich wäre damit die Funktionsfähigkeit des Wirtschaftslebens in erheblichem Maße tangiert.

VII. Geldwäsche (§ 261 StGB)

„Geldwaschen" ist Umtausch, Transfer, Verheimlichen, Verschleiern, Erwerben, Besitzen und Verwenden von unmittelbar oder mittelbar aus Straftaten stammenden

Vermögensgegenständen (Art. 1 Nr. 1 Ziff. C RL 2001/97/EG [„2. Geldwächericht-linie"]). In Deutschland wurde der Tatbestand der Geldwäsche durch Art. 1 Nr. 19 des Gesetzes zur Bekämpfung des illegalen Rauschgifthandels und anderer Erscheinungs-formen der Organisierten Kriminalität (OrgKG) v. 15. 7. 1992 (BGBl. I S. 1302) als § 261 in den Besonderen Teil des Strafgesetzbuchs eingefügt. Der Gesetzgeber hat mit dieser Strafnorm den Umgang mit bemakelten, d. h. aus bestimmten Vortaten stam-menden Vermögensgegenständen umfassend unter Strafe gestellt. Der Kreis möglicher Tathandlungen und der subjektive Tatbestand sind weit gespannt. Neben den in § 261 Abs. 1 StGB aufgeführten Verschleierungshandlungen im engeren Sinne werden auch alle sonstigen Erwerbs-, Besitz- und Verwendungshandlungen erfaßt. In subjektiver Hinsicht genügt es regelmäßig, wenn der Täter leichtfertig verkennt, daß der Vermö-gensgegenstand aus einer Katalogtat herrührt (§ 261 Abs. 5 StGB).

Das Bundesverfassungsgericht (BVerfGE 110, 226ff.) hat jedoch entschieden, § 261 Abs. 2 Nr. 1 StGB sei verfassungskonform dahingehend auszulegen, daß **Strafvertei-diger** nur dann mit Strafe sanktioniert werden, wenn sie im Zeitpunkt der Annahme ihres Honorars sichere Kenntnis (= direkter Vorsatz) von dessen Herkunft aus einer Katalogtat haben. Die Anwendung scheidet dagegen bei bedingtem Vorsatz und Leichtfertigkeit aus, da ansonsten in unverhältnismäßiger Weise in die Berufsaus-übungsfreiheit des Strafverteidigers eingegriffen würde.

Der Gesetzgeber hat die Vorschrift seit ihrer Einführung mehrfach geändert und da-bei den Katalog der Vortaten erweitert. Dieser Katalog war ursprünglich – aus Grün-den der Verhältnismäßigkeit – auf Verbrechenstatbestände, Vergehen nach § 29 Abs. 1 Nr. 1 BtMG und Vergehen eines Mitglieds einer kriminellen Vereinigung beschränkt gewesen. Zuletzt wurde der Vortatenkatalog durch das Steuerverkürzungsbekämp-fungsgesetz v. 19. 12. 2001 (BGBl. I S. 3922) um die gewerbsmäßige Steuerhinterzie-hung (§ 370a AO) erweitert.

Bei kaum einem Tatbestand besteht zwischen strafrechtsdogmatischem Aufwand, kriminalpolitischer Intensität und realer Effizienz ein so krasses Mißverhältnis. Wir-kungen des § 261 StGB sind nicht belegt. Das von ihm geschützte Rechtsgut ist unklar. Der Bundesgerichtshof geht davon aus, der Straftatbestand der Geldwäsche bezwecke den Schutz eines nicht näher konkretisierten Rechtsguts eigener Art (BGHSt 43, 158, 167). Das Bundesverfassungsgericht bezeichnet die Rechtsgutsbestimmung als „weit" und „vage" (BVerfGE 110, 226, 251). Gleichwohl ist das politische Bemühen, poten-tielle Geldwäschevorgänge vollständig zu erfassen, ungebrochen. Der Straftatenkatalog wird weiter ausgedehnt werden, ebenso wie der Umfang der Identifizierungspflichten sowie der Kreis der Verpflichteten (*Braum*, 2003, 26). Auf europäischer Ebene steht – nach 1991 und 2001 – der Erlaß der 3. Geldwächerichtlinie unmittelbar bevor.

Das mit § 261 StGB verfolgte kriminalpolitische Konzept versucht – selbst nach Auffassung des Praktikerkommentars *Tröndle/Fischer* –, **Polizeirecht in den Formen des Strafrechts zu vollziehen** (§ 261 Rn. 4b). Dabei ist die rechtstatsächliche Bilanz der Geldwäscheverfolgung ohnehin „jämmerlich" (*Fischer*, 2003, 19). 98 Prozent aller „Verdachtsanzeigen" erweisen sich als unberechtigt (2000: ca. 4000 Verdachtsfälle; 2001: ca. 7300; 2002: ca. 8000; *Tröndle/Fischer*, § 261 Rn. 4b).

Die Begründung einzelner Argumente für das Für und Wider einer Entkriminali-sierung im Wirtschaftsstrafrecht sprengt die Darstellung eines kriminologischen Kurz-lehrbuchs. Interessierte seien daher auf die ausführlichen Begründungen der Entkrimi-nalisierungsvorschläge der *Hessischen Kommission „Kriminalpolitik"* verwiesen (1992, 67f.). Insbesondere die Vorschläge Hessischer Justizpraktiker zum Eigentums- und Vermögensstrafrecht sind hier von besonderer Überzeugungskraft (1992, 74ff.). (Zu den Vorschlägen für Maßnahmen der Entkriminalisierung in genereller Hinsicht vgl.

auch *Niedersächsische Kommission zur Reform des Strafrechts und des Strafverfahrensrechts* 1992, 13 ff.).

11. Kapitel. Kriminologische Einschätzungen zum Straßenverkehrsstrafrecht

§ 33. Entwicklungen des Straßenverkehrs

Literatur: *Eisenberg, U.*, Kriminologie, 6. Aufl., 2005; *Handbuch „Verkehr in Zahlen 2004/2005";* Deutscher Verkehrs-Verlag (Hrsg.), 2004; *Kulemeier, R.*, Fahrverbot (§ 44 StGB) und Entzug der Fahrerlaubnis (§§ 69 ff. StGB), 1991; *Statistisches Jahrbuch für die Bundesrepublik Deutschland 2004*, Statistisches Bundesamt Wiesbaden (Hrsg.); Straßenbaubericht des Deutschen Bundestages, 2004 (BT-Drs. 15/4609).

I. Zunahme des Straßenverkehrs in den letzten 40 Jahren

Die **Zahl** der **zugelassenen Kraftfahrzeuge** hat sich zwischen 1958 und 2004 von 6,5 auf gut 54 Mio. mehr als **verachtfacht.**

Das überörtliche Straßennetz wurde in diesem Zeitraum insgesamt von 132 100 auf 231 420 km ausgebaut. So wurde z.B. das Netz der Bundesautobahnen von 2300 auf 12 044 km erweitert. Das Netz der Bundesstraßen wurde von 24 400 auf 41 139 km vergrößert, ferner ist das Netz der Landesstraßen von 56 700 auf 86 809 km ausgebaut und das Netz der Kreisstraßen von 48 700 km auf 91 428 km erweitert worden (vgl. *Straßenbaubericht des Deutschen Bundestages*, 2004, 8; *Kulemeier*, 1991, 384, 387 f.). Die Zahl der Führerscheinbesitzer hat sich nach amtlichen Schätzungen von 16 Mio. (1971) auf knapp 50 Mio. (1998) erhöht (vgl. Handbuch „Verkehr in Zahlen 2004/2005", 126; *Kulemeier*, 1991).

Die durchschnittliche Verkehrsstärke betrug nach Angaben des ADAC im Jahr 2002 auf den Autobahnen ca. 48 900 Kraftfahrzeuge je 24 Stunden (bei einem Streckennetzanteil von 5,0%), auf den Bundesstraßen ca. 9240 Kraftfahrzeuge pro Tag (Streckennetzanteil von 18%) (vgl. Statistisches Jahrbuch 2004, 463; Straßenbaubericht des Deutschen Bundestages 2004, 10). Die Gesamtfahrleistung der insgesamt zugelassenen Kraftfahrzeuge hat sich von 98,7 Milliarden Kilometer im Jahr 1959 auf 682,2 Mrd. km im Jahr 2003 gesteigert; von Personenkraftwagen wurden 577,8 Mrd. km zurückgelegt (vgl. Handbuch „Verkehr in Zahlen 2004/2005", 161; *Kulemeier*, 1991, 390). Im Jahr 2003 bezogen sich von der Gesamtfahrleistung 214 Mrd. km (31,5%) auf die Bundesautobahnen und 108,5 Mrd. km (16,0%) auf die Bundesstraßen (vgl. Straßenbaubericht des Deutschen Bundestages 2004, 10).

Auch die geographische Zentrallage trägt in Deutschland wesentlich zur Verkehrsbelastung bei. Im Jahr 2002 passierten über 273 Mio. Kraftfahrzeuge (90,5% PKW) die Grenzen. Allein gegenüber dem Jahr 1991 ist eine Steigerung von 36,1% zu verzeichnen (vgl. Handbuch „Verkehr in Zahlen 2004/2005", 180). Die immer noch wachsende Mobilität in den osteuropäischen Ländern und der mit der Osterweiterung verbundene weitere Ausbau des EU-Binnenmarktes dürfte diese Entwicklung weiter beschleunigen.

II. Signifikante Verringerung der Zahl der Verkehrsunfälle

Die Zahl der Verkehrsunfälle mit Personenschäden ist zwischen 1963 (314 642) und 2003 (354 534) leicht angestiegen. Die Zahl der durch Verkehrsunfälle **getöteten Ver-**

kehrsteilnehmer hat sich von 14513 im Jahr 1963 zunächst auf 19193 im Jahr 1970 gesteigert, um bis zum Jahr 2003 auf 6613 zurückzugehen.

Nur 6,4% der Unfälle mit Personenschäden ereigneten sich 2003 auf den besonders verkehrsstarken Autobahnen (vgl. Statistisches Bundesamt Wiesbaden; Statistisches Jahrbuch 2004, 481; *Eisenberg*, 2005, 712). Berücksichtigt man, daß sich der Kraftfahrzeugbestand im angesprochenen Zeitraum versiebenfacht und die Gesamtfahrleistung versechsfacht hat, so hat sich das **Unfallrisiko** bezogen auf Personenschäden überaus **deutlich verringert.** Eine wesentliche Ursache für diese Entwicklung wird in der verbesserten Sicherheitstechnik der Kraftfahrzeuge und in der Verbesserung der Verkehrswege gesehen.

Verkehrsunfälle mit Sachschäden verzeichnen hingegen nach Angaben des ADAC eine Steigerung von 781897 (1963) auf 1905033 (2003), die aber noch immer hinter der Zunahme des Straßenverkehrs zurückbleibt (vgl. *Eisenberg*, 2005, 712).

§ 34. Strafrechtliche Entwicklungen

Literatur: *Eisenberg, U.,* Kriminologie, 6. Aufl., 2005; *Eisenberg, U./Ohder, C./ Bruckmeier, K.,* Verkehrsunfallflucht, 1989; *Kulemeier, R.,* Fahrverbot (§ 44 StGB) und Entzug der Fahrerlaubnis (§§ 69 ff. StGB), 1991; *Polizeiliche Kriminalstatistik,* BKA (Hrsg.); *Schulte, W.,* Handlungssteuernde Wirkungen gesetzlicher Normen und Sanktionen bei Bagatelldelikten: Am Beispiel der Verkehrsdelinquenz, in: Brusten, M. u.a. (Hrsg.), Kriminologie im Spannungsfeld von Kriminalpolitik und Kriminalpraxis, 1986, 135 ff.; *Schumann, K.F. u.a.,* Jugendkriminalität und die Grenzen der Generalprävention, Neuwied, 1987; *Strafverfolgung* (vollständiger Nachweis der einzelnen Straftaten), Statistisches Bundesamt Wiesbaden (Hrsg.).

I. Weniger Verurteilungen, mehr Geldbußen

Die Zahlen zu den wegen Straftaten im Straßenverkehr nach allgemeinem Strafrecht und nach dem Straßenverkehrsgesetz Verurteilten weisen zwischen 1958 (218457) und 2003 (195278) nur einen geringen Anstieg auf. Eine beträchtliche Zunahme dürften hingegen die Straßenverkehrsdelikte zeigen, die von der Polizei und der Staatsanwaltschaft an die Ordnungsbehörden abgegeben werden. Berücksichtigt man die Eintragungen im Verkehrszentralregister (insgesamt 14,7 Mio. Eintragungen und 6,8 Mio. betroffene Personen, Januar 2002), rechnet man die vermutlich erheblich höhere Zahl gebührenpflichtiger Verwarnungen und die weit darüber hinausreichende Dunkelziffer nicht-registrierter Normabweichungen von Verkehrsteilnehmern hinzu, so dürfte sich das übliche Regel-Ausnahme-Verhältnis von Normtreue und Normverletzung im Bereich des Straßenverkehrs umkehren. Der Unterschied zur allgemeinen Kriminalität besteht darin, daß jeder Straßenverkehrsteilnehmer aufgrund der komplexen Technik und der Vielzahl der zu beachtenden Vorschriften leicht in eine Situation geraten kann, ein Straßenverkehrsdelikt zu begehen. Jede Verkehrssituation wird insoweit „potentielle Deliktsituation" (*Eisenberg*, 2005, 709; *Kulemeier*, 1991, 364).

II. Hohe Steuerungseffizienz von Verwaltungssanktionen

Die sozialen Bedingungen im Straßenverkehr erschweren es, Normtreue durch das Strafrecht zu bewirken:

So wird das Gegenüber im Straßenverkehr eher als Objekt denn als Person wahrgenommen. Die Sozialkontakte bleiben punktuell, weisen weder eine Vorgeschichte noch eine Fortsetzung der Beziehung auf.

Die Verkehrsnormen sind nicht primär aus dem sozialen Normensystem abgeleitet, das durch erzieherische Einflüsse in Kindheit und Jugend vermittelt wird. Es fehlt weitgehend eine moralische Bewertung der Verhaltensstandards im Straßenverkehr. Normverstöße bleiben ohne stigmatisierende Folgen. Mit den Straßenverkehrsregeln konkurrierende Verhaltenserwartungen verlangen geradezu die „situationsgerechte" Normübertretung, um etwa den Verkehrsfluß aufrecht zu erhalten.

Schließlich ist die Entdeckungs- und Sanktionierungswahrscheinlichkeit angesichts der Vielzahl normrelevanter Situationen bei Normbrüchen im Straßenverkehr nur als gering zu veranschlagen.

Empirische Untersuchungen über die handlungssteuernde Wirkung gesetzlicher Normen und Sanktionen zeigen nur geringe Effekte der Sanktionsschwere im Hinblick auf Normkonformität (vgl. *Schumann* u.a., 1987). Das Ausmaß der Übertretungen im Straßenverkehr wird – wie ganz allgemein im Bagatellbereich – durch unterstellte Toleranzgrenzen anderer (z.B. der Polizei) und durch das Entdeckungsrisiko bestimmt, die in ein für den Straßenverkehr typisches Kosten/Nutzen-Kalkül auf der Kostenseite einfließen (vgl. etwa *Schulte*, 1986, 147). **Klassische verwaltungsrechtliche Sanktionen** wie Geldbuße, Fahrverbot und Entziehung der Fahrerlaubnis (Ordnungswidrigkeitengesetz, Bußgeldkatalog, Verwaltungsverfahren) bilden dabei eher **Kalkulationsgrößen** als die weniger berechenbar erscheinende strafrechtliche Sanktion. Das Strafrecht könnte somit als ‚letztes Mittel‘ (ultima-ratio-Prinzip) zurücktreten, da der Rechtsgüterschutz überwiegend mit anderen Mitteln erreicht werden kann. Auch sprechen Zweckmäßigkeitserwägungen für das **Ordnungswidrigkeitenrecht,**

- das mit **geringerem Verfahrensaufwand** operiert,
- eine **schneller greifende Sanktionswirkung** bereitstellt und
- **weniger Kosten** verursacht.

III. Strafrechtliche Entwicklungen zentraler Straßenverkehrsnormen

Im Jahr 2003 haben deutsche Strafgerichte 222894 Straftaten im Straßenverkehr abgeurteilt (195278 Verurteilte), davon 169186 als Straftaten im Straßenverkehr nach dem StGB (Verurteilte: 150593).

1. Fahrlässige Körperverletzung (§ 229 StGB)

Wegen fahrlässiger Körperverletzung (§ 229 StGB) im Straßenverkehr wurden im Jahr 2003 20146 Personen verurteilt (rund 10% der wegen Verkehrsdelikten Verurteilten); außerhalb des Straßenverkehrs betraf dies lediglich 3172 Personen. Zudem wurden im Bezugsjahr 1120 Personen wegen fahrlässiger Tötung (§ 222 StGB) im Straßenverkehr verurteilt (rund 0,6% der wegen Verkehrsdelikten Verurteilten). Dem stehen 209 nach § 222 StGB Verurteilte außerhalb des Straßenverkehrs gegenüber. Verkehrsunfälle mit Personenschäden bilden den wesentlichen Anwendungsbereich der §§ 222 und 229 StGB (rund 86%) und stellen – jedenfalls auf strafjustitieller Ebene – über ein Zehntel der sog. Straßenverkehrskriminalität. Die wesentlichen dogmatischen und rechtstheoretischen Probleme der Fahrlässigkeitsstrafbarkeit rühren aus ihrer straßenverkehrsrechtlichen Relevanz.

2. Unerlaubtes Entfernen vom Unfallort, „Unfallflucht" (§ 142 StGB)

Die Zahl der polizeilich registrierten Unfallfluchthandlungen wird mit mehr als 300000 im Jahr angegeben (*Eisenberg/Ohder/Bruckmeier*, 1989, 211). Im Jahr 2003 waren insgesamt 31045 nach § 142 StGB Verurteilte zu verzeichnen, das sind rund 15,9% der wegen Straßenverkehrsdelikten Verurteilten. Insgesamt liegt die Quote der

Flucht nach Sachschäden deutlich höher als die Fluchtquote nach Personenschäden (vgl. *Eisenberg*, 2005, 729). Diese Feststellung beschränkt sich auf die bekannten Taten, das Dunkelfeld dürfte gerade in diesem Bereich und insbesondere im ruhenden Verkehr erheblich sein.

3. Fahren ohne Fahrerlaubnis (§ 21 StVG) und fehlende Haftpflichtversicherung (§ 6 PflVersG)

Im Jahr 2003 wurden 44 238 Personen nach § 21 StVG verurteilt (darunter überdurchschnittlich viele Jugendliche und Heranwachsende). Deutlich mehr als 80% (83,8%) der Verstöße entfielen auf § 21 Abs. 1 Nr. 1 StVG, davon standen wiederum nur 3,3% in Verbindung mit einem Unfall. Bezogen auf die Gesamtzahl der wegen Straßenverkehrsdelikten Verurteilten stellen die Verstöße gegen § 21 StVG einen Anteil von 22,7% dar. Nach § 6 PflVersG wurden im Jahr 2003 14 355 Personen verurteilt.

4. Gefährdung des Straßenverkehrs (§ 315c Abs. 1 Nr. 1 StGB), Trunkenheit im Verkehr (§ 316 StGB) und 0,8 und 0,5 Promille-Grenze (§ 24a StVG)

Die Trunkenheit im Straßenverkehr ist eines der häufigsten Delikte des Verkehrsstrafrechts. Im Jahr 2003 wurden 77 680 Personen wegen eines Delikts nach § 316 StGB (Trunkenheit im Verkehr) – ohne Fremdschaden – verurteilt. Fast die Hälfte aller Aburteilungen von Straßenverkehrsdelikten standen 2003 im Zusammenhang mit Trunkenheit, davon wiederum waren rund 31% mit einer Beteiligung an einem Verkehrsunfall verbunden. In 96 222 Fällen erfolgte die Entziehung der Fahrerlaubnis. Bei rund 30% der wegen eines Verkehrsdelikts in Trunkenheit Verurteilten handelte es sich um Wiederholungstäter.

5. Rechtsfolgen

Das Rechtsfolgensystem sieht im Zusammenhang mit der Straßenverkehrskriminalität neben Geld- und Freiheitsstrafen insbesondere das Fahrverbot (§ 44 StGB) als Nebenstrafe und die Entziehung der Fahrerlaubnis (§ 69 StGB) als Maßregel der Besserung und Sicherung vor und entbehrt daher einer Klarheit in der Rechtsfolgenbestimmung. Entscheidender Unterschied – zumal aus der Sicht der Betroffenen – ist die Wiederzulassung zum Straßenverkehr: Kann der Verurteilte nach Ablauf des (kurzfristigen) Fahrverbots automatisch wieder am Straßenverkehr teilnehmen, muß er nach dem endgültigen Verlust der Fahrerlaubnis und dem Ablauf einer vom Gericht zu bestimmenden Sperre (§ 69a StGB: mindestens 6 Monate) eine neue Fahrerlaubnis beantragen (u. U. langwieriges und kostspieliges Verfahren nach § 15c StVZO).

§ 35. Reformvorschläge

Literatur: *Berz, U.*, ‚Tätige Reue' nach Unfallflucht?, Deutsches Autorecht 1986, 251 ff.; *Cramer, P.*, Gedanken zur Reform der fahrlässigen Körperverletzung im Verkehrsstrafrecht, Deutsches Autorecht 1974, 317 ff.; *Denzlinger, K.-H.*, Der Führerschein als Menschenfalle, ZRP 1988, 369 ff.; *Deutscher Verkehrsgerichtstag 1986*, Veröffentlichung der Referate und Empfehlungen; *Eisenberg, U./Ohder, C./Bruckmeier, K.*, Verkehrsunfallflucht, 1989; *Hessische Kommission „Kriminalpolitik" zur Reform des Strafrechts:* Rechtsgüterschutz durch Entkriminalisierung, Albrecht, P.-A./Hassemer, W./Voß, M. (Hrsg.), 1992; *Heublein, J.*, Wie kann der Schutzgedanke des § 142 StGB besser verwirklicht werden?, Deutsches Autorecht 1986, 133 ff.; *Janiszewski, H.*, Verkehrsstrafrecht, 5. Aufl., 2004; *Kulemeier, R.*, Fahrverbot (§ 44 StGB) und Entzug der Fahrerlaubnis (§§ 69 ff. StGB), 1991; *Leipold, K.*, Verkehrsunfallflucht, 1987; *Niedersächsische Kommission zur Reform des Strafrechts und des Strafverfahrensrechts:* Strafrecht – ultima ratio, Albrecht, P.-A./Beckmann, H./Frommel, M./Goy, A./Grünwald, G./Hannover, H./Holtfort, W./Ostendorf, H. (Hrsg.), 1992; *Scholz, R.*, Straffreie Unfallflucht bei tätiger Reue? Reformüberlegungen zu § 142 StGB, ZRP 1987, 7 ff.; *Schulz, U.*, Die tätige Reue gem. § 142 IV StGB aus dogmatischer und rechtspolitischer Sicht, NJW 1998, 1440; *Seiler, V.*, Fahren ohne Fahrerlaubnis, 1982; *Volk, K.*, Reformüberlegungen zur Strafbarkeit der fahrlässigen Körperverletzung im Straßenverkehr, GA 1976, 161 ff.; *Weigend, T./Geuenich, M.*, Verkehrsunfallflucht im europäischen Ausland, Deutsches Autorecht 1988, 258 ff.; *Wetekamp, A.*, Der Entwurf eines Gesetzes zur Änderung des § 142 StGB, Deutsches Autorecht 1987, 11 ff.

I. Fahrlässige Körperverletzung

Das Grundproblem der strafrechtlichen Behandlung von Verkehrsunfällen sind die fließenden Grenzen des Zufalls: je nach den konkreten Unfallfolgen, deren Eintritt außerhalb der weiteren Kontrolle der Unfallverursacher liegt, führt das ‚menschliche Versagen' entweder zur straflosen fahrlässigen Sachbeschädigung, zur fahrlässigen Körperverletzung oder zur fahrlässigen Tötung. Das Entdeckungsrisiko ist im fließenden Verkehr ebenso hoch wie die Kriminalisierungsrate. Dabei ist im Straßenverkehr – wie in kaum einem anderen sozialen Sektor – die Opferentschädigung durch das Pflichtversicherungssystem nahezu perfekt gelöst: Die ‚potentiellen Täter' müssen bereits vor etwaigen ‚Taten' Prämien für die Entschädigung ihrer ‚potentiellen' Opfer zahlen.

Vor diesem empirischen Hintergrund wird in der kriminalpolitischen Debatte eine Einschränkung der Verfolgbarkeit des § 229 StGB (fahrlässige Körperverletzung) empfohlen. Diese Vorschläge knüpfen an die strafrechtliche Debatte über die Einschränkung des Tatbestands der fahrlässigen Körperverletzung an.

Tatbestandliche Einschränkungen orientieren sich zum einen am Erfolgsunwert (*Janiszewski*, 2004, 196 f.: Beschränkung auf „nicht unerhebliche" Verletzungen; *Cramer* 1974, 324: nur „Gesundheitsbeschädigung"; vgl. Nr. 243, Abs. 3 RiStBV), zum anderen am Handlungsunwert (*Volk*, 1976, 177 ff.: Beschränkung auf „grobe" Fahrlässigkeit). Eine entsprechende Empfehlung erging bereits 1975 im Europarat (vgl. *Janiszewski*, 2004, 328).

Insoweit wird in der kriminalpolitischen Debatte empfohlen, § 229 StGB als **reines Antragsdelikt** zu fassen. § 229 StGB sei ein fahrlässiges Erfolgsdelikt, welches nicht gefährliche Handlungsweisen als solche pönalisieren wolle, sondern nur die darauf beruhenden Verletzungen einzelner. Es sei insoweit opfergerichtet. Bezogen auf Straßenverkehrsunfälle könne man es auch als „erfolgsqualifizierte Ordnungswidrigkeit" beschreiben. Gerade bei Handlungen im Straßenverkehr, die den Hauptanwendungsbereich der Norm darstellen dürften, hängt es oft vom Zufall ab, ob ein Verletzungserfolg eintritt. Da die schädigende Handlung zumeist als Ordnungswidrigkeit oder sogar als selbständiges Gefährdungsdelikt (§§ 315 b und 315 c StGB) verfolgbar bleibt, kann es dem Opfer überlassen werden, wegen des nur bei ihm eintretenden Erfolges durch seinen Antrag die Prozeßvoraussetzungen für eine Verfolgung zu schaffen. Der Staat könne sich zugunsten eines Täter-Opfer-Ausgleichs aus diesem Gebiet der Strafverfolgung ohne Verringerung des Schutzes für den Verletzten zurückziehen.

In Anbetracht der unterschiedlichen Handhabung der Bejahung des besonderen „öffentlichen Interesses" im Sinne des § 230 Abs. 1 StGB durch Amts- und Staatsanwaltschaften werde durch die vorgeschlagene Änderung zudem ein Beitrag zur Rechtssicherheit und Rechtsgleichheit geleistet. (Zur generellen Einschränkung der Strafbarkeit unbewußter Fahrlässigkeit vgl. *Niedersächsische Kommission zur Reform des Strafrechts und des Strafverfahrensrechts*, 1992, 17 f.).

II. Unerlaubtes Entfernen vom Unfallort

Die umfassende Reform des § 142 StGB im Jahre 1975, die im Ergebnis zu einer Verschärfung der strafrechtlichen Haftung Unfallbeteiligter führte, muß aus heutiger Sicht

als mißlungen angesehen werden (so auch *Eisenberg/Ohder/Bruckmeier,* 1989, 69ff.).
Noch immer ist eine mangelhafte Realisierung des Schutzzwecks – Wahrung der zivil-
rechtlichen Interessen Unfallbeteiligter – zu beobachten, so daß kriminalpolitisch die
Effizienz der Vorschrift weiterhin als gering eingeschätzt wird (ebd.).

Dementsprechend ist die Reformdiskussion auch nach 1975 nicht abgerissen. Die
vielfältigen und zahlreichen Vorschläge (vgl. Übersicht bei *Eisenberg/Ohder/Bruck-
meier,* 1989, 72ff.) sehen durchweg Änderungen im materiellen Recht vor mit dem Ziel,
den **Anwendungsbereich des Unfallflucht-Tatbestandes einzuschränken.** Zentrale
Ansatzpunkte sind eine Modifikation des sog. „Wartegebots", ein entsprechender
strafbefreiender Rücktritt oder die Einführung der „tätigen Reue".

> Konkrete Vorschläge sehen eine Strafbefreiung für den Täter vor, der (soweit es bei Sachschäden
> blieb) „durch freiwillige Meldung innerhalb von 24 Stunden … verhindert, daß der dem Geschädigten
> aus dem Unfall erwachsene Ersatzanspruch beeinträchtigt wird" (Empfehlung des Verkehrsgerichtstags
> 1986, vgl. dazu *Berz,* 1986, *Heublein,* 1986; Gesetzentwurf des Landes Berlin, BR-Drucksache 316/86,
> hierzu *Wetekamp,* 1987, *Scholz,* 1987). Auch rechtsvergleichende Untersuchungen sprechen sich für die
> Einführung einer Strafbefreiung bei „tätiger Reue" aus (vgl. *Leipold,* 1987, 239ff.; *Weigend-Geuenich,*
> 1988).

Wissenschaftliche Befragungen von Experten und Praktikern haben den hohen Reformbedarf in diesem Bereich belegt und zahlreiche Vorschläge zur Senkung der
Fluchtrate erbracht, die sich auch auf eine mögliche **Entkriminalisierung bestimmter
Erscheinungsformen der Unfallflucht** beziehen (*Eisenberg/Ohder/Bruckmeier,* 1989,
216ff.).

Insofern wird in der kriminalpolitischen Diskussion empfohlen, § 142 StGB dahin
zu ergänzen, daß derjenige, der sich innerhalb von **24 Stunden** nach dem Unfall als
Unfallbeteiligter zu erkennen gibt, **straffrei** bleibt. Auch soll § 142 StGB als Antragsdelikt ausgestattet werden.

> Dieser Reformvorschlag wird auch mit dem Inkrafttreten des 6. Strafrechtsreformgesetzes nicht ob-
> solet. Der Gesetzgeber stellt es in das Ermessen des Gerichts, ob bei „Parkunfällen" die Strafe gemil-
> dert oder von dieser abgesehen werden kann, wenn der Unfallbeteiligte seiner Feststellungspflicht erst
> im nachhinein nachkommt (*Schulz,* NJW 1998, 1440). Von einer wirklichen Entkriminalisierung ist
> man aber immer noch weit entfernt.

Zur Begründung wird vorgetragen, § 142 StGB diene alleine der Sicherung bzw.
Abwehr zivilrechtlicher Ersatzansprüche durch die Identifizierung des Täters. Der
ultima-ratio-Grundsatz gebiete es, die Ausgestaltung der Vorschrift diesem engen
Schutzzweck anzupassen. § 142 StGB kriminalisiere nicht jede Art von Verdunklungs-
handlung des Schädigers; er will lediglich die Feststellung zum Unfallgeschehen sicherstellen, die sich aus der Anwesenheit des Schädigers und dem Eingeständnis seiner Un-
fallbeteiligung ergäben. Dieser eingeschränkte Schutzzweck werde auch dann erreicht,
wenn der Täter sich erst später zu erkennen gibt. Allerdings verlange die Aufgabe des
§ 142 StGB eine zeitliche Limitierung für diese spätere Offenbarung. Adäquat erscheine hierfür eine Frist von 24 Stunden nach dem Unfallgeschehen.

> Eine entsprechende Klausel über die „tätige Reue" sollte nur das Delikt des § 142 StGB erfassen und
> ließe konkurrierende Delikte unberührt. Die Strafverfolgungsbehörden hätten aufgrund des Legalitäts-
> prinzips zunächst immer (auch) wegen Unfallflucht zu ermitteln mit der Folge, daß der Schädiger das
> Risiko trüge, vor seiner Offenbarung bereits von der Polizei/Staatsanwaltschaft identifiziert worden zu
> sein, so daß die Strafbarkeit bestehen bliebe. Das Problem der Schutzbehauptung des Täters von der
> beabsichtigten und unmittelbar bevorstehenden „tätigen Reue" wäre das gleiche wie bei anderen ge-
> setzlich eingeräumten „Rücktrittsfällen".

Es ist damit zu rechnen, daß sich die vorgeschlagene Regelung zum Vorteil für die
Geschädigten auswirken könnte. Unfallflucht wird oftmals als ein in der Konfusion

nach dem Unfall plötzlich gefaßter Entschluß zur Verbergung eines gleichzeitig begangenen Verkehrsdelikts, z.B. Trunkenheit, oder aus Mangel an Wartezeit begangen. Eine Vielzahl solcher Täter dürfte durchaus bereit sein, dem Geschädigten zu seinen (ohnehin in der Regel durch die Haftpflichtversicherung zu zahlenden) Ersatzansprüchen zu verhelfen und für sich selbst Strafbarkeit zu vermeiden. Dennoch werden Unfallflüchtige wegen der Gefahr der Strafverfolgung nach geltendem Recht eine spätere Offenbarung oftmals unterlassen. Dieses Hemmnis fiele bei der vorgeschlagenen Ergänzung des § 142 StGB weg. Die Rechtsstellung der Geschädigten würde verbessert, wenn bezüglich zivilrechtlicher Ersatzansprüche beim Verlassen des Unfallortes, auch im Falle späterer Meldung, für ein eventuelles Entlastungsvorbringen des Schädigers eine Umkehr der Beweislast einträte.

Die Einfügung der Klausel wird auch unabhängig von der Art des bei dem Unfall eingetretenen Schadens empfohlen, also nicht nur bei Sach- sondern auch bei Personenschäden, und unabhängig davon, ob sich der Unfall im ruhenden oder fließenden Verkehr ereignet hat. Die Interessenlage ist in allen Fällen gleich.

Die vorgeschlagenen Änderungen könnten zu nicht unerheblichen Entlastungen bei der Strafverfolgung führen: diese würden weniger groß sein bei den Polizeibehörden, weil deren Ermittlungsauftrag im Anschluß an ein Unfallgeschehen sowieso bezüglich der hiermit konkurrierenden Delikte bestehen bleibt; die besonders aufwendigen Ermittlungen zur Täteridentifizierung könnten allerdings entfallen.

III. Fahren ohne Fahrerlaubnis

Nach geltendem Recht stellt jeder Fall des Führens eines Kraftfahrzeuges ohne die erforderliche formelle Fahrerlaubnis eine Straftat dar, unabhängig von der materiellen Fahrtüchtigkeit des Fahrers. „Bedenkt man, daß das Auto für die Mehrheit der Bürger kein Luxusobjekt sondern eine Lebensnotwendigkeit darstellt, an deren ‚Entproblematisierung' der Staat im Hinblick auf die unerwünschten Folgen von Arbeitslosigkeit und krimineller Stigmatisierung des betroffenen Menschenkreises ebenfalls interessiert sein muß, so ist die Schwelle, die zur Fahrerlaubnis führt, ist überhaupt die Bewertung des Führerscheins im Gesamtsystem des Verkehrsrechts ‚zu hoch'„ (*Denzlinger,* 1988, 370).

Es gibt keine Erkenntnisse darüber, daß Autofahrer, die ohne Fahrerlaubnis am Straßenverkehr teilnehmen, eine höhere Gefahr darstellen. Nur ein verschwindend geringer Teil der nach § 21 StVG erfolgten Aburteilungen steht im Zusammenhang mit Verkehrsunfällen (*Seiler,* 1982, 53 ff.). Es ist nicht zu erwarten, daß die Bereitschaft abnimmt, die Fahrerlaubnis durch eine Führerscheinprüfung zu erlangen, wenn die Strafvorschrift etwa durch eine entsprechende bußgeldbewehrte Ordnungsvorschrift ersetzt würde.

Unterschieden werden in der diesbezüglichen Entkriminalisierungsdiskussion zwei Tätergruppen: Fahrzeugführer, die noch keine Fahrerlaubnis besitzen und Fahrzeugführer, denen (aus unterschiedlichen Gründen) die Fahrerlaubnis entzogen wurde. Für erstere Gruppe wird generell eine Entkriminalisierung, d.h. die Herabstufung des § 21 StVG zur Ordnungswidrigkeit, empfohlen (vgl. *Seiler,* 1982, 226 ff.; *Denzlinger,* 1988, 369 f.). Bezüglich letzterer Gruppe wird differenziert: zum einen soll der Straftatbestand nur noch für die Fälle erhalten bleiben, in denen während einer Sperrfrist entgegen dem richterlichen Verbot gefahren wird (vgl. *Denzlinger,* 1988, 370 f.). Einem anderen Vorschlag zufolge sollen alle Fälle erfaßt werden, in denen die Fahrerlaubnis nachträglich entzogen wurde (vgl. *Seiler,* 1982, 226 ff.). Damit würde § 21 StVG (ähnlich den §§ 145 a, 145 c StGB) zu einer Vorschrift, die durch die Androhung strafrechtlicher Sanktionen die Einhaltung richterlicher Verbote gewährleisten könnte. Die auf die Fahrerlaubnis bezogenen Rechtsfolgen erhielten damit den Charakter einer ‚Verwarnung mit Strafvorbehalt' (§ 59 StGB) bzw. einer Bewährungsstrafe (§ 56 StGB).

Da auch § 6 PflVersG ähnlich wie § 21 StVG reines Verwaltungsunrecht pönalisiert, wird in der kriminalpolitischen Debatte die Herabstufung der Vorschriften zur Ordnungswidrigkeit befürwortet. Hierdurch könne man gezielter auf die Verkehrsdisziplin einwirken. Die Differenzierung nach verschiedenen Lebenssachverhalten sei nicht geboten.

IV. Trunkenheitsdelikte

Die geltenden Sanktionsnormen im Bereich der Trunkenheit im Verkehr mit dem konkreten Gefährdungsdelikt des § 315 c Abs. 1 Nr. 1 StGB, dem abstrakten Gefährdungsdelikt des § 316 StGB und dem Ordnungswidrigkeitstatbestand des § 24 a StVG erscheinen in rechtlicher wie in tatsächlicher Hinsicht unbefriedigend. Insbesondere führen die verschiedenartigen tatbestandlichen Ausgestaltungen – z. B. Abstellen auf Fahrunsicherheit im §§ 315 c Abs. 1 Nr. 1, 316 StGB, Promille-Grenze in § 24 a StVG – zu Abgrenzungsschwierigkeiten und Ungereimtheiten, die durch eine Zusammenführung und Vereinheitlichung dieser Bestimmungen vermieden werden könnten. Allerdings besteht im kriminalpolitischen Schrifttum keine einheitliche Auffassung dahin, auf welchem Wege dieses Ziel zu erreichen sein könnte.

- Zum einen wird argumentiert, daß sich die **strafrechtliche Ahndung von Trunkenheitsfahrten** insoweit **bewährt** habe, als im allgemeinen Bewußtsein der Verkehrsteilnehmer die im Falle der Trunkenheit drohenden strafrechtlichen Sanktionen verankert sind und insbesondere eine mögliche Entziehung der Fahrerlaubnis Beachtung finde. Es handle sich bei diesen Verhaltensweisen nicht um typisches Ordnungsunrecht, da sie per se gefährlich seien und verhindert werden müsse, daß durch massenhafte Verstöße das überindividuelle Rechtsgut der Sicherheit des Straßenverkehrs in Mitleidenschaft gezogen werde. Auch müsse die in der Praxis überragende Bedeutung des geltenden § 316 StGB als Auffangtatbestand in Rechnung gestellt werden, in denen eine konkrete Gefährdung im Sinne des § 315 c Abs. 1 Nr. 1 StGB nicht nachgewiesen werden könne. Möglicherweise sei auch ein homogener **einheitlicher** Tatbestand für alle Verhaltensweisen im Zusammenhang mit dem Fahren unter Alkoholeinwirkung im Strafgesetzbuch – mit entsprechend flexiblem Sanktionsinstrumentarium – denkbar.
- Andere Reformstimmen halten es für ratsam, das Trunkenheitsdelikt des § 316 StGB mit dem betreffenden Tatbestand des § 24 a StVG (Fälle geringerer Alkoholeinwirkung) in der Weise zu vereinigen, daß ein beide Bereiche erfassender **gemeinsamer Ordnungswidrigkeitstatbestand** – möglicherweise mit einer Absenkung der Promille-Grenze – geschaffen wird. Die Herabstufung des bisherigen Straftatbestandes des § 316 StGB zu einer Ordnungswidrigkeit rechtfertige sich daraus, daß er als rein abstraktes Gefährdungsdelikt keine effektive Beeinträchtigung der Sicherheit eines konkreten Rechtsgutes voraussetzt, was die Sanktionierung mit einer Kriminalstrafe entbehrlich mache. Komme es zu konkreten Gefährdungen, greife die fortgeltende Strafbestimmung des § 315 c Abs. 1 Nr. 1 StGB ein. Die Sicherheit des Straßenverkehrs erfordere zwar auch im Vorfeld konkreter Gefährdung eine Prävention durch eine wirksame Ahndungsnorm; diese Prävention könne jedoch gleichermaßen ein Ordnungswidrigkeitstatbestand mit den Sanktionen Geldbuße und Fahrverbot gewährleisten.

V. Rechtsfolgen

Von der grundsätzlichen Forderung abgesehen, § 69 als Maßregel wieder aus dem StGB zu entfernen (vgl. *Denzlinger*, 1988, 370 f.), zielen Reformvorschläge vor allem auf die in §§ 44, 69 a StGB genannten Fristen.

- Einerseits soll die Dauer eines Fahrverbots ausgedehnt werden (*Kulemeier*, 1991, 336 ff., 357; max. 1 Jahr), andererseits wird für die Verkürzung der in § 69 a Abs. 1 Satz 1 StGB genannten Sperre votiert (von 6 auf 3 Monate).
- Andere Erwägungen beziehen sich auf die stärkere Berücksichtigung etwaiger ‚Nachschulungen‘, was bereits nach geltendem Recht bei den nach § 69 a Abs. 7 StGB anstehenden Entscheidungen möglich ist, wobei auch hier eine Verkürzung der Mindestfrist gefordert wird (vgl. *Janiszewski*, 2004, 292 f. m. w. N.).
- Weitere Vorschläge befürworten eine verstärkte Anwendung der Verwarnung mit Strafvorbehalt nach § 59 StGB im Bereich des Verkehrsstrafrechts mit dem Ziel einer „zusätzlichen Verminderung

der Anzahl der Vorbestraften". Dazu beitragen könnte, daß in den Auflagenkatalog des § 59a Abs. 2 StGB mittlerweile auch die Weisung zur Teilnahme an einem Verkehrsunterricht (§ 59a Abs. 2 Nr. 5 StGB) aufgenommen wurde (vgl. *Janiszewski*, 2004, 273 m. w. N.).

In der kriminalpolitischen Debatte wird vorgeschlagen, die strafrechtliche Entziehung der Fahrerlaubnis entfallen zu lassen und statt dessen die Ausgestaltung des Fahrverbots als Hauptstrafe mit einer Höchstdauer von 5 Jahren vorzuschlagen (vgl. *Hessische Kommission „Kriminalpolitik"*, 1992, 20).

Die Abschaffung der Maßregel wird insbesondere mit der Problematik der Gefährlichkeitsdiagnose begründet. In der forensischen Praxis werde, insbesondere bei Trunkenheitsdelikten, weitgehend von der Tatschwere auf die Ungeeignetheit geschlossen, ohne daß, gegebenenfalls unter Heranziehung psychologischer Gutachten, eine individuelle Geeignetheitsprüfung stattfindet. Damit wird der Entzug der Fahrerlaubnis trotz seiner gesetzlichen Qualifizierung als Maßregel der Besserung und Sicherung praktisch wie eine Nebenstrafe gehandhabt und von den Verurteilten auch vielfach so empfunden. Da eine Abschaffung des Maßregelsanktionssystems als kriminalpolitisch nicht zwingend geboten erscheint, dürfe es zweckmäßiger sein, das Gesetz entsprechend anzupassen. Es wird empfohlen, die Vorschrift der §§ 61 Nr. 5 und 69 bis 69b StGB zu streichen. An der strafrechtlichen Entziehung der Fahrerlaubnis im Sinne einer Maßregel solle nicht weiter festgehalten werden. Die Fahrerlaubnis weise aus, daß jemand unter Beweis gestellt habe, zum Führen von Kraftfahrzeugen in der Lage zu sein. Ihr Entzug kann daher nur darauf gestützt werden, daß ihr Inhaber diese Fähigkeit nicht mehr besitze. Eine solche Feststellung ist dem auf Tat und Tatschuld ausgerichteten Strafrecht jedoch fremd; sie gehöre in das Verwaltungsrecht. Durchaus sei es sachgemäß, neben der Freiheits- und der Geldstrafe das Fahrverbot als **weitere** „Hauptstrafe" vorzusehen. Schon heute werde von vielen Verkehrsteilnehmern das Nicht-Fahren-Dürfen als ein schlimmeres Übel empfunden als die Geldstrafe oder vielleicht sogar eine ausgesetzte Freiheitsstrafe.

Für diese subjektive Bewertung erscheine es unerheblich, ob das genannte Übel die Folge des Entzugs der Fahrerlaubnis oder – wie vorgeschlagen – die Folge eines Fahrverbotes sei. Keiner der Strafzwecke verlange, daß ein Fahrverbot als Nebenstrafe (neben einer Freiheits- oder Geldstrafe) in Betracht komme. Vielmehr erscheinen auch Verurteilungen ausschließlich zu einem Fahrverbot in einschlägigen Fällen als schuld- und sachangemessen. Die Höchstgrenze von bisher 3 Monaten müsse im Hinblick auf den Wegfall der Maßregel aus dieser Sicht auf 5 Jahre angehoben werden. Ein längeres Fahrverbot als 5 Jahre erscheint bei allen denkbaren Fallgestaltungen unverhältnismäßig. Ohnehin bleibe die verwaltungsrechtliche Überprüfung einer Entziehung der Fahrerlaubnis unabhängig von allen strafrechtlichen Sanktionen möglich. Für die neue Hauptstrafe müsse die Möglichkeit einer Strafaussetzung zur Bewährung vorzusehen sein.

12. Kapitel. Kriminologische Einschätzungen zum Betäubungsmittelstrafrecht

§ 36. Quantitative Dimensionen der Strafverfolgung

Literatur: *Hartwig, K. H./Pies, I.*, Auf dem Prüfstand der Kritik? – Auf dem Prüfstand!, Kriminalistik 1989, 678 ff.; *Nestler, C.*, Grundlagen und Kritik des Betäubungsmittelstrafrechts, in: *Kreuzer, A.* (Hrsg.), Handbuch des Betäubungsmittelstrafrechts, 1998, 697 ff.; *Polizeiliche Kriminalstatistik*, (Jahrgang), BKA (Hrsg.); *Scheerer, S.*, Freiheit und Kontrolle im neuen Betäubungsmittelgesetz, KJ 1982, 229 ff.; *Schwanke, J.*, Alarmierende Dimensionen. Die Beschaffungskriminalität von Rauschgiftabhängigen, *Kriminalistik* 1989, 149 ff.; *Strafverfolgungsstatistik* (vollständiger Nachweis der einzelnen Straftaten), (Jahrgang), Statistisches Bundesamt Wiesbaden (Hrsg.).

1. Polizeiliche Kriminalstatistik

Von 6 572 135 im Jahr 2003 **polizeilich bearbeiteten Straftaten** waren 3,9% Betäubungsmitteldelikte (255 575). Davon wurden mehr als zwei Drittel als allgemeine Delikte nach § 29 BtMG (177 494) bewertet. Hiervon bezog sich über 60% (109 669) auf „Cannabis und Zubereitungen". Den angezeigten Straftaten nach dem Betäubungsmittelgesetz konnten 212 491 **Tatverdächtige** zugeordnet werden (vgl. *Polizeiliche Kriminalstatistik,* 2003).

2. Verurteilungsstatistik

6,3% der Verurteilten des Jahres 2003 wurden Straftaten nach dem Betäubungsmittelgesetz vorgeworfen (46 676). 77,6% der nach dem BtMG Verurteilten entfielen auf § 29 Abs. 1 BtMG. Das ist der Grundtatbestand des unerlaubten Umgangs mit Betäubungsmitteln und betrifft insbesondere den nicht-gewerbsmäßigen Handel sowie den unterhalb einer bestimmten Mengengrenze.

Nur ca. jedes fünfte von der Polizei erfaßte BtMG-Delikt endete 2003 mit einer Verurteilung. Kriminalisiert wurden dabei auch Cannabiskonsumenten mit Kleinmengen zum Eigenkonsum. Im Jahre 2003 standen wegen des Grundtatbestandes (§ 29 Abs. 1 BtMG) 146 442 im Zusammenhang mit Haschisch polizeilich erfaßte Fälle 36 139 Heroin- und 22 535 Kokain-Fälle gegenüber (*Polizeiliche Kriminalstatistik,* 2003, 223).

Die **Strafverfolgung** bei Cannabis-Delikten wird trotz gleichen Strafrahmens nach § 29 Abs. 1 BtMG von Bundesland zu Bundesland auffallend unterschiedlich gehandhabt. Bereits die Spannweite der polizeilich erfaßten Rauschgiftdelikte variiert in den einzelnen Bundesländern erheblich. Die Polizeiliche Kriminalstatistik weist für 2003 729 Fälle je 100000 Einwohner in Hamburg und 286 Fälle in Thüringen aus. Die Spannweite der Verurteilungen zu Freiheitsstrafen in diesem Bereich reicht von 26,2% im Saarland bis zu 0% in Bremen (zum Ländervergleich für die Zeit von 1985 bis 1987 vgl. schon BT-Drucksache 11/4329, 22). In einigen Bundesländern wurden danach bis zu **drei Viertel** der Cannabis-Konsumenten und -Händler mit Kriminalstrafen belegt, während dieser Anteil in anderen Bundesländern nur rund **ein Viertel** dieser Personengruppe beträgt (BT-Drucksache, ebd.).

Das Bundesverfassungsgericht hat diese Durchbrechungen des Legalitätsprinzips akzeptiert und dadurch den Gesetzgeber von der Auseinandersetzung mit normativen Entkriminalisierungsvorschlägen im Bereich des Cannabiskonsums entlastet. Zugleich sind die Bundesländer durch das Gericht angewiesen worden, von ihrem Weisungsrecht gegenüber den Staatsanwaltschaften Gebrauch zu machen und für eine **extensivere und einheitlichere Anwendung des § 31 a BtMG** zu sorgen (BVerfGE 90, 145, 190 unter Verweis auf BVerfGE 1, 6, 18 und BVerfGE 76, 1, 77). Offen bleibt allerdings, inwieweit diese Forderung des Bundesverfassungsgerichtes bei den Staatsanwaltschaften Umsetzung findet.

3. Schwerpunkte der Strafverfolgungspraxis

An den Schwerpunkten der Strafverfolgungspraxis läßt sich erkennen, daß das Betäubungsmittelgesetz in **beträchtlichem Ausmaß** auf **Konsumentendelikte**, also auf Abhängige, gerichtet ist.

Selbst Merkmale, die den besonders schweren Fall in § 29 Abs. 3 BtMG und den Verbrechenstatbestand in § 30 BtMG auszeichnen, betreffen überwiegend den Handel, der von Abhängigen betrieben wird. Die niedrige Grenze der „geringen Menge" (§ 29 Abs. 5 BtMG) erfaßt auch die Drogenbeschaffung für den Eigenbedarf. Die Gefährdung der „Gesundheit mehrerer Menschen" (§ 29 Abs. 3 Nr. 2 BtMG) ist in aller Regel nur bei dem überschaubaren Kundenstamm des Kleindealers nachweisbar. Die Abgabe an Personen unter 18 Jahren (§ 29 a Abs. 1 Nr. 1 BtMG) oder die Abgabe mit Todesfolge (§ 30 Abs. 1 Nr. 3 BtMG) trifft in der Praxis fast ausschließlich Straßenhändler, da nur hier die Kausalkette rekonstruierbar ist. Die Einfuhr in nicht geringer Menge erfaßt überwiegend austauschbare Kuriere und Grenzgänger (vgl. *Scheerer,* 1982, 235 f.).

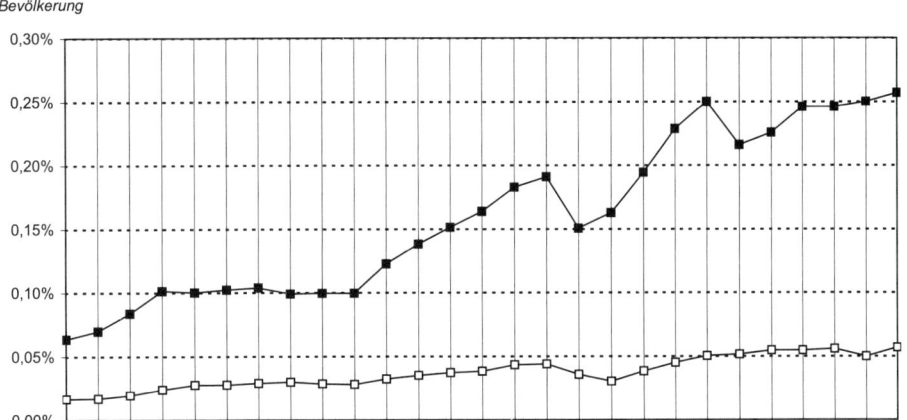

Abbildung 1: Straftaten nach Betäubungsmittelgesetz Tatverdächtigenbelastungsziffer (Polizei)
und Verurteilungsziffer (Justiz) von 1977 bis 2003

(Quelle: Polizeiliche Kriminalstatistik – ab 1992 sind die neuen Bundesländer mit erfaßt –, Bundeskriminalamt, Strafverfolgungsstatistik, Statistisches Bundesamt Wiesbaden)

4. Konsequenzen der Illegalität

Drogenkonsum und Drogenhandel in der Illegalität haben hohe Produktpreise und
fehlende Produktkontrolle zur Folge. Die hohen Preise für illegale Drogen zwingen
zur Beschaffungskriminalität (insbesondere Kfz-Aufbruch, Wohnungseinbruch und
Straßenraub), zur Vermarktung des eigenen Körpers (Prostitution) und zur Beteiligung
am Kleinhandel, da der Drogenerwerb mit legaler Arbeit kaum zu finanzieren ist. Der
Tagesbedarf zur Finanzierung einer Abhängigkeit von harten Drogen liegt bei 50 bis
125 Euro pro Tag (vgl. *Nestler*, 1998, 797).

Beispielsweise sind in Frankfurt 4200 Konsumenten harter Drogen polizeilich erfaßt, das Dunkelfeld
wird auf 8000–10 000 Abhängige geschätzt. Wird bei einem Drittel der polizeilich registrierten Abhängigen die Finanzierung der Drogen durch Beschaffungskriminalität unterstellt, so entspricht dies einem
durch Straftaten zu deckenden täglichen Finanzbedarf, der allein in Frankfurt zwischen ca. 70 000 und
175 000 Euro liegen dürfte (inklusive Dunkelfeld bis zu 500 000 Euro). Auf diese Weise entsteht ein
lukrativer illegaler Markt, dessen Nutznießer am Fortbestand der Sucht und ihrer illegalen Befriedigung interessiert sind. Die gesundheitlichen Risiken werden durch die fehlende Kontrolle illegaler
Drogen extrem gesteigert.

5. Volkswirtschaftlicher Schaden

Schließlich bedingt der illegale Drogenmarkt volkswirtschaftliche Schäden in Milli-
ardenhöhe (Beispiel Hamburg 1988: rund 500 Millionen, vgl. *Schwanke*, 1989, 170).
Von einem Ausfall möglicher Staatseinnahmen abgesehen, werden diese Schäden insbesondere durch die Kosten für Strafverfolgung und Therapie einerseits und die durch
die Begleitkriminalität verursachten Schäden andererseits herbeigeführt (zur „Ökonomie der Drogenpolitik" *Hartwig/Pies*, 1989).

§ 37. Empirie des Rauschmittelkonsums

Literatur: *Albrecht, H.-J.,* Suchtgiftgesetzgebung im internationalen Vergleich, in: Frank, C./Harrer, G. (Hrsg.), Drogendelinquenz. Jugendstrafrechtsreform, 1991, 69 ff.; *Albrecht, H.-J.,* Internationales Betäubungsmittelrecht und Betäubungsmittelkontrolle, in: Kreuzer, A., Handbuch des Betäubungsmittelstrafrechts, 1998, 651 ff.; *Allmers, V.,* Entkriminalisierung der Betäubungsmittelkonsumenten, ZRP 1991, 41 ff.; *Beck, V.,* Die Grünen in der 13. und 14. Legislaturperiode, ZRP 1999, 85 ff.; *Behrendt, J.-U.,* Illegaler Drogenkonsum und soziale Kontrolle, 1984; *Böllinger, L.,* Grenzenloses symbolisches Strafrecht, KJ 1994, 405 ff.; *Deutsche Hauptstelle gegen die Suchtgefahren e. V.,* Schätzzahlen zum Abhängigkeitsproblem, 1999; *Drogen- und Suchtbericht 2005,* Bundesministerium für Gesundheit und Soziale Sicherung (Hrsg.); *Feuerlein, W.,* Stand der Alkoholismusforschung, in: Völger, G./von Welck, K. (Hrsg.), Rausch und Realität, 1982, 1375 ff.; *Geschwinde, Th.,* Rauschdrogen, Marktformen und Wirkungsweisen, 1996; *Grefe, Ch.,* Finstere Aussichten durch den blauen Dunst, Geo, Sucht und Rausch, Nr. 3/1990, 81 ff.; *Hellebrand, J.,* Drogen und Justiz – Überlegungen zur Einbindung der Justiz in eine fortschrittliche Drogenpolitik, 1990; *Körner, H. H.,* Betäubungsmittelgesetz, 5. Aufl., 2001; *Kreuzer, A.,* Sucht 1989. Bericht über die Drogenfachtagung der GdP, Kriminalistik 1989, 297 ff.; *Hess, H.,* Rauchen. Geschichte, Geschäfte, Gefahren, 1987; *Nestler, C.,* Grundlagen und Kritik des Betäubungsmittelstrafrechts, in: Kreuzer, A. (Hrsg.), Handbuch des Betäubungsmittelstrafrechts, 1998, 697 ff.; *Noller, P.,* Kontrollierte Opiatabgabe, Erfahrungen im internationalen Vergleich, in: Nimsch, M., Heroin auf Krankenschein? 1993, 47 ff.; *Polizeiliche Kriminalstatistik,* (Jahrgang), BKA (Hrsg.); *Quensel, St.,* Wirkungen und Risiken des Cannabisgebrauchs, in: Scheerer, S./Vogt, I. (Hrsg.), Drogen und Drogenpolitik. Ein Handbuch, 1989, 379 ff.; *Reeg, A. R.,* Strafrecht in der Drogenpolitik. Was hilft – more of the same oder radikales Umdenken, Neue Kriminalpolitik 2/1989, 30 ff.; *de Ridder, M.,* Heroin: Geschichte – Legende – Fakten, in: Grötzinger, G. (Hrsg.), Recht auf Sucht? Drogen Markt Gesetze, 1991, 16 ff.; *Scheerer, S.,* Die Genese der Betäubungsmittelgesetze in der Bundesrepublik Deutschland, 1982; *Schultes, R. E.,* Einführung in die Botanik der wichtigsten pflanzlichen Drogen, in: Völger, G./von Welck, K. (Hrsg.), Rausch und Realität. Drogen im Kulturvergleich, Band 1, 1982, 46 ff.; *Schultes, R. E./Hoffmann, A.,* Pflanzen der Götter. Die magischen Kräfte der Rausch- und Giftgewächse, 1987; *Shiffmann, S. M.,* Tabakkonsum und Nikotinabhängigkeit, in: Völger, G./von Welck, K. (Hrsg.), Rausch und Realität. Drogen im Kulturvergleich, Band 3, 1982, 1382 ff.; *Statistisches Jahrbuch für die Bundesrepublik Deutschland,* (Jahrgang), Statistisches Bundesamt (Hrsg.); *Thamm, B.-G.,* Drogenfreigabe – Kapitulation oder Ausweg: Pro und Contra zur Liberalisierung von Rauschgiften als Maßnahme der Kriminalitätsprophylaxe, 1989; *Uchtenhagen, A./Gutzwiller, F./Dobler-Mikola, A./Blättler, R.,* Versuche für eine ärztliche Verschreibung von Betäubungsmitteln: Zwischenbericht der Forschungsbeauftragten, 1995; *van Wely, J. J. W. M.,* Körperliche Wirkung des Opiatkonsums, in: Scheerer, S./Vogt, I. (Hrsg.), Drogen und Drogenpolitik. Ein Handbuch, 1989, 299 ff.

I. Bestandsaufnahme zum Drogenkonsum und zur Drogenpolitik

Eine Analyse der Voraussetzungen und Möglichkeiten der sozial- und gesundheitspolitischen Bewältigung des Drogenproblems erfordert zunächst eine Bestandsaufnahme des gegenwärtigen Drogenkonsums und der Drogenpolitik – und zwar nicht nur in nationaler, sondern auch in internationaler Hinsicht – sowie ihrer Entwicklung im Laufe der letzten Jahrzehnte. Dabei ist der Drogenkonsum nicht gleichzusetzen mit Drogenproblemen, da die Wirkung der Droge auch von der jeweiligen Situation und den Bedingungen abhängig ist, unter denen Drogen konsumiert werden.

Ebenso wenig wie eine Welt ohne abweichendes Verhalten, ohne soziale Konflikte und ohne Kriminalität vorstellbar ist, ebenso wenig ist eine Welt ohne Drogen vorstellbar. Das Bedürfnis nach Drogen und die Befriedigung dieses Bedürfnisses sind keine neuzeitlichen Probleme; das gilt auch für die Folgen des Drogenmißbrauchs. Drogen waren vielmehr zu allen Zeiten und in jeder Gesellschaft vorhanden, wenn auch in unterschiedlicher Ausprägung und in unterschiedlichem Ausmaß. Die Forderung nach einer **drogenfreien Welt** und der Überwindung der Drogenabhängigkeit ist **illusionär.**

Die Erfahrungen mit der Alkohol-Prohibition in den Vereinigten Staaten in den 20er Jahren haben deutlich gemacht, daß dem Phänomen der Sucht mit Verboten kaum beizukommen ist. Es steht zu vermuten, daß der in den Vereinigten Staaten ausgerufene Drogenkrieg („war on drugs") ebenso erfolglos bleibt. Die Zahl der – behandlungsbedürftigen – Alkoholabhängigen in der Bundesrepublik wird gegenwärtig auf ca. 2,5 Mio. geschätzt (Schätzzahlen zum Abhängigkeitsproblem der *Deutschen Hauptstelle gegen die Suchtgefahren*, 2002). Der soziale Ruin und die physische Verelendung von Drogenabhängigen nehmen dramatisch zu. Der (ehemalige) Drogenreferent der Stadt Frankfurt am Main, *Werner Schneider*, schätzte schon 1992 die Situation wie folgt ein: „Wenn wir uns auch weiterhin allein auf Strafjustiz, auf Werbekampagnen und die konventionellen Abstinenz-Therapien verlassen, dann wird es auch in den nächsten Jahresbilanzen heißen: mehr Elend, mehr Kriminalität, mehr Aids-Erkrankungen, mehr Todesfälle" („Die Zeit" vom 7. 2. 1992). Diese Einschätzung dürfte auch für das Ausland weitgehend zutreffen.

II. Zur Pharmakologie der Rauschmittel

Abgesehen von synthetischen Produkten handelt es sich bei den heute gebräuchlichen illegalen Drogen im wesentlichen um Alkaloide.

Das sind Stickstoffverbindungen, die vor allem in Pflanzen vorkommen und alkalisch (daher der Name) reagieren. Bezogen auf den menschlichen Organismus wirken zahlreiche Alkaloide als Gifte, die oft schon in geringen Dosen zum Tod führen können. In feinster Dosierung haben diese Mittel aber auch pharmakologische Wirkung. Das gilt beispielsweise für Atropin, Chinin, Ephedrin, Kodein, Kokain, Koffein, Nikotin, Morphin oder Strychnin. So finden Atropin in der Augenheilkunde, Kodein als Hustenmittel und Kokain in der Lokalanästhesie Anwendung.

Viele Alkaloide wirken psychoaktiv, greifen in die Biochemie des Nervensystems ein und wirken ähnlich wie die natürlichen Botenstoffe im Nervensystem, deren Wirkung sie beeinflussen. Vergleicht man Alkaloide hinsichtlich der für den Menschen tödlichen Dosis, so gehören das Strychnin und das Nikotin zu den giftigsten Alkaloiden. Schon 0,04 g Nikotin wirken auf den menschlichen Organismus tödlich. Morphin und Kokain haben dagegen eine geringere toxische Wirkung (0,3 g bzw. 1–2 g wirken tödlich) (*Schultes*, 1982; *Schultes/Hofmann*, 1987).

Heroin („Diacetylmorphin") ist ein halbsynthetisches Morphinderivat (durch Acetylierung aus Morphin hergestellt). Es wurde ursprünglich von der Pharmaindustrie entwickelt und im Jahre 1898 als gleichnamiges Husten- und Asthmamittel auf den Markt gebracht. Das Pharmaprodukt wurde in kürzester Zeit zu einem verbreiteten Mittel der ärztlichen Praxis. Es unterlag ab 1914 in Deutschland den einschränkenden Herstellungs- und Handelsbedingungen des Opiumgesetzes. Ein von den USA gefordertes internationales Herstellungsverbot für Heroin scheiterte auf den Genfer Opiumkonferenzen in den Jahren 1925 und 1931 am Widerstand der ärztlichen Standesvertreter, die Heroin für medizinisch unverzichtbar hielten. In Deutschland war Heroin bis 1971 ein verkehrs- und verschreibungsfähiges Betäubungsmittel (vgl. *de Ridder*, 1991, 21 f.).

Heroin hat morphinähnliche Wirkung und wird im Körper rasch zu Morphin abgebaut. Die Blut-Hirn-Schranke ist jedoch für das lipidlösliche (fettlösliche) Heroin leichter durchlässig als für Morphin. Daraus folgt möglicherweise – dieser Befund ist umstritten (vgl. *de Ridder*, 1991, 23; *Geschwinde*, 1996, 242) – eine verstärkte Suchtgefahr.

Die nahe chemische Verwandtschaft der angesprochenen Stoffe, deren Gebrauch teils unter Rückgriff auf Kriminalstrafen reglementiert, teils mit Hilfe von Werbekampagnen angeregt wird, zeigt bereits, daß die selektive Kriminalisierung nicht frei von Widersprüchen ist. Für die heute illegalen Drogen kann gezeigt werden, daß sie in nicht allzu ferner Vergangenheit legal verfügbar waren und alltäglich konsumiert wurden. Und für die heute legalen Drogen kann gezeigt werden, daß sie zeitweilig verpönt und verboten waren. So galt bis 1848 ein öffentliches Rauchverbot in Preußen. Im 17. Jahrhundert wurde der Tabakkonsum in Deutschland und England staatlich verfolgt. Gleichwohl hat der Tabak die bis heute größte Drogenepidemie in der Geschichte ausgelöst (vgl. *Hess*, 1987).

III. Gesundheitsgefahren durch legale und illegale Drogen

Ein Grund für die heute bestehende selektive Kriminalisierung könnte in unterschiedlichen Gesundheitsgefahren zu suchen sein, die durch den Konsum der angesprochenen Substanzen drohen. Aber auch hier zeigt sich, daß den heute besonders hartnäckig verfolgten Drogen wie Cannabis oder Heroin in der neueren Fachliteratur eher geringe Gesundheitsgefahren attestiert werden, sofern diese Mittel in reiner Form konsumiert werden (vgl. zu Cannabis: *Quensel,* 1989, 386f.; zu Heroin: *van Wely,* 1989, 305; *de Ridder,* 1991, 27). Hingegen ist von den hierzulande etablierten Kulturdrogen Nikotin und Alkohol eine ausgeprägte Gesundheitsschädlichkeit bekannt. Organschädigungen durch das Zellgift Äthanol (Alkohol) sind vielfach wissenschaftlich erwiesen (vgl. etwa *Feuerlein,* 1982, 1380f.). Ähnliches gilt für die Gesundheitsgefahren durch Nikotin (vgl. *Shiffmann,* 1982, 1384f.; *Hess,* 1987, 135ff.). Bei Heroin oder Morphin sind die Befunde über gesundheitliche Schädigungen offenbar weniger eindeutig.

Zwar weisen Heroinkonsumenten, die in der Illegalität leben, häufig einen außerordentlich schlechten Gesundheitszustand auf. Das hat dazu geführt, „Heroin" mit Tod und Verelendung gleichzusetzen. Die **meisten Schädigungen** sind aber auf spezifische Bedingungen des **illegalen Konsums** zurückzuführen.

Hierzu gehören Gesundheitsgefahren durch problematische Streckungsmittel, die dem Opiat beigemischt werden, um den Profit der illegalen Händler zu steigern. Infektionen werden durch unsauberes Injektionsbesteck bewirkt. Zum Zweck der Transportvereinfachung im illegalen Handel wird Heroin nicht in flüssiger, sondern in kristalliner Form angeboten. Durch die Auflösung des injizierten Heroins in Essig- oder Zitronensäure werden die Aderwände angegriffen. Gesundheitsschäden und Todesfälle sind ferner auf Überdosierungen zurückzuführen, die bei dem schwankenden Reinheitsgrad der illegalen Produkte kaum zu vermeiden sind.

Über die **organischen Auswirkungen** des Heroin- oder Morphinkonsums bei legalem Drogengebrauch liegen in der Literatur **divergierende wissenschaftliche Befunde** vor. Zum einen wird vertreten, daß diese Substanzen zu schwersten Formen der Abhängigkeit sowie zum körperlichen und geistigen Verfall führten (vgl. etwa *Körner,* 2001, C 1, Rn. 62ff.). Zum anderen finden sich in neueren Untersuchungen Belege dafür, daß nach kontrolliertem Heroinkonsum keine Organschäden zu verzeichnen seien. Organschädigende, krebserzeugende oder die Erbsubstanz verändernde Effekte, wie sie für andere Arzneimittel, Nikotin oder Alkohol beschrieben sind, seien nicht feststellbar (vgl. *Behrendt,* 1984; *de Ridder,* 1991, 27f. m.w.N.). Opiatkonsumenten, die Drogen aus kontrollierter Zubereitung beziehen und sauber verabreichen, könnten nach diesen Feststellungen ein unauffälliges, sozial integriertes Leben führen. Verschiedene Modelle ärztlich kontrollierter Heroinabgabe in Großbritannien und der Schweiz haben gezeigt, daß Heroinkonsumenten in der Lage sind, ein weitgehend normales Alltags- und Erwerbsleben zu führen (*Noller,* 1993, 97ff.; *Uchtenhagen/Gutzwiller/Dobler-Mikola/Blättler,* 1995).

Die psychische wie auch physische **suchterzeugende Wirkung** des Heroins wird in der Fachliteratur gleichfalls **kontrovers** eingeschätzt. Wird von der einen Seite ein mehr oder weniger zwangsläufig eintretender psychischer und körperlicher Suchteffekt konstatiert (vgl. etwa *Körner,* 2001, C 1, Rn. 62ff.; *van Wely,* 1989, 307f.), unterscheidet die andere Seite sozialverträgliche und suchtgemäße Konsummuster, vergleichbar dem gelegentlichen Alkoholkonsum und dem Alkoholismus. Auch bei Heroin seien demnach Gelegenheitskonsumenten verbreitet, die einen kontrollierten Umgang mit der Droge zeigten (vgl. *de Ridder,* 1991, 25f.).

Die unterschiedlichen wissenschaftlichen Einschätzungen über mögliche Gesundheitsschädigungen lassen es angezeigt erscheinen, zur **gesundheitspolitischen Vorsicht** im Umgang mit Rauschdrogen zu raten. Eine verstärkte **Aufklärung über Suchtge-fahren** und eine Verstärkung der therapeutischen und sozialen **Hilfsangebote** für die Drogenabhängigen müssen Eckpfeiler verantwortlicher Rechts- und Sozialpolitik werden. Zugleich bedeutet die Unsicherheit der Forschungslage aber auch, daß der Staat keinen Anlaß hat, mit dem schärfsten seiner Steuerungsinstrumente, dem Strafrecht, zunehmend offensiver zu intervenieren, zumal hier die kontraproduktiven Nebenfolgen unstreitig sein dürften.

IV. Gesellschaftliches Problempotential bei legalen und illegalen Drogen

Man kann die Todesfälle nach Heroinkonsum nicht direkt mit der Zahl der Alkoholtoten vergleichen, zumal die Heroinkonsumenten zum großen Teil durch die Begleiterscheinungen der Illegalität geschädigt werden und der Alkoholkonsum einen weit höheren Verbreitungsgrad aufweist. Dennoch verdeutlicht eine Gegenüberstellung das größere **soziale Problempotential** bei den legalen Drogen: Die Zahl der Drogentoten ist in den letzten Jahren sogar deutlich gefallen (1980: 494; 1990: 1478; 1995: 1565; 1996: 1712; 1997: 1501; 1998: 1674; 1999: 1812; 2000: 2030; 2001: 1835; 2002: 1513; 2003: 1477; 2004: 1385; *Polizeiliche Kriminalstatistik*, 1980ff.). Die Zahl der Alkoholtoten liegt weit höher.

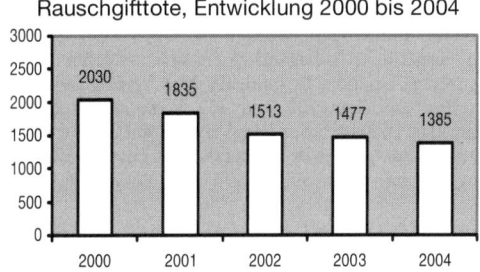

Rauschgifttote, Entwicklung 2000 bis 2004

(Quelle: Drogen- und Suchtbericht 2005, S. 145)

An Leberzirrhose sind im Jahr 2003 im Bundesgebiet 18 115 Menschen verstorben, wobei die Dunkelziffer erheblich sein dürfte (*Todesursachenstatistik*, 2003). Im Beschluß der Lübecker Strafkammer zur Frage einer möglichen Verfassungswidrigkeit des Cannabisverbots wird die Zahl der jährlichen Alkoholtoten in der Bundesrepublik einschließlich der neuen Bundesländer auf 40 000 geschätzt (StV 1992, 169). Nach Angaben des Bundesgesundheitsministeriums sterben jährlich 70 000 Menschen an den Folgen des Rauchens. Wer regelmäßig mehr als 20 Zigaretten am Tag raucht, verkürzt seine Lebenserwartung um durchschnittlich 8 Jahre (vgl. *Grefe*, 1990, 81; *Shiffmann*, 1982, 1384; *Hess*, 1987).

Schließlich zeigen die Zahlen derer, die von legalen bzw. illegalen Drogen im Sinne einer Suchterkrankung abhängig sind, gleichfalls das höhere Problemgewicht bei den etablierten Kulturdrogen. Alkoholerkrankungen betreffen etwa 2,7 Millionen Menschen, von Medikamentenabhängigkeit sind ca. 1,4 Millionen Personen betroffen. Die Zahl der von harten Drogen Abhängigen wird bis zu 150 000 Betroffene geschätzt (*Deutsche Hauptstelle für Suchtfragen e. V.*, 2005).

Das gleiche Bild zeigt sich bei den volkswirtschaftlichen Größenordnungen: Gut 36 Mio. Haushalte gaben in Deutschland 1998 durchschnittlich 48,62 DM je Monat und Haushalt für alkoholische Getränke aus. Der Fiskus vereinnahmte 2003 etwa 3,45 Milliarden Euro aus alkoholbezogenen Steuern. Der Pro-Kopf-Verbrauch an Bier lag 2003 bei 117,5 Litern; hinzu kommen 19,8 Liter Wein und 5,9 Liter Spirituosen pro Person und Jahr. Das verarbeitende Tabakgewerbe setzte im Jahr 2003 23,2 Milliarden

Euro um (*Statistisches Jahrbuch*, 2003; *Deutsche Hauptstelle für Suchtfragen e. V.*, 2005).

V. Gesellschaftliche Bedingungen der Drogenkriminalisierung

1909 wurde die erste internationale Konferenz zur Bekämpfung des Opiumproblems in Shanghai einberufen. In den Shanghai-Beschlüssen wurde der nicht-medizinische Opiumgebrauch zum Verbot empfohlen – gegen den Widerstand Englands, das über die größte Opiumindustrie verfügte. 1911 folgte die Drogenkonferenz von Den Haag. Die erneuten Bemühungen der USA um Prohibition trafen auf den erbitterten Widerstand der Pharmaindustrie. Verabschiedet wurde die „Haager-Opiumkonvention". Darin wurden den Teilnehmerstaaten regulative Maßnahmen zur Drogenkontrolle auferlegt. Deutschland verweigerte als einziger Teilnehmerstaat der Konferenz die Ratifizierung der Beschlüsse und stellte den Antrag, Kokain von der Liste der zu kontrollierenden Stoffe zu streichen. Deutschland war zu dieser Zeit der Hauptproduzent für Kokain. Die deutsche Kokain-Produktion lag bei 9000 kg jährlich; daneben wurden 12000 kg Morphin und 7000 kg Kodein im Jahr hergestellt (vgl. *Scheerer*, 1982, 38 ff.).

Deutschland wurde erst nach dem Ende des 1. Weltkrieges in den Versailler Verträgen zur Ratifizierung der Haager Opium-Konvention gezwungen. Am 30. 12. 1920 kam Deutschland der Verpflichtung aus der Ratifizierung des Haager Abkommens nach und verabschiedete das erste deutsche Opiumgesetz. Dieses gab dem Reichsgesundheitsamt Aufsichtsrechte über den Handel mit bestimmten Drogen. Bei Verstößen gegen das eingeführte Verkehrsverbot drohten Gefängnisstrafen bis zu 6 Monaten oder Geldstrafen bis zu 10000 Mark. Das Gesetz beschränkte sich auf Opium, Morphium, Kokain und Heroin und richtete sich noch nicht auf Cannabis. Mit einem Änderungsgesetz zum Opiumgesetz vom 21. 3. 1924 wurde die Strafandrohung von 6 Monaten auf 3 Jahre erhöht.

Die deutsche Alkaloidindustrie wurde durch die gesetzgeberischen Aktivitäten kaum aufgehalten. Morphin, Heroin, Kokain und Codein wurden zwischen 1921 und 1928 mit großen Steigerungsraten produziert und ausgeführt, insbesondere in Form solcher Substanzen, die nicht unter die Kontrolle des Opiumgesetzes fielen (z. B. Codein). Die Verfolgungsintensität blieb in den 20er Jahren gering: jährlich wurden zwischen 100 und 300 Personen nach dem Opiumgesetz rechtskräftig verurteilt. 1929 folgte das „Gesetz über den Verkehr mit Betäubungsmitteln". Nun fiel auch der indische Hanf (Cannabis) unter die drogengesetzlichen Bestimmungen. Durch eine Ermächtigung zur Rechtsverordnung konnten neue Substanzen dem Betäubungsmittelgesetz unterstellt werden.

Bis 1968 blieben die Verurteiltenzahlen jährlich unter 350 Personen. Ende der 60er Jahre nahm der Drogenkonsum – zunächst betraf dies vornehmlich Cannabisprodukte – an Bedeutung zu. Gleichzeitig wurde in der öffentlichen Meinung das Bild von einem dramatischen sozialen Problem gezeichnet. „Der Mißbrauch von Rauschgiften (...) droht ein gefährliches Ausmaß zu erreichen. (...) Einer Seuche gleich breitet es sich mehr und mehr auch in der Bundesrepublik Deutschland aus", so lauteten amtliche Begründungen für die Änderung des Betäubungsmittelgesetzes (BT-Drucksache VI/1877, 5). Die damit einhergegangene Intensivierung der Strafverfolgung war auch von den neuen Merkmalen der Drogenbewegung und der Drogenszene beeinflußt. Ganz anders als die sozial integrierten Morphinisten, die eine unauffällige Drogensucht kultivierten, suchten die modernen Konsumenten geradezu die Öffentlichkeit. Haschischkonsum wurde zum Widerstandssymbol sozialer Protestbewegungen und provozierte drogenpolitische ‚Stellvertreterdebatten‘ (vgl. *Scheerer*, 1982, 62 ff.). Bis zum Jahr 1978 lag die Zahl der nach Betäubungsmittelgesetz Verurteilten bereits bei 10 426 (*Strafverfolgungsstatistik*, 1978).

Die amtliche Begründung zum BtMG von 1972 hob hervor, die Gesetzgebung diene dem Ziel, „der Rauschgiftwelle in der Bundesrepublik Deutschland Einhalt zu gebieten und damit große Gefahren von dem Einzelnen und der Allgemeinheit abzuwenden. (...) Es geht schließlich darum, die **Funktionsfähigkeit der Gesellschaft** nicht **gefährden** zu lassen" (BT-Drucksache VI/1877, S. 5). In den unterstellten Gefahren für die „Funktionsfähigkeit der Gesellschaft" kommt die qualitative Neubewertung des Problems zum Ausdruck.

VI. Aktuelle kriminalpolitische Reformdiskussion

Ende 1989 wurde von Bund und Ländern die Ausarbeitung eines „Nationalen Rauschgiftbekämpfungsplans" beschlossen, der im Juni 1990 verabschiedet wurde. Dieser Plan will insbesondere den Dimensionen der „organisierten Kriminalität" (vgl. hierzu unten § 43), den immensen Umsätzen und Gewinnen im Rauschgiftgeschäft, aber auch der Bedrohung vieler Staaten und Wirtschaftsregionen durch Kapital und Gewalt der „organisierten Kriminalität" Rechnung tragen. Neben der Intensivierung präventiver und therapeutischer Bemühungen liegt das Schwergewicht der Vorschläge bei der Verstärkung der polizeilichen Ermittlungskompetenzen und -ressourcen sowie der Erweiterung und Verschärfung des strafrechtlichen Zugriffs.

Andere rechtspolitische Initiativen sind hinsichtlich der Hoffnungen, die in repressive Strategien gesetzt werden, eher skeptisch. So wird der vom Gesetz selbst vorgezeichnete Weg des Absehens von Strafe propagiert, teilweiser Ermittlungsverzicht wird empfohlen (vgl. *Hellebrand*, 1990). Zum Teil wird gefordert, das Absehen von Strafe durch einen gesetzlich normierten partiellen Verfolgungsverzicht gegenüber Konsumenten zu ergänzen oder zu ersetzen (vgl. *Allmers*, 1991, 43 f.).

Die Richtung, bei Strafverzicht nicht auf Tatbestandsebene anzusetzen, sondern statt dessen auf **strafprozessuale Instrumente** zu verweisen, wählte auch das **Bundesverfassungsgericht**, als es aufgrund mehrerer Vorlagebeschlüsse 1994 über die Verfassungsmäßigkeit der Strafbarkeit des unerlaubten Umgangs mit Cannabisprodukten zu entscheiden hatte. In einem Beschluß (7 : 1) wurde selbst die Strafbarkeit des Umgangs mit kleinsten, zum Eigenverbrauch vorgesehenen Mengen von Cannabis für verfassungskonform erklärt (BVerfGE 90, 145 ff.). Eine Verletzung des Übermaßverbotes liege in diesen Fällen wegen der gesetzlichen Möglichkeiten des Absehens von Strafe gemäß § 29 Abs. 5 BtMG oder von Strafverfolgung (§§ 153 ff. StPO, § 31 a BtMG) nicht vor (zu dem Beschluß vgl. *Böllinger*, 1994).

Auch wird der Grundsatz der **Straflosigkeit der Selbstschädigung** in den Vordergrund gerückt, wonach diejenigen Verstöße straffrei bleiben sollten, die keinen Dritten gefährden (*Körner*, 2001, § 29 Rn. 1078 m. w. N.; umfassend und kritisch *Nestler*, 1998, Rn. 97 ff.). Die **weitestgehenden Forderungen** zielen auf die Freigabe der Drogen im Sinne eines „freien Verkaufs unter der Kontrolle eines Staatsmonopols" (*Thamm*, 1989, 358 ff.; *Reeg*, 1989). Diese **Legalisierung der Rauschdrogen** würde einer Drogenpolitik Platz machen, die nicht besser, aber auch nicht schlechter wäre als die Versuche, den Alkohol- und Tabakkonsum einzudämmen und den pharmazeutischen Markt zu kontrollieren.

Entkriminalisierungstendenzen im Drogenbereich wird entgegengehalten, sie seien allenfalls in internationaler, insbesondere **europäischer Koordination** vertretbar, um Sogeffekte zu vermeiden (*Kreuzer*, 1989). Der Einwand erscheint berechtigt. Die Bundesrepublik stünde mit entsprechenden Konzepten jedoch nicht alleine, wie Beispiele aus Großbritannien, der Schweiz und den Niederlanden belegten (vgl. auch *Kreuzer*, 1998, 672 ff.). Im übrigen zeigt ein Vergleich der unterschiedlichen strafrechtlichen Instrumentarien in Europa, daß das bundesdeutsche Betäubungsmittelgesetz auch nach ausländischem Vorbild (z. B. Spanien, Niederlande) liberaler gestaltet werden könnte, ohne einen nationalen Alleingang zu unternehmen (*H.-J. Albrecht*, 1991; 1998, Rn. 49 ff.).

Durch die Eskalation der Drogenproblematik kam es auf **internationaler Ebene** zu einer Reihe von Konferenzen und Vereinbarungen. 1987 fand in Wien die 1. Weltdrogenkonferenz statt. Auf ihr verabschiedeten 138 Staaten einen umfassenden multidisziplinären Maßnahmenkatalog für die künftige Drogenbekämpfung. 1990 fand in London die 2. Weltdrogenkonferenz statt. In einer Abschlußerklärung, „The London Declaration", wurde herausgestellt, daß der Prävention, der Aufklärung und der Behandlung der Abhängigen höhere Priorität und mehr Geld eingeräumt werden müßten. Auch wenn zur Zeit weltweit in der Drogenpolitik die strafrechtliche Prohibition dominiert, werden selbst von internationalen Organisationen die nichtrepressiven Aspekte zunehmend diskutiert. Offensichtlich fängt auch die Weltgesundheitsorganisation (WHO) an, in der Drogenproblematik umzudenken.

Ein **Umdenken in der bundespolitischen Drogenpolitik** könnte darin zu sehen sein, daß die Bundesregierung über den neuen § 10a BtMG die Bundesländer in die Lage versetzen will, Rauschdrogenabhängigen gesundheitsfördernde Unterstützung gewähren zu können. Ob darin eine „Wende in der Drogenpolitik", die künftig primär auf Prävention und Aufklärung sowie auf Hilfe für Drogenabhängige gerichtet sein soll, zu sehen ist, wird die Zukunft zeigen. Gesundheitsräume und heroingestützte Therapieprogramme für Schwerstabhängige können in Zukunft unter bestimmten Umständen rechtlich abgesichert, Unklarheiten und Ungleichheiten in der Interpretation der Strafverfolgungsorgane bezüglich der „geringen Menge" bei Cannabisprodukten beseitigt werden.

Die Drogenpolitik der Bundesregierung stützt sich – neben den herkömmlichen Zielen – neuerdings auch auf den Ansatz der **Überlebenshilfe** (z.B. in Form von Drogenkonsumräumen, Notfallhilfe). Das Ziel ist die Verringerung gesundheitlicher Schäden. Die Überlebenshilfe richtet sich an schwerstabhängige Personen, deren Überleben es zunächst zu sichern gilt, bevor eine effektive Behandlung aufgenommen werden kann. Im Rahmen dieser (teilweise) drogenakzeptierenden Politik wurde im Jahr 2002 das auf drei Jahre angelegte *„Modellprojekt zur heroingestützten Behandlung Opiatabhängiger"* mit insgesamt 1032 Patienten gestartet. In sieben Großstädten (Bonn, Frankfurt/M., Hamburg, Hannover, Karlsruhe, Köln, München) erhalten Schwerstabhängige injizierbares Heroin als Medikament. Eine Kontrollgruppe erhält parallel das Ersatzmittel Methadon. Neben der medikamentösen Behandlung und der medizinischen Betreuung werden die Probanden psychosozial betreut. Zielsetzung der Studie ist es zu prüfen, ob mit der medizinischen Verordnung von pharmakologisch reinem Heroin in einem strukturierten und kontrollierten Behandlungssetting für bestimmte Gruppen von Heroinabhängigen im Vergleich zu etablierten therapeutischen Alternativen (Methadon-Substitution) die Therapieziele besser erreicht werden können. Die wissenschaftliche Auswertung der Studie wird nach dem Abschluß der Behandlungsphase (nicht vor Ende 2005) erwartet (*Drogen- und Suchtbericht* 2005, 80f.; BT-Drs. 15/3559 v. 5. 7. 2004; www.heroinstudie.de). Gleichwohl dürfte es plausibel sein, die erhebliche Reduktion von Todesfällen nach Rauschdrogenkonsum auch auf diesen Ansatz der Überlebenshilfe zurückzuführen.

§ 38. Reformprämissen und Reformvorschläge

Literatur: *Behr, H.-G.* u.a. Drogenpolitik in der Bundesrepublik, 1985; *Hassemer, W.,* Stellungnahme zum Entwurf eines Gesetzes zur Bekämpfung des illegalen Rauschgifthandels und anderer Erscheinungsformen der organisierten Kriminalität (OrgKG), KJ 1992, 64 ff.; *Hessische Kommission „Kriminalpolitik" zur Reform des Strafrechts:* Rechtsgüterschutz durch Entkriminalisierung, Albrecht, P.-A./Hassemer, W./Voß, M. (Hrsg.), 1992; *Quensel, St.,* Wirkungen und Risiken des Cannabisgebrauchs, in: Scheerer, S./Vogt, I. (Hrsg.), Drogen und Drogenpolitik. Ein Handbuch, 1989, 379 ff.; *Nestler, C.,* Grundlagen und Kritik des Betäubungsmittelstrafrechts, in: Kreuzer, A., Handbuch des Betäubungsmittelstrafrechts, 1998, 697 ff.; *Trautmann, F.,* Akzeptierende Drogenarbeit in Amsterdam – Wie fortschrittlich ist die niederländische Drogenpolitik?, KrimJ 1989, 126 ff.

I. Umgestaltung der internationalen Drogenpolitik

Auf längere Sicht steht eine **vollständige Umgestaltung der nationalen und internationalen Drogenpolitik** zur Diskussion, die Prävention und Gesundheitsvorsorge und -erhaltung in den Vordergrund rückt und auf die strafrechtliche Prohibition weitgehend verzichtet. Hierbei darf allerdings nicht verschwiegen werden, daß die Folgen der Prohibition bekannt sind, nicht jedoch die Folgen der Anti-Prohibition. Die in diesem Zusammenhang immer wieder zu hörenden Befürchtungen, die Legalisierung der Drogen führe zu einer Zunahme des Drogenkonsums und der Drogenkonsumenten, zur Drogenzugänglichkeit auch für Jugendliche und Kinder, zur Zunahme von im Drogenrausch begangenen Gewalttaten wie auch zur Zunahme von Drogentoten, sind durchaus ernstzunehmen, insbesondere deshalb, weil derartige Folgen weder qualitativ noch quantitativ abschätzbar sind.

Aus diesem Grund wird in der kriminalpolitischen Diskussion eine Drogen-Entkriminalisierung mit verschiedenen normativen Schritten empfohlen. Einigkeit besteht weitgehend insoweit, als die **Entkriminalisierung** des Umgangs mit Drogen durch die Süchtigen (oder die nichtsüchtigen Drogenkonsumenten) mit der **kontrollierten, ärztlich indizierten Abgabe von Betäubungsmitteln oder Ersatzstoffen** einhergehen muß. Dies wäre ein erster Schritt, dem illegalen Drogenhandel Marktchancen einzuschränken. Wenn die Bedürfnisse der Konsumenten durch legale Bezugsmöglichkeiten befriedigt werden können, besteht für illegale Bezugsmöglichkeiten kaum noch Bedarf. Bei der Frage der Kosten kontrollierter Abgabe von Betäubungsmitteln oder Ersatzstoffen durch staatliche Einrichtungen wird zu berücksichtigen sein, daß viele Drogenabhängige bereits ohne soziale Bindungen sind und ihren Lebensunterhalt ohnehin auch von staatlicher Sozialhilfe bestreiten.

Es wird in der Diskussion auch erwogen, daß sich die Gesellschaft neben dem Alkohol, der seit jeher kulturell akzeptiert sei, eine zweite Droge – ohne schwerwiegende Folgen für die Volksgesundheit – nicht leisten könne. Dieses Argument vermag aber nur dann zu überzeugen, wenn das Drogenverbot den Drogenkonsum tatsächlich einschränken würde. Daß dem nicht so ist, haben die Erfahrungen der letzten Jahre gezeigt.

Zu leisten wäre auch eine volkswirtschaftliche Analyse der unterschiedlichen Drogenkonzepte. Dies geschieht bisher allenfalls in Ansätzen. In diesem Zusammenhang muß auch der für die Strafverfolgungsbehörden eintretende **Entlastungsfaktor der Anti-Prohibition** gesehen werden. Es unterliegt wohl keinem Zweifel, daß die Entkriminalisierung von Drogen den weitaus wirksamsten Beitrag zur Entlastung von Polizei und Justiz leisten würde. Daß der Rückzug von Polizei und Justiz aus dem Bereich der Drogenbekämpfung einen verstärkten Einsatz der Sozial- und Gesundheitsbehörden notwendig macht, liegt dabei auf der Hand. Ziel von Entkriminalisierung und Legalisierung ist nicht der „Genuß ohne Reue" bzw. das „Recht auf Rausch", sondern das ständige Bemühen, die Süchtigen von der Droge wegzubringen, indem ihnen therapeutische Hilfen angeboten und sie darin unterstützt werden, ihre Lebenssituation zu verändern und zu stabilisieren. Gleichzeitig würde die Bevölkerung vor der Beschaffungs- und Folgekriminalität wirksam geschützt, die der illegale Drogenhandel zwangsläufig mit sich bringt.

II. Drogenpolitische Reformprämissen

Vor dem Hintergrund dieser Überlegungen lassen sich drei drogenpolitische Reformprämissen formulieren:

1. Prämisse: Gesundheitspolitischer Präventions- und Interventionsansatz als sozialstaatlicher Auftrag

Es gehört zu den gesundheitspolitischen Zielen des Staates, die Gefährdung des Bürgers durch Suchtstoffe zu reduzieren. Hierzu sind diejenigen, die nicht von Drogen

abhängig sind, durch Aufklärung und durch moderne Werbestrategien vom Drogenkonsum abzuhalten („**Gesundheitspolitischer Präventionsansatz**"). An diejenigen,
die bereits abhängig sind, sollten im Bedarfsfalle Drogen ärztlich kontrolliert mit dem
Ziel abgegeben werden, sie von den Gefahren illegalen Drogenkonsums zu bewahren
und sie mittel- oder langfristig aus der Abhängigkeit von gesundheitsschädigendem
Drogenkonsum zu befreien („**Gesundheitspolitischer Interventionsansatz**").

2. Prämisse: Selbstschädigung ist im Rechtsstaat primär durch nicht-repressive Steuerungsmittel zu begegnen

Es gibt – neben den Instrumenten des Jugendschutzes – im Rechtsstaat keine staatliche Handhabe, vorsätzliche Selbstschädigungen der Bürger zu verhindern (vgl. auch
Nestler, 1998, 739 ff., 786 ff.). Es gibt nur den Weg der **überzeugenden Vernunft**, flankiert durch nicht-repressiv operierende regulative Zugangskontrolle zu schädigenden
Substanzen. Hierzu gehören ökonomische Instrumente wie Abgaben, Steuern oder
staatliche Verfügungsmonopole.

3. Prämisse: Kampf dem Drogenelend durch ökonomische Intervention

Der illegale Handel mit Betäubungsmitteln folgt den Gesetzen des Marktes. Will
man den Drogenhandel und den damit einhergehenden Drogenkonsum kontrollieren,
so müssen die **ökonomischen Imperative beeinflußt werden**. Durch eine staatlich
kontrollierte Abgabe von Drogen an Süchtige können die Marktpreise für Drogen de-
zimiert und die Gewinnspannen der Produzenten und Händler reduziert werden. Dadurch könnte der Drogenmarkt auf längere Sicht für den illegalen Handel an Interesse
verlieren. Angebotsregulierung und Zugangskontrolle stünden dann zur verantwortlichen Disposition staatlicher Stellen. Ähnlich wie bei der Produktion pharmazeutischer
Produkte bekäme der Staat die Möglichkeit der Produktkontrolle.

III. Das Steuerungsversagen des Strafrechts

Vor dem Hintergrund dieser Prämissen ist der Einsatz des Strafrechts kritisch zu
hinterfragen. Hierbei werden radikale Ansätze bereits kriminalpolitisch umfassend
thematisiert.

1. Strafrecht als nachweislich kontraproduktive drogenpolitische Strategie

Der Versuch, Menschen vor Selbstschädigung mit den Mitteln des Strafrechts zu
schützen, hat sich als **kontraproduktiv erwiesen**. Strafrecht und Strafverfolgung verstärken die Probleme, die sie zu bekämpfen vorgeben. Sie treiben die Abhängigen in
soziale Verelendung und Desintegration, in psychischen und physischen Verfall, in
Stigmatisierung und kriminelle Karrieren. Die Kriminalisierung erzeugt den Schwarz-
markt mit den extremen Gewinnspannen im illegalen Handel, mit Beschaffungskriminalität und mit Gefahren für Leib und Leben der Abhängigen.

Eine drogenpolitische Reform, die eine **Verschärfung der Strafverfolgung** zum
Gegenstand hat, ist zwingend **zum Scheitern verurteilt**. Drogenkriminalität und Drogenelend sind nicht Auslöser, sondern ungewollte Nebenfolge repressiver Maßnahmen.
Eingriffe auf der Ebene der Drogenproduktion liegen außerhalb nationalstaatlicher
Steuerungsmöglichkeiten. Ökonomische Anreize zur Produktsubstitution scheitern an
den hohen Absatzchancen und Preisen, die der illegale Markt garantiert. Eingriffe auf
der Ebene des illegalen Handels haben in der Vergangenheit sowohl durch Zugriff auf
die Ware als auch durch Zugriff auf Personen weder Versorgungskrisen provoziert
noch Handelsorganisationen zerschlagen.

Der These von der kontraproduktiven Wirkung des Strafrechts im Drogenbereich wird nicht selten entgegengehalten, das Strafrecht schrecke bereits durch seine Existenz von der Begehung von Straftaten ab (negative Generalprävention). Für diese unterstellte Wirkung – insbesondere des Drogenstrafrechts – liegen indes keine empirischen Belege vor (vgl. oben § 5). Gegenüber der Erwartung generalpräventiver Wirkungen des Strafrechts im Hinblick auf psychosoziale Problemlagen ist der kontraproduktive Effekt staatlicher Strafverfolgung als so gewichtig zu bewerten, daß in diesem Bereich einer Entkriminalisierung nunmehr der Vorzug zu geben sein sollte.

2. Irreparable Selbstschädigung des Rechtsstaats durch verschärfte strafrechtliche Repression

Die **Rechtsordnung selbst nimmt Schaden,** wenn sie versucht, in den Bereich höchstpersönlicher Verfügung des Menschen über sich selbst einzudringen. Sie muß sich dabei Ermittlungsinstrumenten und Methoden bedienen, die das Prinzip freiheitlicher Selbstbestimmung zwangsläufig zerstören: Verdeckte Ermittler, akustische oder optische Aufzeichnungen in der Privatsphäre sind die Vorboten eines repressiven Überwachungsstrafrechts, das rechtsstaatliche Garantien der vermeintlichen Verfolgungseffizienz opfert (vgl. *Hassemer,* 1992; *Nestler,* 1998, 824 ff.).

IV. Normative Reformvorschläge der Hessischen Kommission „Kriminalpolitik" zum Betäubungsmittelstrafrecht

Die vorangestellten Überlegungen führten 1992 die durch die Hessische Landesregierung eingesetzte Kommission „Kriminalpolitik" zu den folgenden kriminalpolitischen Vorschlägen. Die Kommission empfahl – allerdings erst nach hinreichenden, empirisch abgesicherten Erfahrungen mit den vorgeschlagenen Schritten –, ein **staatliches Vertriebsmonopol** bislang nicht verkehrsfähiger Rauschdrogen.

1. Staatlich kontrollierte Drogenabgabe als gesundheitspolitische Intervention

Vorschlag der *Hessischen Kommission* zu §§ 3, 12 und 29 Abs. 1 Nr. 1 BtMG: **Als Ausnahme zum betäubungsmittelgesetzlichen Abgabeverbot ist die kontrollierte, ärztlich indizierte Abgabe von Betäubungsmitteln und Ersatzstoffen an Abhängige durch Gesundheitsämter und staatlich anerkannte Drogenberatungsstellen zu ermöglichen.**

Dieser Vorschlag der Kommission folgt der Erkenntnis, daß die Abgabe von Drogen an Süchtige ein zwingendes Gebot der Gesundheitsfürsorge und ein sozialstaatlicher Imperativ für den Abbau offensichtlichen sozialen und individuellen Elends von Drogenabhängigen darstellt. Der Handel mit Drogen, der außerhalb der staatlich kontrollierten Abgabe stattfindet, bleibt unverändert strafbar. Einige der empfohlenen Anregungen haben in den zwischenzeitlichen Veränderungen des BtMG Eingang gefunden, z. B. über § 10 a BtMG.

Allein die kontrollierte Abgabe vermag die Ökonomie der Illegalität des Drogenmarktes zu durchbrechen. Da die überaus hohen Schwarzmarktpreise durch die Einnahmen aus legaler Arbeit nicht zu finanzieren sind, führt die Illegalität zwangsläufig zu einer erheblichen, die Öffentlichkeit gefährdenden Beschaffungskriminalität. Ferner verhindert die Kriminalisierung der Drogenherstellung und -verteilung eine Kontrolle des Herstellungsverfahrens und der Produktzusammensetzung. Die lebensbedrohlichen Risiken, die aus der unbekannten Zusammensetzung der Drogen erwachsen, werden auf den Konsumenten abgewälzt. Diese Folgeeffekte des illegalen Drogenmarktes könnten durch eine kontrollierte Abgabe von Betäubungsmitteln an Süchtige durch staatliche Institutionen vermieden bzw. stark eingeschränkt werden. Die kriminellen Subkulturen könnten aufgelöst, die Abhängigen könnten aus menschenunwürdigen Lebensverhältnissen befreit und sozial integriert werden. Die Bürger würden in weit höherem Maße als bisher vor der Gefährdung durch die Begleitkriminalität von Drogenabhängigen geschützt. Für Polizei und Strafjustiz würde ein deutlicher Entlastungseffekt eintreten.

Erste Schritte einer kontrollierten Abgabe von Betäubungsmitteln an Süchtige sind der Ausbau der bestehenden Substitutionsprogramme (Methadon) und die Versorgung der Abhängigen mit Einwegspritzen.

2. Personenbezogene Entkriminalisierung harter Drogen

Vorschlag der *Hessischen Kommission* zu § 29 Abs. 1 Nr. 1 BtMG: **Erwerb und Besitz von Betäubungsmitteln zum Eigenverbrauch in geringer Menge sollten nach Auffassung eines Teils der Kommission nicht mehr strafbar sein (Entkriminalisierung); nach der Meinung anderer Kommissionsmitglieder sollten Opportunitätserwägungen von der Justizpraxis konsequenter als bisher umgesetzt werden (Entpönalisierung).**

Die bestehende indirekte Kriminalisierung betäubungsmittelabhängiger Konsumenten über die Strafbarkeit von Erwerb und Besitz steht sowohl dem Prinzip der straflosen Selbstschädigung als auch einer gesundheitspolitisch-therapeutischen Bearbeitung des Drogenproblems entgegen. In Drogentherapien, die unter den Rahmenbedingungen eines Strafverfahrens oder einer Freiheitsstrafe angeboten werden, stehen Bestrafungszwecke und Verfahrensanforderungen in einem unangemessenen Verhältnis zu therapeutischen Notwendigkeiten. Schließlich ist der durch Kriminalisierung bedrohte und dadurch jederzeit erpreßbare abhängige Drogenkonsument der beste Garant für den Schutz und den Fortbestand des illegalen Handels und der hohen Profite auf dem illegalen Markt. Nur durch eine Entkriminalisierung der Konsumentendelikte ist der illegale Markt aufzubrechen und läßt sich den Strukturen organisierten Drogenhandels sinnvoll entgegenwirken.

Zwar wird mit dieser vorgeschlagenen Regelung der Zugang zum Drogenkonsum rechtlich und faktisch erheblich erweitert. Zugleich wird aber der direkte Zugang zum Konsumenten für gesundheitspräventive Anwendungsberatung (Analogie zur AIDS-Beratung im Hinblick auf Schutz vor Ansteckung) und offensive Therapieangebote erstmals möglich.

Die Kommission weist zur Klarstellung darauf hin, daß ein Strafverfolgungsverzicht beim Umgang mit Rauschdrogen zwingend einhergehen muß mit systematischer und umfassender Aufklärung und Beratung. Sozial angeprangert werden muß der Konsum, aber nicht der Mensch, der Drogen konsumiert.

3. Spezifische Entkriminalisierung weicher Drogen

Mehrheitlich getragener Vorschlag der *Hessischen Kommission* zur Anlage I zum Betäubungsmittelgesetz: **Cannabisprodukte werden aus der in Anlage I zum BtMG enthaltenen Liste der Betäubungsmittel gestrichen.**

Die Entkriminalisierung der Cannabisprodukte bietet sich als erster Schritt einer Zurücknahme des Strafrechts aus der Drogenkontrolle an. Weder sind gewichtige gesundheitsschädigende Effekte nach Cannabiskonsum bekannt noch führten bislang die vergleichsweise geringen Preise und Gewinnspannen im Cannabishandel zu einer ausgeprägten kriminellen Subkultur oder sozialen Folgeschäden für die Konsumenten. Auch gilt die sogenannte „Einstiegsthese", wonach Cannabiskonsum ein Umsteigen auf Heroin wahrscheinlich macht, inzwischen in der Fachliteratur als überholt (vgl. etwa *Trautmann*, 1989, 129). Bereits die schlichte Gegenüberstellung der geschätzten Zahl der Cannabiskonsumenten und der Konsumenten von Heroin (ca. 4 Millionen vs. 150 000) zeigt, daß nur ein geringer Teil der Konsumenten weicher Drogen zum Gebrauch von Opiaten übergeht. Unter Bezug auf ein Gutachten des Leiters der psychiatrischen Universitätsklinik Zürich weist *Behr* darauf hin, daß nur etwa 1% der Cannabiskonsumenten einen Wechsel zu harten Drogen vollzogen hätte. Dieser Übergang sei eher durch psychische und soziale Zusammenhänge als durch eine Schrittmacherfunktion der weichen Drogen zu erklären (vgl. *Behr*, 1985, 84; siehe auch *Quensel*, 1989, 391).

Die Entkriminalisierung von Cannabisprodukten kann als Erprobungs- und Erfahrungsphase verstanden werden, um großflächig die Folgen erweiterter Drogenfreigabe zu überprüfen und rechts- wie sozialpolitisch zu bewerten. Der Markt, d. h. die Handels- und Vertriebsstrukturen, könnte so beobachtet und überwacht, gegebenenfalls auch durch staatliche Eingriffe reglementiert werden. Veränderungen im Konsumverhalten der Bevölkerung, insbesondere unter Jugendlichen, könnten ermittelt und durch Image-Manipulation (negative Werbung) beeinflußt werden. Schließlich müßte eine solche Erfahrungsphase durch intensive Wirkungsforschung in sozialer, medizinischer, kriminologischer und strafjustitieller Hinsicht begleitet werden.

Von der Entkriminalisierung unberührt bliebe die Strafbarkeit von Kraftfahrern, die in Folge des Genusses von Cannabisprodukten fahruntauglich sind. Denn die einschlägigen §§ 315 c, 316 StGB differenzieren nicht danach, ob die Fahruntauglichkeit auf der Einnahme verbotener oder erlaubter Rauschmittel beruht. Es ist bisher nicht bekannt, daß auch bereits ein geringfügiger Konsum von Cannabisprodukten das Fahrvermögen vergleichbar beeinträchtigt wie ein Alkoholgenuß mit der Folge einer Blutalkoholkonzentration von 0,5 Promille. In einer 1993 erstmals systematisch und methodisch ausgewiesenen Labor- und Feldstudie der Universität Maastricht konnte festgestellt werden, daß Cannabiskonsumenten im Unterschied zu alkoholisierten Fahrern eine vorsichtigere Fahrweise praktizierten, die etwaige Beeinträchtigungen der Fahrfähigkeit kompensieren kann (*Nestler,* 1998, 800 ff. m. w. N.). Sollten sich jedoch in künftigen Studien derartige Beeinträchtigungen erweisen, dann wird daran zu denken sein, eine dem § 24a StVG entsprechende Vorschrift (Ordnungswidrigkeit) für den Cannabiskonsum zu schaffen, um künftig den Belangen der öffentlichen Verkehrssicherheit hierbei den gleichen Rang einzuräumen wie bezüglich alkoholisierter Kraftfahrer.

Erst nach Vorliegen einschlägiger **Erfahrungen** in gesundheitspolitischer, sozialpolitischer, kriminalpolitischer und ökonomischer Hinsicht ist es aus der Sicht des überwiegenden Teils der Kommission erwägenswert, ein **staatliches Vertriebsmonopol** für bislang nicht verkehrsfähige Rauschdrogen jenseits kriminalisierender Zwangsmechanismen zu errichten. Dieses staatliche Vertriebsmonopol könnte den bisherigen **kontraproduktiven Repressionsansatz** ablösen durch einen auf Selbstverantwortung abstellenden, effektiven **gesundheitspolitischen Präventions- und Interventionsansatz.**

13. Kapitel. Kriminologische Einschätzungen zu den Gewaltdelikten

§ 39. Offizielle Registrierung

Literatur: *Albrecht, P.-A./Backes, O. (Hrsg.),* Verdeckte Gewalt, 1990; *Polizeiliche Kriminalstatistik,* (Jahr), BKA (Hrsg.); *Strafverfolgungsstatistik* (vollständiger Nachweis der einzelnen Straftaten), (Jahr), Statistisches Bundesamt Wiesbaden (Hrsg.).

Gewalt ist ein allgegenwärtiger Faktor staatlicher und gesellschaftlicher Verfaßtheit. Die Kriminologie analysiert aber weniger derartige Formen häufig „verdeckter Gewalt" (vgl. hierzu die Beiträge bei *Albrecht/Backes,* 1990), sondern nimmt schlicht „Gewaltkriminalität" aus den offiziellen Statistiken in den Blick.

I. Polizeiliche Kriminalstatistik und Verurteilungsstatistik der Justiz

Die Standardlehrbücher referieren in gesonderten Abschnitten Zahlenkolonnen zur Entwicklung sogenannter Gewaltdelikte, zumeist der polizeilichen Kriminalstatistik entnommen, die bis zum Berichtsjahr 2003 – in einem Zeitraum von 16 Jahren – den in Abb. 1 belegten Verlauf zeigen.

1. Polizeiliche Verdachtsfälle der Gewaltkriminalität (Taten)

Die Entwicklung der polizeilichen Verdachtsfälle (*PKS,* 2003, Tabelle 220, S. 232) zeigt, daß von 204 124 Verdachtsfällen (einschließlich nicht ermittelter Tatverdächtiger) allein 65% (132 615) wegen **gefährlicher** und **schwerer Körperverletzung** registriert werden. Weitere 29% waren Raubdelikte (59 782 Fälle). Nur 829 Mordverdachtsfälle (einschließlich Versuch) und nur 1712 Totschlagsverdachtsfälle (inklusive Versuch) zeigen sowohl die **kontinuierliche Minimalbelastung** (bezogen auf 82 536 700 Einwohner) als auch die **Gleichbelastung** (zwischen 2000 und 3000 Verdachtsfälle per anno) der letzten 15 Jahre auf der Zeitachse an. Mit Ausnahme der Körperverletzung ist der Versuchsanteil überdurchschnittlich hoch. Gewaltdelikte ereignen sich überproportional häufig in Großstädten, insbesondere ab 500 000 Einwohnern. Das gilt vor allem bei Raub (*Polizeiliche Kriminalstatistik* 2003, 232).

2. Tatverdächtige und Verurteilte (Gewaltkriminalität)

Ohne den Vergleich mit der Verurteilungsstatistik ist die Verdachtsstatistik der Polizei nahezu nicht zu bewerten. Die nach justizförmigen Verfahren zustandegekommenen Verurteilungen für die gleiche Definition der Gewaltdelikte zeigen eine quantitativ wesentlich geringere Belastung der Wohnbevölkerung an. Den 192 107 polizeilich ermittelten Tatverdächtigen (*PKS*, 2003, Tabelle 221, S. 232) stehen lediglich 33 127 Verurteilte der entsprechenden Deliktskategorien gegenüber (vgl. Abbildung 1). Nur jeder fünfte bzw. jeder sechste von der Polizei 2003 als „Gewalttäter" erfaßte Tatverdächtige wird von der Justiz wegen eines entsprechend definierten Deliktes auch verurteilt. Nur bei erpresserischem Menschenraub und Geiselnahme kommen Polizei und Justiz zu fast deckungsgleichen Einschätzungen.

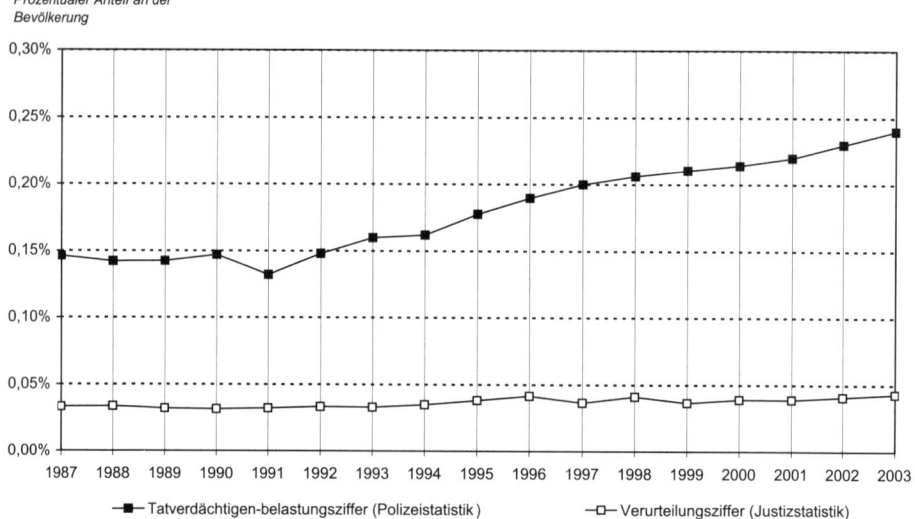

Abbildung 1: Straftaten der Gewaltkriminalität: Tatverdächtigenbelastungsziffer und Verurteilungsziffer bezogen auf die Bevölkerung (in Prozent) von 1987 bis 2003
(Delikte: Mord, Totschlag, Tötung auf Verlangen, Kindestötung, Vergewaltigung, Raubdelikte, Körperverletzung mit Todesfolge, gefährliche und schwere Körperverletzung, erpresserischer Menschenraub und Geiselnahme)

(Quelle: Polizeiliche Kriminalstatistik, Bundeskriminalamt; Strafverfolgungsstatistik, Statistisches Bundesamt Wiesbaden)

II. Vergleich einzelner Deliktbereiche (Polizei versus Justiz)

Die von der Polizei erfaßten Tötungsdelikte unter der Kategorie „**Totschlag**" (incl. Versuch) belaufen sich im Jahr 2003 auf 1918 Tatverdächtigenfälle. Die Justiz verurteilte wegen des Delikts des Totschlags 431 Personen.

Für den Tatbestand des „**Mordes**" (incl. Versuch) ermittelte die Polizei 993 Tatverdächtige, die Justiz verurteilte 215 Personen wegen dieses Delikts.

Zwar erfaßt die Verurteilungsstatistik noch nicht die Sanktionierung für die neuen Bundesländer, berechnet man allerdings die Ziffern bezogen auf die Bevölkerung, so bleibt der große Abstand zwischen Verdachtsstatistik und Verurteilungsstatistik bestehen (vgl. Abb. 2). Besonderes Merkmal sowohl der Polizei- als auch der Justizstatistik ist die **geringe Höhe** und die **große Kontinuität der geringen Belastung der Bevölkerung** mit den Delikten des Totschlags und des Mordes über lange Zeiträume.

Das Phänomen der Kontinuität der justitiellen Verarbeitung zeigt sich auch bezogen auf die absoluten Verurteilungszahlen bei den Delikten gegen das Leben insgesamt. Diese bewegen sich seit 1958 bis 2003 stets im Bereich von 1000 Verurteilungen (vgl. Abb. 40-1).

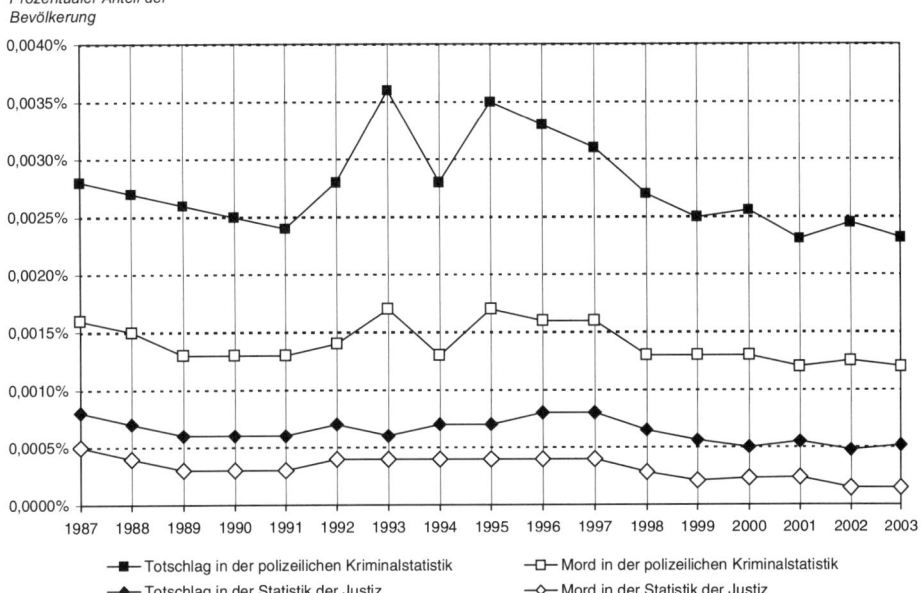

Prozentualer Anteil der Bevölkerung

Legende:
—■— Totschlag in der polizeilichen Kriminalstatistik
—□— Mord in der polizeilichen Kriminalstatistik
—◆— Totschlag in der Statistik der Justiz
—◇— Mord in der Statistik der Justiz

Abbildung 2: Delikte des Mordes und des Totschlages von 1987 bis 2003: Tatverdächtigenbelastungsziffer/Polizei (ab 1992 inklusive neue Bundesländer) und Verurteilungsziffer/Justiz bezogen auf die Bevölkerung (in Prozent)

(Quelle: Polizeiliche Kriminalstatistik, Bundeskriminalamt; Strafverfolgungsstatistik, Statistisches Bundesamt Wiesbaden)

§ 40. Soziale Bewertungen

Literatur: *Eisenberg, U.,* Kriminologie, 6. Aufl., 2005; *Kaiser, G.,* Kriminologie, 3. Aufl., 1996; *Pepinsky, H. E.,* A Sociology of Justice, Annual Review of Sociology 1986, 93 ff.; *Schneider, H.-J.,* Kriminologie, 1987; *Sessar, K.,* Rechtliche und soziale Prozesse einer Definition der Tötungskriminalität, 1981; *von Trotha, T.,* Über die Zukunft der Gewalt, MschrKrim 2002, 349 ff.; *Voß, M.,* Staatsschutz statt Bürgerschutz. Gewaltanalyse im strafjuristischen Wirklichkeitsmodell, in: Albrecht, P.-A./Backes, O. (Hrsg.), Verdeckte Gewalt, 1990, 138 ff.

I. Schlußfolgerungen zum Vergleich der Statistiken

1. Geringfügigkeit von Gewaltdelikten

Polizeiliche Kriminalstatistik und Verurteilungsstatistik zeigen die relative Geringfügigkeit von Gewaltdelikten am Gesamtaufkommen der registrierten Kriminalität, was allein schon die prozentuale Belastung der Bevölkerung belegt:

- Polizeiliche Kriminalstatistik   (Tatverdächtigenbelastung = **0,23 %**),
- Verurteilungsstatistik   (Verurteilungsbelastung = **0,04 %**).

Lediglich die Körperverletzungsdelikte verzeichnen erst seit 1992 einen deutlichen absoluten Anstieg auf nunmehr 60 085 Verurteilungen (einschließlich einfacher Körperverletzung); bezogen auf die Bevölkerung freilich nur ein Anteil von 0,072 %.

Absolute Zahlen der
Verurteilten

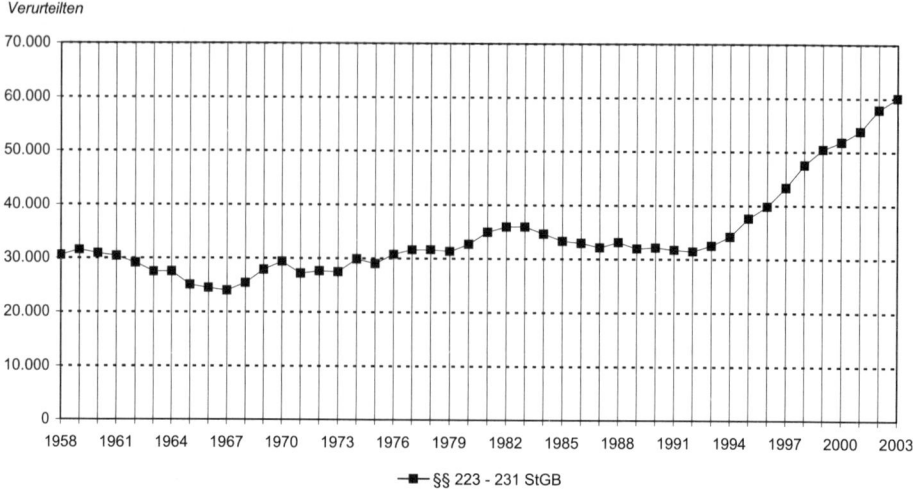

— §§ 223 - 231 StGB

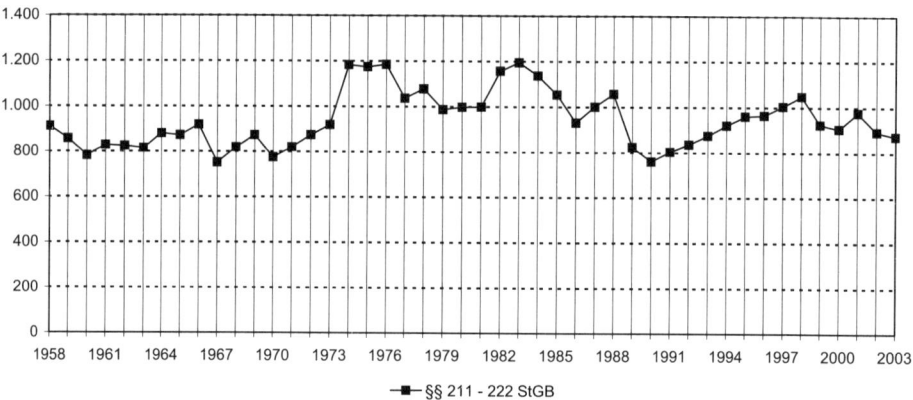

— §§ 211 - 222 StGB

Abbildung 1: Verurteilung (in absoluten Zahlen) wegen Körperverletzung (§§ 223 bis 231 StGB)
und Delikten gegen das Leben (§§ 211 bis 222 StGB) von 1958 bis 2003 (nur alte
Bundesländer)

(Quelle: Strafverfolgungsstatistik, Statistisches Bundesamt Wiesbaden)

Vermutlich nicht nur dieser Befund läßt den Kriminologen *Kaiser* in seinem Stan-
dardwerk feststellen: „Gewaltkriminalität zählt noch immer, auch in unserer Gesellschaft, zu den seltenen Straftaten. Vergleichsweise ist sie nicht einmal beängstigend"
(1996, 693).

2. Überbewertung von Tatschwere durch Polizei

Der Vergleich macht auch die polizeiliche Tendenz einer **Überbewertung der Tatschwere** deutlich. Im justitiellen Ausfilterungsprozeß werden Tatbestände wie „Mord"
(§ 211 StGB) und „Totschlag" (§ 212 StGB) offenbar **juristisch** ganz anders beurteilt.
Diese **juristische Definitionshoheit** der Strafrichter nimmt ganz allgemein mit der
Schwere angezeigter Delikte zu, d.h. die Beurteilung einer angezeigten oder angeklagten Straftat als Mord oder Totschlag wird **tendenziell** bei der gerichtlichen Subsumtion
herabgestuft, z.B. als Körperverletzung mit Todesfolge (§ 227 StGB) oder fahrlässige

Tötung (§ 222 StGB) (*Sessar*, 1981, 211; *Eisenberg*, 2005, 664). Damit wird der Schaden für die Betroffenen zwar nicht geringer, die juristische Bewertung zeigt allerdings, daß die Motivationen für Tötungen wesentlich weniger dramatisch ausfallen, als es die Polizei im ersten Zugriff registriert. Der Justiz Bagatellisierungstendenzen zu unterstellen, ist nicht sachgerecht: Zum einen sind Richter die juristischen Experten für strafrechtliche Subsumtionen; zum anderen haben sie die verfassungsrechtlich zugewiesene Kompetenz strafrechtlich exklusiver Beurteilungen von Straftaten auf der Basis unabhängiger gerichtlicher Prozeduren (Artikel 97 GG).

II. Risikoberechnungen für Viktimisierungswahrscheinlichkeit

Die im Zusammenhang mit Gewaltdelikten häufig diskutierte **Kriminalitätsfurcht** wird – darin sind sich die meisten Kriminologen einig – durch die offiziell registrierten Zahlen **nicht gerechtfertigt**. Rein statistisch läßt sich ein „Drei-Minuten-Takt" wohl errechnen.

1. „Alle drei Minuten ein Gewaltdelikt"

Die polizeiliche Kriminalstatistik kategorisiert 2003 ca. 204000 Verdachtsfälle als Gewaltkriminalität. Öffentlich verbreitet wird die These: alle 3 Minuten geschieht ein Gewaltdelikt. Gerechnet wird: das Jahr hat etwa 500000 Minuten, woraus folgt: knapp alle 3 Minuten geschieht eine Gewalttat.

2. „Opferwahrscheinlichkeit: nach 416 Lebensjahren"

Den gerade in den Massenmedien häufig verbreiteten Angsttendenzen läßt sich – gestützt auf die Statistik – eine **Berechnung zum Risiko, Opfer** eines **Gewaltdelikts** zu werden, entgegenhalten. Bei dem „Drei-Minuten-Takt" wird nämlich übersehen, daß sich das Risiko der Kriminalität – z.B. der jährlich 204000 registrierten Gewaltdelikte – auf ca. 82 Millionen Schultern verteilt. Das heißt, das Risiko des einzelnen Bürgers, im Zuge eines Jahres Opfer eines Gewaltdelikts zu werden, liegt bei 0,24%. Erst in 416 Lebensjahren würde das Risiko auf 100% anwachsen. Der Mensch müßte im statistischen Durchschnitt also 416 Jahre alt werden, bis ihn ein Gewaltdelikt der registrierten Art träfe, wozu auch die gefährliche Körperverletzung (z.B. der Tritt mit einem beschuhten Fuß) zählt.

Wollte man die Befunde der **traditionellen Dunkelfeldforschung** in dieser Überlegung berücksichtigen, könnte man auch die Vermutung, daß auf einen erkannten Tatverdächtigen zwei im Dunkelfeld verbleiben, in die Berechnung einbeziehen (vgl. oben § 11 C I; vgl. aber zur **Kritik des naturalistischen Abbildungsansatzes** oben § 12). Dabei dürfte diese Relation bezogen auf Gewaltdelikte insgesamt zu hoch sein, denn die Dunkelfeldbefragungen haben lediglich für die Körperverletzung eine höhere Relation aufgezeigt. Für Fälle der schweren Kriminalität trifft die Relation von 1:3 nicht zu, das Dunkelfeld dürfte hier geringer sein. Dennoch: Wollte man die Zahl der Tatverdächtigen nicht auf 192107 beschränken, sondern unter Berücksichtigung der pauschalen Dunkelfeldrelationen von 1:3 auf 576321 Tatverdächtige hochrechnen, würde sich das Viktimisierungs-Risiko auf 0,7% erhöhen. Das heißt umgerechnet, das Viktimisierungs-Risiko würde erst in 143 Lebensjahren auf 100% anwachsen.

Dieses rein statistisch berechnete Risiko relativiert sich noch durch Stadt-/Land-Unterschiede, Tag-/Nacht-Differenzen, Lebensalter, Lebensweisen etc. Derartige kriminogene Ursachen müssen bei der Berechnung von Viktimisierungswahrscheinlichkeiten zusätzlich berücksichtigt werden.

3. Kriminalpolitische Bewertungsspanne

Die Gegenüberstellung von „alle 3 Minuten ein Gewaltdelikt" und „Viktimisierung in 416 Jahren" zeigt die Spanne möglicher Bewertungen, die aufgrund der Kriminalstatistik erzeugt werden kann. Gerade in der massenmedialen Vermittlung von Gewalt-Berichterstattung sollten diese Betrachtungsweisen differenziertere Berücksichtigung finden.

III. Bedingungen der Kriminalitätsfurcht

Die Wahrnehmung von Gewaltkriminalität wird hauptsächlich durch Massenmedien vermittelt und verstärkt (*Kaiser*, 1996, 711). *Kaiser* vermutet darüber hinaus, daß sich die „allgemeine Definitionsbereitschaft zur Stigmatisierung von Gewalthandlungen verstärkt und die Anzeigeschwellen gesenkt" hätten (ebd.).

Der geringen realen Bedrohung des Bürgers wird die wachsende **Gefährdung der öffentlichen Ordnung** als das durch die Kriminalitätsbedrohung induzierte Kernproblem gegenübergestellt (vgl. dazu *v. Trotha*, 349 ff.). Der Kriminalsoziologe *Michael Voß* hält dem entgegen, daß Kriminalitätsfurcht nicht in erster Linie durch Kriminalität bewirkt wird, auch stehe sie im Problemhorizont der Menschen nicht im Vordergrund. Richtig sei, daß sich Menschen von Kriminalität bedroht **fühlen** und dies eine Viktimisierung darstellen könne (*Voß*, 1990, 142).

In der sozialwissenschaftlichen Forschung wird allerdings vermittelt, daß Kriminalitätsfurcht in erster Linie durch **soziale Isolation** gefördert wird (vgl. *Pepinsky*, 1986, 100) und besonders ausgeprägte Kriminalitätsfurcht bei den Menschen zu finden ist, deren Risiko, Opfer einer Straftat zu werden, eher gering ist (vgl. *Schneider*, 1987, 767). Die Schlußfolgerung legt nahe, daß die Angst vor Gewalt und Kriminalität demnach mit dem **Abbau von sozialer Isolation** und mit der **Förderung von Informationsaustausch** zu bekämpfen ist, nicht jedoch mit der Aufrüstung von Polizei und Justiz (*Voß*, 1990, 142).

§ 41. Gewalt im strafjuristischen Wirklichkeitsmodell

Literatur: *Beck, U.,* Gegengifte. Die organisierte Unverantwortlichkeit, 1988; *Geißler, T./Marißen M.,* Kriminalität und Kriminalisierung junger Ausländer, KZfSS 1990, 663 ff.; *Cornel, H.,* Verkaufsschlager „Zero Tolerance", Neue Kriminalpolitik 1997, 34; *Günther, K.,* Kampf gegen das Böse? Zehn Thesen wider die ethische Aufrüstung der Kriminalpolitik, KJ 1994, 135 ff.; *Sack, F.,* Die Eskalation von Gewalt: Die Transformation politischer in gewaltbesetzte Konflikte, in: Albrecht, P.-A./Backes, O. (Hrsg.), Verdeckte Gewalt 1990, 111 ff.; *Schwind, H.-D./Baumann J. u.a.* (Hrsg.), Ursachen, Prävention und Kontrolle von Gewalt, Band 1, Endgutachten und Zwischengutachten der Arbeitsgruppen, 1990; *Steinert, H.,* Das große Aufräumen, oder: New York als Modell?, Neue Kriminalpolitik 1997, 28 ff.; *Voß, M.,* Staatsschutz statt Bürgerschutz. Gewaltanalyse im strafjuristischen Wirklichkeitsmodell, in: Albrecht, P.-A./Backes, O. (Hrsg.), Verdeckte Gewalt, 1990, 138 ff.

I. Entpolitisierung der Gewalt im strafrechtlichen Wirklichkeitsmodell

Herkömmliche kriminologische Analysen zur Gewaltkriminalität – als Beispiel mag hier das von der Bundesregierung in Auftrag gegebene „Gewaltgutachten" (*Schwind/Baumann*, 1990) gelten – sind von zwei Strukturmerkmalen gekennzeichnet: Auffällig ist einerseits, daß weniger der Bürger als vielmehr der Staat durch Gewalt gefährdet erscheint. Die These lautet: **Der Staat ist das Opfer.** Demzufolge richtet sich zum anderen die Suche nach den Ursachen und den Strategien zur Bekämpfung von Gewalt auf den gewaltausübenden Bürger, mit der Folge-These: **Der Bürger ist der Täter.**

Zur ersten These hat *Voß* die Gegenthese aufgestellt: **Die Gewalt des Staates gefähr-det den Bürger.** Gewaltstiftende Funktionen staatlichen Schutzes für mächtige struktu-relle Interessen und das gewalteskalierende Potential staatlicher Kontrollorgane kom-men dieser Auffassung zufolge in wissenschaftlichen Analysen kaum in den Blick. Höchstens als Randbedingungen für soziales Handeln, nicht aber als „Gewalt", d.h. als selbsterklärungs- und interventionsbedürftige soziale Phänomene (*Voß*, 1990, 141). Diese Gefährdungen des Bürgers werden von dem Soziologen *Beck* als historisch un-vergleichbare Gefahrenlage geschildert: „Je weitreichender, offensichtlicher und un-beherrschbarer Gefahren werden, desto bedeutungsloser sind sie in den Sicherheits-darstellungen offizieller Instanzen" (*Beck*, 1988, 154). Gemeint sind Belastungen der Menschen durch zerstörerische Bewirtschaftung von Boden, Luft und Wasser, durch Gefährdungen und Belastungen von Betrieben großtechnischer Anlagen der Atom- und Chemieindustrie und durch Aufstellen und Umgang mit Massenvernichtungswaffen.

Der These, der Bürger ist der Täter, werden von *Voß* folgende Gegenthesen gegen-übergestellt:

- Gewalt wird im strafrechtlichen Rahmen **entpolitisiert,**
- Gewalt bleibt im strafrechtlichen Rahmen **unverstanden** und
- Gewalt wird nach ihrer strafrechtlichen Erfassung als **politisch greifbar** und be-**kämpfbar** ausgewiesen.

Hatten wir schon an anderer Stelle (vgl. oben § 6 C IV) **den politischen Gebrauchswert des Strafrechts** aufgedeckt, läßt sich bei der Wahl des traditionellen kriminologischen Zugriffs auf Gewalt ähnliches feststellen. Die Gewaltkommission der Deutschen Bundesregierung, die 1989 ihren Bericht abgegeben hatte, hat die **Gewalt-phänomene** dieser Gesellschaft **individualisiert, pathologisiert** und **strukturell un-kenntlich gemacht.** Der selektive wissenschaftliche Zugriff auf den isolierten Gewalt-akt, den individuellen Gewalttäter, die ihrer sämtlichen Bezüge und Kontexte sozialer, politischer und ökonomischer Art entkleidete einzelne Handlung, nimmt dem gesell-schaftlichen Phänomen Gewalt jede analytische Dimension. Das Strafrecht kann Ge-walt – wie jede andere Rechtsverletzung – „nur in der Retortenform von Geschichtslo-sigkeit, sozialer Ungebundenheit und biographischer Leere verarbeiten. Nur so vermag es Zurechnungen vorzunehmen, Verantwortlichkeiten auszumachen und Sanktionen zu verhängen" (*Sack*, 1990, 113). Demgegenüber wird gemahnt, daß Gewalt nicht auf den einsamen Willensentschluß eines in sozialer Isolierung und Ungebundenheit lebenden Individuums zurückzuführen sei, sondern das Endprodukt eines in der Regel langen sozialen und politischen Weges von Konflikten und Auseinandersetzungen sei (*Sack*, ebd.). Eine autonome Kriminologie muß mithin bemüht sein, Gewalthandlun-gen – auch von Individuen – nicht als isoliert und kontextfrei zu betrachten, die umstandslos dem Reich der Irrationalität, des Pathologischen, des Fremden, des feh-lenden Sinnzusammenhanges zuzuordnen sind; sie muß vielmehr kollektive Akteure und kollektives Geschehen in den Blick nehmen und ein Akteurmodell politischer und sozialer Konflikte erarbeiten (*Sack*, 1990, 114 ff.).

II. Die Politisierung des individualistischen strafrechtlichen Gewaltmodells

Der Umgang mit der polizeilichen Kriminalstatistik gewinnt vor diesem Hinter-grund den Charakter eines voraufklärerischen, an der Verbreitung von Glaubenssätzen und „Mythen" interessierten Rituals, das als kulturindustriell nutzbares Ereignis in oberflächlicher Halbinformation und Entdifferenzierung erscheint. Kriminologische Versuche, auf die Irrationalität im Umgang mit statistischen Daten hinzuweisen, schei-tern kläglich am Widerstand der **Vermarktungsinteressen** in **Politik** und **Kulturin-**

dustrie. Gleichwohl seien aus kriminologischer Sicht die wichtigsten Beispiele kriminalstatistischer Legenden zusammenfassend genannt.

1. „Explodierende Gewaltkriminalität"

Die Behauptung explodierender Gewaltkriminalität beruht auf einer beliebigen Heranziehung von Bezugsgrößen. In der Sicht der Kulturindustrie und der von ihr profitierenden, an dem Ausbau staatlicher Autorität interessierten Innenpolitik hat sich das Schlagwort „Alle drei Minuten eine Straftat in Deutschland" zum eingängigen, längst unhinterfragten Diktum stabilisiert. Dies stellt eine empirisch unzulässige Generalisierung des Kriminalitätsrisikos dar (vgl. oben § 40 II).

2. „Ausländerkriminalität"

Die Behauptung einer gegenüber der deutschen Bevölkerung höheren Kriminalitätsbelastung der ausländischen Wohnbevölkerung beruht auf Verzerrungen des kriminalstatistischen Vergleichs. Ausgeblendet werden
- Regionaleffekte (mehr als die Hälfte der Ausländer wohnt in Großstädten),
- sozialstrukturelle Merkmale (soziale Schichtung) und die
- Selektivität der Strafverfolgung.

Ein Vergleich deutscher und ausländischer Tatverdächtiger bzw. Verurteilter hätte zu berücksichtigen, daß die hier lebenden Ausländer überrepräsentativ sozialen Unterschichten zuzurechnen sind (*Geißler/Marißen*, 1990, 667). Bezieht man den Vergleich auf ähnlich zusammengesetzte deutsche Bevölkerungsgruppen (Schulausbildung, Berufsstatus der Eltern, Wohnsituation), so schwindet die höhere Kriminalitätsbelastung der Ausländer. Ein rein statistischer Vergleich ist daher aus sozialdemographischer und -struktureller Sicht – ohne die ausbleibenden Korrekturen – empirisch nicht legitim, was in der kriminalpolitischen Debatte selten berücksichtigt wird (vgl. im einzelnen unten § 42).

3. „Organisierte Kriminalität"

Der Topos der „Organisierten Kriminalität" fungiert als „abstrakte Bedrohungsvokabel": Es bleibt bei vagen Definitionen, die diese Vokabel von tradierten Kriminalitätsformen nicht trennscharf abheben können. Kriterien wie Gewinn- oder Machtstreben, arbeitsteiliges Vorgehen, Gewaltanwendung können auch jede mit Überlegung durchgeführte Straftat kennzeichnen (vgl. im einzelnen unten § 43).

4. Kriminalpolitik der „Nulltoleranz": empirisch desorientiert, normativ unvertretbar

Das nachhaltigste Beispiel für den Verzicht auf vernünftige, empirisch maßvolle Kriminalpolitik ist die aktuelle Diskussion um die aus den USA importierten Konzeptionen der „Zero Tolerance-Bewegung". Diese ist eingebunden in die undifferenzierte Gewaltdiskussion und verspricht angebliche Abhilfe. Damit ist ein Modell der das gesamte Kriminaljustizsystem erfassenden polizeilichen Repression gemeint: Vorfeldkontrolle und Stigmatisierung von Minderheiten, Massenverhaftungen und die Forderung an die Justiz nach schnellen Verfahren und harten Strafen sind die Elemente dieses Modells (*Steinert*, 1997, 28). Im Hinblick auf die Kausalbeziehung zwischen diesen Maßnahmen und dem behaupteten Rückgang von Kriminalität fehlt es an jeder empirisch überzeugenden Begleitforschung. Die Inhaftiertenzahlen in den USA steigen ebenso sprunghaft wie die polizeilichen Übergriffe auf die Bürger (*Cornel*, 1997, 34 f.). Trotz dieser evidenten Probleme findet diese Strategie hierzulande manchen politischen

Nachahmer. Es ist aber der autoritäre Polizeistaat, der den Bürger nicht als Subjekt der Freiheit, sondern als potentielle Gefahr, als „Wolf unter Wölfen" ansieht, der durch einen übermächtigen Leviathan gebändigt werden muß. Verfassungsrechtlich verkleidet wird dieses politische Bedürfnis als „Grundrecht auf Sicherheit". Wie selbstverständlich wird die Strafjustiz als Erfüllungsgehilfin des polizeilichen Zugriffs auf abweichendes Verhalten angesehen. Legitimationsgrundlagen verkehren sich: Nicht mehr auf vernunftgeleitete, freiheitssichernde und abgewogene Erkenntnis soll es ankommen, sondern auf das Hervorbringen von medial vermittelten Politikkonzeptionen, welche sich anmaßen, vereinfachende Rezepturen für die selbst produzierten Ängste bereitstellen zu können.

5. „Mythos Angst" als Grundlage politischer Gestaltung

Damit sei insgesamt nicht gesagt, daß vorhandene Kriminalität verharmlost werden darf. Abweichendes Verhalten des vergesellschafteten Individuums wegzudiskutieren wäre absurd. Zu beobachten ist aber eine politisch gewollte und **empirisch unredliche Zuspitzung abweichenden Verhaltens.** In dieser Zuspitzung liegt der Mythos, daß Gewalt in der Gesellschaft allgegenwärtig ist, daß das Böse – als mythische Bedrohungsinkarnation – den Bürger zu jeder Zeit schicksalhaft ereilen kann. Die mit dem Mythos hervorgerufene Angst wird schließlich selbst zur vermeintlich objektiven Grundlage politischer Gestaltung (*Günther*, 1994, 135). Der verängstigte Bürger als Wähler stabilisiert jenseits vernunftgemäßer Erkenntnis das machtpolitische Streben nach verschärfter Kontrolle. Mit der Angst des Bürgers läßt sich dessen erklärter Verzicht auf die Freiheit des mündigen, aufgeklärten Menschen als unvermeidlicher Sachzwang politischer Herrschaft billigen. Strafjustiz sieht sich mit der Irrationalität dieses Sicherheitsgefühls und der damit verbundenen Innen- und Rechtspolitik konfrontiert. Gefordert wird der Pakt mit den Mythen, politisch eingeklagt wird der Verzicht auf die Vernunft. Die Analyse der Gewaltkriminalität hat deutlich gemacht, daß sich hinter den qualitativen und quantitativen Entwicklungen keine sozialen Bedrohungspotentiale besorgniserregenden Umfangs verbergen. Aus der statistischen Entwicklung der Gewaltdelikte ergeben sich jedenfalls keine Argumente für eine Verschärfung des Strafrechts.

14. Kapitel. Kriminalpolitische Bedrohungsszenarien

Die kriminalpolitische Diskussion bedient sich für die Verschärfungsdebatte jedoch einiger kriminalstatistischer Szenarien, die zu Beginn in ihrer Gesamtheit aufgezeigt werden sollen. Anschließend werden drei Bereiche herausgegriffen, die in der Diskussion eine Hauptstellung einnehmen, obwohl sie wissenschaftlich kaum plausibel belegbar sind: „Ausländerkriminalität" (§ 42), „Organisierte Kriminalität" (§ 43) und „Terrorismus" (§ 44) sind die Themen, die in der kriminalpolitischen Debatte den Rang von Bedrohungsszenarien eingenommen haben.

§ 42. Das Phänomen „Ausländerkriminalität"

Literatur: *Akpinar, M.,* Die Entkategorisierung des Begriffs der Ausländerkriminalität, ZJJ 2003, 258 ff.; *Albrecht, P.-A.,* Referat, in: Hassemer, W./Starzacher, K. (Hrsg.), Datenschutz – auch für Ausländer? –, 1995, 41 ff.; *Brüchert, O.,* Kriminalstatistik und Rassismus, Bürgerrechte und Polizei (65) 1/2000, 21 ff.; *Bundesanstalt für Arbeit,* (gesonderte Auszählung), 1999; *Geißler, R./Marißen, N.,* Kriminalität und Kriminalisierung junger Ausländer, in: KZSoziol 1990, 672 ff.; *Kaiser, G. u. a.* (Hrsg.), Kleines Kriminologisches Wörterbuch, 3. Aufl., 1993; *Lederer, A.,* Zum rechtlichen Sonderstatus von MigrantInnen, Bürgerrecht und Polizei (65) 1/2000, 14 ff.; *Ludwig-Mayerhofer, W.,* Die staatsanwaltschaftliche Diversionspraxis im Jugendstrafrecht, in: Albrecht, P.-A. (Hrsg.), Informalisierung des

Rechts, 1990, 47 ff.; *Ludwig-Mayerhofer, W.;* Das Strafrecht und seine administrative Rationalisierung. Zur Kritik der informalen Justiz, 1998; *Mansel,* Gefahr und Bedrohung? Die Quantität des „kriminellen" Verhaltens der Gastarbeiternachkommen, in: Kriminologisches Journal 1985, 173 ff.; *Mansel, J./Albrecht, G.,* Migration und das kriminalpolitische Handeln staatlicher Strafverfolgungsorgane – Ausländer als polizeiliche Tatverdächtige und gerichtlich Abgeurteilte, KZSoziol 2003, 679 ff.; *Narr, W.-D.,* Kriminalpolitische Kategorie: Ausländer, Bürgerrechte und Polizei (65) 1/2000, 6 ff.; *Pilgram, A.,* Sicherheit vor/von Fremden, NK 2003, 21 ff.; *Polizeiliche Kriminalstatistik* 2003; *Schwind, H.-D. u. a.* (Hrsg.), Ursachen, Prävention und Kontrolle von Gewalt (Gewaltkommission), Bd. II, 1990; *Angaben des Statistischen Bundesamtes.*

Ein flüchtiger Blick in die Polizeiliche Kriminalstatistik – zum Beispiel 2003 – erweckt den **Eindruck,** als seien **Ausländer** wesentlich – beinahe viermal – **stärker kriminalitätsbelastet** als Deutsche.

	Deutsche	Ausländer
Tatverdächtige	1 406 250 = 73,7%	500 548 = 26,3%
Bevölkerungsanteile	61 989 902 = 89,8%	7 017 487 = 10,2%
Tatverdächtigenbelastungsziffer	2269	7133

Tabelle 1: Tatverdächtigenbelastungsziffer nach Deutschen und Ausländern getrennt (nur alte Bundesländer einschließlich Berlin, da im folgenden nur hierfür Vergleichszahlen vorliegen)
(Quelle: *Polizeiliche Kriminalstatistik für das Jahr 2003,* 110)

Diesem Eindruck wollen wir vier Feststellungen entgegenhalten, die die höhere Kriminalitäts- und Verurteilungsbelastung der hiesigen ausländischen Wohnbevölkerung als Zerrbilder der Statistik ausweisen.

I. Statistische Zerrbilder

Die erste Feststellung lautet:
Statistische Vergleiche der Kriminalitätsbelastung von Deutschen und Ausländern sind Zerrbilder der Realität.

Ein erster Aspekt der Unvergleichbarkeit der Kriminalitätsbelastung zwischen Deutschen und Ausländern resultiert daraus, daß bei der Zahl der ausländischen Tatverdächtigen auch die Verstöße gegen das **Ausländer- und Asylverfahrensgesetz** einbezogen sind, die von Deutschen typischerweise nicht begangen werden (vgl. *Lederer,* 2000, 18; *Mansel/G. Albrecht,* 2003, 691 ff.). Die PKS weist für das Jahr 2003 nur 9309 Deutsche mit Verstößen gegen das Ausländer- und Asylverfahrensgesetz aus. Ein Fünftel der registrierten Ausländerdelikte bezieht sich hingegen auf diesen Normbereich.

	Deutsche	Ausländer
Tatverdächtige 2003 ohne Straftaten gegen Ausl.- und Asylverfahrensgesetz	1 561 146 = 77,5%	453 010 = 22,5%
Insoweit bereinigte TVBZ	2518	6455

Tabelle 2: Um Ausländer- und Asylverfahrensgesetz-Verstöße bereinigte Tatverdächtigenstatistik 2003
(Quelle: *Polizeiliche Kriminalstatistik für das Jahr 2003,* 112)

Weitere **Verzerrungen** resultieren daraus, daß bei den ausländischen Tatverdächtigen Touristen, Durchreisende, Stationierungsstreitkräfte und deren Angehörige oder illegal hier lebende Ausländer erfaßt werden, diese Personengruppen jedoch in der Bevölkerungsstatistik **nicht zur Wohnbevölke-**

rung gerechnet werden. Asylbewerber sollen grundsätzlich in der Bevölkerungsstatistik erfaßt sein. Wegen ihrer hohen Fluktuation und der häufig untergetauchten abgelehnten Asylbewerber dürfte jedoch nur ein Teil von ihnen im jeweiligen Bezugsjahr in der Bevölkerungsstatistik (Ausländerzentralregister) enthalten sein. Dies alles führt bei der Berechnung der Tatverdächtigenbelastungszahl zu überhöhten Werten der Ausländer. Von der Gesamtzahl der registrierten Ausländerkriminalität in der Bundesrepublik Deutschland zählen jedoch nur 42,6 % der nichtdeutschen Tatverdächtigen zur Wohnbevölkerung (*PKS*, 2003, Tab. 61; vgl. auch *Mansel/G. Albrecht*, 2003, 680).

Die Tatverdächtigenbelastungsziffer hat sich nach dieser statistischen Bereinigung schon nahezu halbiert: Es liegt, wie ein Datenvergleich in der Polizeilichen Kriminalstatistik suggerieren könnte, keine vierfache, sondern – bereits polizeistatistisch betrachtet – „nur" eine doppelte Verdachtsbelastung der ausländischen Wohnbevölkerung vor. Auf diese Bewertungsprobleme weist aber auch die Polizeiliche Kriminalstatistik in ihren Erläuterungen zutreffend hin (vgl. *PKS*, 2003, 109 ff.); bei der massenmedialen Vermittlung bleiben diese vorsichtigen Mahnungen leider oft ungehört (vgl. *Brüchert*, 2000, 21 ff.).

II. Rudimentäre Gewaltkriminalität

Die zweite Feststellung lautet:
Gewaltkriminalität von Ausländern ist – statistisch betrachtet – rudimentär.

Der in der Öffentlichkeit als besonders bedrohlich wahrgenommene Anteil registrierter **Gewaltkriminalität** bei Ausländern ist **außerordentlich gering** und ist nicht höher als der Anteil der registrierten Gewaltdelikte bei Deutschen. Die Tatverdächtigenbelastungsziffern unterscheiden sich bei den Gewaltdelikten zwar, beziehen sich aber auf **sehr geringe Bevölkerungsanteile** und sind damit untauglich für ethnologisch vergleichende Aussagen.

Ausländische Tatverdächtige 2003 insgesamt	500 548
davon: Gewaltdelikte (Mord, Totschlag, Raub, gef. und schwere Körperverletzung, Vergewaltigung)	50 015 = 10,0% der ausländischen Tatverdächtigen
Tatverdächtige von Gewaltdelikten (TVBZ)	713 = **0,71%** des Bevölkerungsanteils

Mit anderen Worten: Bei **99,29 %** der in der Bundesrepublik Deutschland wohnenden Ausländer (alte Bundesländer einschließlich Berlin) wurde 2003 **kein Gewaltdelikt** polizeilich registriert.

Die entsprechenden Zahlen für deutsche Tatverdächtige lauten:

Deutsche Tatverdächtige 2003 insgesamt	1 406 250
davon: Gewaltdelikte (Mord, Totschlag, Raub, gef. und schwere Körperverletzung, Vergewaltigung)	117 390 = 8,3% der deutschen Tatverdächtigen
Tatverdächtige von Gewaltdelikten (TVBZ)	189 = **0,19%** des Bevölkerungsanteils

Tabelle 3: Vergleich der Gewaltdelikte (relativer und Bevölkerungsanteil) zwischen deutscher und ausländischer Wohnbevölkerung
(Quelle: *Polizeiliche Kriminalstatistik für das Jahr 2003,* T 67 (S. 112) für alte Bundesländer einschließlich Berlin)

Mit anderen Worten: Bei **99,81%** der Deutschen wurde 2003 **kein Gewaltdelikt** polizeilich registriert.

Eine Sonderauszählung der Kriminalitätsbelastung der **Asylbewerber** (vgl. *Albrecht,* 1995, 45) belegt deren geringere Belastung bei den Gewaltdelikten und bei den Rauschgiftdelikten im Vergleich zu den Deutschen. Auch aus der **Polizeilichen Kriminalstatistik** läßt sich ablesen, daß die registrierte Kriminalität der Asylbewerber (2003: 73 573) im wesentlichen durch vier große **Bagatell-Deliktgruppen** bestimmt ist: Diebstahl ohne erschwerende Umstände/zumeist Ladendiebstahl (33,4%), Straftaten gegen das Ausländer- und Asylverfahrensgesetz (25,8%), Betrug (16,1%) und Urkundenfälschung (5,7%). (Quelle: *Polizeiliche Kriminalstatistik für das Jahr 2003,* Tab. 61) (zustimmend *Narr,* 2000, 6 ff.).

III. Geringere Verurteilungsbelastung

Die dritte Feststellung lautet:

Gerichtliche Verurteilungsstatistiken zeigen – anders als die hohe Tatverdachtsbelastung – eine geringere Verurteilungsbelastung der ausländischen Wohnbevölkerung.

Die Zahlen der Strafverfolgungsstatistik zu den **verurteilten** Ausländern zeigen eine gegenüber der Polizeilichen Kriminalstatistik **deutlich verringerte – aber immer noch gegebene – Mehrbelastung der Ausländer.** Zum Beleg wird auf eine Gegenüberstellung der Daten von 1993 Bezug genommen, da die Bevölkerungsanteile der Ausländer in der Bundesrepublik heute nicht mehr vom Statistischen Bundesamt in Wiesbaden für das gesamte Bundesgebiet erfaßt werden. Die bereinigte Verurteilungsziffer (ohne Verurteilte wegen Ausländer- und Asylverfahrensgesetz) betrug 1993 für die deutsche Wohnbevölkerung **1069,** für die ausländische **3793** (vgl. *Strafverfolgungsstatistik,* 1993). Der Abstand zwischen Deutschen und Ausländern liegt zwar auch noch über dem Dreifachen, gegenüber der Tatverdachtsbelastung ist aber die Verurteilungsbelastung der ausländischen Wohnbevölkerung bereits erheblich reduziert.

Neuere sozialwissenschaftliche Untersuchungen bestätigen diesen Trend ungebrochen. Danach sind die Zuwanderer in der Bundesrepublik Deutschland nach wie vor einer erhöhten Kriminalisierungswahrscheinlichkeit ausgesetzt, was sich auch dann bestätigt, wenn die unterschiedliche Alters- und Geschlechtsstruktur berücksichtigt wird. Gemessen am Bevölkerungsanteil werden nach den Forschungsbefunden von *Mansel* und *G. Albrecht* so über die Delikte insgesamt, als auch bei einzelnen Deliktsgruppen doppelt bis dreimal so häufig von der Polizei die Zuwanderer als Tatverdächtige registriert und müssen sich ebenso häufiger vor einem Gericht verantworten als die Einheimischen. Allerdings stellt sich dabei die Situation für die einzelnen Ethnien zum Teil sehr unterschiedlich dar (vgl. näher *Mansel/G. Albrecht,* 2003, 713). Auch diese Autoren bestätigen, daß die Zuwanderer durch die Instanzen der Strafrechtspflege einer von den Einheimischen abweichenden Behandlung unterliegen, wobei das Handeln der staatlichen Kontrollorgane für die Höhe der für die Ausländer ermittelten Kriminalitätsbelastungsziffern mitverantwortlich gemacht wird. Diese aktuellen Forschungsbefunde bestätigen vorangegangene Befunde, wonach „das Ausmaß und der Umfang der Ausländerkriminalität keineswegs ein Phänomen ist, welches ausschließlich am Verhalten der Betroffenen festzumachen ist" (*Mansel/G. Albrecht,* 2003, 714).

Die **Höherbelastung** der ausländischen Wohnbevölkerung in Hinblick auf den polizeilichen **Tatverdacht** kann durch folgende Aspekte mitbedingt sein: Gegen Ausländer richtet sich in höherem Maße der **polizeiliche Verdacht.** Ferner ist offenbar die **Anzeigebereitschaft** der Bürger gegenüber Ausländerdelikten **höher** als bei Deutschen, die mit Straftaten auffallen. Dennoch werden ausländische Tatverdächtige **in geringerem Maße angeklagt** (Tatverdacht bestätigt sich nicht; oder: Flucht ins Ausland, deutsche Gerichte sind unzuständig; Abschiebung).

Für die **Höherbelastung** der ausländischen Wohnbevölkerung im Vergleich zur deutschen Bevölkerung mit strafgerichtlichen **Verurteilungen** können die Befunde des Sonderforschungsbereiches 227 als Erklärung mit herangezogen werden, wonach gerade die Ausländer, die am untersten Rand der Prestige-Hierarchie stehen, in der Justiz nicht unerhebliche Diskriminierungen erfahren. Im Zuge der administrativen Rationalisierung auf staatsanwaltschaftlicher und gerichtlicher Ebene fallen geringere Kommunikations- und Interaktionskompetenzen negativ ins Gewicht (vgl. oben § 19 II 1 e sowie § 25 VI 4 b; vgl. auch *Ludwig-Mayerhofer*, 1990, 170 ff.; 1998, 239 ff.)

IV. Unvergleichbare Sozialdemographie und Sozialstruktur

Eine letzte, vierte Feststellung lautet:

Der zentrale Einwand gegen einen Vergleich der registrierten Kriminalitäts- und Verurteilungsbelastung liegt in den sozialdemographischen und sozialstrukturellen Unterschieden zwischen Deutschen und hier lebenden Ausländern. Diese Unterschiede machen jedweden Vergleich, der sich auf offizielle Kriminalitätsstatistiken beschränkt, illegitim.

Aus der Bevölkerungsstatistik der Bundesrepublik Deutschland ist ersichtlich, daß in der ausländischen Wohnbevölkerung in höherem Maße als in der deutschen Bevölkerung **soziale Gruppen** vertreten sind, die in kriminologischen Untersuchungen als **überdurchschnittlich kriminalitätsbelastet** ausgewiesen werden. Schon die Verteilung der sozio-ökonomischen Merkmale ist nicht vergleichbar: Die Ausländer sind signifikant benachteiligt, wenn man die **Arbeitslosenquote** vergleicht; **Schulausbildung** und **Wohnsituation** sind gegenüber der deutschen Wohnbevölkerung signifikant schlechter (vgl. auch *Pilgram*, 2002, 22).

Darüber hinaus gehen demographische Variablen zu Lasten der ausländischen Wohnbevölkerung. Die Geschlechterverteilung ist überrepräsentiert zu Lasten männlicher Ausländer; Ausländer sind häufiger Großstadtbewohner als Deutsche. Beides sind traditionelle Indikatoren für höhere Kriminalitätsbelastung. Schon deshalb ist der rein statistische Vergleich aus sozialdemographischer und vor allem aus sozialstruktureller Sicht – ohne Korrekturen – nicht legitim.

	Deutsche	Ausländer
Wohnbevölkerung 2003	75 189 851 = 91,10%	7 341 820 = 8,90%
Sozialhilfeempfänger 2003	2 208 916 = 2,9%	618 906 = 8,4%
männlich im Alter von 6 bis 65 (2003)	29 134 300 39 %	3 450 550 47%
Arbeitslosenquote 2002	10,2%	18,9%
Arbeitslosenquote 2003	11%	20,3%

Tabelle 4: Sozialdemographische und sozialstrukturelle Unterschiede zwischen Deutschen und hier lebenden Ausländern

(Quellen: *Angaben des statistischen Bundesamtes, Kaiser* u. a., 1993, 39 f.; *Schwind* u. a., Bd. II 1990, 468; Angaben der Bundesanstalt für Arbeit, 2003; *Isoplan*, Ausländer in Deutschland, Heft 4/99)

Ein Vergleich deutscher und ausländischer Tatverdächtiger bzw. Verurteilter hat demnach vor allem zu berücksichtigen, daß die hier lebenden Ausländer schlechtere sozialstrukturelle Merkmale aufweisen als die deutsche Wohnbevölkerung (soziale Schichtung). Bezieht man den **Vergleich auf ähnlich zusammengesetzte Bevölkerungsgruppen,** so schwindet die höhere Kriminalitätsbelastung der Ausländer. Hierfür sind die sozialwissenschaftlichen Untersuchungsbefunde von *Geißler* und *Marißen* ein Beleg. Ausgewertet wurden die statistischen Zählblätter der Jugendgerichtshilfe Stuttgart für die Jahre 1981 bis 1988 (N = 18028). Kriterium war die Anklagequote der 14–20jährigen. Homogenisiert wurde bezüglich der **sozialen Lage** (Schicht), gemessen am **Schulabschluß.**

Angeklagte in Prozent der Wohnbevölkerung	1985	1986	1987	1988
Ausländer	6,0	6,1	5,9	6,5
Deutsche (unbereinigt)	4,3	3,9	4,1	4,4
Deutsche Vergleichsgruppe mit ähnlicher Sozialstruktur wie Ausländer	6,6	6,0	6,3	6,8

Tabelle 5: Vergleich Deutsche und Ausländer bei Berücksichtigung der sozialen Lage (Schicht) gemessen am Schulabschluß
(Quelle: *Geißler/Marißen,* 1990, 672)

Nach diesen Erhebungen weisen junge Ausländer, die in einer vergleichbaren sozialen Lage wie junge Deutsche leben, eine geringfügig **niedrigere Anklagequote** als deutsche Jugendliche und Heranwachsende auf.

Ein ähnliches Ergebnis zeigte eine Studie des Soziologen *Mansel.* Sekundäranalysen der Polizeilichen Kriminalstatistik bezüglich der unterschiedlichen Kriminalitätsbelastung von jungen Deutschen, Türken und Italienern (14 bis 20jährige) ergaben folgenden Befund: **Homogenisiert** man die unterschiedlichen Gruppen unter Berücksichtigung der **sozialen Schichtung** (durch Korrekturfaktor) und wird dann die Kriminalitätsbelastung der jungen Türken und Italiener der deutschen Vergleichsgruppe gegenübergestellt, so ergibt sich folgendes: Die in einer ähnlichen sozialen Lebenslage befindlichen **Deutschen weisen eine um das 1,5-fache erhöhte Kriminalitätsbelastung** auf (*Mansel,* 1985, 174).

Im Ergebnis heißt das: Eliminiert man die statistischen Verzerrungsfaktoren, kann von einer **höheren Kriminalitätsbelastung** der Wohnbevölkerung aufgrund des Merkmals **„Ausländer"** keine Rede sein. Nicht die unterschiedliche Nationalität, sondern die gemeinsame Benachteiligung in bestimmten Sozialschichten diskriminiert (vgl. *Akpinar,* 2003, 264f.).

Das heißt aber auch: **Kriminalstatistische Daten,** die ohne statistische Bereinigungen und ohne Berücksichtigung sozialstruktureller Gegebenheiten verbreitet werden, sind ein **Diskriminierungsmedium.** Diese Erkenntnis hat sich bei den statistischen Erfassungsstellen bereits zum Teil positiv niedergeschlagen.

Insgesamt können wir also festhalten: Das Thema „Ausländer und Kriminalität" dürfte sich bei differenzierter Betrachtung nicht als kriminalpolitisches Bedrohungsszenarium eignen.

§ 43. Das Phänomen „Organisierte Kriminalität"

Literatur: *Ambos, K.,* Staatsanwaltschaftliche Kontrolle der Polizei, Verpolizeilichung des Ermittlungsverfahrens und organisierte Kriminalität, Jura 2003, 574 ff.; *Albrecht, P.-A./Braum S.,* Defizite europäischer Strafrechtsentwicklung, KritV 1998, 460 ff.; *Braum, S.,* Geschichte der Revision im Strafverfahren von 1877 bis zur Gegenwart. Zugleich eine Kritik der Kontinuität politischer Macht im Recht, 1996; *Busch, H.,* Organisierte Kriminalität. Vom Nutzen eines unklaren Begriffs, Demokratie und Recht 1992, 374 ff.; *Bundeskriminalamt, Lagebild Organisierte Kriminalität,* 2003 (unter: www.bka.de/lageberichte/ ok); *Delmas-Marty, M.* (Hrsg.), Corpus Juris der strafrechtlichen Regelungen zum Schutz der finanziellen Interessen der Europäischen Union, 1998; *Denninger, E.,* Menschenrechte und Staatsaufgaben – ein „europäisches" Thema, JZ 1996, 585 ff.; *Gössner, R.,* Mythos Sicherheit: Der hilflose Schrei nach dem starken Staat, 1995; *Gusy, C.,* Beobachtung Organisierter Kriminalität durch den Verfassungsschutz?, StV 1995, 320 ff.; *Hassemer, W.,* Perspektiven einer neuen Kriminalpolitik, StV 1995, 483 ff.; *Kaiafa-Gbandi, M.,* Europäisches Strafrecht – Die Perspektive des Grundrechtsschutzes nach dem Verfassungsentwurf für Europa, KritV 2004, 3 ff.; *Kinzig, J.,* Die rechtliche Bewältigung von Erscheinungsformen organisierter Kriminalität, 2004; *v. Lampe, K.,* „Organized Crime". Begriff und Theorie organisierter Kriminalität in den USA, 1999; *Müller-Graff, P.-C.,* Europäische Zusammenarbeit in den Bereichen Justiz und Inneres – Funktion, Ausgestaltung und Entwicklungsoptionen des dritten Pfeilers der Europäischen Union, in: Müller-Graff, P.-C. (Hrsg.), Europäische Zusammenarbeit in den Bereichen Justiz und Inneres. Der dritte Pfeiler der Europäischen Union, 1996, 11 ff.; *Nelles, U.,* Europäisierung des Strafverfahrens – Strafprozeßrecht für Europa?, ZStW 97 (1997), 727 ff.

I. Das rechtsstaatliche Strafrecht als Bezugssystem für das normativ Vertretbare

Das Phänomen „Organisierte Kriminalität" zählt zu den bewährten Diskussionsgegenständen der europäischen kriminalpolitischen Debatte. Wie auch immer die Empirie dieses Phänomens sich darstellen mag, ein an **rechtsstaatlichen Prinzipien** orientiertes Straf- und Strafverfahrensrecht ist der **Prüfstein** zur Beurteilung des **normativ Vertretbaren.** Für das **Machbare** dient der aktuellen Kriminalpolitik lediglich das Kriterium der **Effizienz,** freilich ohne empirische Belege. Die Prinzipien des rechtsstaatlichen Strafrechts waren und sind politisch immer gefährdet. Dies ist eine triviale historische Erkenntnis, die nicht erst mit dem Politikkürzel „OK" ihren Anfang nimmt, sondern in der wissenschaftlichen Strafrechtsdiskussion unter dem Stichwort der „Kontinuität" politischer Aushöhlung strafrechtlicher Prinzipien seit langem thematisiert wird. Von der Entstehung des Tatverdachts bis zur Löschung der Strafe im Register muß die strafende Staatsmacht auf die Gegenmacht eines auf unveräußerlichen Prinzipien basierenden, von der Verfassung geschützten Strafrechts treffen (vgl. oben § 9).

Ohne die Positionsbestimmung des rechtsstaatlichen Strafrechts, welches das Produkt quälender historischer Entwicklung, durch Revolution und Aufklärung mühselig erkämpfter Gewaltenteilung, individueller Freiheitssicherung und Ausdruck des Selbstverständnisses demokratischer Staatlichkeit ist, läßt sich Kriminalpolitik politisch und juristisch nicht beurteilen und bewerten. „Moderne Kriminalpolitik" negiert diese Errungenschaften europäischer Aufklärung. Die modernste kriminalpolitische Allzweckwaffe – der Begriff „Organisierte Kriminalität" – bringt das rechtsstaatliche Strafrecht in große Gefahr.

II. Organisierte Kriminalität – Konstruktion und Dekonstruktion eines Begriffs

Der Begriff der Organisierten Kriminalität ist in seinem Inhalt ein polizeilich bestimmter Begriff, der in der deutschen Kriminalpolitik, aber auch in Strafrechtswissenschaft und Rechtsprechung unkritisch rezipiert wird. Die polizeiliche Konstruktion des Begriffs macht zugleich die vorgetragene empirische Grundlage – wie sie sich in Lagebildern und Forschungsberichten des Bundeskriminalamtes darstellt – unbrauchbar. Die Existenz Organisierter Kriminalität soll danach anhand der OK-Definition, mittels eines OK-Erhebungsrasters und unter Zuhilfenahme der polizeilichen Kriminalstatistik nachgewiesen werden. Dabei wird der Begriff als global auftretende Bedrohung hergestellt und aus internationalen Vorbildern abgeleitet.

1. Organisierte Kriminalität: eine abstrakte Bedrohungsvokabel

Die deutsche Diskussion versucht an US-amerikanischen Vorbildern anzuknüpfen. Diese Vorbilder haben den real historischen Hintergrund der Prohibition in der US-amerikanischen Geschichte der zwanziger Jahre, aber auch die sozial, politisch und national spezifizierten Gebilde der italienischen Mafia, Cosa Nostra etc. werden – ihrer Inhalte entkleidet – in Beschlag genommen.

In Studien über die Zeit der Prohibition in den USA wird deutlich, daß der Begriff „Organisierte Kriminalität" als Instrument von Zuschreibungsprozessen dient, an deren Ende die Stigmatisierung ethnischer Gruppen steht. Mafia und Cosa-Nostra sind Synonyme für abgeschlossene Gruppierungen; reduziert auf „bestimmte Strukturformen und Deliktsbereiche", vor allem solche, die in Zusammenhang mit der Prohibition kriminalisierte, aber gleichwohl nachgefragte Güter und Dienstleistungen implizierten (*v. Lampe*, 1999, 54, 92). Diese Synonyme dienen gleichzeitig der Suggestion, die kriminalisierten Verhaltensweisen stünden außerhalb der Gesellschaft. Geschaffen werden Trugbilder einer scheinbaren Antinomie von legalem und illegalem Verhalten, von guten Bürgern innerhalb einer Gesellschaft und Bösewichten weit jenseits ihrer Grenzen: Unterwelt als Oberbegriff steht für Obskurität, weckt den Eindruck von Bedrohungspotential, das sich gegen die Gesellschaft richtet, diese durch Verbrechen, Korruption etc. unterwandernd. Auf diesen Begriff wird die Bekämpfungsstrategie des Staates fundiert, wird die Aufrüstung der Innenpolitik nachhaltig betrieben (*v. Lampe*, 1999, 68 ff.).

Diese innenpolitische Aufrüstung und die Vermittlung von law and order waren in den USA stets wahlstrategische Nagelproben für machtbewußte Politiker, die die Position eines Gouverneurs, Senators, Präsidenten anstrebten. Mittlerweile sind die Vorstellungen von „organized crime", wonach kriminelle, vorwiegend aus italienischen Männern bestehende Kartelle die Großstädte des Landes dominieren, von großen Teilen der wissenschaftlichen Literatur aufgegeben worden (*Busch*, 1992, 375). Trotz aller Aufrüstung bleiben Drogenhandel und Korruption in den USA als soziale Problemlagen bestehen. Die deutsche und europäische Kriminalpolitik haben die OK-Terminologie der US-amerikanischen Diskussion rezipiert, freilich ohne jedwede historische, politische und soziale Verankerung. Das Kürzel OK fungiert ausschließlich als abstrakte Bedrohungsvokabel und kriminalpolitisches Modewort.

2. „OK": Hypothese und Tautologie

Das Vorhandensein organisierter Kriminalität nachzuweisen wird durchaus als Problem erkannt (*Hassemer*, 1995, 487). Was der Begriff umfassen soll, welche Tragweite er aufweist, bleibt schon terminologisch nebulös. Gesprochen wird von einem „komplexen Kriminalitätsphänomen". Beklagt wird zum Beispiel vom BKA, daß sich Organisierte Kriminalität „nicht offen" darstelle und daß gesicherte Prognosen über die weitere Entwicklung des Kriminalitätsphänomens nicht getroffen werden könnten (*BKA*, 2003).

a) OK als Arbeitshypothese einer sich selbst erfüllenden Prophezeiung

Untersucht wird ein Gegenstand, der zunächst einmal definiert werden mußte. Organisierte Kriminalität ist eine Arbeitshypothese, deren Nachweis erst geführt werden muß. Bezeichnend hierfür ist es, wenn das BKA im Zusammenhang mit dem Begriff von „Kontrollkriminalität" spricht. Gemeint ist damit, daß das Erkennen der Kriminalität mit dem Ausmaß und der Intensität der strafrechtlichen Ermittlungen korreliert (*BKA*, ebd.). Was also als „OK" angesehen werden kann, ergibt sich erst durch die Beschaffung von Informationen. Informationserhebung aber kann nur durch erweiterte Ermittlungsbefugnisse gelingen. Um die Existenz von OK empirisch zu erhärten, bedarf es der Entformalisierung und Ausdehnung des Strafrechts.

Das Kriminaljustizsystem wird damit zum Instrument einer absurden, weil tautologischen Erhebung: je weniger man findet, umso stärker wird der Druck auf die Strafrechtsordnung, die vorhandene Hypothese des organisierten Verbrechens unter Beweis stellen zu müssen. Nichts wäre schlimmer als das Eingeständnis, daß die politische Begründung für die Abschaffung rechtsstaatlicher Prinzipien ohne die suggerierte empirische Grundlage bleibt. Die Hypothese dient als Begründung von Strafrechtseingriffen, in der rational unbegründeten Hoffnung, daß sie sich schon als richtig herausstellen werde. Organisierte Kriminalität hat den Charakter einer sich selbst erfüllenden Prophezeiung. So leichtfertig wird das rechtsstaatliche Strafrecht politisch gelenkten Erkenntnisinteressen untergeordnet.

Als **empirische Begründung** nachgerade hilflos wirkt die BKA-Aussage, daß die **seit 1991** bearbeiteten **5669 Ermittlungsverfahren** eindeutig das Vorhandensein Organisierter Kriminalität belegten (*BKA*, 2003). So vermochte das Trichtermodell strafrechtlicher Verarbeitung abweichenden Verhaltens zu verdeutlichen, daß das Kriminaljustizsystem einen Großteil seiner Verfahren noch vor dem Urteil erledigt. Der Beginn eines Ermittlungsverfahrens kann vielleicht belegen, daß die Ermittlungsbehörde bei der Erforschung eines inkriminierten Verhaltens aktiv war, nicht aber den Kriminalitätsgehalt des erforschten Sachverhalts selbst.

b) Formale Definitionen mangelnder Fundierung

Der Ausgangspunkt empirischer Auseinandersetzung mit der organisierten Kriminalität bildet die in den Richtlinien für das Straf- und Bußgeldverfahren (RiStBV) enthaltene **Definition von „OK"** (Anlage E 2.1 RiStBV):

„Organisierte Kriminalität ist die von Gewinn- oder Machtstreben bestimmte planmäßige Begehung von Straftaten, die einzeln oder in ihrer Gesamtheit von erheblicher Bedeutung sind, wenn mehr als zwei Beteiligte auf längere oder unbestimmte Dauer arbeitsteilig

a) unter Verwendung gewerblicher oder geschäftsähnlicher Strukturen,

b) unter Anwendung von Gewalt oder anderer zur Einschüchterung geeigneter Mittel oder

c) unter Einflußnahme auf Politik, Medien, öffentliche Verwaltung, Justiz oder Wirtschaft zusammenwirken.

Der Begriff erfaßt nicht Straftaten des Terrorismus."

Diese Definition ist vage, weil sie den Begriffsgegenstand nicht von tradierten Kriminalitätsformen trennscharf abheben kann. Kriterien wie Gewinn- oder Machtstreben, arbeitsteiliges Vorgehen, Gewaltanwendung, Straftaten von erheblicher Bedeutung kennzeichnen jede komplexe und professionell durchgeführte Straftat, in der Haupttäter und Teilnehmer zu verzeichnen sind (vgl. *Ambos*, 2003, 678 f.).

Die **Ordnungsmerkmale**, die zur Einstufung einer Tat als einer mit OK-Bezug dienen sollen, sind nicht weniger problematisch. Hier ist die Rede von präziser Planung, qualifizierter Tatdurchführung, starker Profitorientierung und konspirativem Täterverhalten (Anlage zu Anlage E, RiStBV). All dies mögen Begleitumstände bekannter Tatbestände – wie Diebstahl, Betrug, vielleicht sogar Raub – sein. Warum hierin

Bestandteile eines besonders bedrohlichen und daher den Abbau rechtsstaatlicher Garantien erforderlich machenden Phänomens liegen sollen, bleibt empirisch unbegründet.

Diese **mangelnde Fundierung** des Begriffs „**Organisierte Kriminalität**" kommt in Anlage E 2.2 der RiStBV zum Ausdruck, wenn es heißt, daß die Erscheinungsformen der Organisierten Kriminalität vielgestaltig seien. So belegen auch neuere Untersuchungen, daß „Organisierte Kriminalität" kein „konstantes, in sich geschlossenes Phänomen ist, sondern vielfältige Aspekte der Wirklichkeit umfaßt, die in unterschiedlichen Konstellationen auftreten und von konkreten sozialen, kulturellen, wirtschaftlichen und politischen Bedingungen abhängig sind. So besteht wenig Aussicht, ein wissenschaftlich fundiertes Konzept zur Erfassung und Erklärung von „organized crime" entwickeln zu können (*v. Lampe*, 1999, 345).

c) OK als Surrogatsbegriff

Worin also soll das Spezifikum der „Organisierten Kriminalität" liegen? Die Antwort ist knapp, aber unbefriedigend: Organisierte Kriminalität ist der **Surrogatsbegriff** für als bedrohlich empfundene Strukturen in Wirtschaft und Gesellschaft, die politischen Zugriffen schwer zugänglich und somit die Stabilität der politischen Ordnung selbst zu destabilisieren imstande sind.

Am **Beispiel der Wirtschaftskriminalität** läßt sich dies veranschaulichen: Die in den letzten Jahren inkriminierten und verschärften Tatbestände des Wirtschaftsstrafrechts – weitere Verschärfungen im Bereich der Korruption sind geplant – stellen das Gros derjenigen Straftaten dar, welche als Hauptfelder der „OK" angesehen werden. Subventions- und Kapitalanlagebetrug, Geldwäsche, Verbot des Insiderhandels sind Kriminalisierungen wirtschaftlicher Verhaltensweisen, die das Vertrauen in die moralische Integrität sozialer Marktwirtschaft sichern sollen. Die hinter den Kriminalisierungen verborgenen Wirtschaftsverläufe sind komplex, politisch schwer zu regulieren. Bedroht ist die Wirtschaftsordnung als Ganzes, in der sich unlautere Methoden der Gewinnoptimierung durchsetzen können. Hinzu tritt, daß das Verschieben von Diebesgut ins Ausland, die Förderung illegaler Prostitution usw., auch möglicherweise die Korruption von Staatsbeamten zur Begleitung haben. Die Gefahr wird damit letztlich nicht in kriminellen Handlungen, also in individuell zurechenbaren Taten gesehen, sondern in der Möglichkeit, wirtschaftliche und politische Entscheidungsprozesse durch gewonnenes und sich vermehrendes Kapital zu beeinflussen (*Gusy*, 1995, 320ff.).

Legt man diese ökonomischen und politischen Strukturen zugrunde, wird die gesamte **Unschärfe** des Begriffes der Organisierten Kriminalität nochmals deutlich. Die Grenzen zwischen abweichendem und normkonformem Verhalten sind gerade auf dem Unternehmenssektor fließend. Wenn man Kartellabsprachen und Korruptionsaffären der letzten Jahre betrachtet, stellt man fest, daß es völlig legale Unternehmen waren, die zu verbotenen ökonomischen Mitteln gegriffen haben. Im Kriminaljustizsystem kommt fast niemand auf den Gedanken, hier von Organisierter Kriminalität zu sprechen. Dieser Begriff taugt nicht für eine auch nur annähernde Beschreibung der Strukturprobleme, die er erfassen soll. Er reduziert vielmehr bewußt deren Komplexität (*Gössner*, 1995, 67ff.). Seine Verwendung entbindet von der Verantwortung, als risikobehaftet erkannte Strukturen politisch, d.h. unter demokratischem Diskurs und Handeln zu reformieren. Der kriminalpolitisch vorherrschende Bedeutungsinhalt des Kürzels „OK" lenkt somit von den realen Strukturproblemen in Gesellschaft und Ökonomie ab. In einer neueren Übersichtsarbeit kommt *Kinzig* bei der Betrachtung zahlreicher Charakteristika, die er in Verfahren Organisierter Kriminalität aufzeigt, zu dem Ergebnis, daß es „eher angebracht [erscheint], schlicht von „schwer ermittelbarer Kriminalität" zu sprechen …" (*Kinzig*, 2004, 779).

3. Gegenbilder des liberalen Strafrechts – Begriffsphänomene autoritärer Kriminalpolitik in historischer Sicht

Dieser aktuelle kriminalpolitische Zustand ist nicht neu. Der Begriff der Organisierten Kriminalität steht in der Kontinuität von Begriffen, die Staat, Gesellschaft, Politik und Rechtsprechung als Hebel gebraucht haben, um die Idee des rechtsstaatlichen Strafrechts, die in der Ausgewogenheit von gesetzlich gesicherter Freiheit und Effizienz bestand, schrittweise aus den Angeln zu heben. Es sind drei Elemente, die die Bedeutung dieser Begriffe kennzeichnen:

(1) Zum einen werden gesellschaftliche Problemlagen, die einer politischen Lösung harren, strafrechtlich übersetzt, indem man Rechtsgüter schafft, deren Inhalt in Verkürzungen des Problems selbst besteht.

(2) Das Rechtsgut korrespondiert zum anderen mit Personen, die als bedrohlich für seine Existenz gelten.

(3) Letztlich: Bedrohtes Rechtsgut und bedrohende Person verlangen – aus Sicht der Politik – nach Maßnahmen, die sich theoretisch mit Ausprägungen staats- und strafrechtlicher Präventionsbegründung zu legitimieren versuchen.

Im einzelnen und genauer: Die Strafrechtswissenschaft hat sich mit dem Marburger Programm *von Liszts* einer empirischen Begründung der Strafe zugewandt. Mit dieser empirischen Legitimation verbunden war die Suche nach den äußeren Merkmalen des Täters, seinen psychischen Strukturen, d.h. die vollständige Durchdringung seiner Person. Empirie beinhaltete die Klassifizierung des Täters. Leitlinie der Klassifizierung war das Rechtsgut, das der Täter verletzt hatte. Es ging um den Dieb, den Betrüger, den Mörder.

Auf diese strafrechtlich begrenzte Personalisierung abweichenden Verhaltens folgten schon im **Kaiserreich,** dann aber jedenfalls in der **Weimarer Republik** weitere **Typisierungen** von Personen, die als politische oder ökonomische Risiken begriffen wurden. Im Kaiserreich ging es noch um den gemeingefährlichen Sozialdemokraten, in Weimar dann um den Republikfeind, den Wucherer, den Inflationsgewinnler. Parallel dazu entwickelten sich mit dem Schutz der Republik und der Wirtschaftsordnung neue Rechtsgüter. Die Entwicklung von Tätertypen und die Definition struktureller Problemlagen, denen strafrechtlich begegnet werden sollte, waren miteinander verschränkt. So wurden in Anbetracht der ersten, ökonomisch schwerwiegenden Krise Weimars im Jahre 1923 die Tatbestände des Wuchers und – im Nebenstrafrecht – der Preistreiberei und des sogenannten „Kettenhandels" eingeführt. Beide Tatbestände verweisen auf inflationär bedingte Wirtschaftsmechanismen, die einzelne Personen zur Gewinnoptimierung nutzten (*Braum*, 1996, 126). Zeitgleich mit den Entgrenzungen des materiellen Strafrechts ergab sich die Einrichtung von Sondergerichten und die Verkürzung des Rechtsmittelweges durch die Lex-Emminger. Die kriminalpolitischen Protagonisten sahen Handlungsbedarf, um einer verunsicherten Bevölkerung gegenüber den Beweis der Ordnungskompetenz antreten zu können. Präventionstheoretisch wurden Strafrechtsverschärfung und der Abbau strafprozessualer Garantien mit dem **Topos vom Vertrauen des Bürgers** in die Rechtsordnung des Weimarer Staates begründet (*Braum,* 1996, 108). In den politischen Debatten war eine unreflektierte Gemengelage generalpräventiver Vorstellungen zu beobachten. Mit der Strafgesetzerweiterung sollten abschreckende Wirkungen erzielt werden, die ihrerseits die Normgeltung scheinbar bekräftigten.

Die gleichen theoretischen Zusammenhänge gelten für die **Republikschutzgesetzgebung.** Kriminalisiert wird die Teilnahme an einer staatsfeindlichen Verbindung, das öffentliche Beleidigen von Repräsentanten der Republik, geschaffen wird ein Staatsgerichtshof, der für die Aburteilung dieser Taten sachlich zuständig ist (vgl. Erstes Gesetz zum Schutz der Republik vom 21. Juli 1922). Kompetenzen des Reichsgerichts im Rechtsmittelzug werden auf die Oberlandesgerichte verlagert mit der Folge, daß die Wege rechtlichen Gehörs für den verurteilten Angeklagten verkürzt werden.

Kurz: Im Kaiserreich, vor allem aber in Weimar bilden sich Tätertypen heraus. Der Tätertypus ist ein Element staatlicher Reaktion im Umgang mit strukturellen Problemlagen. Er dient einer konkret-individuellen Personalisierung dieser Problemlagen. Er wird empirisch unter dem Gebot des folgenorientierten Strafrechts begründet und hat die Verschärfung des Strafrechts in seinem Rücken. Der Topos vom Vertrauen des Bürgers in die Rechtsordnung sichert die Kriminalisierung der Tätertypen präventionstheoretisch und gesellschaftspolitisch ab. Der Tätertyp wird in den zwanziger Jahren dieses Jahrhunderts zu einem politischen Begriff. Machtpolitisch opportune Strafrechtswissenschaft macht ihn sich zu eigen.

Der Tätertypus entwickelt sich weiter in die Figur des **gefährlichen Gewohnheitsverbrechers.** Sie verkörpert einen Täter, der zu seiner Tat durch die Betätigung seiner bösen Gesinnung kam. Die Figur erlaubt all das, was der autoritären NS-Herrschaft politisch unerwünscht war, über die neu entstandene Spur des Maßregelvollzuges wegzusperren, abzusondern. Untersuchungen zum gefährlichen Gewohnheitsverbrecher sind scheinbar um Tatsachen bemüht. Sie setzen sich mit körperlichen Merkmalen, ethnischer Herkunft und Gesinnungscharakteristika auseinander. Sie sind empirisch absurd und verdecken, daß mit dem Gewohnheitsverbrecher eine mythische Figur geschaffen wurde, die den NS-Staat bürgerlich-autoritären Politik- und Wissenschaftsansätzen akzeptabel machen und die vollständige Abschaffung des zuvor schon durchlöcherten rechtsstaatlichen Strafrechts begründen sollte. Der Gewohnheitsverbrecher beschreibt kein sozial existentes Phänomen, sondern personifiziert den **gedachten Feind** des politischen Systems. Die Gefährlichkeit des Gewohnheitsverbrechers resultiert im Gedankensystem des NS-Staats nicht aus der Tat allein, sondern aus seiner vermeintlich gegen den Staat gerichteten inneren Haltung. Im Unterschied zum Denken in Tätertypen ist die Figur des gefährlichen Gewohnheitsverbrechers nicht mehr konkret, sondern abstrakt als Kulminationspunkt allen systemfeindlichen Verhaltens ausgestaltet. Der gefährliche Gewohnheitsverbrecher wird durch seinen Ausgrenzungscharakter zugleich zum integrierenden und stabilisierenden Element politischer Herrschaft.

In der **deutschen Nachkriegsgeschichte** werden gesellschaftliche Problemstrukturen nicht länger personalisiert, dafür aber auf eine allgemeine Bedrohungsebene gehoben. Die Organisierte Kriminalität ist die Verkleidung für unbekannte Strukturen, der Bezugspunkt für ungenaues Wissen. Als Synonym für demokratische Reformunfähigkeit täuscht er politische Gestaltung bloß vor. Organisierte Kriminalität ist eine **historisch gewachsene Ausrede** der Politik, die es ermöglicht, die eigentlichen problembehafteten Strukturen einer Gesellschaft ungelöst zu belassen und dennoch den Kampf um Ordnungskompetenz gewinnen zu können.

III. Die Bedeutung der „Organisierten Kriminalität" für Entwicklungen europäischer Innenpolitik

1. „Organisierte Kriminalität" und „Innere Sicherheit" als Formeln der Innenpolitik

Auch wenn man von gesamteuropäischer Innenpolitik spricht, trifft man unvermeidlich auf den Topos der „Organisierten Kriminalität". Mit diesem Topos wird zugleich die Formel der „inneren Sicherheit" auf die europapolitische Tagesordnung gesetzt. Man glaubt zu erkennen, daß abweichendes Verhalten zunehmend grenzüberschreitend wirkt und daß Abweichung und Grenzüberschreitung in organisierter Form erfolgen. Die Mitgliedstaaten der Union versuchen, Vorschriften und Institutionen zu schaffen, mit denen eine über den Nationalstaat hinausgehende soziale Kontrolle abweichenden Verhaltens verbunden zu sein scheint. Das Vertragswerk von Schengen und die Einrichtung von Europol stehen für das Bemühen, soziale Kontrolle zugunsten ihrer polizeilich formalisierten Formen zu verschärfen (*Nelles,* 1997, 735ff.). Die Diskussionen in der Europäischen Kommission, im Europäischen Parlament sowie im Wirtschafts- und Sozialausschuß der EU belegen die Bedeutsamkeit, die den Topoi „Organisierte Kriminalität" und „Innere Sicherheit" beigemessen wird (vgl. *Albrecht/ Braum,* 1998, 477). Beide Topoi dienen als Legitimationsformeln europäischer Innenpolitik, welche ein massives und dynamisches Programm der Kontrollverlagerung von der nationalstaatlichen auf die europäische Ebene zum Gegenstand hat (vgl. *Kaiafa-Gbandi,* 2004, 4ff.).

2. „Organisierte Kriminalität": Abstrakte Bedrohungsvokabel des europäischen Wirtschaftsstrafrechts

Organisierte Kriminalität als Gegenstand europäischer Rechtspolitik verbindet sich mit den Sanktionstatbeständen und ihren Merkmalen, wie sie durch die bürokratische Organisation ökonomischer Interessen hervorgebracht wurden. Der Begriff der „Unregelmäßigkeit" wird als Synonym für „Betrug" gebraucht und umgekehrt. Betrug zum Nachteil der Gemeinschaft meint keinen Tatbestand mit einer Täuschungshandlung, mit einem Irrtum, einer Vermögensverfügung und einem Vermögensschaden, sondern umfaßt jedwedes **interessenwidrige Verhalten zu Lasten des Gemeinschaftshaushaltes.** Steuerhinterziehung, Untreue oder veruntreuende Unterschlagung werden ebenfalls unter den Begriff des Betruges subsumiert (vgl. die Hinweise bei *Müller-Graff,* 1996, 17). Betrug fungiert lediglich als allgemeiner Begriff für abweichendes Verhalten, das als „Wirtschaftskriminalität" verstanden wird. Auch diese ist dem innenpolitischen Verdacht ausgesetzt, „organisiert" zu sein. Dies hat formelle und materielle Folgen.

a) Formelle Folgen

Rechtspolitische Ziele werden auf der ungenauen Basis europäischer Ermächtigungsnormen formuliert. Es sollen die „große Wirtschaftsdelinquenz", der „transnationale Betrug" und die „schlimmsten Unregelmäßigkeiten" die gemeinsame Rechts- und Innenpolitik maßgeblich bestimmen (*Albrecht/Braum,* 1998, 467f.). Solche Wertungsbegriffe obliegen der Definitionsmacht derer, die an der Ausdehnung der überwachenden und sanktionierenden Sozialkontrolle politisch interessiert sind.

b) Materielle Folgen

In den Motiven europäischer Rechtsakte wird darauf hingewiesen, daß mit der vermuteten Organisiertheit ökonomisch interessenwidrigen Verhaltens auch erhöhte Gefahren für das Vermögen der Gemeinschaft bestehen. Dieser Gefahr soll begegnet werden, indem man Tatbestandshandlungen erweitert und auf die präzise Beschreibung von Rechtsgutsverletzungen verzichtet.

Der verwaltungsakzessorische **Tatbestand der Unregelmäßigkeit** bietet ein Beispiel (*Albrecht/Braum*, 1998, 474). Hier soll es genügen, wenn der Verstoß gegen ein Verhaltensgebot einen Schaden „bewirkt haben würde" (vgl. Art. 1 Abs. 2 EU-Verordnung Nr. 2988/95, ABl. Nr. L 312/2 vom 23. 12. 1995). Dahinter steckt nicht bloße Nichtvollendung des Tatbestandes, so daß mit der verunglückten Formulierung eine bloße Strafbarkeit des Versuchs statuiert würde. Vielmehr liegt es aufgrund des gesetzgeberischen Willens nahe, daß die verwendeten Merkmale hypothetisch Kausales beinhalten sollen: Wenn – so will es der Gesetzgeber wohl sagen – die gemeinschaftsrechtswidrige Handlung bei ungestörtem Ablauf einen Schaden zu Lasten des Gemeinschaftshaushaltes bewirkt hätte, wenn also eine Gefahr für Gemeinschaftsvermögen bestand, dann ist der Tatbestand der Unregelmäßigkeit als erfüllt anzusehen.

Im Übereinkommen zum Schutz finanzieller Interessen der Gemeinschaft (ABl. Nr. C 316/94 vom 27. 11. 1995) wird gleichfalls die **gemeinschaftsrechtswidrige Erlangung von Mitteln aus dem EU-Haushalt** kriminalisiert. Kommt es dort noch darauf an, daß diese Mittel wirklich erlangt wurden (Art. 1 Abs. 1 lit. a), soll es nach dem im sogenannten *„Corpus Iuris"* gemachten Vorschlag zur Schaffung eines Betrugstatbestandes ausreichen, daß das gemeinschaftsrechtswidrige Verhalten eine Gefahr für die Finanzen des EU-Haushalts darstellt (*Delmas-Marty*, 1998, 46).

In der europäischen Strafrechtsentwicklung droht das abstrakte Gefährdungsdelikt zur Regel, das an Schaden und Freiheitsverletzung orientierte Strafrecht zur Ausnahme zu werden. Die sich **europaweit** abzeichnende **Vorherrschaft** des **abstrakten Gefährdungsdelikts** entspricht der kriminologischen Unaufgeklärtheit bezüglich des Gegenstandes, den der Begriff der „Organisierten Kriminalität" beschreiben soll. Was als etwas Verborgenes, Geheimes verstanden wird, entzieht sich den Kriterien, die das klassische freiheitssichernde Strafrecht der Aufklärung noch prägte und bringt Tatbestandsvoraussetzungen hervor, die auf das ungenau Bestimmte ebenso ungenau und nicht vorhersehbar angewandt werden sollen. Organisierte Kriminalität als „abstrakte Bedrohungsvokabel" beherrscht die Normgenese und die wissenschaftliche Diskussion des europäischen Strafrechts.

3. „Organisierte Kriminalität" als Rechtsbegriff des Amsterdamer Vertrages

Im Vertrag von Amsterdam wird die „Organisierte Kriminalität" zu einem Rechtsbegriff erhoben. Sie ist Normmerkmal der Ermächtigungsgrundlage der Art. 34, 31e EUV. Sie bildet ein Normmerkmal, das sich einer rationalen, inhaltlich bestimmbaren Auslegung entzieht. Im Europäischen Parlament wird das Fehlen einer verbindlichen Definition gerügt (vgl. EP-Dokument 223 427/endg. S. 9, Rn. 16).

Auf europäischer Ebene vorhandene Definitionen (ebd., Rn. 17) weisen die bekannten Probleme auf: Die Abgrenzung zu dem „normalen" abweichenden Verhalten gelingt nicht trennscharf; die Komplexität der Problemfelder, in denen Organisierte Kriminalität scheinbar vorherrscht, wird unzulässig reduziert. OK ist ein kriminalpolitisches Modewort, ihre scheinrationale Empirie orientiert sich an US-amerikanischen Vorbildern, deren Rezeption für europäische Verhältnisse ohne eine reale gesellschaftspolitische Verankerung bleibt.

Mit dem **begrifflichen Nichts** der zum Rechtsbegriff überhöhten „Organisierten Kriminalität" wird für den **Normanwender alles möglich.** Wirtschaftsstraftaten, das Umweltstrafrecht, Delikte gegen die sexuelle Selbstbestimmung, Betrug, Unterschlagung und Diebstahl gelten als Betätigungsfelder des „organisierten" abweichenden Verhaltens. Mit dem Rechtsbegriff der „Organisierten Kriminalität" kann sich die Europäische Union die Befugnis verschaffen, im Wege der unionsvertraglichen Zusammenarbeit durch verbindliche, mittelbar wirksam werdende Rechtsakte – Rahmenbeschlüsse und Übereinkommen – das nationale Strafrecht zu beeinflussen und nachhaltig umzugestalten. So droht der europäische Integrationsprozeß, dem nationalen Gesetzgeber die Gesetzgebungskompetenz im Bereich des Strafrechts zu entziehen. Dieser Entzug vollzieht sich auf der Grundlage europarechtlicher Ermächtigungsnormen mit unbestimmbarem Inhalt. Die Prinzipien der Gesetzlichkeit und der Demokratie sind verletzt (vgl. *Kaiafa-Gbandi,* 2004, 6 f.).

IV. Funktionen des OK-Phänomens

Empirisch unbegründet und mit antiliberalen Tendenzen versehen, erhält der Begriff der organisierten Kriminalität seine Legitimation durch die machtpolitischen Interessen derer, die ihn verwenden und rezipieren. Die Begriffsinteressenten und -rezipienten finden sich in Polizei, Justiz und Politik.

1. Polizeiliche Interessen

Diese werden deutlich an dem Erfolg, den der Begriff für die Machtstellung der Polizei innerhalb des Kriminaljustizsystems bedeutet. Die Polizei mobilisiert – organisationstheoretisch durchaus plausibel – Ressourcen, die ihr ansonsten kaum zur Verfügung gestellt werden. Der Haushaltsgesetzgeber kann sich den Forderungen, Organisierte Kriminalität zu bekämpfen, kaum entziehen. Der Preis ist – wie ehemals bei der RAF-Bekämpfung – die Umschichtung von Sach- und Personalmitteln innerhalb der Polizei und zwar zu Lasten der Sektoren, die sich den „modernen" Anforderungen der Kriminalitätsbekämpfung nicht zu stellen haben. Der Streifenpolizist und der Polizist auf der Wache nutzen nach wie vor die antiquierten Instrumente, die man einer aufgeschreckten Öffentlichkeit besser nicht präsentiert, damit die Vertrauensverluste in die Apparate der öffentlichen Sicherheit nicht allzu groß werden. *Kinzig* resümiert seine Überlegungen zum Verhältnis von Polizei und Organisierter Kriminalität dahin, daß auf normativer Ebene Reformen, „deren Notwendigkeit mit dem Erfordernis einer effektiven Bekämpfung Organisierter Kriminalität begründet wurden, zu einer Verschleifung von Polizei und Strafprozeßrecht bei gleichzeitigem Machtzuwachs der Polizei zu Lasten der Staatsanwaltschaft" (*Kinzig,* 2004, 788) zu erkennen ist. Er sieht in dem Normengeflecht zur Bekämpfung von OK sogar ein „Kennzeichen eines neuen Ermittlungs- und Strafverfahrens" (*Kinzig,* 2004, 792), wobei Gesetzesänderungen vermehrt zu Erosionen rechtsstaatlicher Sicherungen im Verfassungs-, Strafprozeß-, Strafvollstreckungs- und Strafvollzugsrecht führen.

2. Juristische Interessen

Dem Kriminaljustizsystem liefert der Begriff der Organisierten Kriminalität die Legitimation, das Strafverfahren von angeblich komplizierenden und verfahrensbehindernden, normativen Elementen zu bereinigen. Dies wird vornehm unter dem Aspekt **der Funktionstüchtigkeit der Strafrechtspflege** diskutiert und judiziert. Diverse Gesetzesreformen der jüngsten Zeit haben das Ermittlungsverfahren zu einem Geheimverfahren umgestaltet, unbeteiligte Dritte in einem bisher ungekannten Ausmaß dem staatlichen Ermittlungsapparat ausgeliefert und insgesamt Grundrechte ausgehöhlt (vgl. im einzelnen oben § 15). Das Strafverfahren verkümmert zu einem Produkt exekutivischer Allmacht.

3. Politische Interessen

Die Politik hält Ausschau nach Kommunikationsmedien. Wahlen werden mit Klischees gewonnen, Differenziertheit stört bei der Kommunikation zwischen Parteien und Wählern. Komplizierte Sachverhalte zu vermitteln, wird trotz der Zunahme an Informationsmöglichkeiten immer schwieriger. Sind Klischees aus Realität und Kulturindustrie erst einmal durch die veröffentlichte Meinung eingeführt, werden sie für die Politik hochattraktiv. OK wird zu einem vorrangigen Wahlkampfthema, und es entsteht ein parteipolitisches Wettrennen um die subtilsten Bekämpfungsstrategien. Den Preis zahlt die Rechtskultur, durch Vernichtung freiheitssichernder Rechtsprinzipien.

Dies setzt sich bereits auf europäischer Ebene fort. Mit dem Vertrag von Amsterdam hält ein empirisch unsicher bestimmtes Phänomen der Kriminalpolitik Einzug in die Anwendung des europäischen Rechts. Die abstrakte Modevokabel „OK" steuert auch den europäischen Einfluß auf das nationale Strafrecht. Außerhalb der nationalen Strafrechtsordnung wird ein strafrechtlich relevanter Faktor gesetzt, der von Prinzipien des rechtsstaatlichen Strafrechts – Gesetzlichkeit, Legalität, Schuld, Wahrung von Grundrechten – Abschied nimmt und sich an exekutivischen Interessen staatlicher Neuorganisation orientiert. „Organisierte Kriminalität" beschreibt jenen Feind im Inneren Europas, um den herum Grenzen der Freiheit neu errichtet werden.

In der deutschen Strafrechtsgeschichte hat es immer solche Begriffe gegeben, die geeignet waren, die Freiheiten des klassischen, eng begrenzten Kernstrafrechts zu suspendieren, die langfristig diese Freiheiten vernichteten. Dabei betrafen diese Begriffe immer typisierte Feindbilder, anhand deren sich staatliche Ordnung vermeintlich erproben mußte. Die irreale Bedrohung durch den „Feind" wurde bald zur realen Bedrohung durch den Staat, der bürokratisch-rational seine Macht in der Auseinandersetzung mit dem scheinbar Unvernünftigen beständig erweiterte.

Aktuelle Ansätze eines „Europäischen Strafrechts" fungieren als eine **neue, internationale Strafrechtsspur,** welche die Erosionen des nationalen Strafrechts stärkt und die noch vorhandenen Verankerungen in Demokratie- und Gesetzlichkeitsprinzip aufzulösen droht (*Albrecht/Braum*, 1998, 481). So unaufhaltsam die europäische Integration voranschreitet, so notwendig wird es sein, Grund- und Freiheitsrechte im „Europäischen Strafrecht" einzuklagen (*Denninger*, 1996, 585 ff.). Strafrecht setzt demokratische Verfaßtheit voraus. Vor dem Hintergrund der kriminalpolitischen Bedrohungsszenarien, die die permanenten Wahlkämpfe der Parteien tragen, wird sich ein europäisches Strafrecht, das sich der Tradition rechtsstaatlicher Prinzipien verpflichtet fühlt, nicht entwickeln können.

§ 44. Das Phänomen „Terrorismus"

Literatur: *Arnold, J.,* Der Einfluss des BVerfG auf das nationale Straf- und Strafverfahrensrecht, StraFo 2004, 402 ff.; *ders.,* Teil II, StraFo 2005, 2 ff.; *Barak, A.,* The Supreme Court and the Problem of Terrorism, in: Judgements of the Israel Supreme Court: Fighting Terrorism within the Law, 2005, S. 9 ff.; *Beste, H.,* Die Anschläge des 11. September in sozialwissenschaftlicher Rezeption, Krim. Journal 2003, 30 ff.; *Bunyan, T.,* Geheimverfahren gegen Terroristen? G8-Modelle für die EU, Bürgerrechte & Polizei/Cilip 80 (1/2005), 61 ff.; *Cilip* 70 (3/2001), Terrorismusbekämpfung – alte und neue Irrwege; *Funk, A.,* Krieg als Terrorismusbekämpfung, Krim. Journal 2002, 132 ff.; *Hess, H.,* Spielarten des Terrorismus, Krim. Journal 2002, 84 ff.; *ders.,* Terrorismus und Weltstaat, Krim. Journal 2002, 143 ff.; *Hummrich, M.,*

„Krieg gegen Terror" – keine (Menschen-)Rechte für Terroristen?, DRiZ 2004, 193 ff.; *Holzberger, M.,* Reaktionen der EU auf den 11. September, Bürgerrechte & Polizei/Cilip 70 (3/2001), Terrorismusbekämpfung – alte und neue Irrwege, 55 ff.; *International Law Commission,* Principles of International Law Recognized in the Charter of the Nürnberg Tribunal and in the Judgement of the Tribunal, www.un.org/law/ilc/texts/nurnberg.htm; *Jakobs, G.,* Bürgerstrafrecht und Feindstrafrecht, HRRS 3/2004, 88 ff.; *Kant, M.,* Bilanz der Rasterfahndung nach dem 11. September 2001, Bürgerrechte & Polizei/Cilip 80 (1/2005), 13 ff.; *Karstedt, S.,* Terrorismus und „Neue Kriege", Krim. Journal 2002, 124 ff.; *Lederer, A.,* Terrorwarnungen und was davon blieb, Bürgerrechte & Polizei/Cilip 80 (1/2005), 32 ff.; *Pelzer, M.,* Fremden-Polizeirecht: Anti-Terrorismus und Zuwanderungsgesetz, Bürgerrechte & Polizei/Cilip 80 (1/2005), 21 ff.; *von Plottnitz, R.,* § 129 a StGB: Ein Symbol als ewiger Hoffnungsträger, ZRP 2002, 351 ff.; *Pütter, N.,* Terrorismusbekämpfung als Ermächtigungspolitik, Bürgerrechte & Polizei/Cilip 80 (1/2005), 27 ff.; *Scheerer, S.,* Nachteil und Nutzen kritischer Kriminologie in Zeiten des Terrorismus, Krim. Journal 2002, 35 ff.; *Tröndle, H./Fischer,T.,* Strafgesetzbuch und Nebengesetze, 52. Auflage, 2004; *Unger, E.-M.,* Schutzlos ausgeliefert? Der Europäische Haftbefehl – Ein Beispiel für die Missachtung europäischer Bürgerrechte –, 2005; *Voss, R.,* Wehret den Anfängen, DRiZ 2004, 194.

Am 11. September 2001 werden in den USA vier Flugzeuge entführt. Zwei Maschinen werden von den Entführern in die Türme des World Trade Center in New York gesteuert, eine über dem Pentagon in Washington zum Absturz gebracht. Eine weitere stürzt mit über 200 Personen an Bord ab, bevor sie ein weiteres anvisiertes Ziel erreichen kann. Fernsehbilder transportieren den Schrecken weltweit. Für ein paar Wochen taumelt die Welt jenseits der Normalität. Die Zerbrechlichkeit zivilisatorischer Systeme wird offenkundig (vgl. hierzu auch *Beste,* 2003, 30 ff.). Gleichwohl ist der Terrorismus keine bloße Erscheinung der Neuzeit; er ist auch nicht auf einen bestimmten Teil der Welt begrenzt. Terroristische Anschläge hat es zu allen Zeiten gegeben (vgl. dazu *Karstedt,* 2002, 124 ff.; *Scheerer,* 2002, 35 ff.).

A. Problem der Definition: Was ist Terrorismus?

Der Begriff Terrorismus ist diffus. Seine Varianten sind fast ebenso zahlreich wie die unterschiedlichen Erscheinungsformen des Terrorismus selbst. Das gefährliche Potential der Terrorismusdefinition ergibt sich vor allem aus dem außerordentlich weitgehenden Straftatenkatalog, und zwar international in allen Rechtsordnungen.

I. Deutschland

Die Bundesrepublik Deutschland blickt auf hinreichende gesetzgeberische Erfahrungen mit der juristischen Verarbeitung terroristisch motivierter Ereignisse zurück. § 129 a StGB positiviert einen umfangreichen Straftatenkatalog. Diese Vorschrift wurde 1976 eingeführt und seitdem ständig geändert, d.h. erweitert (zuletzt 34. StrÄG v. 22. 8. 2002). Der ehemalige Justizminister des Landes Hessen, *von Plottnitz,* hat das Ergebnis der gesetzgeberischen Bemühungen zu § 129 a StGB geprüft: „Viel Hoffnung und Aufwand, wenig Ertrag und praktischer Nutzwert" – pro Jahr etwa 8 Verurteilungen bundesweit (*von Plottnitz,* 2002, 352).

Auch die Einführung der **Kronzeugenregelung,** die auch für das Offenbaren einer Straftat nach § 129 a StGB gilt, steht im Mittelpunkt kriminalpolitischer Interessen. Stets diskutiert die Politik Verlängerungsmöglichkeiten der Befristungstatbestände. Mit § 129 b StGB soll das deutsche Strafgesetzbuch nunmehr auch kriminelle und terroristische Vereinigungen im Ausland erreichen. Diese Vorschrift wurde durch das 34. StrÄG eingefügt. Für den Praktikerkommentar zum Strafgesetzbuch (*Tröndle/ Fischer*) wirkt sich der Schritt des Gesetzgebers wie folgt aus: „Damit sind unter dem Eindruck eines vor allem präventiv orientierten Handlungsdrucks die Grenzen des StGB in einem Maß ausgedehnt worden, das die Frage nach der praktischen Bedeutung nahe legt" (§ 129b Rn. 2). Das betreffe insbesondere die Frage des Rechtsgutsbezugs, die Anknüpfung des deutschen Strafrechts an Auslandssachverhalte, die Kompetenzkonkurrenz und den Bereich der Rechtshilfe (vgl. auch *Pütter*, 2005, 27 ff.).

Das **Strafrecht** als ein **Instrument im Kampf gegen den** Terrorismus zu werten, dürfte vor dem Hintergrund dieser normativen Gesamtproblematik eine politische Wunschvorstellung bleiben. Leider ist das nicht konsequenzenlos, sondern führt die praktische, an rechtsstaatliche Standards nach wie vor gebundene Strafrechtspflege in die Nähe der rechtsstaatlichen Funktionsunfähigkeit (vgl. unten B. II.).

II. Europäische Union

Auch die Europäische Union reagierte auf die Ereignisse in den USA vom 11. September 2001 mit gesetzgeberischer Aktivität. Ein Gemeinsamer Standpunkt des Rates und ein Rahmenbeschluß sind Aktivitätsnachweise der europäischen Gubernative. Sie umfassen nicht nur die terroristische Vereinigung (Anführen, Förderung, Unterstützung, Beteiligung), sondern auch schwere Delikte – von Mord über Geiselnahme bis hin zur Störung oder Unterbrechung der Versorgung mit Wasser, Strom oder anderen Ressourcen (wenn dadurch das Leben von Menschen gefährdet wird). Darüber informieren im Einzelnen der Gemeinsame Standpunkt des Rates über die Anwendung besonderer Maßnahmen zur Bekämpfung des Terrorismus sowie der Rahmenbeschluß zur Terrorismusbekämpfung (ABl. L 344 v. 28. 12. 2001, S. 93 ff; L 164 v. 22. 6. 2002, S. 3 ff.).

Nach Art. 2 des Rahmenbeschlusses zur Terrorismusbekämpfung bezeichnet der Begriff **„terroristische Vereinigung"** einen auf längere Dauer angelegten organisatorischen Zusammenschluß von mehr als zwei Personen, die zusammenwirken, um terroristische Straftaten zu begehen. Der Begriff **„organisierter Zusammenschluß"** bezeichnet ein Zusammenwirken, das nicht nur zufällig, zur unmittelbaren Begehung einer strafbaren Handlung besteht und das nicht notwendigerweise förmlich festgelegte Rollen für seine Mitglieder, eine kontinuierliche Zusammensetzung oder eine ausgeprägte Struktur hat (zur Kompetenzzunahme der Exekutive in Europa vgl. auch *Bunyan*, 2005, 61 ff.).

III. Vereinte Nationen

Auch die Vereinten Nationen bemühen sich um eine allgemeine Definition des Begriffs Terrorismus. 2002 scheiterten die Gespräche über ein Abkommen gegen den Terrorismus vor allem daran, weil die arabischen Länder „Kämpfer gegen eine fremde Besatzungsmacht" ausschließen wollten. Zwar gibt es 12 UN-Abkommen gegen den Terrorismus, diesen liegt aber keine allgemeine Definition zugrunde, sondern sie inkriminieren nur einzelne terroristische Delikte. Seit 1996 gibt es das „Ad Hoc Committee on Terrorism", das seinerzeit aufgrund der Probleme Indiens mit Pakistan gegründet wurde. Nach den Ereignissen vom 11. September 2001 hatten die Vereinten Nationen den „Terrorismus" einhellig verurteilt, sowie den Vereinigten Staaten das Recht auf Selbstverteidigung zugestanden, es blieb aber offen, was jeder Staat unter diesem Begriff verstehen will. Die UN-Gespräche im Rahmen des Ad Hoc Committee on Terrorism scheiterten 2002 auch deshalb, weil man sich nicht einig war, ob das Verhalten des Militärs internationalen Gesetzen unterworfen ist bzw. das Militär nur in Übereinstimmung mit internationalen Gesetzen agieren darf.

Israel warnt in besonderem Maß davor, einen „guten" von einem „bösen" Terrorismus zu unterscheiden. Diese Position wird auch von den USA vertreten. Die Europäer sollen diesbezüglich unschlüssig sein. Diese internationalen Verflechtungen machen deutlich, daß es sich bei der Definitionsproblematik nicht um ein sprachliches Problem, sondern ausschließlich um ein politisches Positionsproblem handelt. Dies wird bereits mittels eines einfachen Blickes in das Etymologische Wörterbuch des Deutschen klar. Terrorismus wird dort als „Gesamtheit der politischen Zwangsmittel zur Einschüchterung der Gegner und zur Zerschlagung des Widerstands" bezeichnet. Terrere (lat.), d.h. erschrecken, in Schrecken setzen, einschüchtern, bezeichnete schon immer politische Gewaltherrschaft und war die Grundlage für systematische Verbreitung von Furcht und Schrecken zur Durchsetzung bestimmter Machtansprüche (vereinzelt seit den 30er Jahren des 19. Jahrhunderts, aber schon von römischen Verhältnissen herrührend, häufiger Anfang des 20. Jahrhunderts) (zur Geschichte der Begrifflichkeit vgl. *Hess,* 2002, 84 ff.). In jüngster Zeit gilt der Begriff als politisches Schlagwort für kriminelle Tätigkeiten extremistischer Gruppen, die mit Anschlägen auf öffentliche und private Einrichtungen und Attentaten bestimmte Ziele durchsetzen wollen und die bestehende staatliche Ordnung bekämpfen. Schon hieraus wird deutlich, daß polizeiliche und strafrechtliche Aktionen immer nur Reaktionen sein können, und normative präventive Konzepte – jedenfalls nach den Erfahrungen in der Bundesrepublik Deutschland – stets rechtsstaatlichen Schaden anrichten, aber selten eine einzige Deliktsverwirklichung verhindert hätten. Selbst die „Militarisierung innerer Sicherheit" bietet in einer freien Gesellschaft keine höheren Sicherheitsgarantien (vgl. *Hess,* 2002, 148; *Kant,* 2005, 13 ff.; *Pelzer,* 2005, 21 ff.; *Lederer,* 2005, 32 ff.).

B. Politische und justitielle Reaktionen auf dubiose Begrifflichkeit des „Kampfes gegen den Terrorismus"

I. Allgemeine Wirkungen aus der Sicht von Bürgerrechtsorganisationen

Die Pseudogenauigkeit von Definitionen, auch auf Ebene der EU-Kommission, birgt gleichwohl die Gefahr, daß mit derartigen definitorischen Eingrenzungsversuchen „die Tür zum Gesinnungsstrafrecht weit aufgestoßen wird" (*Holzberger,* 2001, 56), wie die Erfahrungen deutscher „Terroristenprozesse" lehren. Auch kann jeder Definitionsversuch – ob weit oder eng – kaum davor schützen, „daß politischer Protest in die terroristische Ecke gerückt wird" (*Holzberger,* aaO.). Wie die Zeitschrift Bürgerrechte und Polizei dokumentiert, kritisieren Bürgerrechtsorganisationen, daß sowohl militanter sozialer Protest als auch durchaus „friedlicher" ziviler Ungehorsam (Platz- und Hausbesetzung) als terroristische Aktionen verfolgt werden könnten. Dort sieht man europaweit „Bürgerrechte auf der Rutschpiste" (*Cilip,* 3/2001).

Die Reaktionen auf die Anschläge in den USA hätten in der Innen- und Justizpolitik der EU keine grundsätzlich neuen Tendenzen hervorgebracht – aber „die schon bisher fehlende demokratische Qualität umso deutlicher hervortreten lassen" (*Cilip,* aaO.):

- Rechtlich bindende Beschlüsse werden vom Rat als Exekutivorgan ohne die erforderliche Beteiligung des Europäischen Parlaments gefaßt,
- weitgehende Intransparenz des Verfahrensablaufs innerhalb der „Dritten Säule" der EU,
- der einseitige Abbau von Bürgerrechten erfährt an keiner Stelle eine Kompensation (fehlende Beteiligungsrechte, keine Kontrolle von Polizei- und Nachrichtendiensten).

II. Auswirkungen auf die rechtsstaatliche Strafrechtspraxis in Deutschland

Die derzeitige Problematik für die deutsche Justiz besteht insbesondere darin, daß Straftaten in den Vereinigten Staaten und in anderen Ländern von Tatverdächtigen begangen werden, die zum Teil vom Boden der Bundesrepublik Deutschland aus entweder Straftaten vorbereitet haben bzw. dessen verdächtig sind. Das Problem bei diesen Prozessen liegt in der Beweisbarkeit der Vorwürfe und insbesondere darin, daß seitens der Justizbehörden der USA hinreichendes Belastungsmaterial nicht zur Verfügung gestellt wird. Die internationale Erwartung geht gleichwohl dahin, daß die deutsche Justiz im Interesse des „Kampfes gegen den Terrorismus" nicht so rechtsstaatlich-skrupulös sein sollte. So bemüht sich seit mehr als zwei Jahren die Bundesanwaltschaft, mutmaßliche islamistische Terroristen rechtskräftig zu verurteilen. Die Vorwürfe reichen von Beihilfe zu mehr als 3000fachen Mordes bis zur Planung von Anschlägen, die nie stattfanden. Das Hamburger Oberlandesgericht versuchte seit Oktober 2002 zu klären, ob zwei marokkanische Studenten in die Vorbereitung der Anschläge des 11. September verwickelt waren. Die Beweise wurden in Form zweier entscheidender Zeugen von der Regierung der USA zurückgehalten und bislang lediglich Zusammenfassungen von Verhörprotokollen zur Verfügung gestellt. In einem Fall erfolgte daraufhin ein Freispruch. Der Bundesgerichtshof hat in einem anderen Fall den erstinstanzlichen Schuldspruch aufgehoben, und zwar wegen mangelnden belastenden Materials. Das Verfahren wurde im August 2004 vor dem OLG Hamburg erneut aufgerollt; es endete ein Jahr später mit der – noch nicht rechtskräftigen – Verurteilung zu einer 7-jährigen Freiheitsstrafe: Bundesanwaltschaft und Verteidigung haben Revision eingelegt. Ähnliche Beweisprobleme gibt es bei Verfahren in Düsseldorf und Berlin. Für ein rechtsstaatliches Strafrecht entsprechen derartige Konsequenzen nicht nur normaler Justizförmigkeit, prozeßordnungsgemäße Verfahrensschritte sind Ausdruck der Unabhängigkeit einer gewaltengeteilten Judikative, die außerhalb politischer Beeinflußbarkeit stehen muß.

Der höchste Strafverfolger der Bundesrepublik, Generalbundesanwalt *Nehm*, sieht das offenbar anders. Er kritisiert die „merkwürdige Zurückhaltung der Strafjustiz in Verfahren gegen Terrorverdächtige" (FAZ v. 21. 5. 2005, 4). Der Generalbundesanwalt rügt insbesondere die Distanzierung der Gerichte von den Nachrichtendiensten und deren Erkenntnissen, die in Verfahren gegen islamistische Terroristen eine wichtige Rolle spielten. *Nehm* kritisiert die Strafjustiz insbesondere für ihren Umgang mit den von den Vereinigten Staaten zurückgehaltenen Beweismitteln, um die sich die Bundesanwaltschaft „bis zur Grenze der Selbstverleugnung bemüht habe". In Fällen „normaler Kriminalität" würden die Gerichte kein Problem darin sehen, Zeugen als unerreichbar anzusehen, wodurch einer Verurteilung nichts im Wege stünde. Auf der Strafrechtslehrertagung 2005 in Frankfurt/Oder rief der Generalbundesanwalt die anwesenden Strafrechtslehrer aus Deutschland, Österreich und der Schweiz sogar dazu auf, die zögerliche Rechtsprechung des 3. Strafsenats des BGH deutlich zu kritisieren, der den Instanzgerichten zu wenig Freiräume bei der Verwertung schwer erreichbaren Beweismaterials einräume. Die Kritik an der Judikative wird von der Presse verbreitet (vgl. FAZ v. 13. 5. 2005, 2) und findet regen außenpolitischen Widerhall.

Die Problematiken für die deutsche Justiz, die hier angesprochen werden, belegen die Zerbrechlichkeit eines rechtsstaatlichen Strafrechts, das sich den zahlreichen Zugriffen externer Interessen ausgesetzt sieht. Die Richter dabei zu unterstützen, den rechtsstaatlichen Standards nicht auszuweichen, sondern die rechtsstaatliche Bewältigung als Herausforderung für ein prinzipiengeleitetes Strafrecht anzunehmen, ist für die Strafrechtswissenschaft das Gebot der Stunde. Das Strafrecht kann den Terrorismus

– wie immer man ihn definiert – nicht bekämpfen. Es kann nur Unrecht feststellen und im Interesse der Rechtsbewahrung sanktionieren. Es gilt zu erinnern: „Auch der Kampf gegen den internationalen Terrorismus findet nicht im rechtsfreien Raum statt" (*Hummrich*, 2004, 193 ff. [196]). Will der Rechtsstaat der Menschenverachtung ein positives Signal entgegenstellen, so muß er sich des von der Generalversammlung der Vereinten Nationen im Dezember 1946 für die Nürnberger Prozesse bekräftigten Grundsatzes vergewissern: „Jede Person, angeklagt eines Verbrechens nach dem Völkerrecht, hat einen Anspruch auf einen fairen Prozeß sowohl hinsichtlich der Ermittlung der Fakten als auch der Anwendung des Rechts" (*International Law Commission*, Principle V).

C. Angemessene Reaktionen

Die Antworten auf Ursachen und Zusammenhänge terroristischer Ereignisse kann nach dem bisherigen Forschungsstand ausschließlich die Politik, niemals das Strafrecht geben. Das Recht hat im „Kampf gegen Terrorismus" eine Kontrollfunktion für politische Übermaßreaktionen. Hierfür gilt es Verbündete zu gewinnen.

I. Kämpfer für universelles und unverbrüchliches Recht

1. House of Lords (Großbritannien)

Waren die bisherigen Rechtsveränderungen in der Bundesrepublik Deutschland vielen, insbesondere einer wenig informierten Öffentlichkeit, kaum Anlaß zur Beunruhigung und werden im Hinblick auf versprochene Sicherheitsgewinne sogar ausdrücklich als zustimmungswürdig empfunden, sollen „die Taten vom 11. September 2001 blitzartig zu einer Erhellung verholfen" haben (*Jakobs*, 2004, 92). Diese „Erhellung" führte europaweit zu einem blitzartigen Rechtsabbau, welcher den britischen Lordrichter *Hoffmann* zu der erstaunlich offensiven Bemerkung veranlaßte, daß das bis dahin geltende britische Anti-Terror-Gesetz, welches historische und juristische Grundsätze – wie das Recht auf einen unabhängigen Richter, die Unschuldsvermutung, ein faires Verfahren etc. – völlig eliminiert hatte, „für Großbritannien gefährlicher [sei] als der Terrorismus selbst" (FAZ v. 14. 3. 2005). In Großbritannien wurde durch die Law Lords, die höchste Instanz, das erste Anti-Terror-Gesetz im Dezember 2004 verworfen. Nach diesem ersten Gesetz konnte der Innenminister ausländische Verdächtige ohne Angabe von Gründen unbefristet ins Gefängnis einweisen. Dem Vorwurf der Lordrichter, dadurch seien Ausländer gegenüber britischen Staatsbürgern diskriminiert, konterte der britische Gesetzgeber mit der Ausdehnung des neuen Gesetzes auch auf britische Bürger. Insgesamt hat die britische Judikative beim neuesten Anti-Terror-Gesetz dennoch erhebliche rechtsstaatliche Sicherungen bewirken können, wonach nun ein Richter Inhaftierungsverordnungen des Innenministers innerhalb von sieben Tagen bestätigen und zumindest hinreichender Tatverdacht vorliegen muß, wenngleich Beweise nicht nötig sind.

2. UN-Generalsekretär *Kofi Annan*

Der Prozeß der Rechtsauflösung ist keineswegs auf Europa und schon gar nicht auf Deutschland beschränkt, sondern ist ein weltweiter „Krieg gegen das Recht". Das gab dem UN-Generalsekretär *Kofi Annan* zum Jahrestag der Anschläge von Madrid am 11. März 2005 Anlaß klarzustellen, daß der Kampf gegen den Terrorismus scheitern werde, wenn gleichzeitig elementare Rechte abgebaut und Menschenrechte verletzt werden (FR v. 12. 3. 2005). *Annan* erwägt nunmehr, einen Sonderberichterstatter damit zu beauftragen, die Anti-Terror-Gesetzgebung der UN-Mitgliedstaaten auf ihre Menschenrechtsverträglichkeit hin zu überprüfen.

3. Supreme Court (USA)

Unterstützung findet der Kampf für das Recht auch von unerwarteter Seite. So hat der Richter am US-Supreme Court *Antonin Scalia,* dem ausfernde Liberalität nicht nachgesagt werden kann, zusammen mit seinem Richterkollegen *Stevens* in der Entscheidung zur Guantánamo-Problematik vom 28. Juni 2004 ausdrücklich der Auffassung widersprochen, daß in den Extremen militärischer Erfordernisse Gesetze zu schweigen haben, also: **inter arma** *non* **silent leges.** Eine gegenteilige Auffassung habe keine Berechtigung in der Interpretation und Anwendung einer Verfassung, die gerade geschaffen wurde, um Krieg entgegenzutreten bzw. ihn in einer Weise zu führen, die mit demokratischen Prinzipien übereinstimmt (*U. S. Supreme Court,* 2004, No. 03–6696 (Fall Hamdi), 27). Das sieht auch der Präsident des Israelischen Supreme Courts, *Aharon Barak,* in gleicher Weise: „In Battle, the Laws Are Not Silent" (*Barak,* 2005, 12). Es ist erfreulich, daß selbst wertkonservative Auffassungen aus dem höchsten Judikativorgan der USA und Israels dem Recht eine unüberwindliche Schranke vor dem Zugriff exekutiver Sicherheitsoptimierung einräumen, die vornehmste Aufgabe für die Judikative im gewaltengeteilten Staat.

II. Der deutsche Weg: Populistische Negationen des Rechts

Die deutsche Entwicklung hat sich dem internationalen Rückzug des Rechts weitgehend angepaßt. Die rot-grüne Bundesregierung des Jahres 2005 forciert und befürwortet eine Anti-Terror-Gesetzgebung, die verfassungsmäßige Rechte massiv abbaut. Erst kürzlich haben die Grünen eine positive Bilanz der Anti-Terror-Gesetze gezogen, die seit Herbst 2001 verabschiedet worden sind. Der erste parlamentarische Geschäftsführer der Grünen, *Volker Beck,* bescheinigt aus seiner Sicht den Sicherheitsbehörden, sie hätten nicht unmäßig von ihren neuen Befugnissen Gebrauch gemacht. Hierzu gehören die Wohraumüberwachung zum Zwecke der Eigensicherung von Ermittlungspersonen, die Auskunftspflicht von Post-, Luftfahrt- und Telekommunikationsunternehmen, der Durchgriff des Bundeskriminalamts auf Datenerhebung bei nichtpolizeilichen Stellen und das Mittel der Bankauskünfte, womit auch zur Zeit zentrale Kontendaten abgerufen werden können. *Beck* würdigt die neuen Möglichkeiten wie folgt: „Keine einzelne Maßnahme sei mehr als hundertmal angewandt worden" (FAZ v. 12. 3. 2005). Bezüglich der Fortdauer der Anti-Terror-Gesetze, die demnächst – sollten sie weiter gelten – verlängert werden müssen, gibt es freilich Streit zwischen den Koalitionspartnern SPD und Bündnis 90/Die Grünen. Anders als die Grünen es vorschlagen, besteht im Innenministerium die Absicht, die Gesetze auf Dauer zu stellen, also sie „zu entfristen".

Der Streit um das Detail der Arbeit der Sicherheitsbehörden läßt das eigentliche Problem außer Acht, das selbst in einer aufgeklärten Öffentlichkeit, wenn überhaupt, höchstens im Hinblick auf das Bankgeheimnis thematisiert wird. Der ungezügelte Datenhunger der Sicherheitsbehörden, der von einem beflissenen Gesetzgeber stets geschürt wird, führt zur Vernichtung des Sauerstoffs einer demokratisch verfaßten Gesellschaft: er **vernichtet die Freiheit.** Der Bürger wird Schritt für Schritt unter **Generalverdacht** gestellt, stimmt dem sogar zu, wodurch zum Schluß selbst der völlig Unverdächtige dauerhaft in die Überwachung fällt. Daß die Tendenz offensichtlich ist, wird unter anderem vom Bundesdatenschutzbeauftragten *Schaar* deutlich unterstrichen (FAZ v. 12. 3. 2005). Dagegen werden seitens der Politik der Regierungskoalition die rechtsstaatlichen Grenzen explizit eliminiert, wenn zum Beispiel der SPD-Bundestagsabgeordnete *Wiefelspütz* eine offene sicherheitspolitische Debatte fordert, in der er seine persönlichen Tabus zur Eingriffsgrenze erklärt: „Verletzung der Menschenwürde, Folter, Todesstrafe, Guantánamo. In dem Feld davor muß es möglich sein, immer wieder aufs Neue die Instrumente zu diskutieren, da darf es keine Denkverbote und keine Tabus geben" (FR v. 29. 3. 2005).

III. Das Bundesverfassungsgericht: Nur eine Hoffnung?

Der Abgeordnete *Wiefelspütz* hat freilich übersehen, daß es eine verfassungsrechtlich vorgesehene Tabupflege gibt: Das Bundesverfassungsgericht hat nach den Bestimmungen des Grundgesetzes die Pflicht, die Verfassung zu schützen und die Grundrechte des Bürgers zu sichern. Ob es dieser Funktion eines **Hüters des Rechts** stets gebührend gerecht wird, bezweifeln Kritiker (vgl. *Arnold*, 2004, 402 ff.; *ders.*, 2005, 2 ff.). Gleichwohl: es gibt positive Ansätze, die Hoffnung machen können. Der Hüterpflicht kam es durch das Urteil zur Wohnraumüberwachung (BVerfGE 109, 279 ff.) – wenn auch nur verhalten – nach: Zur Unantastbarkeit der Menschenwürde gemäß Art. 1 Abs. 1 GG gehört nunmehr „die Anerkennung eines absolut geschützten Kernbereichs privater Lebensgestaltung." Eine Abwägung nach Maßgabe des Verhältnismäßigkeitsgrundsatzes findet zwischen der Unverletzlichkeit der Wohnung und dem Strafverfolgungsinteresse nicht mehr statt. Danach sind die entsprechenden „Feindstrafregelungen" verfassungswidrig. Das Urteil zum Europäischen Haftbefehlsgesetz (BVerfG, 2 BvR 2236/04, v. 18. 7. 2005) gibt Verfassungsprinzipien eindeutigen Vorrang vor opportunen Erwägungen des Gesetzgebers – mögen diese politisch auch höchst zweckmäßig sein (vgl. insgesamt hierzu *Unger*, 2005).

Das Bundesverfassungsgericht wird in Zukunft die wichtigste Instanz für die Sicherung des Rechts sein müssen. Nicht nur die Sicherheitsgesetzgebung, sondern der vernachlässigte Aufbau eines zukünftigen europäischen Strafrechts wird der dauerhaften Aufmerksamkeit der Dritten Gewalt unterstellt werden müssen. Die Mahnung des Staatsrechtlers *Herdegen*, der im Verfahren zum Europäischen Haftbefehl vor dem Bundesverfassungsgericht kürzlich auftrat, daß nur Deutschland den Eindruck erwecke, als wolle es alles vermeiden, was die „eigene Grundrechtssubstanz" schone (FAZ v. 11. 4. 2005), läßt die weitere Judikatur mit Spannung erwarten.

IV. Aufgabe der Strafrechtswissenschaft im „Kampf gegen Terrorismus"

Zentrale Aufgabe einer europäischen Strafrechtswissenschaft muß es sein, aus der aufgeklärten und humanen europäischen Strafrechtsgeschichte Standards herauszuarbeiten und sie im Interesse einer freiheitlich verfaßten Staatlichkeit für die Politik – wissenschaftlich überzeugend – unangreifbar zu machen. Hier wird kein Mehrheitsbezug, sondern nur eine Legitimationsgrundlage der Richtigkeit weiterhelfen, die am Prinzip unteilbarer und universeller Menschenwürde ankoppelt.

Zur Klarstellung: Der Rechtsstaat muß sich gegen massive Angriffe auf Autonomie und Rechtgüter seiner Bürgerinnen und Bürger mit aller Kraft und allen zur Verfügung stehenden rechtsstaatlichen polizeilichen und strafjustitiellen Instrumenten und Möglichkeiten zur Wehr setzen. Bei seiner Verteidigung bleibt jedoch der Maßstab der Verhältnismäßigkeit unabdingbar. Ansonsten wird das vernichtet, was zu schützen vorgegeben wird. Es droht die Selbstaufgabe der Fundamente des Schützenswerten. In diesem Sinne äußern sich auch Richter in der Deutschen Richterzeitung: „Der Kampf gegen Verbrechen und Terror rechtfertigt nicht die Aufgabe grundlegender Rechtsprinzipien, denn es gehört auch zum Kern des Rechtsstaats, daß er diesen mit seinen

Methoden und nicht mit denen seiner Gegner nachhaltig verteidigt" (*Voss*, 2004, 194; vgl. auch *Hummrich*, 2005, 196). Das ist auch eine Antwort auf Terrorismus.

15. Kapitel. Das System der Rechtserosionen und die Hoffnung auf Überwindung

Wir haben in den drei vorausgehenden Teilen dieses Buches einen sich abzeichnenden **Dualismus der Rechtsentwicklung** ausgewiesen. Beide Entwicklungsrichtungen sind von Prozessen der **Rechtserosion** gekennzeichnet.

Zum einen kehrt die Politik dem Strafrecht den Rücken, indem wissenschaftliche **Konzepte von Privatisierung und Deregulierung** aufgegriffen und ansatzweise in Strafrechtsmodelle einbezogen werden. Nicht selten geschieht dies aus klaren Gründen justizökonomischer Ressourceneinsparung. Wir werden aufzeigen, daß auch die Opferdebatte in der Kriminalpolitik nur scheinbar vom Grundgedanken einer Stärkung der Rechte und Interessen der von Straftaten Geschädigten profitiert. Letztlich – so die These in § 45 – werden die Opferinteressen lediglich kriminalpolitisch instrumentalisiert. Privatisierung der Rechtswahrnehmung ist häufig nur Versagen staatlicher Steuerungsverpflichtung. Der Rückzug des Staates aus seiner originären Pflicht der Pflege eines öffentlichen Strafrechts wird mit scheinbar großzügiger Privatisierungsgeste verbrämt.

Zum anderen kehrt die Politik dem Strafrecht deshalb den Rücken, weil sie sich der **rechtsstaatlichen Bindungen entledigen** will, die scheinbar hinderlich zur Gewährung öffentlicher Sicherheit sind. Das Rechtsmodell repressiv-limitierender Legalität wird verlassen, über die anfängliche Präventionsorientierung sozialstaatlich aufgefaßter Opportunität wird die Rechtsbindung in Richtung Rechtsauflösung zusehends eingeleitet. Die rechtsstaatlich dramatische Folge: Sicherheitsoptimierung ist auf diese Weise nur eine scheinbare und Minimierung von Bürgerrechten sowie die Auflösung von Recht schlechthin ist zwangsläufig die Konsequenz dieses Weges (§ 46).

Dennoch oder trotz allem: **Freiheitsschutz** ist die **Herausforderung eines öffentlichen Strafrechts** und muß es bleiben, gerade auch als zentrale Aufgabe einer zukünftigen europäischen Strafrechtswissenschaft und Kriminologie (§ 47).

§ 45. Die moderne Opferorientierung als Vehikel für den Rückzug des Staates

Literatur: *Bettmer, F./Messmer, H./Otto, H.-U.*, Informal Justice and Conflict Solution, in: Albrecht, P.-A./Backes, O. (Hrsg.), Crime Prevention and Intervention. Legal and Ethical Problems, 1988; *Hassemer, W.*, Rücksichten auf das Verbrechensopfer, in: Festschrift für Ulrich Klug, 1983, 217 ff.; *Hassemer, W.*, Einführung in die Grundlagen des Strafrechts, 2. Aufl., 1990; *Hassemer, W./Matussek, K.*, Das Opfer als Verfolger – Ermittlungen des Verletzten im Strafverfahren, 1996; *Herzog, F.*, Prävention des Unrechts oder Manifestation des Rechts, 1987; *Köhler, M.*, Der Begriff der Strafe, 1986; *Naucke, W.*, Über die Zerbrechlichkeit des rechtsstaatlichen Strafrechts, KritV 1990, 244 ff.; *Seelmann, K.*, Paradoxien der Opferorientierung im Strafrecht, JZ 1989, 670 ff.; *Voß, M.*, Täter/Opfer-Ausgleich: Unwirksame Kriminalprävention, Neue Kriminalpolitik 1989, 5 ff.

A. Der Verletzte in der Formalisierung staatlicher Gewalt

Im Kern geht es im Strafrecht darum, die Ausübung von Macht zu ordnen und zu begrenzen (vgl. § 8). Macht kann in verschiedenen Formen auftreten: Als diejenige Macht, welche von Bürgern gegeneinander ausgeübt wird, als die Macht der Gesellschaft gegenüber dem Bürger, schließlich und vor allem als die gegen den Bürger gerichtete staatliche Macht.

Die am Prinzip der Freiheit orientierte Genese der europäischen nationalen Strafrechtsordnungen des 19. Jahrhunderts ordnet das Verhältnis dieser möglichen Machtbeziehungen klar, indem die Voraussetzungen für die Legitimität von Macht benannt werden (*Naucke*, 1990, 244). Ist die Ausübung der Macht von Bürgern untereinander mit einer Verletzung des individuellen Freiheitskerns verbunden, also mit einem Eingriff in die individuellen Rechte auf Leben, körperliche Unversehrtheit, Eigentum oder allgemeine Willensfreiheit, so verlangt das darin liegende Unrecht die Reaktion der staatlichen Gewalt. Das dem Verletzten zugefügte Leid wird durch die staatliche Zufügung eines Leids am Täter kompensiert. In diesem Denkmodell der absoluten Straftheorie wird der Verletzte als Bezugspunkt der Freiheit im Blick behalten (*Seelmann*, 1989, 675). Es geht dabei nicht um bloße Konflikte; das ihm zugefügte Unrecht macht den zwischen dem Verletzten und dem Täter bestehenden Konflikt vielmehr zu einer öffentlichen Angelegenheit. Ginge es nur um einen Konflikt, müßte die staatliche Reaktion im Sinne einer Übelszufügung durch Strafe außen vor bleiben.

Dies vermag zu verdeutlichen, daß es der absoluten Straftheorie nicht lediglich um Sühne oder Vergeltung geht, die der Verletzte am Täter mittels staatlicher Instanzen erwirkt. Mit der absoluten Straftheorie ist materiell ein **Programm der Freiheitssicherung** verbunden, das staatliche Gewalt auf die Repression wirklichen Unrechts beschränkt. Nur zu diesem Zweck darf der Staat die ihm durch den Gesellschaftsvertrag verliehenen Gewaltmittel einsetzen. Machtausübung zwischen den Individuen wird dann, wenn sie das Stadium des Konflikts überschreitet und Unrecht erzeugt, durch die staatliche Ordnung absorbiert und dort – in der staatlichen Ordnung – formalisiert und auf das normativ Unverzichtbare eingeschränkt (vgl. hierzu *Herzog*, 1987; *Köhler*, 1986). Die **„Neutralisierung des Opfers"** (*Hassemer*, 1983, 220) ist Folge und Bedingung **formalisierter** und dadurch **begrenzter Ausübung von Gewalt im Strafrecht**. Entscheidend ist: Ausschließlich diese **formalisierte Gewalt** kann neben dem Zustand der Gewaltfreiheit **Legitimität** für sich beanspruchen.

B. Der Verletzte im Strafrechtskonzept der Verfassung

Staatliche Macht, machtausübender Täter und machterleidender Verletzter bilden eine Dreiecksbeziehung, in der jene Macht legitimatorisch eingebunden wird. Dieses sensible Verhältnis findet sich in der Verfassung wieder im Gesetzlichkeitsprinzip und in den Grundrechten. Dem Verletzten wird in diesem verfassungsrechtlichen Rahmen ebenfalls seine Rolle zugewiesen.

Der Kreis der Verletzten ist damit notwendig beschränkt. Opfer im Sinne des Strafrechts ist eine Person, der Unrecht geschieht, welches im Erleiden einer für jedermann erkennbaren Form der Gewalt, also primär in körperlicher Zwangswirkung besteht. Opfer im Sinne des Strafrechts ist nicht der Unterlegene eines gesellschaftlichen Konflikts. Dies ist vielleicht ein moralisches, möglicherweise ein politisches, sicher aber kein strafrechtliches Problem. Die **gewaltsame Entmachtung des Verletzten** durch den Straftäter wird hingegen so ernst genommen, daß nur dann staatliche Strafmacht auf den Plan gerufen werden darf. Man muß sich vergegenwärtigen, daß damit ein **neues Gewaltverhältnis** geschaffen wird, nämlich das **zwischen Staat und dem Täter**, der vorerst als unschuldig zu gelten hat. Den damit verbundenen staatlichen Eingriffen kann der Beschuldigte die Kraft der Grundrechte entgegensetzen.

Strafrecht – insbesondere der Strafprozeß – fungiert als Garant der Grundrechte derjenigen Prozeßbeteiligten, welche dem Zugriff staatlicher Machtausübung ausgeliefert sind. So schafft das Grundgesetz einen fairen Ausgleich zwischen Täter und Opfer:

- Die **Freiheitsverletzung am Opfer** erzwingt den Respekt durch den Staat, der um die öffentliche Feststellung des begangenen, sichtbaren Unrechts bemüht sein muß.
- Die **drohende Freiheitsverletzung** des strafenden Staates am möglichen Täter erzwingt den Respekt vor dessen Freiheit, der sich im Prinzip der Gesetzlichkeit und den Grundrechten, die den Strafprozeß bestimmen müssen, ausdrückt.

Der Verletzte ist indes nicht rechtlos gestellt, man verliert ihn nicht aus den Augen, sondern verweist ihn – was seine individuellen Interessen angeht – auf Möglichkeiten der Entschädigung im Zivil- oder Verwaltungsrecht (*Hassemer*, 1990, 69), was – das ist offensichtlich – höchst verbesserungsbedürftig ist. Diese **strafrechtliche Neutralisierung des Opfers** gehört zum **Inhalt** einer **liberalen Staats- und Grundrechtstheorie**, der an der Verminderung des staatlichen und gesellschaftlichen Einsatzes der Gewalt gelegen ist.

C. Hintergründe der Opferorientierung im Strafrecht der Moderne

I. Opferrücksichten im Prozeß der Informalisierung

Die sozial- und wohlfahrtsstaatlich motivierte Wiederentdeckung des Opfers ist in den Gesamtprozeß der Informalisierung des Strafrechts eingebunden. Die Forschungen zur Diversionspraxis – deren Bestandteil auch der Täter-Opfer-Ausgleich ist – belegen eine durch das Strafrecht notwendig bedingte Resistenz gegenüber kriminologisch fundierten spezialpräventiven Anforderungen (vgl. oben § 19 B II sowie § 25 B VI). Bei dem Versuch, einen Ausgleich zwischen Täter und Opfer herbeizuführen, regieren nicht humane, sozialpädagogische Muster den Umgang mit den Prozeßbeteiligten, sondern die administrativen Gesetzmäßigkeiten des Erledigungsdruckes, der auf dem Kriminaljustizsystem lastet.

Der pädagogisch motivierte Ausgleich – wird er denn überhaupt praktiziert – hat das harte Schwert der Repression stets in seinem Rücken. Man führt Täter und Opfer zusammen, in dem Wissen, bei fehlendem Einigungswillen jederzeit auf tradierten Zwang umschalten zu können (*Voß*, 1989, 5 ff.). Strafrecht – auch das Jugendstrafverfahren – läßt sich **nicht** als **Ort der Kommunikation** rekonstruieren, sondern bleibt immer auch Strafrecht in traditionellem Sinne: Ort der Gewaltausübung des Staates gegenüber dem Bürger, gegenüber Täter und Opfer.

Was am Ende jedoch bleibt, ist die **Auflösung der rechtlichen** Form, die den Staatsanwaltschaften, aber auch den Gerichten mehr Gestaltungsmacht verleiht und das Strafrecht – gerade das Strafverfahren – **beliebiger** und in der praktischen Rechtsanwendung **ungleicher** werden läßt. Darin liegt die Gefahr der Freiheitsverletzung zum Nachteil des Täters, darin liegt aber zugleich die Gefahr, daß der Respekt vor der Freiheitsverletzung, die das Opfer erlitten hat, verloren geht, weil dieses nur das Mittel ist, mit dessen Hilfe die Justizförmigkeit des Verfahrens abgeschliffen wird.

II. Opferrücksichten im Prozeß der Privatisierung sozialer Kontrolle

Der Prozeß der **Deregulierung** bestätigt diesen Befund der Grundrechtsgefährdung durch die **Privilegierung privater Macht**. Grundrechte stehen überall dort in Frage, wo die Bindungen der öffentlichen Gewalt unkenntlich werden: Dies gilt für den Straf-

vollzug, wenn er in private Hände gelegt wird; dies gilt, wenn Aufgaben der Gefahrenabwehr im öffentlichen Raum privaten Sicherheitsdiensten übertragen werden; dies gilt
vor allem auch dann, wenn Private im staatlichen Auftrag in das Ermittlungsverfahren
einbezogen werden. Dann nämlich verlieren prozessuale Prinzipien wie die Belehrungspflicht gegenüber dem Beschuldigten oder das Recht zu schweigen an Wirksamkeit, weil sie dem Privaten gegenüber keine Geltung finden sollen.

In zunehmendem Maße füllen sich die Ermittlungsakten bei den Staatsanwaltschaften mit Erkenntnissen, welche durch den Verletzten selbst gewonnen wurden und bei
denen Art und Weise der Erlangung im Unklaren bleiben (*Hassemer/Matussek,* 1996,
46). Unklar bleibt damit auch, ob die Beweiserhebung auf unzulässigen Methoden be-
ruhte und die gewonnenen Tatsachen somit als unverwertbar gelten müßten. Auch hier
besteht die Gefahr, daß prozessuale Sicherungen, wie sie mit den Beweisverboten das
Strafverfahren konstitutiv bestimmen, unterlaufen werden – zu Lasten des Beschuldigten. Man sieht daran schon, daß die sensible Balance der Macht zwischen Täter, Ver-
letztem und Staat ins Wanken gerät. Wo der Verletzte gestärkt wird, verliert der potentielle Täter an Boden. Wenn sich der Beschuldigte zusätzlich zu Staatsanwaltschaft und
Gericht auch noch einem Anwalt des Opfers gegenübersieht und so die Interessen des
Verletzten den Prozeß maßgeblich mitbeeinflussen, so schwinden die Chancen des
Beschuldigten, die eigenen Grundrechtspositionen wirksam im Strafverfahren durchsetzen zu können. Mit dem schleichenden Abbau prozessualer Grundrechte aber ist
die staatliche Machtausübung gegenüber dem potentiellen Täter mit Unterstützung des
Verletzten ausgebaut. Dies ist nicht nur im Strafprozeßrecht so.

Zusammengefaßt: Informalisierung des Strafrechts (vgl. oben § 19 B), Privatisierung der sozialen Kontrolle (vgl. oben § 14 B II 2) und Politisierung des Richters bei
Prognoseentscheidungen (vgl. oben § 25 C III 2) verknüpfen die Rücksicht auf den
Verletzten stets mit **Einschränkungen von Prinzipien,** die dem Schutz von Beschuldigten und verurteilten Tätern dienen. Im Zusammenhang mit diesen Prozessen erweitert sich die Macht des Staates. Es ist zu vermuten, daß diese Folge der Rücksicht-
nahme auf den Verletzen nicht zufällig, sondern politisch gewollt ist.

D. Die „Wiederentdeckung des Verletzten" im Kontext der Verfassungs-, Staats- und Gesellschaftstheorie

Im Modell des Präventionsstaates verändert sich der Begriff des Verletzten. Prävention verzerrt diesen Begriff, stellt ihn unter divergierende, teils widersprüchliche
Anforderungen.

I. Prävention und Verlust des Verletztenbegriffs

So wird deutlich, daß der Verletzte in der Präventionstheorie als strafrechtlicher
Bezugspunkt verloren geht. Wenn es im zweckorientierten Strafrechtsdenken wahlweise nur darauf ankommt, von Straftaten abzuschrecken, Straftäter in die Gesellschaft
einzugliedern, die Gesellschaft vor künftigen Straftaten zu schützen, wenn es nur
um die Stabilisierung von Systemen und Normen gehen soll, gerät das Individuum
notwendig aus dem Blick (*Hassemer,* 1990, 72). Das Versprechen des Präventions-
strafrechts, Lösungen für globale gesellschaftliche Gefahren bereit zu halten, kommt
ohne die Idee von einem konkret-individuellen Opfer aus. An dieser eher technischen
Zweckorientierung knüpfte die Kritik der kritischen Kriminologie an, eine Kritik, die
den Verletzten als Subjekt, als Meßlatte eines humaneren Strafrechts wiederentdecken
wollte.

Das Opfer bekam – auf Kosten des Beschuldigten – Rückenwind. Politische Partikularinteressen konnten sich hinter dem Opfer verschanzen. Die Frauenbewegung machte Frauen nicht als gleichberechtigte Bürger stark, sondern versuchte die Durchsetzung der eigenen politischen Konzepte mit der Rolle der Frau als Opfer. Das hat freilich den von Straftaten Geschädigten nichts gebracht, nur die Balance im Strafverfahren wurde zu Lasten der Angeklagten verschoben: Zeugen als Prozeßbeteiligte, Akteneinsicht für Zeugen (eine Todsünde des fairen Verfahrens), machtvolle anwaltliche Vertretung des Geschädigten neben dem Apparat der öffentlichen Strafverfolgung.

II. Opferorientierung und Diversionsbewegung

Aus der Perspektive dieser Kritik wurde – wohl zurecht – gerügt, daß das Strafrecht eine allzu formale Distanz gegenüber der Wirklichkeit der von ihm betroffenen Personen – Täter und Opfer – einnehme. Einerseits wurden – so der Vorwurf – die Lebensentwürfe des stigmatisierten Täters zerstört, erfuhren Straftäter den Ausschluß aus einer Gesellschaft, die ihnen die Chance der gesellschaftlichen Reintegration kaum einräumte. Andererseits blieb das Opfer allein mit den Folgen der Tat, wurde Objekt eines Verfahrens, das sein individuelles Leiden ignorierte, vielleicht auch vervielfachte. Blind war dieses formale, auf die Erfüllung überindividueller Zwecke ausgerichtete Strafrecht für die individuellen Bedürfnisse von Tätern und Opfern. In dieser Blindheit mußte auch sein Steuerungsanspruch selbst langfristig versagen. Als Antwort auf das Problem kreierte man das **Konzept einer reflexiven Folgenorientierung.**

Vor allem das Jugendstrafrecht diente diesem Konzept als Experimentierfeld. Es kam darauf an, für den Rechtsanwender Sanktionen und prozedurale Mechanismen zur Verfügung zu stellen, die für sozialpädagogische Orientierungen offen waren, die es erlaubten, die Situation von Täter und Opfer verstehend zu erfassen und ihrer Besonderheit gerecht zu werden. Nicht auf die Repression begangenen Unrechts kam es dabei an, auch nicht auf die Erfüllung systemisch definierter Zwecke, sondern auf den Ausgleich des Konflikts, der hinter der Straftat vermutet wurde. „Diversion" lautete das Zauberwort, mit dem zum einen stigmatisierende Sanktionen für den Täter vermieden werden sollten und mit dem zum anderen das Opfer die Gelegenheit hatte, seine Verletzung dem Täter gegenüber selbst zu verdeutlichen und zum Ausgleich zu bringen. Prozessuale Förmlichkeiten galt es zu umgehen; statt dessen sollten rasch abschließende, für Täter und Opfer weniger belastende Verfahrenswege etabliert werden (sogenannter Täter-Opfer-Ausgleich).

Dahinter verbarg sich auch das Konzept des Wohlfahrtsstaates, das durch die Professionalisierungs- und Institutionenkritik der siebziger Jahre ergänzt wurde, wonach die Lösung von Konflikten dem autoritären staatlichen Zugriff entzogen werden sollte. Sie sollten in ein Modell überführt werden, in dem der Staat die vermittelnde Rolle bei der Suche nach Ausgleich zwischen den Konfliktbeteiligten zu spielen hat. Der Konflikt wurde an die Gesellschaft zurückgegeben – unter Kontrolle des strafenden Staates (*Bettmer u.a.,* 1988, 129ff.). Im Idealfall soll dieses Modell zu einem humaneren Recht führen, das auf Strafe verzichtet und die Herstellung von Harmonie zwischen den Beteiligten und auch gesamtgesellschaftlich verspricht. Hier wird nicht zufällig das scheinbar moderne Konzept der **Privatisierung sozialer Kontrolle** sichtbar, welches das Strafrecht in vielfältigen Formen **informalisiert:** Das öffentliche Strafrecht als Programm der Freiheitssicherung wird schleichend verabschiedet.

§ 46. Wege der Zerstörung des öffentlichen Strafrechts

Literatur: *Beste, H./Voß, M.*, Privatisierung staatlicher Sozialkontrolle durch kommerzielle Sicherheitsunternehmen? Analyse und Kritik, in: Sack, F. (Hrsg.), Privatisierung staatlicher Kontrolle, 1995, 219 ff.; *v. Danwitz*, Private Wachleute – die neuen Hüter von Sicherheit und Ordnung im öffentlichen Raum? KritV 2002, 250 ff.; *Hassemer, W./Reemtsma, J. P.*, Verbrechensopfer, 2002; *Hoogenboom, B.*, Die Verflechtung zwischen staatlicher und privater Polizei, in: Brusten, M. (Hrsg.), Polizeipolitik, Beiheft zum Kriminologischen Journal 1992, 197 ff.; *Krey, V.*, Zur Problematik privater Ermittlungen des durch eine Straftat Verletzten, 1994; *Naucke, W.*, Schwerpunktverlagerungen im Strafrecht, KritV 1993, 135 ff.; *v. Trotha, T.*, Staatliches Gewaltmonopol und Privatisierung. Notizen über gesamtstaatliche Ordnungsformen der Gewalt, in: Sack, F. u. a. (Hrsg.), Privatisierung staatlicher Kontrolle, 1995, 14 ff.; *Weigend, T.*, Deliktsopfer und Strafverfahren, 1989.

A. Abbau rechtsstaatlicher Prinzipien und Etablierung neuer Sicherheitskonzepte

I. Prävention und allumfassender strafrechtlicher Steuerungsanspruch

Die Auflösung rechtlicher Formen resultiert nicht nur aus dem Prozeß der Diversionsbewegung, sondern bildet vielmehr ein Kennzeichen des als „modern" verstandenen Strafrechts im allgemeinen. Dieses Strafrecht reklamiert seine Fähigkeit, Gesellschaft und ihre Probleme zu steuern (vgl. oben § 6). An den Beispielen des Umwelt- und Wirtschaftsstrafrechts kann man diesen Steuerungsanspruch verdeutlichen und sein Versagen auf Kosten rechtsstaatlicher Prinzipien belegen (vgl. oben Kap. 10). Es wuchern die Bestimmungen des Nebenstrafrechts, das Institut des abstrakten Gefährdungsdelikts wird von der Ausnahme zur Regel der Strafgesetzgebung und Strafrechtsanwendung – sogar europaweit. Jedoch reicht die Wirkung dieses Strafrechts über eine – nicht meßbare – moralische und politische Symbolik nicht hinaus. Die Probleme bleiben und das Strafrecht – angepriesen als **politische Allzweckwaffe** – verliert an Vertrauen, verspielt Ansprüche normativer Geltung. Mit dem allumfassenden Steuerungsanspruch wird für das Kriminaljustizsystem jedoch eine Situation des Erledigungsdrucks produziert. In der Erledigungspraxis entsteht eine Fallmasse an Rechtsproblemen, die es zu kanalisieren gilt. Auf die Stoffüberlastung muß das Kriminaljustizsystem mit Stoffbegrenzung reagieren.

II. Vehikel der Auflösung des öffentlichen Strafrechts

Das Strafrecht ist ein deutliches Demonstrationsobjekt für **fallreduzierende Strategien** der **Privatisierung** und **Deregulierung**. Dieser Auflösungsprozeß wird verkleidet mit scheinbar anspruchsvollen Theoriekonzepten.

1. Symbolisches Präventionsstrafrecht

Die **Auflösung rechtlicher Formen** ist eines dieser Kennzeichen „modernen Strafrechts". Der Gesetzgeber bevorzugt für die Exekutive die Flexibilisierung rechtlicher Eingriffskompetenzen, das ehemals strikte Legalitätsprinzip verformt sich in der Informalisierung der Rechtsanwendung und zerfließt in Opportunität (vgl. oben § 9 D). Der nach wie vor herrschende Präventionsgedanke als Legitimationsgrundlage des Strafrechts steht nur scheinbar in Widerspruch zu den Auflösungstendenzen des Rechts. An die Wirksamkeit von Prävention wird gerne geglaubt, überzeugende wissenschaftliche Belege sind indes nicht vorhanden. Die allgemeine Präventionsorientierung verharrt auf der Hoffnungsebene. Einem derartigen zweckorientierten Präventionsstrafrecht kann es – von seiner Programmatik her – wahlweise nur darauf ankommen, von Straftaten abzuschrecken, Straftäter in die Gesellschaft einzugliedern, die Gesellschaft vor künftigen Straftaten zu schützen: Allesamt ideologische Positionen, empirisch nicht eingelöst, zum Teil gar nicht einlösbar (vgl. oben § 5).

Im symbolischen Bemühen, Systeme und Normen zu sichern, gerät das Individuum – Tatverdächtiger wie Verletzter – notwendig aus dem Blick. Das Präventionsstrafrecht liefert ein Heilsversprechen. Es verspricht Lösungen für globale gesellschaftliche Gefahrenlagen. Diese kommen ohne die Idee eines konkreten Verletzten aus.

2. Wohlfahrtsstaat und Folgenorientierung

An dieser technischen, von Individuen distanzierten Zweckorientierung knüpfte über Jahre die Kritik am Strafrecht an. Das Opfer bleibe, so hieß es, allein mit den Folgen der Tat. Es werde Objekt eines Verfahrens, sein individuelles Leiden werde ignoriert. Als Antwort auf diese Ignoranz entwarf man das strafrechtliche Konzept einer **reflexiven Folgenorientierung** im Hinblick auf Täter **und** Geschädigte. Nicht mehr auf die Erfüllung von Systemzwecken kam es an, sondern auf den Ausgleich des Konflikts, der hinter der Straftat vermutet wurde. Hinter diesem Konzept verbarg sich die Idee des Wohlfahrtsstaates, der soziale Sicherheit mitunter mit Bevormundung verwechselte. Die Einsicht in das **Versagen der wohlfahrtsstaatlichen Verheißungen** und die Erkenntnis der **mißlungenen Folgenorientierung** im Kriminaljustizsystem haben die realen rechtspolitischen Erwartungen an die präventiven Funktionen des Strafrechts mehr und mehr abbröckeln lassen. Die Realität des Kriminaljustizsystems hat sich von präventiven Zielen bereits verabschiedet.

3. Deregulierung

Die Konzeption des Wohlfahrtsstaates wird zunehmend abgelöst durch Modelle der Deregulierung aller Bereiche von Staat und Gesellschaft. Wir haben im Laufe der Analyse des Kriminaljustizsystems Belege für zunehmende **Prozesse administrativer Rationalisierung** erbracht (vgl. oben § 19 und § 25 C). Der Staat steht im Begriff, sich in großen Bereichen seiner originären Gestaltungsfelder nur noch selbst zu verwalten. Der Staat scheint sich aus dem Prozeß der sozialen Kontrolle zurückziehen, er verzichtet auf seine Interventionsmöglichkeiten nicht nur in ökonomischer Hinsicht, sondern auch in den Bereichen, die klassischerweise seinem Gewaltmonopol zugehören. Strafvollzugsanstalten werden privatisiert, private Sicherheitsdienste kontrollieren den öffentlichen Raum in zunehmendem Maße (*Beste/Voß*, 1995, 219ff.), und letztlich gewinnen Privatpersonen innerhalb des Strafprozesses immer mehr an Eigenständigkeit: in der Rolle des Verfolgers, der anstelle der staatlichen Organe der Strafverfolgung agiert (*Krey*, 1994), in der Rolle des Verletzten, der eigenständig ermittelt und dessen Befugnisse im Strafverfahren insgesamt erweitert werden (*Weigend*, 1989, 414ff.). Was wir derzeit erleben, ist eine Umverteilung von Macht. Die öffentliche Gewalt als legitime Reaktion auf individuell unzulässige Machtausübung wird zwischen Staat und Gesellschaft neu verteilt (vgl. hierzu die Tendenz bei *Hassemer/Reemtsma*, 2002). Mehr noch: **Private Formen der Machtausübung** – eben auch solche des Verletzten gegenüber dem Täter – erfahren eine **Privilegierung** gegenüber den bisher formalisierten **staatlichen Reaktionsmustern** (*Naucke*, 1993, 139ff.).

In der Privilegierung privaten Handelns entledigt sich der Staat der auf ihm noch lastenden Aufgaben. Daraus folgt aber auch, daß seine **Machtmittel nur verlagert** werden. In der Diskussion um die Legitimität des Einsatzes privater Sicherheitsdienste ist es üblich geworden, das Notwehrrecht und die Befugnis zur vorläufigen Festnahme als Ermächtigungsgrundlagen privaten Handelns zu bündeln und sie für die Ausübung privater Macht bereitzustellen (*Hoogenboom*, 1992, 197ff.; *v. Danwitz*, 2002, 250). Strafprozessual werden diesem Treiben keine prinzipiellen Hindernisse entgegengesetzt. Dabei entsteht ein „halbstaatliches Privatstrafrecht", das sich neben und vor dem tradierten Strafrecht etabliert (*Naucke*, 1993, 142). Die „Quasiautorität" dieses Privatstrafrechts steht zur Autorität des staatlichen Gewaltmonopols jedoch nicht im Verhältnis bloßer Koexistenz oder gar Konkurrenz. Privatisierung des Strafrechts ist vielmehr auch Ausdruck des Präventionsgedankens im Allgemeinen, wonach die soziale Kontrolle weit in das Vorfeld der Straftat verlagert wird.

Die Privilegierung privater Macht erfreut sich zweifelhafter Begründungen, die auch auf die **Idee der Subsidiarität** und auf das **Konzept der Deregulierung** Bezug nehmen.

a) Idee der Subsidiarität

Die Idee der Subsidiarität verlangt von den Bürgern ein Mehr an Eigenverantwortlichkeit bei der Produktion der eigenen Sicherheit. Erst dann, wenn das als ausreichend anerkannte individuelle System der Sicherheit versagt, soll sich der dadurch Verletzte auf die Notwendigkeit des staatlichen Eingriffs berufen dürfen. Diese auch dem ultima-ratio-Prinzip entstammende Ansicht erweist sich als in die Maximen ökonomischer Regulierung des Rechts integrierbar. Strafrecht – im Präventionsstaat als Element der Daseinsvorsorge begriffen – läßt sich im Sinne der Deregulierung mit Leistungsverwaltung und wohlfahrtsstaatlicher Bürokratie auf eine Stufe stellen und läßt sich der Gesetzmäßigkeit ökonomischer Effizienz unterwerfen (*Krey*, 1994, 35). In der Logik präventiver Zielbestimmungen des Kriminaljustizsystems, das gesellschaftliche Risiken verarbeiten und steuern will, macht es offenbar Sinn, den strafrechtlichen Umgang mit diesen Risiken zu optimieren. Dazu zählt dann auch die Privatisierung hoheitlicher Machtmittel.

b) Deregulierung als Staatsschwäche

Die Antwort auf das strukturelle Versagen wohlfahrtsstaatlicher Konzepte findet sich im **rechtspolitischen Konzept der Deregulierung**: Der Staat zieht sich zurück, er verzichtet auf Intervention, gibt privaten Interessen und Einflüssen den Vorrang. Schon darf die Polizei – mit dem Segen des Bundesgerichtshofs (BGHSt 42, 139ff.) – Private bei der Strafverfolgung einsetzen. So werden Belehrungspflichten umgangen. Der Staat tritt zudem in der Strafverfolgung dem Bürger nicht offen, sondern mit geschlossenem Visier gegenüber. Deregulierung läßt staatliche Macht unberechenbarer werden.

4. Rechtserosionen

Die Gesamtheit der Prozesse eines Abbaus rechtsstaatlicher Prinzipien einschließlich der Informalisierung des Justizsystems haben wir als Prozesse der Rechtserosion (bis hin zur Rechtsnegation) nachgezeichnet (vgl. oben § 6 D). Diese Prozesse sind belegbar im Abbau der Prinzipien der Strafgesetzlichkeit, der persönlichen Vorwerfbarkeit (Schuld) und zugleich in der Renaissance der Maßregel, im Abbau der Verhältnismäßigkeit, der Legalität, des Offizialprinzips und fundamentaler Prinzipien des fairen Verfahrens. Der Erosionsprozeß ist schlechthin belegbar in der Relativierung des bislang absolut geltenden Würdeschutzes für alle Menschen (vgl. oben § 6 D III).

Das nach-präventive Strafrecht schickt sich weltweit an, ein **Steuerungsmodell zur globalen Sicherung ohne Recht** zu werden. Das Ziel umfassender Sicherheit ist indes nur ein scheinbares. Wird die Freiheit von staatlicher Sicherungsfixierung verdrängt, ist **Rechtlosigkeit**, d. h. staatliche Willkür und Staatsterror, **zwangsläufige Folge**. Insofern sind die aufgezeigten Vehikel der Auflösung des öffentlichen Strafrechts Weg und Ende staatlich verfaßter Rechtlichkeit zugleich.

B. Freiheit als Opfer

Alle aufgezeigten Entwicklungen treffen sich in ihrer **Gleichgültigkeit** gegenüber den **Grundrechten,** letztlich im **Grundrechtsverzehr.** Damit verstärkt die Privatisierung des Strafrechts zugleich den Prozeß administrativer Rationalisierung und stellt eine Möglichkeit der sozialen Kontrolle mit „doppeltem Boden" bereit. Einerseits Vorverlagerung des Strafrechts mit hoheitlich-polizeilichen Mitteln, andererseits Verdichtung sozialer Vorfeldkontrolle durch Private (*v. Trotha,* 1995, 14 ff.). **Exekutivische** und **private Unübersichtlichkeit** gehören eng zusammen – als Mechanismen zur Bewältigung des mit dem präventiven Steuerungsanspruch und dem Rückzug des Wohlfahrtsstaates entstehenden Stoffs.

Insgesamt: Den Verletzten im Strafrecht vermehrt zu berücksichtigen, Private im Ermittlungsverfahren einzusetzen, die öffentliche Sicherheit privaten Sicherheitsdiensten zum Teil zu überlassen, all das gehört ebenso zur Verschärfung der staatlichen Sozialkontrolle wie die Aufrüstung der staatlichen Gewaltmittel außerhalb des Strafrechts. **Privatisierung** ist nur eine Variante von mehr und **unkontrollierbarem Strafrecht.** Sie ist ein gerader Weg zur Zerstörung des öffentlichen Strafrechts.

Deutlich wird: Privatisierung, Deregulierung und sonstige Formen von Rechtserosion, die das Kriminaljustizsystem zugleich mit Entformalisierung überziehen, bedeuten im Ergebnis Willkür und Abbau rechtsstaatlicher Prinzipien. Das rechtsstaatliche Kriminaljustizsystem droht in exekutivischer, informeller und privater Unübersichtlichkeit zu ersticken. Seine Abschaffung, zumindest seine prinzipielle Überflüssigkeit, zeichnet sich im nach-präventiven Strafrecht tendenziell ab. Das eigentliche Opfer ist die Freiheit.

§ 47. Die Hoffnung: Europäisches Strafrecht einer prinzipiengeleiteten Strafgesetzlichkeit

Literatur: Braum, S., Europäische Strafgesetzlichkeit, 2003; *Schünemann, B. (Hrsg.),* Alternativentwurf Europäische Strafverfolgung, 2004.

I. Erwartungen an europäische Integration: *Verfaßte Strafgesetzlichkeit*

Kann man etwas tun gegen die Erosionen im Recht? Die Hoffnung ist wohl nur auf Europa zu richten. Wenn überhaupt, läßt sich eine Gesamtreform des Kriminaljustizsystems und seiner normativen Grundlagen höchstens gesamteuropäisch regeln. Die europäische Integration steht auf der Tagesordnung. Europäische Integration heißt auch, die Botschaft der europäischen Aufklärung als gemeinsames Erbe konstruktiv umzusetzen. Das Strafrecht kann – wenn überhaupt – nur einen kleinen Teil zu diesen Bemühungen beitragen (vgl. dazu den Alternativentwurf einiger europäischer Strafrechtslehrer/*Schünemann* (Hrsg.), 2004). Es gründet auf wenigen, aber unverzichtbaren und abwägungsfesten Prinzipien, die es zu sichern gilt. Europa braucht vor dem

Hintergrund seiner deprimierenden Erfahrungen, für die gerade Deutschland historische Verantwortung trägt, ein Strafrecht der Strafgesetzlichkeit, auf das die europäische Aufklärung hinauswollte: Eng, präzise, gesetzesgebunden, freiheitssichernd – und vor allem: als Bestandteil europäischer Verfassung. Die Aufgabe der Strafrechtswissenschaft kann keine geringere sein, als vernachlässigte oder vergessene europäische Strafrechtsprinzipien wieder lebendig und praktisch handhabbar zu machen.

Von diesem **Strafrecht der Strafgesetzlichkeit** muß das derzeitige, gegenwärtig ohne breites theoretisches Fundament praktizierte **europäische Sanktionenrecht**, das als Zwangs- und Steuerungsinstrument für die ökonomischen Interessen der Europäischen Union entworfen wurde, klar **abgegrenzt** werden (vgl. hierzu umfassend *Braum*, 2003). Sanktionenrecht im technischen Sinne zur Regelung ökonomischer Krisen vermag durchaus als rechtsstaatlich geregeltes Instrument der Intervention Anerkennung finden. Mit einem Strafrecht der Strafgesetzlichkeit hat dies nichts zu tun. Man muß sich sogar davor hüten, das europäische Sanktionenrecht als Vorbild für ein rechtsstaatliches europäisches Strafrecht anzusehen. Leider ist derzeit das Gegenteil zu beobachten. Aktuelle Rechtspolitik arbeitet gerade an der Einebnung dieser Grenzlinie zwischen administrativem Sanktionenrecht und dem Strafrecht der Strafgesetzlichkeit.

Diesem Produktionsprozeß eines europäischen Verwaltungsstrafrechts fehlt nicht nur inhaltliche, sondern auch formelle, das heißt demokratische Legitimation. Es gibt keine Ermächtigungsgrundlage für europäische Institutionen zur Schaffung von Strafrecht. Es gibt aber den leider sehr erfolgreichen Versuch, über andere Ermächtigungsgrundlagen, die in Zusammenhang mit der Verwirklichung des europäischen Binnenmarktes stehen, also einer rein wirtschaftsbezogenen Ermächtigungsgrundlage, sich die strafrechtliche Legitimation zu verschaffen, die man nicht hat. Bislang hat ein durch das Volk legitimierter parlamentarischer **Gesetzgeber keine Kompetenz für Strafgesetzgebung der EU** geschaffen. Das hindert die Brüsseler Administration indes nicht, vollendete Teilsysteme strafrechtlichen Zugriffs zu schaffen und die Inhalte eines europäisierten Strafrechts maßgeblich zu bestimmen.

Ein **entkriminalisiertes europäisches Interventionsrecht,** das durchaus die finanziellen Interessen der EU schützen soll, kann höchstens neben ein **transstaatliches Strafrecht der Strafgesetzlichkeit** treten. Diese Trennung kann sogar Modell für nationale Rechtsentwicklungen sein: Freiheitsschützendes Strafrecht der Strafgesetzlichkeit als einzig legitimes Strafrecht auf der einen Seite und Sanktionenrecht im technischen Sinne als Instrument der Krisenintervention auf der anderen Seite. So verstanden könnte eine derartige europäische Rechtsentwicklung Anlaß für eine grundsätzliche Neubestimmung der Grenzen und der Wirksamkeit des Strafrechts insgesamt sein. Eine derartige Diskussion, die heute leider noch nicht einmal in Ansätzen stattfindet, muß sowohl die traditionsreichen europäischen Strafrechtsprinzipien als auch praktische Konsequenzen für eine Entwicklung der Kriminaljustizsysteme in Europa unerschrocken in den Blick nehmen.

II. Erwartungen an ein Strafrecht der Strafgesetzlichkeit: *Freiheitliches Kernstrafrecht*

1. Systemschutz-Anforderungen *zerbrechen* das rechtsstaatliche Strafrecht

Legitimes Strafrecht macht Unrecht benennbar. Dabei geht es um interpersonale Rechtsverletzungen. Gegenstand des Strafrechts ist das Kenntlichmachen von Unrecht bei interpersonalen Rechtsverletzungen. Ähnlich oder mit anderen Worten: Aufgabe des Strafrechts ist der Schutz der dem Staat vorgelagerten Freiheits- und Autonomiesphären der Bürger. Hingegen die Existenzgrundlagen der Freiheit in Staat und Gesellschaft zu sichern, ist genuin staatliche und gesellschaftspolitische Steuerungsaufgabe nichtstrafrechtlicher Art. Systemisches Steuerungsversagen ist prinzipiell nicht individualisierbar, weil nicht schuldkompatibel. Versucht man dies dennoch – wie in der Strafjustiz jenseits der informalisierenden Verfahrenseinstellungen selektiv noch anzutreffen –, bleibt die Gerechtigkeit in aller Regel auf der Strecke, trotz des verschämten Ziehens aller Strafmilderungsregister – denken wir an jahrelange Wirtschafts-, Umwelt-, und Politprozesse, die – statistisch signifikant – zumeist nur Geld- und Bewährungsstrafen nach sich ziehen. Strafrechtliche Autoren nennen das unverhohlen **symbolisches Strafrecht** und **symbolische Strafjustiz.**

Das Strafrecht und das Kriminaljustizsystem werden zunehmend mit politischen Steuerungsaufgaben aufgeladen. Strafrecht wird – dem politischen Anspruch nach – **Systemschutz-Strafrecht.** Ob nun sozialpolitisches Präventionsinstrument oder entindividualisierender Symbolschutz für gesellschaftliche Risikolagen: Das Strafrecht muß vor dieser nicht zu bewältigenden Aufgabe versagen, weil seine Steuerungskraft dafür nicht gemacht ist. Es ist für diese Zwecke ein untaugliches Instrument.

Der **Zugriff des rechtsstaatlichen Strafrechts** muß sich auf **zentrales Unrecht** konzentrieren, muß es kenntlich und öffentlich machen – in rechtsstaatlicher und justizförmiger Vorbildlichkeit. Zieht man diese Konsequenzen nicht, drohen Verformung und Zerstörung des zerbrechlichen rechtsstaatlichen Strafrechts und seiner Institutionen. Dann droht der Umschlag in staatlich produziertes Unrecht. Vor allem müssen sich Öffentlichkeit und Politik darüber im Klaren sein, daß das **Strafrecht kein gesellschaftspolitisches Allheilmittel** für die Reparatur von Staat, Gesellschaft und beschädigten Einzelschicksalen ist. Nur in seinem beschränkten, strikt rechtsstaatlichen Zugriff entfaltet das Strafrecht seine freiheitsschützende Wirkung.

Es muß vor allem Abstand genommen werden von der Dauerforderung, daß das Strafrecht totale gesellschaftliche Sicherheit zu bieten vermag. Eher das Gegenteil ist der Fall. Das Streben nach totaler Sicherheit mit den Mitteln des Strafrechts führt nur zu einem: der Vernichtung der letzten Reste von Freiheit. Oder kräftiger formuliert: Die geschichtliche Erfahrung weist über die Sicherheitsmaximierung direkt in die Unfreiheit: Die Freiheit stirbt mit Sicherheit.

Soll das rechtsstaatliche Strafrecht behauptet und gesichert werden, so ist dem Strafrecht der **Rückzug aus dem allumfassenden Steuerungsanspruch,** der dem Strafrecht nicht nur tagespolitisch aufgenötigt wird, zu empfehlen. Das bedeutet nicht den Verzicht auf rechtliche Steuerung, sondern Hinwendung zu adäquaten Steuerungsformen und nichtstrafrechtlichen Steuerungsmedien. Die dem Strafrecht gegenüber derzeit als subsidiär angesehenen Rechtsbereiche des Wirtschafts-, Zivil-, Sozial- und Verwaltungsrechts bieten einen wesentlich effektiveren Rechtsgüterschutz als das steuerungsschwache Strafrecht. Das ist eine Legitimation, um für ein **Kernstrafrecht** zu werben, das auf interpersonale Rechts- und Freiheitsverletzungen reagiert: Leben, Leib, Ehre, Willensfreiheit, Eigentum und Vermögen.

2. Symbolische Strafrechtsanforderungen *mißbrauchen* das rechtsstaatliche Strafrecht

Der Bezug der Politik auf das Strafrecht als gesellschaftspolitisches Steuerungsinstrument hat nach wie vor Konjunktur: Strukturelle Gesellschaftsprobleme sind über strafrechtliche Appelle scheinbar handhabbar und kontrollierbar. Das nützt der Politik. Das allumfassende politische Sicherheitsversprechen erscheint auch mittels des strafrechtlichen Zugriffs gegenüber den modernen Fortschrittsgefahren garantiert. Letztere verlieren ihren bedrohlich-anonymen Charakter, wenn sie in der bekannten Gestalt des individualisierten „Verbrechers" namhaft gemacht und gleichsam sistiert werden. Kriminalisierungsreformen werden darüber hinaus in allen politischen Lagern als Mittel der symbolischen Wertebekräftigung geschätzt.

Die skizzierte politische Inanspruchnahme bedient sich des Strafrechts als **Kommunikationsmedium.** Das führt zu hohem politischen Ertrag. Dieses Medium gestattet es, soziale Probleme und Konflikte in einen spezifischen Wahrnehmungshorizont zu überführen. Auf reale Umsetzung kommt es dabei gar nicht an. Die in der politischen Verwertungslogik geführte Debatte der Normentstehung verlangt lediglich exemplarische Aktivitätsnachweise der strafjustitiellen Praxis. Auf der Strecke bleibt nicht nur das rechtsstaatliche Strafrecht, das ungleich, selektiv und unter Verletzung des verfassungsrechtlichen Schuldprinzips Anwendung findet. Vor allem bleiben auch die Problemlösungskapazitäten einer Gesellschaft unentwickelt, also die Fähigkeit zu einer freiheitlichen, eigenverantwortlichen Krisen- und Problemlösung. Wir haben also eine zweite Legitimation für einen strafrechtlichen Rückzug auf den Kernbestand von Rechtsverletzungen.

3. Alle Überforderungen *zerstören* das rechtsstaatliche Kriminaljustizsystem

Aber es gibt noch eine weitere Begründung, daß das Strafrecht nur auf die wesentlichen Beeinträchtigungen sozialen Zusammenlebens reagieren kann: Die Belastungsfähigkeit des Kriminaljustizsystems. Aufgrund der **Überfrachtung der Strafjustiz** mit einer Fülle von überlastenden Aufgaben, d.h., mit präventiven Überforderungen, politischen Aufladungen und instrumentellen Überlastungen, reagiert das System mit bürokratischem Kollaps. Rechtssoziologen haben diese Prozesse beobachtet und als Prozeß bürokratischer Verflachung, als **„administrative Rationalisierung"** beschrieben. Typischer Beleg aus dem Verfahrensrecht ist die zunehmende Bewältigung komplexer Sachverhalte in Strafverfahren mit Hilfe von Opportunitätsnormen oder informellen Absprachen. Hierbei wird der Anwendungsbereich des Rechts ungleich umgesetzt, statt allgemeingültige und gleiche Eingriffsvoraussetzungen zu formulieren. Das Strafrecht wird informalisiert und öffnet sich zum exekutivischen Recht, von der Kontrolle der unabhängigen Judikative weit entfernt. Fast unmerklich verliert das rechtsstaatliche Strafrecht seine Fähigkeit, staatliche Macht zu binden.

Die drei Begründungsansätze bieten Anlaß genug, eine europaweite Diskussion um ein Kernstrafrecht der Strafgesetzlichkeit öffentlich zu führen. Nur ein **von überzogenen Steuerungsansprüchen bereinigtes Kernstrafrecht** wird die europäischen Strafrechtsprinzipien vor der zerstörerischen Zerreißprobe im Spannungsverhältnis von Freiheit und Sicherheit schützen können. Nur ein entlastetes Kriminaljustizsystem ist in der Lage, diesen Prinzipien als Erbe europäischer Aufklärung gerecht zu werden.

III. Erwartungen an ein Kriminaljustizsystem der Strafgesetzlichkeit: *Faires Verfahren und rechtsstaatliche Vorbildlichkeit*

Wissenschaftlicher Kritik am Strafrecht und am System der Strafjustiz wird von der Kriminalpolitik häufig die Forderung nach verbessernden Alternativen entgegen gehalten. Dieses Buch als **Grundlegung zum Strafrecht** versteht sich in seinen drei Hauptteilen auch als differenziertes Angebot bei der Suche nach realen Rechts- und Systemalternativen.

Der Grundlagenteil (Erster Teil) ruft auf zu einer prinzipiellen **Reduktion des strafrechtlichen Steuerungsanspruchs** und zu einer **Besinnung auf Unrechtsfeststellung** primär in Bereichen eines **interpersonalen Kernstrafrechts.** Nur dann vermögen Strafrechtsprinzipien als Fundamente der verfaßten Freiheit ihre Aufgabe einer rechtsstaatlichen Freiheits- und Strafrechtspflege gerecht zu werden. Voraussetzung dafür ist zugleich die Konzentration auf eine **reduzierte normative Zuständigkeit** des Strafrechts. Nicht Ungleichheit und Willkür produzierende **Informalisierung,** sondern allein **normative Entkriminalisierung** vermag das Rechts- und Kriminaljustizsystem so zu entlasten, daß es seinen Aufgaben in rechtsstaatlich angemessener Weise nachkommen kann. Der Dritte Teil dieses Buches hat in vier Kapiteln hierzu Anregungen vermittelt und damit eine mögliche Reformdiskussion, die noch nie breit geführt wurde, angemahnt (§§ 30–41).

Die faktische Entlastung, die durch eine normative Entkriminalisierung ermöglicht würde, kann für die einzelnen Teilsysteme der Kriminaljustiz das Profil justizförmiger Rechtsstaatlichkeit erst einfordern. Verfahrensökonomische Entlastung ermöglicht Prozesse rechtsstaatlicher Besinnung, die auch europaweit Auswirkungen haben könnten. Den Problemlagen des Kriminaljustizsystems, die im Zweiten Teil umfassend nachgezeichnet wurden, könnte mithin über eine normative Entlastung angemessen begegnet werden, indem dem Mißbrauch und dem drohenden Zerbrechen des rechtsstaatlichen Strafrechts und seiner Durchsetzungssysteme etwas Konstruktives entgegengesetzt würde. Einige Anregungen für notwendige Reformen einer rechtsstaatlichen Besinnung des Kriminaljustizsystems sollen abschließend – wenn auch nur andeutungsweise – angesprochen werden. Die empirische Grundlegung hierfür findet sich in den Kapiteln 5–9 im Zweiten Teil (§§ 14–28).

1. Polizei

Die Polizei hat im Rechtsstaat klar abzugrenzende präventive Aufgaben der Gefahrenabwehr und repressive Aufgaben der Strafverfolgung (vgl. oben Kap. 5). Nur wenn Eingriffsbefugnisse mit grundrechtsverzehrender Wirkung transparent und jederzeit überprüfbar sind, ist gegenüber polizeilichen Institutionen Massenloyalität zu erwarten. Die europäischen Erfahrungen mit polizeistaatlichem Terror sprechen für sich und bedürfen keiner weiteren Begründung. Deshalb muß die **Verschiebung der Gewaltenbalance** zugunsten polizeilicher operativer Eingriffsbefugnisse in Freiheitsrechte der Bürger **rückgängig** gemacht werden. Die von der Kriminaljustiz nicht kontrollierbare operative Aushebelung der Grundrechte ist eines Rechtsstaats nicht würdig. Die Grenze zur repressiven Strafverfolgung muß für die Justiz bestimmbar und überprüfbar bleiben. Hier hat die Staatsanwaltschaft eine wichtige Wächterfunktion.

2. Staatsanwaltschaft

Die Staatsanwaltschaft hat wichtige Aufgaben im Rahmen der Strafverfolgung (vgl. oben Kap. 6). Der Gesetzgeber darf die Staatsanwaltschaft nicht mit sachfremden Aufgaben überfrachten, der sie im Rahmen ihrer materiellen und personellen Ausstattung nicht im Entferntesten gerecht werden kann. Für Kriminalprävention und für die Bewältigung gesellschaftlicher Risikolagen ist sie die denkbar schlechteste Adresse. Dieses unangemessene Anforderungsprofil führt zum Kollaps der wichtigen Ermittlungs- und rechtlichen Kontrollaufgaben der Anklagebehörde. Der Funktionswandel der Staatsanwaltschaft durch **Informalisierung und exekutivisches Recht** und der dadurch bewirkte Wandel von einer Anklage- zu einer Rechtsprechungsbehörde muß **umgekehrt werden.** Die Staatsanwaltschaft hat genuin die Aufgabe von Strafverfolgung und die Zuspitzung von Tatverdacht für die gerichtliche Verfahrensfortführung. Der Verfassungsstaat hat für die Sachverhalts- und Schuldfeststellung ausschließlich eine unabhängige Judikative eingerichtet. Von richterlichen Sanktionsaufgaben ist die Staatsanwaltschaft als Teil der Exekutive von Verfassungs wegen ausgeschlossen. Die Über-

lastung mit quasi-richterlicher Macht mag dem Ansehen von Staatsanwälten schmei-
cheln, für die eigentliche Aufgabenwahrnehmung ist das kontraproduktiv. Das Motto
muß lauten: Raus aus der Opportunität, Rückbesinnung auf Legalität.

3. Strafverteidigung

Strafverteidigung ist im Rechtsstaat Kampf, nicht nur für den Beschuldigten und
Angeklagten, sondern gerade auch für die Kultur und das Selbstverständnis des
Rechtsstaates (vgl. oben Kap. 7). Der Marginalisierung der Strafverteidigung durch
geheime Ermittlungsverfahren (Anti-OK-Sonderrechtssystem) und dem Versuch der
Harmonisierung der Verteidigerrolle durch so genannte **konsensuale Verfahrens-
formen** ist aus prinzipiellen rechtsstaatlichen Gründen strikt zu **widersprechen**. An-
sonsten ist die Konsequenz eindeutig: Der Verteidiger wird Seelsorger und kann den
Weg des Mandanten nur noch mit gutem Zuspruch begleiten.

4. Judikative

Richterliche Unabhängigkeit ist die Basis für ein funktionierendes Kriminaljustizsystem (vgl. oben Kap. 8). Dies ist der Ausgangspunkt für jedes Reformbemühen,
schon von der universitären Ausbildung an. Die Laufbahnen von Staatsanwälten und
Richtern dürfen nicht mehr austauschbar sein. Das Rollenverständnis ist ein prinzipiell
anderes und bedarf auch institutionalisierter Unabhängigkeitsgrenzen. Der Richter ist
verantwortlich für die Justizförmigkeit des Verfahrens. In der **Kontrolle legislativer
und exekutiver Macht** weist der Gesellschaftsvertrag in der Form der verfassungsrechtlichen Gewaltenkontrolle der dritten Gewalt eine bedeutsame verfassungspolitische Funktion zu. Es geht um die Stiftung von Rechtssicherheit und Rechtsfrieden.
Gemeint ist die Sicherheit des Bürgers vor staatlichem Zugriff, und gemeint ist der
Frieden, welcher durch die Begrenzung gesellschaftlicher Macht die individuelle Freiheit erst zur Entfaltung kommen läßt. Die Strafjustiz sollte sich dieser **Wächterfunktion** für die Wahrung der hier vorgestellten **elementaren rechtsstaatlichen Prinzipien**
stets bewußt sein. Dem Kontrollverlust der Judikative, dem Verlust der Unabhängigkeit und überhaupt dem Verlust der vom Grundgesetz anvertrauten rechtsprechenden
Gewalt (Art. 92 GG) muß ein Ende bereitet werden. Andernfalls droht sich die Judikative selbst zu eliminieren.

5. Strafvollzug

Der Strafvollzug ist an den bereits bestehenden normativen Vorgaben auszurichten
(vgl. oben Kap. 9). Strafvollzug ist ultima ratio der Sanktionen. Der Anwendungsbereich des **offenen Strafvollzugs** ist gemäß der gesetzlichen Vorgabe als **Regelvollzug**
auszurichten. Der geschlossene Vollzug darf nur dem Postulat öffentlicher Sicherheit
gehorchen. Er ist im Interesse der Sicherheit der Bevölkerung und wegen der Vernichtung individuellen Lebens zu minimieren. Die Folgeschäden, die der Strafvollzug bei
den Eingesperrten anrichtet, richten sich immer auch gegen eine ahnungslose Öffentlichkeit. Diese muß hierüber aufgeklärt werden, um die Risikoabwägung sachgerechter
von der Politik einfordern zu können. Im Strafvollzug muß die **Übersicherung** zu
Gunsten der Verwirklichung von Menschenrechten, insbesondere Kommunikations-
und soziale Teilhaberechte, **abgebaut** werden. Auch der **Privatisierung** des Strafvollzuges ist **Einhalt** zu gebieten. Wird der Strafvollzug ein Wirtschaftsfaktor, ist er
nur profitabel, wenn das Wachstum gesichert ist: schon diese ökonomische Trivialität
macht deutlich, wie weit und schwierig der Weg sein wird, das übersicherte System

„organisierter Nichtbehandlung" abzubauen. Das geht im Übrigen nur unter strikter Beibehaltung des Offizialprinzips: des Garanten des öffentlichen Strafrechts.

IV. Ein letzter Ausblick für die Hoffnung

Was derzeit fehlt, ist die demokratische Verständigung auf ein gemeinsames, für Europa verallgemeinerungsfähiges Niveau aufgeklärter Strafrechtsprinzipien. Werden freiheitliche Strafrechtsprinzipien in Zukunft – wie derzeit zu befürchten ist – dem nationalen Gesetzgeber qua Mehrheitsbeschluß von EU-Gremien entzogen und den Beliebigkeiten und den zwangsläufigen Minima der Mehrheitsbeschlüsse ausgesetzt, wird ein Strafrecht und Strafprozeßrecht herauskommen, das vom Bürgerstrafrecht kaum noch etwas übrig läßt, vom Feindstrafrecht dagegen weitgehend geprägt sein dürfte. Dieses verallgemeinerungsfähige Niveau durch bloße Harmonisierung herstellen zu wollen erscheint verfehlt, weil der kleinste gemeinsame Nenner für den Schutz der Freiheit und des Rechts nicht ausreicht. Verallgemeinerung setzt einen öffentlichen europaweiten Diskurs über Prinzipien voraus. Sie verlangt nach der Reflexion historischer Erfahrungen und nach der Grundlegung eines neuen Gesellschaftsvertrages, das heißt nach einer Verfassung, die diesen Namen auch verdient.